学生·教师·课堂：
高等教育现代化

2016年高等教育国际论坛论文集

中国高等教育学会◎组编

北京理工大学出版社
BEIJING INSTITUTE OF TECHNOLOGY PRESS

图书在版编目（CIP）数据

学生·教师·课堂：高等教育现代化：2016年高等教育国际论坛论文集／中国高等教育学会组编．—北京：北京理工大学出版社，2017.5

ISBN 978－7－5682－4040－6

Ⅰ．①学…　Ⅱ．①中…　Ⅲ．①高等教育－教育现代化－研究－中国－文集　Ⅳ．①G649.2－53

中国版本图书馆CIP数据核字（2017）第103005号

出版发行／北京理工大学出版社有限责任公司
社　　址／北京市海淀区中关村南大街5号
邮　　编／100081
电　　话／（010）68914775（总编室）
　　　　　（010）82562903（教材售后服务热线）
　　　　　（010）68948351（其他图书服务热线）
网　　址／http：//www.bitpress.com.cn
经　　销／全国各地新华书店
印　　刷／保定市中画美凯印刷有限公司
开　　本／889毫米×1194毫米　1/16
印　　张／28.5
彩　　插／8
字　　数／873千字
版　　次／2017年5月第1版　2017年5月第1次印刷
定　　价／98.00元

责任编辑／张慧峰
文案编辑／张慧峰
责任校对／周瑞红
责任印制／王美丽

2016年高等教育国际论坛论文集

主　　编　瞿振元

执行主编　康　凯

执行副主编　叶之红　王小梅　高晓杰

　　　　　雷　庆　曾冬梅　王耀祖

2016年高等教育国际论坛

主办单位　中国高等教育学会

支持单位　广西壮族自治区教育厅

承办单位　广西壮族自治区高等教育学会

　　　　　广西大学

协办单位　北京航空航天大学高教所

“2016年中国高等教育学会学术年会暨高等教育国际论坛”在南宁隆重召开

2016年10月28—30日，由中国高等教育学会主办的“2016年中国高等教育学会学术年会暨高等教育国际论坛”在广西南宁隆重召开。教育部副部长林蕙青，中国高等教育学会会长瞿振元，学会顾问潘懋元，广西壮族自治区人民政府副主席黄世勇，自治区人民政协副主席、广西大学党委书记刘正东，学会副会长、西安交通大学校长王树国，西北工业大学党委书记张炜，学会副会长、厦门大学副校长邬大光，学会副会长、黑龙江省教育厅原厅长张永洲，学会副会长范文曜，学会副会长陈浩，自治区高校工委书记、教育厅厅长秦斌，广西高等教育学会会长车芳仁，教育部教师工作司综合处处长宋磊，澳大利亚悉尼科技大学副校长雪莉·亚历山大，澳门科技大学副校长庞川，香港学术及职业评审局总主任（顾问服务）李淑仁，学会秘书处秘书长康凯，副秘书长叶之红、王小梅，以及学会理事、学术委员会委员、来自全国高校和科研机构的领导、专家学者、教育行政部门领导，高等教育学博士生及来自美国、英国、瑞典、澳大利亚以及香港、澳门、台湾地区的专家学者、新闻媒体代表等近千人参加了论坛。学会副会长、重庆大学原党委书记欧可平主持了开幕式。自治区人民政府副主席黄世勇致欢迎辞。教育部林蕙青副部长就高校人才培养工作作了重要讲话。瞿振元会长作了题为“向课堂教学要质量”的主旨报告。

论坛围绕“学生·教师·课堂：高等教育现代化”的主题，30多位海内外嘉宾作了报告，近30位博士生以及优秀博士学位论文获奖博士在4场博士生论坛中分享自己的研究成果，10多位博士生导师作专题报告、点评和指导。论坛就学生、教师、课堂等基本要素和人才培养的基本问题，围绕大学生学习方式、创造性思维能力及实践能力培养、教师教学质量与学生学习满意度评价，教师教学观念的转变、职业能力提升与课程教学学术研究能力，“学习共同体”课堂文化与课堂教学组织方式、教学模式改革等相关议题进行了深入探讨和广泛的交流，并取得了新的共识。

论坛开幕式上，学会表彰了“中国高等教育学会第九次高等教育科学研究优秀成果奖”获奖者和“第十二届中国高等教育学会高等教育学优秀博士学位论文”获奖者及其指导教师。

论坛同期召开了中国高等教育学会第六届理事会第八次会议，瞿振元会长作了工作报告，康凯秘书长作了财务报告，学会理事审议了工作报告和财务报告。

在闭幕式上，学会向大力支持此次学术年会的广西壮族自治区教育厅，承办单位广西高等教育学会、广西大学，北京航空航天大学高教所、广西外国语学院、南宁学院颁发了纪念奖牌。

1.教育部副部长林蕙青讲话。2.中国高等教育学会会长瞿振元作主旨报告。3.学会顾问、厦门大学潘懋元教授出席论坛。4.广西壮族自治区人民政府副主席黄世勇致辞。5.学会副会长、重庆大学原党委书记欧可平主持论坛。6.学会副会长范文曜宣读获奖名单。7.主论坛现场。

"2016年中国高等教育学会学术年会暨高等教育国际论坛"在南宁隆重召开

1

2

3

4

5

6

7

8

9

10

11

12

1.广西高等教育学会会长车芳仁主持论坛。2.教育部教师工作司综合处处长宋磊作报告。3.西北工业大学党委书记张炜作报告。4.澳大利亚悉尼科技大学副校长雪莉·亚历山大作报告。5.中国科学院大学副校长杨国强作报告。6.美国印第安纳大学教育学院教授维克多·博登作报告。7.马萨诸塞州立大学波士顿校区教育领导学系主任严文蕃作报告。8.学会副会长、西安交通大学校长王树国主持理事会。9.学会第六届理事会第八次会议现场。10.与英国高等教育学会一行座谈。11–12.学会第九次高等教育科学研究优秀成果奖颁奖仪式。

"2016年中国高等教育学会学术年会暨高等教育国际论坛"在南宁隆重召开

1.中国高等教育学会副会长陈浩主持论坛。2.学会副会长、黑龙江省教育厅原厅长张永洲主持论坛及论坛闭幕式。3.学会学术委员会副主任、清华大学教授谢维和作报告。4.英国高等教育学会国际服务部部长凯瑟琳·格拉芙作报告。5.北京大学副教务长李晓明作报告。6.燕山大学校长刘宏民作报告。7.澳门科技大学副校长庞川作报告。8.香港学术及职业评审局总主任李淑仁作报告。9.瑞典隆德大学教授托马斯·奥尔森作报告。10.北京交通大学副校长张星臣作报告。11.学会学术委员副主任、华中科技大学文华学院院长刘献君作报告。12.学会副会长、厦门大学副校长邬大光作总结报告。13.论坛现场。

“2016年中国高等教育学会学术年会暨高等教育国际论坛”在南宁隆重召开

（专题论坛一）

1

2

3

4

5

6

7

8

9

10

11

1.中国高等教育学会秘书长康凯主持专题论坛一。2.学会学术委员会委员、中国人民大学教育学院院长秦惠民主持专题论坛一。3.北京大学教育学院教育领导与政策系主任鲍威作报告。4.厦门大学教育研究院副院长史秋衡作报告。5.学会学术委员会委员、浙江金融职业学院党委书记周建松作报告。6.学会学术委员会委员、华东师范大学高等教育研究所所长阎光才作报告。7.河北大学工商学院常务副院长胡保利作报告。8.中国人民大学教育学院副院长周光礼作报告。9.广西大学学生团队代表姜言作报告。10.西南交通大学教师发展中心特聘教授范怡红作报告。11.专题论坛一：推进以学生为本的教育。

“2016年中国高等教育学会学术年会暨高等教育国际论坛”在南宁隆重召开

（专题论坛二）

1.中国高等教育学会副秘书长叶之红主持专题论坛二。2.学会学术委员会秘书长、华中科技大学教育科学研究院院长张应强主持专题论坛二。3.重庆市教委原副主任牟延林作报告。4.英国高等教育学会国际事务开发部主管尼克·弗莱彻作报告。5.绍兴文理学院院长叶飞帆作报告。6.武汉大学教育学院院长兼质量管理处处长黄明东作报告。7.武汉理工大学教育科学研究院副院长马廷奇作报告。8.北京理工大学教育研究院书记、副院长庞海芍作报告。9.中国人民大学教育学院副院长李立国作报告。10.上海电机学院副校长杨若凡作报告。11.专题论坛二：提升教师教学素养及能力。

"2016年中国高等教育学会学术年会暨高等教育国际论坛"在南宁隆重召开

（专题论坛三）

1

2

3

4

5

6

7

8

9

10

11

1.中国高等教育学会副秘书长王小梅主持专题论坛三。2.广西大学教育学院院长曾冬梅主持专题论坛三。3.学会学术委员会委员、南京大学高等教育研究所教授龚放作报告。4.清华大学教育研究院副院长韩锡斌作报告。5.南京邮电大学副校长王国平作报告。6.台湾昆山科技大学助理教授黄扬婷作报告。7.西安交通大学副校长郑庆华作报告。8.浙江万里学院副校长马建荣作报告。9.北京航空航天大学教授赵婷婷作报告。10.QS中国总监张巇作报告。11.专题论坛三：打造现代大学课堂文化。

“2016年中国高等教育学会学术年会暨高等教育国际论坛”在南宁隆重召开

1

2

3

4

5

6

7

8

9

10

11

12

13

14

1.中国人民大学教授李立国在博士生论坛上点评。2.北京航空航天大学教授雷庆在博士生导师报告会上作报告并在博士生论坛上点评。3.北京大学教授岳昌君在博士生论坛上点评。4.北京航空航天大学教授马永红在博士生论坛上点评。5.厦门大学教授别敦荣在博士生论坛上点评。6.武汉理工大学教授李志峰在博士生论坛上点评。7.厦门大学教授武毅英在博士生论坛上点评。8.云南大学教授董云川在博士生论坛上点评。9.浙江大学教授肖朗在博士生导师报告会上作报告。10.第十二届高等教育学优秀博士学位论文获奖导师领奖（浙江大学教授肖朗、华中科技大学教授张应强、厦门大学教授邬大光、南京大学教授龚放、北京大学教授岳昌君）。11.第十二届高等教育学优秀博士学位论文获奖博士生领奖（北京大学博士生杨中超、华中科技大学博士生苏永建、厦门大学博士生陈涛、南京大学博士生周继良、浙江大学博士生袁传明）。12.2016年高等教育国际论坛纪念奖牌颁发仪式。13.博士生导师报告会暨博士生论坛闭幕式现场。14.博士生论坛现场。

目录

第三部分　打造现代大学课堂教育教学文化

第四部分　博士生论坛

第五部分 会议交流论文摘要（选编）

2016年高等教育国际论坛的讲话（摘要）

林蕙青

高等教育国际论坛作为中国高等教育学会一年一度的学术盛会已经坚持了16年，为推动我国高等教育的改革发展做出了积极的贡献，在国内乃至国际上产生了一定的影响，已经成为一个比较知名的论坛，受到了越来越多的国际同行和全国广大高等教育工作者的关注和赞誉，也得到了各级教育行政部门和高等学校的充分肯定。近年来，高教学会围绕提高教学水平和教育质量、推进高等教育现代化，连续举办了四届学术年会暨国际论坛，取得了一系列的研究成果，为推动高等教育教学改革、提高人才培养质量，提供了强有力的理论支持和实践支撑。这次论坛的主题是“学生·教师·课堂”。论坛期间，来自国内外的专家学者将围绕主题，就学生、教师、课堂等基本要素和人才培养的基本问题进行深入交流和探讨，我们期待在大家的共同努力下，这次论坛能够取得丰硕的成果。借此机会，我就高校人才培养工作谈三个问题与大家交流。

一、高校人才培养工作正在升温

从全局工作看，我国高校人才培养工作正在升温，取得了重要的进展和成效，主要体现在：学校把人才培养工作摆在了更加突出重要的位置；重点领域的教学改革取得明显进展；学校的资源配置、政策支持更多地向人才培养倾斜；教学质量监督保障机制正在完善。最近一批高校在制订“一流大学和一流学科建设方案”时，把建设一流本科教育作为核心指标，把教育教学改革作为重要内容。一些高校“重科研、轻教学”的倾向正在扭转，一些高校的科研优势正在转化为人才培养优势。而高校新一轮综合改革方案普遍将教师评聘奖励制度改革作为重点，重中之重是增加教学权重、引导鼓励教师把精力更多地投入教书育人。此外，人才培养经费持续增加，31个省区市普通本科高校生人均拨款全部达到1.2万元。高校质量保障主体意识增强，一批高校形成人才培养工作自我诊断、自我完善工作机制。

二、高校人才培养工作需要继续升温

在充分肯定成绩的同时，我们也清醒地看到，就全局来看，人才培养中心地位还不够牢固，高校“重科研、轻教学”的问题仍比较突出，对教学工作领导重视还没完全到位，教师投入还没完全到位，资源保障也还没完全到位，人才培养工作仍在爬坡过程中，高校人才培养工作需要继续升温。教育部部长陈宝生强调教育工作要实现“四个回归”，即回归常识、回归本分、回归初心、回归梦想；高等教育面临着“五个变化”：一是高等教育供求关系发生了质的变化，二是高等教育面临的国家需求发生了很大变化，三是高等教育面临的国际竞争环境发生了重大变化，四是高等教育的对象发生了很大变化，五是高等教育的资源条件发生了很大变化。总的来说，“四个回归”讲的是遵循规律；“五个变化”深刻阐释了高等教育面临的新形势，讲的是与时俱进。高等教育既要遵循规律、坚持好人才培养的根本任务；同时也要与时俱进。我们要不忘初心、继续前进，根据国内外形势变化不断改进人才培养的模式和方式方法，不断提高人才培养水平和质量。

林蕙青，教育部副部长、党组成员。

三、深入推动高校人才培养工作持续升温

提高人才培养质量是教育全战线的共同使命和责任，学校、教师、学生以及各级教育行政部门都是责任主体，都要担负起各自的使命和责任：一是要向学校要水平和质量，高校要进一步落实人才培养核心地位；二是要向教师要水平和质量，要着力抓好教师队伍这个关键；三是要向学生要水平和质量，充分调动学生学习兴趣和积极创造性；四是要向教育行政部门要水平和质量，各级教育行政部门都要大力、持续推动人才培养工作。为深入推进人才培养工作，教育部正在重点部署落实一些工作：

一是制订和修订基础性的教学文件，完善教学管理制度，包括修订完善人才培养标准。将于2016年年底、2017年年初颁布实施全部92个本科专业类教学质量标准，作为本科人才培养质量的国家标准和基本要求。高校要依据“国标”、结合实际，修订本校的专业教学质量标准、优化人才培养方案。制订《教育部关于加强高校课堂教学管理，提高教学质量的指导意见》，对坚持立德树人、强化教学工作责任意识、抓好教学关键环节、提高课堂教学质量、提升教师课堂教学能力、健全课堂教学管理体系等方面提出原则要求。修订《普通高校学生管理规定》，在落实立德树人的要求，增加学校管理的自主权，增加学生对课程和专业的选择权，鼓励学生创新创业等方面进行有针对性的修订。

二是实施一系列教改专项，推动教学改革。如：实施中央高校教育教学改革专项；继续实施中西部高校基础能力建设工程专项；实施重点领域教改专项，支持若干国家发展战略急需的重点领域推进教学改革；深入实施好各类卓越人才培养计划专项。

三是建立信息交流和资源共享平台。比如，组织研发教务系统教学改革信息平台，推动各地各高校教育教学改革经验交流、相互借鉴；建设全国万名优秀创新创业导师人才库，促进资源共享；举办“互联网+”大学生创新创业大赛，展示全国高校大学生的双创成果。

四是积极推动教学质量评价监督。要求高校建立健全教学质量自评体系；开展对高校教学质量的审核评估；对高水平大学的工程、医学、金融、会计等职业性强的专业开展专业认证；支持“第三方”社会机构开展多种形式的教育教学评价。如中国高等教育学会组织开展的“学生喜爱的大学校长”评选活动，全国高等学校信息咨询与就业指导中心每年开展的学生对学校教学工作满意度调查等，这些评价方式都在一定意义上有效地监督和推动学校的人才培养工作。

今天中国的高等教育已经站在了由大向强的新的历史起点上，建设高等教育强国，我们这一代人有着重要的历史责任，建设高等教育强国的核心是坚持育人为本、提高质量。希望我们共同努力，深化教学改革，真抓实干，锐意进取，改革创新，担负起提高教学水平、实现建设更高质量的高等教育、建设高等教育强国的历史重任，为实现“两个百年”的奋斗目标、实现中华民族伟大复兴的中国梦做出我们的贡献。

着力向课堂教学要质量

瞿振元

摘　要：推进高等教育现代化的核心是提高育人水平，而育人水平的提升直接取决于教师的“教”和学生的“学”，基础在课堂教学，主阵地是课堂。没有高质量的课堂教学就没有高质量的高等教育，也就没有高等教育的现代化。树立“以学生为本、以学生发展为中心”的教育理念是高等教育现代化的根本要求。提高教学质量，需要教师和学生共同发力，构建活泼生动上进的师生学习共同体。课堂教学现代化是提高教学质量的关键。全面提高教学质量需要让所有高校在全面提高教学质量的过程中都有可及性和获得感。

关键词：学生；教师；课堂教学

中国高等教育学会围绕推进“高等教育现代化”这一核心议题，从理念到治理再到教学，持续四年进行研讨，对这一问题的认识不断深化。在2016年的国际论坛上，主题聚焦于“学生·教师·课堂”这三个关键词，再次明确推进高等教育现代化的核心是提高育人水平，而育人水平的提升直接取决于教师的“教”和学生的“学”，基础在课堂教学，主阵地是课堂；一个连课堂教学都搞不好的学校不可能是好学校。没有高质量的课堂教学就没有高质量的高等教育，也就没有高等教育的现代化。

一、树立“以学生为本、以学生发展为中心”的教育理念是高等教育现代化的根本要求

高等教育归根结底是育人伟业。教育现代化的核心是人的现代化，是以人为中心的教育体系、教育制度、教育观念和教育行为的全面现代化。教育现代化必须彰显“以学生为本、以学生发展为中心”的教育理念，为促进人的全面发展和社会可持续发展服务。

（一）“以学生为本，以学生发展为中心”的教育理念是世界高等教育的共同认知和发展趋势

1998年联合国教科文组织在世界首届高等教育大会宣言中提出“高等教育需要转向‘以学生为中心’的新视角和新模式”，倡导国际高等教育决策者把学生及学生的需要作为关注的重点，把学生视为教育改革的主要参与者，并预言“以学生为中心”的新理念必将对21世纪的整个世界高等教育产生深远的影响[1]。世纪之交，美国发布了《本科教育重建——美国研究型大学发展蓝图》，强调“重建以学生为中心的研究型大学本科教育”，推动了美国研究型大学的教学改革。2015年9月，联合国可持续发展峰会通过了《2030可持续发展议程》，提出了包括教育发展在内的、关系人类命运共同体未来发展的17项重要目标。2015年底，联合国教科文组织发布《反思教育：向“全球共同利益”的理念转变》的研究报告，认为教育应当尊重生

瞿振元，国家教育咨询委员会委员，中国高等教育学会会长、教授。

本文系作者在“2016年中国高等教育学会学术年会暨高等教育国际论坛”上所做的主旨报告。原文刊载于《中国高教研究》2016年第12期。

命和人类尊严、权利平等、社会正义、文化多样性、国际团结，为可持续的未来承担共同责任，强调“教育是一项基本人权，并且有助于实现其他各项人权”，强调“要在相互依存日益加深的世界实现可持续发展，就应将教育和知识视为全球共同利益”，提出把“教育是全球共同利益，是可持续发展的关键”作为教育发展的核心理念[2]。在我国推进高等教育现代化，建设高等教育强国的进程中，我们要进一步彰显“以学生为本，以学生发展为中心”的理念，把我们的实践融入世界高等教育改革的洪流，提供高等教育发展的中国经验、中国模式。

（二）以人为本的理念，表现在人才培养过程中就是“以学生为本、以学生发展为中心”的教育理念

它立足于学生作为独立个体的发展和作为社会成员的成长的全面需求上，凝聚在学生主动投入、积极探索的学习过程中，体现为学生延续终身的学习与发展能力的全面提升，进而转化成社会可持续发展和进步的成果。

以学生为中心，要更加注重面向每个学生，在高等教育普及化即将到来的时代，更是如此。那种只重视少数精英而忽视全体学生的观念和做法，已经落后于时代的发展。在现代化的社会，每个学生都是平等的，都是重要的，要让每个学生都有人生出彩的机会。精英人才、拔尖人才对社会是十分重要的，即所谓的“人才兴国、人才强国”。未来的学校当然应该培养出能够成为学术大师、业界精英的各类杰出人才，但更多的是培养“负责任的公民”。培养杰出人才与“负责任的公民”并不对立，杰出人才是在“负责任的公民”的竞争中涌现的，是在实践中成长的，这是人才成长的规律。那种“伯乐相马”式的识才用才的传统模式必然要让位于竞争出才、实践成才的现代模式。这不只是思想观念问题，更是关乎制度安排的问题。以学生为中心，就要促进学生的个性化发展。每个学生都是不同的，培养学生成长成才既要有社会的普遍性、共同性要求，又要为每个学生提供获得发展自身、奉献社会、造福人民的能力。与此相适应，学校也必然是多元化的。

（三）落实“以学生为本，以学生发展为中心”的教育理念，改变传统教学模式中“刚性有余、柔性不足”的弊端

最重要的有两条：其一，把关注学生学习、促进学生发展作为学校一切工作的核心，作为学校一切顶层设计的出发点和落脚点；其二，尊重学生的发展选择权，调动学生的发展主动性，让学生在多样化的选择中发现潜能、发展特长、培育创造性。要遵循教育规律和学生身心发展规律，关爱每个学生，为每个学生提供适合的教育，促进学生全面而又有个性的发展。在教学过程中要实现从以“教”为中心向以“学”为中心的转变，这实质上是教学理念、教学方式和评价手段的转变。

以此反观我们的教学，特别是课堂教学，虽不乏精彩的、学生喜爱的课程，但味同嚼蜡的“水课”也屡见不鲜，课堂“低头族”群体日趋庞大。学生“手机依赖症”越来越严重，有的高校实行“无手机课堂”虽能一定程度上让“低头族”在上课时不再那么依赖手机，但却不能保证他们抬起头来认真听课。在信息技术快速发展，知识传播方式、获取渠道发生重大改变的今天，反躬自问我们的课堂教学方式有没有发生根本性的改变？如果说有改变，那最集中的改变可能就是由照“本”宣科变为照“屏”宣科，用 PPT 代替“粉笔＋黑板”。这说明我们的教学改革实践还只是虚应故事。提高教学质量的现实性和紧迫性，要求我们牢固确立“以学生为本，以学生发展为中心”的教育理念。

二、构建活泼生动上进的师生学习共同体是现代教育的发展趋势

全面深化教学改革，提高教学质量，需要研究“教”的改革，构建以学生发展为中心的教学模式；需要研究“学”的改革，激发学生学习兴趣，促使学生主动获取知识；需要充分利用现代信息技术和智能技术，创新“教”和“学”的技术手段乃至教学形态；需要教师和学生共同努力、久久为功，构建活泼生动上进

的师生学习共同体。

构建师生学习共同体是现代教育的必然趋势，也是教学过程的本质要求。师生学习共同体要以学习为中心任务、以课堂教学为基础，将课内与课外、线下与线上等多种学习方式结合起来，以相互尊重、彼此信任、联系紧密、互动频繁、友好和谐的新型师生关系达成师生共同成长的目标。构建师生学习共同体是对传统教学模式的扬弃与超越。

（一）高水平的教师队伍是师生学习共同体的主导

强调“以学生为本，以学生发展为中心”，并不否认教师在提高教学质量中的主导作用，而是要强调“用优秀的人培养更优秀的人”。在教学场域中，教师和学生是两大主体，提高教学质量，需要全体教师和全体学生的共同参与，一个也不能少。教师既是教学的设计者，也是实践者和推动者，是影响和决定教学质量的主导力量。因此，我们“需要大力培养造就一支师德高尚、业务精湛、结构合理、充满活力的高素质专业化的教师队伍，需要涌现一大批好老师”[3]。

（二）加强教师队伍建设，需要政府依法行政、学校依法办学、教师依法执教，破除束缚高校教师发展的体制机制障碍，激发教师教书育人的活力

2016 年 9 月，教育部下发的《关于深化高校教师考核评价制度改革的指导意见》，明确提出师德为先、教学为要、科研为基、发展为本的基本要求，要坚持社会主义办学方向，坚持德才兼备，注重凭能力、实绩和贡献评价教师；要求所有教师都必须承担教育教学工作，都负有关爱学生健康成长的重要责任，要将人才培养的中心任务落到实处；要求坚持服务国家需求和注重实际贡献作为科研工作评价导向[4]。这些既是考核工作的基本要求，也是未来高校教师发展的方向。

（三）提高教学质量需要教师的倾心教学和敬业奉献

我们要看到，教师也有自己专业发展、职业成长的需求和对美好生活的向往。对广大教师，我们要多一份呵护与关爱，为他们营造良好的教学工作环境，解决后顾之忧。只有当教师处处体会到站在三尺讲台上有帮助、有依靠、有归属、有荣耀，他们的教学信心、教学情感、教学责任心才能被激发和唤起，才能转化成奉献教学的实实在在的行动。“十三五”期间，我们要牢牢抓住教师队伍特别是青年教师队伍建设这个关键，把支持和扶持拔尖人才与帮助培养广大教师结合起来，使高校教师队伍的职业能力和师德素养有一个整体性提升，为高等教育提高水平、办出特色、由大变强、实现现代化打下最为可靠的基础。四川大学自 2014 年起在全校设立“卓越教学”奖，就是让长期从事本科教学的优秀教师的辛勤劳动得到充分肯定与尊重，构建起专注教书育人的大环境[5]。厦门大学等不少高校建立了教师发展中心，研究和帮助教师发展成长。其他高校也有不少好的做法。我们要通过制度设计，让高校涌现出更多的好老师，让更多的好老师奉献出更多的好课程、培育出更多的好学生！

（四）学生是学习共同体的主体。教师不仅要潜心研究“怎么教”，更要重视研究学生“怎么学”“如何让学生学得好”

今天，高校已经全面迎来了 95 后大学生。这一群体思想活跃、自信达观，有着强烈的学习兴趣、批判精神和创新意识；同时，作为互联网的原住民，信息技术已全面嵌入了他们生活的方方面面，并对他们的学习生活、思维方式、人际交往产生了重大影响，这对高校传统教学是一个极大的挑战。如果教师不去研究学生的思维特点和知识建构方式的变化，依旧教条刻板地单向度、布道般地传授知识，我们就会彻底输掉这场教学改革。

教学改革要顺势而为，这个“势”就包括当代大学生的学情特点与学习规律。现在欧美国家一些大学特别强调学生是学习的主体，关注学生的发展状况，重视学生学习过程和学习结果的评价，如美国的“全国大学生学习性投入调查”、澳大利亚的“课程体验调查”和英国的“全国大学生调查”等，都把对学生学习的

重视与研究作为提高教学质量的重要手段。

因此，我们要更加主动地去研究当代大学生的学习特点和认知规律，要促使学生把学习视为第一要务，学校要建设良好的学风，支持和奖励爱学、勤学、善学的学生，特别要重视培养学生服务国家、服务人民的社会责任感、勇于探索的创新精神和善于解决问题的实践能力。近一个时期上海市高校“中国系列”思想政治课走红，成为上海高校实实在在的热门课程。“治国理政”“读懂中国”“中国道路”“法治中国”“创新中国”等一批课程围绕当下青年学生最关心的国事，由授课教师和学生开展“头脑风暴”，学生在潜移默化中找到问题的答案，扩展视野、陶冶情操。“思想政治课程”开始向“课程思想政治”模式转变，成为学生追捧的精品课程。上海市高校“中国系列”课程之所以受到学生的追捧，就在于它回应了大学生的关切，启明了大学生的心智，采取了大学生喜爱的授课方式[6]。

只有我们每个教师都重视立德树人，都把教学视为第一任务，把教师作为第一身份；只有每个学生都勤于学习、热爱学习，把学习视为成长的第一需求，把学生作为第一身份；只有教师和学生在一个充满活力、生动活泼、奋发上进的学习共同体中如饥似渴地求知、孜孜不倦地探索，我们的教学改革才能成功，提高教学质量才能从美好的愿景变为理想的现实。

三、课堂教学现代化是提高教学质量的关键

学校是育人的场所，其中的所有人和物以及他们之间的联系，构成了育人的环境。近年来，很多学校抱着创新教学形式、提高教育质量的初心，活跃校园文化、丰富校园生活、开辟第二课堂、推进社会实践、推动创新创业，收到了一定成效。在这方面，很多高校的领导和教师动了不少脑筋，有不少创新，其中很多好的做法今后应当长期坚持。但是也要看到，不少学校对课堂这个主阵地关注不够，对课堂教学这个主业抓得不紧、不实、不力。应当十分明确：教学工作是高校的中心工作，教学活动的主阵地在课堂，课堂教学水平在很大程度上决定着学校的育人水平，这是回归常识、回归本源的问题。不重视课堂教学的领导是不成熟的领导，成熟的领导应当首先向课堂教学要质量。

（一）课堂教学现代化，首先要深化教学内容和课程体系的改革

教学内容与课程体系的改革是教学改革的核心，也是搞好课堂教学的基础。近年来，北京交通大学、燕山大学等高校以工程教育的国际实质性等效为标准、以培养我国高质量工程技术人才为目标，进行了持续的、系统的探索，取得了很好的成效，被《华盛顿协议》成员国专家高度认可。他们有很多经验，其中，在教学内容的整体设计上，坚持以学生发展为中心，关注学生的培养目标、毕业要求，包括毕业五年后可能达成的目标，以培养目标确定以能力为中心的对应培养环节（课程、实验、实践、创新、设计、活动等）和教学内容，从而全面修订培养计划和课程体系、教学大纲，并在此基础上进行教学设计。北京交通大学、燕山大学重视课程体系的系统化设计的做法也与国际上先进的工程教育经验相吻合。如从20世纪90年代初开始，美国大学就开始教学系统化设计改革，麻省理工学院联合其他几所著名高校研究开发的CDIO工程教学改革计划就是影响广泛的教学系统化设计改革成果。这项改革的显著成果就是大学的课程不再是一种模糊的“经验”安排，也不是学生在学校“课程超市”上的随意“选购”。当然，对不同科类学生的课程构成、要求和自由度是不同的。教学系统化设计体现的是对一定的专业人才培养的规范性要求，它们与灵活性选课、灵活性学习相辅相成，实现对学生规范性要求与灵活性选择两者的平衡。

目前，我国高校虽在深化教学内容和课程体系改革上取得了一些进展，但总体上仍然滞后。正如一些专家分析的：教学内容和课程体系设计与培养目标、毕业要求联系不紧、对应不足；课程内容严重落后于生产实际、社会发展和科技进步的现实；课程以知识为中心，忽视能力培养，考核注重知识的记忆而不是能力的提高；重视理论课程，忽视实践课程；通识性课程和专业性课程缺乏整体考虑，理工科学生人文教育偏弱，文科学生科学教育偏弱；课程设置封闭，忽视跨学科课程和课程的社会化；教师在开展课程教学时，不能真正把握自己所承担的教学任务在人才培养全局中的地位、作用和重点要求，只是一味地追求知识传授体系的

完整性和系统性，不去探究如何达成完整的人才培养目标。破解这些难题，需要我们把教学内容和课程体系改革作为教学改革的核心，使教学更好地适应学生发展和经济社会发展的需要。

（二）课堂教学现代化，必须高度重视教学方法的革新

对于传统教学方法的批评，已经很多；呼吁教学方法革新的声音，也不绝于耳。七八年前，学会时任会长周远清就尖锐指出："没有什么时候比现在对教学方法改革的要求更为迫切、更为强烈了。如果大家天天讲创新、讲创新能力培养，而丝毫不去触动在人才培养中扼杀创新能力、创新知识的教学方法，那就等于自己骗自己。"[7]2016年，时任教育部长袁贵仁在全国教育工作会议上呼吁"掀起一场'课堂革命'"。部长的呼吁，在某种程度上反映了对教学方法改革的急切和无奈。2016年10月，欧洲大学协会秘书长 Lesley Wilson 在中欧教育政策智库论坛的演讲中提出，在现代信息技术的影响下，欧盟各国的高校都在进行教学方法的改革，这是当前教育改革的一个引人注目的方向。现在，我国不少的高校都在推动慕课、微课等，以期推动教学内容和方法的改革。一些高校为了改进课堂教学，开始对教室的容量和布局、桌椅的形状和摆放、电子设备的功能和配置等精心设计。浙江大学国际教育学院以"两主五性"的理念对传统教室的功能进行了全新的改造。"两主"是指教师主导、学生主体；"五性"则是指教室形态要适应教学改革的需求，具备互动性、灵活性、多样性、先进性、舒适性。还有一些高校也在探索类似的改革。但是，从总体上来看，教学方法的改革收效甚微。当前，我们急需真正"掀起一场'课堂革命'"。这里有三点特别重要：一是"教有方法、教无定法"。好的教法来自于教师对教学内容的深刻把握和对学生的挚爱。只有教师心中有大爱，手上有本事，才能凝练出体现因材施教理念的好的教学方法。二是教师在前台、领导当后盾。教学方法的改革最深厚的力量来自教师、最深刻的智慧来自教师。好的教学方法一定是呈现在课堂上，而不是点缀在领导的报告里的。学校各级领导，要以真招实策支持一线教师搞教学、搞教改，特别要扶持青年教师练好教学基本功。要把深化教学改革的要求真正传导到神经末梢，使"微循环"活跃起来。三是充分利用先进科学技术。现代信息技术与教学的融合，要着眼于"育人"，在"融合"上下功夫。教学方法的改革还要注意脑科学和认知科学研究成果在教学中的应用。我们真心期待着在广大一线教师中真正掀起一场"课堂革命"。

（三）课堂教学现代化，要把增强学生的社会责任感、创新精神和创业能力作为着力方向

"十三五"规划明确提出"提升大学创新人才培养能力"。加强创新创业教育，不是要学生马上去开公司办企业，不是一场热热闹闹的运动，重要的是以创新创业教育为抓手，撬动教育思想、教学内容、教学方法的全面改革；要以课堂教学改革为主阵地，把培养大学生的创新精神、创业意识和创业能力落实到教学工作的每一个环节中去。

（四）课堂教学现代化，要重视课堂教学的价值导向问题，把"育人"放在首位

学术有自由，同时，学术有责任；思想要解放，同时，讲课有纪律。课堂教学是培养人才的主阵地，是彰显国家意志和教育价值导向的主渠道。高校教师必须守好政治底线、法律底线和道德底线，自觉做学生健康成长的引路人，引领学生锤炼品格、学习知识、创新思维、奉献祖国。

（五）课堂教学现代化，积极构建促进可持续发展的质量保障体系

要制订科学合理的评价标准，创新学生学业评价方式和教师考评机制，完善教学评估方法与程序。只有这样，才能使教学工作持续提高质量。

全面提高教学质量是教育发展的重大战略，涉及每一所高校，需要统筹谋划，打出"组合拳"，让所有高校在全面提高教学质量中都有可及性和获得感。对此，国家既要实施重点建设，也要带动一般，更要补齐短板。在当前统筹推进"双一流"建设中，要重视办好一流大学的本科教育，并以此示范带动其他高校共同提升教学质量。与此同时，还要更多关照占普通高校2/3强的地方本科高校和占高等教育半壁江山的高职高专院校。它们承载着培养我国经济建设和社会发展所需要的数以亿计的应用型人才的重任，是

实现高等教育普及化的主要力量。这部分高校的建校时间大都较短，在我国1219所本科高校中，建校时间不足16年的有近700所，占近60%；1341所高职高专院校基本都是在新世纪建立的。这些新建高校办学经费比较紧张、办学经验不足、办学水平亟待提升[8]。中西部高校的困难更为突出。我们要本着补齐短板、协调发展的思路，加大扶持和支持力度，提高高等教育发展的协调性。只有全国的每一所高校都在提高教学质量上下真功夫，实现高等教育现代化、建设高等教育强国才能有坚实的基础。

强国之本，在于重教；教育之本，在于育人。国外某著名大学的一位老教师讲课非常精彩，特别受学生欢迎，当最后一堂课结束的时候，全体学生起立报以持久不息的掌声，直至老师离开教室好久，掌声依旧在持续。学生们说，老师会在远方听到这“遥远的掌声”。真心期待我们的课堂在不久的将来也能响起“遥远的掌声”，响起更多“遥远的掌声”！

参考文献

[1] 面向二十一世纪高等教育宣言：观念与行动［EB/OL］.（2004-9）［2016-8-10］http：//www.moe.edu.cn/publicfiles/business/htmlfiles/moe/moe_236/200409/712.html.

[2] Rethinking Education：Towards a global common good?［R］. UNESCO，2015.

[3] 习近平同北京师范大学师生代表座谈时的讲话［EB/OL］.（2014-9-10）［2016-7-18］http：//politics.people.com.cn/n/2014/0910/c70731-25629093.html.

[4] 教育部. 关于深化高校教师考核评价制度改革的指导意见［EB/OL］.（2016-9-20）［2016-9-23］http：//www.moe.gov.cn/srcsite/A10/s7151/201609/t20160920_281586.html.

[5] 四川大学设“卓越教学奖”：特等奖100万，一等奖50万［EB/OL］.（2014-12-27）［2016-8-20］http：//sc.people.com.cn/n/2014/1227/c345167-23361106.html.

[6] 上海高校思政课大改革［N］. 文汇教育，2016-10-31.

[7] 陈浩. 不屑于教学方法：大学教改抹不去的痛［J］. 决策与信息，2016（3）.

[8] 2015年全国教育事业发展统计公报［EB/OL］.（2016-7-6）［2016-8-5］http：//www.moe.gov.cn/srcsite/A03/s180/moe_633/201607/t20160706_270976.html.

《教育部关于深化高校教师考核评价制度改革的指导意见》解读

宋　磊

受教育部教师工作司王定华司长的委托，我向会议汇报一下《教育部关于深化高校教师考核评价制度改革的指导意见》（以下简称《指导意见》）的出台背景、起草过程和主要的内容。

一、文件的出台背景

（一）中央有要求

习近平总书记在2014年的教师节重要讲话中，对广大教师提出做有理想信念、有道德情操、有扎实学识、有仁爱之心的党和人民满意的好老师要求。2016年教师节，习近平总书记视察八一学校时又勉励广大教师要做学生锤炼品格、学习知识、创新思维、奉献祖国的引路人。在知识分子、劳动模范、青年代表座谈会和哲学社会科学工作座谈会上，习近平总书记又针对高等教育发表重要讲话。2016年3月，中共中央印发《关于深化人才发展体制机制改革的意见》，提出创新人才评价机制，突出品德、能力和业绩评价。改进人才评价考核方式、改革完善高校教师考核评价制度，是对习近平总书记的讲话精神、中央文件的贯彻落实。

（二）基层有探索

随着我国高等教育综合改革的不断深化，不少高校对建立健全教师考核评价制度进行了积极尝试，对教师考核评价制度改革进行了探索与研究，特别是在优化评价指标、改进考核方式、丰富考核主体、引导教师全面发展等方面。主要有以下五个方面。

一是加强制度建设，引导全面发展。中国人民大学在制订考核方案时弱化指挥姿态，给老师们更多更宽松更自由的治学空间，培养更自主、更强烈的学术志向和学术兴趣，使之逐步转化为内生的研究动力和不竭的创新精神。浙江大学在培养教师教学能力上下功夫，通过强化教学基本职责、设立教学研究与发展中心、建立责任教授制度、设立奖教金、开展青年教师教学技能比赛、评选三育人标兵等多种形式，推进教师教学能力的提升，提高人才培养质量。

二是实行过程管理，弱化量化指标。南京大学等高校在制订考核方案时对科研考核进行了简单化、宽松化、弹性化的改造，不以数字和速度论英雄，淡化教师对数字和速度的追求。复旦大学对科研成果的评价从原来的重数量向重质量转变，将代表性成果评价运用于高级职务聘任，注重科研工作的原创性和终极价值。

三是制订阶段性目标，实行聘期考核。中山大学从2003年开始实施教师聘任制，教师与学校签订教师职务聘任合同，严格合同的管理，每满3年进行一次聘期考核，对不再续签的教师实行人性化的管理，畅通人员立体化分层流转退出机制。四是改进考核手段，丰富考核主体。华南理工大学对高层次人才不仅要求出

宋磊，教育部教师工作司综合处处长。

本文系作者在“2016年中国高等教育学会学术年会暨高等教育国际论坛”上所做的主旨报告。

一批一流的成果，还把团队建设作为其考核的重要内容。华东师范大学从2013年开始全面推进校内综合管理改革，以学科团队为基本考核单位，确立了学校考评学院，学院考评学科团队、个人的分层考核的办法。五是关注个体差异，实行分类管理。厦门大学将教师分为特聘教授、重要岗位、普通教师三个层次，不同层次类别的教师实行不同的考核聘任标准。对第一层次特聘教授着重学科引领、队伍凝聚等方面的考核；对第二层次重要岗位教师主要考核其教学科研的水平；普通教师根据人才的规律设计考核指标。上海交通大学积极实施目标导向、分类发展、分类考核、绩效工资改革相结合"四位一体"的教师分类发展改革，推进引进人才和原有队伍并轨，形成长聘体系，采取设计、诊断、发展的绩效管理模式。

（三）学校有期待

近年来，各地各高校积极探索教师考核评价改革，积累了不少的经验，取得了一定的成效，但是仍然存在教师选聘把关不严、师德考核操作性不强、考核评价缺乏整体设计，对教师从事教育教学工作重视不够、重数量轻质量的问题还比较严重，考核评价急功近利、考核结果的科学运用有待完善等问题。这些问题已经成为制约高校教师队伍发展的瓶颈，引起了高校领导、人事部门和老师的重视，迫切需要加强顶层设计，提炼各校的经验，从国家层面明确问题解决的原则、路径和方法。

二、文件的出台过程

一是设立专项课题。课题组对62所高校的经验材料和创新案例进行了书面调研和分析汇总，并赴相关省和高校实地调研，形成了专题调研报告。二是汇集精干力量起草文件。在课题研究的基础上成立了由教育部相关司局牵头，有关高校、省级教育部门和相关专家组成的文件起草组，着手起草指导意见、框架等，数易其稿，形成了文件的征求意见稿。三是广泛征求意见。就征求意见稿多次召开工作研讨会，当面听取教育部门和高校的意见建议，并书面征求各省级教育部门和部属高校意见，根据反馈的意见和中央最新政策的文件精神，对文件进行了进一步的修改完善，形成了印发稿。

三、文件的主要内容

《指导意见》将改革考核评价机制作为当前和今后一段时期推进高校综合改革的切入点，力求把握四项原则。

一是立足高校综合改革全局。考核评价政策是调动教师工作积极性、主动性的指挥棒，对新时期高校办学具有全局性、基础性的影响。《指导意见》将改革考核评价机制作为当前和今后一段时期推进高校综合改革的切入点。

二是力求解决考核评价存在的突出问题。坚持问题导向，以解决问题为文件起草的出发点，从扭转对教师从事教育教学工作重视不够等方面提出具有针对性的解决措施。

三是力求坚持考核评价的正确方向。以师德为先、教学为要、科研为基、发展为本为基本要求，坚持社会主义办学方向，坚持德才兼备，注重凭能力、实际和贡献评价教师，克服唯学历、唯职称、唯论文等倾向，切实提高师德水平和业务能力，努力建设"四有"好老师队伍。

四是力求把握考核评价的基本原则。坚持社会主义办学方向与遵循教育规律相结合，全面贯彻党的教育方针，以立德树人为根本任务，培养社会主义合格建设者和可靠接班人。同时，各高校要从自身发展阶段和办学特色出发，遵循高等教育规律，探索建立科学合理的评价体系。坚持全面考核与突出重点相结合，全面考核教师的师德师风、教育教学、科学研究、社会服务、专业发展等内容。同时，针对当前教学队伍发展的突出问题和薄弱环节进行重点考察和评价，坚持分类指导与分层次考核评价相结合，根据高校的不同类型或高校中不同类型教师的岗位职责和工作特点，以及教师所处职业生涯的不同阶段，分类、分层次、分学科设置考核内容和考核方式，健全教师分类管理和评价办法。坚持发展性评价与奖惩性评价相结合，充分发挥发展性评价对于教师专业发展的导向引领作用，合理发挥奖惩性评价的激励约束作用，形成推动教师和学校共同发展的有效机制。

《指导意见》共22条，约4100字，分为三大部分、七个方面。一是第1～4条，提出总体要求。明确教师考核评价是高等教育改革的重要内容，坚持问题导向推进改革，坚持考核评价改革的正确方向，把握考核评价的基本原则等内容。二是第5～19条，明确主要措施。加强和改进师德考核，突出教育教学业绩和教学质量考核，完善科研评价导向，重视社会服务考核，引领教师专业发展等内容。三是第20～22条，强化组织保障。包括合理运用考核评价结果、建立政策联动机制、推进贯彻落实等内容。《指导意见》的举措和政策亮点主要有：

（一）严把教师选聘考核的师德关

强调把思想政治素质作为教师选聘考核的基本要求贯穿到教师管理和职业发展的全过程。在教师招聘过程中，坚持思想政治素质和业务能力双重考察，严格聘用程序，规范聘用合同，将思想政治要求纳入教师聘用合同，并作为教师职称评聘、岗位聘用和聘期考期的重要内容。

（二）切实扭转对教师从事教育教学工作重视不够的现象

一是严格教育教学工作量考核，明确提出所有教师都必须承担教育教学工作，把教授为本专科生上课作为基本制度，要求高校明确教授、副教授等各类教师承担本专科生课程、研究生公共基础课程的教学课时要求。教师担任班主任、辅导员，解答学生问题，指导学生就业、创新创业、社会实践、各类竞赛以及老中青教师“传帮带”等工作，计入教育教学工作量。

二是加强教学质量评价工作，学校要实行教师自评、学生评价、同行评议、督导评价等多种形式相结合的教学质量综合评价。

三是健全教学激励约束机制，提高教师教学业绩在校内绩效分配、职称（职务）评聘、岗位晋级考核中的比重，充分调动教师从事教育教学工作的积极性。

四是强化课堂教学纪律的考核，把坚持党的基本路线作为教学的基本要求，加强对教师课堂教学活动、教学实践环节等的督导力度，对在课堂传播违法、有害观点和言论的教师，依纪依法严肃处理。

（三）调整完善科研评价导向

一是坚持服务国家需求和注重实际贡献的评价导向，扭转将科研项目与经费数量过分指标化、目标化的倾向，改变在教师职称（职务）评聘、收入分配中过度依赖和不合理使用论文、专利、项目和经费等方面的量化评价指标的做法。

二是建立代表性成果的评价机制，扭转重数量轻质量的科研评价倾向，鼓励潜心研究、长期积累，遏制急功近利的短期行为。完善同行专家评价机制，积极探索建立以“代表性成果”和实际贡献为主要内容的评价方式，将具有创新型和显示度的学术成果作为评价教师科研工作的重要依据，防止学术不端。

三是实行科学合理的分类评价，针对不同学科领域和研究类型，建立分类评价标准，注重个体评价与团队评价相结合。四是建立合理的科研评价周期，统筹年度考核、聘期考核、晋升考核等各类考核方式，根据绩效情况，可以减少、减免考核，适当延长考核评价周期，共享考核评价结果，避免不必要的重复考核评价。

（四）综合考评教师社会服务工作

综合评价教师参与学科建设、人才培养、科技推广、专家咨询和承担公共学术事务等方面的工作，充分认可教师在政府政策咨询、智库建设、在新闻媒体及网络上发表引领性文章等方面的贡献。完善科研成果转化业绩的考核，聘任科研成果转化、技术推广与服务岗位的教师，主要考察其实施科研成果转化的工作绩效，并作为职称（职务）评聘、岗位聘用的重要依据。落实国务院关于高校教师离岗创业的有关政策，保障教师在科技成果转化中的合法收益。

（五）将教师专业发展纳入考核评价体系

要求高校在教师考核指标体系中增设教师专业发展指标，细化对教师专业发展的具体要求，确立教学学术理念，落实5年一周期的教师全员培训制度。高校要建立教师考核评价的分级管理体系，反馈考核结果，维护教师权利，支持高校普遍建立教师发展中心，开展教师发展性评价性改革，加大对教师专业发展的政策支持和经费投入。

（六）推动建立各类评估评价政策联动机制

要建立院校评估、本科教学评估、学科评估和教师评价政策联动机制，优化、调整制约和影响教师考核评价政策落实的评价指标，扭转评价指标过度强调教师海外学历、经历或在国外学术期刊上发表论文的倾向，并作为院校评估、本科教学评估和学科评估改革的重要内容。加强高校教师管理信息系统的建设，充分利用信息化手段，采集整合教师工作的各类数据信息，实现学校管理部门间的信息共享。

以上是教育部关于深化高校教师考核评价制度改革的有关情况，文件还要求各高校要结合实际，制订本校教师考核评价制度改革实施方案，并报学校教育主管部门备案。各位老师，各位同学，可以说牵一发而动全身的高校教师考核评价制度改革大幕已经拉开，有待包括在座各位在内的高校同人共同努力，在党中央、国务院的领导下，细致有序、扎实有力地深入推进，为实现高等教育的“四个回归”，适应“五个变化”，为提高高等教育质量、推进“两个一流”的建设做出应有的贡献。

2016年高等教育国际论坛的总结

邬大光

从近几年中国高等教育学会学术年会的主题来看，2015年（主题：教学·课程·方法：高等教育现代化）和2016年（主题：学生·教师·课堂：高等教育现代化）是一个拐点，因为从这两年开始，中外学者有了共同话语，主管部门领导和高校有了共同话语，管理者和研究者有了共同话语，老一代与青年一代有了共同话语。具体到参会人员，有鲐背之年的老先生，也有初出茅庐的青年才俊，真是济济一堂。今年收到参会代表提交的论文近500篇，博士生提交的论文80余篇，为历年最多。针对本次国际论坛，从四个方面进行总结：高等教育现代化解读、人才培养和教学解读、推进教育改革的思考和几点结论。

一、高等教育现代化解读

高等教育现代化的核心是人的现代化，是人才培养质量的普遍提升。人才培养是大学的核心工作，高等教育质量是学校的生命线；要实现中国高等教育现代化，首先要实现人才培养质量的提升。但是如何从说到做与从做到说，其核心是怎么能够从经验到理论，再从理论到改革实践。总之，高等教育现代化要从人才培养切入，要从教学模式改革切入，教学现代化或者高等教育现代化的核心是人才培养质量，必须对人才培养做更多的思考，不能只说不做。

二、对于人才培养和教学的解读

可以从教与学的关系变革和师与生的关系变革谈起。在高等教育理论中，现代教学理论研究的核心是解决两个问题或者说两个关系——教与学的关系变化，师与生的关系变革。在人类教育发展史上，最早出现的实际上是“教”之学，如孔子、夸美纽斯等。进入近代以来，赫尔巴特、杜威、蔡元培、陶行知等，在教学中加进了道德、情感、伦理的教育，成为“教育”之学。而今天中外诸多学者探讨人才培养模式改革、教学改革以及诸如学习体验、学分制等一些具体的操作层面，在教与学之间出现了分化，步入了“教”与“学”之学的时代。从教学、教育，到区分教与学，体现了从“教”之学，到“教育”之学，再到“教”与“学”之学的教学关系变革，也体现了师与生关系的变化。所以，在高等教育理论中，探讨人才培养的核心问题即是两个关系的变革。

三、推进教学改革的思考

本次论坛的主题中，“学生”代表了以学生为中心的困惑；“教师”代表了教师评价的困惑；“课堂”则代表了课堂教学现代化、深度学习等。以学生为中心，学生是根本。但是，以学生为中心的内涵是什么？初入学的大学生完全做得了这种选择吗？密歇根大学校长科尔曼认为，大学中选专业、选课程等也不能全部交

邬大光，中国高等教育学会副会长、厦门大学副校长。

给学生，因为他们并不完全懂得今天社会职业的变迁、流动的变化。所以，以学生为中心也要有一个度的限制。关于教师评价，无论是教学评价、科研评价、薪酬评价、教师课堂教学评价等，依然还有很多盲点和困惑。所以，在推进教学改革中，应从“常识”“视野”“高度”展开思考。常识不足，使我们容易犯低级错误；视野不宽，使我们看不到事物整体；高度不够，使我们看不到事物本质。因此，推进教学改革，要回归常识、拓宽视野、观念引领。

四、几点总结

高等教育研究从宏观层面来讲要研究原理、规律、本质；从中观层面来讲，要研究制度、政策和机制；从微观层面上来讲，要研究方法、手段、技术。这三者不可或缺，且要保持一个系统的可持续的研究问题的思路。今天我们为什么要讲常识？我国高等教育大众化没有经过精英化阶段的积淀，故制度和机制不成熟的做法较多，模仿的痕迹较重。在宏观和微观层面，高等教育研究与高等教育大众化的多重需求不同步，高等学校管理与高等教育大众化的各种多样化不同步。这两个不同步就导致了我们的研究接不上地气。高等教育活在当下，必须抓住我国高等教育发展的阶段性特征。高等教育发展与改革因国情、文化不同，导致高等教育的特殊性不同。如果不抓住阶段性和特殊性特征，在我国就会出现各种水土不服、南橘北枳现象。

2016年高等教育国际论坛部分主旨报告摘录

大班授课、小班研讨教学模式改革

刘献君①

大班授课、小班研讨教学模式是教学改革的必然。这种教学模式改革的实现，需要探索大班的规模、小班的规模，如何提高讲授质量以及如何根据不同学科专业的特点选择研讨方式，如何实现大班授课、小班研讨的有机结合等问题，而探讨的重点是小班研讨。在具体实施中，应转变教育思想、观念，改善课程结构，改革相应制度，加强资源和师资建设。

大学教学的学术规范

谢维和②

教师之间的互相听课是大学教学的基本学术规范和制度，是大学教师的义务和职业要求。教师之间互相听课不仅发生在相同或相近的学科领域，也存在于不同学科之间。大学教师之间互相听课实质是大学教学的一种同行评议，这正是大学学术活动的一个根本特征。大学教师之间互相听课可以促进教学的学术发展，保障大学的教学质量。大学教师之间互相听课应该成为大学教学的学术规范、教学管理的一项重要制度，以及大学教师的一项规定动作。从大学教学管理的角度看，这种互相听课的制度性安排，也是促进大学教学，提升教学质量的一个比较具体有效的实际途径。

以面向需求、项目教学、工程训练为特色的本科工程教育

——燕山大学教育教学改革的探索与实践

刘宏民③

燕山大学开展工程教育的具体措施主要包括三个方面：“科学崇高，工程伟大，坚定树立工程教育的自尊自信”；“面向需求，反向设计，正向实施，持续改进”；“构建以‘项目教学 + 工程训练’为特色的工程教育模式”。“项目教学”通过“做中学”，锻炼提高学生的创新和实践能力；“工程训练”通过系统的工程训练，锻炼学生的实践和创新能力。在围绕加入《华盛顿协议》开展专业认证组织工作上，燕山大学的材料成型及控制工程和电子信息工程两个专业，从联合专家组见面会到考察实验室再到意见反馈会，全程接受了《华盛顿协议》专家的观摩考察。

---

① 刘献君，中国高等教育学会学术委员会副主任、华中科技大学学术委员会副主任、教授。

② 谢维和，中国高等教育学会学术委员会副主任、清华大学教授。

③ 刘宏民，燕山大学校长。

新时期的高等教育要求教师更加具有教育情怀

——对提升教师职业能力和社会实践能力的一点思考

杨国强①

对比高超的授课技能、丰富的知识和丰硕的科研成果，情怀是一名优秀的大学教师更重要的素质。教师的情怀是他（她）对学生的关注和爱护，是无处不在的职业责任感，不会被环境影响或改变；体现在对学生的额外付出上，体现在对工作的热情和责任心上，体现在与时俱进的工作态度上。作为学校管理者，挑选教师应选取具有理想主义信念的人，制订一定的管理和奖励制度，创造良好的教学条件和教学环境，共同探索教学新方法、教学新模式，以此激发教师的教育情怀。

基于 OBE 理念建立完善的质量保障与控制体系

张星臣②

工程教育专业认证关注微观，要求教学设计、教学实施、教学评价、教学管理都必须贯穿以学生为中心的理念。根据《华盛顿协议》的要求，我国制定了专业认证标准（2015 版），从成果导向反向设计培养方案。具体到本科教学审核评估，是教育主管部门和社会对学校本科人才培养强制性评价的一项基础性工作，其主要作用在于诊断和促进。北京交通大学每 5 年完成一轮，并对外公布本科教学质量年报和状态数据，利于社会监督，同时引导学校加强教学质量建设。

澳门科技大学教学质量保障体系：创新与质量的平台

庞　川③

“创新”与“质量”是大学发展的两个关键词，体现了发展的方向和发展的可持续性。澳门科技大学的质量保障在校内设立教学质量办公室和学术委员会，学校层面的委员会制与学院层面的委员会制相互支撑、相互制约；在校外由政府教育部门和认证机构进行宏观管理。报告结合制度设计，使用多个案例分析了学校在质量保障方面的做法。

信息化时代教师专业素质要求

——慕课四年实践与认识

李晓明④

慕课与翻转课堂是两个不同的概念，慕课是网络课程，翻转课堂是一种教学模式。在学习过程中，相比于传统的授课方式，学生更青睐翻转课堂。慕课、翻转课堂需要更多投入，这从教师和学生所花费的时间以及学校的支持中可以体现。在教育信息化时代，高校应当鼓励教师勇于实践、乐于实践混合式教学。总结北京大学四年开展慕课的实践，可以说它是“良心活”；第一次做挺费劲，但一旦经历了第一次就比较轻松；

---

① 杨国强，中国科学院大学副校长。
② 张星臣，北京交通大学副校长。
③ 庞川，澳门科技大学副校长。
④ 李晓明，北京大学副教务长、教授。

慕课 + 翻转课堂比传统方式效果明显要好。

Using Analysis and Analytics to Improve University Research, Teaching and Learning

Victor (Vic) Mark Haifleigh Borden①

Institutional research (IR) has flourished in the United States because it promotes evidence – based practice among university leaders and staff. Recent developments in big data and predictive analytics provide a wider range of analytic tools and services for use by university management and now also by teachers, advisors and students themselves. Professor Borden will describe current trends focusing on the most important features of traditional research methods, learning outcomes assessment, and predictive analytics that are essential for effective and efficient practice. He will describe how these methods and practices need to take shape within the diffuse and complex organization of modern universities, especially given the sophistication among modern students for using digital applications in all aspects of their lives.

学习成效为本的教育：香港经验

李淑仁②

学习成效为本的教育以学习目标为起点，然后设计课程、课堂和评估，以保证学习的成效。在学习成效为本的课程中，教师是学习促进者，教学目标是提升学习效率，教学活动是整合课堂内外经验，这些都不同于以内容为本的课程。报告从另一个角度解读了高等教育教学中以学生为本的教育理念，具有一定的启发借鉴价值。

激励和认可教学成就

凯瑟琳·格拉芙③

英国高等教育学会是一个非营利性组织，为公共利益而致力于高等教育质量的提升，包括提供咨询、课程与教学指导、高校教师专业发展与认证等。其建立的英国专业标准框架，为教员在教学与学习领域提供国际化的专业认证，为高校在教学与支持学习中提供持续的教师专业发展指导。其认证涉及课程设计、课程评估以及课程团队的专业知识。英国 150 多所高校以及新西兰、美国等国家和中国香港地区加入了专业标准框架，并从中受益。

① Victor (Vic) Mark Haifleigh Borden, Indiana University Professor.

② 李淑仁，香港学术及职业评审局总主任（顾问服务）。

③ 凯瑟琳·格拉芙，英国高等教育学会国际服务部部长。

第一部分

推进以学生为本的教育

高校毕业生职业发展能力与人才培养制度改革

阎光才

摘　要：通过对我国高校毕业生5万份样本的大范围调查表明：高校人才培养质量与毕业生岗位能力需求间还存在明显的差距。态度与责任心等非正式能力严重不足，问题解决能力、书写能力、自主学习能力、动手操作能力等通识素养与技能较为薄弱。因此，有必要全面反思目前我国高校人才培养过程与制度，有针对性地开展系列教育与教学改革。

关键词：高校毕业生；能力；培养制度

进入20世纪以来，面临大众化时代高校毕业生就业困局，在整个世界范围内，关注毕业生就业能力与职业生涯能力几乎成为一种国际潮流。在证据至上的政策语境中，各国政府、高校纷纷把毕业生与雇主调查作为数据采集的途径，尝试以毕业生及其就业部门的反馈来评价高校人才培养质量，发现高校人才培养过程各个环节的不足并开展有针对性的改革。关注毕业生职业发展能力尤其是生涯发展能力，把毕业生和雇主调查作为质量评价依据的一部分，至少体现了一种生本关怀，也是一种基于出口端对高校人才培养理念、规格、内容和方式方法等方方面面检测与诊断的手段。但是，在此有必要谨慎对待的是，岗位能力所反映的仅为劳动力市场对人力资本的需求，它不是也不应是高校人才培养质量的唯一评价依据，这不仅是因为劳动力需求具有动态性，而且它不能覆盖毕业生社会与人生的多重面相。在此，基于本研究2015年全国高校调查数据分析所获得的相关结论，尝试对目前我国高校人才培养制度予以理性审视与思考。

一、关于毕业生岗位需求能力结构框架

关于毕业生职业能力框架的调查研究，在西方流行已久，国内外综述性文献也不可胜数，在此不复赘述。职业能力通常被称为可雇佣能力（employability），英国生活指导与职业发展咨询顾问艾伦（Melanie Allen）综合英国多家权威机构调查结果对可雇用能力的涉及要素做了最好的概括：它包括两个维度：一是个人品性，包括一种敢为能为、恪守工作伦理和乐意学习的积极态度，良好的个人表达能力，诚实与真诚的品格，值得信赖，个体管控时间与时间组织能力，团队工作与合作精神，灵活变通能力，顾客导向与商业意识；二是技艺，包括口头与书面沟通能力、计算能力和计算机素养。上述能力如艾伦所言，它源自英国就业与能力委员会（UKCES）对可雇佣能力的最简洁理解：它几乎适合于做所有工作的人[1]。显然，该框架其实主要指的是一种通用性能力，它没有完全覆盖与具体专业训练和培养相关的专门性能力，尽管专业性学习也是培养学生通用性能力的重要途径与手段。

职业能力又有人称之为胜任力（competence），这种胜任力与包括知识、技能与态度等的个人品质存在关联，它既可以是一种工作中上手运用的现实能力，也可以理解为一种潜在能力；既可以是一种可迁移的通用

阎光才，华东师范大学高等教育研究所教授。

原文刊载于《中国高教研究》2016年第11期。

能力，也可以是专业性的特殊与具体能力。贾斯珀·范洛（Jasper Van Loo）等人认为，在毕业生调查中，特殊的专业性能力因为所从事行业与岗位差异很难具有一致性。故而，面向全体的高校毕业生调查大多关注的是可迁移性的能力。为此，通过与薪资预期建立回归模型，他们区分出相关有影响的职业能力类型，包括交流技能、领导艺术、精确把握的能力、信息与沟通技术、活动的规划合作与组织能力、应变能力、特殊专门知识、独立工作能力、创造与原创能力等[2]。

在高校毕业生调查方面，规模最为庞大且数据最为丰富的当属欧洲REFLEX国际调查项目，它覆盖欧盟、日本等17个国家。该项目调查对象为离校5年以上的毕业生，试图通过该群体对工作中能力需求与高校培养能力自我评价间的匹配差，反映高等教育人才培养中的问题。其问卷所涉及的主要能力框架包含四个维度：专业能力（本学科领域把握能力、分析思维、专业的自我决断力）、功能灵活性（其他学科领域的知识、快速获取新知识能力、有效协商能力）、知识创新与管理能力（计算机与网络运用能力、提出新理念与问题解决能力、自我质疑与对他人质疑倾向、新机会的警觉力）、人力资源调动能力（抗压能力、时间有效管理能力、与他人卓有成效合作能力、对他人组织动员能力、向他人清晰表达意义的能力、参与合作性活动的能力）[3]。

正是参照国外上述关于毕业生的能力框架，同时考虑到我国现实国情，课题组编制了针对中国高校毕业生职业发展能力的调查问卷，问卷将能力结构划分为两个基本维度，通用性能力与专门性能力（考虑到学科专业间差异的复杂性和调查难度，课题组权且笼统界定其为“专业知识理解与运用能力”）。其中通用性能力又包括两个子维度：非正式能力（包括人际沟通与协调能力、把握细节的能力、抗压与情绪管理能力、适应与变通能力、时间管理能力、责任心、忠诚度、团队合作能力等）；通识性素养与技能（解决问题能力、操作技能与实践能力、信息检索与处理能力、书写能力、自主学习能力、创造创新能力、批判性分析能力、计算机运行能力、数理分析能力、人文素养与艺术鉴赏能力、外语能力等）。调查对象以2010—2015年全国本专科高校应届毕业生为主，考虑到调查难度，没有采取随机抽样的原则，而是通过教育部发展规划司以文件下达方式请求各省教育行政部门督促高校来配合。问卷在线答题共回收5万多份，通过采取IP地址和应答时间控制对数据辨伪与清洗，最终获得有效样本34179份。以下仅择其要者做简单描述性分析。

二、毕业生岗位能力需求情况简单描述性分析

在涉及工作岗位需求能力的毕业生自我评价中，上述能力都超过了3分（最高5分，最低1分）。责任心、团队合作、适应于灵活变通能力、人际沟通、把握细节等非正式能力都居于前列，作为通识性能力的解决问题能力、操作技能与自主学习能力等也居于前列。有关忠诚度、奉献精神、理解宽容等态度性的非正式能力居于中间，高校日常所重视的专门性能力（专业知识运用能力）、通识性的如通识性知识、计算机、信息处理、书写等则处于较为靠后的位置，尤其是人文素养、外语能力等处于最底端。从图1中不难发现，就总体而言，毕业生岗位最需求的能力为非正式能力，其次为通识性方面的能力，最后为专业知识运用能力。

通过进一步分析发现，上述几乎所有能力需求与毕业生所担任的职务间都存在高度关联，由普通员工到高层管理者，各方面能力要求呈现递增趋势（见图2）。相对于专业知识运用与通识性知识运用能力、操作技能、外语能力等，职务越高，相关非正式能力诸如组织能力、变通能力、时间管理、把握细节等能力要求越突出。高层管理者在诸如批判性分析、创新创造、艺术欣赏等能力要求都明显高于其他阶层。从毕业生工作单位性质角度分析，发现不同单位的岗位需求能力要求存在更大的差异。总体上，外企部门大多对能力需求相对高于其他部门，尤其是在外语、时间与情绪管理、解决问题等能力、计算机能力等方面要求最高。政府事业单位对专业与通识知识运用能力、书写能力、理解与宽容、奉献精神等要求较高，但对数理分析、外语能力要求最低（见图3）。

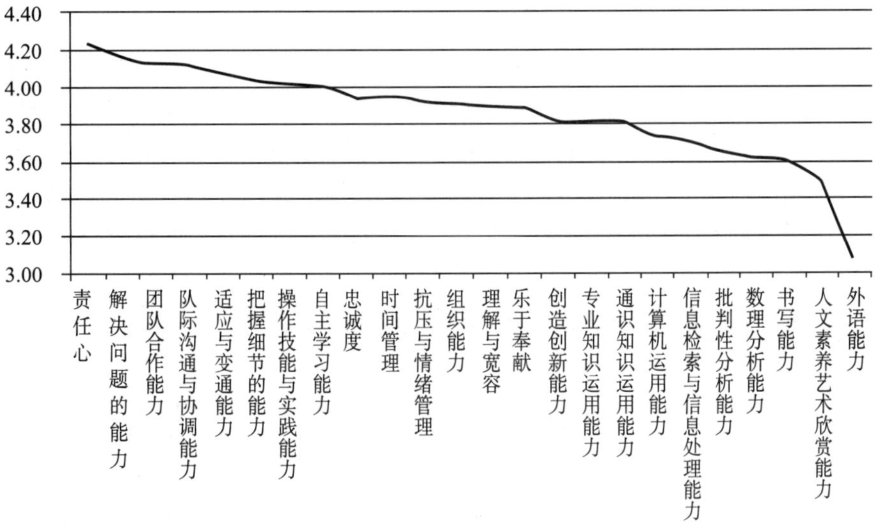

图 1　毕业生岗位需求各方面能力的自我评价

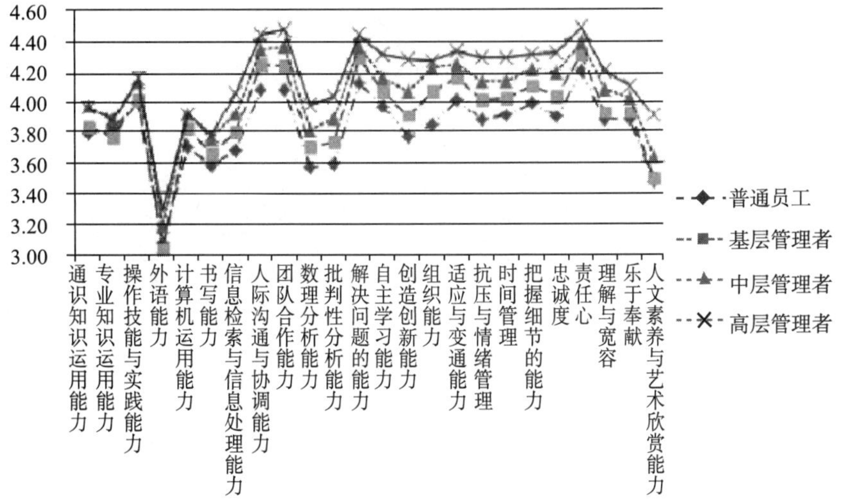

图 2　担任不同职务毕业生的岗位能力需求评价

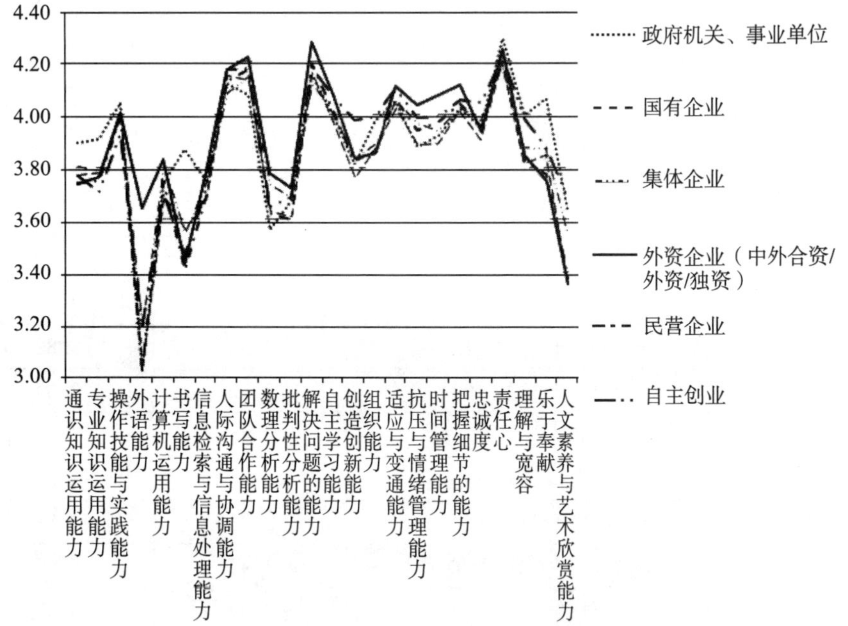

图 3　不同就业部门对毕业生岗位能力需求评价

上述简单结论其实揭示了毕业生岗位能力需求的某些重要特征：第一，与国际调查结果相仿，有关态度、责任和自我管理等非正式能力是毕业生职业发展的重要因素；第二，毕业生的岗位能力需求带有动态性，它随工作岗位、职位甚至职业经验变化而有不同程度的要求；第三，毕业生反映的职业能力需求与工作单位的性质、用人部门劳动、技术和管理的现代化与国际化水平存在相关，甚至与整个国家特定产业行业发展水平、产权制度和管理体制存在关联，外资企业的岗位能力需求与国际调查结果更趋于一致；第四，就总体而言，专业知识运用能力需求在调查中没有得到凸显，这其中缘由或许更值得深思。

三、毕业生岗位能力与高校培养重视能力间匹配分析

以毕业生所反映的岗位需求能力来评价高校人才培养质量，并审视培养目标及过程所存在的问题，它体现为高校人才培养与就业岗位间的一种供需关系，因而具有一定的合理性。不过，因为岗位需求具有随产业结构调整升级而瞬息万变的动态性，两者之间很难形成一种真正意义上的匹配关系。故而，所谓的匹配度仅仅反映为当下的一种大致的格局与方向。为考察当前我国高校人才培养满足岗位需求情况，在调查中，课题组又要求毕业生结合岗位需求的各种能力对所毕业高校予以重视的程度进行反馈，因而，形成了如下匹配程度差异表（见表1）。

表1　高校培养与岗位需求的能力匹配状况

能力分类	能力分项	高校培养	岗位需求	匹配差
非正式能力	人际沟通与协调能力	3.49	4.13	−0.64
通识性能力	解决问题的能力	3.58	4.17	−0.60
非正式能力	把握细节的能力	3.47	4.03	−0.56
非正式能力	抗压与情绪管理	3.35	3.92	−0.56
非正式能力	适应与变通能力	3.54	4.05	−0.51
非正式能力	时间管理	3.44	3.94	−0.51
非正式能力	责任心	3.74	4.23	−0.49
非正式能力	团队合作能力	3.64	4.13	−0.49
非正式能力	忠诚度	3.45	3.95	−0.49
通识性能力	操作技能与实践能力	3.59	4.01	−0.42
通识性能力	信息检索与信息处理能力	3.36	3.71	−0.35
非正式能力	组织能力	3.57	3.91	−0.34
通识性能力	书写能力	3.27	3.61	−0.33
通识性能力	自主学习能力	3.68	4.00	−0.32
通识性能力	创造创新能力	3.50	3.82	−0.32
非正式能力	理解与宽容	3.60	3.90	−0.30
非正式能力	乐于奉献	3.61	3.90	−0.28
通识性能力	通识知识运用能力	3.53	3.80	−0.28
通识性能力	批判性分析能力	3.36	3.64	−0.28
通识性能力	计算机运用能力	3.46	3.73	−0.27
通识性能力	数理分析能力	3.37	3.61	−0.24
专业知识运用能力	专业知识运用能力	3.73	3.81	−0.08
通识性能力	人文素养与艺术欣赏能力	3.47	3.49	−0.02
通识性能力	外语能力	3.39	3.07	0.32

注：匹配差距=高校培养均值−岗位需求均值

从表1匹配差中可以看出，就总体而言，除外语能力为正值以外，其他所有能力均为负值，即表明高校在上述能力培养上远远达不到毕业生岗位能力的需求。差距最为悬殊的绝大多数都为非正式能力，涉及人际交往、自我管理、态度与责任心和团队合作精神等；其次为通识性能力，包括解决问题、操作与实践技能、书写、自主学习、创新创造、批判性思考等能力；最后为专业知识运用能力、人文素养以及外语能力，外语能力至少在数据显示上为严重过剩。

不过，对于数据意义上的匹配度概念需要谨慎，如表1中专业知识运用能力、人文素养和外语能力较为匹配，但匹配度高并不等于培养质量就高。专业知识运用能力真正意义上匹配的前提是专业与岗位的对口程度，如果对口程度很低，专业知识运用能力甚至会出现过剩。调查数据显示，我国目前毕业生工作对口率并不高，在高职高专毕业生中，认为就业岗位与所学专业“比较对口+非常对口”的比例仅为29%，普通本科为50%，即使“211工程”高校也不过53%（“较不对口+非常不对口”分别为39%、26%和24%，其他为一般）。如上所述，外语能力随毕业生工作单位的性质而存在明显差异，总样本统计表明外语能力明显过剩（匹配差为0.32）。但是，如果具体到外企工作的毕业生样本，则反映外语能力明显不足（匹配差：政府事业单位0.406，外企-0.203）。这一正一负折射出来的可能不仅是学与用的衔接问题，更可能反映出我国高校外语教育体制、课程教学在能力训练中存在的严重缺陷。至于人文素养与艺术鉴赏能力普遍给予低评价，则很可能是由当下社会的功利化倾向所引起的误区，因为人文素养不仅关联到人的生活品质，更是构成有关职业伦理、工作价值、人的胸襟与视野、创新创造能力的精神根基与源泉。

总之，以上匹配差分析反映了如下需要我们对当前高等教育人才培养体制以及过程反思的问题：

第一，涉及人格养成、社会交往的非正式能力最为薄弱。调查显示，非正式能力各项匹配最弱，其中人际沟通与协调能力居首位，匹配差为-0.64。在竞争愈来愈激烈的当今世界，如何与人和谐相处和保持顺畅的沟通，如何学会自我管理与自我情绪控制，如何灵活应对工作和生活环境的变化而具有适应与变通能力，如何对工作、对他人、对团队有担当，这些被视为“情商”的因素似乎已经超过“智商”，成为影响个体生涯发展的主要障碍。

第二，通识性能力存在明显缺陷。通识性能力包括两个维度，一是综合素质，如解决问题能力、创造力、想象力、创新意识、眼界视野和数理思维等，在高校中这种素质的养成不仅要依托通识课程，也与专业教育存在相关。通识性能力的第二维度是通用技能，包括计算机应用能力、信息获取能力、书写能力、动手与操作能力、自我规划设计能力和自主学习能力等，这些都属于泛能力，几乎融通于整个学校教育与课程体系之中。调查表明，通用性能力是高校毕业生无法适应岗位需求的第二大弱项。上述能力匹配差都在-0.24以上，其中解决问题能力居首，为-0.6。

第三，适应国际化、现代化职业场所的能力偏弱。调查中发现，相对于政府事业单位、国企和集体企业，来自外资企业就职的毕业生评价：包括非正式能力在内的各种能力欠缺都最为严重，大多方面能力的匹配差几乎为在政府与事业单位、国企部门就业毕业生的1.5到2倍。通过差异分析发现，单位产权性质、管理体制、用人制度与组织文化等是构成能力需求差异的主因，外资企业匹配差最大，其次是民营企业、自主创业、集体企业、国有企业，差距最小的是政府与事业单位。这种匹配差异格局表明，总体上我国高校人才培养明显不适应国际化、现代化企业部门的需求。毕业生外语能力对外（外资企业）严重不足、对内（外资企业以外部门）过剩，表明当前外语教育教学乃至体制存在严重缺陷。

四、关于我国高校人才培养制度的对策与建议

结合调查所反映出的基本问题，有必要对当前我国高校人才培养制度做些许反思，在此仅尝试有针对性地提出如下对策与建议。

（1）改造校园生活环境，重视人格养成。曾几何时，为摆脱传统教育的社会本位观所带来的个人主体性的丧失，应试教育中学生个性被压抑、人格被扭曲的困境，我们把提升学生的主体性地位视为素质教

育改革的基本价值选择。但本次调查所显露出的问题表明：改革成效很难说尽如人意。无论是基础教育还是高等教育阶段，相对于知识和技能训练，培养健全的人格更应该成为教育的核心目的。高校毕业生职业生涯发展调查所反映出的是整个教育全程而非仅仅是高等教育阶段的问题。相对于西方国家，我国目前技术与产品竞争力的弱项不仅在于创新性不足，更在于质量上难以做到精益求精，其根本问题在于劳动者基本素质存在欠缺。我们的教育固然要重视知识传输与技能训练，但更需要关注的是人的健康情趣培养，立业与敬业精神和职业态度养成，倡导个体自由的同时又能强化其责任意识，学会尊重他人并与人和谐共处。

因此，在持续深化贯穿教育各个阶段的管理体制和招生选拔制度改革、为学校与个体自主发展解套的同时，如何全面改造校园生活，为人的精神品格养成营造良好氛围，这是增强学生未来职业生活适应性、使之融入社会并获得更好发展机遇的基础。此外，还需要通过与学业考评结合，倡导学生参与社区、城乡以及海内外志愿活动，通过社会参与培养其社会责任意识与公共关怀精神，提高社会交往与融合能力。

（2）确立问题导向，开展通识素养与技能教育。长期以来，由于深受美式教育体制影响，我们往往要么把大学通识教育（自由教育）理解为经典教育，要么视其为文理综合的素质教育。这种仿效所存在的误区在于：把通识教育更多地简单理解为基于多学科知识领会的视野拓展，而素养与能力获得没有受到足够重视。也正因为如此，即使在通识教育已成传统的美国，鉴于不甚理想的效果，究竟如何设置通识课程至今依旧存在众多困惑。

在今天，我们不能把通识素养与技能简单理解为多学科知识与理论的拼盘，而是要求高校结合当前国际国内社会、行业与特定领域（包括学术领域）中现在或未来发展中存在的问题，创建多学科融合的问题导向教育。要全面探索基于问题解决，融社会公正、道德伦理、审美情趣、科学探究、方案设计乃至技术研发等为一体的通识课程项目，以丰富多样、灵活弹性的内容体系与教学方式，力促学生自主学习、自我探究，在更加开放的教学环境中，培养创造力、想象力和理性思维能力，并获得各种工具性的技能。

（3）以能力为本位，全面改革外语教育教学体制。高等教育阶段与中小学阶段的外语能力培养如何各有分工又相互衔接？在高等教育阶段，是否有必要设立公共英语必修课？大学外语究竟是一种文化素养与专业能力教育还是仅仅就是语言训练？在外语教学挤占课程资源、学生精力投入最多但效果却极不理想的当下，或许我们真的有必要对外语教学乃至其教育体制予以全面的反思。经济与贸易全球化、一带一路战略实施以及我国社会更趋于开放、“走出去”已成为常态的新形势，更强化而不是弱化了对人才外语能力的要求。但是目前外语教育几乎等同于英语教育，英语教学效果又实在难尽人意的现状，迫切需要我们从如下角度展开思考：

第一，大学外语教育语种需要多样化，除了英语语种外，其他语种教师与课程资源极为薄弱的局面需要得到改观，以供学生自主选修。

第二，有必要取消公共英语作为必修课程的设置，把英语划分为两类课程：一是作为文化素养课程，开设多样化的文学、文化习俗、历史和科普等全外语课程，以选修课的形式供所有学生自主选择。二是根据不同专业需要，加强专业英语必修课程建设。实行外语与专业教学全面融合，强化学生专业阅读、口头与书面表达能力的训练。当然，为配合高校内部外语教学改革，有必要对目前统一的外语证书考试制度改革甚至存废问题做进一步研究。

（4）加强实践环节，强化动手实践与自主研究能力的培养。实践教育是学用结合、以用促学，提高学生掌握知识、运用知识、探索新知、发明创造乃至培养各种非正式、通识能力的重要途径。它并非是应用型人才的独享，同样也是学术性、理论型人才培养与成长过程中不可或缺的环节。本次调查表明，在涉及大学学习生活中最受益的环节问答中，37.1%选择了校外实习与社会活动，而课堂教学仅仅为13.6%；不同学科与毕业院校背景间略有差异，理科类与社科类选择比例更高，毕业“985 工程”高校的学生选择比例较低，但也达到了31.5%（见表2、表3）。

表 2　不同学科背景毕业生关于高校学习生活最受益的环节选择比例　%

	课堂教学	课外自学	同学间的互动交流	教师指导	校外实习与社会活动	合计
人文类	16.7	12.9	19.4	14.9	36.1	100
社科类	13.4	13.6	22.6	10.8	39.6	100
工科类	11.2	19.7	26.1	10.4	32.6	100
理科类	13.9	14.6	20.3	11.4	39.8	100
总计	13.6	15.3	22.3	11.7	37.1	100

表 3　不同高校背景毕业生关于高校学习生活最受益的环节选择比例　%

	课堂教学	课外自学	同学间的互动交流	教师指导	校外实习与社会活动	合计
高职高专	13.7	8.1	23.5	13.1	41.6	100
普通本科学校	13.6	15.6	22.1	11.7	37.0	100
非“985 工程”的“211 工程”大学	13.7	16.8	24.2	10.3	35.0	100
“985 工程”大学	13.2	20.1	23.5	11.7	31.5	100
总计	13.6	15.3	22.3	11.7	37.1	100

调查结果一方面折射了当前高校课堂教学的尴尬，另一方面也印证了实践环节对人才培养的重要性。因此，如何强化实验、科研和实习等一系列实践环节，应该成为当下高校培养制度改革的重点。建议我国高校在进一步加强传统专业实习与实践教学环节的同时，大幅度增加投入，全面开放高校实验设备设施，为学生参与研究创造条件；借鉴美国高校经验，创建大量暑期研究项目，支持学生开展自主研究；鼓励学生参加高校教师主导的团队研究，培养其研究素养、能力与团队合作精神；大幅提升高校实习基地建设水平，并为学生参加校外实习牵线搭桥、创造机会；完善有关学籍管理制度，支持本科生的自发创业活动，为其专利发明申请以及创业项目的实施提供制度与条件保障。

（5）进一步增强学生专业与课程选择弹性，提高学生求职能力以及对未来职业发展的适应性。在如今岗位甚至职业转换越来越频繁的时代，高校尤其需要重视提高学生未来职业转换过程中的适应与灵活变通能力，需要进一步改革教学管理制度，为学生学习期间专业转换与辅修专业学习尽可能创造便利条件；打破目前单一的专业培养规格与方向，为各有志向（学术与就业）的学生创建不同课程体系与选择路向；根据少数学生自我发展需要，不妨尝试探索由学生自我设计、导师予以指导和配合的个性化专业课程体系；吸纳有关企业与行业部门人员，根据行业未来发展需求，共同参与有关专业及其课程的设计。

（6）全面改进课程课堂教学形式，以严格学业评价促进学生自主学习能力提高。如上述调查所反映的课堂教学效果不尽如人意：总体上我国高校课堂教学模式远远不能满足当下学生的学习需求。这当中固然有信息与技术环境变迁急遽、让人不暇自顾的客观原因，但更多原因还是来自目前与师生相关的管理制度设计及其执行力度。以学生学习为中心，改革教师考核评价制度，敦促教师把工作重心向育人、向课堂教学倾斜，这固然是改进课堂效率的一个方面。但是，相对于美国，我国高校往往疏于或惧于对学生课程学习的严格考核，缺乏必要的学业压力，这是导致高校学生课外学习时间投入严重不足、学习氛围不浓的重要原因。与中小学阶段恰恰相反，在高等教育阶段，学生的学习兴趣更需要通过带有适度甚至重度压力的课业负担来培养，大学课堂不仅仅是传授知识的场所，更应该发挥的是对学生课下自主学习引导、观点论辩与问题释疑的功能。

为此，高校及教师在注重教学内容、方法、形式与技术改进，提高课堂效率与效果的同时，应该对课堂教学功能形成新的认识，把课堂教学仅仅作为学生学习过程的一个重要环节，其首要目的是培养学生自主学习能力，而并非简单地领会相关理论与知识。让课堂成为学习指导与释疑的场所，真正的学习更应在课堂之外。为保证学生课外学习时间的投入，强化其主动学习与自我承担责任的意识，有必要全面严格学业考核制度，甚至通过增加考试频次和严格考试标准，以外在压力力促学生自我学习能力的全面提高。

（特别说明：华东师范大学曹妍、李琳琳、刘晶、王文健等老师，博士生宋齐明、李永刚，硕士生严婷婷、黄子明、魏巍等同学在问卷编制修改、调查协调与沟通、问卷方法、数据清洗与处理等方面投入了巨大的精力，教育部发展规划司以及有关省厅教育行政部门对调查给予了全面的支持，在此谨致谢忱。）

参 考 文 献

[1] Melanie Allen. Employability：What Are Employers Looking For? [EB/OL].（2016－8－9）[2016－9－8] http：//www. jobs. ac. uk/careers － advice/interview － tips/1515/employability － what － are － employers － looking－for#_ edn3.

[2] Jasper Van Loo and Judith Semeijn. Defining and Measuring Competences：An Application to Graduate Surveys [J]. Quality & Quantity，2004，38：331－349.

[3] Edited by Jim Allen and Rolf van der Velden. The Flexible Professional in the Knowledge Society：New Challenges for Higher Education [M]. Springer：2011：17.

创造性人才培养的新视野

别敦荣

摘　要：培养创造性人才既是现代人自身发展的需要，更是经济社会发展的需要。传统的创造性人才培养因为“圈养”和“开小灶”的思维定式，所以难有成效。在我国高等教育体系由精英化走向普及化的大背景下，创造性人才培养研究需要将视野置于整个高等教育适应经济社会发展需要的大格局中进行。一流大学本科教学是创造性人才培养的土壤，既担负着培养大学生基本的创造性素质的任务，还承担着创造性人才培养的使命。培养创造性人才需要创造性的大学教学文化，需要改变我国大学教学文化因循守旧的问题。一流大学建设是创造性人才培养的策略。

关键词：创造性人才培养；教学文化；一流大学本科教学；一流大学建设

如何培养创造性人才？遍览世界各国，不论是一流大学还是一般大学，都不太可能从其在校生中选出极少数人，编成专门的班级，集中全校最优质的教学资源，封闭式地对他们进行培养和教育，以使他们成长为出类拔萃的、富有创造性的人才。这是为什么呢？难道这些大学不愿意培养创造性人才吗？显然不是。造就一批又一批创造性人才几乎是所有大学都孜孜以求的目标。那它们又为什么不采取上述办法呢？难道它们不知道心理学研究结果表明，智力超常者往往只占社会人口的5%左右，将这极少数人培养成为创造性人才是最可能、最经济的吗？答案是否定的。高校之所以不那么做，另有更深刻的社会和教育方面的原因：其一，那样做是不公平的。将最优质的教育资源集中用于极少数人的教育，是特权社会时代的产物。在高等教育民主化时代，不论智力超常者，还是经济地位优越者，或是社会资本突出者，与其他人的受教育权利是平等的。一所大学只能致力于为全校所有学生提供平等的优质教育，不能为了少数人更好地发展而剥夺其他人的平等受教育权。其二，那样做可能破坏大学的教育生态。开放的教育环境和氛围有助于个性相异的同学相互学习、相互激励，取长补短，良性竞争，在常态化的人际环境中发展自己的能力和素质。而封闭的教育环境不仅会将极少数学生与大多数学生隔离开来，使极少数学生接触不到更多各具特点的同学，从而弱化极少数学生的人际交往，而且还可能将极少数同学孤立于大多数同学之外，恶化极少数同学的人际关系，以至于他们走向社会以后还可能受到这种人际关系的影响。其三，该做法可能压制高等教育的魅力。高等教育固有的魅力在于其不确定性和不可预测性，大学向学生提供的所有教育都不可能有直接对应的教育结果，大学教育与其结果之间的奥秘仍是高等教育研究未能解答之谜。在高等教育的不确定性中，每一个大学生都有其不可预知的发展潜力。大学如果给大学生贴上了确定性的发展标签，也就意味着高等教育丧失了其原本所拥有的魅力。那么，为什么长期以来我国大学却习以为常地采用“开小灶”“圈养”的方式来培养创造性人才呢？而且人们还都认为理所当然，极少有人提出批评或抗议。这可能与我国一定时期的社会文化有关系，也可能与我国高等教育发展的阶段性特点相关联，还可能与我们对创造性人才培养的科学规律缺乏更深入的研究有联系。本研究把创造性人才培养置于我国新的社会背景和需求下，从高等教育发展即将迈入普及化时代的特点出发，运用更广阔的国际视野，探讨创造性人才培养新路径。

别敦荣，厦门大学高等教育发展研究中心主任，教育研究院副院长、教授。

原文刊载于《中国高教研究》2016 年第 12 期。

一、培养创造性人才的思维定式："开小灶""圈养"

培养创造性人才是现代大学教育目的的应有之义。19 世纪初期，有"现代大学之母"美誉的德国柏林大学将科学引入大学，为了实现由科学达致修养的教育目的，在教学中采取了科研与教学相统一的方法，建立了创造性人才的培养机制，从而开启了大学培养创造性人才的大门。我国现代大学是在教育救国的时代背景下发展起来的，在科技落后、经济不彰的历史时期，培养创造性人才更多地表现为一种期盼，培养传承性人才成为大学教育实践的主要目的。改革开放以来，我国大学一直致力于探索培养创造性人才的有效途径。1985 年颁布的《中共中央关于教育体制改革的决定》指出："教育体制改革的根本目的是提高民族素质，多出人才、出好人才。"对于人才的素质，文件要求"有理想、有道德、有文化、有纪律，热爱社会主义祖国和社会主义事业，具有为国家富强和人民富裕而艰苦奋斗的献身精神"，"不断追求新知，具有实事求是、独立思考、勇于创造的科学精神。"显然，具有献身精神和科学精神的人才，是时代所需要的创造性人才。

我国大学是重视培养创造性人才的，尽管有的在做法上并没有冠之以培养创造性人才，但其目标指向与培养创造性人才差别不大。传统上，大学通过认定一部分优秀学生或高分学生，将他们集中在一个班（组）或特设的学院，纳入重点培养计划，在师资、实验设备条件、经费资助、国际学术交流机会等方面给予倾斜，意图将他们培养成为毕业生中的佼佼者，也就是人们心目中的创造性人才。因此，不论是高等教育研究理论界还是大学教育教学改革实践，大多都是围绕如何去组织这些特设的班组或学院，如何公平地挑选所谓的优秀学生，如何保证重点培养计划的落实。人们似乎都认同，这是天经地义的事情，因为优秀学生或创造性人才只可能是极少数，只要选出了这极少数人，加以适当的教育培养就能达到目的。

尽管高等教育理论研究和大学教育教学改革实践不乏对创造性人才培养的关注，但创造性人才培养的体系并没有在大学建立起来。原因可能是多方面的，但其中一个不能忽视的原因就是理论上和实践中关于创造性人才培养的视野发生了偏差。长期以来，我国大学将创造性人才定义为一种特殊的人才，只能通过特殊的途径来培养。如在国家层面，实施拔尖创新人才计划、基础学科人才培养计划等，资助部分大学对极少部分学生进行特殊教育；在大学层面，采取各种实验班、试点学院、××计划等方式，集中优势教育资源对部分学生展开培养，以造就创新型人才。这种只关注极少数学生的聚焦式培养创造性人才的方式常常被称为"圈养"。为什么要"圈养"而不是"放养"或"散养"？有人可能认为是因为我国大学优质教育资源不足，不足以满足培养更多的创造性人才的需求，所以只能将这些资源集中起来，用于极少数学生的培养。如果面向更多的学生，优质资源就会被稀释，达不到培养创造性人才的目的。尽管这种看法不无道理，但不能否认的是，在传统的计划体制下形成的"重点培养"的思维定式也发挥了重要影响。

"重点培养"是我国各级各类学校教育中的一种特殊现象。在高等教育层次，"重点大学""×××工程""拔尖班""基地班"等成为大学显示教育成就的标志。在这些项目中，大学往往选择少量的学生进行所谓的教育教学改革"试点"，集中学校优质教育教学资源，包括高水平教师、先进的教学设施、科学研究机会、校际或国际学术交流机会等，为少数大学生服务。[1]

"重点培养"就是关注极少数学生，将他们圈在一起，与其他学生隔离开来。有人用"开小灶"来形容这种人才培养方式。"小灶"与"大灶"，"圈养"与"散养"，目标相同，但路径各异，哪一种路径更有效，要做出一个准确的判断并不容易。数十年来，"重点培养"一直是我国大学教育的重要战略举措，尽管对大学教育中"重点培养"在创造性人才培养中所发挥的作用缺少专门的评估研究，但可以肯定的是，我国高等教育系统本身已经发生了根本的变化，所面对的经济社会环境也有了翻天覆地的改变，创新人才培养模式，造就大批创造性人才是时代赋予大学教育的新使命。

何为创造性人才？是指通过教育所培养的具有创造精神和创造能力的人才。从类别看，可以是一种特殊类型的人才，即创造性人才，也可以是普通的具有创造性素质的人才。我国大学所培养的创造性人才是特殊类型的人才？还是具有多种素质而创造性素质只是其一的人才？如果是前者，可能需要比较特定的高等教育形式、层次或方式来培养；如果是后者，则可能需要在各级各类高等教育中注入创造性素质培养的元素，使所有接受高等教育的人都具有一定的创造性素养。如果二者皆有，则可能需要将两类创造性人才的教育在大学结合起来，既有分工又有统一，达到培养多种类型人才的目的。创造性是现代社会对高等教育人才培养的一个基本要求，也就是说，培养人的创造性素质是现代高等教育的基本目的。在高等教育实践中，人们对创造性人才的认识还是非常薄弱的，不但对创造性人才的素质构成很少认知，而且对创造性人才培养的机理及相关要求也了解不多，所以，很多所谓的实践探索都带有盲目性，也少有实践效果评价与反思，更没有见到何种有效的创造性人才培养的经验得到推广和验证。

教育心理学的研究表明，人的智能具有多样性，不同的人拥有各具优势的智能，教育应当针对不同学生的智能特点，扬长补短，造就个性鲜明的、各式各样的人才。我国大学教育常常习惯于抓重点而不太顾及其余，对极少数所谓的优异生或尖子生采用特殊的培养途径，而无视其他学生的优点、特长与发展需要。这种偏爱极少数学生，放弃大多数学生的做法，不是负责任的教育，而且有意无意导致了特权教育，与现代社会理念和高等教育理念的要求相去甚远。发展现代高等教育，应当秉承现代民主理念，公平地对待每一位大学生，尊重每一位大学生的个性与发展需要，因人制宜，造就大批高素质创造性人才，使每一个走出校园的大学生都怀抱远大理想，以一种阳光快乐的心态和良性的人际关系，融入社会生活，迎接职业与生活的挑战，享受创造性素质所带来的愉悦。

二、创造性人才培养的新视野：经济社会发展的呼唤

培养创造性人才既是现代人自身发展的需要，更是经济社会发展的需要。我国已经步入全面建成小康社会的发展阶段，经济总量位居世界前列，经济质量得到了显著改善，社会现代化水平大幅提高。经济社会发展对创造性人才数量和质量的要求是历史上任何时期都不能比拟的，创造性人才培养必须改变传统的思维，以更加广阔的视野、更加开放的态度、更加有效的途径造就大批创造性人才，以适应新时期经济社会发展的要求。

新时期经济社会发展要求创造性人才培养必须有新的视野，这既是经济规模和社会现代化发展的需要，也是经济质量、产业结构调整，尤其是高新技术产业发展的需要。改革开放以来，我国步入了经济社会快速发展的轨道，通过 30 多年的积累，我国经济不仅在规模上有了巨量的增长，而且结构和质量都得到了显著改善。据统计，1978 年我国国内生产总值（GDP）为 3678.7 亿元[2]，经济总量位居世界第 10 位，经济总量占世界的份额为 1.8%；1986 年超过万亿元，达到 10309 亿元；2000 年突破 10 万亿元，达到 100280.1 亿元；2010 年为 413030.3 亿元，按美元折算，超过日本，跃居世界第二位；2014 年达到 636463 亿元，超过 10 万亿美元，除美国外，远超世界其他国家；2015 年达到 676708 亿元[3]，经济总量占世界的份额达到 15.5%，表明我国经济发展进入新常态后，整体规模仍呈增长趋势。与 1978 年相比，2015 年的国内生产总值增长了 183.95 倍。30 多年来伴随我国经济规模持续走高、节节攀升的发展势头，产业结构不断调整和改善，第一、第二、第三产业增加值在国内生产总值中所占的比例，则由 1978 年的 28.2∶47.9∶23.9 调整为 2015 年的 9.0∶40.5∶50.5，第一产业所占比重显著下降，第三产业所占比重明显上升。不仅如此，第二产业和第三产业的质量也得到了显著改善。

经济总量、结构和质量的不同，对创造性人才的需求是不同的，既有数量上的不同要求，又有结构和质量上的不同要求。在经济发展中，对创造性人才需求最大的是高技术产业，高技术产业是创造性人才施展才华和抱负的领地。我国经济结构和质量的改善有很多表现，其中一个重要的标志是高技术产业的兴起和发展。有研究表明，我国在很多高技术领域中的研发活动几乎与发达国家同时起步，1958 年就已开始数控机床的研究，20 世纪 60 年代中期开始研究集成电路，但高技术产业化发展还是 1985 年第一个高新技术产业开发区在深圳市建立以来的事情。20 世纪 80 年代，在国家一系列科技计划的直接推动下，我国开始在高技术的基础研究、应用研究与科技成果转化等各个层面上，大规模地促进高技术产业的发展，高技术产业成为拉动经济增长、促进出口和经济结构调整的最为活跃的力量[4]。据统计，2003 年，我国高技术产业工业总产值达到 20556 亿元，高技术产业实现增加值 5034 亿元，高技术产业从业人员达到 477 万人[5]。2010 年，我国高

技术产业总产值创历史新高，突破7万亿元，达到74709亿元，其中内资企业占比超过1/3[6]；高技术产业从业人数达到1092万人[7]。2014年，我国高技术产业主营业务收入达到12.7万亿元，内资企业自主创新能力持续增强，高技术产业中内资企业规模不断扩大，内资企业的主营业务收入占比达到46.6%[8]。另据统计，2013年我国高技术产业从业人员达到1294万人[9]。与2003年相比，2014年我国高技术产业总产值增长6倍以上，2013年我国高技术产业从业人数增加了819万人，增幅达171.69%。面对高技术产业数以千万计的从业人员需求，大学的创造性人才培养不能小打小闹，应当解放思想，突破传统思维，创新思路，扩大教育对象范围，面向更广大的大学生群体，建立新的教育和培养体系。

现代产业发展需要创造性人才，现代科技在产业发展中应用越广泛深入，对创造性人才的需求越大。与此同时，产业发展为创造性人才所提供的支持也越多，包括创造性人才发挥作用所必不可少的研究、开发和试验的经费支持。反过来，也可以通过国家研发经费的变化情况来分析产业发展对创造性人才的需求状况。据统计，2003年我国研究与试验发展（R&D）经费支出为1539.6亿元，占当年国内生产总值（GDP）的1.31%，其中，基础研究经费支出为87.7亿元，应用研究经费支出为311.5亿元，试验发展经费支出为1140.5亿元；从执行部门看，各类企业支出960.2亿元，科研院所支出399.0亿元，大学支出162.3亿元[10]。2010年，我国研究与试验发展（R&D）经费支出达到6980亿元，占国内生产总值（GDP）的比重达到1.75%[11]。到2015年，我国研究与试验发展（R&D）经费支出达到14220亿元，占国内生产总值的比重为2.10%[3]。研究与试验发展经费的持续增长，包括与国内生产总值的同步增长，表明我国经济社会发展，尤其是产业发展对创造性人才提供的经费支持是持续不断增长的，也表明我国产业发展对创造性人才的需求是持续不断增长的。

另有统计表明，2014年我国科技人力资源总量达到7512万人，其中，大学本科及以上学历的科技人力资源总量为3170万人。无论是按人头数还是按全时当量计，我国投入研发活动的人力规模都已经达到全球最高。根据世界经合组织（OECD）对41个主要国家和地区的统计，我国R&D研究人员全时当量数占全球总量的比重从2009年的18.4%上升到2014年的21.4%。但国际比较也表明，我国研发人力投入强度指标在国际上仍处于落后水平。我国每万名就业人员的R&D人员数从2010年的33.6人/(年·万人）上升到2014年的48人/(年·万人)。但每万名就业人员的R&D研究人员数增长相对较慢，从2010年的15.9人/(年·万人）上升到2014年的19.7人/(年·万人)。2014年我国每万名就业人员的R&D人员在R&D人员总量超过10万人年的国家中仅高于土耳其和巴西等发展中国家。韩国、法国等国家的万名就业人员R&D人员数量是我国的3倍以上。2014年我国每万名就业人员的R&D研究人员在R&D人员总量超过10万人年的国家中排名倒数第2位，发达国家这一指标值大多是我国的4倍以上[12]。这也就表明，我国培养创造性人才的步伐跟不上发达国家的步伐。创造性人才的不足对我国高技术产业发展和经济社会的转型升级都有重大影响。

对我国大学而言，经济社会发展对创造性人才，包括创造性人才的需求，是挑战、更是机遇。我国高等教育即将进入普及化发展阶段，生源、招生人数和在学人数都不是问题，我国大学必须适应经济社会发展的新需要，转变人才培养方式，构建创造性人才培养体系，源源不断地为经济社会发展培养具有创造精神和创造能力的高素质专业人才，促进我国经济社会持续健康发展。

三、创造性人才培养的背景：高等教育由精英化走向普及化的趋势

创造性人才培养应当与高等教育体系的发展和变化相适应。我国高等教育长期小规模、精英化发展，直到20世纪末期，才开始快速迈向大众化。与其他国家不同的是，经过一个短时期的发展和积累，我国高等教育已经进入大众化后期，正稳步向普及化迈进。历史地看，我国高等教育发展表现出精英化时期较长，大众化时期较短，普及化成为不可逆转的趋势，可以说，在我国高等教育发展史上，大众化注定只是一个短暂的过渡阶段。所以，我国大学的创造性人才培养可能难以形成大众化阶段特有的模式，很可能出现一个从精英化阶段的创造性人才培养向普及化阶段的创造性人才培养的跨越。

高等教育体系是培养创造性人才的蓄水池，蓄水池规模的大小对创造性人才培养有着重要影响。我国现

代高等教育有100多年的发展历史，到21世纪才迈入大众化的门槛。从招生规模看，据统计，1997年我国大学年招生规模达到100.04万人。1999年，我国启动了高等教育的“大扩招”，本专科生招生总数达到159.68万人，比上一年增加51.32万人，增长速度达到史无前例的47.4%；之后的2000年扩招幅度为38.16%，2001年为21.61%，2002年为19.46%；2003年，大学本专科在校生人数超过1173万。21世纪我国高等教育快速发展的步伐在大学年招生人数的变化上有明显的反映。如果以京师大学堂建立为起点，我国大学用了100年时间实现了年招生100万人以上，从100万人以上到200万人以上只用了3年，再到300万人以上和400万人以上都只用了2年，到500万人以上仅用了1年，到600万人以上用了4年，到700万人以上则用了6年。尽管到以后增长速度明显放缓，但由于基数庞大，即便小幅增长也会带来高等教育总规模的显著扩大。据统计，“大扩招”前的1998年，大学在校生总数为340万人，到了2015年达到2625.30万人。如果加上其他各类高等教育在学人数，2015年我国高等教育总规模为3647万人，高等教育毛入学率达到40.0%。这就是说，我国高等教育发展进入了大众化的后期阶段，离普及化的及格线不远了[13]。据预测，未来3~5年内，我国高等教育毛入学率将达到或超过50%，高等教育发展将走向普及化。有研究表明，2020年至2024年，我国高等教育在学总规模很可能突破5000万人；到2025年，我国高等教育在学总规模可能达到5187.08万人至5929.88万人，比2015年末增加1000万~2000万人，高等教育毛入学率可能达到63.42%至78.27%[14]。我国已建立全球最大高等教育体系，与精英化的高等教育相比，大众化和普及化的高等教育受众对创造性素质的需求是不同的。在一个超大规模的体系中，开拓和创建创造性人才培养新模式，是一个全新的课题。

我国高等教育发展不只表现在规模的增长上，而且还表现在结构的完善上，突出地体现在多样性越来越显著。在不同层次、类型的高等教育中，创造性人才培养有共性的要求，有教育的关联性、贯通性，也各有自身的特点。以研究生教育发展为例，1978年以前，我国曾有过研究生教育，但没有持续发展，也没有建立起研究生教育体系。1978年我国研究生教育得到恢复发展，到1980年，我国在学研究生已达2.1万人。同年，《中华人民共和国学位条例》由全国人大常委会审议通过，研究生教育发展走上了有法可依、有规可循的轨道。自此以后，研究生教育规模不断扩大，学科门类不断丰富，学位类别不断增加，到现在已经构建起一个规模庞大、结构完善、类别多样的研究生教育体系。据统计，2015年，我国研究生招生数达到64.51万人，其中，博士生招生7.44万人，硕士生招生57.06万人；在学研究生达到191.14万人，其中，在学博士生达到32.67万人，在学硕士生达到158.47万人；毕业研究生达到55.15万人，其中，毕业博士生5.38万人，毕业硕士生49.77万人[15]。有了如此大规模的研究生教育体系，整个高等教育的创造性人才培养应当有新的思维，创造性人才培养的任务应当更加多样而丰富，创造性人才培养应当根据不同层次、类型高等教育的任务要求采取不同的方式方法。从比较严格的意义上讲，不论是硕士教育还是博士教育，不论是学术学位教育还是专业学位教育，都要以创造性人才培养为直接目的，甚至是第一目的。在有近200万人规模的研究生教育的今天，整个高等教育体系培养创造性人才应当有新的思路。在近200万的研究生之外，2625万本专科大学生的创造性素质培养应如何去做？应以什么样的理念和思想为指导？很显然，长期沿用下来的“重点培养”的思想和做法需要改变。

由精英化向普及化发展是我国高等教育的深刻变革，不仅反映了经济社会发展对各级各类人才培养的需要，也反映了高等教育自身发展的需要。在高等教育大众化和普及化阶段，受教育者来自平民阶层的比例越来越高，平民子弟接受高等教育的需求是不同的。多样性、个性化成为新时期我国高等教育发展的突出特点，我国大学培养创造性人才必须尊重新时期高等教育变革的特点，既要关注创造性作为人的基本素养的需求，又要重视经济社会发展对创造性人才的呼唤。

四、创造性人才培养的土壤：一流大学本科教学

大学是创造性人才培养的最佳场所。大学如何规划和实施创造性人才培养，不仅反映了大学对创造性人才培养的认知，而且决定了创造性人才培养的质量与成效。“重点培养”可以看作是大学选择了“温室”培

育，其成效可以看作是“温室功能”的发挥，与大学整体的教育差别很大；“散养”则可以看作是大田耕作，既可能广种薄收，也可能广种广收。我国大学在创造性人才培养中采用罕有的所谓“散养”方式，所以，也就难见有计划、有目的的“散养”的成效。

现代高等教育始于本科教育。现代高等教育肇始于18世纪中后期，成型于19世纪初期，当时的大学层次类型单一、教育教学目的单纯，只开办本科教育，因此，有人将这一时期的大学生称为“第一代本科生”[16]。在后来的发展中，高等教育在类型和层次上不断发展，体系越来越复杂而多样，教育规模和教育目的也随之发生变化。尽管如此，本科教育的基础地位未曾被动摇过，发挥了承上启下、服务经济社会发展的重要功能。

在200多年的发展中，本科教育自身也在发生改变。传统的本科教育主要是普通教育，培养牧师、教师、医师、律师等高级专业人才。时至今日，本科教育服务于经济社会各行各业，而且人才培养的类型、规格和水平也是多种多样。实施本科教育的大学亦变得各式各样，不再是一个模式、一种形态，有精英化、小规模的，也有大众化、大规模的；有综合化、多学科的，也有单科型、专门化的；有注重学科人才培养的，也有专注培养应用型人才的；有将研究置于首位的，有教育与研究并重的，也有首重教育、兼顾科研与服务的；有数百年、上百年的老校，也有数十年、若干年的新校；教育教学形式不再局限于课堂教学、校园教育，而是在课堂、校园、网络和社会现场之间建立多样化的合作教育形式；等等。现在，除了能够从学制和所授予的学位上找到各式各样的大学本科教育的共同点之外，恐怕再难以找到它们的共同之处了。

高等教育不论如何变化，不论有多少种形式，本科教育培养创造性人才的目的是不变的。200多年来，研究生教育规模不断扩大，层次、类型和学科门类不断增加，创造性人才培养向高等教育体系上移的步伐没有终止过，但本科教育并没有轻视和放弃造就创造性人才的使命。与此同时，为了满足经济社会发展对职业人才的需要，在传统的本科教育之外，高等职业教育或专业学位教育得到了发展，尤其是20世纪中期以来，高等职业教育和专业学位教育发展迅速，在有的国家甚至占据了高等教育的半壁江山，创造性人才培养并没有因为高等教育向职业领域拓展而遭到削弱。相反，由于知识经济发展迅猛，信息技术的应用日益广泛、深入，社会变革越来越快，创造性成为普通民众必需的基本素质，所以，包括本科教育在内的所有高等教育，都不能不重视培养创造性人才。显然，今天的本科教育与200年前已经有了显著的差别，但不论是面对少数精英人群，还是面对大众化和普及化的各阶层社会民众，培养受教育者的创造性素质仍然是大学本科教育目的的应有之义。如果说早期的现代大学培养创造性人才是教育功能上的一种开拓创新的话，那么，今天大学本科教育对培养创造性人才的坚持是大学在新的时代背景下对高等教育和经济社会双重需要的有效应答。不舍初心，本科教育方能历久不衰，坚守高等教育的基础地位。

一流大学本科教学是培养创造性人才的沃土。尽管开展本科教育的大学都培养创造性人才，但不同层次、类型和水平的大学所担负的任务是不同的。对大多数大学而言，本科教育主要培养大学生基本的创造性素质，而一流大学本科教育既担负着培养大学生基本的创造性素质的任务，还承担着创造性人才培养的使命。一流大学拥有的办学资源和条件更优于其他大学，在培养创造性人才方面理应发挥更重要的作用。

五、创造性人才培养的条件：大学教学文化创新

创造性人才培养需要创造性的大学教学文化。大学是一种文化组织，它像一间大染坊，染坊里有什么溶液，就能染出什么颜色的布料。大学教学文化如同染坊里的溶液，它能给大学生的素质打上一个鲜明的烙印。创造性人才只能在富有创造性的大学教学文化里培养，大学教学文化的浸润力不但能够影响大学生的知识学习效果和学习态度，形成并塑造大学生的思维方式与认知倾向，而且还能够深刻地影响他们的精神世界和价值观，在其思维和认知中植入创造的种子，在其态度、价值观和精神中注入创造的喜好，使其养成一种创造性的人格特质。创造性的教学文化对大学生的影响是潜移默化的，其影响主要表现在大学生的校园生活和学习活动全过程中。创造性的教学文化的典型表现为：

（1）大学教学崇尚创造价值，对师生的创造性动议、行为、思想等的高度认可、尊重和重视；

（2）大学教学各要素、各环节、全过程充满创造性要求、设计、活动安排，教学过程的创造氛围浓厚；

（3）师生创新在教学中常态化，教师的教学和学生的学习都富有创造性；

（4）大学教学宽松包容，师生的创造性行为及其结果是大学教学不可或缺的。创造，包括失败的创造都是能够为师生和学校所接受的，相反，循规蹈矩、不思进取、照本宣科、本本主义等却是大学教学所不能接受和容忍的。

我国大学培养创造性人才存在诸多障碍，教学文化的影响不容忽视。我国大学教学文化过于因循守旧，创造性不足。长期以来，在计划体制下，我国大学教学形成了唯上的习惯，各级政府部门、大学各级教学行政部门，以及有关领导都对教学拥有权威的发言权，各级政府部门和大学行政部门对教学制定了诸多强制性的法律法规和规章制度，对各种教学要素、教学环节和教学过程，包括人才培养方案、课程、教材、教学考核等都做出了明确而具体的规定和要求。从大学教学的要求看，外部的价值追求，尤其是来自政府行政部门的指令发挥了主导作用。改革开放以来，我国大学教学进行了多方面的改革，包括扩大办学自主权，增加师生的学术自由，减少干预，尊重人才培养与成长规律等，教学文化得到了一定程度的改善。但在大学教学中，唯上的习惯还没有根本改变，唯上的背景和基础仍然非常强大；行政化色彩浓厚，行政主导和支配教学过程的现象没有改变；应试教学、以教材为中心的照屏宣科、照本宣科大行其道；教学管理控制有余、激励创造不足，满足于按课表上课、教师完成工作量、学生及格率高、毕业率高等，说明我国大学教学文化与培养创造性人才的要求相距甚远。唯上、行政化、应试、控制是我国大学教学文化中比较典型的表现，其基本指向是因循守旧，其结果只能是少自主、少进取、少自由、少个性、少创造。从这个意义上讲，有什么样的大学教学文化，就有什么样的人才培养。我国大学要培养创造性人才，必须创新教学文化，调配富有创造性的“溶液”，打造能够培养多姿多彩的创造性人才的“新染坊”。

创新教学文化，将创造的基因植入教学过程的各要素、各环节，是大学培养创造性人才的不二选择。创造性是现代大学教学的主要特征，但大学教学不可能无所作为就表现出创造性，实现造就创造性人才的教育目的。大学需要改革教学，在有形和无形的教学思想观念、教学组织形式、教学标准与要求、教学设施条件、教学活动、教学管理与服务等各方面，根据创造性的要求进行持续不断的改革，使创造成为一种教学习惯，为师生和所有参与教学行政管理与服务的人员所认同和践行。改变一种文化很难，创新教学文化不可能一蹴而就，需要长期持续的努力。要改变我国大学教学文化的因循守旧问题，涉及大学内外多方面的因素，有的甚至超出了教育范畴，需要有更宏观层面的改革，但大学并非只能等待，大可以有所作为。30 多年的改革开放已经赋予我国大学必要的教学自主权，大学可以在自主权的范围，从教学标准与要求、学科专业发展、课程体系完善、教学制度与管理、师生教学行为、教学活动设计、教学条件配备、教学服务支持等各方面，强化创造性导向，使创造成为教学的核心价值之一，使创造成为师生的自觉意识和行为，使创造成为大学领导与管理者珍视和追求的教育价值。

创新教学文化，大学应当守望精神家园。教学文化是大学文化的核心，但这是从其重要性来说的。现代大学面对的需求太多了，面临的压力太大了，面前的诱惑太难拒绝。现代大学已经成为多样性的复杂组织，内外多种多样的文化冲突使大学常常迷失自我，教学文化并不能因其重要而占据主导或优势地位，相反，很可能在文化博弈中成为其他文化的附属，甚至可能发生变异。在学科文化和学术文化传统薄弱的国家，大学教学文化往往处于弱势地位，为其他文化所干扰和制约，包括可能受到某些社会文化的钳制与统整，丧失自身的个性。因此，创新教学文化，不能只是就教学文化谈教学文化，还应当从更宏观的角度来探讨。大学还应当加强自主办学能力建设，自觉遵循高等教育规律和现代大学的逻辑办学，营造宽松包容的环境和氛围。

六、创造性人才培养的策略：一流大学建设

培养创造性人才，一流大学建设是一个绕不开的问题。世界上有两种大学：一种是世界一流大学，另一种非世界一流大学。已经是世界一流的大学只是常规化地办学，便能达到其目的，包括教育目的；非世界一流的大学，多数也在不断提高办学实力和办学水平，但无意成为世界一流，少数确立了成为世界一流的目

标，意图通过建设达到世界一流，我国就有这样一批大学。“211工程”“985工程”以及将要开始实施的“双一流”建设，都将目标对焦世界一流大学。“211工程”立项建设的大学一共112所，“985工程”立项建设的大学共有39所，“双一流”建设虽然没有正式启动，但有关政策文件已经发布。从建设情况和要求看，“211工程”和“985工程”更加重视立项大学的基础设施和条件建设；如果从人才培养上有关制度方面看，也主要是研究生教育，尤其是博士生培养，对本科生教育而言，其影响主要是间接的或附带的。“双一流”建设与两大工程建设有所不同，国务院印发的《统筹推进世界一流大学和一流学科建设总体方案》在建设任务的第二条提出：“培养拔尖创新人才。坚持立德树人，突出人才培养的核心地位，着力培养具有历史使命感和社会责任心，富有创新精神和实践能力的各类创新型、应用型、复合型优秀人才。加强创新创业教育，大力推进个性化培养，全面提升学生的综合素质、国际视野、科学精神和创业意识、创造能力。”可见，培养创造性人才在“双一流”建设中占有突出的地位，这也说明一流大学建设将步入大学的核心功能，把培养创造性人才作为主要目标，将使一流大学建设更加名副其实。

一流大学不仅是科学研究的生力军，而且是创造性人才培养的主力军。在对一流大学的认识上，一种偏颇的认识很有市场：这就是一流大学主要是科研产出的一流，只要能够产出国际主流刊物的论文，名列前茅者便是一流。在一流大学排行榜上，进入名单者都是科技论文产出较多的大学，评价标准也以科研论文产出所占比重为最大。这样的认识和排名方法更强化了科研在大学的地位，所以，在一流大学建设中，往往会将科研及其产出放在第一位。毫无疑问，一流大学是科学研究的生力军，不论是在基础科学研究方面还是在应用开发研究方面，一流大学都拥有强大的实力和优势，是科技创新的中坚力量。但即便如此，科学研究也只是一流大学第二位的使命，第一使命在于人才培养。其实，一流大学可能存在忽视人才培养的现象，但并非不重视人才培养。在很多世界一流大学，尽管科学研究受到高度重视，但人才培养受重视的程度远在科学研究之上。倒是一些正在建设世界一流的大学，为了追求一流的世界排名，对科学研究倾注了过多的力量，而将人才培养放在了次要位置。大学是教育组织，人才培养是大学的根本使命，其他都是第二位、第三位的。普通大学如此，一流大学也是如此。与普通大学不同的是，在人才培养中，一流大学更注重培养创造性的人才。

加强创造性人才培养能力建设，是一流大学建设的重中之重。建设世界一流大学是我国高等教育发展的必然要求，是建成高等教育强国的重要标志。建设世界一流大学，应当把建设一流的人才培养能力放在首位。“双一流”建设将一流学科与一流大学并列，有人误以为建设世界一流大学是学科导向的，人才培养在学科导向中不是主要的。殊不知，人才培养与学科须臾不可分离，离开了师生的学科是残缺的学科，离开了人才培养的学科不是大学的学科，学科导向的第一指向是人才培养，在世界一流大学建设中就是创造性人才培养。一流大学拥有优越的教育设施条件，拥有高水平的师资队伍，拥有创造性的教学文化，培养创造性人才当仁不让，舍我其谁！我国建设世界一流大学，不仅应当转变思想认识，将培养创造性人才置于各项决策和设计的首位，而且应当实实在在地加强创造性人才培养能力建设。为此，应当剪除一切阻碍和限制创造性人才培养的羁绊，改革大学文化，尤其是要建设富有创新性的教学文化，构建尊重创造、敢于创造、乐于创造、鼓励创造的教育教学的软硬件体系，特别是要营造能够激发师生创造精神和灵感的环境，使师生的创造潜力能够最大限度地得到发挥。果如是，我国大学离世界一流大学也就不远了。

参考文献

［1］别敦荣．一流大学本科教学的性质、特征及建设路径［J］．中国高教研究，2016（8）．

［2］中华人民共和国国家统计局．国家数据［EB/OL］．［2016－8－4］http：//data.stats.gov.cn/search.htm？s＝1978年GDP．

［3］2015年国民经济和社会发展统计公报［EB/OL］．（2016－2－29）［2016－8－4］http：//www.sts.org.cn/nwdt/gndt/document/2015/2015年国民经济和社会发展统计公报.pdf．

［4］王元．我国高技术产业发展回顾与展望［J］．科学新闻，2002（03）．

[5] 2003 年我国高技术产业发展概况 [EB/OL]. [2016 - 8 - 4] http: //www. sts. org. cn/tjbg/gjscy/documents/2003/1029. htm.

[6] 2010 年我国高技术产业发展状况分析 [EB/OL]. [2016 - 8 - 4] http: //www. sts. org. cn/tjbg/gjscy/documents/2012/20120206. htm.

[7] 中华人民共和国科技部. 中国高技术产业数据 (2012) [EB/OL]. [2016 - 8 - 4] http: //www. sts. org. cn/sjkl/gjscy/data2012/data12. pdf.

[8] 2014 年我国高技术产业发展状况分析 [EB/OL]. [2016 - 8 - 4] http: //www. sts. org. cn/tjbg/gjscy/documents/2016/2014 年我国高技术产业发展状况分析 . pdf.

[9] 中华人民共和国科技部. 中国高技术产业数据 (2014) [EB/OL]. [2016 - 8 - 4] http: //www. sts. org. cn/sjkl/gjscy/data2014/data14. pdf.

[10] 中国科技统计 [EB/OL]. (2004 - 11 - 29) [2016 - 8 - 4] http: //www. sts. org. cn/nwdt/gndt/document/2004/036. htm.

[11] 中华人民共和国 2010 年国民经济和社会发展统计公报 [EB/OL]. (2011 - 2 - 28) [2016 - 8 - 4] http: //www. sts. org. cn/nwdt/gndt/document/2010/2010 年国民经济和社会发展统计公报 . pdf.

[12] 中华人民共和国科技部 . 2014 年我国科技人力资源发展状况分析 [EB/OL]. (2016 - 3 - 17) [2016 - 8 - 4] http: //www. most. gov. cn/kjtj/.

[13] 别敦荣. 普及化高等教育的基本逻辑 [J]. 中国高教研究, 2016 (3).

[14] 易梦春. 我国高等教育普及化进程及其影响因素——基于时间序列趋势外推模型的预测 [J]. 中国高教研究, 2016 (3).

[15] 中华人民共和国教育部 2015 年全国教育事业发展统计公报 [EB/OL]. (2016 - 7 - 6) [2016 - 8 - 6] http: //www. moe. edu. cn/srcsite/A03/s180/moe_ 633/201607/t20160706_ 270976. html.

[16] [美] 谢尔顿·罗斯布莱特. 现代大学及其图新: 纽曼遗产在英国和美国的命运 [M]. 别敦荣, 等, 译. 北京: 北京大学出版社, 2013: 108.

大学生学习成果评价：五种思维能力测试的对比分析

赵婷婷　杨　翊

摘　要：作为大学生学习成果评价的重要部分，思维能力测试近年来逐渐成为高等教育评价的重要手段之一。本研究选取了目前影响较大、最具代表性的 5 种思维能力测试——EPP、CLA +、CAAP、HEIghten™、GRE，通过对它们的形式、内容、信效度等方面的对比分析，从可操作的研发层面对当今大学生思维能力测试的特点、问题与发展趋势进行研究，以期为研制适合我国大学生特点的思维能力测试提供借鉴和启示。

关键词：学习成果评价；思维能力测试；对比分析

一、问题的提出

近年来，大学生学习成果评价逐渐成为各国高等教育质量评价中的核心内容，其主要特色在于关注高等教育的“输出因素”——大学生的学习成效，因此学术界普遍认为它能更直接、深入、有效地反映高等教育质量[1]。大学生学习成果评价的方法有很多种，按照评价主体大致可分为两类：一类是以学生自身为评价主体，主要通过调查问卷等自我报告的形式进行的大学生学习经历、学习投入、对教学的满意度等方面的调查；另一类是以第三方评估机构为评价主体，主要通过考试等客观评价方式进行的大学生学习成果测试①。后者因其过程标准、结果客观、更适合院校间比较等特点，近年来逐渐得到高等学校的青睐，仅在美国，近 5 年参加大学生学习成果测试的高校就达到数千所之多。

目前比较有影响力的大学生学习成果测试大多考察学生的一般能力或通用能力（general ability），在这些能力中，思维能力是必考，也是最重要的部分。从 1910 年约翰·杜威提出“思辨思维”开始，学术界对学生思维能力的研究和测评方兴未艾，美国 20 世纪 30 年代开始的进步教育运动更是使思维能力培养的理念深入人心。现在，美国、英国、澳大利亚等国政府已经明确提出思维能力的培养是高等教育的主要目标[2-4]，各大高等教育机构也都把思维能力列为高等教育最核心的学习成果之一。虽然思维能力培养得到了各方面的重视，但是思维能力的测量和评价却一直是困扰学术界的难题之一，其难点在于：第一，思维能力具有弥散性的特点，它广泛存在于个体的各种能力和行为当中，很难准确、完整地描述其内涵；第二，即便我们能对思维能力的内涵有明确表述，但是这一表述与将其准确测量出来之间，仍然存在着诸多的环节和转化过程。

国外在这一领域的研究和积累相对较多，尤其是自教育目标分类学被广泛接受以来，它关于教育目标（从学生的角度理解就是学习成果）分类的基本框架是各项思维能力测试研发的主要依据。在高等教育领域，目前，全球这类大学生思维能力测试已经达到了百余种。它们深具共性，又各有特色、各有侧重，满足不同层次、类型的高校用户和个人用户的需求。我国学者近年来对思维能力测试的关注度日益提高，都建颖、李

赵婷婷，北京航空航天大学人文与社会科学学院教授；杨翊，北京航空航天大学人文与社会科学学院博士研究生。

原文刊载于《中国高教研究》2017 年第 3 期。

① 广义的大学生学习成果测试包括标准化测试、院校内部测试以及课堂测试等，狭义的大学生学习成果测试仅指标准化测试。本研究采用大学生学习成果测试的狭义定义，仅指标准化测试。

旭、仲海霞等翻译了国外著名思维能力测试研究学者恩尼斯、费希万等的主要著作[5][6]；罗清旭、杨鑫辉、赵婷婷等汉化、修订了一些国外著名思维能力测试，如加利福尼亚批判性思维倾向问卷（CCTDI）、EPP 批判性思维能力测试等[7][8]；还有一些学者根据学科特点，以国外著名思维能力测试为基础，改编、开发了一些有学科和行业特色的思维能力测试，如董文改编、开发的护士批判性思维能力量表[9]；也有一些学者通过使用汉化的思维能力测试开展了一些关于教学、学习过程、评估方法等的实证研究。

总体来看，关于大学生思维能力测试的研究国内外差距很大，国外的相关理论研究和测试研发比较成熟，但国内的研究仍基本停留在相关理论和测试的引介阶段，还没有针对我国本土大学生学习成果评价的思维能力测试。然而，随着我国高等教育质量评价工作的推进和深入，随着对高等教育质量评价客观性的重视，随着大学生学习成果评价理念日益深入人心，本土大学生思维能力测试研发已成为必然趋势和客观需求。本研究正是基于这样的背景，希望能够从可操作的研发层面，对国际上影响力比较大的大学生思维能力测试进行形式、内容、方法等方面的对比分析，揭示当今大学生思维能力测试的特点、问题与发展方向，以期为推进我国大学生思维能力测试研发提供借鉴和启示。

在百余种大学生思维能力测试中，本研究选取了由美国教育考试服务中心（Educational Testing Service，简称 ETS）、ACT 股份有限公司（ACT. Inc，简称 ACT）、美国教育援助理事会（Council for Aid to Education，简称 CAE）等机构研发的 5 种大学生学习成果测试中有关思维能力测试的部分作为研究对象。这 5 种测试是：大学学习评估考试（CLA +）、ETS 水平轮廓考试（EPP）、大学学业水平评估考试（CAAP）、HEIghten™学习成果测试组以及美国研究生入学考试（GRE）①。其中，EPP 和 CAAP 历史比较悠久，从 20 世纪 70 年代大学生学习成果测试兴起开始，这两项测试就已被推出，目前全世界范围内使用这两项测试的院校有数百所，它们与 CLA + 一起成为美国院校自愿问责系统（Voluntary System of Accountability，简称 VSA②）指定的大学生学习成果测试工具；与 EPP 和 CAAP 相比，CLA + 历史较短，但用户更多，CLA + 是目前美国乃至全世界团体用户最多的大学生学习成果测试，在全世界范围内有超过 700 所高校使用该项测试监控教育质量，它还被经合组织（OECD）选为高等教育学习成果项目 AHELO 的通用能力的测试工具，而且 CLA + 全卷均为思维能力测试，其表现性测试部分独具特色；HEIghten™是 ETS 于 2014 年最新推出的大学生学习成果测试，其理念更新，测试题型也更为多样。如果说 CLA +、EPP、CAAP 和 HEIghten™这 4 项测试主要用于高校教学质量的监测与评估，那么 GRE 则是另一类型学生学习成果测试的代表，它关注的是考生个体，主要用于大学生个人学习成果评测，与前 4 种测试相比，GRE 是历史最久、参加人数最多的测试，作为美国大学研究生录取的重要参考，全球范围内每年都有众多本科毕业生参加这项测试。

本研究选择这 5 种测试进行对比分析，主要基于以下原因：首先，这 5 种测试或者是影响力最大，或者是考生人数最多，或者是最新研发，总之这 5 种测试各有特点，各自满足不同的需求，也是大学生思维能力测试在不同发展时期的典型代表，因此对这 5 种测试进行对比分析，有助于了解大学生思维能力测试的整体情况；其次，这 5 种测试由目前国际上研究能力最强的几个高等教育测试研究机构研发，这些机构对思维能力的定义和理解不尽相同，各具代表性，因此这 5 种测试之间的对比分析可以更好地描摹出大学生思维能力测试的不同点及共同特征，这必将有利于全面把握当前大学生思维能力测试的精髓，以便为我国的相关研究和实践提供坚实基础。

二、各测试的形式对比

测试形式是测试的外显特征，它包括测试主体、题目形式、考试形式、分数报告等。测试形式是由测试

① GRE 测试有两种，分别为一般能力测试（General Test）和专业测试（Subject Test 或 Advanced Test），本文中提到的 GRE 仅指一般能力测试。

② VSA 由美国两个最大的高校联盟 AASCU（The American Association of State Colleges and Universities）和 APLU（The Association of Public and Land – grant Universities）发起成立，目标是展示各参加院校的核心学生学习成果，使公众、教育政策的制定者等更方便地了解学校的教学成效。

目的、测试内容等决定的，好的测试设计一定是目的、形式和内容的高度统一。

（一）测试面向

测试面向的定位来源于对测试需求的分析。目前，大学生学习成果测试主要面向两类群体：院校团体和学生个人。CLA+、EPP、CAAP和HEIghten™的测试主要面向院校团体，但也提供学生个人成绩；GRE主要面向学生个人，不提供院校团体成绩。测试面向的不同是由测试的不同用途决定的，很多大学生学习成果测试如CLA+、EPP和CAAP等最初的研发目的就是为高等学校提供整体办学质量和成效的证据，而不是考查学生个体的发展。

只针对院校团体的测试有其自身的特点：①这些测试虽然提供学生个人成绩，但测试结果并不具有选拔功能，对学生个体的意义不大，更注重通过群体表现反映所要评价的内容，因此，学生个体在测试中的参与积极性不高；②这种测试一般都要选取一定数量的样本以反映整体的情况，这会给测试的组织实施带来一定的难度，因此，这类测试在设计上应遵循简化、灵活等原则，而只针对学生个人的测试如GRE等所要关注的问题则截然不同，最突出的一点是，这种测试具有选拔功能，因此几乎不存在学生参与积极性的问题，甚至即便测试成本高昂，依然存在广泛的社会需求。因此，这类测试面对的挑战是如何提高测试的信度、效度和区分度，以及如何通过保证测试的整体设计过程、命题过程甚至是组织实施过程的更加严密谨慎，而达到测试结果的可靠性。因此，每种测试在设计之初，一定要明确测试的面向和需求，这样才能有的放矢、抓住重点，提高测试的效率。

（二）题目形式

每种测试都由众多测试题目组成，测试题目本身由测试内容决定，但测试题目的呈现形式则要考虑多方面因素，既要受测试内容限制，又要考虑测试主体、测试的组织实施、被测的身心特点等因素。目前大学生思维能力测试的题目以客观性试题为主，其中EPP、CAAP和HEIghten™ 3项测试只有客观性试题，CLA+和GRE既有客观性试题也有主观性试题。CLA+、EPP、CAAP几项测试中的客观性试题主要为单项选择题；HEIghten™、GRE的客观性试题种类更多，包括单项选择题、多项选择题、选词填空等，提问的角度也更为多样。

单项选择题是目前所有测试中使用最多的题型，它具有效率高、信度和效度好、命题成本小、学生熟悉等优势。但是这种题型由于形式所限，考察的方式比较单一，提问的角度也有限制，这在很大程度上限制了考试的深度，因此更新题型、适当加入主观试题是今后大学生思维能力测试的发展趋势。

（三）考试形式

纸笔测试、一般的计算机化测试、计算机自适应测试是目前在各种测试中经常使用的3种考试形式。纸笔测试是最传统的测试方式；一般的计算机化测试与纸笔测试接近，只是试题通过计算机呈现出来，被试需要通过计算机进行作答；计算机自适应测试是近年来新发展起来的一种考试方式，它与一般的计算机化测试不同，不仅通过计算机呈现试题，更可以根据被试者的作答情况为被试者选择合适的试题，直至对被试者的能力做出适当的评价为止。

在本研究讨论的5项测试中，只有GRE可以支持计算机自适应测试，EPP提供纸笔测试和一般计算机化测试两种形式，CLA+和HEIghten™只支持一般化计算机测试，CAAP只提供纸笔测试形式。大部分大学生思维能力测试未采用计算机自适应测试的形式，一方面是因为自适应测试对测试技术要求更高，另一方面也是因为这些大学生学习成果测试需要面向更广大的学生群体，而目前一些大学生还不熟悉计算机自适应测试的方式，这势必会对测试的效度带来一定的影响，从而影响对教育质量成效评价的客观性和科学性。

（四）分数报告

CLA+、EPP、CAAP、HEIghten™和GRE均为标准化测试，其评分程序均遵循给出原始分、等值、转化标准分等步骤进行，因此同一测试不同试卷的成绩均具有相同的意义，可以互相比较。CLA+、EPP、CAAP、

HEIghten™ 4 种测试均设有等级标准，考生的成绩可以根据分数所在的等级进行能力解释；GRE 不设分数等级标准，考生可以根据成绩报告的百分等级以及 ETS 公布的平均分数衡量自己在全体考生中的位置。

为更准确地评价高校教育质量和成效，近年来 CLA +、EPP、CAAP 和 HEIghten™还推出了高校增值分数（value - added）报告。所谓增值分数，是在控制了学生的入学分数后，该校的新生和毕业生在标准化考试上的平均分数差[1]。也就是说，这种计算方法控制了学生入学时的差异，只关注学生在高校学习期间的成绩增值。增值分数是大众化时期高等教育价值增值质量观的具体应用和体现，近年来越来越被视为能直接反映高校教育质量的评价理念及方法。这些测试能够根据高等教育发展的特点和需求，不断更新自己的测试手段和方法，体现了较强的时代性。

综上所述，各项测试在形式方面的基本情况详见表 1。

表 1　大学生学习成果测试思维能力部分的测试形式对比

	CLA +	EPP	CAAP	HEIghtem™	GRE
测试的思维能力	批判性思维、分析性推理、问题解决	批判性思维	批判性思维	批判性思维	言语推理、分析性写作
测试形式	客观题和主观题	客观题	客观题	客观题	客观题和主观题
客观题形式	单项选择	单项选择	单项选择	单项选择、多项选择	单项选择、多项选择、选择填空
测试主体	团体和个人	团体和个人	团体和个人	团体和个人	个人
题目数	客观试题 25，主观试题 1	27	32	26	言语推理 40，分析性写作 2
考试形式	机考	纸笔测试、机考	纸笔测试	机考	纸笔测试、自适应机考
考试时间	120 分钟	约 40 分钟	40 分钟	45 分钟	言语推理 60 分钟，分析性写作 60 分钟

三、各测试的内容对比

测试内容是测试的主体，测试题目、考试形式等都是根据测试内容而设计的。概括地说，测试内容的核心就是回答“测什么”的问题，在确定了测试对象“是什么”以后，如想要测量思维能力、阅读能力、写作能力等，就要根据测试对象的内涵确定测试的考点大纲，如要通过哪些方面来测量学生的思维能力等，然后再请测试专家根据考点大纲设计测试题目，通过试测、修改等环节最终形成考试试卷或者试题库。因此，深入分析测试内容，有助于我们理解和把握各项测试的核心和关键。

（一）测试内容简介

如果相同的测试对象有着不尽相同的测试内容，这首先意味着对测试对象内涵的理解存在差异，这也是大学生学习成果测试有百余种的原因。尤其对思维能力这种抽象的测试对象来说，测试内容的差异可能更大。以下简要介绍本文所提到的 5 种测试的主要测试内容①。

① CLA +、EPP、CAAP、HEIghten™和 GRE 这五种测试的测试内容简介，由作者根据 ETS、CAE 和 ACT 的官方网站提供的资料整理而成：http：//www. ets. org/proficiencyprofile/about/content/；http：//cae. org/education - professionals/college - faculty - or - adminstrator/how - to - interpret - results/；http：//www. act. org/content/dam/act/unsecured/documents/caap - student - userguide. pdf；https：//www. ets. org/heighten/about/critical_ thinking/；https：//www. ets. org/gre/revised_ general/prepare/？WT. ac = grehome_ greprepare_ b_ 150213。

（1）EPP测试包括阅读、写作、数学和批判性思维能力4个部分，其中与思维能力有关的是批判性思维能力测试部分，它主要考察4个方面的内容：①在非小说文本中区分修辞与论断；②识别论断，根据提供的信息提出最合适的假设；③推断和理解变量间的关系；④根据所给信息得出有效的结论。

（2）CLA+测试，所有部分均为思维能力测试。这项测试虽然没有给出明确的考点，但给出了各个级别的能力描述，从中可以看出这项测试的内容：①熟练级表现出的技能包括：提取主要、相关的信息，界定信息的重要性；识别逻辑缺陷；准确理解量化证据；分辨论断的有效性和信息的真实性；考虑进一步的研究和相反的论点。②精通级表现出的技能包括：从证据中提取相关的信息并做出推论；识别偏见，评估信息的可信度；给出原创和独立的论断；反驳相反的论点来加强论证。③进阶级表现出的技能包括：给出新颖的体现创造性的观点；介绍概念作为或者用以寻找新的证据；识别和理解逻辑和推理过程中的歧义；综合证据得出一个可信的、结构紧密的论证。

（3）CAAP测试包括阅读、写作技巧、数学、科学、批判性思维和写作6个部分，其中与思维能力有关的是其批判性思维测试部分。这一测试对批判性思维能力所要测试的考点表述得比较概括和简略，具体为：分析论断中的各种元素、评估论断和扩展论断。

（4）HEIghten™测试包括批判性思维、数量信息和写作交流3个部分，其中与思维能力有关的是批判性思维部分，主要考察考生的分析能力和综合能力。考察的分析能力主要包括：①评估证据和证据的使用，包括证据本身、使用证据的语境、证据与论断的相关性、证据出处是否合适、可能存在的偏见、证据对论断的支撑程度。②分析和评估论断，包括在不考虑证据的情况下，理解、评价论断的结构。③理解论断的语言表达形式，找出语言上的线索。④区分有效和无效的论断，包括找到无效论断中的结构漏洞。考察的综合能力主要包括：①理解意图和影响，包括识别没有明确阐述、原有论断之外的结论、意图和影响。②给出有效的论断，如展示好的、可靠的推理过程等。

（5）GRE测试包括言语推理、数学和分析性写作3个部分，其中与思维能力有关的是言语推理和分析性写作。言语推理部分的主要考点为：①分析一段论述文字并推出结论；根据不完全的信息进行推理；识别作者的假设和视角；理解语言文字的多层次含义，包括字面意义，象征意义和作者意图等。②选出重要观点；区别主要论述、次要论述以及相关论述；总结全文；理解文章结构。③理解词、句和篇章的意义；理解词与词、概念与概念间的关系。分析性写作部分的主要考点为：①用贴切的事理和事例支撑观点。②考察/验证他人论点及其相关论证。③支撑一个有针对性的连贯的讨论。

（二）测试内容的分析思路和方法

通过对5种测试内容和考点的梳理，可以看出，思维能力在各种测试中的考察内容既有差异也有共同之处。差异之处主要在于不同测试所关注的思维能力侧重点不同，如有的测试着重考察批判性思维能力，而有的测试则重点考察分析性推理、言语推理、综合分析等能力；共同之处则在于，当我们把目光落在具体考点上时会发现，无论把思维能力聚焦在批判性思维能力还是推理分析能力，在具体的考点上都存在着较多共同的表述。我们认为，出现这种情况的原因是，无论何种类型的思维能力，具体到测试的考点上，实际上是将这种思维能力进一步细化为具体的认知过程和技能。换句话说，“理解”“分析”“评价”等是最基本的认知过程，而它们的不同组合构成了各有侧重的不同类型思维能力。因此，如果可以把各项学习成果思维能力测试考点细化到认知过程和技能层面，就可以清楚地对比各项测试的相同及不同之处。

本研究采用布鲁姆教育目标分类框架修订版（简称布鲁姆框架）作为认知过程和技能的理论分析框架。概括地说，布鲁姆框架将认知过程维度的教育目标分为从低到高6个层次，它们是记忆/回忆、理解、应用、分析、评价和创造，各层次下又细分为子类。我们将这6个层次18个子类作为测试内容的分析框架[10]，然后将本研究选取的5项大学生思维能力测试的考点按照布鲁姆框架进行整理分析，以便能够更清晰地梳理出各项测试在内容和考点上的异同。

这一研究过程的核心工作是对各项测试的考点进行编码，本文的编码规则如下：考点中明确提及某认知过程，按该认知过程编码一次；没有明确提及但可能用到的认知过程，不编码；同一测试不同考点如考察相同的认知过程，按考点数编码；同一测试类似考点不重复编码；同一测试同一考点不同级别的描述只编码一次。当然，编码工作不能做到完全精确，一是受制于各项测试公布考点的详略程度，二是编码过程属于质性分析，会受到研究者对这些考点理解的影响。但即便如此，通过对结果的统计分析，我们仍然可以清晰地看到各项测试的共性与差别所在。

（三）测试内容对比分析结果

根据布鲁姆框架对各项测试考点编码的结果分析如下：

第一，当前大学生思维能力测试的主要测试点集中在难度较高的认知过程和技能上，即高阶认知思维能力，在“理解”“分析”和“评价”三方面的考点最多（见图1）。具体看，首先考察最多的是“理解”中的“推断”，“分析”中的“组织”和“评价”中的“检查”；其次为“理解”中的“解释”，“分析”中的“归因”和“评价”中的“评论”；最后为“理解”中的“说明”和“分析”中的“区别”。“记忆/回忆”这一层级难度最低，因此各项测试都没有提及这一内容。

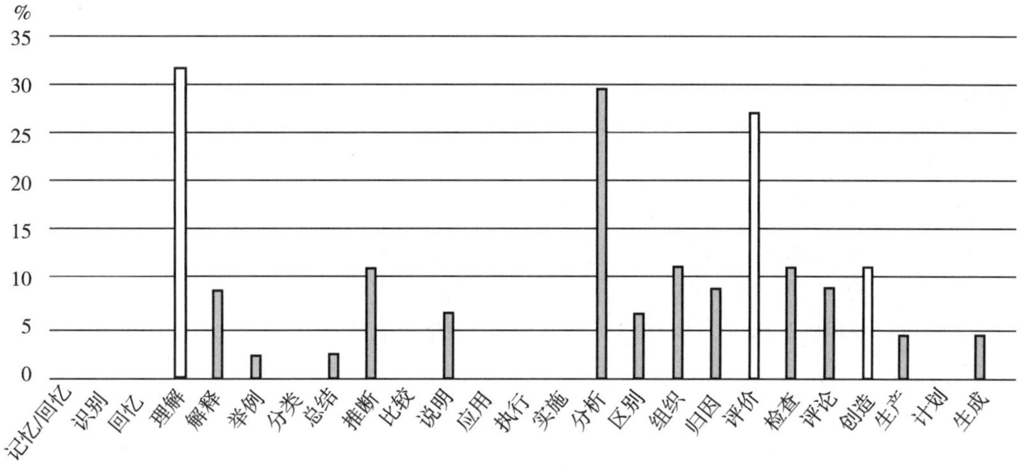

图1 各测试考点分布百分比

注：图中空心柱代表认知过程，实心柱代表认知过程的子类。

第二，各项测试都倾向于回避不易考察的内容。“创造”和“应用”虽然属于层级较高的思维能力，但是“应用”被定义为在给定的情景中执行或使用程序，而“创造”被定义为将要素组成内在一致的整体或功能性整体、将要素重新组织成新的模型或结构等[10]。可以看出，这两项思维能力都是很难测量的，尤其通过客观性考试这种形式更难以完成，因此，各项测试都倾向于采取回避态度，“应用”各测试都没有提及，而“创造”也只是被简单提到。

第三，各项测试在考点覆盖面上存在很大差别（见图2）。其中，考点覆盖面最多的是GRE，其次为CLA+、HEIghten™，而CAAP的考点覆盖最少。

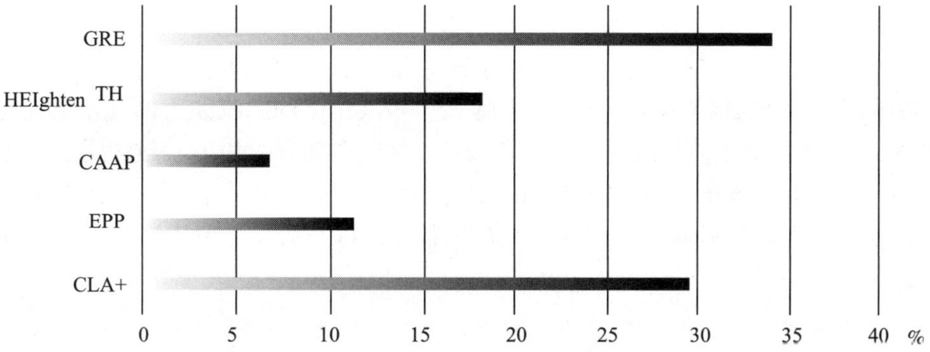

图2 各测试考点数占考点总数百分比

GRE和CLA+之所以考点覆盖多，一是因为它们的测试内容更多，时间更长；二是因为有主观题这一形式，这类试题对各项认知能力的考察相对比较全面，特别是在最高层级“创造”上，只有这两项测试进行了考察。

四、各项测试的信度、效度对比

测试的信度和效度是衡量测试质量的最基本标准，但是目前测试信度、效度的计算方法都极大地依赖参加测试的样本特征。因此基于不同测试样本得出的不同测试信度、效度值在进行对比时会在一定程度上影响对比结果。CLA+、EPP、CAAP是VSA选定的测量大学生学习成果的3项测试，为使参加VSA的院校更好地选择合适的测试，这3项测试的提供者——CAE、ETS和ACT对这3项测试进行了联合研究①。在这项研究中，研究者严格地控制了样本的特征和数量，因此得到的信度、效度值也更具可比性。本文这一部分将主要结合这一研究的结果进行分析。另外对于HEIghten™和GRE这两项测试，由于HEIghten™是新研发的测试，ETS还没有公布其信度、效度的研究结果，而GRE主要针对个人，考生人数和复杂程度远高于上述3种测试，可比程度不高，故此处只分析CLA+、EPP、CAAP这3项测试的信度、效度。

（一）信度

信度指测验结果的一致性、稳定性及可靠性，是反映测验结果受到随机误差影响程度的指标。测验的信度有多种表示方法，如重测信度、复本信度、分半信度等，此处采用斯皮尔曼布朗分半信度（Spearman-Brown adjusted split-half reliability），信度值一般从0到1，越接近1代表测验信度越高，内部一致性越好。

CLA+、EPP、CAAP 3项思维能力测试部分的分半信度值见表2。从表中结果可以看出，各项测试信度良好，最高的为EPP批判性思维部分，它基于一年级学生样本的信度值达到了0.95；其次为CAAP的批判性思维部分；最低为CLA+的主观题部分，它基于四年级样本的信度值为0.64。总体来看，各项测试基于一年级样本的信度较高，基于四年级样本的信度略低；客观题信度较高，主观题信度略低。

表2 测试信度（院校层面）[11]

	一年级样本信度	四年级样本信度
CLA+主观题部分	0.85	0.64
CLA+客观题部分	0.86	0.84
EPP批判性思维部分	0.95	0.91
CAAP批判性思维部分	0.86	0.88

（二）效度

效度指测验能够准确测出所需测量事物的程度。ETS、CAE和ACT主要通过考察EPP、CLA+、CAAP三项测试的相关程度来考察它们的效度。这3项测试的思维能力部分设计比较相近，如果效度较好，那么测试间的相关程度也较高。相关值一般是从0到1，越接近1说明相关程度越高。

从各项测试思维能力部分的相关矩阵（见表3）来看，各项测试的思维能力部分相关程度均很高，特别是EPP批判性思维部分、CAAP批判性思维部分以及CLA+客观题部分的相关系数达到了0.93；EPP批判性思维能力部分与CLA+主观题部分、CAAP批判性思维能力部分与CLA+客观题部分的相关系数也超过了0.8；最低的CAAP批判性思维能力部分与CLA+主观题部分的相关系数也为0.79。可见，各项测试思维能

① 这项研究完成于2008年，当时EPP还没有更名，测试名称为MAPP（Measure of Academic Proficiency and Progress）；CLA+当时的名称为CLA。后来这两项测试都更改了名称，但是测试内容变化很小，为了与全文保持一致，本研究中我们都使用这两项测试更改后的名称。

力部分相关性较高，效度较好。

表 3　测试间的相关值（院校层面）[11]

	EPP 批判性思维部分	CAAP 批判性思维部分	CLA 主观题部分	CLA 客观题部分
EPP 批判性思维部分	—	0.93	0.83	0.93
CAAP 批判性思维部分	0.93	—	0.79	0.87
CLA + 主观题部分	0.83	0.79	—	0.73
CLA + 客观题部分	0.93	0.87	0.73	—

五、结论与启示

（一）研究主要结论

通过以上对 CLA +、EPP、CAAP、HEIghten™和 GRE 这 5 种测试的对比分析，本研究得出如下结论。

（1）各项测试对大学生思维能力的理解和评价不尽相同，既体现了这一研究领域的复杂性，也为未来这一领域的研究提供了广阔的空间。应该说，目前人类对人脑思维的研究还有很多未解之谜，人脑的思维过程仍然是个尚待开垦的“灰箱”，这给思维能力的评价带来了一些困难。但是，正像前面提到的那样，即便对思维能力有明确的认识，但要将其准确地测量出来，还需要进行深入研究。因此，我们不能坐等脑科学、神经科学等的研究结论，积极的态度是要在现有基础科学研究成果的基础上，开展教育评价的研究工作，探讨思维能力评价和测量的理论、规律、方法及途径。不同国家、不同高等教育机构可以从自身对思维能力的理解出发，根据不同的测试目的、测试主体、测试实施条件等研发自己的大学生思维能力测试工具，提升对高等教育质量尤其是大学生学习成果评价的客观性和科学性。

（2）现有大学生思维能力测试的考点比较集中，在某些高阶思维能力的测量和评价方面相对比较成熟，但在另一些方面则尚需提升。依据布鲁姆框架，我们发现，本研究选取的这 5 种大学生思维能力测试的考点主要集中在“理解”“分析”和“评价”这 3 个方面，而对“应用”“创造”等涉及较少。我们认为，这主要和这些认知过程的特点、测试手段的特性等有关，如“理解”“分析”和“评价”等这些认知过程相对比较适合在以文本为载体的材料及活动中测量出来；而“应用”和“创造”则相反，这类认知过程很难通过文本测试来评价，它们更需要依靠实际的活动来展示。这也是目前以文本考试为主要形式的大学生思维能力测量方式固有的局限。因此，未来如何拓展思维能力测量的方式、如何在实践活动中评价学生的思维能力等问题，仍然需要进一步深入研究。

（3）大学生思维能力测试朝向更加灵活、更多考虑用户需求的方向发展。从根本上说，这是用户需求不同的体现。测试作为一种高等教育质量评价的手段，它的生命力在于用户的体验和认可，它具有市场性，应该分析用户的需求，激发用户使用这些测试工具的积极性。这也是近年来很多测试提供学生个人报告的原因，因为这种方法可以激发考生的考试动机，从而有效地降低学生动机不足对测试结果的影响；还可以切实帮助考生改善学习，为他们找工作和升学提供佐证。

（二）对我国的启示

（1）应树立科学、客观评价高等教育质量的观念，进一步加强大学生学习成果尤其是思维能力评价的研究。世界各国的高等教育机构早已形成共识：在知识爆炸的今天，培养学生的思维能力远比教授知识更为重要。思维能力是一个人的核心竞争力，提高大学生的思维能力是高等教育的主要目标之一。但是，思维能力的培养在我国高校中并没有得到应有的重视，随意性强，经常被忽视[8]；同时大学生思维能力的评价更是一块尚未开垦的领域，教育教学是否促进了学生思维能力的发展等，更多依靠教师个人的经验判断，鲜有客观、科学的测量手段和工具。当前，我国高等教育质量评价正在向纵深化、客观化、科学化方向发展，大学生学习成果评价的理念日益深入人心，对大学生学习成果包括思维能力的评价研究势在必行。

（2）大学生思维能力评价和测试要基于本土高等教育及学生特点。由于人的思维过程离不开语言和文化，因此，研发本土化的大学生思维能力测试就显得十分必要。我们在EPP（中国）批判性思维能力测试的汉化过程中深刻地体会到，国外测试版本在本土存在着文化适应性问题[8]。因此，我们认为，应提倡高等院校、高等教育研究机构以及第三方评估机构开发适合我国高等教育国情的大学生学习成果思维能力测试，以帮助高等院校了解自己的教学水平，也帮助学生对自己的能力有更清楚的认识，从而有针对性地提高教育质量。

参考文献

[1] 刘欧．美国核心教育成果为重心的高等教育评估［J］．中国考试，2010（5）．

[2] American Association of Colleges and Universities. Liberal education outcomes：A preliminary report on students achievement in college［M］. Washington，DC：AAC&U，2005：1－5.

[3] Australian Council for Education Research. Graduate skills assessment［R］. Australia：Commonwealth of Australia，2002.

[4] Higher Education Quality Council，Quality Enhancement Group. What are graduates? Clarifying the attitudes of "graduateness"［M］. London：HEQC，1996：4－7.

[5] 罗伯特·恩尼斯．批判性思维：反思与展望［J］．工业和信息化教育，2014（3）．

[6] 罗伯特·恩尼斯，都建颖，李旭．批判性思维测试［J］．工业和信息化教育，2016（6）．

[7] 罗清旭，杨鑫辉．《加利福尼亚批判性思维倾向问卷》中文版的初步修订［J］．心理发展与教育，2001（3）．

[8] 赵婷婷，杨翊，等．大学生学习成果评价的新途径——EPP（中国）批判性思维能力试测报告［J］．教育研究，2015（9）．

[9] 董文．中文版批判性思维能力测量表在广东省专科护士中的修订及运用［D］．广州：南方医科大学，2012.

[10] Lorin W Anderson，等．布鲁姆教育目标分类学——分类 学视野下的学与教及其测评［M］．北京：外语教学与研究 出版社，2009：50－66.

[11] Stephen Klein，Ou Lydia Liu，James Sconing. Test Validity Study［EB/OL］．（2009－9－29）［2016－12－20］ http：//www. ets. org/research/policy_ research_ reports/publications/report/200 9/iddk.

加强大学生职业发展能力培养的实践与思考

周建松

摘　要：随着我国高等教育从大众化到普及化进程的加快，多数高校必将向培养应用型人才转变，将培养目标定位于职业化专门人才。本文结合国家示范性高等职业院校近十年的实践，提出加强大学生职业发展能力培养的三合机制、三业教育、三课建设、三实工作，同时，努力构建有利于学生职业发展能力培养的环境和体制机制。

关键词：高等教育；大学生；职业发展能力

随着我国高等教育从大众化到普及化进程的加快，特别是高等院校录取率的提高，我国的高等教育正将走出象牙塔，当代大学生也将剥离天之骄子的光环，多数大学必将向培养应用型人才转变，培养职业化专门人才，而大学生也将成为接受过高等教育的普通职业人。在这种背景下，如何改革和创新我们的培养模式和教学方式，以实现我们的培养目标，是我们必须认真研究和解决的课题。本文结合国家示范性高等职业院校近十年的实践做些分析和思考。

一、关于高等教育规模与质量失衡引出的分析

长期以来，我国的高等教育实施精英教育政策，大学生被誉为天之骄子，高等教育犹如象牙塔，高等院校着眼于培养少数学术精英。随着 1998 年国家高等教育大众化政策的实施，我国高等院校的数量大幅度增加，高等职业院校的迅猛增加，高等学校的在校生规模更是急剧增长，截至 2015 年，我国共有高等院校 2852 所，高等教育在学总规模达 3647 万人，毛入学率达到 40%，超过中高收入国家平均水平。高等教育在总量上已经有了较好的发展，或者说，满足人民群众接受高等教育的愿望已经不再是难题，但实际情况如下。

（一）用人单位招人难和大学生就业难并存

由于高等教育规模的扩大，大学生就业问题十分突出，据统计，2015 年我们应届大学毕业生达到 768 万人，在一定程度上形成了巨大的就业压力。正因为这样，从 2003 年开始，国务院每年都要为大学生就业问题发文开会，强化落实、强化责任，教育部、人社部更是把此作为重中之重加强工作，特别是 2008 年全球经济危机和 2013 年经济社会发展进入新常态以来，大学生就业矛盾更加突出，大学生就业难成为一个社会现象，引起了各方的关注和重视。然而问题的另一方面是，各用人单位纷纷抱怨招不到理想的大学生，招不到适用的人才，抱怨大学生高不成、低不就，动手能力不强，敬业精神较差，甚至一部分大中型企业纷纷举办培训学院和培训中心，对大学毕业生进行基础性、职业化再培训，从而适应和满足本单位工作的要求。应该说，大学生就业难和用人单位招工难的结构性矛盾是当前中国社会的重大现象之一。

周建松，浙江金融职业学院党委书记、教授，中国高等教育学会职业技术教育研究分会会长。

（二）高等教育和职业教育的脱节与不协调状况

形成大学生就业难与用人单位招人难的矛盾，是事物的表象，通过深层次的解剖我们可以知道，结构性矛盾背后是高等教育结构及其制度设计。这几年，一方面高等教育大众化在不断推进，进而向普及化方向发展，高等教育的规模越来越大，大学生数量越来越多；另一方面，我们没能及时调整高等学校的办学模式和教学方式，继续按照传统高等教育的方式和模式实施高等教育。这实际上是，高等教育进入大众化乃至普及化以后，我们所培养的不再是科学家和管理精英，而是一大批接受过高等教育的公务员、技术员和管理工作者；也就是说，应用型、职业化成为高等教育的重大现实需求，而我们没有及时做出高等教育与职业教育相结合的战略选择和部署，没有及时推进高等教育的应用型转型，正因为这样，本应面向基层、面向中小企业乃至面向三农的高等教育仍然采取学术型运作，继续走“高大上”和“阳春白雪”的道路，反而加剧了大学生就业结构性矛盾。

（三）高等职业院校的招生难与就业率高的反差

与此同时，高等职业教育作为我国高等教育发展中的新的类型，近年来伴随着高等教育大众化的推进而有了较好的发展，其一开始就以服务为宗旨、就业为导向、走产学研相结合的道路作为办学方针，强调产教融合、校企合作、工学结合、知行合一，强调服务发展、促进就业的工作方针，重视双师结构教学团队，重视实践教学和实践育人，重视基于工作过程的系统化课程改革，因此，高职院校尤其是国家示范性高职院校和骨干高职院校，由于推行办学模式和人才培养模式改革，教育教学创新迭起，人才培养面向职场和应用，毕业生的就业率、对口率等都比较好，而且毕业生岗位适应快、动手能力强、职业发展好。当然，高等职业教育发展进程中也存在着一些矛盾和挑战。由于社会文化理念及学历、社会等因素，部分地区、部分高职院校开始出现了招生困难问题，进而可能会引发新的结构性矛盾，必须引起我们的关注。

我们分析上述三个矛盾和问题，其目的是研究解决我国高等教育当前存在的困境及其症结，探索解决矛盾的方法，为实现中国高等教育的可持续发展找到科学道路。

二、基于培养学生职业发展能力的高等教育改革之探索

实际上，伴随着中国高等教育大众化的推进，一部分高等院校站在改革创新的潮头，正确把握形势趋势，积极进行探索，特别是从2006年开始实施的国家示范性高等职业院校建设计划，围绕专业建设这个龙头，全面贯彻校企合作、工学结合方针，围绕提高人才培养质量、社会服务能力、院校管理水平这些目标做了积极而有效的探索，概括起来，主要有以下几个方面。

（一）构建“三合”机制：培养学生职业发展能力的前提

从总体而言，我国高等教育中的大部分学校应以培养应用型人才为主，应用型人才培养的任务就是面向经济社会发展一线和生产业务经营前线，培养和造就适应社会主义现代化生产建设、经营管理服务一线的高素质技术技能和应用型专门人才，要求我们的毕业生必须下得去、用得上、留得住，首岗适应快、实践能力强、发展有潜力。正因为这样，必须构建有利于人才成长的环境和氛围，主要表现为以下几个方面。

（1）产教融合。必须根据产业发展的要求，自觉把人才培养和学校教育融入经济社会发展和产业发展需求中去，适应产业发展、支持产业发展并努力引领产业发展，具体包括专业设置、课程开设、体制合作等，学校要关注、研究产业发展。

（2）校企结合。推进产教融合，重要的是要根据其要求，构建起一个校企结合的体制和机制。这种体制和机制可以是体制内办学，也可以是签约合作，形成合作协同办学机制，真正了解和把握好行业企业的需求。

（3）工学结合。工作和学习的结合，是应用型人才培养的有效途径，也是产教融合理念的具体化表现和

实现校企合作的路径之一。让学生走出校门、走进职场，具有工作体验和职场经历，既丰富理论学习内容，也有利于消化和巩固课堂教学内容，从而有利于学生成才成长，为将来走向职场创造有利条件。

（二）抓好“三业”教育：培养学生职业发展能力的核心

为了使学生人尽其才，成为社会主义现代化建设第一线的高素质技术技能和职业化专门人才，必须在产教融合、校企合作、工学结合的框架下，着力人才培养模式的优化和创新，其核心是突出专业化、职业化和重视敬业精神。

（1）突出专业。专业是高等职业教育区别于普通教育和学术教育的重要标志，普通教育重课程，学术教育重学科，而高等职业教育和应用型人才培养必须强化专业的龙头地位，建立起以专业为基本单元的相对独立的人才培养体系，如教学研究组织、校内实验实训、校外实践实习基地、专业建设指导委员会、校企合作组织、双师型结构教学团队等，体现专业为基础和为龙头的思想。

（2）强化职业。对于大部分高等院校而言，其学生毕业后是直接走向职场的，尤其是地方新建应用型本科院校和高等职业技术学院，因此，在突出专业化的同时，必须重视营造职场环境、加强职场纪律教育等工作，培养学生具有崇高的职业理想、严明的职业纪律、良好的职业习惯、朴素的职业良心、娴熟的职业技能、标准的职业礼仪，将职业化贯穿始终。

（3）践行敬业。专业化职业人才的一个重要特征是具有良好的敬业精神。敬业既是一个思想道德范畴的概念，同时也是业务工作的概念，从事专业化职业工作的大学生，要有所作为、有所成就，必须做到敬业乐业、爱岗奉献，否则，就难以有所作为，正因为这样，在学生时代，营造职业化环境，培养敬业精神尤为重要。

（三）抓好“三课”建设：培养学生职业发展能力的基础

高等应用型人才的培养有其丰富的内容和科学的规律，学校教育要强调以学为主，重视教学内容的系统化和系列化，促进学生系统地掌握理论知识，因此，抓好“三课”是十分重要的。

（1）优化课表。要根据高等教育的规律，结合应用型人才培养的需要，科学制订好三年或四年的人才培养方案。在制订人才培养方案时，必须研究课程体系的科学性、合理性，体现出专业化和职业化的要求，并通过相应的课程和实践活动来培养学生的敬业精神和提高专业化、职业化水准。

（2）抓实课程。课程是落实人才培养的重要的微观载体，各种不同的课程组合构成了不同的专业，课程的重构是教育教学改革的重要内容。10 年来的国家示范性高等职业院校建设，其实质就是课程改革和整合。新建本科院校向培养应用型人才转变，其重心也是课程改革，必须把课程改革作为培养学生职业发展能力的基础性环节。

（3）搞活课堂。随着互联网的兴起和慕课的大规模引入，人们对课堂的重要性进行了反思，甚至认为课堂显得不很重要了。其实并非如此，对于专业化职业人才培养而言，课堂教学仍然是十分重要的路径，师生互动和交流都体现在课堂，尤其是一些工艺性课程，课堂教学还显得十分重要，只不过是，课堂环境和结构必须进行改革和重新营造，以彰显人才培养的新要求。

（四）做好“三实”工作：培养学生职业发展能力的保证

专业化职业人才的培养，重在学生的应用和实践能力，而创新精神、敬业精神、实践能力正是当前我们在人才培养工作中必须切实加强和必须重视的工作，对于大部分本科学生而言，也是比较缺乏的，必须补上这一课，而培养学生的实践能力，必须抓好以下工作。

（1）重视实验。对于理工类专业的学生而言，科学的实训是必不可少的环节，这是探索真理、揭示规律的重要路径，应当加强，即便是经济管理类的专业，也需要进行数据分析和计算论证，以强化其科学性。

（2）强化实训。为更好地培养学生的真实操作能力，学校必须加强真实环境的校内实训环境和实训场馆建设，把实训真实化作为工作重点；充分开展校企合作，在校内、校外把实训工作做好做扎实，让学生有的真实感受和基本经验。

（3）加强实践。实践教学和实践育人是新的历史条件下加强大学生培养工作的重点内容之一，对此，中宣部、教育部、共青团中央等七部委还专门下发了指导意见。广义的实践包括实验和实训，狭义的实践主要是指走出校门，参加真实的行业企业活动和社会性实践。我们要让学生参加更多的从事具体专业和职业活动的实践活动，如社会调研、顶岗实习等，从而全面提高学生的职业发展能力，实现从大学生向职业人的顺利转换。

三、努力构建有利于学生职业发展能力培养的环境和体制机制

高等学校如何培养学生职业发展能力，并非是学校一家的事，学校的努力和创新十分重要，而创造良好的外部环境和建立政策机制更为迫切，从我们探索实践的情况来看，下列问题值得我们重视。

（一）校企合作需要有政策保障

实践证明，校企合作是培养学生职业发展能力的重要路径，也是优化我国高等教育结构不可或缺的重要因素，对此，党中央、国务院给予了高度重视。2014年6月23日全国职教工作会议召开，习近平总书记就加快发展职业教育，坚持校企合作、工学结合等做出了重要指示。全国职教工作会议的有关文件和国务院《关于加快发展现代职业教育体系的决定》进一步明确了校企合作的具体方法，2015年教育部、国家发改委、财政部发布《关于引导部分地方普通本科高校向应用型转变的指导意见》也十分明确。应该说，利好因素很多，关键是把这些文件转化为可操作、可考核的具体政策和制度，真正推动校企合作深入进行。

（二）建设双师结构教学团队是重要条件

如果说构建良好的校企合作机制是培养大学生职业发展能力的前提，那么，培养教师的双师素质、打造双师结构专业教学团队，应该是培养学生职业发展能力的重要保证。没有高素质、高水平和结构合理的教师队伍很难实现有效的教学，如果教师不了解职场、职业和岗位，难以有效地指导和帮助学生。专业课教师只有具有实践能力、职场经验，了解职业规律、洞察职业发展趋势，才能培养学生的职业发展能力。对此，学校必须充分利用国家人才政策，利用校企合作机制积极发挥作用。

（三）认真抓好学生职业发展规划

学生职业生涯规划与发展不仅作为一门课程要认真开设，而且必须作为一项实践活动来推进。近年来，浙江金融职业学院针对毕业生就业趋势和实际情况提出了“135791”规划方案，取得了较好的效果。“135791”即学生毕业后一年熟悉岗位，三年成为骨干，五年成为能手（尖子），七年实现发展（顺利优岗），九年初成事业，一生平安幸福。“135791”分时推进、实事求是、便于考核，九年时刚好30周岁，符合三十而立的中华文化。三十而立事业初成，一生平安幸福就有了基本条件，对此师生都普遍认同。从前几届毕业生调研情况看，此职业发展路径比较切实可行，有利于指导和引领学生满怀信心、奋勇向前。

参考文献

[1] 何粤红，陈曦．大学生职业发展与就业指导［M］．北京：中国民航出版社，2013.
[2] 魏萍，李园，戴媛媛．大学生职业发展能力开发与培养途径研究［J］．江苏高教，2014（3）.
[3] 张玲玲，张文新，陈光辉，等．当代大学生的个人未来目标和担忧［J］．华东师范大学学报（教育科学版），2008（2）.
[4] 邵月花．高职院校学生职业发展教育策略［J］．黑龙江高教研究，2016（3）.
[5] 李鹏．我国特色大学生职业发展教育体系与高等教育改革研究［J］．中国成人教育，2013（10）.

高校毕业生可就业能力形成机制的实证研究

鲍 威　　刘 薇

摘　要：随着近年高校毕业生失业问题的凸显，如何强化高等教育与劳动力市场之间的适切性与有效衔接，成为高等教育高度重视的政策议题。在此背景之下，提升高校毕业生的“可就业能力”成为各国高等教育改革的核心概念。本研究利用高校学生调查，考察高校毕业生在初次就业阶段的可就业能力的结构性内涵，并分析高校课程设置、学生学业参与对可就业能力形成中的影响作用。研究发现：（1）沟通能力、专业素养、问题解决能力是构成高校毕业生在初次就业阶段的可就业能力内涵的三大核心要素；（2）院校课程设置的实践性、基础性、系统性取向在直接促进学生可就业能力的同时，通过促进学生积极主动的学业参与，对可就业能力形成间接的促进作用。

关键词：可就业能力；高校毕业生；学业参与；课程设置

20世纪90年代以来，全球高等教育经历了剧烈变革。变革的外部驱动力除了源于知识经济的快速发展、国际高等教育竞争的激化、院校外部问责机制的强化以外，劳动力市场对于高校毕业生能力素质无法满足职业岗位需求的质疑与不满，也是变革背后不可忽视的力量。尤其随着近年高校毕业生失业问题的凸显，如何强化高等教育与职业（劳动力市场）之间的适切性与有效衔接，成为各国高等教育高度重视的政策议题（Teichler，2007；金子元久，2013）。[1][2]在此背景之下，提升高校毕业生的“可就业能力（employability）”成为各国高等教育改革的核心概念。甚至在部分国家，毕业生的可就业能力已成为衡量高校教学质量、高等教育增值效应的重要绩效指标（Smith et al.，2000）。[3]

对于中国而言，21世纪初期日趋严峻的高校毕业生就业难问题，是导致可就业能力成为政府决策部门与本土高教研究者关注焦点的重要原因所在。随着高等教育政策从数量扩张向质量提升的调整，高校学生就业政策目标从“就业率”向“就业力”转变。如何理解中国情境中的高校毕业生可就业能力的概念内涵，高等院校需要如何通过人才培养环节，来有效提升毕业生的可就业能力，成为迫切需要解答的问题。但遗憾的是，虽然国内学界已开始积极探索，但研究依然滞后于现实需求。基于此，本研究将利用全国高校学生调查数据，尝试从实证的角度考察高校毕业生在初次就业阶段的可就业能力的结构性内涵及其形成机制，以期为优化高等教育与劳动力市场之间的有效衔接提供科学支撑。

1. 文献回顾与评述

1.1　可就业能力：概念界定、内涵、测量

可就业能力，又称为就业能力和受聘能力、核心能力（core ability，key competency）或就业技能（employ ability skills）。该概念最早出现于20世纪初的英国，随着高等教育发展与劳动力市场职业生涯形态

鲍威，博士，北京大学教育学院教育经济研究所副教授；刘薇，北京大学教育学院教育经济研究所硕士。
原文刊载于《教育发展研究》2016年第1期。

日趋多元化，可就业能力的概念内涵也逐步发展延伸。综观相关研究，虽未达成共识，但其中海勒吉和波拉德（Hillage & Pollard，1998）对可就业能力的概念定义被学界广泛引用。该定义将可就业能力理解为：个体获得最初就业、维持就业、必要时获取新的就业岗位或实现岗位转换所需的能力。[4]从中可见，该概念界定涵盖了可就业能力在个体职业生涯发展中产生影响的三个阶段：获得劳动力市场的最初就业、维持就业和劳动力市场流动。

针对可就业能力的具体内涵，相关概念界定不仅包含就业者个体与职业相关的特质，还强调这些个体特质与劳动力市场客观环境及需求的契合程度。例如，赫拉吉（Hillage & Pollard，1998）等强调，可就业能力包括劳动者所需知识技能、职业规划与相应测量、体现能力的相关资格或经验、个人特质与劳动力市场背景因素四大方面。[5]班内特等（Bennett，Dunne & Carre，1999）侧重专业知识的重要性，将专业学科知识、专门学科技能、对工作场域的觉察纳入可就业能力的内涵。[6]哈比等（Harvey et al.，2002）则进一步将可就业能力区分为“能够广泛适应和胜任不同工作要求的核心胜任力（core employability）”和“针对特定产业或工作要求的专业技术能力”两大部分，并且指出核心可就业能力包括三要素：（1）有利于就业的个人特质和态度；（2）职业生涯的管理能力和自我营销能力；（3）积极的学习意愿与反思能力。[7]

随着知识经济发展与全球化的迫切需求，各国政府和相关国际组织也相继对可就业能力的内涵提出了具体界定。这些定义在强调劳动市场生存和就业必备的技能之外，突出了个体为适应国际化、社会经济发展所需具备的更高层次的视野、素质、技能。澳大利亚政府在《可就业能力架构（Employment Skills Framework）》中，将可就业能力定义为个体实现就业、更好的职场发展、实现个人潜能，为企业发展做出贡献的能力素质，具体包括沟通能力、问题解决能力、主动性与进取精神、规划与组织能力、自我管理能力、科技技能等（Mclean，Phillippa et al.，2012）。[8]国际经合组织（OECD，2001）提出了除了知识和技能以外，还强调了包括团队合作能力、处理非例行程序的能力、沟通和解决问题的能力、基于广阔视角的工作理解能力等要素的可迁移性能力。[9]日本政府从社会成人所需具备基础能力的视角，界定了可就业能力的具体内涵，提出了包括12项要素的主动进取的行动力、思维能力、团队领导能力三大能力核心维度（日本经济产业省，2006）。[10]

伴随着高校毕业生就业问题的日趋严峻，中国学者也开始积极探讨可就业能力，特别是部分研究已基于实证研究，考察和验证高校毕业生可就业能力的具体内涵与测量维度。表1概括了其中代表性研究的研究发现，从中可见该领域研究的两大趋势。其一是，在考察视角方面，研究者尝试了从被雇用者（求职学生、毕业生）、雇用方（用人单位）等不同视角，考察和提取高校毕业生可就业能力的概念内涵。其二是，对于可就业能力的具体内涵定义，虽然不同研究之间存在诸多差异，但综合来看，个体内在的性格特质、针对特定工作情景的专业知识技能、适用于不同职业岗位的可迁移性能力成为我国高校毕业生可就业能力的三大核心维度。并且多数研究发现，语言或文字的沟通交流能力、团队合作或领导能力、问题解决能力等，成为构成可迁移能力的核心要素。

表1　部分国内研究对可就业能力的内涵界定与测量维度

研究机构/研究者	年份	内涵/维度
李颖等[11]	2005	内在素质：诚实正直、吃苦耐劳、敬业精神、责任感、主动性和上进心 处理工作能力：分析判断的能力、善于思考、解决问题的能力、独立工作的能力、适应能力、应变能力、学习能力和团队协作的意识 社交领导能力：表达能力、领导能力、社会活动的能力、组织协调的能力、人际交往的能力和创业精神
娄玮瑜等[12]	2009	一级指标：人格、能力、知识 二级指标：踏实、学习发展、领导力、自信、人际交往、口头表达、坚持、成就导向
刘奎颖等[13]	2010	知识维度：专业知识能力 能力维度：个人品质能力、团队协作的能力、领导能力、创新能力 素质维度：处理问题的能力、控制情绪的能力

续表

研究机构/研究者	年份	内涵/维度
刘丽玲等[14]	2010	沟通能力、数学思维能力、问题解决和决策能力、信息技术管理能力、学习能力、规划和组织能力、创新能力、人际交往能力、团队合作能力、自我管理能力、时间管理能力、领导能力、积极的人生态度、正直诚实
史秋衡等[15]	2012	学科理解能力（掌握适合自己的学习方法、掌握本专业的基本理论）、核心技能（具体本专业的实践操作技能）、个人特质（人际交往能力、分析和解决问题能力）、元认知（激发学习兴趣、形成价值观和世界观）
王静波等[16]	2011	人际交流能力：人际交往、口头表达、开朗乐观、组织领导、影响他人、自我表现 个人品性：吃苦耐劳、积极主动、工作激情、诚实正直、认真细致、忠诚 职业发展能力：专业领域、国际化思维、法律法规、外语能力 通用技能：计算机、信息收集、创新能力、写作能力 处理工作能力：独立工作、解决问题、执行力、专业技巧、付诸实践、实践能力
孙志凤[17]	2013	工作态度、专业知识技能、学习意愿、团队合作、沟通能力、问题深度分析能力、心理调适、电脑技能、理论知识、外语能力

资料来源：笔者归纳。

1.2　高等教育与学生可就业能力的发展

针对可就业能力的形成与发展，虽然已有大量研究发现学生个体或家庭特征（性别、家庭社经背景、生源地）在其中的影响效应（张丽华，2005；葛晶，2009；陈洪余，2011；彭树宏，2014），[18][19][20][21]但随着可就业能力成为高等教育政策的关注焦点，如何通过大学教育建构和提升学生的可就业能力，已成为迫切需要思考和回应的问题。

研究表明，学生可就业能力的塑造与提升同高等院校的“教”与“学”活动密切相关，是教学各项环节综合效应的体现（Harvey & Bowers - Brown，2003）。[22]可就业能力的影响因素不仅包括院校的组织特征、培养模式，同时与学生课内外校园参与经历密切相关。

针对院校的组织特征和学术选拔性与毕业生可就业能力之间的关联性，已在国内外一系列研究中得到印证（包晨颖，2008；Rothwell，Jewell & Hardie，2009；王静波、王翡翡，2011）。[23][24][25]但基于现实需求，更值得关注的是，高等院校的培养模式在学生可就业能力塑造中的重要作用。研究者指出，大学需将可就业能力培养嵌入到课程教学环节中，通过课程模块和教学过程设计来提升学生的专业能力和通用能力（Yorke & Knight，2004）。[26]此外，课程中引入“经验性实践”“案例教学”“问题导向学习”等创新型教学方法，也是培养学生可就业能力极为有效的途径（Stephen，2000）。[27]并且，课程设置高度结合实际工作岗位需求，教学过程中的“教学做”合一，对于高等职业院校毕业生的可就业能力培养具有显著的促进作用（郭建如、邓峰，2014）。[28]研究还发现，院校课程在直接影响可就业能力的同时（陈勇，2012；张璇，2012），[29][30]通过课外经历对学生可就业能力的形成具有间接影响作用（秦梦群、庄清宝，2010）。[31]

另一方面，学生个体在高校各类教学实践活动中的积极参与和投入，是决定其学业成功和个体发展的重要变量（Pascarella，Terenzini，2005），可就业能力也非例外。[32]研究表明，大学期间的学业行为、社团活动、社会实践、工作实习等经历对学生可就业能力的形成具有正向的促进作用（张璇，2012；李军凯，2012；禚建茹，2009；彭树宏，2014）。[33][34][35][36]

1.3　研究评述

以上研究表明，高等教育与劳动力市场之间的适切性、高校毕业生可就业能力的内涵及其形成机制已成为国内外学界共同关注的焦点问题。然而，相对于国外在该领域理论探讨与实证研究方面的丰富积累，我国相关研究尚属起步阶段，依然需要进一步深入细致探讨。

首先，针对可就业能力的内涵界定与测量，虽然国内学者已不局限于在校生视角，积极探索从（入职）毕业生、用人单位等视角考察可就业能力的概念内涵，提高对概念测量的准确性。但需要指出的是，正如先行研究（Hillage & Pollard，1998）的概念界定所述，可就业能力包括个体在初次就业、维持就业、岗位转换三个不同阶段所需的能力素质，[37]而现有研究并未对此做出清晰的划分。

其次，针对可就业能力形成机制的研究关注过少。国内（包括台湾地区）相关研究虽已验证教学课程、学生校内外经历与可就业能力之间的关联性，但缺乏建构宽泛综合的分析框架，缺乏细致深入地揭示不同特征的高校课程设置、学生的多元化经历对可就业能力形成的影响作用。这也在一定程度上抑制了研究的现实意义，无法对推进教学改革提出清晰的针对性建议。

为此，本研究将聚焦高校毕业生初次就业阶段，在实证考察可就业能力内涵的基础上，试图从高等教育影响力的理论逻辑出发，探究院校课程设置取向、学生多元化经历对其可就业能力的影响作用。之所以聚焦初次就业阶段的可就业能力，是考虑到个体在不同职业发展阶段的可就业能力具有不同的形成机制，随着职场经历的时间延伸，能力素质的形成将在很大程度上受到职场环境中多种要素的影响。相比较而言，上述的高等教育的影响效用更为显著体现在毕业生初次就业阶段的可就业能力的形成上。

2. 研究设计

2.1 理论框架

在解释高校学生的认知与非认知能力的变化方面，高等教育影响力（college impact）理论积极探索院校教育环境要素与学生参与要素之间的相互作用，从中揭示学生发展的影响机制（Pascarella，Terenzini，2005）。[38]换言之，该研究领域引入“嵌入性”视角，将学生的成长与变化嵌入到高等教育的情境中，关注在经历和体验高等教育的“教”与“学”过程中，学生心智发生的变化及其背后的影响机制。基于高等教育影响力的理论，如图 1 所示，本研究的分析逻辑是：将毕业生初次就业阶段的可就业能力的形成理解为院校教学培养与学生参与共同作用的产物。作为院校教学培养的核心要素，课程设置的不同取向在直接影响毕业生可就业能力的同时，通过促进学生学术性参与和社会性参与，间接影响毕业生可就业能力的形成。分析推进分为两个步骤：（1）分析与验证高校毕业生在初次就业阶段的可就业能力的结构性内涵；（2）考察高校学生所接受的院校课程及其自身在学业和非学业领域的各类参与经历对其可就业能力形成的影响作用。

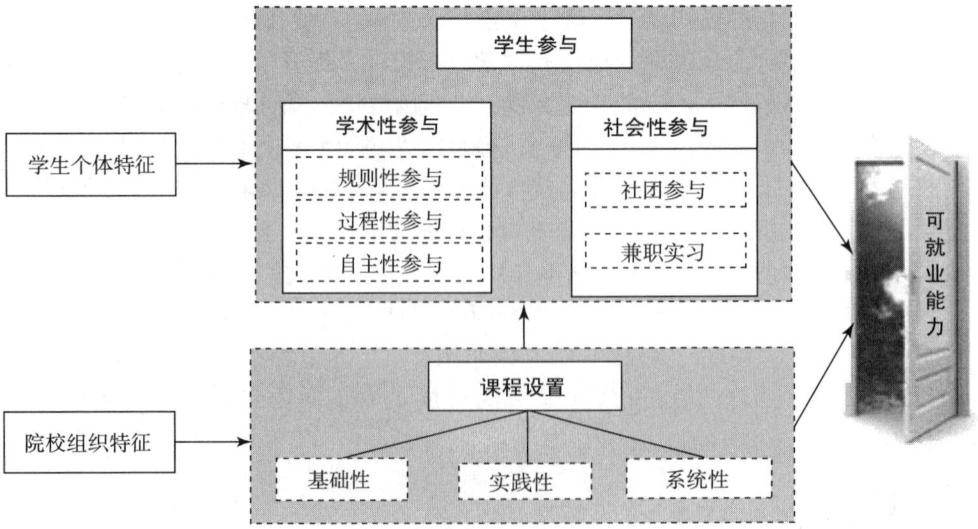

图 1　研究分析框架

2.2　数据来源与变量定义

研究数据来自北京大学教育学院“全国高等理科教育改革”项目于2014年5月实施的全国高校学生调查。该调查采用网络问卷及纸质问卷结合的方式，历时3个月，覆盖全国613所“985工程”“211工程”和普通本科院校各专业在校学生，回收样本100941份。为保证样本代表性与分析结论的可推广性，课题组依据全国本科院校学生的总体分布结构，对回收样本进行二次抽样，调整样本的分布结构，最终获取有效样本数41566份。根据研究设计，本研究在此基础上，提取其中四年级毕业生群体作为分析对象，总计研究样本5318份。

表2提供了本研究涉及的主要变量定义。其中需要特别说明的是，针对学生的入学前学业能力，本研究依据课题组陈晓宇、刘钊等（2015）的高考百分等级得分处理方式，将跨年度、区域、文理学科的高考分数换算为个体高考得分在常模团体中的百分等级位置，由此保证数据的可比性。[39]至于学生校园参与中的学业参与，本研究参照鲍威、张晓玥（2012）的学业参与的概念维度划分和分析模式。[40]其中，规则性参与因子包含“按时完成作业或草率完成作业”“按时出席课程”两项；过程性参与因子包含“课堂上提问或主动回答问题”“课前课后预习复习”“参与小组合作学习或课堂讨论”“课后与老师或同学讨论专业相关问题”四项；自主性参与因子包含“利用图书馆资源开展学习活动”“参与学术讲座和专业社团活动”两项。至于院校课程设置取向，相关题项的因子分析表明，其中具体包含“基础性”“实践性”“系统性”三个取向。观察题项分别为：基础性取向包含“注重（外语、数学等）基础知识的教学”“专业基础理论课教学内容充实”“注重专业知识体系的架构”；实践性取向包含“实践教学课程充实，培养学生的动手能力”“设置就业导向的课程”“课程结构清晰，有助于学生理解”；系统性包括“注重不同课程内容之间的层次性”“介绍本学科发展的前沿动向”“注重学科间知识的交叉与融合”。

表2　主要核心变量定义说明

指标			变量定义
控制变量	学生个体特征	性别	虚拟变量：男性＝1，女性＝0
		生源	虚拟变量：城市＝0，农村＝1
		家庭收入	连续变量：按不同收入程度取其数额范围均值
		父亲受教育年限	连续变量：题项转换为教育年数
		就读高中类型	分类变量：中等职业学校＝1，普通高中＝2，重点或示范性高中＝3
		入学前学业能力	连续变量：高考百分等级得分
	院校组织特征	院校学术选拔性	分类变量：普通本科＝1，211工程院校＝2，985工程院校非C9院校＝3，C9院校＝4
		学科类型	虚拟变量：“工科”为基准项
校园参与	学业参与	规则性参与	连续变量：因子得分
		过程性参与	连续变量：因子得分
		自主性参与	连续变量：因子得分
	社会参与	社团参与	连续变量：按不同参与程度取其时间范围均值
		兼职实习	连续变量：按不同参与程度取其时间范围均值
课程设置取向		基础性	连续变量：因子得分
		实践性	连续变量：因子得分
		系统性	连续变量：因子得分

3. 分析

3.1 可就业能力的测量及信效度检验

为了准确有效地提取高校毕业生在初次就业阶段的可就业能力，本研究借助高校毕业生的“求职成功（具有求职意愿的学生中是否确定职业）”指标与学生自我汇报的能力素质之间的相关性检验结果，从 20 项能力素质指标中提取了与学生求职成功高度相关的 10 项观测指标。具体包括：组织领导能力、清晰有效的口头表达能力、社会责任感、有效的人际交流能力、努力坚持解决难题的素质、发现与解决问题的能力、本专业发展前沿的了解、本专业的实验操作或实践动手能力、本专业基础知识理论的掌握、解读分析研究结果的能力。

根据上述 10 项观测指标的探索性因子分析（因子抽取方法为主成分分析法，旋转方法为 Kaiser 标准化的正交旋转法）结果，可就业能力降维后共析出三个公因子，累计解释的变异量为 77.3%。三个公因子分别为“沟通能力”（包括组织领导能力、社会责任感、清晰有效的口头表达能力、有效的人际交流能力）、“专业素养”（包括本专业发展前沿的了解、本专业的实验操作或实践动手能力、解读分析研究结果的能力、本专业基础知识理论的掌握）、“问题解决能力”（包括发现与解决问题的能力、努力坚持解决难题的素质）。利用克隆巴赫 α 系数指标，检验测量题项的内部一致性，研究发现可就业能力的总量表和沟通能力、专业素养、问题解决能力三组分量表的克隆巴赫系数分别为 0.962、0.883、0.888、0.773，表明测量指标的可信度较高。

当然，为了保证量表测量的确定性、稳定性和可靠性，需要探索性因子分析与验证性因子分析的交叉证实（cross validation）。本研究继续利用验证性因子分析，考察可就业能力测量题项的结构效度。图 2 的分析结果表明，模型拟合结果良好。① 沟通能力、专业素养、问题解决能力三个潜在因素对于各自题项的解释力均在 70% 以上，个别潜在因素对于各自题项的解释力全部在 80% 以上，进一步验证了本研究所提出的可就业能力因素理论模型的合理性。

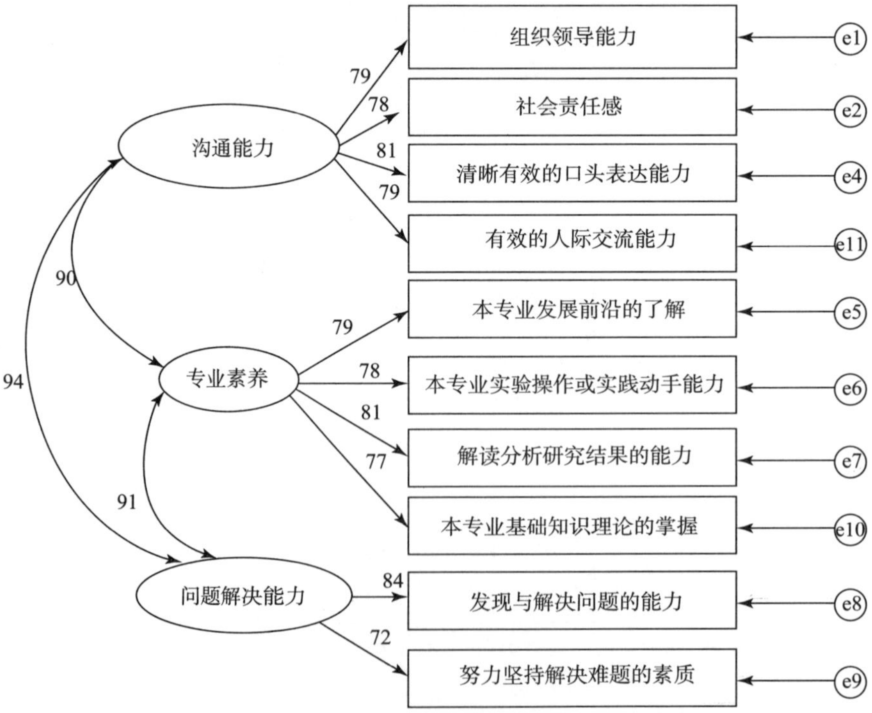

图 2　可变业能力的验证性因子分析

① Chi-square 卡方 = 24778.523（P = 0.000），NFI 规范拟合指数 = 0.958，RFI 相对拟合指数 = 0.928，IFI 增值拟合指数 = 0.958，TLI 非规范拟合指数（NNFI）= 0.928，CFI 比较拟合指数 = 0.958，RMSEA 近似误差均方根 = 0.088

3.2　可就业能力形成机制的多元线性回归分析

表 3 是引入多元线性回归分析，以高校毕业生的可就业能力的三大核心维度（因子得分）为因变量，在控制相关学生个体和院校组织特征的基础上，考察学生校园参与和院校课程设置取向对可就业能力的影响作用。

表 3　可变业能力影响因素的多元线性回归

自变量		沟通能力	专业素养	问题解决能力
		标准回归系数 Beta	标准回归系数 Beta	标准回归系数 Beta
学生个体特征	性别	0.030 **	−0.013	0.011
	入学前学业能力	0.028 *	0.018	0.007
	高中类型	0.001	−0.004	−0.016
	家庭经济收入	0.019	0.001	0.007
	父亲受教育年限	−0.025	0.000	−0.006
	生源	−0.03	0.030 *	0.043 ***
院校组织特征	院校学术选拔性	−0.060 ****	0.099 ****	−0.020
	人文	0.045 ***	−0.075 ****	0.012
	社科	0.044 ***	−0.069 ****	0.011
	理科	0.001	−0.025 *	−0.006
校园参与	学业参与规则性	0.046 ****	0.074 ****	0.065 ****
	学业参与过程性	0.131 ****	0.105 ****	0.116 ****
	学业参与自主性	0.118 ****	0.053 ****	0.116 ****
	社团参与	0.073 ****	−0.047 ***	−0.040 ***
	兼职实习	−0.013	−0.044 ***	0.026 *
课程取向	基础性	0.123 ****	0.169 ****	0.134 ****
	系统性	0.019	0.090 ****	0.110 ****
	实践性	0.086 ****	0.002 ****	0.066 ****
模型概要	调整后 R^2	0.108	0.125	0.118
	F	30.413 ****	35.868 ****	33.495 ****
	VIF 检验	全部通过	全部通过	全部通过

注：显著性水平：* 10%、** 5%、*** 1%，**** 0.1%。
Gip 因变量为就业能力的因子得分。

分析显示，无论是沟通能力、专业素养，还是问题解决能力，可就业能力在一定程度上都受到学生个体特征和所属院校组织特征的影响。但更重要的是，在控制了上述因素的前提下，毕业生可就业能力受到了学生校园参与和院校课程设置取向的显著影响。

具体从校园参与而言，研究表明，学生积极学业参与对可就业能力均具有正向作用，且在 0.1% 水平上显著。相较而言，过程性参与和自主性参与，即学生的主动学习行为对于可就业能力的提升作用尤为突出。但与学业参与不同，社会参与在不同能力形成中的影响作用并不一致。社团参与经历对于学生沟通能力的提升具有显著的正向作用，但却抑制专业素养和问题解决能力的提升。至于学生在课外的兼职实习时间投入，虽然对问题解决能力具有一定程度的正向作用，但对专业素养提升具有负向作用，并对沟通能力的提高不具有显著的影响作用。

从课程设置而言，分析发现，课程设置的基础性取向、系统性取向、实践性取向对学生可就业能力的提升均具有正向的显著影响。但值得留意的是，相较于基础性取向，课程的实践性取向和系统性取向的影响作用相对较小。

3.3 课程设置、学业参与对可就业能力的影响路径

以上研究表明，在控制了学生个体特征和院系组织特征的基础上，学生校园参与（学业参与）和院校课程设置对高校毕业生的可就业能力具有显著的正向作用。本部分将基于本研究的理论分析框架，进一步系统深入考察院校的课程设置取向、学生学业参与、学生可就业能力三者之间的关联。

研究理论模型假设，三个外生变量（课程设置的基础性、系统性、实践性），对于内生潜在变量学生可就业能力（沟通能力、专业素养、问题解决能力）不仅具有直接影响，同时还通过学生学业参与，即过程性参与、规则性参与、自主性参与三个中介变量的中介效应，使得课程设置对学生可就业能力素质形成间接影响作用。图3基于此假设，显示了课程设置—学业参与—可就业能力的影响路径结构，并显示了基于结构方程模型的混合路径分析结果。

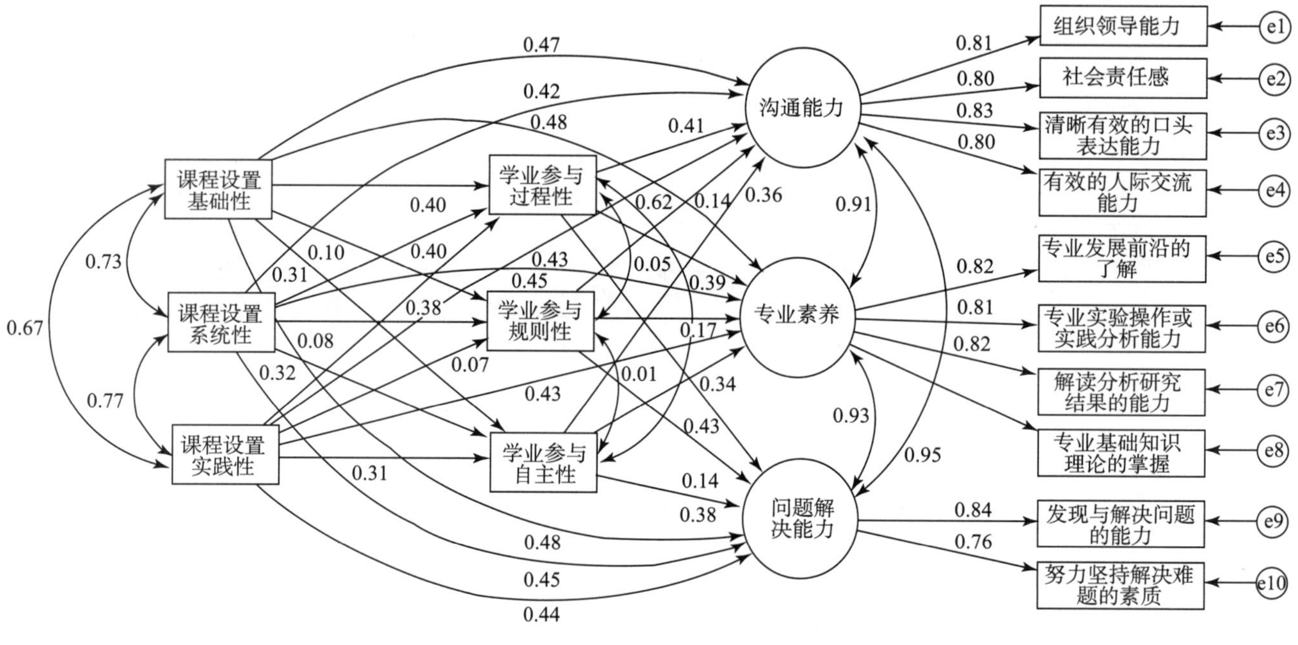

图3 课程设置—学业参与—可就业能力的SEM混合路径分析

模型适配度分析结果显示，模型整体适配度判别方面，卡方值1717.655，自由度74，显著性概率 $P<0.05$，拒绝原假设，表示理论模型和观测数据无法适配。由于卡方值易受样本量影响，样本量越大，其所累计的卡方值也越大，因此当利用卡方值来检验SEM模型时，会因为参数数目与样本数的技术性，影响假设模型的契合度检验，为此一般SEM使用者并不将卡方值作为模型适配度的检验指标。整体模型的规范拟合指数（NFI = 0.968 > 0.90），相对拟合指数（RFI = 0.948 > 0.90）、比较拟合指数（CFI = 0.969 > 0.90）、近似误差均方根（RMSEA = 0.065 < 0.080）均显示模型有良好的适配度，表明本研究的理论分析模型能够较好地拟合样本观测数据揭示的真实情况。

表4概况了分析结果中课程设置、学业参与对可就业能力的标准化影响效应。

表4　混合路径分析中课程设置与学业参与对可就业能力的影响效应

	课程设置			学业参与		
	基础性	系统性	实践性	规则性	过程性	自主性
沟通能力—总影响	0.759****	0.716****	0.700****	0.143****	0.413****	0.359****
沟通能力—直接影响	0.466****	0.423****	0.426****	0.143****	0.413****	0.359****
沟通能力—间接影响	0.293****	0.293****	0.274****	—	—	—
专业素养—总影响	0.764****	0.729****	0.693****	0.167****	0.392****	0.336
专业素养—直接影响	0.484****	0.450****	0.432****	0.167****	0.392****	0.336****
专业素养—间接影响	0.280****	0.279****	0.261****	——	—	
问题解决能力—总影响	0.790****	0.761****	0.728****	0.142****	0.427****	0.385****
问题解决能力—直接影响	0.484****	0.454****	0.441****	0.142****	0.427****	0.385****
问题解决能力—间接影响	0.306****	0.307****	0.287****	—	—	—

注：本表摘取计算了混合路径分析结果中部分核心变量间的标准化影响系数。

首先针对可就业能力中的沟通能力的形成，以上结果表明，课程设置的基础性、系统性、实践性取向均对其具有直接和间接的显著影响作用。从总影响效应程度而言，排序依次为课程的基础性（0.759）、系统性（0.716）、实践性（0.700）。至于学业参与，研究发现，学业参与一方面成为课程间接作用的重要中介要素，另一方面对沟通能力的提升形成直接影响。具体影响效应排序依次为过程性参与（0.413）、自主性参与（0.359）、规则性参与（0.143）。其次，针对可就业能力中的专业素养的形成，课程设置的总影响效应排序依次为课程的基础性（0.764）、系统性（0.729）、实践性（0.693）。学业参与对专业素养的提升有着直接影响，其具体影响效应分别为过程性参与（0.392）、自主性参与（0.336）、规则性参与（0.167）。最后，针对可就业能力中的问题解决能力的形成，与前两者相同，课程设置的总影响效应排序依次为基础性（0.790）、系统性（0.761）、实践性（0.728）。学业参与的直接影响效应排序依次为过程性参与（0.427）、自主性参与（0.385）、规则性参与（0.142）。

4. 研究结论与政策建议

本研究聚焦高校毕业生初次就业阶段，在实证考察可就业能力内涵的基础上，由高等教育影响力的理论逻辑为基础，探究院校课程设置取向、学生多元化经历对其可就业能力形成的影响及作用。研究发现归纳如下。

首先，在初次就业阶段，保障高校毕业生求职成功的可就业能力包括10项能力素质，具体可聚敛为三大核心维度：（1）实现有效交流表达，承担组织领导职能的沟通能力；（2）掌握专业领域的基础理论、前沿发展、实践运作的专业素养；（3）及时敏锐发现并保持坚韧意志，运用有效策略解决问题的问题解决能力。由此可见，高校毕业生顺利进入劳动力市场的重要素质，不仅包含针对特定产业或工作岗位的专业素养，相比前者更为重要的是，需要具备能够广泛适应和胜任不同工作、普遍适用于各类职业情境的沟通能力和问题解决能力。通过探索性因子分析和验证性因子分析的交叉验证，研究确认了上述可就业能力测量工具拥有较好的确定性、稳定性和可靠性。

其次，针对高校毕业生的可就业能力的形成机制，研究显示，基础性、系统性、实践性取向的课程设置在直接促进学生可就业能力的同时，通过促进学生积极的学业参与，对可就业能力形成间接的促进作用。课程对可就业能力的影响效应，不仅体现在特定的专业素养方面，更反映在沟通交流和问题解决等可迁移性能力的塑造方面；并且，课程对学生可就业能力的影响效应最大的是基础性取向课程，其次是系统性取向课程和实践性课程。

长期以来，对大学中引入可就业能力教育，面临着各种争议和质疑。人们担忧，可就业能力培养可能引发高等“教育”被“指导”和“训练”所取代，过度功利主义的职业教育导向不仅导致大学人文教育的边缘化，甚至使得大学培养的知识精英沦为单一的技术人员（Institute of Education，2000；Morley，2001）。[41][42]对此，也有研究者发出不同的声音，认为这种理解是对可就业能力教育的矮小化。他们强调，大学中的可就业能力培养是置于成熟公民的培养与知识经济冲击的情境之中，并非只是塑造视野狭窄、思维僵化的技术人员，而是培养个体的积极学习意愿、反思批判能力，是让高校毕业生实现全人发展，成为具有适应能力、创新能力，推动社会进步的人才（Harvey et al.，2002；青辅会，2006）。[43][44]在此，本研究结果有效确认了，高等教育中的可就业能力培养不能简单定义为实用性和功利性的职业教育，不能只依赖于以就业为导向、重视学生专业应用能力发展的实践性取向课程设置。相反，更重要的是需要积极推进课程设置的基础性和系统性建设，通过构建与充实学生的专业基础知识体系，通过拓展学生的学科交叉与融合，以及对学术发展前沿的了解，帮助高校毕业生实现全人发展，最终实现学生从高等院校向劳动力市场的成功过渡。

针对学生校园参与对其可就业能力的影响效应，本研究发现也极具启示意义。研究表明，学生学业参与对于可就业能力的促进作用高于学生课外社团、兼职实习的作用。从具体学业参与的不同维度来看，相对于受到外部压力约束的规则性学业参与，学生基于自发性学习意愿，在课堂场域内积极参与教学实践活动，在课堂场域之外主动开展独立学习，即过程性学业参与和自主性学业参与，对于其可就业能力的全面提升均具有更大的促进作用。

以上研究结论，不仅在学术层面拓展了高校毕业生可就业能力内涵及其形成机制的理解，对完善高等教育也具有重要的政策性意涵。

首先，清晰了要提高高校学生的可就业能力不仅需要培养学生的专业素养，同时需要有意识地锻炼学生的沟通能力和问题解决能力。这为高校人才培养提供了更明确的视角和发展方向，有利于各高等院校依据学生的职业发展规划和特性，开展针对性的教学活动，设计能力素质培养方案，由此优化高等教育与劳动力市场之间的有效衔接。

其次，在调整和完善课程体系化建设方面，院校方面不仅需要强化知识的实践应用性，更重要的是需要从知识的基础性、宽博性方面，进一步拓展课程内容的延伸性，为学生提供心智全面发展的熏陶与培养，保障其向劳动力市场的顺利过渡。

最后，在提高学生可就业能力的培养环节中，高等院校需要充分意识到学生积极参与课内外各类教学活动的作用性，特别是需要通过一系列有效教学环节和相关平台的建设，促发和激励学生的主动性学业参与。这不仅能够直接提高学生的可就业能力，同时也能进一步强化院校课程在其中的影响作用。

参考文献

［1］Teichler，Ulrich，ed. Careers of university graduates：Views and experiences in comparative perspectives. ［M］. Springer Science & Business Media，2007.

［2］金子元久．大学教育の再構築 学生を成長させる大学へ［M］，東京：玉川大学出版部刊，2013.

［3］Smith J，Mcknight A，Naylor R. Graduate Employability：Policy and Performance in Higher Education in the UK［J］. Economic Journal，2000，110（464）：F382－411.

［4］［5］［37］Hillage J，Pollard E. Employability：Developing a framework for policy analysis［M］. London：DfEE，1998.

［6］Bennett N，Dunne E，Carré C. Skills development in higher education and employment［J］. 2000.

［7］［43］Harvey L.，Locke W.，&Morey A. Enhancing employability，recognizing diversity［M］. London，England：University UK Press，2002.

[8] Mclean, Phillippa; Perkins, Kate; Tout, David; Brewer, Kath; and Wyse, Linda, "Australian Core Skills Framework: 5 core skills, 5 levels of performance, 3 domains of communication" [J/OL] (2012). http://research. acer. edu. au/transitions_ misc/12, 2015 - 12 - 30.
[9] Pont B. Competencies for the knowledge economy [R]. OECD, 2001: 100 - 118.
[10] 日本経済産業省．社会人基礎力に関する研究会報告［R］，2006.
[11] 李颖，刘善仕，翁赛珠．大学生就业能力对就业质量的影响［J］．高教探索，2005 (02): 91 - 93.
[12] 娄玮瑜，钟建安，段锦云．基于职业发展的大学生核心素质模型的研究［J］．心理发展与教育，2009 (04): 122 - 127.
[13] 刘奎颖，郄丽娜，黄春萍．大学生就业能力构成及其与就业满意度关系研究［J］．河北工业大学学报，2010，39 (6): 48 - 52. DOI: 10. 3969/j. issn. 1007 - 2373. 2010. 06. 013.
[14] 刘丽玲，吴娇．大学毕业生就业能力研究——基于对管理类和经济类大学毕业生的调查［J］．教育研究，2010 (03): 82 - 90.
[15] 史秋衡，文静．中国大学生的就业能力——基于学情调查的自我评价分析［J］．北京大学教育评论，2012，10 (1): 48 - 60.
[16] [25] 王静波，王翡翡．雇主视角下大学生就业能力状况探析［J］．现代大学教育，2011 (04): 87 - 92.
[17] 孙志凤．用人单位对高校毕业生就业能力的期望和评价——基于已就业毕业生的调查［J］．湖南师范大学教育科学学报，2013，12 (1): 73 - 77.
[18] 张丽华，刘晟楠．大学生就业能力结构及发展特点的实验研究［J］．航海教育研究，2005 (01): 52 - 55.
[19] 葛晶．大学毕业生就业能力与企业需求之比较分析［D］．上海：华东师范大学，2009.
[20] 陈洪余．大学生就业能力模型的初步构建［D］．西安：陕西师范大学，2011.
[21] [36] 彭树宏．大学生就业能力结构及其影响因素的实证研究［J］．教育学术月刊，2014 (06): 61 - 65.
[22] Harvey, L., & Bowers - Brown, T. (2003). The employability of graduates, cross - country comparisons, in Learning by Comparison: International Experiences in Education and Training [R], DFES Research Conference, Research Report CR2003, available from http://www. qualityresearchinternational. com/ese/relatedpubs/Crosscountrycomparisons. pdf.
[23] 包晨颖．上海市高校毕业生就业力水平影响因素研究［D］．上海：复旦大学，2008.
[24] Rothwell, Andrew, Steven Jewell, and Marie Hardie. "Self - perceived employability: Investigating the responses of post - graduate students." [J] Journal of Vocational Behavior 75. 2 (2009): 152 - 161.
[26] Yorke, M. and Knight, P. Self - theories: some implications for teaching and learning in higher education [J]. Studies in Higher Education, 2004, 29 (1).
[27] Fallows S, Steven C. Building employability skills into the higher education curriculum: a university - wide initiative [J]. Education & Training, 2000, 42 (2): 75 - 83.
[28] 郭建如，邓峰．院校培养、企业顶岗与高职生就业能力增强［J］．高等教育研究，2014 (4): 43 - 51.
[29] 陈勇．大学生就业能力及其开发路径研究［D］．杭州：浙江大学，2012.
[30] [33] 张璇．大学生一般就业能力及影响因素研究［D］．武汉：湖北大学，2012.
[31] 秦梦群，庄清宝．大专生求学经历与就业力关系［J］．教育资料与研究，2010 (94).
[32] [38] Pascarella, E. T. & Terenzini, P. T. How College Affects Students [M], Volume2, A Third Decade of Research. San Francisco, CA: Jossey - Buss, 2005.
[34] 李军凯．大学生就业能力的结构及影响因素研究［J］．中国青年研究，2012 (11): 89 - 92.
[35] 禚建茹．大学生参与社团活动、人际关系、学业成就与就业力培养的关系研究［J］．教育经营与管理研究，2009 (6).
[39] 陈晓宇，刘钊，吴红斌，等．高考分数处理方案 (R)．内部资料，2015.

[40] 鲍威，张晓玥．中国高校学生学业参与的多维结构及其影响机制 [J]. 复旦教育论坛，2012，10（6）：20－28.

[41] Institute of Education，London（United Kingdom）；Association of University Teachers，London（United Kingdom）；Academic and academic related staff involvement in the local，regional and national economy. 2000.

[42] Morley L. Producing new workers：Quality，equality and employability in higher education [J]. Quality in Higher Education，2001，7（2）：131－138.

[44] 台湾青辅会大专毕业生就业力调查小组．大专毕业生就业力调查报告 [R]. 2006. http：//www.docin.com/p－6184789.html，2015－12－30.

大学生核心通识素养结构的理论建构

冯惠敏　熊　淦　徐　仙

摘　要：当前我国大学通识教育实践中存在着通识课程设置不科学、不合理，通识课程教学目标不明确，通识课程内容通俗化、专业化等现象。出现这些问题的主要原因是很多通识教育管理者和通识教育教师不清楚通识教育到底应该培养大学生的哪些核心通识素养，因此不确定应该开设哪些通识课程以及如何组织教学。本研究借鉴美国大学生的核心通识素养结构，依据通识教育目标和现代社会发展对人才提出的新要求，从知识、能力、情感三个维度建构了大学生核心通识素养结构。

关键词：通识教育；通识素养；核心通识素养结构

一、我国大学通识教育实践中存在的问题

通识教育是当前世界各国普遍认同的一种大学教育理念，也是一种教育实践。通识教育的实施需要通过通识课程来实现，通识课程的设置是否合理关系到通识教育能否完成自身使命，因此，设置符合通识教育目标和21世纪社会发展对人才新要求的通识课程显得尤为重要。然而，目前我国大学通识教育在课程设置、课程教学等方面还存在许多问题和不足，主要表现在：

第一，通识课程设置不科学、不合理。很多高校通识课程不是按照通识教育的目标来设置，而是因人设课，因学校的资源条件而设课，这就容易造成某一领域的课程因资源丰富而开设过多，而另一领域的课程因资源短缺而少开或不开，从而导致学生知识结构的不合理。

第二，通识课程领域划分过于随意。中国大学通识课程领域通常划分为5～6类，通识课程领域的划分基本上都是以哈佛大学的核心课程为参照，没有严格的划分标准。如北京大学的通识课程划分为社会科学、语言文学与艺术、数学与自然科学、历史与文化、哲学与心理学等五大领域。武汉大学2003年的通识课程划分为人文科学、社会科学、数学与自然科学、中华文明与外国文明、跨学科领域五大类，2013年又修改为数学与推理、人文与社会类、交流与写作类、自然与工程类、中国与全球类、艺术与欣赏类和研究与领导类七大领域。复旦大学通识课程划分为文史经典与文化传承、哲学智慧与批判性思维、文明对话与世界视野、科学精神与科学探索、生态环境与生命关怀、艺术创作与审美体验等六大模块。西南财经大学通识课程划分为哲学社会科学、文学与语言、自然科学、历史、艺术体育、生理与心理健康。各校为什么这样划分而不那样划分找不出太多的理由，随意性很大。另外，由于领域划分过细，彼此界限不明，有些课程可以纳入这一领域内，也可以纳入另一个领域内，无法严格区分，例如研究与领导领域的课程指向不明，容易和人文与社会领域的课程重复。

第三，通识课程教学目标不明确，通识课程内容通俗化、专业化。许多高校通识教育管理部门对通识课

冯惠敏，武汉大学教育科学研究院教育原理所所长、教授；熊淦，武汉大学教育科学研究院博士研究生；徐仙，武汉大学教育科学研究院硕士研究生。

原文刊载于《中国高教研究》2016年第12期。

程教材的选择、教学内容的选取很少组织专家进行精心论证，而是由通识课程教师自己选择和决定。由于很多教师对通识教育没有清晰的认识，因而他们在教材的选择和教学内容的选取上，通常走两个极端：一种极端是按照专业课程的标准选取教材和教学内容，将通识课程专业化，其表现是课程的难度过大，没有照顾到全体学生的特点。另一种极端是将通识课程通俗化。表现为把专业课程中最简单的、学生最有兴趣的内容挑选出来糅合在一起，作为通识课程的主要内容教给学生，使课程内容变得支离破碎。

出现上述这些问题的根本原因是很多通识教育管理者和通识教育教师，不清楚通识教育到底应该培养大学生的哪些核心通识素养，从而不确定到底应该开设哪些通识课程和如何安排教学。因此，厘清大学生应该具备的通识素质，构建大学生核心通识素养结构，并根据核心通识素养结构设置通识教育课程和设计通识课程教学以实现通识教育的培养目标成为当今大学迫切需要解决的问题。

21世纪初，经济合作与发展组织（OECD）率先提出了“核心素养”结构模型，提出了21世纪初培养的学生应该具备核心知识、能力与情感态度，才能成功地融入未来社会，才能在满足个人自我实现需要的同时推动社会发展。2014年4月，教育部颁布的《关于全面深化课程改革，落实立德树人根本任务的意见》中提出要构建核心素养体系——研究各学段学生发展核心素养体系，明确学生应具备的适应终身发展和社会发展需要的必备品格和关键能力，突出强调个人修养、社会关爱、家国情怀，更加注重自主发展、合作参与、创新实践。

那么，大学生到底应该具备哪些核心通识素养？本文试图对这一问题进行深入探讨，从而为大学通识教育课程的设置及教学提供理论上的依据，以促进大学通识教育的可持续发展。

二、大学生核心通识素养结构的构建依据

（一）素质教育理论是大学生核心通识素养结构建构的理论基础

大学生核心通识素养结构是在现代素质教育理论基础上进行建构的。素质教育是以尊重人的主体性和主观能动性，养成人的品格为基础，注重开发人的智慧潜能，注重形成人的健全人格，以全面提高人的基本素质为根本目的的教育。大学生素质教育是适应当代社会发展潮流，促进大学生全面和谐发展的教育。大学生素质教育的主要内容包括思想道德政治素质、身心素质、人际交往素质、科学人文素质、创新素质、信息应用素质等方面的教育，它们是相互促进、互相渗透、紧密相连的统一整体。在进行大学生素质教育的过程中，要使各个素质的培养有机结合，才能促进大学生的全面发展。

素质教育理论是马克思人的全面发展理论的中国化，是对人的全面发展理论的继承和发展，是符合中国教育发展的指导思想。大学通识教育就是对大学生进行的素质教育。素质教育与通识教育二者的本质目标是一致的，都是促进人的全面发展，培养完整的人。所以，素质教育理论是建构大学生核心通识素养结构的理论基础。

（二）通识教育目标

教育目标是一切教育活动的指导思想和行为准则。通识教育目标是开展通识教育必须遵循的指导性准则，也是建构大学生核心通识素养结构的重要依据。大学生核心通识素养结构的建构不能随意而为，必须做到有章可依。大学生核心通识素养结构的构建必须以通识教育目标和社会发展对人才素质提出的新要求为依据。大学生核心通识素养结构的构建就是把大学通识教育目标转化为具体可测的、行为化和操作化的指标要素。

20世纪中后期，布鲁姆的教育目标分类法风靡一时，布鲁姆把教育目标划分为认知目标、技能（能力）目标和情感目标三大类，并按照这三大目标设计教学内容和教学过程[1]。按照布鲁姆的教育目标分类法，我们可以将通识教育目标归纳总结为三个方面：一是知识领域的目标——让学生掌握有利于培养学生通识素养的知识，让学生了解这些知识与其他学科知识之间的关系，为学生了解历史、理解社会和世界提供广博的教

育，使学生具有广博的知识和均衡的知识结构，为学生的全面发展奠定坚实的知识基础。二是能力领域的目标——帮助学生掌握本门学科的思维方式和基本技能，教会学生运用所学科目的知识分析其他学科的问题、社会现象和社会问题，培养学生学习、思考、批判、创新、合作、沟通等能力，培养学生进行终身学习的能力、信息应用能力和数学计算能力等。三是情感领域的目标——引导学生养成一定的兴趣、态度，形成正确的价值观，正确认识社会各种现象，并进行道德评判和价值辨析，与自然、社会和他人和谐相处，树立健康乐观的生活态度，使学生成为具有责任意识和世界意识的现代公民。

教育目标规定着学生的素养，学生素养体现教育目标。通识教育知识领域、能力领域和情感领域三方面的目标是建构大学生核心通识素养结构的三个维度，各领域的具体要求是选取大学生核心通识素养结构构成要素与子指标的依据。

（三）社会发展对人才素质提出的新要求

社会发展对人才素质提出的新要求是建构大学生核心通识素养结构必不可少的又一个依据。21 世纪，随着科学技术的飞速发展和全球经济一体化进程的加快，国与国之间的竞争不仅仅是科技的竞争，更重要的是人才实力的竞争。一方面，社会对人才量的需求不断增加，公司企业提供大量的就业岗位以满足企业发展的需要，这就需要更多的人才参与到社会工作中去；另一方面，随着高校逐年扩招以及金融危机对全球的冲击，社会对人才选择的标准更加严格，高校过去那种单纯以“专才”为导向的人才培养模式在很大程度上已经不能满足社会的需求，社会对人才的要求越来越强调“知识—能力—素质”三位一体的高素质、复合型人才。遵循社会发展规律，顺应时代发展潮流，是通识教育发展的必然选择。因此，在构建大学生核心通识素养结构时，必须考虑社会发展对人才提出的新要求。在互联网高速发展的时代，创新、合作、学习、信息应用、互联网应用等能力，都是新时代对人才提出的新要求，这些能力是大学生通识素养结构必不可少的构成要素。

三、美国大学生核心通识素养结构及借鉴

美国教育委员会、美国高等教育委员会以及各个大学都对通识教育目标做出了明确阐述。虽然他们对通识教育目标的表述不尽相同，但都是围绕学生最核心、最基本的素养做出的扩展。比如，美国高等教育委员会将大学通识教育目标分为发展以伦理原则为基础的行为规范；培养有知识有责任的公民；理解别人的思想，有效地表达自己的思想；掌握批判性思维的技能和习惯；理解自然环境中的一般现象，用科学的思维习惯考察个人和公共的问题，评价科学发现对于人类福利的含义等。美国教育委员会和加利福尼亚教育界合作完成的一项研究中将大学通识教育目标划分为培养使用民主社会公民的权利和义务的能力、发展道德和精神价值观念、发展表达能力等 12 个方面的内容[2]。从中我们可以概括出美国大学要求学生所具备的核心通识素养，主要有以下几个方面。

第一，公民意识和道德素养。美国大学通识教育要求学生为成为 21 世纪的合格公民做好准备，使学生成为全球社会民主制度下的公民，培养具有全球视野的国际化美国公民。承担公民职责意味着要参与公共生活，通识教育就是培养学生成为不仅在地区、国家甚至在全球都积极且有责任心的公民。为了实现这个目标，需要让学生理解推动地区、国家和全球变革的力量，理解塑造不同民族、社会、团体的不同文化价值，在全球化的背景下，理解自己所处时代的历史、社会政治经济制度、文化和价值观。

第二，广博的知识。美国大学通识教育目标要求学生能理解人类文化，了解人类历史的发展进程，了解不同社会的政治、经济制度和基本框架，要对人文、自然、社会批判地了解。这些通识教育目标要求大学生具有广博的知识和广阔的视野，既有历史文化知识，还要有社会知识、自然知识、科学知识和生活常识。在通识教育实施的过程中，要加强基本知识的学习，进行跨学科课程、交叉课程、综合课程的学习，以拓宽学生的知识面和开阔学生视野。

第三，批判思考的能力。美国大学通识教育强调培养学生适应变化的能力，了解现代生活转型和产生变

革的力量。让学生学会思考他们所处的社会时代，学会思考科学技术进步给社会、个人所带来的变化、机遇与挑战；让学生学会思考社会生活中新出现的各种现象，并做出合理的道德判断、价值辨析，从而进行正确的道德选择；让学生反思自己所学的知识和所处的文化体系，进行批判性的思考，形成独立判断，正确把握自我，在社会转型与变革中保持清醒。

第四，表达能力。美国大学通识教育目标强调，学生要具备能够清晰、中肯地表达自己思想的能力，能进行口头和书面的沟通交流，还要具备一定的书写能力。概括起来就是通识教育要培养学生的口头和书面表达能力。口头表达能力是进行有效沟通的基本技巧和技能，是进行人际交往的关键，也是表达自己思想观点的基础。书面表达能力是用文字语言表达自己观点的方法，书写需要遵循一定的规则，符合规范格式，书面表达是思想观点的集中体现，也是每个人进行工作学习交流沟通必须掌握的关键技能。

第五，健康愉悦生活的能力。美国大学通识教育目标要求学生能掌控自己的情绪，具有良好的社会适应能力；能保持自己的健康和体能；能了解和欣赏文学、音乐、美术，具有丰富的精神生活和生活情趣；能与家人美满和谐相处，具有家庭的知识和伦理；能有适合自己兴趣和才能的工作职业，在工作中施展才华和体验成功的喜悦。

从上可以看出，美国大学比较重视扩大学生的知识面和视野，给学生提供多种多样的文化。通过广泛的文化选择，提高大学生的文化素养和整体素质；重视学生道德伦理的认知能力的培养，重视公民素养的培养；重视学生批判思考能力的培养；注重学生表达、沟通等能力的培养，强调学生为未来幸福生活做好充分的准备；等等。美国大学强调的大学生的核心通识素养，对于建构我国大学生的核心通识素养结构具有十分重要的借鉴意义。

四、大学生核心通识素养结构的建构

（一）大学生核心通识素养结构的建构设想

大学生核心通识素养结构是以现代素质教育理论为理论基础，借鉴美国大学生核心通识素养构成，依据通识教育目标和社会发展对人才素质提出的新要求而构建的。具体建构设想见图1。

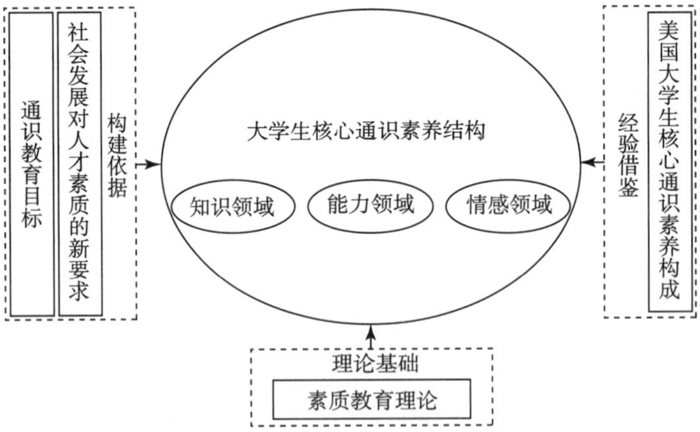

图1　大学生核心通识素养结构构想

（二）大学生核心通识素养结构构成要素

通识教育目标三方面的分类——知识、能力、情感是大学生核心通识素养结构构成的三个维度，下面将从知识、能力、情感三个维度来分析大学生核心通识素养的构成要素（见表1）。

表 1　大学生核心通识素养结构的构成要素

大学生核心通识素养	知识领域	人文科学知识	文学艺术 生命意义
		社会科学知识	社会现象 社会规律
		自然科学知识	自然现象 自然规律
	能力领域	学习能力	听——理解能力 说——表达能力 读——阅读能力 写——写作能力 算——运算能力 信息处理能力
		思考能力	分析能力 批判能力 创新能力
		合作能力	沟通能力 协助能力
	情感领域	道德价值辨别	道德品质 价值观念
		社会责任意识	公民责任 社会服务 世界意识
		审美艺术情趣	文化修养 审美情趣

1. 知识领域的构成要素

通识教育的目的之一就是要提供给学生共同文化的教育，扩大学生的知识面和视野。因此，掌握多个领域的知识是大学生核心通识素养的基本要素。按照学科划分，知识主要分为人文科学知识、社会科学知识和自然科学知识三大类。通识教育要求大学生必须对这三大领域的核心知识有所涉猎。

（1）人文科学知识大致包括文学艺术知识和探求生命意义的知识。文学艺术知识是指文学、历史、艺术、语言等方面的知识，是了解人类创造的文化历史，了解人的外在活动的知识；探求生命意义的知识是指哲学、宗教、道德伦理、人生意义等方面的知识，主要是关于探寻人生意义，了解人内在思想的知识。学习人文科学知识，可以加强大学生的人文修养，培养温文尔雅、温润如玉、有教养的人，同时还可以提升学生的精神境界，开阔心胸，也是大学生处理与自身关系的必备知识。

（2）社会科学知识是指研究社会现象及社会发展规律的基本知识，主要包括介绍社会现象和研究社会规律两个方面的知识。介绍社会现象的知识是指描述社会面貌和社会关系的知识，研究社会规律的知识是指探寻社会发展规则的知识，二者是现象与本质的关系。关于社会政治、经济、军事、教育、心理、管理、人类学、法学等方面的知识都是社会科学知识。学习社会科学知识，可以让学生了解社会现象和社会发展规律，了解社会运行的方方面面，了解社会规则，学习生存技能，从而更好地融入社会，在复杂的社会环境中最大限度地实现自己的人生价值。

（3）自然科学知识是指研究整个自然界包括人的生物属性在内的基本知识，主要包括描述自然现象和研究自然规律两个方面的知识。比如关于数学、物理、化学、生物、天文、地球科学等方面的知识。自然科学知识侧重描述、解释和分析，目的是了解我们居住的自然环境，有利于我们和自然界保持适当的关系。学习自然科学知识，可以了解自然现象和自然变化规律，训练逻辑推理思维，了解天文地理宇宙奥秘，探索未知，了解自然界的秘密，培养科学意识和科学思维，以更加客观严谨的态度看待一切，形成科学的世界观和价值观。

人文科学知识、社会科学知识和自然科学知识是紧密联系、相互促进、缺一不可的关系，必须同时具备，不偏不倚，发挥合力才能有效促进大学生的全面发展。知识是培养能力的基础，获取知识是第一步，将三方面的知识融会贯通，应用于自身的生活实践才是最终目的。知识素养是大学生核心通识素养结构的基础组成部分，是通识教育的首要任务。

2. 能力领域的构成要素

能力素养是学生自身素质的体现，是实现自我价值的关键。只有具备了一定的基本能力，才有实力使自身获得发展，而这些基本能力正是通识教育的目的所在。根据通识教育的目标，借鉴美国大学着力培养的能力，参照现代社会对人才素质的要求，大学生必须具备以下能力素养。

第一，学习能力。学习能力是指通过阅读、听讲、交流、培训、探究、实践等方式获得知识与技能的过程。学习能力是21世纪人才的重要标志之一，是能力非常重要的组成部分。学习能力包括听、说、读、写、算、信息处理六个方面的能力。听，即倾听，要求会听、听懂，主要训练学生的倾听能力、提取信息的能力和理解能力。理解力是学生对外交流的基础，清楚地理解他人的讲话，是进行畅通交流的第一步。说，即说话、演讲，主要训练学生的言语表达能力，能否清晰、有条理地表达自己的观点思想等。听、说是对话交流的两个方面，经常进行对话练习，在公开场合发表意见和看法，有意识地锻炼听、说能力，掌握听、说的技能技巧，为自身的发展打下坚实的基础。读，即阅读，阅读是学生获得知识的主要渠道，也是自己学习的主要途径和方法，阅读能力在学习能力中占据重要的位置。写，即写作，将观点、思想等通过文字语言表达出来，写作能力主要训练书面表达能力。算，即运算计算，运算计算能力是指在数学中根据概念、公式定理、法则规律，由已知推算出未知的能力。运算计算并不是单纯的、孤立的数学能力，需要正确理解相关知识、辨识分清运算条件、合理选择运算方法、有效设计运算步骤，还要遵循运算规则，它是算与思的结合、操作与思辨的融合。信息处理，即对信息的收集、转化、传递的过程。快速发展的计算机技术，使信息呈爆炸式增长的态势，处理信息的能力就更为重要了。

第二思考能力。又称思维能力，包括分析、批判和创新的能力。批判能力，也称批判性思维，是指通过逻辑、系统地检查问题、证据、解决方案对结论进行评估的过程，简单说就是善于以批判的态度评价自己与他人的思想与成果，主要表现在善于思考，敢于挑战权威。批判性思维的技能主要体现在定义和明确问题、判断相关信息、解决问题三个方面，这些技能和批判性意识不是一朝一夕就能获得的，需要在实践中锻炼。创新能力，也称创造性思维，它是在个人已有经验的基础上，发现新事物、创造新方法、解决新问题的过程，是思维活动的高级过程。创造性思维的过程是首先收集大量信息，将信息整合消化吸收，然后进入酝酿状态，处理关键信息，紧接着就会突然冒出解决问题的方法，这是突发灵感阶段，最后验证灵感，检验灵感带来的解决问题的方法。创新能力是现代社会对人才的基本要求。

第三，合作能力。合作就是人与人相互配合，共同完成一件事情。善于合作是时代的要求，合作能力也是大学生必须具备的能力。合作能力的获得，要通过沟通、协助能力来实现。沟通是人与人之间思想和感情的传递、反馈，以求达到思想一致、感情畅通的目的。在沟通的过程中，需要谈话技巧，需要倾听艺术，更需要情感共鸣，需要换位思考，这些都是大学生必须具备的素养。协助就是在社会交往与合作的过程中，相互帮助、相互协作，共同完成合作目标。在与人合作的过程中，要求大学生要具备大局意识、协作精神和服务精神，要了解自己的优势并找到自己擅长的位置，要了解队友的专长和处事方式，学会与人相互磨合、相互让步、相互协作，为共同的合作目标一致行动，贡献自己的力量。

综上所述，大学生的核心能力应包括学习能力、思考能力、合作能力三个方面，它们相互联系、相互促进、相互交叉、相辅相成的同时存在于一个人身上，只有三者共同提高，才能促进大学生整体能力的提高，进而促进大学生自身的发展。

3. 情感领域的构成要素

情感领域的目标是指在自我能力得到提高的基础上，个人对自身更高层次的追求，以求获得更高生活境界，服务社会，实现自我价值。情感领域的要素主要包括道德价值辨别、社会责任意识、审美艺术情趣三个方面。

（1）道德价值辨别是促进大学生形成正确的态度和价值观的基础，也是通识教育培养“人”的重要方面。道德是依靠舆论力量和内在驱使力来支持的行为准则的总和。道德品质的提高要经历三个方面，首先要形成正确的道德认知，其次是要培养浓烈的道德情感，最后形成一定的道德行为。价值观念是大学生对真善美、假恶丑的认识，并对事实做出合理判断的能力。价值观念的形成与个人家庭背景、生活环境、所受教育有密切的关系，良好教育的正确引导对大学生价值观念的形成有着巨大的影响作用。道德与价值观念对大学生能否健康成长成才有着至关重要的影响。

（2）社会责任意识是培养大学生勇于承担现代社会公民的责任、服务社会、具有世界一家亲的意识的能力。大学生都是朝气蓬勃的新一代公民，是社会新生力量的代表，充分认识自己国家主人翁的身份，充分行使法律赋予我们的权利，充分承担公民义务和责任，这些都是我们大学生承担公民责任的表现，也是“天下兴亡，匹夫有责”的体现。培养大学生服务社会的意识和社会责任感也是非常重要的，大学生是社会培养的高级人才，是社会发展的中流砥柱，能否树立牢固而强烈的社会责任感，主动承担社会责任，不仅是大学生实现自身价值的过程，还是走向成功的必备素质，更与国家前途和民族命运息息相关，中国梦的实现需要能承担起社会责任的优秀人才。

（3）审美艺术情趣是衡量学生素养高低的重要指标。健康的审美情趣和审美素养，是学生人格和谐、成长成才的前提和基础，也是增加生活情趣、陶冶情操、提升幸福感的关键。审美艺术情趣的培养，主要体现在文化修养和审美情趣两方面。

表现美需要文化知识，欣赏美也需要一定程度的文化修养。对大学生来说，懂一点文学、绘画、乐理、戏剧，就能识文、识画、识曲、识戏，就能体会到艺术作品的真正美。只有充分理解，才能充分感受。大学生对艺术作品的理解程度，决定他们的感受程度，而理解程度取决于个人的生活经验、文化修养、审美情趣、生活经验等方面。审美情趣包括认识美、欣赏美、追求美、创造美四个阶段。认识美是指可以看懂美在哪里；欣赏美是指可以引起共鸣，感受到美的魅力；追求美是对美的向往，追寻美的真谛；创造美是心中美的表达，创造美的永恒。对大学生审美的教育即美育。美育是审美情趣的教育，是提升道德境界的教育，是启迪心智陶冶情操的教育，是心理健康教育，是创造力培养教育，更是一种自我教育，同时也是一种幸福生活教育，是通识教育中不可缺少的重要组成部分。

大学生核心通识素养结构的构成素质并不是孤立存在的，它们是一个完整的整体，是一个人追求自我价值实现，获得全面发展所应具备的基本素养。各要素之间并没有明确的界限，而是相互交叉、相互促进、相辅相成，各个要素紧密联系，相互配合，共同构成大学生的核心通识素养。

构建大学生核心通识素养结构有利于通识课程体系的优化，使课程设置能够围绕学生的核心通识素养来建设；有利于明确通识课程的教学目标，使得通识课程的教学能够有的放矢；有利于通识课程内容的合理选择和设计，从而有利于大学通识教育目标的顺利实现。

参考文献

［1］冯惠敏，黄明东，左甜．大学通识教育教学质量评价体系及指标设计［J］．教育研究，2012（11）．
［2］冯惠敏．中国现代大学通识教育［M］．武汉：武汉大学出版社，2004．

创新视角下美国“生物学与生物医学”（BBS）博士生培养项目特征研究

——以哈佛大学BBS项目为例

田　华　马永红

摘　要：以目标、组织和内容等三个维度针对美国哈佛大学BBS博士生培养项目进行了研究，阐释为适应生物学与生物医学学科发展新特点所采取的课程设置、学习实践、博士生资格考试以及论文撰写与答辩等环节。从培养创新的视角，分析了BBS项目特征：跨学科组织方式改革；长短课程改革和实验室轮转；给予学生更多选择权等，为我国培养一流生物学与生物医学人才提供借鉴与启示。

关键词：生物学与生物医学（BBS）项目；博士生培养；哈佛大学

生物学与生物医学（Biological and Biomedical Sciences，BBS）作为与生命有关的两大类科学，不仅自身在发生融合，而且日益与物理学、化学和数学，乃至计算机科学、信息科学、认知心理学等更加边缘的学科联系起来。跨界、协同成为生命科学研究的主要形式。其次，BBS是个“烧钱”的学科，实验失败的概率高于其他学科。再次，BBS研究还是个耗时费力的领域。因此BBS这个学科领域往往把研究与研究生培养紧密相连。为了培养适应生命学科发展的新特点，为了缩短人才培养时间，美国许多高校医学院推出了各种博士生培养的新模式，其中哈佛大学医学院建立了自己的BBS项目。

1　分析依据

按照Walker[1]的观点，培养环节可以通过三个组成要素进行识别：目标、组织和内容。

所谓目标就是训练学生成为某学科内的专家。当前，博士生的培养不再仅仅只为学科的延续，也为社会提供更多高智力人才[2][3]。由于导师依靠竞争获得项目，因此博士生既是学生也是雇员[4][5]。

组织，从狭义上说，是指人们为实现一定的目标，相互协作结合而成的集体或团体[6]。组织是为保障目标实现而设置的一种团队关系。因此，我们下述的分析，主要针对组织中的组织规模、人员结构、人员关系、组织规章等方面进行分析。

内容是目标实现的具体体现。内容设计应该包括学科内重要的理论、代表人物、重大事件[7]等。内容的阐释主要体现在课程设置环节，按照Luttuca & Stark（1994）[8]的观点，在自然科学学科领域，教师对于课程内容具有高度的一致性。通常包括内容范围、内容安排顺序、教师认为的最新研究方向和手段等。最终目的是实现学生在学科领域内学科知识的不断建构。

基于上述，本文将首先阐述哈佛大学BBS项目的培养目标，然后从课程设置、学习实践、博士生资格考试和论文撰写与答辩等五个环节具体展开组织方式和实施内容等两个维度；然后从培养创新的角度分析了哈佛BBS项目的特征，希望能够对我国生命科学博士生培养项目有所启发。

田华，博士，北京航空航天大学高等教育研究所副教授；马永红，博士，北京航空航天大学高等教育研究所教授。

2 BBS 项目培养目标

哈佛大学 BBS 项目[9]主要培养目标是博士生将来从事细胞和分子生物学研究。教师来自哈佛医学院所有系部，包括生物化学与分子药理学、细胞生物学、干细胞与再生生物学、遗传学、微生物学与免疫学、神经生物学与系统生物学，还有来自附属教学医院的教师以及文理学院的教师。

哈佛大学的 BBS 强调培养中的跨学科特征。培养中所涉及的相关学科包括生物化学与蛋白质组学、细胞与分子生物学、计算生物学、发育生物学、遗传学与基因组学、人类生物学与疾病、免疫生物学、微生物物理学与病理学、分子神经科学、生理学、药理学、再生生物学和结构生物学等。

此外，为了整合来自不同院系的学生与研究者，哈佛还成立了各种主题的研究机构，比如 Dana Farber 哈佛癌症中心和哈佛干细胞研究所等。Dana Farber 哈佛癌症中心把哈佛所有研究癌症的机构整合在了一起，加入该中心的成员单位包括 Beth Israel/Deaconess 医学中心、Brigham 妇女医院、儿童医院、Dana Farber 癌症所、哈佛医学院、哈佛公共健康学院与麻省医院。另外还成立了一些相关主题的俱乐部，例如病毒学晚餐俱乐部、薄膜生物学俱乐部等。

3 组织方式与实施内容

3.1 课程组织方式与实施内容

哈佛大学 BBS 项目要求学生完成 8 个学期课程学分[9]。其核心课程主要包括 1 门“生物学文献分析课程”（为必修课程）和 4 门基础核心课程，分别为①遗传学原理、②分子生物学、③生物化学和④细胞生物学。课程方式主要以文献阅读和引论为主。这些课程基本持续一学期，又称为 half course，学生全选，可以获得 5 个学期课程。

哈佛 BBS 项目专业课程与学生将要从事的专业研究方向有关。主要由 4 个基本学院以及 2 个跨院系项目所代表的 8 个学术方向进行专业课程的组织实施[10]，这 4 个基本学院是：①生物化学与分子药理学学院，②分子与细胞生物学学院，③遗传学与基因组学学院，④微生物与免疫生物学学院。2 个新成立的跨院系项目为：①Leder 人类生物学与转化药物项目；②发育与再生生物学项目。

在专业课程设置方面，特别建议学生选修“高级专业阅读”和“项目申请书写作”课程。还有大量的短课课程——1/4 学期课程（Quarter courses）和纳米级课程（Nanocourses）。2 个 1/4 课程算作 1 个学期课程，6 个纳米级课程算作 1 个学期课程。所谓纳米级课程，一般 5 ~ 6 课时，每周 2.5 ~ 3 课时，持续 2 周。[11]

依据网站资料[12]，2012—2013 年秋季学期的学期课程共 27 门，其中必修课程 3 门。秋季学期的 1/4 课程共有 8 门，一月春季课程为 7 门，春季 1/4 课程 21 门。秋季学期的纳米级课程共有 8 门。进行简单统计，哈佛 2012—2013 年秋季学期 BBS 共开设 43 门课程。即使是完整的学期课程，也是多名教授基本上按照专题，一位教授负责一个专题讲授，每个小专题包括授课、研讨课和小组讨论课等。

3.2 学习实践

3.2.1 实验室轮转的组织实施与实践内容

生物学与生物医学的实践强调实验室操作，因此实验室轮转是 BBS 项目必不可少的教学实践环节。从组织的角度，学生被要求在第一学年完成一般 3 个实验室轮转，然后在第一学年末决定将要从事博士论文研究的实验室。

通常哈佛大学 BBS 实验室轮转[9]安排的时间为秋季学期 1 次、1 月份左右 1 次、春季学期 1 次。实验室轮转时间长短平均在 10 周左右，每周在实验室工作 15 ~ 20 小时。1 月份因为没有课程，所以要求在实验室工作时间更长，因此周数相应减少。

针对实验室轮转学生的管理，哈佛 BBS 要求学生进入实验室前要有实验室工作计划，并且要得到实验室主任（BBS 项目通常称实验室主任为 PI，“项目责任人”的英文简称）的签字确认和学生入学指定导师的签字确认，在学生结束一轮实验室轮转后，书写报告，PI 要对学生表现进行“满意/不满意”评价。

为了让学生在选择实验室前对实验室有基本了解和判断，哈佛大学 BBS 项目主要提供了四种了解途径：①哈佛大学 BBS 项目办公室设立“实验室轮转俱乐部”（Lab Rotation Club），每周 1 次，由那些正在从事实验室轮转的学生汇报交流各实验室轮转的研究情况。②学生入学时指定的导师会对实验室轮转提供重要建议。③每个学年开学，PI 的海报展示活动。④BBS 教授研讨会，每周一次，边吃边聊。

3.2.2 学生的教学实习

在哈佛 BBS 项目中，每个学生必须完成 1 个学期（60 学时，包括备课时间）的无薪酬教学助理工作[9]。此外，哈佛 BBS 还建立了“社区教育计划”（Community Education Initiative，CEI），为 BBS 项目学生提供中学或者课外兴趣班教学机会，学生仍旧作为志愿者，完成社区教学工作，没有报酬，时间也是 1 个学期（60 学时，包括备课时间）。

3.3 博士生资格考试

哈佛的 BBS 一般把博士生资格考试安排在学生确定从事博士论文研究的实验室之后（一般为 8 月 1 日前）的 9 月、11 月、1 月，学生任选一次进行[13]。具体考核内容，除了关于遗传学、分子生物学、细胞生物学和生物化学等方向的基础知识，还考查学生自身研究能力，学生是否能够就研究问题提出一组可检验的假设、设计研究计划对假设进行检验、口头解释和答辩自己的研究计划、客观分析和解释数据等。

学生递交的资格考试研究计划必须包括：①已有文献的综述，②要解决的关键问题，③研究假设，④研究目的，⑤验证假设的实验步骤，⑥可能涉及的实验工具与技术，⑦可能的研究困难与替代方案，⑧预计的实验结果等。此外，就研究计划书的格式和篇幅长短（15 ~ 20 页）以及递交时间（正式考试前 2 周）都做出了明确规定。

资格考试结果分三种情况：通过、有条件通过、未通过。

3.4 论文撰写的组织与安排

结束博士生资格考试后，哈佛大学的学生应咨询论文导师，尽快选择 3 位以上相关教授，组成“论文指导委员会”（Dissertation Advisory Committee，DAC）[14]。DAC 主要有四个功能：①为学生的博士论文提供专业指导和建议，包括实验设计、计划可行性、论文完成时间框架和工作的科学价值等。②掌控学生的研究节点，包括保证学生的研究达到博士水平，学生什么时间能够开始撰写博士论文，评估学生已完成的实验和论文初稿。③解决学生与其导师或其他实验室成员间的冲突。④联络 BBS 项目负责人和管理者。DAC 的人员不包括学生的导师，委员会主席必须来自 BBS 项目。

DAC 第一次会议不晚于资格考试通过后的 4 个月，一般安排在 12 月、2 月和 4 月进行。学生需要事先提供 15 页左右的开题报告，可以与资格考试内容不一致。开题报告内容包括：①研究目标，②背景与意义，③初步结果，④研究方法等。以后每隔最多 9 个月进行一次 DAC 会议，会前学生递交 2 ~ 3 页研究进展报告，包括：①研究目标（如果进行了修订），②研究与结果，③研究意义，④下一步研究计划。三年级后的 DAC 会议一般就可以讨论学生博士论文的一些章节和学生可能公开发表的论文情况。进入第 5 年，DAC 会议将每隔 6 个月进行一次，最终确定学生是否可以开始撰写论文。

3.5 论文答辩的组织与安排

哈佛 BBS 项目是由 DAC 和学生论文导师协商确定学生什么时间结束实验室工作，开始撰写学位论文。医学院就准备成立“论文评审委员会”（Dissertation Examination Committee，DEC）[9]，由 3 位成员和 1 位主席构成。成员由学生和论文导师协商（其中一位必须来自哈佛大学之外的学术机构）并提交 BBS 办公室以获得批准。DEC 的主席一般由 DAC 主席担任，但没有投票权，主要协调问题和组织评阅。

论文评审委员会委员如果担心学生答辩不通过，DEC 主席召开商讨会，推迟答辩时间。答辩前博士生有一个公开报告，向 DEC 的答辩是不公开的。导师可以在场，决议由 DEC 作出。目前哈佛 BBS 毕业年限平均是 5.5 年。

4　培养创新视角下 BBS 项目特征分析

4.1　通过跨学科组织方式，实现教学科研资源优化配置

随着人类对生命探索的深入，生命科学领域研究出现一些新特征：研究内容复杂化和微观化、研究结果客观化、研究手段多样化、研究数据复杂化等，因此在培养博士生人才方面，就必须扩大学生知识面，全面提升生物研究能力，更加关注学科与社会的关系。因此哈佛 BBS 项目具有跨学科的培养特征，进行了跨院系整合、实验室开放、导师合作等创新。

4.2　通过长短课程结合和实验室轮转，把学科的前沿研究和人才培养有机结合起来

哈佛大学的 BBS 项目，在课程设置方面，必修课强调内容广泛，专业课强调精深和前沿。为了反映最前沿的研究成果，对模块化课程进行了延伸，创新课程组合和教学方式，加入 1/4 课程和纳米级课程，更加灵活机动地把最新研究嵌入已有课程体系，让这些尚未成为严密科学体系内的内容得到呈现和交流。

广泛的、目的明确的实验室轮转也被认为是 BBS 项目培养学生非常重要的环节。BBS 项目中的实验室轮转向多院系扩展，这种“网状”布局的实验室轮转更能够让学生学习到最先进的研究技术，甚至还能够加强实验室 PI 间的交流与合作。明确的轮转目的加深了学生与实验室之间的了解：学生能够更好了解自己的研究兴趣和技术专长；PI 能够更好了解学生的研究能力，以及与现有团队的融合程度等。

实际上，在 BBS 博士生培养项目之外，哈佛大学在其他生命科学博士生培养项目已经开展与 MIT 的合作培养项目。培养方式已具有向多校拓展的趋势。

4.3　充分体现以学生为本的特征

在招生方面，不局限学生必须来自生物学或者生物医学专业，可以来自相关的物理学、化学、计算机科学、心理学等。

教学实习也是为学生未来就业或者职业发展进行的考量。担任著名教授的助教，学生可以通过课堂内外的助理工作，更深入了解这些教授的学术思想和精髓，更容易获得所谓“意会知识”。哈佛大学的社区教育计划还直接拉近了大学与地方的互动关系。

以学生为本还体现在学生在实验室轮转后选择导师的权利上。这种制度设计极大提高了导师和学生积极性。导师为吸引优秀学生，会积极帮助进入自己实验室轮转的学生。学生为进入理想的实验室，会认真开展实验室轮转。

此外，以学生为本还体现在博士生资格考试的灵活性上。哈佛大学为博士生资格考试安排 3 次时间。在论文撰写和答辩阶段，在哈佛大学 BBS 项目中，导师作用被监督是非常有利于学生创造性的制度安排。由于“论文指导委员会”的存在，学生可以降低成为导师“打工仔”的可能。创造性好的学生也不会因为导师的“不舍”而迟迟不能毕业。

5　对我国生物学与生物医学博士生培养项目的启示

结合我国生物学与生物医学博士生培养现状，笔者认为至少可以从以下几方面得到启示和借鉴。

（1）培养目标上应强调相关学科的交叉性和研究机构的合作性。以统一的标准进行招生，以统一的核心课程为学生打下宽泛的学科基础，以具体院系代表的专业方向深化学生的专业水平。这样的培养模式就要求

生物相关学科要本着开放的态度，积极与其他学科进行融合，并从研究的角度，加强研究机构，小到各个实验室、大到院系的整合。

（2）课程设置上应突出学科基础知识与前沿知识的有机结合。这方面哈佛大学特别开创的1/4课程和纳米级课程，实际上主要体现了具体研究方向上的最新进展。此外，还强调文献阅读课程和讨论课程的重要性，这两种课型应该在课程设置中加大比例。

（3）实验室轮转是扩大学生研究视野和提升研究技术与实践非常重要的方式。正是由于各研究机构的合作态度，学生有了非常广泛的实验室轮转机会，让学生和PI彼此能够充分了解。最值得借鉴之处是频繁的、各层次、公开的学术活动，使得学生能够在进入各个实验室轮转前就做到较充分的了解。

（4）设立研究生助教制度，锻炼学生的教学能力。我国许多专业方向的博士生培养都缺乏教学能力的培养环节，而教学能力实际上是一种综合能力，方便学生未来从事教职，熟悉进行教学的组织与安排，也为学生从事研究中的学术交流做准备，锻炼如何清晰表达思想、沟通各方观点等。

（5）博士生资格考试建议成立博士生资格考试委员会等独立组织。这样的组织模式能够更好突出学生独立开展研究的能力，减弱导师把学生看成实验室中没有思想的“一双手”现象，尽量减少学生也是雇员的属性。

（6）论文撰写与答辩亦建议成立没有导师参与的DAC和DEC组织。虽然学生的博士论文导师也参与决定是否可以撰写毕业论文，但是DAC负责协调导师与学生间的冲突，这是学生创新中十分重要的环境保障。DEC主席没有投票权，也降低领袖地位对于学生是否获得博士学位的人为干扰，能够较公正体现博士论文的真实水平。

可喜的是国内一些院校已经开始实施类似改革，如“北京大学—清华大学—北京生命科学研究所”联合培养博士生项目（简称PTN项目）、上海生科院的bio2000课程改革等。这些改革尝试，结合自身发展状况，不断探索多多少少类似哈佛BBS项目的改革路径，为中国的生物学与生物医学领域的博士生培养做出巨大努力。

参考文献

[1] WALKER, D. Fundamentals of curriculum: Passion and professionalism [M]. Mahwah, NJ: Lawrence Erlbaum Associates, 2003.

[2] AUSTIN, A. Preparing the next generation of faculty: Graduate school as socialization to the academic career [J]. Review of Higher Education, 2002, 73 (1): 94－122. doi: 10.1353/jhe.2002.0001.

[3] GAFF, J. The disconnect between graduate education and faculty realities [J]. Liberal Education, 2002, 88 (3): 12.

[4] GUMPORT, P. Graduate education: Changing conduct in changing contexts [A]. In P. Altbach, R. Berdahl, & P. Gumport (Eds.), Higher education in American society (3rd ed., pp. 307－331). New York: Prometheus Books, 1994.

[5] MENDOZA, P. Academic capitalism and doctoral student socialization [J]. The Journal of Higher Education, 2007, 78 (1): 71－96. doi: 10.1353/jhe.2007.0004.

[6] 组织 [EB/OL]. [2013－02－15]. http://wiki.mbalib.com/wiki/%E7%BB%84%E7%BB%87.

[7] HOLLEY, K. The challenge of an interdisciplinary curriculum: a cultural analysis of a doctoral－degree program in neuroscience [J]. Higher Education, 2009, 58 (2): 241－255. doi: 10.1007/s10734－008－9193－6.

[8] LATTUCA, L., & STARK, J. Will disciplinary perspectives impede curriculum reform? [J]. The Journal of Higher Education, 1994, 65 (4): 401－426. doi: 10.2307/2943853.

[9] Harvard University. About BBS [EB/OL]. (2012) [2013－02－15]. http://www.hms.harvard.edu/dms/bbs/Current/AboutBBS.html.

[10] Harvard University. Areas of concentration [EB/OL]. [2013-02-15]. http://www.hms.harvard.edu/dms/bbs/AreasStudy.html#BCMP.

[11] BENTLEY, A.; ARTAVANIS-TSAKONAS, S.; STANFORD, J. Nanocourses: A short course format as an educational tools in a biological sciences graduate curriculum [J]. Life Sciences Education, 2008, 7 (Summer): 175-183.

[12] Harvard University. Curriculum [EB/OL]. [2013-02-15]. http://www.hms.harvard.edu/dms/Current/Curriculum.html.

[13] Harvard University. BBS preliminary qualifying examination guidelines: Academic year 2010-2011 [EB/OL]. [2013-02-15]. http://www.hms.harvard.edu/dms/bbs/current/documents/PQEGuidelines2010_000.doc.

[14] Harvard University. BBS DAC guidelines for Students, 12/2009 [EB/OL]. [2013-02-15]. http://www.hms.harvard.edu/dms/bbs/current/documents/DACGuidelinesforStudents2010_001.pdf.

家庭背景对大学生学术性投入的影响及作用机制

周　菲　余秀兰

摘　要：基于多所高校大学生的调查数据表明，在控制了学校特征变量和人口统计学变量后，家庭背景依然对大学生学术性投入具有显著的预测效应，并通过期望价值对大学生学术性投入产生间接影响。遵循“结构—主体—行动”的理论线索，分析表明，与对个体接受高等教育机会的影响相比，家庭背景对大学生学术性投入的影响变得更为隐蔽化；主客观家庭背景对大学生学术性投入的影响既有一致性又有差异性，主观家庭背景对个体接受高等教育过程的影响更大。尽管结构的影响无所不在，但决定影响大小的关键还在于个体自身如何去认识和转化这种影响，教育的使命之一即在于尽可能地缩小这种结构的差异。这需要加大教育经费投入力度，缩小高等教育场域中个体的经济差距感受；促进家校联系，增强学校有效指导，促进家校联系，弥补劣势群体家庭指导的不足；提高劣势家庭学生的期望价值，激发学生学术性投入的内在动力。

关键词：高等教育；大学生；家庭背景；学术性投入

一、问题的提出

高校人才培养质量是高等教育从规模发展向内涵发展转型过程中的重要问题。在人本主义思潮的影响下，更多的教育研究者意识到，高校人才培养质量的提升策略不应仅仅将学校的软硬件建设或教学过程与学生进行分离性的研究和评价，更应重视其对学生学习过程的促进作用，重视对学生学习投入的影响和学生的发展性评价。作为学习投入的重要内容，学术性投入长期以来广受关注。学术性投入是指大学生投入到学术性学习活动中的行为表现和心理状态。教育学和心理学是与学术性投入关系最为密切的两个学科。教育学领域首要关注的是与大学生学术性投入密切相关的院校特征变量，心理学领域首要关注的是个体特征变量。但也正是限于学科视野，较少有研究深入分析两门学科以外的、对学术性投入也会发生重要影响的其他因素的作用机制，如家庭背景因素。

家庭背景是指学生所拥有的家庭资源，在某种程度上体现了社会结构的特征。大学生学术性投入体现在个体的心理和行为层面，属于个体的行动特征。帕森斯认为，应在一个宏观的结构以及结构所观照的情境中假定行动者。基于帕森斯的理论，作为与个体行动最为密切的结构因素，家庭中的经济资本、文化资本和社会资本对外体现出社会结构的秩序特征，对内则通过传递这种结构特征而对个体产生影响。在不同的教育阶段，这一理论假设已经得到验证。《科尔曼报告》通过对美国约4000所公立学校600余万名学生进行调查后指出，影响学生学业成功的最重要的因素不是学校，而是家庭背景和智能。①从时间序列来看，马克斯的研究表明，家庭社会经济地位持续性地影响学生的学术性投入。②林加德等人对昆士兰学校改革进行的纵向调

周菲，博士，成都理工大学马克思主义学院讲师；余秀兰，南京大学教育研究院教授、博士生导师。

原文刊载于《教育研究》2016年第2期，本文为缩减版。

① 马和民，高旭平．教育社会学研究［M］．上海：上海教育出版社，1998：426.

② Marks H M. Student engagement in instructional activity: Patterns in the Elementary, Middle and High School Years［J］. American Educational Research Journal, 2000（1）.

查也肯定了这一结论。① 在大学场域中，布林特等人采用 NSSE 问卷部分条目重新编制了不同学科的投入分量表，发现家庭社会经济背景可以有效地解释两个量表的得分，表明高社会经济背景的学生在不同学科的学术性投入中具有持续性的优势。②

以上研究表明，大学场域中家庭背景与学术性投入依然遵循“结构下的行动”这一理论预设，这种影响先在于大学场域的其他因素而存在，直接或间接地左右着学生的心理与行为，但对结构下的行动如何发生却缺乏有效解释。期望价值理论为我们理解行为的发生提供了依据，该理论的核心概念是个体的成功预期、能力信念和任务价值。艾克勒斯等人认为，成功预期是指个体对眼前的、近期的或远期将来的任务能够做得多好的信念；能力信念是个体对自己不同领域能力的评价；任务价值则是个体对某一事物或某项活动重要性的判断。③ 班杜拉认为成功预期和能力信念是非常相似的概念，前者倾向于结果判断，后者倾向于效能判断，都可纳入个体的自我效能感。④ 以此论之，期望价值理论可归纳为两种核心成分，即效能信念和任务价值，并认为个体效能信念越强、任务价值判断越高则行动发生的可能性越强。它将个体对外（任务）知觉和对内（自我）知觉相整合，拓宽了对人类行为的理论解释力。在期望价值理论的实证研究中，科尔曼等人研究发现家庭背景对个体自我预期和效能信念呈正相关。⑤ 进一步的研究认为，成长于低社会经济地位家庭的经历使儿童质疑其控制成就的能力，而这种能力影响自我效能的发展。⑥ 博尔科夫斯基等人也认为，与高社会经济地位家庭学生相比，低社会经济地位家庭的学生缺乏对学校的积极认知。⑦ 以上研究证实了家庭背景与个体的期望和价值存在一定正向关联，表明结构因素对个体的渗透和影响，但是这种关联是否会进一步影响学生的学术性投入尚未得到研究证实。

当前，我国正处于高等教育大众化向普及化阶段迈进的过程中，学历背后的知识和能力的“装备”过程——学习投入更加受到重视。尽管国内一些学习投入研究在设计过程中对学生家庭背景会有所涉及，但多数都是将其作为控制变量进行简单操作和统计处理，这种处理方式基于不同的研究目的无可厚非，但是从促进大学生发展的角度来看，如果我们不能尽可能全面分析影响大学生学习投入的其他变量及其作用过程，其结果的偏颇可能不利于我们提出更有针对性的教育建议。因此，本研究希望能够澄清两个问题：第一，在中国高等教育深刻变革的宏观背景下，了解家庭背景对大学生学术性投入的影响效应；第二，探索并解释这种影响的发生机制，即验证个体期望价值的中介作用。

二、研究方法

（一）样本与施测

采用分层随机抽样方式，被试取样于江苏、山东、河南、四川 4 个省份的 9 所本科院校，分布于东部、中部和西部地区，包含“985”“211”和普通高校等不同的学校层次和类别。为确保回收质量，问卷施测主

① Lingard B, Ladwig J. et al. Queensland School Reform Longitudinal Study: Supplementary Materials [M]. Brisbane: Education Queensland. 2001.

② Brint S., Cantwell A, Hanneman R. The Two Cultures of Undergraduate Academic Engagement [J]. Research in Higher Education, 2008 (5).

③ Eccles J S, et al. Expectancies, Values and Academic Behaviors [A]. In Spence J (Ed.), Achievement and Achievement Motives [C]. San Francisco, CA: W. H. Freeman. 1983: 75 - 146.

④ Bandura A. Self - efficacy: Toward a Unifying Theory of Behavioral Change [J]. Psychological Review, 1977 (2).

⑤ Colman P K, Karraker K H. Self - efficacy and Parenting Quality: Findings and Future Applications [J]. Developmental Review, 1997 (1).

⑥ Kaler N, et al. Locus of Control in Children of Divorce [J]. Journal of Personality Assessment, 1984 (4).

⑦ Borkowski J G, Thorpe P K. Self - regulation and Motivation: A Life - span Perspective on Under - achievement [A]. In Schunk D H, Zimmeran B J. (Eds.), Self Regulation of Learning and Performance: Issues and Educational Applications [C]. Hillsdale, NJ: Erlbaum. 1994: 45 - 73.

要采用集体作答、当场回收的方式。在收回的 1316 问卷中，剔除无效问卷和明显一致性问卷 131 份，得到真实有效数据 1185 份。有效样本的具体分布如表 1 所示。

表 1　正式问卷调查被试的基本信息（N = 1185）

变量	属性	N	占比/%	变量	属性	N	占比/%
性别	男	463	39.1	年级	大一	287	24.2
	女	722	60.9		大二	413	34.9
民族	汉族	1132	95.5		大三	408	34.4
	少数民族	53	4.5		大四	77	6.5
学校类型	985	294	24.8	家庭人均月收入	500 以下	80	6.8
	211	89	7.5		500 ~ 1000	260	21.9
	普通高校	802	67.7		1001 ~ 2000	385	32.5
专业	人文科学	48	4.1		2001 ~ 4000	331	27.9
	社会科学	655	55.2		4001 ~ 6000	74	6.2
	自然科学	248	20.9		6001 ~ 8000	32	2.7
	工程技术	130	11.0		8001 以上	23	1.9
	医学	104	8.8				
父/母受教育水平（取最高）	不识字	10	0.8	父/母职业地位①（取最高，数字越高，等级越高）	1	384	32.4
	小学毕业	84	7.1		2	119	10.0
	初中毕业	375	31.6		3	248	20.9
	高中/专毕业	360	30.4		4	75	6.3
	大专毕业	143	12.1		5	41	3.5
	大学本科毕业	187	15.8		6	154	13.0
	硕士毕业及以上	26	2.2		7	164	13.8

（二）变量及工具

1. 学术性投入

采用课题组编制的大学生学习投入量表中学术性投入分量表。该分量表共 38 个题项，采用李克特 1 ~ 4 级计分。验证性因子分析以探索性因子分析为基础，表明学术性投入包含 7 个一级因子（辅助性参与、常规性参与、挑战性参与、交流性参与、坚持努力、认知策略运用、专注精力），2 个二级因子（学术性投入表现和学术性投入程度）。二阶二因子模型符合量表编制的理论构想与研究目的，LISERL 分析结果显示：χ^2 = 2378.95，df = 657，RMSEA = 0.047，CFI = 0.98，IFI = 0.98，SRMR = 0.046，表明数据拟合较优。本研究中，7 个一阶因子 Cronbach'α 系数在 0.687 ~ 0.853 之间，两个二阶因子 Cronbach'α 系数分别为 0.821 和 0.928。

① 父母职业地位分级参考两位学者的研究成果：一是李强在《当代中国社会分层：测量与分析》一书第 28 页中的提法，二是李春玲在《当代中国社会的声望分层——职业声望与社会经济地位指数测量》一文中所提出的职业声望分类办法。两位学者都将职业地位分为 7 级，7 个属类内涵大致相同。本研究中 7 个职业地位等级由低到高包括：（1）农民、无业人员；（2）一般工人/商业服务人员；（3）个体商户、技术工人；（4）初级专业技术人员、一般办事人员；（5）中级专业技术人员；（6）企事业单位中层管理人员、机关干部（正科及以下）、军队团职以下（不包括团职）、私营企业主；（7）企事业单位高层管理人员、机关干部（副处以上）、高级专业技术人员、军队团职以上（包括团职）。

2. 期望价值

如前文所述，期望价值实质上包括两个主要成分，即期望和任务价值，期望中最为核心的是自我效能信念。本研究关注学生对大学中学术性学习的任务情境，因此对期望价值的 2 个成分，分别采用学业自我效能感和大学教育的价值认同进行表征。学业自我效能感采用梁宇颂、周宗奎修订的学业自我效能感问卷中学习能力自我效能感分量表。① 该分量表共 11 个项目单维度，采用 1 ~5 级计分，分数越高表示学业自我效能感越强。本研究中，量表的 Cronbach'α 系数为 0. 893。大学教育的价值认同采用课题组编制的大学教育价值认同量表，该量表共包括 5 个题目，要求被试根据其重要性逐项进行 1 ~4 级评分，分值越高则对大学教育的价值认同越高，该量表 Cronbach'α 系数为 0. 767。

3. 家庭背景

本研究中的家庭背景侧重于体现出结构秩序特征的要素，这种表现出明显社会层级的相对客观的测量内容常常作为衡量家庭背景的客观指标。国内外研究多使用家庭收入水平、父母受教育程度和职业地位三类基本要素进行度量。②

除了客观家庭背景外，还有一种测量方式用以考察个体对自身家庭背景的主观认知，即称为主观指标。如在研究阶层地位时，既有客观地位合成指标，也采用个体对自身所处阶层的主观认知这一指标。相关研究表明，两者之间有一定的差异，并不总是存在高相关。③ 主观指标的合理性在于个体的行动源于对客体的认知，主观指标对解释个体的行动往往比客观指标具有更好的效果。

在本研究中，客观家庭背景包括家庭经济收入、父亲职业、母亲职业、父亲受教育水平、母亲受教育水平等 5 个题项；主观家庭背景包括学生感知到的家庭经济支持程度、父母有效指导程度、家庭社会关系情况等 3 个题项。均采用 1 ~7 级评分，分值越高，背景条件越好。客观家庭背景和主观家庭背景 Cronbach'α 系数分别为 0. 863 和 0. 766，两者相关系数为 0. 627，显示具有较高的一致性，同时说明两者也存在一些差异，分别使用主观和客观两类指标是有意义的。

4. 控制变量

（1）学校特征变量。学校变量可能会影响学生获得的教育资源支持情况从而影响到学生的学习投入，需要对其作控制变量处理。本研究中主要用学校类型（“985”“211” =1、一般高校 =0）作为代理变量。

（2）人口统计学变量。包括被试的性别（男生 =0，女生 =1）、民族（汉族 =1，少数民族 =0）、专业（人文社科 =0，自然工程医学 =1）等。以上变量均为类别变量，在进行回归分析时进行虚拟变量处理。

三、研究结果

（一）描述性分析

从学术性投入的基本特征来看，客观家庭背景和主观家庭背景均与学术性投入表现和学术性投入程度存在显著正相关，从系数大小来看，家庭背景与学术性投入表现的相关普遍高于与学术性投入程度的相关，主观家庭背景与学术性投入两个因子的相关高于客观家庭背景与学术性投入的相关。学业自我效能、大学价值认同与学术性投入表现和学术性投入程度均呈显著正相关。学术性投入表现与学术性投入程度两者呈中等程度正相关。表 2 列出了各主要变量的平均数、标准差和相关矩阵。

---

① 梁宇颂，周宗奎．大学生成就目标、归因方式与学业自我效能感的研究［D］．武汉：华中师范大学，2000.

② Buchmann C. Measuring Family Background in International Studies of Education：Conceptual Issues and Methodological Challenges［A］. National Research Council，Board on International Comparative Studies in Education. Methodological Advances in Cross－National Surveys of Educational Achievement［C］. Washington，DC：National Academy Press. 2002：150－197.

③ Adler N E，et al. Relationship of Subjective and Objective Social Status with Psychological and Physiological Functioning：Preliminary Data in Health，White Women［J］. Health Psychology，2000（6）.

表 2　各变量的描述统计

	平均数（*M*）	标准差（SD）	1	2	3	4	5	6
1. 客观家庭背景	3.254	1.327	—					
2. 主观家庭背景	3.541	1.361	0.627***	—				
3. 学业自我效能	3.539	0.596	0.124***	0.185***	—			
4. 大学价值认同	2.714	0.576	0.179***	0.238***	0.239***	—		
5. 学术性投入表现	2.208	0.427	0.283***	0.335***	0.426***	0.333***	—	
6. 学术性投入程度	2.453	0.510	0.137***	0.218***	0.621***	0.271***	0.538***	—

注：*** 为 $p<0.001$；** $p<0.01$；* $p<0.05$，下同。

（二）回归分析

1. 学术性投入的回归分析

表 3 列出了学术性投入表现的分析结果。第一步将控制变量纳入回归方程，结果表明性别、学校类型和学术性投入程度均能显著预测学术性投入表现。第二步将主客观家庭背景纳入方程，结果表明主观家庭背景能够正向预测学术性投入表现，而客观家庭背景对学术性投入表现未达到统计显著水平。表明主观家庭背景对学术性投入具有独特效应，而客观家庭背景没有独特效应。第三步将学业自我效能感和大学价值认同纳入方程，结果表明学业自我效能感和大学价值认同均能正向预测学术性投入表现。

表 3　学术性投入表现的多重回归分析

变量			第一步			第二步			第三步		
			B	SE	*β*	*B*	SE	*β*	*B*	SE	*β*
控制变量	性别		0.053	0.021	0.061*	0.053	0.021	0.060*	0.054	0.020	0.062
	民族		0.021	0.048	0.010	0.021	0.047	0.010	0.015	0.046	0.007
	专业		−0.035	0.023	−0.040	−0.013	0.022	−0.015	−0.027	0.022	−0.031
	学校类型	985	0.275	0.025	0.278***	0.232	0.026	0.235***	0.218	0.026	0.220***
		211	0.253	0.038	0.156***	0.226	0.038	0.139***	0.211	0.037	0.131***
	学术性投入程度		0.429	0.020	0.512***	0.398	0.020	0.476***	0.313	0.024	0.374***
家庭背景	客观家庭背景					0.011	0.010	0.035	0.011	0.010	0.033
	主观家庭背景					0.052	0.009	0.165***	0.044	0.009	0.140***
期望价值	学业自我效能								0.093	0.020	0.130***
	大学价值认同								0.080	0.018	0.109***
	R^2		0.373***			0.405***			0.427***		
	ΔR^2					0.032***			0.022***		

注：*B* 表示未标准化的回归系数，SE 表示标准误，*β* 表示标准化的回归系数，下表同。

表 4 列出了学术性投入程度的分析结果。第一步将控制变量纳入回归方程，结果表明性别、学校类型和学术性投入表现均能显著预测学术性投入程度。第二步将主客观家庭背景纳入方程，结果表明主观家庭背景能显著预测学术性投入程度，客观家庭背景对学术性投入程度未达到统计显著水平。同样，结果表明主观家庭背景对学术性投入表现具有独特效应，而客观家庭背景没有独特效应。第三步将学业自我效能感和大学价值认同纳入方程，结果表明学业自我效能感和大学价值认同均能正向预测学业投入程度。

表 4 学术性投入程度的多重回归分析

变量			第一步			第二步			第三步		
			B	SE	*β*	*B*	SE	*β*	*B*	SE	*β*
控制变量	性别		−0.145	.026	−0.139***	−0.145	.026	−0.139***	−0.091	.023	−0.087***
	民族		0.003	0.060	0.001	0.004	0.060	0.002	0.024	0.052	0.010
	专业		−0.018	0.028	−0.018	−0.017	0.029	−0.017	−0.012	0.025	−0.012
	学校类型	985	−0.068	0.033	−0.058*	−0.062	0.035	−0.052	−0.023	0.030	−0.020
		211	−0.123	0.049	−0.064*	−0.116	0.049	−0.060*	−0.068	0.043	−0.035
	学术性投入表现		0.669	0.031	0.560***	0.653	0.032	0.546***	0.398	0.031	0.333***
家庭学景	客观家庭背景					−0.017	0.012	−0.045	−0.015	0.011	−0.040
	主观家庭背景					0.027	0.012	0.072*	0.014	0.010	0.038
期望价值	学业自我效能								0.391	0.020	0.456***
	大学价值认同								0.046	0.021	0.052*
	R^2		0.313***			0.326***			0.489***		
	ΔR^2					0.013**			0.163***		

2. 期望价值的回归分析

(1)独特效应。采用多重回归考察客观家庭背景和主观家庭背景能否独特预测学业自我效能和大学价值认同。表 5 显示，在学业自我效能感对其他变量的回归中，第一步将控制变量纳入回归方程，结果表明性别、专业和对大学的价值认同能够显著影响学业自我效能感。第二步将客观家庭背景和主观家庭背景纳入方程，表明仅主观家庭背景能正向预测学业自我效能感，客观家庭背景对学业自我效能感的预测作用不显著。在大学价值认同对其他变量的回归中，第一步将控制变量纳入回归方程，结果表明专业、学校类型和学业自我效能感能显著预测大学价值认同。第二步将客观家庭背景和主观家庭背景纳入方程，表明主观家庭背景能正向预测大学价值认同，而客观家庭背景对大学价值认同的预测作用不显著。

表 5 学业自我效能、大学价值认同的多重回归分析

变量			学业自我效能						大学价值认同					
			第一步			第二步			第一步			第二步		
			B	SE	*β*	*B*	SE	*β*	*B*	SE	*β*	*B*	SE	*β*
控制变量	性别		−0.143	0.036	−0.117***	−0.139	0.035	−0.114***	0.016	0.033	0.014	0.017	0.033	0.014
	民族		0.094	0.081	0.033	−0.094	0.081	−0.033	0.030	0.076	0.011	0.028	0.074	0.010
	专业		−0.127	0.039	−0.105**	−0.101	0.039	−0.083***	0.193	0.036	0.165***	0.217	0.035	0.185***
	学校类型	985	0.032	0.044	0.023	0.002	0.046	0.002	0.273	0.040	0.204***	0.228	0.041	0.171***
		211	−0.020	0.065	−0.009	−0.035	0.066	−0.015	0.231	0.060	0.106***	0.206	0.060	0.094***
	大学价值认同		0.257	0.031	0.249***	0.227	0.031	0.220***	—	—	—	—	—	—
	学业自我效能		—	—	—	—	—	—	0.221	0.026	0.229***	0.192	0.026	0.198***
家庭背景	客观家庭背景				0.001	0.017	0.003					−0.006	0.015	−0.014
	主观家庭背景				0.055	0.016	0.127***					0.079	0.014	0.187***
	R^2		0.075***			0.090***			0.151***			0.181***		
	ΔR^2					0.015***						0.030***		

(2)期望价值的中介效应。对期望价值在家庭背景与学术性投入之间的中介效应进行分析，第一步需确

定家庭背景是否对学术性投入具有显著的预测作用。从表3可知，在控制了人口统计学变量及院校特征变量后，客观家庭背景对学术性投入两个维度均没有显著预测作用，主观家庭背景能够显著预测学术性投入表现和学术性投入程度（$\beta=0.165$，$p<0.01$；$\beta=0.072$，$p<0.05$）。因此，对主观家庭背景和学术性投入的关系进行深入分析。对表3、表4、表5结果进行Sobel检验①可知，一是学业自我效能感在主观家庭背景与学术性投入表现之间具有中介作用（$Z=2.764$，$p<0.01$），大学价值认同在主观家庭背景与学术性投入表现之间也具有中介作用（$Z=3.492$，$p<0.01$）。期望价值的两个因素在主观家庭背景和学术性投入表现之间具有并联的部分中介作用，即主观家庭背景对学术性投入表现同时具有直接（$\beta=0.140$，$p<0.01$）和间接（$\beta=0.037$，$p<0.01$）的影响效应。二是大学价值认同在主观家庭背景与学术性投入程度之间存在中介作用（$Z=3.386$，$p<0.01$），大学价值认同在主观家庭背景与学术性投入程度之间也具有中介作用（$Z=2.042$，$p<0.05$）。期望价值的两个因素在主观家庭背景与学术性投入程度之间具有并联的完全中介作用，主观家庭背景对学术性投入程度存在间接（$\beta=0.068$，$p<0.01$）的影响效应（见图1）。

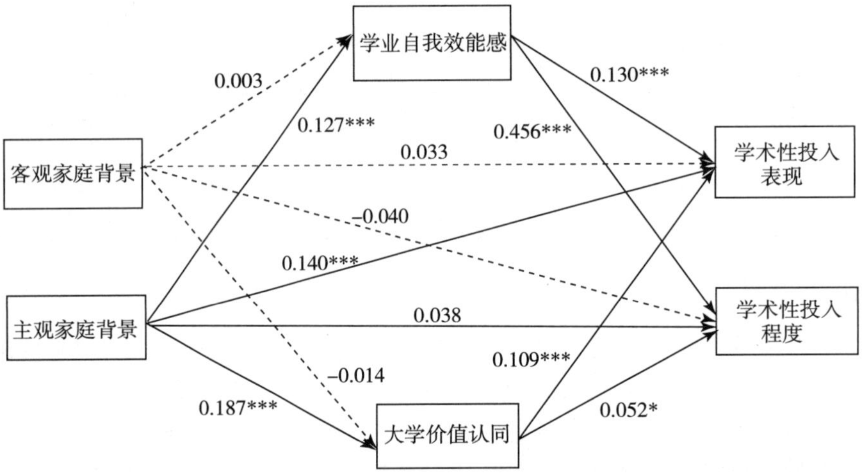

图1 期望价值中介效应的路径模型

四、结论与讨论

（一）家庭背景对大学生学术性投入的影响：结构效应的隐蔽化

从相关分析来看，尽管客观家庭背景和主观家庭背景对大学生学术性投入均存在正相关，但回归分析中，主观家庭背景对学术性投入呈现出显著的独特效应，并通过影响个体学业自我效能感和对大学的价值认同进而完成其作用效能的间接发挥，这表明主客观家庭背景对大学生学术性投入的影响既具有一致性又存在差异。

过去大量研究证实了学校教育对大学生学术性投入的强大效应，本研究结果也表明学校类型确实对大学生的学术性投入表现具有非常显著的预测效应。当不控制学校变量时，客观家庭背景对学术性学习投入的预测效应变得显著，这说明客观家庭背景的影响在一定程度上可能被学校变量所消解，客观家庭背景对于个体接受什么样的高等教育（结果）远远大于怎样接受高等教育（过程）。国内外大量关于客观家庭背景与不同

① 当自变量对中介变量的预测作用显著、中介变量对因变量的预测作用也显著时，可以非正式地判断中介作用的存在。采用Sobel检验则可以正式确认中介效应是否显著，具体可参见Mackinnon（2008）的讨论。

类型高等教育入学机会的关系的研究也证实了这一点。① 但即使是控制了学校变量，主观家庭背景对学术性投入依然表现出显著的预测效应，说明家庭背景对个体接受高等教育过程的影响同样需要受到重视。这一结果亦表明，与对个体接受高等教育机会的影响相比，家庭背景对大学生学术性投入的影响变得更为隐蔽化：一方面体现在影响效应的间接发生过程之中；另一方面也体现在从客观家庭背景向主观家庭背景主体效应发挥的转变。

（二）家庭背景影响大学生学术性投入的机制：期望效应的中介

1. 主客观家庭背景影响源的差异、关联与转化

家庭背景既可直接影响大学生学术性投入，又可通过个体期望价值对学术性投入产生间接影响。当把客观家庭背景与主观家庭背景一同纳入回归模型时，主观家庭背景表现出强烈的直接和间接效应，而客观家庭背景并未表现出显著影响。实质上，主客观影响存在差异的现象早在不同学科已有论述。

客观影响被主观影响所分解和替代这一结果符合对事物运行规律的基本哲学解释。当打破主客体的简单决定论后，以哲学对客体和主体这对基本范畴进行探讨时，通常用“客体的主体化”和“主体的客体化”来界定二者之间的辩证统一关系。

社会学家进一步将其运用到对结构和行动的解释范式之中。布迪厄借助“象征资本”将结构分析从客观事物扩展到了表达领域。资本不仅是物质性的，而且是象征性的；阶层不仅意味着一种客观的社会结构，而且还存在于表达结构之中，表现为区隔、思想的倾向、风格和语言。② 在布迪厄看来，结构既是客观的也是表达的，表达性的现实是客观性现实的主体反映，二者是对等和一致的。但是米歇尔·福柯对此提出不同的看法，他指出了话语与实践之间的不一致，并认为话语具有更大的真实性，比客观实践更富意义。姑且不论话语的内涵指向，福柯的意义在于，他指出布迪厄未加以思考的表达与实践之间可能存在的差异性。在此基础上，社会学家黄宗智在结构与主体（内容）、表达与实践（形式）两组上位概念中建构出 4 个分析维度：客观性结构、表达性结构、客观性主体、表达性主体，并用以分析和理解结构与主体之间的互动与转化。③ 尽管黄宗智所提及的表达性结构更为关注的是群体而非个体话语表达，但明示了作为影响源的客观家庭背景和主观家庭背景差异与关联的哲学基础。

对家庭背景进行主客观的区分，实质上是将客观结构进行了有意义的动态延伸。主观家庭背景作为对客观结构的主体性表达，既与客观结构具有相当的一致性，又由于主体本身的表述差异而具有不一致的地方。从主体建构的角度来看，当结构特征体现于主体认知时，实质上便建立了主体的客观性特征，即客观性主体。从这个意义上来理解，主观家庭背景既是一种表达性结构，也形成了客观性主体。两者具有相同的本质且原初发生的秩序不可逆，正如布迪厄所指出，“客观主义的旁观在认识论上先于主观主义的理解”，③ 因此结构先于主体又发生于主体认知。这种不可逆性也昭示了主观家庭背景与后续影响之间更为紧密的联系。

2. 主观家庭背景影响大学生学术性投入的过程机制

在艾克勒斯看来，行动的产生源于对事物的两点判断，一是事物是否有价值，二是自己是否有能力完成，二者缺一不可，共同构成期望价值。也就是说，主观家庭背景是通过影响个体的价值和效能判断进而对学术性投入产生影响。那么，在高等教育场域这一具体的影响过程是如何发生的呢？

首先，主观家庭背景对行动的影响经过了中间过程的转化，即借由具有秩序特征的内生表达进而呈现出主体性差异，这种表达性主体类似于布迪厄所说的惯习或性情倾向系统。本研究中则体现为作为中介变量的

---

① 王伟宜．我国社会阶层与不同类型高校间关系的变迁研究（1982—2010 年）[J]．中国高教研究．2013（4）．

Eeller D E. Condition of Access：Higher Education For Lower Income Students [M]. Westport：Greenwood Publishing Group，Inc，2002：142－143.

②③　黄宗智．中国革命中的农村阶级斗争——从土改到文革时期的表达性现实与客观性现实 [A]．//中国乡村研究（第 2 辑）[C]．北京：商务印书馆，2003：66－95.

③　皮埃尔·布迪厄，华康德．实践与反思——反思社会学导引 [M]．北京：中央编译出版社，2004.

个体学业自我效能感和对大学的价值认同，二者正是惯习或性情倾向系统的另一样例。学业自我效能既是情境的也是相对稳定的，是长期实践形成的产物。研究表明，家庭背景对稳定的学业自我效能感的形成具有显著的正向影响。① 也就是说，具有较好家庭背景的学生更可能获得更多的资源以及对资源支持度的正向认知，从而增强其对获取成功的可能性认知并强化自我效能感。这种强自我效能感作为“惯习”或“性情系统”稳定地存在于个体的认知系统中并影响着行为和实践。而对大学的价值认同实质上体现出个体对外在事物的综合评判，这种评判也深受个体成长环境和生活事件的影响。高等教育扩招让更多家庭背景不利的学生得以进入大学校门，但是迅猛的扩招态势也使得大学培养精英的光环在衰退，对于就读于普通大学的学生而言更甚。他们不得不对大学的价值进行重新审视，并表现出不同的理解差异，而这种差异在很大程度上对应于结构的差异从而体现出秩序上的不同。对于家庭背景优越的学生而言，大学更可能是助推器，而对于家庭背景不利的学生来讲，大学则成了“鸡肋”。

其次，这种差异化的表达性主体形成了差异化的个体行动，表现为学生在学术性学习投入上的差异。比如高自我效能感的学生更可能选择具有挑战性的学习项目，更可能全身心地投入到学术性学习当中；对大学的价值认同也更可能使他们心无旁骛地充分利用学校提供的各项资源和平台并投身其中，从而获得更加满意的学习体验。而低自我效能感和低大学价值认同的学生则更可能在“无知与无望”中草率地结束“这原本可以发生改变的过程”。

（三）从客观家庭背景到主观家庭背景：主体效应发挥的转变

尽管可以找到许多证明家庭背景与高等教育入学机会以及初职获取之间存在正向影响的论证，但学界关于家庭背景与接受高等教育过程的影响的研究却效应不一、语焉未详。把“结构与行动”理论置于宏大的教育发展脉络中，对主客观家庭背景进行区分，则形成了对效应差异的另外一种可能的解释：即主观和客观的家庭背景对个体行动存在着双重影响，一种影响通过个体发挥效力，另一种影响则通过个体背后的整个家庭发挥效力，两种影响的效应可能因为不同主体对目的和意义认知的不同而有所差异。

从学校教育的完整阶段来看，结构影响最为显要的体现于高等教育的前后两端，即受教育资格的获得和高职业地位的获取。而所谓的“结构”最终也是通过人在发挥效用，对于主观家庭背景而言，“人”即为被研究者个体；而对于客观家庭背景而言，这里所说的“人”并不完全等同于作为被研究者的“个体”，还包括与个体密切相关的整个家庭成员。而家庭成员和被研究者个体对于同一事物的目的和意义的认知并不等同。在教育场域，家庭成员并非直接的过程体验者，他们对结果的重视可能远胜于对过程的重视。由于这一阶段已经完成了高等教育资格的获取，所以其资源投入的重点在于接受高等教育后的结果，即如何使子女获取较高职业地位从而确保阶层地位向上流动或避免受到向下流动的威胁。实现这一目标的途径是多样的，个体是否投入到学术性学习中仅是多种途径的一种，因此这种资源投入的力量也被分散和减弱。但对被研究者个体（即子女）来讲，他们是高等教育过程的实践者和体验者，无论他们的实践和体验是否对最终结果产生重要影响，都印刻了他们对结构的主体表达。因此反映在高等教育的过程中也就体现出客观家庭背景和主观家庭背景影响的不同。

（四）教育可以做什么

宏大的“结构决定论”常常让人陷入社会学的宿命式悲观，在强大的结构效应面前教育似乎也束手无策。本研究表明，尽管结构的影响无所不在，但决定影响大小的关键还在于人自身如何去认识和转化这种影响，而教育的使命之一即在于尽可能地缩小这种结构的差异。基于以上研究结论，具体到高等教育过程中，如何减少结构因素对大学生学术性学习投入的制约，从而使其能够充分地享有和利用高等教育资源并最大限度地发挥自身潜能，笔者认为可以从以下三个方面着手。

---

① Gecas V, Schwalbe M L. Beyond the Looking-glass Self: Social Structure and Efficacy-based Self-esteem [J]. Social Psychology Quarterly, 1983 (2).

第一，加大经费投入力度，尽可能缩小高等教育场域中个体的经济差距感受。教育作为一项公益事业，也是人类发展的福祉和促进社会公平的利器。近年来国家在加大教育经济扶持力度上已经做了很多工作，我们认为随着高等教育扩招效应的不断增强，当前的这种扶持力度并不足够，还应进一步加大并尽可能有针对性地应用于对教育经济差距的补缺。另外，学校内部也应该尽可能避免人为设置以经济条件作为显性或隐性指标的活动项目，使每个学生都能通过努力共享学校资源和发展平台。

第二，增强学校有效指导，促进家校联系，弥补劣势群体家庭指导的不足。尽管大学生具有相对成熟的心智，但大学对他们而言依然是一个有待探索的全新场域。国外研究表明，相对于家庭背景较差的学生，家庭背景优越的学生更懂得如何玩这场“游戏”。① 这是因为他们能从家庭中获得更多的指导并及早掌握游戏规则。学校教育应该主动弥补处于不利境地的学生在这方面的欠缺，让他们能同其他学生一样掌握玩好这场“游戏”的基本规则。此外，学校还应联合家庭的力量来影响学生。学校应该将触角适当地延伸到家庭，将正确的理念传递给家庭其他成员，使之与学校一道形成联合的力量而非相互牵制的力量，共同影响大学生的学习过程。

第三，提高劣势家庭学生的期望价值，激发学生投入的内在动力。从个体的角度来讲，对大学教育价值的认同和学业自我效能感非常显著地影响着学生的学术性投入，尽管家庭背景始终左右着这种个体代理变量，但其并非唯一的影响源。学校教育不仅要为学生提供丰富的学习资源，还应致力于从个体根源上改变和促进这种同时受到家庭背景影响的中间机制。只有这样，教育才可能在与结构抗衡的过程中影响个体的发展轨迹并促进社会公平。

参考文献

[1] 马和民，高旭平. 教育社会学研究 [M]. 上海：上海教育出版社，1998：426.

[2] Marks H M. Student engagement in instructional activity：Patterns in the Elementary，Middle and High School Years [J]. American Educational Research Journal，2000 (1).

[3] Lingard B，Ladwig J. et al. Queensland School Reform Longitudinal Study：Supplementary Materials [M]. Brisbane：Education Queensland. 2001.

[4] Brint S.，Cantwell A，Hanneman R. The Two Cultures of Undergraduate Academic Engagement [J]. Research in Higher Education，2008 (5).

[5] Eccles J S，et al. Expectancies，Values and Academic Behaviors [A]. In Spence J (Ed.)，Achievement and Achievement Motives [C]. San Francisco，CA：W. H. Freeman. 1983：75 - 146.

[6] Bandura A. Self - efficacy：Toward a Unifying Theory of Behavioral Change [J]. Psychological Review，1977 (2).

[7] Colman P K，Karraker K H. Self - efficacy and Parenting Quality：Findings and Future Applications [J]. Developmental Review，1997 (1).

[8] Kaler N，et al. Locus of Control in Children of Divorce [J]. Journal of Personality Assessment，1984 (4).

[9] Borkowski J G，Thorpe P K. Self - regulation and Motivation：A Life - span Perspective on Under - achievement [A]. In Schunk D H，Zimmeran B J. (Eds.)，Self Regulation of Learning and Performance：Issues and Educational Applications [C]. Hillsdale，NJ：Erlbaum. 1994：45 - 73.

[10] 梁宇颂，周宗奎. 大学生成就目标、归因方式与学业自我效能感的研究 [D]. 武汉：华中师范大学，2000.

[11] Buchmann C. Measuring Family Background in International Studies of Education：Conceptual Issues and

① Mook L. Exclusion and inclusion in student-faculty informal interactions：A critical perspective [J]. Current Issues in Comparative Education，2002 (2).

Methodological Challenges [A]. National Research Council, Board on International Comparative Studies in Education. Methodological Advances in Cross – National Surveys of Educational Achievement [C]. Washington, DC: National Academy Press. 2002: 150 – 197.

[12] Adler N E, et al. Relationship of Subjective and Objective Social Status with Psychological and Physiological Functioning: Preliminary Data in Health, White Women [J]. Health Psychology, 2000 (6).

[13] 王伟宜. 我国社会阶层与不同类型高校间关系的变迁研究（1982—2010年）[J]. 中国高教研究. 2013 (4).

Eeller D E. Condition of Access: Higher Education For Lower Income Students [M]. Westport: Greenwood Publishing Group, Inc, 2002: 142 – 143.

[14] 黄宗智. 中国革命中的农村阶级斗争——从土改到文革时期的表达性现实与客观性现实 [A].//中国乡村研究（第2辑）[C]. 北京：商务印书馆, 2003: 66 – 95.

[15] 皮埃尔·布迪厄, 华康德. 实践与反思——反思社会学导引 [M]. 北京：中央编译出版社, 2004.

[16] Gecas V, Schwalbe M L. Beyond the Looking-glass Self: Social Structure and Efficacy-based Self-esteem [J]. Social Psychology Quarterly, 1983 (2).

[17] Mook L. Exclusion and inclusion in student-faculty informal interactions: A critical perspective [J]. Current Issues in Comparative Education, 2002 (2).

地方普通本科高校在校生专业认知状况的调查

唐卫民　彭万英

摘　要：本研究通过自编问卷，对辽宁省5所地方普通本科高校和8个专业的在校生进行了对所学专业的认知程度调查。调查主要围绕在校生对专业社会需求程度的认知、对专业了解程度的认知、是否更换专业及专业满意度四个层面展开，得出了如下结论：在校生对专业社会需求程度的认知上存在院校和专业间的差异；对专业的了解程度存在院校和专业间的差异；在是否更换专业方面存在专业间的差异，而院校间无显著差异；在校生的专业满意度存在院校和专业间的差异。

关键词：地方；普通本科高校；在校生；专业认知

为揭示不同类型地方普通本科高校和不同专业的在校生在专业认知层面的差异之处，反馈其在本科专业设置层面的基本考量，本文对辽宁省普通本科高校的部分在校生做了问卷调查，通过分析探寻影响学生专业认知的因素，从而为普通高等学校本科专业的设置转型提供“利益相关者”之一——学生视角的基本满意度。进行的专业认知状况调查，主要包括对专业社会需求程度的认知、对专业了解程度的认知、是否更换专业及专业满意度四个方面。

一、调查概要

（一）调查问卷设计

本研究采用问卷调查法，主要是针对辽宁省5所高校8个专业的学生进行专业反馈调查。所用问卷是在借鉴国内学者相关研究基础上自行编制而成的。问卷分别设计了8个大问题，包括两部分内容：学生的基本情况、学生对专业的认知状况。

调查问卷回收后，录入数据库。然后运用SPSS Statistics 17.0对调查数据进行统计分析；同时，采用SPSS 17.0统计软件对问卷的信度和效度进行了分析。

1. 问卷信度

专业认知调查中，在校生问卷的总量表信度系数cronbach’s Alpha值为0.83，说明本问卷中的问项均具有高程度的内部一致性，问卷在信度上具有可信性，由此得到的调查数据结果可信。

2. 问卷效度

在专业认知调查中，在校生问卷量表的效度系数KMO值是0.86，说明问卷的效度较高，真实地反映了想要考察的内容。

（二）调查对象

专业认知调查对象是辽宁省5所公办普通本科高校，分别是省属综合类大学1所、省属理工类大学2所、

唐卫民，博士，沈阳师范大学教授、硕士生导师；彭万英，沈阳师范大学副教授。

省属师范类大学1所、市属综合类大学1所（以下分别用省综合、省理工1、省理工2、省师范、市综合代替）（见表1）。选择的8个专业分别是国际经济与贸易、法学、英语、艺术设计、信息与计算科学、计算机科学与技术、信息管理与信息系统、市场营销。该8个专业是按照现行专业目录，分别隶属于6大学科门类，而且在专业大类中布点数几乎都是排在第一位的专业（见表2）。具体的调查是对上述5所学校中的8个专业的在校生和毕业生，分别采取整群抽样的方法进行抽样问卷调查。

表1　调查院校的具体情况

高校类型	具体特征	占全省普通本科高校总数的百分比/%	占全省同类普通本科高校总数的百分比/%
省综合	211工程大学、博士点	2/43 = 4.65	2/4 = 50.00
市综合	市属、硕士点		
省理工1	省属、硕士点	2/43 = 4.65	2/17 = 11.8
省理工2	省属、博士点		
省师范	省属、硕士点	1/43 = 2.33	1/4 = 25.00

表2　调查专业的布点情况

学科门类及布点数	专业大类及布点数	专业大类布点数占学科门类布点数的百分比/%	具体专业	专业布点数	专业布点数在专业大类中的排名	专业布点数占专业大类布点数的百分比/%
经济学103	经济学类103	100	国际经济与贸易	50	1	48.54
法学63	法学类30	47.62	法学	30	1	100
文学350	外国语言文学类120	34.29	英语	68	1	56.67
	艺术类160	45.71	艺术设计	59	1	36.88
理学200	数学类46	23.00	信息与计算科学	25	1	54.35
工学674	电气信息类238	35.31	计算机科学与技术	67	1	28.15
管理学345	管理科学与工程类69	20.00	信息管理与信息系统	35	1	50.72
	工商管理类221	64.06	市场营销	42	2	19.00

注：布点数参见辽宁教育研究院编著的《辽宁教育决策咨询研究（2008）》，辽宁民族出版社2009年版，第226－239页。

（三）调查实施

专业认知调查一共分两次进行。第一次调查为预测，于2011年9月进行，发放问卷100份，目的是对问卷本身进行测量，以便发现问题并及时修改问卷。第二次调查为正式调查，于2012年3—6月进行。

对在校生的调查主要选取2008级或2009级（大三或大四）的学生，以班级为单位进行，共发放问卷1245份，回收1143份，回收率为91.81%。其中，不同院校和不同专业学生的问卷发放与回收情况见表3、表4。

表3　不同院校学生的问卷发放与回收情况

院校	在校生		
	发放份数	回收份数	回收率/%
省综合	240	218	90.83
省理工1	260	247	95.00

续表

院校	在校生		
	发放份数	回收份数	回收率/%
省理工 2	245	209	85.30
省师范	260	243	93.46
市综合	240	226	91.17
总计	1245	1143	91.81

表 4　不同专业学生的问卷发放与回收情况

专业	在校生		
	发放份数	回收份数	回收率/%
国际经济与贸易	160	146	91.25
法学	160	149	93.13
英语	160	144	90.00
艺术设计	145	133	91.72
信息与计算科学	160	145	90.63
计算机科学与技术	160	147	91.88
信息管理与信息系统	150	138	92.00
市场营销	150	141	94.00
总计	1245	1143	91.81

（四）人口学统计

在专业反馈的调查中，不同院校和不同专业的在校生分布情况见表 5、表 6 和图 1、图 2。

表 5　不同院校在校生频数分布表

院校	频数	百分比/%	累积百分比/%
省综合	218	19.07	19.07
省理工 1	247	21.61	40.68
省理工 2	209	18.29	58.97
省师范	243	21.26	80.23
市综合	226	19.77	100
总计	1143	100	

表 6　不同专业在校生频数分布表

专业	频数	百分比/%	累积百分比/%
国际经济与贸易	146	12.77	12.77
法学	149	13.04	25.81
英语	144	12.60	38.41
艺术设计	133	11.64	50.04

续表

专业	频数	百分比/%	累积百分比/%
信息与计算科学	145	12.69	62.73
计算机科学与技术	147	12.86	75.59
信息管理与信息系统	138	12.07	187.66
市场营销	141	12.34	100
总计	1143	100	

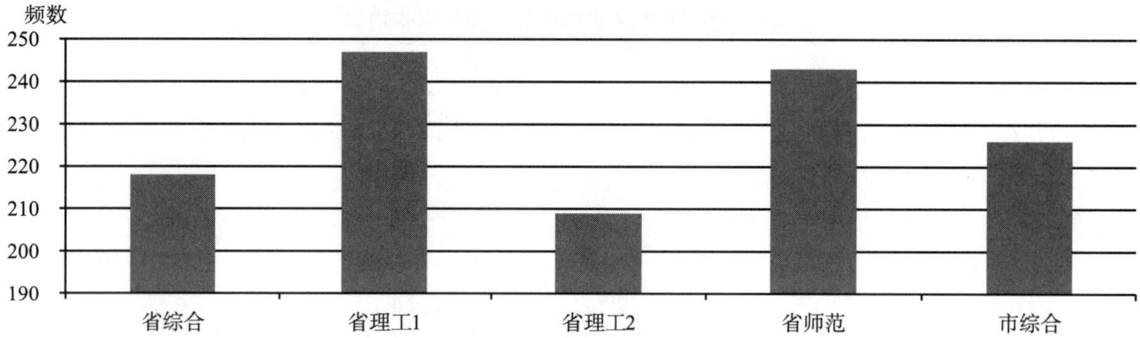

图1　不同院校在校生频数分布图

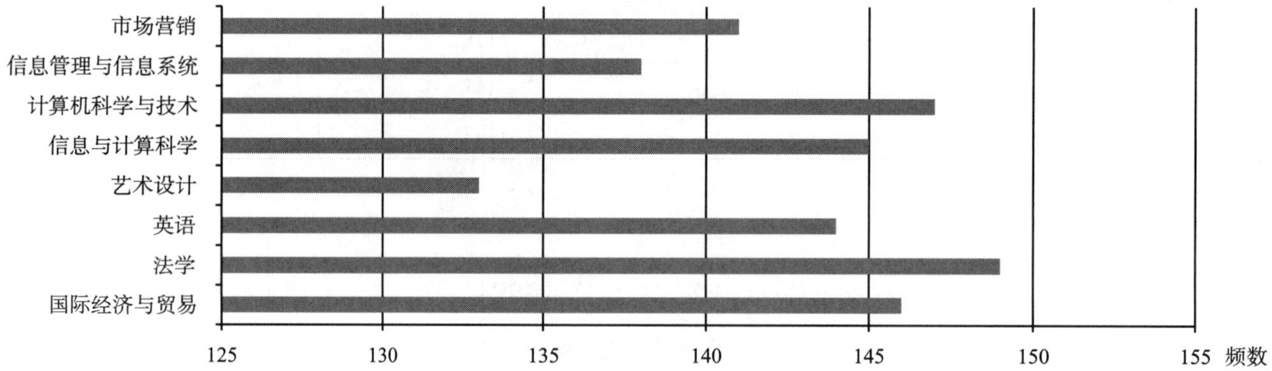

图2　不同专业在校生频数分布图

二、专业的社会需求程度的认知

（一）总体状况

对在校生的专业社会需求程度的调查项目上，获取有效数据963个。选择专业的社会需求程度的频数分布在“大及很大”的百分比是37.69%，选择“小及很小”以下的百分比是21.81%（见表7、图3）。

表7　在校生对专业社会需求程度认知的频数分布表

专业社会需求程度	样本数	百分比/%	累积百分比/%
小及很小	210	21.81	21.81
一般	390	40.50	62.31
大及很大	363	37.69	100
总计	963	100	

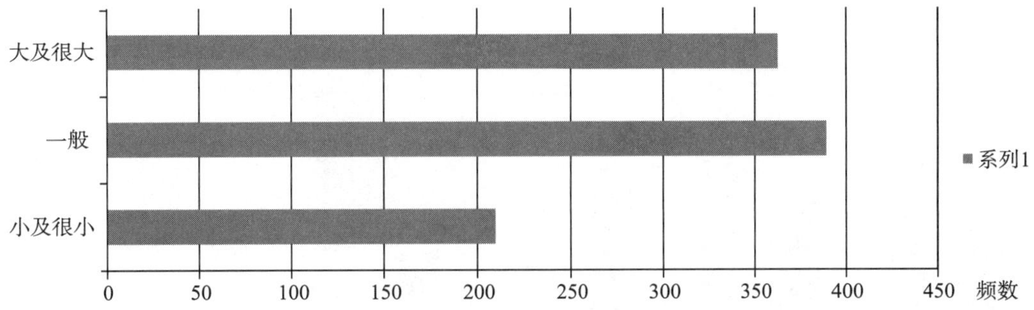

图3　在校生对专业社会需求程度认知的频数分布图

从图3中可见，在校生认为专业社会需求程度大及很大的人数要比认为社会需求程度小及很小的人数多，但二者均少于认为专业社会需求程度一般的人数。

（二）不同院校在校生对专业的社会需求程度认知状况

从在校生的专业社会需求程度与院校交叉表（见表8）中可以看出，在选择专业社会需求程度“大及很大”的选项上，省师范选择的百分比为9.55%显著高于省理工2选择的百分比4.57%；在选择专业社会需求程度“小及很小”的选项上，省理工2选择的百分比为5.40%显著高于省师范选择的百分比2.91%。从中可以看出，省理工2院校的学生认为本校的专业社会需求程度最低。

表8　不同院校在校生的专业社会需求程度与院校交叉表

专业社会需求程度		院校					合计
		省综合	省理工1	省理工2	省师范	市综合	
小及很小	频数	40	47	52	28	43	210
	频数百分比/%	4.15	4.89	5.40	2.91	4.47	21.81
一般	频数	78	111	45	70	86	390
	频数百分比/%	8.10	11.53	4.67	7.27	8.93	40.50
大及很大	频数	84	72	44	92	71	363
	频数百分比/%	8.72	7.48	4.57	9.55	7.37	37.69
总计	频数	202	230	141	190	200	963
	频数百分比/%	20.98	23.88	14.64	19.73	20.77	100

从图4中可见，在5所高校中，认为本校专业的社会需求程度在大及很大程度上，省师范在校生比例最高，而省理工2则最低；认为本校专业的社会需求程度在小及很小程度上，省理工1在校生比例最高，而省师范则最低。

经卡方检验，χ^2值为40.913**，Sig<0.01，表明不同院校在校生在选择专业的社会需求程度的3个选项上，至少有一个选项的频数百分比间有显著差异。

（三）不同专业在校生对专业社会需求程度认知的状况

从在校生的专业社会需求程度与专业交叉表、图（见表9、图5）中可以看出，在选择“大及很大”的选项上，计算机科学与技术专业的频数百分比为8.72%，显著高于信息与计算科学的频数百分比1.87%；就选择“小及很小”的选项上，信息与计算科学的频数百分比为5.92%，显著高于市场营销专业选择的频数百分比1.04%。从中可以看出，信息与计算科学专业学生认为该专业的社会需求程度总体最低。

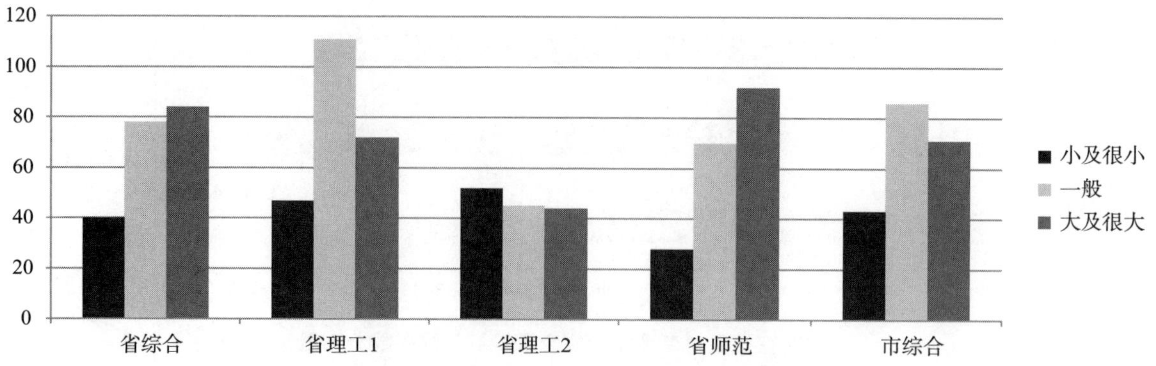

图4 不同院校在校生的专业社会需求程度与院校交叉图

表9 不同专业在校生的专业社会需求程度与专业交叉表

专业社会需求程度		专业								合计
		国际经济与贸易	法学	英语	艺术设计	信息与计算科学	计算机科学与技术	信息管理与信息系统	市场营销	
小及很小	频数	33	35	14	27	57	14	20	10	210
	频数百分比/%	3. 43	3. 63	1. 45	2. 80	5. 92	1. 45	2. 08	1. 04	21. 81
一般	频数	56	47	71	62	46	35	34	39	390
	频数百分比/%	5. 82	4. 88	7. 37	6. 44	4. 78	3. 63	3. 53	4. 05	40. 50
大及很大	频数	33	46	51	28	18	84	38	65	363
	频数百分比/%	3. 43	4. 78	5. 30	2. 91	1. 87	8. 72	3. 95	6. 75	37. 69
总计	频数	122	128	136	117	121	133	92	114	963
	频数百分比/%	12. 67	13. 29	14. 12	12. 15	12. 56	13. 81	9. 55	11. 84	100

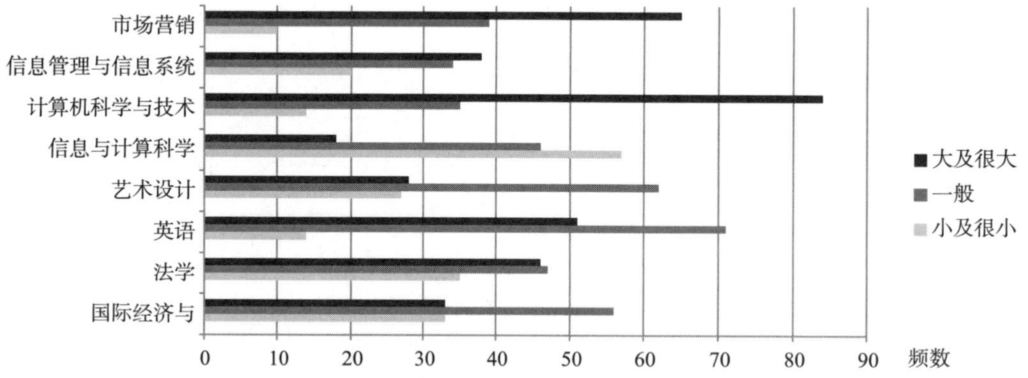

图5 不同专业在校生的专业社会需求程度与专业交叉图

从表9中可见，选择专业的社会需求在“大及很大”的8个专业中，频数百分比最高的专业是英语，最低的专业是信息与计算科学；选择专业的社会需求在“小及很小”的专业最高的是信息与计算科学，最低的是市场营销。

经卡方检验，χ^2值为163. 286**，Sig<0. 01，表明不同专业在校生在选择专业的社会需求程度的3个选项上，至少有一个选项的频数百分比间有显著差异。

三、专业了解程度的认知

（一）总体状况

在对专业了解程度的调查项目上，获取在校生有效数据是959个。在校生选择专业了解程度的频数分布见表10。从该表可以看出，在校生选择对专业了解程度在“了解及很了解”程度的百分比是45.56%，选择“不了解及很不了解”程度的百分比是25.03%。可见，在校生认为对专业的了解程度持较了解的要比认为对专业了解程度持较不了解的百分比多。

表10　在校生对专业的了解程度频数分布表

专业的了解程度	频数	百分比/%	累积百分比/%
不了解及很不了解	240	25.03	25.03
一般	282	29.41	54.44
了解及很了解	437	45.56	100
总计	959	100	

从图6可见，在校生对专业的了解程度在一般及以上的比例显著高于不了解及很不了解的比例。

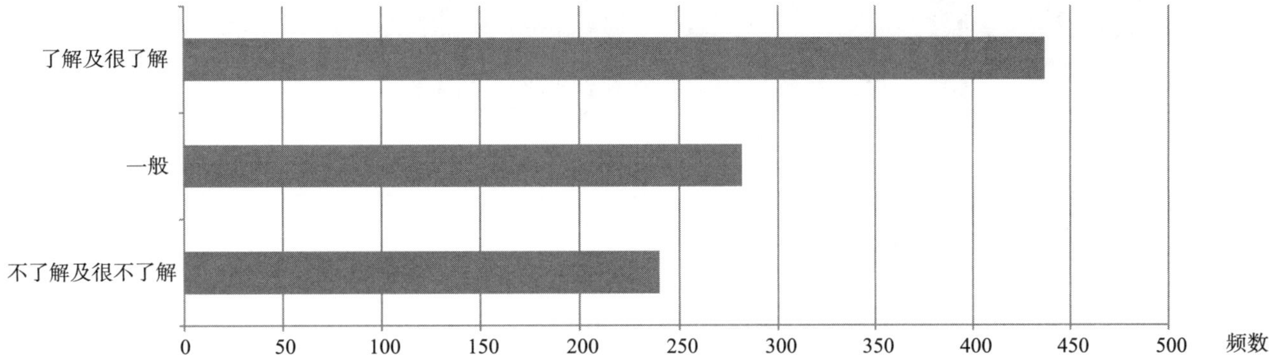

图6　在校生对专业的了解程度频数分布图

（二）不同院校学生对专业的了解程度状况

从不同院校在校生的专业了解程度与院校交叉表（见表11）中可以看出，在选择“了解及很了解”选项上，省理工1选择的频数百分比11.47%显著高于市综合选择的频数百分比7.09%。在选择“不了解及很不了解”选项上，市综合选择的频数百分比6.88%显著高于省理工2选择的频数百分比1.67%。从中可以看出，市综合院校的学生对专业的了解程度总体上最低。

表11　不同院校在校生的专业了解程度与院校交叉表

专业的了解程度		院校					合计
		省综合	省理工1	省理工2	省师范	市综合	
不了解及很不了解	频数	51	54	16	53	66	240
	频数百分比/%	5.32	5.63	1.67	5.53	6.88	25.03
一般	频数	63	68	37	57	57	282
	频数百分比/%	6.57	7.09	3.86	5.9	5.94	29.41

续表

专业的了解程度		院校					合计
		省综合	省理工1	省理工2	省师范	市综合	
了解及很了解	频数	79	110	76	104	68	437
	频数百分比/%	8.24	11.47	7.92	10.84	7.09	45.56
总计	频数	193	232	129	214	191	959
	频数百分比/%	20.13	24.19	13.45	22.31	19.92	100

从图7中可见，不同院校对专业的了解程度在“了解及很了解”上，省理工1的比例最高，而市综合比例最低；在“不了解及很不了解”上，市综合比例最高，而省理工2比例最低。

经卡方检验，χ^2值为27.582**，Sig < 0.01，表明不同院校在校生在选择对专业的了解程度的3个选项上，至少有一个选项的频数百分比间有显著差异。

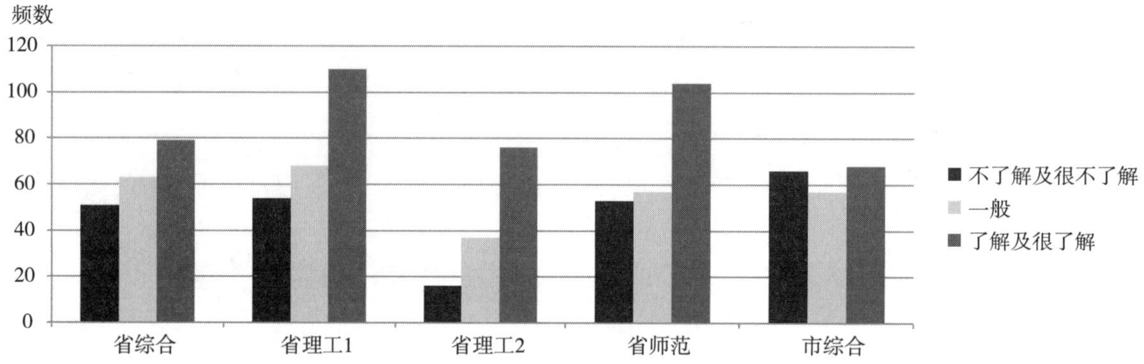

图7　不同院校在校生的专业了解程度与院校交叉图

（三）不同专业学生对专业的了解程度状况

从不同院校在校生的专业了解程度与专业交叉表（见表12）中可以看出，在选择“了解及很了解”选项上，法学专业最高为8.03%；其次为英语专业7.19%；第三为艺术设计专业6.88%，明显多于国际经济与贸易专业的4.37%和市场营销专业选择的2.71%。在选择“不了解及很不了解”选项上，市场营销专业的最高为5.53%，显著高于信息管理与信息系统专业的1.88%。

表12　不同院校在校生的专业了解程度与专业交叉表

专业的了解程度		专业								合计
		国际经济与贸易	法学	英语	艺术设计	信息与计算科学	计算机科学与技术	信息管理与信息系统	市场营销	
不了解及很不了解	频数	35	22	22	19	41	30	18	53	240
	频数百分比/%	3.65	2.29	2.29	1.98	4.28	3.13	1.88	5.53	25.02
一般	频数	39	39	40	32	41	36	26	29	282
	频数百分比/%	4.07	4.07	4.17	3.34	4.28	3.75	2.71	3.02	29.41
了解及很了解	频数	42	77	69	66	53	61	43	26	437
	频数百分比/%	4.37	8.03	7.19	6.88	5.53	6.36	4.48	2.71	45.57
总计	频数	116	138	131	117	135	127	87	108	959
	频数百分比/%	12.96	14.39	13.66	12.20	14.08	13.24	9.07	11.26	100

从图 8 中可见，对专业了解程度在“了解及很了解”上的专业比例最高的是法学，最低的是市场营销；对专业了解程度在“不了解及很不了解”上的专业比例最高的市场营销专业，最低的信息管理与信息系统。

经卡方检验，χ^2值为 67. 404**，Sig < 0. 01，表明不同专业在校生在选择对专业了解程度的 3 个选项上，至少有一个选项的次数百分比间有显著差异。

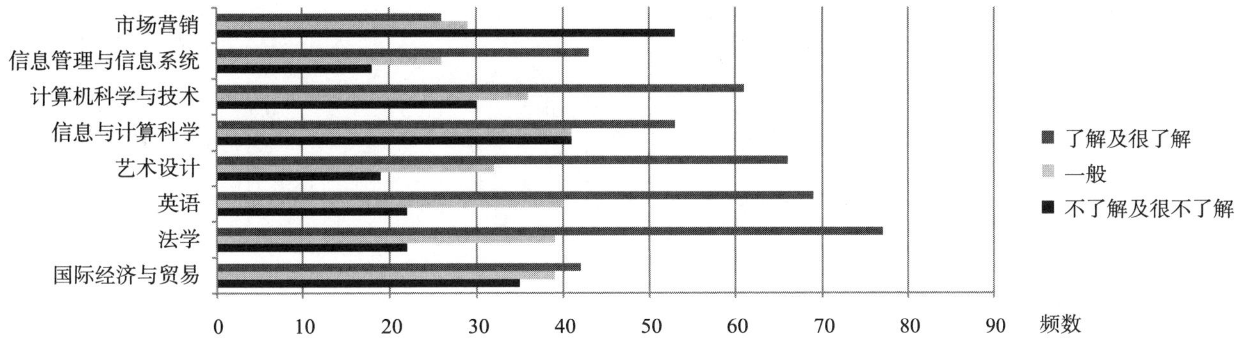

图 8　不同专业在校生的专业了解程度与专业交叉图

四、是否更换专业的认知

（一）总体状况

对在校生进行的是否更换专业的调查上，获取有效数据是 1040 个，选择更换专业的百分比是 51. 54%，选择不更换专业的百分比是 48. 46%（见表 13、图 9）。可见，在校生对本专业的满意度不高，有超过一半的学生想更换自己的专业。

表 13　在校生是否更换专业的频数分布表

是否更换专业	频数	百分比/%	累积百分比/%
是	536	51. 54	51. 54
否	504	48. 46	48. 46
总计	1040	100	

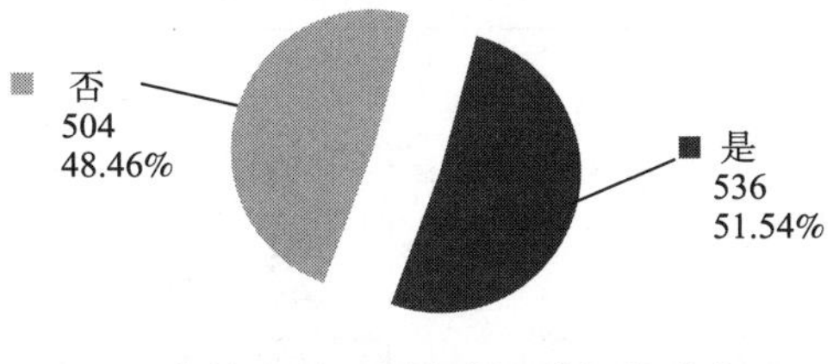

图 9　在校生是否更换专业的频数分布图

（二）不同院校在学生是否更换专业的状况

不同院校在校生是否更换专业的频数分布见表 14 及图 10。从该表可以看出，5 所院校中，在是否更换专业的选择中，选择“是”的按照从高到低的顺序排列是：省理工 1、省综合、省师范、市综合、省理工 2。

表 14　不同院校在校生是否更换专业与院校交叉表

是否更换专业		院校					合计
		省综合	省理工 1	省理工 2	省师范	市综合	
是	频数	112	136	83	108	97	536
	频数百分比/%	10.77	13.08	7.98	10.38	9.33	51.6
否	频数	97	111	65	120	111	504
	频数百分比/%	9.33	10.67	6.26	11.54	10.67	48.4
总计	频数	209	247	148	228	208	1040
	频数百分比/%	20.10	23.75	14.23	21.92	20.00	100

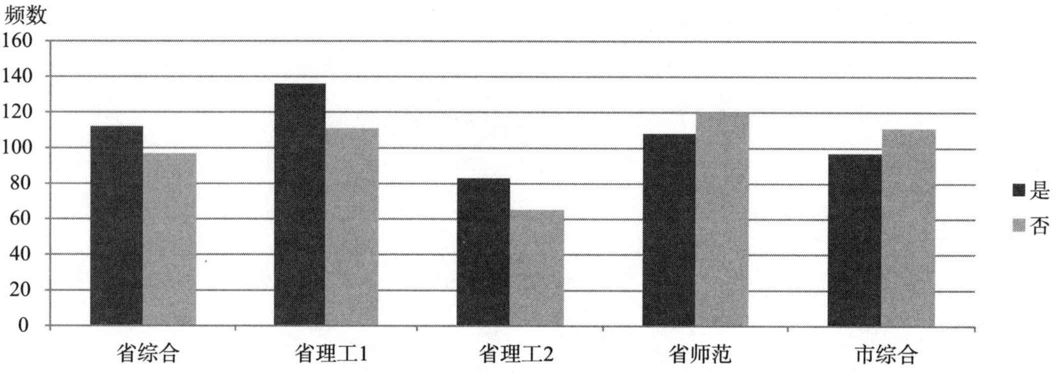

图 10　不同院校在校生是否更换专业与院校交叉图

经卡方检验，χ^2值为 6.783**，Sig > 0.05，表明不同院校在校生在选择是否更换专业的选项上，没有显著差异。

（三）不同专业学生是否更换专业的状况

从不同专业在校生是否更换专业与专业交叉表（见表 15）中可以看出，在选择“是”的选项上，信息与计算科学专业为 9.13%，显著高于信息管理与信息系统专业的 4.81%。在选择“否”的选项上，英语专业为 7.60%，显著高于信息与计算科学专业的 4.52%。从表 15、图 11 可见，信息与计算科学专业的在校生选择更换专业的比例总体最高。

表 15　不同专业在校生是否更换专业与专业交叉表

是否更换专业		专业								合计
		国际经济与贸易	法学	英语	艺术设计	信息与计算科学	计算机科学与技术	信息管理与信息系统	市场营销	
是	频数	65	75	61	62	95	61	50	67	536
	频数百分比/%	6.25	7.21	5.87	5.96	9.13	5.87	4.81	6.44	51.54
否	频数	60	73	79	67	47	74	51	53	504
	频数百分比/%	5.77	7.02	7.60	6.44	4.52	7.12	4.90	5.60	48.46
总计	频数	125	148	140	129	142	135	101	120	1040
	频数百分比/%	12.02	14.23	13.46	12.40	13.65	13.65	12.98	11.54	100

经卡方检验，χ^2值为 18.731**，Sig < 0.01，表明不同专业在校生在选择是否更换专业的选项上，至少有一个选项的频数百分比间有显著差异。

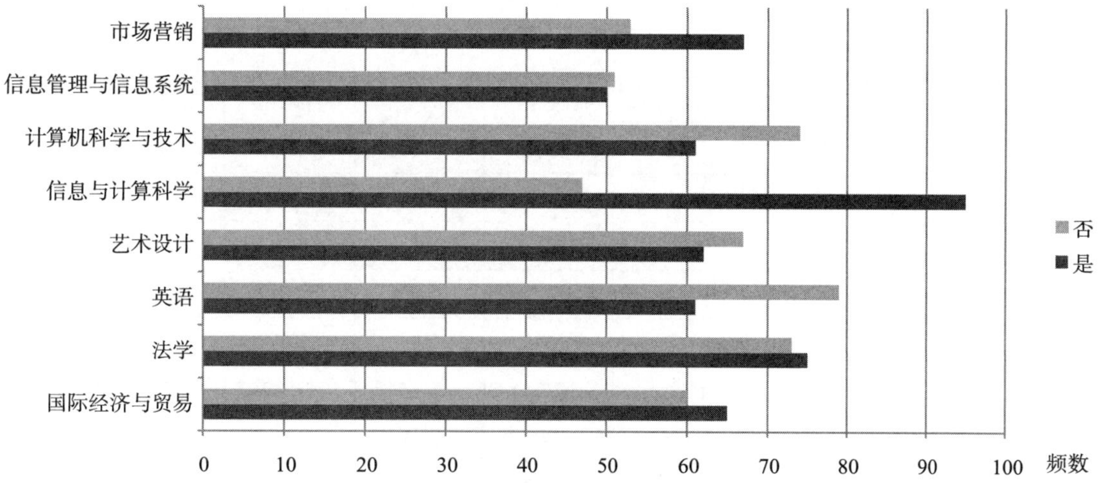

图 11　不同专业在校生是否更换专业与专业交叉图

五、专业满意度的认知

（一）总体状况

对在校生进行的专业满意度的调查项目上，获取有效数据 1098 个，具体频数分布见表 12。从该表中可以看出，在校生选择对专业的满意程度在“满意及很满意”的百分比是 46.27%，选择“不满意及很不满意”的百分比是 21.49%。从表 16、图 12 可见，在校生对专业的满意程度持较满意的要比对专业满意程度持较不满意的多。

表 16　在校生专业满意度的频数分布表

专业满意度	频数	百分比/%	累积百分比/%
不满意及很不满意	236	21.49	21.49
一般	354	32.24	53.73
满意及很满意	508	46.27	100
总计	1098	100	

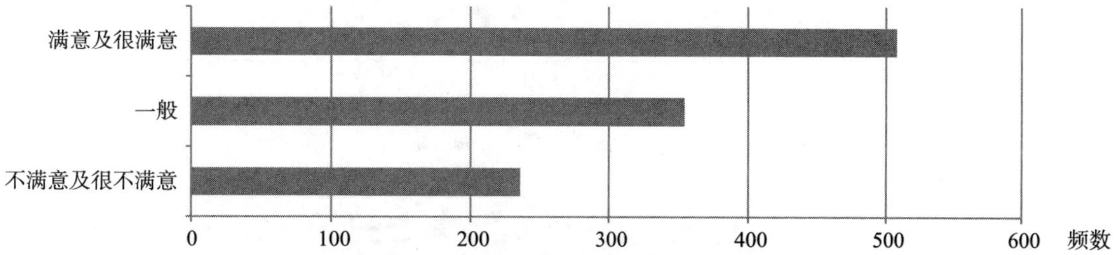

图 12　在校生专业满意度的频数分布图

（二）不同院校学生的专业满意程度状况

从不同院校在校生的专业满意度与院校交叉表中可以看出，在选择“满意及很满意”选项上，省师范选择的百分比 12.39% 显著高于省理工 2 选择的百分比 4.64%。在选择“不满意及很不满意”选项上，市综合选择的百分比 6.19% 显著高于省师范选择的百分比 3.19%（见表 17）。从表 17、图 13 可见，省师范在校生的专业满意度总体满意度最高。

表17 不同院校在校生的专业满意度与院校交叉表

专业满意度		院校					合计
		省综合	省理工1	省理工2	省师范	市综合	
不满意及很不满意	频数	38	44	51	35	68	236
	频数百分比/%	3.46	4.01	4.64	3.19	6.19	21.49
一般	频数	60	90	66	70	68	354
	频数百分比/%	5.46	8.20	3.7	6.01	6.19	32.24
满意及很满意	频数	117	111	62	136	82	508
	频数百分比/%	10.66	10.11	5.65	12.39	7.47	46.27
总计	频数	215	245	179	241	218	1098
	频数百分比/%	19.58	22.31	16.30	21.95	19.85	100

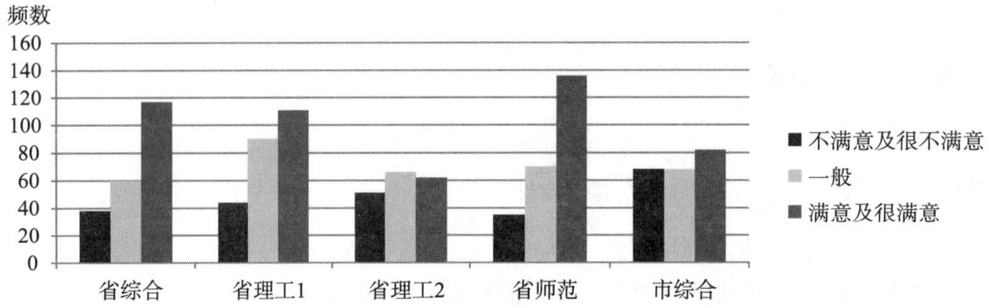

图13 不同院校在校生的专业满意度与院校交叉图

经卡方检验，χ^2值为42.371**，Sig<0.01，表明不同院校在校生在选择对专业满意程度的3个选项上，至少有一个选项的频数百分比间有显著差异。

（三）不同专业学生的专业满意程度状况

从不同专业在校生的专业满意度与专业交叉表（见表18）中可以看出，在选择“满意及很满意”选项上，法学专业在校生选择的频数百分比7.56%显著高于信息与计算科学专业的3.92%。在选择“不满意及很不满意”选项上，信息与计算科学专业在校生选择的频数百分比为5.10%，显著高于英语专业在校生选择的频数百分比1.82%（见表18）。从表18、图14可见，在8个专业中，信息与计算科学专业学生的专业满意程度总体上最低。

表18 不同专业在校生的专业满意度与专业交叉表

专业满意度		专业								合计
		国际经济与贸易	法学	英语	艺术设计	信息与计算科学	计算机科学与技术	信息管理与信息系统	市场营销	
不满意及很不满意	频数	28	23	20	28	56	27	27	27	236
	频数百分比/%	2.55	2.09	1.82	2.55	5.10	2.46	2.46	2.46	21.49
一般	频数	46	41	45	42	44	43	55	38	354
	频数百分比/%	4.19	3.73	4.10	3.83	4.01	3.92	5.01	3.46	32.24
满意及很满意	频数	59	83	76	58	43	74	54	61	508
	频数百分比/%	5.37	7.56	6.92	5.28	3.92	6.74	4.92	5.56	46.27
总计	频数	133	147	141	128	143	144	136	126	1098
	频数百分比/%	12.11	13.39	12.84	12.2	11.66	13.11	12.39	11.48	100

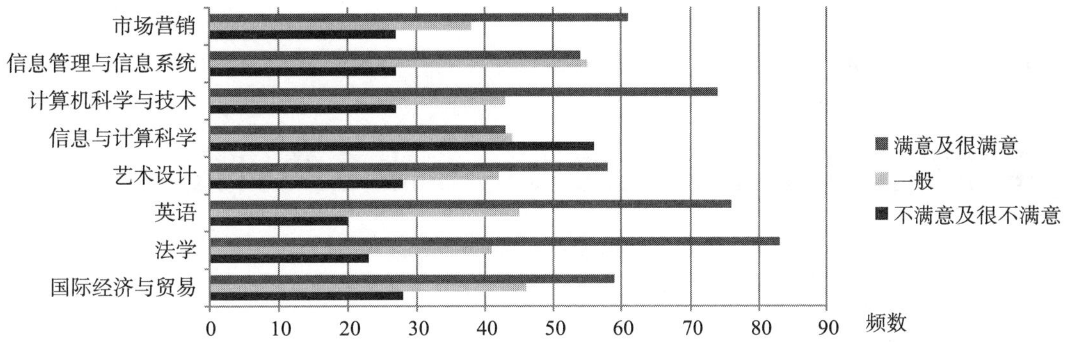

图 14　不同专业在校生的专业满意度与专业交叉图

经卡方检验，χ^2值为 46.955**，Sig < 0.01，表明不同专业在校生在选择对专业的满意程度的 3 个选项上，至少有一个选项的频数百分比间有显著差异。

六、研究结论

（一）在校生对专业社会需求程度的认知上存在院校和专业间的差异

在被调查的 5 所院校中，认为专业社会需求程度在“大及很大”程度上的频数百分比最高的院校是省师范，而最低的是省理工 2。在被调查的 8 个专业中，认为专业社会需求程度在“大及很大”程度上的频数百分比最高的专业是计算机科学与技术，而最低的专业是信息与计算科学。

（二）在校生对专业的了解程度存在院校和专业间的差异

对在校生的调查中，在被调查的 5 所院校中，对专业的了解程度在“了解及很了解”程度上的频数百分比最高的院校是省理工 1，而最低的是市综合。在被调查的 8 个专业中，对专业了解程度在“了解及很了解”程度上的频数百分比最高的专业是法学，而最低的专业是市场营销。

（三）在校生是否更换专业存在专业间的差异，而院校间无显著差异

在被调查的 8 个专业中，在是否更换专业的“是”的选项上，频数百分比最高的专业是信息与计算科学，而最低的专业是信息管理与信息系统。

（四）在校生的专业满意度存在院校和专业间的差异

在被调查的 5 所院校中，对专业的满意程度在“满意及很满意”程度上的频数百分比最高的院校是省师范，而最低的是省理工 2。在被调查的 8 个专业中，专业满意程度在“满意及很满意”程度上的频数百分比最高的专业是法学，而最低的专业是信息与计算科学。

高师院校师范生实践能力培养体系的研究与实践

武海顺　赵　英

摘　要：2005 年以来，山西师范大学以师范生实践能力培养为主线，建立了行之有效的实践能力培养体系，实施了 3.5 +0.5 师范生人才培养模式，修订了体现实践取向的人才培养方案，推行了体现实践内容的课堂教学改革，创建了 45 个教育创新实验区平台，创新了系列实践取向的管理制度，形成了全校参与、全员联系、学院包干、项目化管理机制，促进了大学教师、师范生、中小学教师等三方的交互作用，推进了大学教育与基础教育的协同发展，产出了一批实践育人研究成果，显著提升了师范生的实践能力。

关键词：师范生；实践能力；培养体系；教师教育

一、改革的背景

当前，我国师范大学教师教育面临的主要问题有：师范生培养与基础教育脱节，教育实习流于形式，培养质量不适应基础教育要求，特别是师范生实践能力薄弱的问题尤为突出；大学教师参加基础教育实践动力不足，其课堂教学与基础教育不对接，研究不接地气，服务意识不强，基础教育认可度不高；实践教学基地建设困难，数量不足，建设滞后，制度性差，未有效发挥地方政府、中小学校在实践基地建设中的作用；实践取向的教师教育保障制度缺失，尚未建立起激励教师深入实践的教学科研管理制度，没有形成重视实践的办学风气。自 2005 年以来，山西师范大学针对上述问题进行了持续多年的教师教育改革，探索出一条地方师范大学实践取向教师教育的改革路径。

二、改革的主要举措

（一）调查研究

1. 国内外高师院校调查研究

学校先后组织相关人员赴美国哥伦比亚大学教师学院、法国巴黎哥尚高等师范学校、日本东京学艺大学、韩国京仁教育大学等 4 所师范大学学习研究；到北京师大，华东师大、东北师大、西南大学、华中师大、陕西师大、南京师大、华南师大、西北师大、山东师大、台湾师范大学、香港教育学院等 12 所师范大学考察调研；在此基础上确立了实践取向的教师教育改革方向，对师范生实践能力培养等相关教师教育理论展开研究，制订了师范生实践能力培养改革方案，设计出师范生实践能力培养的体系框架，并广泛征求了时任教育部副部长袁贵仁及顾明远、叶澜、钟秉林等国内外教育专家的指导论证意见。

武海顺，山西师范大学原校长、山西师范大学高等教育研究所所长、教授、博士生导师；赵英，山西师范大学高等教育研究所讲师。

2. 省内外基础教育一线的调查研究

校领导带队、相关职能部门和学院负责同志参加，分片深入山西11个地市220所中小学听课调研，校院两级领导人均中学听课不少于5节/年，武海顺校长中学听课每年都在20节以上；向教育创新实验区和基地校派出驻县教师，参与中学教师的听课评课和教研活动，常态化反馈基础教育的最新发展情况，反馈大学师范生培养情况，并开展问题导向教育研究；定期派出巡视组，检查指导国培、省培及其他师范生的实习情况；定期派出专门小组，跟踪回访山西师大毕业生在全省基础教育的教学和专业发展状况；8年间山西师范大学干部教师听课、调研、指导、服务的中小学校达到610所，使师范生实践能力培养的各项改革举措紧密对接基础教育改革发展实际，切实回应基础教育对教师教育的现实要求，形成了领导带队、全校参与、全员联系、学院包干、项目化管理的运行机制，创立了提高师范生实践能力的有效方法。

（二）顶层设计

1. 作为学校战略进行系统顶层设计

2005年年底，教师教育特色被确定为强校发展战略和立校之本。师范生实践能力培养体系的研究与改革是山西师范大学实践取向教师教育改革和特色办学方略的有机组成部分，其改革举措，不是局部的修修补补，而是对教师教育的系统改革。学校成立教师教育改革领导组，校长牵头、全校联动、全员参与，经过充分调查研究，对改革进行整体规划和系统配套安排，改革方案经专家论证，提交校长办公会议、校党委会议研究，并经过全校教职工代表大会讨论通过，成为全校干部教师共同的改革愿景和奋斗目标。

2. 作出三个实践转向的战略安排

一是培养模式的实践转向。率先设计和实施突出师范生实践能力培养的“3.5+0.5”人才培养模式，实施以学生学习为中心的课堂教学改革，突出实验、实习、见习、研习环节，建立实践贯穿师范生培养全过程的培养体系，保证师范生培养与基础教育实践情景的紧密结合。二是教师工作的实践转向。改变重科研轻教学的教师评价和职称评审制度，进行突出实践理念、渗透实践思想的以学生为中心的大学课堂教学改革，实行领导听课月，推进教师驻县工作常态化，激励教师走进和服务基础教育，开展问题导向教育科学研究，推进大学课堂教学改革。三是管理方式的实践转向。实施开放办学战略，创建教育创新实验区，坚持实践教育办学理念，要求干部教师每学期到基础进行教育调研，探索校地互动、教师教育与基础教育协同发展的管理体制和运行机制，全面提升师范生实践能力和学校社会服务能力。

（三）制度创新

1. 创新学生实践制度

建立了师范生的岗前培训和岗位实习通行证制度，实行混合编组和驻县教师集中指导制度、校地双导师全程指导制度、岗位实习标准和实习成效鉴定制度、优秀实习生海外再实习制度。

2. 创新教师实践制度

建立教师驻县工作制度，出台了一系列激励政策，如驻县期间每天发放生活补助100元，职称评审驻县半年按发表1篇教育研究论文计分，建立优秀驻县教师海外研修制度等，教师教育类教师全部具有中学任教半年以上经历。建立大学教师和中学教师联席教研制度，驻县教师与中学教师、实习师范生一起听课、评课、教研，共同进行教学反思，共同解决实际问题，三方主体间形成互动互促的交互作用。建立教师实践研究激励制度，每年投入100万元设立基础教育教学研究基金，鼓励大学教师研究中学新课改，支持教师与中学教师联合申报以实践问题为导向的研究课题。

3. 创新教学管理制度

建立教学与科研并重制度，实行教学、科研1∶1比例计分的职称晋升制度；实行教学优秀教师职称评审制度，每年划出20%的指标，开辟教学优秀教师晋升高级职称通道；建立领导听课月制度，要求校领导和职能部门领导每年至少听取20课时大学课程和5课时中学课程，学院领导每年至少听取40课时大学和中学课程，目前校领导已累计听课1032课时、中层干部累计听课7028课时；研制本科课堂教学质量评价标准，科学评价课堂教学改革，该标准已被教育厅作为山西高校课堂教学评价标准；建立每周教研制度，按照一门基础课一个课程组开展教研活动，共同听课、评课、研课，提升课堂教学质量。

4. 创新UGS合作制度

建立大学（U）—政府（G）—学校（S）共同发展的师范生培养的UGS混合空间——45个教育创新实验区；建立校领导联系教育创新实验区、专业学院包干建设、教师驻县研究服务的管理体制；建立根据需求确定实验区项目、整合全校资源共同服务实验区、年终考核评比交流的日常管理制度；建立校地互动运行机制，形成平等、合作、对话、共赢的教师教育平台，在广度与深度两个方面对UGS有所创新。

（四）搭建平台

1. 搭建校地合作平台

2007年以来，学校与地方政府、中小学校合作共建了覆盖山西全省11个地市的45个教育创新实验区，在实验区框架内与610所中学建立了制度化的伙伴关系；2011年，学校成立校内教师教育协同创新中心，2013年获批为山西省首批“2011计划”重点建设项目，充分协同和整合省内外更高质量、更广范围的优质教师教育资源，共同促进教师教育与基础教育的互动双赢和协同发展。

2. 搭建推广应用平台

2013年，学校牵头山西省内8所本科高师院校组建山西省教师教育联盟，在山西省教育厅统筹下，在全省推广师范生实践能力培养体系，联合开展以山西基础教育重大需求为导向的研究和服务，学校8年改革形成的模式进入规模化推广新阶段。

3. 搭建校内改革平台

2006年，学校在原教育与心理科学学院、课程与教学研究所、教育科学研究所基础上，合并组建教师教育学院，全校学科教学教师全部调整至教师教育学院；同时成立教育科学研究院，随后又成立了基础教育培训中心，有效整合了校内教师教育资源，优化了教师教育系统结构。

三、改革的推广应用情况

第一，参与度高。本项目实施8年来，学校领导、干部、教师共计1800人次深入实验区工作，向45个县派出驻县教师520人次，268名教师参与中小学教师的各位培训；学校5次按照基础教育需求修订人才培养方案，16门教师专业课程实行案例教学，55门课程实施了以学生为中心的课堂教学改革，形成了全员参与、全校联动、校地互动格局。

第二，受益面广。在山西省11个地市共建了45个教育创新实验区、610所基地学校；派出涉及12个学科的15批9621名师范生到实验区基地校岗位实习，参与200所中小幼学校管理和校园文化建设工作，师范生人均授课时数达到60课时；举办14期280个教师培训班，举办基础教育讲座报告30场次，168名校外专家参与教师培训，共计培训教师24034人；在基地校广泛开展了面向需求的教育教学服务。

第三，成效显著。本研究获得大学生各类全国竞赛奖468项，获得山西省教学成果一等奖4项，承担基础教育研究项目是过去8年的7.9倍；学校于2009年被教育部、财政部立项为国家级“教师教育人才培养模式创新实验区”；2010年本研究成果被教育部采用成为“国培计划”的基本培训模式；2013年本研究成果被收录入教育部袁贵仁部长主编的《教育改革典型案例（二）》，成为收录入该书的10所地方高校的典型案例之一；本研究成果所涉及的36个项目获得省部级教学科研奖励，12项成果被中小学直接应用，9部教材被6所师范院校使用。

第四，示范性强。山西省娄烦县、五寨县、岢岚县等非实验区共建县，主动要求与山西师范大学共建教育创新实验区，建立教育战略伙伴合作关系。已在本地市布点共建实验区的地方政府，有的要求将实验区由试点县区扩展到全地市，如大同市等；有的依托共建实验区的试点县区，要求开展教育领域的全面合作和深度合作，以辐射和带动全辖区的教育发展，如忻州市等。

第五，辐射面大。山西省高校教学工作会议连续3年推选山西师大报告教学改革经验，山西省政府每年划拨180万元支持山西师范大学先行先试，山西师范大学教改模式在山西省内8所高师院校全面推广，参照山西师大教育创新实验区模式，实施山西省师范生岗位实习全覆盖计划，将山西师范大学做法推广至全省119个县区。

四、改革的主要成效

第一，发展了师范生实践能力培养的教育理论。实践能力是师范生培养质量最关键的因素，实践能力与实践机会密切相关，师范生课堂教学能力与师范生有效授课时数成正相关关系，有效授课受备课、评课、反思、教研等因素影响。新入职教师合格标准的有效授课时数为90课时，其中职前30课时，入职60课时。大学教师的实践动力，来自于教师发展的内需、大学内部鼓励政策、基础教育改革鲜活的问题和师范生成长的需求等四个方面，即四驱动力模型。

第二，构建起行之有效的师范生实践能力培养体系。即“理论先导→模式确定→全校参与→三方互动→大中协同→能力提升”的培养体系。按照实践能力培养的基本规律，将理论与实践相互贯通，边研究，边实践，反复论证，反复检验，构建起了实践能力培养体系。该体系既是理论的研究成果，又是实践的系统总结。

第三，实现了推动教育城乡一体化的实践创新。基础教育的城乡差别主要是教师质量的差别，是大学教师、师范生不了解基础教育实践对职前培养的需求，农村教师不了解教育政策、理论与实践前沿状况。在11个地市45个县建立了教育创新实验区，每个校领导包干1~2个地市，每个学院负责2~3个县的实验区，每学期由校领导带队或校领导集体去中学听课、调研，形成了规模化的紧密联系基础教育运行机制，提高了农村教师的专业素质，缩短了城乡教育差距，促进了城乡教师教育一体化与基础教育公平与优质发展。

第四，形成了一套实践教学管理思想与创新制度。在持续8年的教育教学改革中，逐步形成了比较成熟的实践取向的教学管理思想，即以基础教育的实践要求作为教学管理参照系，把教学从脱离中学实际转变为面向中学实际，把培养师范生的实践能力作为着力点，实施教师职前培养、在职培训，提高教师专业化水平，实现教学质量的双向提升。在贯彻上述教学管理制度的过程中建立了一套保障教学实践转向的创新制度体系，如制订课堂教学质量评价标准，实施驻县教师教学科研实践制度，领导听课月制度，每周教研制度，教学优秀教师职称评审制度，大学教师参与中学新课改等制度。

概言之，山西师范大学的这项改革具有五方面的突出特点。一是理念先导。在调研中深刻认识教师教育实践转向的必要性与迫切性，坚定贯彻实践取向的教师教育新理念。二是顶层设计。从学校层面进行统筹谋划、战略安排和总体设计。三是全员参与。举全校之合力，校领导带队到中学听课，所有处室有分工，全体干部有责任。四是制度创新。构建支撑教师教育实践取向的系列制度。五是双向激活。大学与中学在教学、科研、管理等方面全面激活。

海内外教育专家对山西师范大学持续8年的改革给予高度评价，认为本改革具有示范性和推广性。

顾明远教授（中国教育学会名誉会长）认为：本改革“加强了师范生实践能力培养的研究，创建了师范生实践能力创新体系，观念正确、思路清晰、制度创新、效果显著”。

钟秉林教授（中国教育学会会长）认为：本改革“持续时间长，改革力度大，率先提出并实施了一系列具有首创意义的改革思路和举措，取得了显著成效，对于地方师范大学推进教师教育改革，培养高素质教师，特别是强化教师教育与基础教育的有机衔接和互促共赢具有很强的示范意义”。

谢维和教授（著名教育社会学家、清华大学副校长）认为：“学校与地方基础教育实践紧密联系，大学校长和学校领导集体去基础教育学校听课，是该成果最大创新点。”

李子建教授（长江学者、香港教育学院副校长）认为：本改革“是一项世界级水平的研究实践，端正师范教育的本体意义，构建科研教学并重的生态，发挥师范大学、地方政府和学校在素质师范教育和学校教育的协同效应，是一项可贵而具示范性的改革实践”。

张卓玉（山西省教育厅副厅长、中国教育学会副会长）认为：本改革“延长学生实习时间，建立双导师全程指导制度，真正体现实习在师范生培养和成长过程中的不可替代的意义；建立大学教师与中学教师协同教研、协同发展的制度，这是大学引领中学、服务中学的一种有效途径，也是大学教师教育科研的必由之路”。

朱旭东教授（教育部教师教育专家委员会秘书长、北京师范大学教育学部副部长、教师教育研究中心主任）认为：本改革“是对实践取向教师教育理念的生动诠释，是对地方师范大学教师教育结构、制度、平台的全方位变革，体现了国际趋势、国家要求、区域特色，从根本上改变了传统师范生培养的顽疾，其意义非同一般”。

山西各地市政府、中小学校校长，教师和基地校学生及家长对山西师范大学此项改革给予高度赞誉，《光明日报》《中国教育报》《山西日报》等各大媒体多次在头版头条给予报道，国内外媒体报道共计25篇，引发社会各界的广泛关注。

“双一流”建设中大学生学习满意度的多重价值挖掘及实现

文 静

摘 要：“双一流”建设的要旨是要突出人才培养的核心地位，学习满意度是大学生对参与学习结果的评判指标，是全面提升高等教育质量的突破口，具有多方面的价值。理论辨析层面，大学生能够通过学习满意度完成对学习质量的主观判断，形成基本状态特征并表现出整体倾向。质量监管层面的重心在于学习满意度对学习质量的构建与表征，并将其运用至人才培养质量管理中。以学生为中心、凸显人文关怀的评估方式，则能良好地体现学习满意度在质量评估方面的价值，并强调学习满意度的持续优化。

关键词：“双一流”建设；大学生；学习满意度；价值挖掘

在“双一流”建设方案中大学生及其学习情况均居于核心地位，他们对学习的满意度既是全面提升高等教育质量的焦点，也是“办好人民满意教育”的重点。学习满意度的关键性和重要性在于其作为大学生学习的主体性表达，能够通过科学的方法实现测量。作为大学生学习情况调查和研究中的重要板块，在国家大学生学习情况调查（NCSS）的调查问卷中，专门针对大学生在学习中的满意度体验和重要性认识设计了结构化的量表，通过实证调查的数据及分析结果，由理论挖掘到质量监管体系，再到质量评估如何进行，研究的目标在于提升大学生的学习满意度，聚焦学生从而更好地提高学习质量。

一、理论辨析：高等教育质量的内生判断

大学生的成长和成才是“双一流”建设的出发点和落脚点，因而在重视研讨一流大学本科教育中，大学生的学习状态理应得到更多的关注。[①]学习满意度是表征大学生学习状态的自我评价指标，是利益相关主体大学生对学习过程、学习结果的主观评价指标，能够从内生主体的视角揭示大学生学习的过程与结果，判断高等教育的质量[②]。

（一）学习满意度是大学生对学习质量的自主主观判断

大学生可以根据在认知、技能与情感方面的增长与否，对所获得大学体验是否满意、满意程度作出自我评估与评判。从管理理论的角度讲，大学生学习满意度是高等教育质量管理的重要内容之一，是学生接受高等教育之后，对其感知最直接的判断，因此这个评价的结果对评价主导者和利益相关者具有重要的参考价值。从评价理论的角度讲，学习满意度具有“价值”（value），并且这种价值是可以被测量的，大学生学习

基金项目：全国教育科学规划教育部青年课题“我国大学生学习满意度提升路径的实证研究”，批准号 EIA140414。
文静，博士，厦门大学教育研究院助理教授，主要研究方向为高等教育经济与管理、大学生学习与发展。
① 瞿振元．一流本科教育要聚焦学生和学习［N］．光明日报，2016－06－28.
② 史秋衡，郭建鹏．我国大学生学情状态与影响机制的实证研究［J］．教育研究，2012（2）：109－121.

满意度作为有价值的事物能够被评价。① 因此，满意度的价值性便成为进行测量和评估的起点。

大学生学习满意度是价值性和目标性的融合。通过研究“有价值”的学习满意度，分析出学习满意度到内部结构，以及各要素的满意度体验和重要性认识，能够对这些要素进行绩效差距分析，利用满意度均值减去重要性均值构成绩差，反映出各个要素下满意度水平和重要性程度之间的差距，由此将学习满意度管理目标与现状紧密结合，更是学习满意度在价值性和目标性方面的融合，形成高等教育质量判断的原点。②

（二）基于学习过程的大学生学习满意度研究

大学生学习满意度的形成基于期望且源于感知。大学生能够体验大学学习的全过程，判别接受高等教育之后的实际感知与进入大学之前期望的相对关系，从而形成对大学学习是否满意的心理状态，通过程度判断而形成满意度。以大学生对高等教育的感知程度为基准，将期望、参与、体验和感知这些心理因素进行统合，测量其对大学生涯的感受、体验和态度的心理表征，通过对比入学前的期望和入学后的现实，把握住期望、过程和收获之间的相对关系，形成个体化的价值判断，以求客观、真实呈现我国大学生所能感知到的学习体验的满意度。

大学生对于学习满意度的自我判断过程，反映了他们对大学学习活动的亲身参与和亲身体验，能够判断出对于大学学习的满足感。尽管各人的期望、体验和要求不同，导致不同学生针对自身情况作出不同的价值判断，但是可以看出无论何种情况大学生对于自己都有较高的要求并保持着上进心，无论是否形成满足感都影响着满意度的体验水平。

（三）我国大学生总体学习满意度的基本状态与整体倾向

根据 Astin 教授学生参与理论的描述，大学生需要通过参与人才培养的各个环节来体验高等教育，从而验证自己对高等教育的期望，并且将参与后的体验与参与前的期望做出对比，所形成满足感的心理状态，便是大学生对于学习过程的满意度③。更重要的是，大学生的学习满意度传递出对学习的目标以及目标管理的实现程度，是布鲁姆认知、情感、技能分类目标基础上相对综合的评估系统。

概括而言，国家大学生学情调查（NCSS）数据表明我国大学生对满意度有整体上的认识。④ 大学生通过参与学习过程形成体验，能够判断体验的结果与事前预期之间的差距，能够对这种心里感受做出自身的评判和选择。进一步分析的数据表明，所得数据在各个水平和程度的分布证明了样本内大学生对于总体学习满意度和重要性都做出了自己的判断（见表1）。

表1　总体学习满意度和重要性的描述统计

	极小值	极大值	均值	标准差
总体学习满意度	1	6	4.08	1.054
重要性程度	1	6	4.77	0.997

从表1描述统计结果可以看到，总体学习满意度的体验水平方面，我国大学生目前给出的自我评价平均值处于“基本满意”的状态，卡方检验的结果表明大学生所选最多的选项也是“基本满意”。由于“基本”二字在表达上透露出相对含糊、有所保留的意味，因此可以说大学生对于总体学习满意度的体验水平尚未达到肯定意义上的满意状态，指标显示出总体学习满意度体验水平处于刚过及格线的状态，仍然还有相当大的上升空间，需要教师和学校共同努力，优化大学生的学习体验，帮助其形成更高水平的满意度。对于大学学

① 约翰·杜威．评价理论［M］．上海：上海译文出版社，2007.

② 文静．大学生学习满意度：高等教育质量评判的原点［J］．教育研究，2015（1）：75－80.

③ A. W. Astin. Student Involvement：A Developmental Theory for Higher Education［J］. Journal of College Student Personnel，1984：297－308.

④ 史秋衡．大学生学习情况究竟怎样［J］．中国高等教育，2015（Z1）：72－76.

习过程中形成的满意度来说，大学生普遍认可其在学习生涯中所扮演的角色，因而重要性的平均值处于“比较重要”的程度，而从卡方检验的结果来看，大学生选择最多的还是“重要”这个选项，表明样本中多数大学生赞同满意度的重要性，认可自身学习过程中体验到的满意度所带来的影响力。

对于总体学习满意度及其重要性程度指标来说，其传递出的信息是大学生对高等教育求学经历的基本认知。目前看来在校大学生能够基本满足于在我国高校中体验大学阶段的学习，特别是肯定了接受大学学习的重要性，由此有力地遏制了“新读书无用论”。该指标既能够成为了解、检验学习满意度的概括性指标，又可以作为数据分析的因变量，还能够实现时间序列下的追踪研究。

二、质量监管：大学生学习质量的构建与提升

大学生学习满意度对大学学习质量产生着影响，监管学生多元化学习动机、学习模式、知识构成，使学习过程质量和结果质量形成统一，是整体上研究学习质量的关口，对于学习质量的影响具有内在持久性，也是深入研究大学学习质量本质的必要通道，充分印证着“以学生为本”的教育理念。

（一）大学生是学习质量的建构者和体现者

我国高等教育进入大众化阶段以来，面临着数量增长与质量提升的矛盾。随着大众化进程的深入，以大学生学习为中心的研究模式和决策管理方式逐渐得到了明确，认为大学生参与了高等教育的过程，大学学习不断强调了大学生的主体性，从而更进一步明确了大学生作为主体，参与构建了其学习的质量，因而在把握大学学习质量的时候，必然不能忽略大学生的主体作用，其在过程上的本质主要指大学生在大学学习中对一定品质和存量学习资源的恰当使用，从而构建高质量学习。

大学生参与大学学习的全过程，最终会产生学习结果，从道德、知识、技能的角度检视是否达到了学习目标，从体验、认知的角度判定是否满足。大学生的学习质量不仅体现着学习的优劣程度，亦体现着优质教育资源的投入和办学管理水平。以学生学习为中心进行研究发现，学习质量既受到外在环境因素的影响，也受到内在学习驱动力的牵制。① 因此，大学生是学习质量最直接的体现者。

（二）大学生学习满意度反映出学习质量建设的成效

如前所述，大学生学习满意度基于其参与大学学习所形成的体验，体现着大学生学习的结果。学习满意度表征着大学生的体验与期望之间的落差，属于对学习结果在主观评价上的指标群，反映出学习质量建构者的心理满足状态，也从结果的角度反映着大学学习质量的建设成效。通过满意度体验水平和重要性认识程度的调查与分析，能够对现阶段我国高等教育所面临的相关问题作出回应，通过对大学生自我评价结果的研究，来看透现象、深入本质。

1. 大学的“教”与“学”在大学生学习与发展中的地位举足轻重

大学教学的精髓在于批判性思维的培养，教学理念的实质在于引导。一方面引导学生走进学科知识的殿堂，另一方面引导学生建立自我学习模式，获得对人生目标的树立与追求。审视实证调查分析的结果，大学生表示出对深层学习、内涵学习、建构学习的认同和渴求。传统大学学习研究更多的是注意认识和理解教师在“传道、授业、解惑”方面对学生的影响与熏陶。因此无论是在“高等学校本科教学质量与教学改革工程”还是《关于全面提高高等教育质量的若干意见》中对创新人才培养、教师教学、本科教学的强调，都是对于知识传递、技能培养和精神引领并行教学的呼吁，以培养大学生的自主学习，形成自主创新。而从目前在校大学生的学习情况调查研究来看，如何引导、帮助大学生更加主动、更有效率、更多成就感的完成学习，已经是“双一流”建设时期提高教学水平、建设一流本科教育的基础性工作。

---

① A. W. Astin. Achieving Educational Excellence：A Critical Assessment of Priorities and Practices in Higher Education［M］. New York：Jossey Bass Higher and Adult Education，1985：133－134.

2. 大学生的学习质量有赖于学习环境提供的支持和保障

从大学生学习的特征和规律来看，图书馆在大学学习中扮演着非常重要的角色，是发挥大学生学习主体性不可或缺的载体，对图书馆资源的建设、利用，能够分别从投入与使用的角度梳理整个学习过程，为继续加大图书馆的投入提供了有力的事实参照。规章制度则是从软环境的方面给予大学生以支持，实证研究结果表明大学生对该方面现状的满意度较低，但却对此有着诉求，期望能够拥有更加宽松、自主的制度，能够从制度安排的角度为学习提供助力。当然，大学生认为食宿作为生活保障，从便利性和舒适度的角度出发，作用于大学生的学习心情，从而对学习产生有必要的、间接的影响。

3. 大学生在人际交往中学习并获得成长

大学生的人际交往满意度对于学生工作是有效的指引。"三人行，必有我师焉"，同龄好友之间的交往是取长补短的，更能相互影响、相互学习、相互成长。"择其善者而从之，择其不善者而改之"，势必使得人际交往的层次更加深入，满意度水平更高。因而，学生工作方面除了规范管理、加强建设之外，更重要的是通过开展各项活动形成有利于学习的氛围，无论是学校、院系、班级还是学生宿舍，无论是正式群体还是非正式群体，均提倡构建益于提升学习满意度和学习质量的人际关系。

（三）大学生学习满意度在学生事务管理中的运用

"互联网+"时代的来临，促使大学生的学习模式已经发生了变化，"双一流"的建设需要充分理解和适应这种变化。这正是学生事务管理进行变革的好时机，要以大学生学习满意度作为切入点，从学习管理、学业引导的全过程，到推进大学生个人成长与生涯辅导机制的建立，研究结果与实践工作才能够得到更深入的互动。

1. 差异化研究与学生工作的针对性

调查研究和数据分析的结果都表明，目前我国大学生在满意度的总体体验和感受方面还有较大的上升空间。一方面总体学习满意度的水平尚处于"基本满意"的状态下，且分布较为平缓；另一方面，大部分的大学生都认为总体学习满意度是一个"重要"的问题，因而总体学习满意度在大学生心目中的地位不容小觑。

通过影响因素研究所得显著性差异或者非显著性差异可知，在一定的影响因素作用下，大学生表现出来不同的总体学习满意度感受和重要性认知（见表2）。从平面数据中可知，方差分析（独立样本T检验或者单因素ANOVA检验）的结果表明，大学男生、非干部学生、多子女家庭大学生以及未进入自己意愿所属专业的学生表现出来明显偏低的总体学习满意度，这就意味着无论在哪一类大学校园中，属于这个类别的大学生应该受到特别的关注，应该给予更多学习方面的鼓励和引导。而对于非985院校大学生，在院校层面整体上的改善能够给其提供更丰富、持久的学习动力，从而强化其对学习过程的满足感。

表2　大学生学习满意度的差异化分析结果

影响因素		满意度水平		重要性程度	
		均值	差异性（T/F）	均值	差异性（T/F）
性别	男	4.03	−12.363***	4.67	−24.101***
	女	4.12		4.84	
生源地	城市	4.08	0.323n. s.	4.71	−12.625***
	乡村	4.08		4.81	
担任学生干部	是	4.11	7.641***	4.79	6.582n. s.
	否	4.05		4.74	

续表

影响因素		满意度水平		重要性程度	
		均值	差异性（T/F）	均值	差异性（T/F）
家庭兄弟姐妹人数	1	4.1	10.483* 1>3，1>4， 2>3，2>4	4.7	72.172* 1<2，1<3， 1<4，2<4
	2	4.09		4.8	
	3	4.05		4.82	
	4	4.03		4.84	
年级	大一	4.2	175.774* 1>2>3，1>4>3	4.84	169.298* 1>2>3>4
	大二	4.03		4.79	
	大三	3.99		4.71	
	大四及以上	4.05		4.54	
是否就读第一志愿报考专业	是	4.15	24.636**	4.77	1.176n.s.
	否	3.96		4.77	
学科类型	人文类	4.12	20.433* 1>4>3， 5>2>4>3	4.84	36.382* 5>1>3， 5>1>2>4
	社科类	4.1		4.76	
	理学类	4.01		4.75	
	工学类	4.06		4.73	
	医学类	4.16		4.91	
院校类型	985 院校	4.32	92.997* 1>2，1>3	4.95	72.767* 1>2>3
	211 院校	4.08		4.78	
	一般本科院校	4.07		4.75	

注：1. *，$p<0.05$；**，$p<0.01$；***，$p<0.001$，n.s.，no significance。
2. ANOVA 的事后比较采用 LSD 方式进行。

2. 持续性研究与人才培养质量提升的有效性

从线性的时间序列表明（见图 1），目前大学在校学生总体学习满意度出于下降的趋势，尤其是大三部分下降更加明显，重要性程度亦是如此。这样的结果表明了随着参与度的增多和体验的深入，大学生对于学习方面的满意度不升反降。因此，对于人才培养的进程和学生工作的重心来说，高年级学生的思想意识和心理状态应该得到应有的重视。当然，拥有更佳的学习体验和更有针对性的心理引导，将是提升大学生总体学习满意度的关键，而数据呈现出来的规律则为“双一流”建设时期教学、服务与引导工作提供有力的参考，

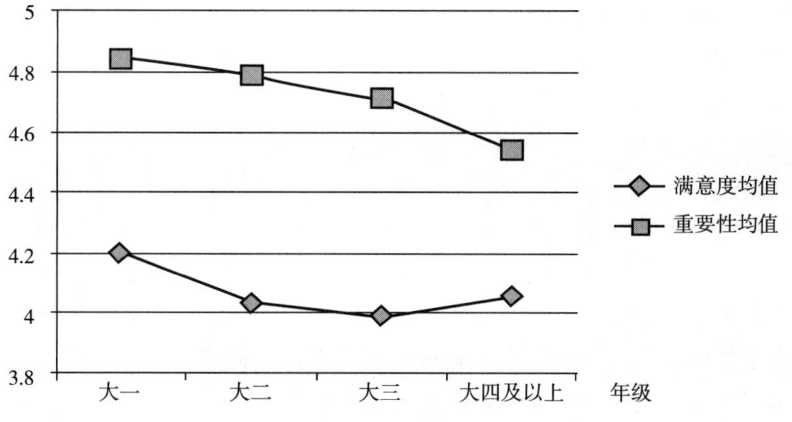

图 1　不同年级大学生总体学习满意度和重要性趋势

思考如何提升大二、大三学生的学习满意度。

在审视现状、诊断问题的同时，值得进一步关注的群体是大学校园内的男生、没有当过干部的学生、高年级学生以及非985院校的学生（见表2）。因为这几类学生在总体学习满意度及其重要性程度上显示出其在数据上并不占有优势，所凸显的特征在现实中也容易令人担忧，这不仅符合研究的预期，更是发现了这几类学生相比之下出现的不足，反映出大学生在学习过程中的心理状态与困境。不妨大胆假设，如果将这几类特征聚集，成为非985院校从来没有当过干部的高年级男生，也许他们的学习过程和满意度特征更加值得深思。当然，在这里重点需要说明的是，这几类学生由于表现出的总体学习满意度体验水平不高、对学习重要性程度认识不深，尽管成因和其预期程度有关，但他们也成为未来教学、教育改革和学生工作的重点攻坚对象，从而要提升大学生学习质量和人才培养质量的有效性和有用性，促进每一位学生都能获得成长与成功。

三、质量评估：大学生学习满意度的持续优化

表征大学生学习状态的自我评价指标种类繁多，满意度是其中重要的一个指标。该类指标易于测量，并且是大学生对学习过程、学习结果的主观评价指标，能够从主体视角揭示大学生学习的过程与结果。根据桑代克“万物皆具测量性”的观点，大学生学习满意度即是通过对大学生学习满意程度的测量，实现对学习过程、结果和质量的评估。通过质量评估，实现总体满意度水平的提升和学习满意度结构的优化。

（一）以学生为中心确立学习满意度评估中的利益相关关系

大学生学习满意度测评直接指向存在于高等学校内部的利益相关者。毋庸置疑，大学生是学习满意度调查最主要、最直接的利益相关者，其次是大学教师（faculty）和学校领导层（leadership）。大学生既是学习满意度研究的参与者，同时也是学习满意度结果的享有者，在参与和知情方面扮演着重要的角色。大学生参与学习满意度的调查，其本身就是对大学学习过程的一种投入，同时调查结果、结论有利于深入反思，进一步挖掘大学生学习的主观能动性，提升主动学习的内在深层动机，缓解诸多大学生的“迷茫”状态。对于教师，大学生学习满意度的研究结果能帮助他们更加深刻地了解学生，知晓学生对学习的满足感及程度，这无疑为教学改革提供了最有力的证据。而作为学校领导层，学习满意度的调查与研究是对在校大学生对所体验的高等教育满足感和期望值的相对差，对于审视学校人才培养质量的状况、教学活动运行的状况、学校相关建设状况来说提供了来自学生方面的信息和数据，是不可多得的参考材料，有利于学校以学生为主体进行改革与发展。大学生学习满意度的研究，有助于上述三方之间的相互了解、理解。在提供信息帮助改善教学过程、提高服务质量的同时，作为一种无形纽带，可以加强校生之间的联系。

大学生学习满意度测评兼顾高等学校外部利益相关者。家长、教育部门、决策部门甚至社会公众均是大学生学习满意度测评的外部利益相关者，牵涉面相对较广。一方面，家长有意愿了解学生对学校、对大学生生活的各项满意度，以便评估其决策或者帮助下一次决策。另一方面，大学生学习满意度能从学生的角度反映出高等教育质量的情况，是教育部门、决策部门在整体规划、决策或者利用经济杠杆进行调节的基础数据。全面提高高等教育质量是我国高等教育中长期发展的终极目标，因此从学生对高等教育的学习满意度着手，改善学习过程，找准提高大学生学习质量的关键环节，从整体上提高高等教育的质量是现阶段改革与发展的必然选择。

随着我国大学生数量增多和外部条件的变化，加上增强学生主体性的呼声不断加大，政府部门的公众极其关注大学生的学习与发展，希望大学生能够从大学学习生活中享受到更多的幸福感、成就感和满足感。近几年媒体不断曝光一些对大学求学、生活有负面影响的事件，使得公众对大学生群体的现状和未来感到忧虑，公众需要了解大学生生活真实的状况，学习满意度测评则正是提供了一个途径，以解决大学内外部信息不对称的现象，同时也回应了社会公众对大学教育的关心与信任。

（二）以“第四代评价”中的人文关怀精髓提升学习满意度的效用

高等教育评估在最初强调测量和科学管理的起点上，已经发展到对评估主体的关注，也就意味着评估高等教育，更重要的是考虑被评估对象的特征，这是“第四代评估”中人文关怀精髓之所在。评估大学生的学习满意度，其目的不仅在于考察满意度水平的高低，而是期望通过对学习满意度的调查和研究，着手教学、制度方面的改进，使得大学生拥有更加满意的学习体验，以人为本，以人的主观能动力量促进大学生学习质量的建设和人才培养质量的提升。

研究设计中，大学生自身的特征被视作学习满意度构建的因素，并将其归纳整理，分别从人的特点和所隶属的机构特点将其划分为人口统计学变量和院校变量，通过数据分析、解读的过程，发现这些变量构成了对学习满意度的外部影响因素，做到“有教无类”。实践管理上，由于大学生既是被评估的对象，又是学习满意度的建构者，因此教学改革必须着力对大学生学习过程的有效塑造，学生工作必须充分注意到不同群体大学生的特征给予及时关注，从而将大学生在学习和职业生涯发展的主体地位充分体现，实现“因材施教”。同时对大学生内部交往的关注，无论是空间范围内的人际交往，还是时间序列上的自我成长，都是提升学习满意度的重要指标。

尽管大学生学习满意度评估是一项以大学生为调查对象的评估，但是该指标群也涉及教学过程的引导者——教师。大学生在学习过程中受到教师的引导和影响，从课堂内外和沟通交流的层面结成教学关系。那么如果能从教师的角度，给予教学过程、教学关系更多的强调，一方面提升课堂内外教学组织的效率，另一方面加强师生交流的层次和深度，则可以进一步优化大学生的学习体验。以学习满意度作为评价教学的重要参考指标，对大学教师发展也会起到积极作用。

（三）“双一流”建设对我国大学生学习状态的治理与推进

“双一流”的建设加强了对大学生及其学习的关注，因此关于学习成长与成才的研究将着眼于推进大学生学习满意度的评估，从而有效实现大学生学习状态的梳理与治理。整合调查样本中所有数据可知，各个要素的满意度均值和重要性均值如表3所示。从教师教学、规章制度、图书馆资源和食宿这四项要素来看，满意度均值都低于重要性均值，绩差都为负值。其中绩差值最大的是食宿，其次是教师教学，排在第三位的是规章制度，最小的是图书馆资源。绩效差距的分析也可以发现，目前所有要素的满意度均值都低于重要性均值，说明现实程度都尚未达到理想状态。图书馆资源是所有要素中绩差值最小的，说明现阶段我国高校在图书馆及其各类资源的建设上取得了一定的成效；然而教师教学的绩差却是一个需要高度警惕的指标，排名第二高的绩差值说明了目前不尽如人意的教学状况，也说明了教师目前在大学生学习过程中扮演的角色分量不足，从重要性均值中可以看出大学生对于优质教学和教师引导寄予了非常大的期待，现实和理想之间差距偏大；绩差最大的食宿反映出大学生对于大学校园餐饮和住宿的需求与现实体验之间巨大的差距，成为大学生学习满意度各要素中的主要要素。

表3　学习满意度各要素的绩效差距

要素	满意度均值	重要性均值	绩差
教师教学	3.9966	4.7168	-0.7202
规章制度	3.8096	4.3042	-0.4946
图书馆资源	4.0685	4.4434	-0.3749
食宿	3.6115	4.6849	-1.0734
人际关系	4.3110	/	

从满意度均值、重要性均值、绩差中可以看到，目前教师教学、食宿处于低满意度、高重要性的区域，

数据冲击力较大，说明大学生对改变传统的教学模式有较高期待；而图书馆资源属于高满意度、高重要性的要素，这将有利于大学生抛弃基础教育阶段以接受为主的学习方式，构建高等教育阶段的自我学习模式。

以大学生学习为核心的学习满意度测评，不仅是大学生参与测评，还可以请社会公众、社会团体和用人单位对大学生的学习情况进行满意度的测评，由外部利益相关者共同构建质量评估体系，打造大学生学习的“多满意度”质量评估机制，多方共同努力来推进我国一流本科教育的建设。

大学生文化素质的养成测度及影响因素分析
——基于江苏省知识竞赛的实证研究

黄　榕　黄洪波

摘　要：高校文化素质教育实践历经数十载久盛不衰，但有关文化素质教育实践成果的研究极少。本文以江苏省知识竞赛为契机开展问卷调查，并以考生笔试成绩作为因变量，探讨大学生文化素质的测度及影响因素。因子分析结果表明，大学生文化素质的养成可分为学习行为因子、偏好因子、自信因子、目标因子和障碍因子五个维度，这五个因子对大学生文化素质成绩有显著的正面影响。此外，年级、学校本专科类型、高中城乡分布、父亲文化程度、母亲职业、性别、阅读书籍种类等都显著作用于大学生的文化素质。

关键词：文化素质；因子分析；回归分析；高等教育

一、研究背景

自1995年国家教委发布《关于开展大学生文化素质教育试点工作的通知》以来，素质教育就成为我国高等教育界的共识，与“提高劳动者素质”“提高民族素质”（《中共中央关于教育体制改革的决定》，1985）的教育方针遥相呼应。在“一呼而起、久盛不衰”（周远清语）的数十载素质教育实践中，高校如火如荼地开设文化素质选修课、举办人文讲座、举行文艺汇演、开展知识竞赛等。在此过程中，我国高校文化素质教育经历了一个转变过程：先是“三注”和“三个提高”，即注重素质教育、注视创新能力培养、注意个性发展，提高大学生的文化素质、提高大学教师的文化素养、提高大学的文化品位与格调，后转变为“三个结合”，文化素质教育与提高教师素养、思想政治教育、科学教育相结合。①素质教育是“扎根中国大地办教育”、具有中国特色的现代教育思想，它在中国高等教育的历史逻辑和发展体系中逐渐构建起来，与西方教育体系中的博雅教育（Liberal Arts Education）、通识教育（General Education）和专业教育（Special Education）相比，既有相通之处，也有超越的地方。②素质教育包容并蓄，它既包含了博雅教育、通识教育所要求的知识综合与人的全面发展，也包含了专业教育所要求的、满足职业需要的专业技能培养；同时，素质教育还关照到学生的思想道德、身体心理、实践能力和创新精神的建设与发展，使之成为具有“独立思想、自由精神”的社会化个体，实现人的素质均衡与和谐发展。在此背景下，以素质教育为关键词的文献，但有关素质教育实践成果的研究极少。

在素质教育的布局下，江苏省自2004年起开展全省范围内的知识竞赛，以学校为单位，按照学生专业

黄榕，博士，江苏省高等教育学会助理研究员；黄洪波，博士，江苏省教育考试院考试评价研究中心专家。

① 欧阳康．新时期大学生文化素质教育及其实践导向［J］．教育研究，2012（2）：8－13.

② 瞿振元．高校素质教育有待真正落地［N］．光明日报，2015－04－21（13）.

文理分科、交叉进行，分别考察理工科大学生的人文素养和文科大学生的科学素养。① 迄今为止，江苏省大学生知识竞赛已经成功举办8届，每届平均有90所高校、6.4万名学生参赛。基于此，知识竞赛主办单位在参赛学生网络报名系统中，同步开发了问卷调查系统，并结合参赛学生笔试成绩，这为研究素质教育的实践成果提供了大量数据基石。

二、文献综述

（一）文化素质的养成测度

文化素质的养成是学习的过程，这个过程既有教育心理作用，也有社会行为存在。德国教育学家、哲学家赫尔巴特的“五步教学法”，包括准备、提示、练习和比较、概括与总结、实践应用8个步骤。“教育心理学之父”、美国实证主义心理学家桑代克认为学习是选择与联结的过程，是环境刺激和行为反应之间的匹配，并提出学习理论的三定律——准备律、练习律和效果律。其后，美国教育心理学家加涅用当代认知心理学的信息加工观点将学习过程分为动机、了解、获得、保持、回忆、概括、作业和反馈8个阶段。20世纪50年代末，以人性为本位、彰显主体的人本主义观念形成新的教育思潮。不同于早期理论强调学习是人对外在刺激做出的行为选择，人本主义观念认为人的任何行为都是发自内在的、出于个体自身情感和意愿。综合上述理论，本文设置了调查问卷中学习问卷部分的学生态度与行为测量题。

（二）文化素质的影响因素

一直以来，家庭背景会影响到子女教育机会的获得，中国亦如是。20世纪70年代末至90年代初，家庭教育背景是教育不平等的决定性因素；1992年后，家庭阶层背景的优势开始显现，管理阶层子女获得高等教育的机会迅速增加。② 1999年高等教育大扩招的发展并未扭转教育机会的不平等现象，具有家庭优势的学生仍然更易获得正规本科教育的机会。③ 从社会资本的角度看，家庭背景较好的学生能够进入父母的紧密社会结构，共享父母的隐蔽网络关系；从文化资本的角度看，家庭背景较好的学生能够继承知识技术和爱好等。

性别差异贯穿于社会发展的历程，男性较之女性有着压倒性优势。已有研究表明，自1949年新中国成立以来，我国居民教育获得的性别不平等由男性占优势转变为近年来的女性占优势，这与国际社会的情况基本一致。④

教育分流（school tracking）由美国学者最早提出，描述美国依据学生学业考试成绩，将学生划分为不同类别，筛选进入不同大学；入学后，学生被培养成不同规格和类型的人才。⑤ 后来这一概念被扩展到教育过程的不同阶段，国内研究更多聚焦在中小学的重点学校和非重点学校上。本文将教育分流拓展到城乡分层维度和高校类型维度。

家庭背景、教育背景、个人禀赋等，均是可能会影响文化素质水平的因素，这形成了本研究的分析路径（见图1）。

---

① 丁晓昌．以知识竞赛为抓手推进大学生文化素质教育［M］.//周远清，闫志坚．论素质教育思想．北京：高等教育出版社，2015：156－167.

② 李煜．制度变迁与教育不平等的产生机制——中国城市子女的教育获得（1966—2003）［J］．中国社会科学，2006（4）：97－109.

③ 刘精明．高等教育扩展与入学机会差异：1978—2003［J］．社会，2006（3）：158－179.

④ 吴愈晓．中国城乡居民教育获得的性别差异研究［J］．社会，2012（4）：112－137.

⑤ Jones，John.，Anthony C. Harris.，and Graeme D. Putt. Streaming in First－Year University Classes. Studies in Higher Education，1990，15（1）：21－30.

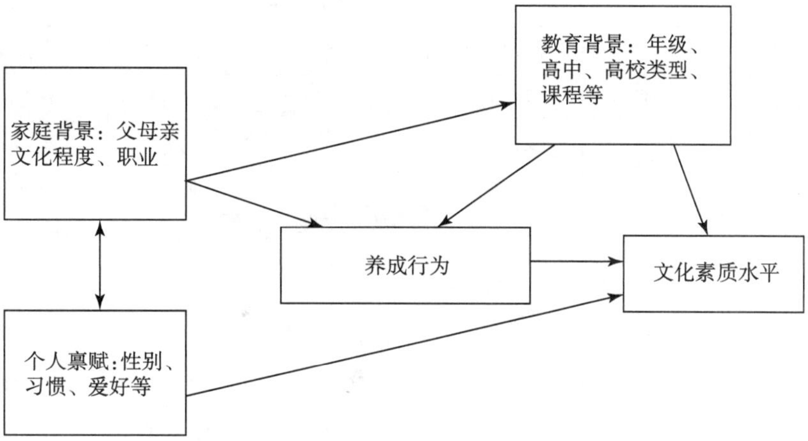

图1　大学生文化素质的路径分析图

三、研究设计和样本获得

本次数据来源两次知识竞赛的问卷调查，分别是江苏省2015年第三届文科大学生自然科学知识竞赛和江苏省2016年第五届理工科大学生人文社会科学知识竞赛。在两次竞赛的报名阶段，报名系统覆盖了参赛学生所在学校（名称及代码）、所学专业、年级、性别、姓名等信息；样本量分布状况见表1。其中，参赛学生的积极性按照一年级到四年级递减，符合我们的预期；由于文理分科与性别存在一定相关性，所以2015年文科大学生知识竞赛中女生占比较高，2016年理工科大学生知识竞赛则相反，整体女大学生占比较高；本科院校学生的参赛人数也多余专科学生，但二者差距在缩小。

表1　参赛学生的年级、性别及学校类型分布情况

参赛学生特点	全样本 $N=78916$		2015年 $N=33265$		2016年 $N=45651$	
	频数	百分比/%	频数	百分比/%	频数	百分比/%
一年级	50298	63.74	21394	64.31	28904	63.32
二年级	21618	27.39	9205	27.67	12413	27.19
三年级	6705	8.5	2526	7.59	4179	9.15
四年级	295	0.37	140	0.42	155	0.34
男	34698	43.97	7882	23.69	26816	58.74
女	44218	56.03	25383	76.31	18835	41.26
本科	44076	55.85	20249	60.87	23827	52.19
专科	34840	44.15	13016	39.13	21824	47.81

数据来源：江苏省知识竞赛数据。

此外，参赛学生需要在报名系统中完成问卷调查。问卷共42个问题，涵盖个人信息（15个问题）和学习问卷（27个问题）两部分内容，所得样本的主要变量的统计描述见表2和表3。尽管两年的跨期调研数据更符合混合截面数据（pooled cross section）的特质，但考虑到文理科的交叉性以及学科专业的覆盖面，本研究将这两年的数据合并成一个截面数据（cross section）进行处理。计量工具为stata软件。

表2　主要分类变量的统计描述表

变量名称	变量取值	样本量	百分比/%	变量名称	变量取值	样本量	百分比/%
生源地	江苏省内	61208	78.17	使用语言	普通话	58010	74.08
	江苏省外	17098	21.83		地方话	20296	25.92
高中地理位置	城市	30482	38.93	家庭地理位置	城市	21965	28.05
	县镇	42799	54.66		县镇	24032	30.69
	农村	5025	6.42		农村	32309	41.26
通常和谁一起生活	父母亲	71237	90.97	经常电子阅读	是	54469	70.00
	（外）祖父母	1262	1.61		否	23346	30.00
	其他人	5807	7.42	喜爱阅读的书籍种类	文学名著	15704	20.06
父亲文化程度	1	39146	49.99		故事小说	33629	42.95
	2	11678	14.91		纪实传记	6357	8.12
	3	26642	34.02		社会科学	5159	6.59
	4	840	1.07		科学技术	4664	5.96
母亲文化程度	1	48824	62.35		生活休闲	8018	10.24
	2	7811	9.97		经济管理	816	1.04
	3	21143	27.00		漫画卡通	2589	3.31
	4	528	0.67		艺术	1364	1.74
父亲职业	1	15071	19.25	母亲职业	1	9734	12.43
	2	16608	21.21		2	16737	21.37
	3	3724	4.76		3	4355	5.56
	4	245	0.31		4	137	0.17
	5	19937	17.80		5	14206	18.14
	6	5935	7.58		6	4903	6.26
	7	3709	4.74		7	1734	2.21
	8	583	0.74		8	2669	3.41
	9	15992	20.42		9	12830	16.38
	10	2502	3.20		10	11001	14.05

注：文化程度的赋值按照1——初中及以下，2——高中（包括职高、中专、技校），3——大学（或大专），4——研究生；职业的赋值按照1——企业或政府管理者，2——教育、医务或科技人员，3——企业或政府的事务工作者，4——私营或个体经营者，5——商业服务员，6——从事技术性劳动的工人或农民，7——从事体力劳动的工作或农民，8——军人，9——其他职业，10——无工作。

表3　主要连续变量的统计描述表

变量名称	样本量	均值	方差	最小值	最大值
选修人文社会（科学）课程数	58321	2.37	2.72	1	50
上幼儿园的时长/年	77215	2.40	0.91	1	5
拥有物品数（手机、电视机、电脑、汽车、卫生间和自己独立的房间）	72360	6.88	4.14	1	50
拥有的书籍数量	71474	83.24	121	1	1000
平均每天阅读时长（不包括课本，分钟）	72337	60.46	57.87	1	600

注：上述变量为受试者自行报数，样本处理中剔除了不合常理的异常值。理工科大学生考察人文社会知识，文科大学生考察自然科学知识，因此用“人文社会（科学）”分别对应。下同。

四、文化素质的养成测度

（一）因子分析

为了检验问卷态度的真实性和趋利动机，学习问卷第 12 项被设置为“谈论著名的‘赛福勒问题’（‘拓边问题’）”，其中“赛福勒问题”（“拓边问题”）为实际不存在的概念。在“几乎不”“很少”“有时”“经常”4 个选项中，将回答“几乎不”和“很少”的样本（$N=52236$）认定为有效。学习问卷中的其余 26 项用于测度文化素质的养成。为寻求大学生文化素质的基本结构、简化观测系统，我们需要一种统计分析方法将具有错综复杂关系的变量综合为少数几个因子，以再现因子与原始变量之间的相关关系和内在联系。这里选取的是因子分析（factor analysis）方法，该方法用于研究相关矩或协方差阵的内部依赖关系，基于信息损失最小化进行数据缩减，能把众多的变量综合成几个为数较少的因子变量。

在使用因子分析方法进行测度之前，首先需要对样本是否适合进行因子分析进行检验。结果表明，测量大学生文化素质 26 项的 KMO 统计量①为 0.916，Bartlett 球形检验②的 P 值为 0.000、显著。这两项结果都说明本研究的样本适合进行因子分析。因子分析的理论基础是构建因子模型，然后对模型中的因子载荷和特殊因子方差进行参数估计：因子载荷是模型中公共因子的系数，担当了“权重”的角色，表示某变量依赖于相应公共因子的分量；公共因子对所有的变量都有作用，特殊因子仅对某一变量起作用，且各特殊因子之间以及特殊因子与所有公共因子间都互不相干。本研究使用主成分因子法（principle component factoring）③ 对因子模型进行参数估计，根据特征值对因子数目的碎石图来确定公共因子的数目（见图 2）。当公共因子数为 5 时，碎石图曲线进入拐点，此时公共因子的特征值均大于 1（特征值大于 1 的公共因子数目为 6）。前 5 个公共因子的特征值依次为 6.61、2.26、1.79、1.38、1.09，这 5 个公共因子解释了 26 个变量组合方差（combined variance）的 50.52%。

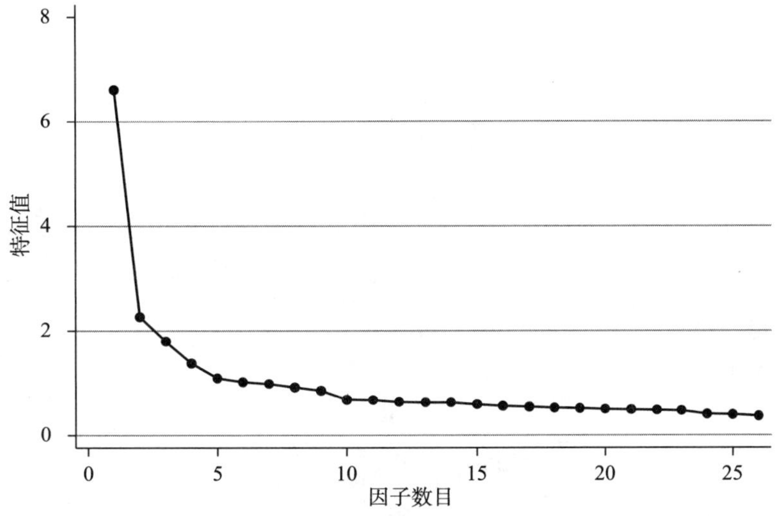

图 2　因子分析的碎石图

---

① KMO 统计量（Kaiser－Meyer－Olkin Measure）是用来辨别变量间偏相关的高低，取值范围在 0～1 之间。数值越小表示变量间的共同点越少；越接近于 1，表明变量间的偏相关性越强，因子分析的效果越好。取值范围对应不同的分析效果：0～0.49，不可接受（unacceptable）；0.50～0.59，悲催的（miserable）；0.60～0.69，平平（medicore）；0.70～0.79，中等（middling）；0.80～0.89，可赞（meritorious）；0.90～1，惊人（marvelous）。

② Bartlett 球形检验（Bartlett test of sphericity）用于检验相关阵中各变量是否各自独立，即总体相关矩阵是否为单位阵。如果接受原假设（P 值不显著），则表明因子分析不适合；P 值显著，则可。

③ 高惠璇．应用多元统计分析［M］．北京：北京大学出版社，2005：293－321.

为达到结构简化的目的，本研究继续使用旋转方法，通过因子载荷矩阵施行旋转变换，使得各因子载荷矩阵的每一列各元素的平方按列向0或1两极转化。选取26个选项因子载荷数值的最大值，并根据选项的实际内容，相应归类为偏好因子、自信因子、动机因子、障碍因子和学习行为因子5个维度（见表4）。从因子载荷水平来看，26个选项中，23个选项因子载荷均高于0.5，其余3项也高于0.4的临界值。从提取特征根后的共同度（Uniqueness）来看，所有选项的共同度在50%左右，表示变量的信息丢失较少，即变量都能被公因子解释。从信度分析结果来看，5个公因子的Cronbach's Alpha最低值为0.65，而量表总信度为0.85，可信度较高。综上，用偏好因子、自信因子、动机因子、障碍因子和学习行为因子5个维度测度大学生文化素质养成的量表有较好的内容效度和信度。

表4　大学生文化素质的养成测度

文化素质的养成测度	均值	标准差	偏好因子（F_2）	自信因子（F_3）	动机因子（F_4）	障碍因子（F_5）	学习行为因子（F_1）
1. 喜欢思考人文社会（科学）问题	2.66	0.67	0.57				
2. 对人文社会（科学）现象有兴趣	2.86	0.60	0.52				
3. 喜欢人文社会（科学）类电视或书报	2.84	0.64	0.48				
4. 经常和人讨论人文社会（科学）问题	2.66	0.73	0.69				
5. 经常选修人文社会（科学）课程	2.61	0.78	0.71				
6. 经常参加人文社会（科学）讲座	2.32	0.81	0.66				
7. 感觉人文社会（科学）知识不难	2.67	0.66		0.66			
8. 感觉人文社会（科学）规律易理解	2.74	0.63		0.71			
9. 感觉能学好人文社会（科学）课程	2.93	0.63		0.63			
10. 想在人文社会（科学）课考高分	2.92	0.67			0.52		
11. 相信人文社会（科学）知识很有用	3.12	0.61			0.59		
12. 相信文理兼备好找工作	3.13	0.65			0.61		
13. 学习中遇到困难我会放弃	2.12	0.77				0.74	
14. 学习中遇到困难我会拖延	2.39	0.84				0.73	
15. 考试前会感觉紧张	2.72	0.85				0.53	
16. 感到无论怎么努力就是学不好	2.72	0.83				0.59	
17. 学习中遇到困难会尽快想法解决	3.51	0.68					0.42
18. 首先确定必须要学会的内容	3.30	0.75					0.55
19. 设法找出还没有准确理解的概念	3.15	0.74					0.60
20. 遇到不明白的会搜集信息弄清楚	3.28	0.69					0.63
21. 为记住知识会反复看书或试题	3.20	0.75					0.69
22. 为掌握知识反复做一些科学题	2.89	0.80					0.68
23. 会自己检查是否记住了学过的内容	3.04	0.74					0.71
24. 会经常思考解题的多种方法	2.84	0.76					0.59
25. 会把人文社会（科学）知识与其他科目联系	2.93	0.75					0.50
26. 会将人文社会（科学）知识应用到生活	3.08	0.73					0.46
特征值（旋转后）			2.90	2.67	1.94	1.88	3.75

续表

文化素质的养成测度	均值	标准差	偏好因子（F_2）	自信因子（F_3）	动机因子（F_4）	障碍因子（F_5）	学习行为因子（F_1）
解释方差（旋转后/%）			11.14	10.28	7.46	7.22	14.42
信度（Cronbach's Alpha）			0.81	0.73	0.71	0.65	0.85

注：$N=52236$。程度测量按照“非常不像我”→“不像我”→“像我”→“非常像我”或者“几乎不”→“很少”→“有时”→“经常”依次进行1～4的4点赋值。表中数值为探索性因子分析中的因子载荷，旋转方式为最大方差法（Varimax）。通常情况下信度系数在0.6以上时被认为可信度较高。

（二）因子得分

根据因子分析结果中的特征值和解释方差（见表4），5个公共因子可分为三类：一类是具有最强解释力的学习行为因子；二类是对文化素质的养成有较强解释力的偏好因子与自信因子；三类是稍弱解释力的目标因子和障碍因子。根据最大方差法旋转的因子分析结果，本文使用回归方法估计出公共因子的得分系数，从而将公共因子表示成变量的线性组合函数，代入变量值后得到公共因子 $F_1 \sim F_5$ 的得分值。根据公共因子得分及相应的旋转后的方差贡献率，本文计算出因子分析的综合得分，作为文化素质养成的综合测度。具体计算公式为：

$$\text{综合得分} = \sum_{i=1}^{n} F_n \text{因子得分} \times \frac{F_n \text{旋转后的方差}}{\sum_{i=1}^{n}(F_n \text{旋转后的方差})} \tag{1}$$

综合得分为各项公共因子得分的加权平均，权重为该公共因子在5个公共因子中的方差贡献率（旋转后）。图3是各公共因子得分及综合得分的内核密度标绘图，基本可判断得分值符合正态分布。以上因子得分值的将作为后续分析的原始数据。

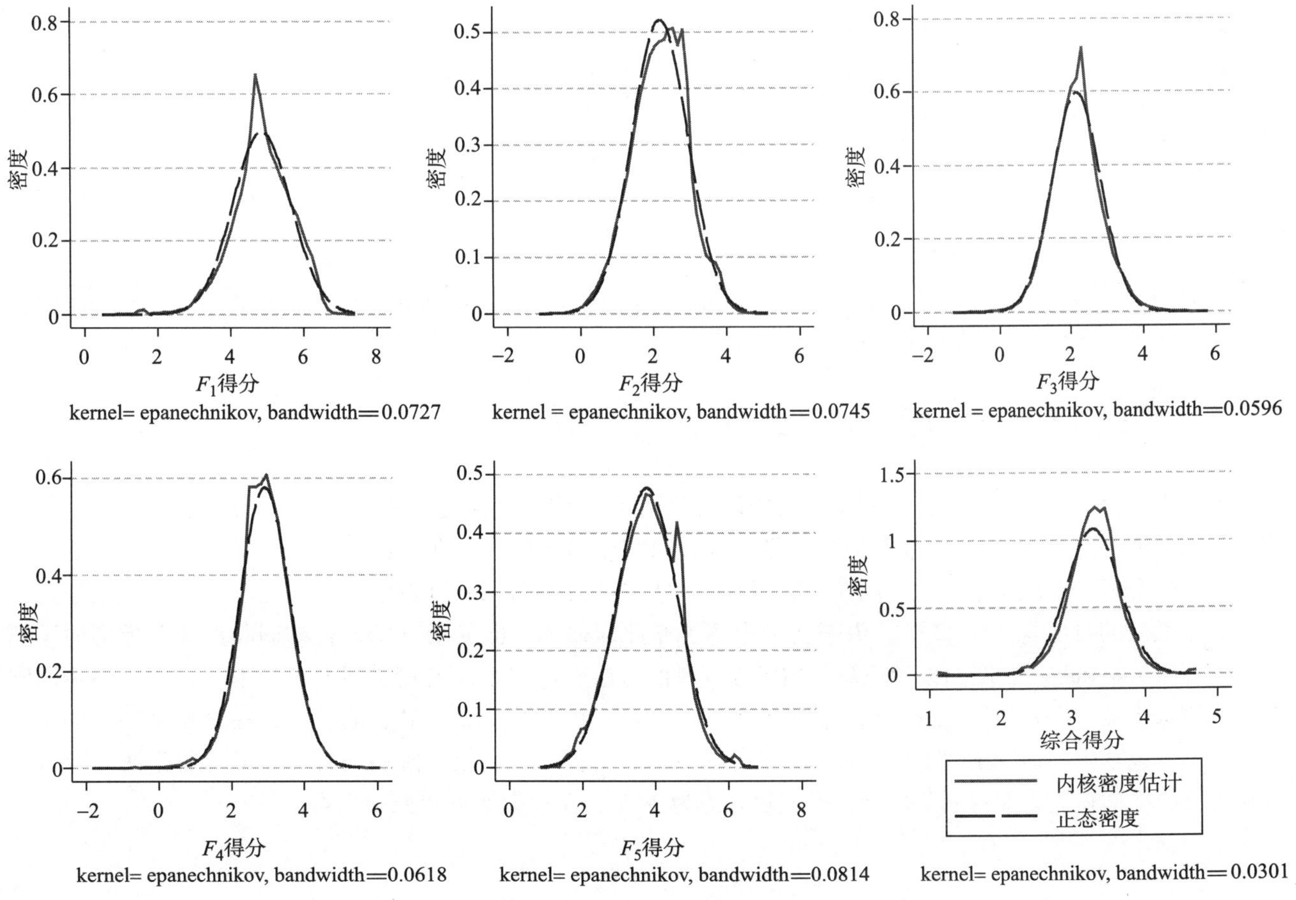

图3　因子得分的内核密度标绘图

知识竞赛设置了笔试环节，故而笔试成绩可作为大学生文化素质的替代指标，从而用以衡量前文文化素质养成测度指标的准确性与合理性。图4是学生考试成绩的内核密度标绘图，学生考试成绩基本呈现正态分布的钟型曲线。表5是大学生笔试成绩与文化素质养成五维度的相关系数，文化素质养成的5个维度均在0.1%的水平上显著正相关，这验证了因子分析结果的合理性。

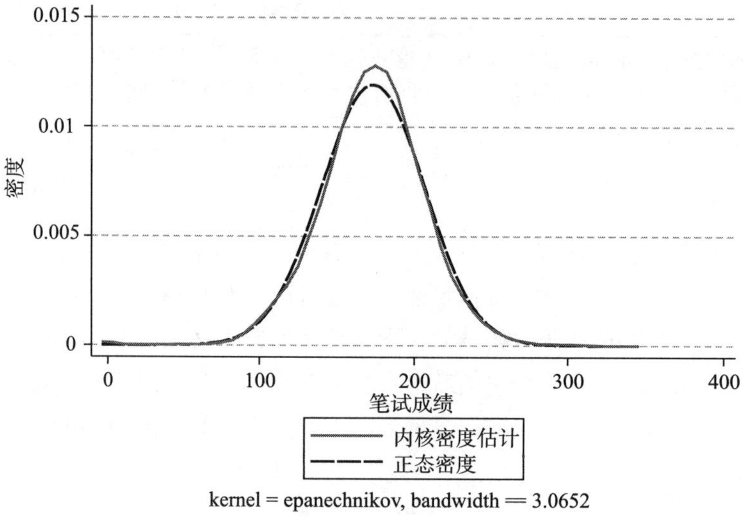

图4　学生笔试成绩的内核密度标绘图

表5　笔试成绩与文化素质养成五维度的相关系数表

因子	笔试成绩	学习行为因子（F_1）	偏好因子（F_2）	自信因子（F_3）	动机因子（F_4）
学习行为因子（F_1）	0.0879***				
偏好因子（F_2）	0.1531***	0.1863***			
自信因子（F_3）	0.1517***	0.0698***	0.0077**		
动机因子（F_4）	0.1143***	-0.0091*	-0.0913***	-0.0934***	
障碍因子（F_5）	0.0252***	-0.0101**	-0.0059	-0.0475***	0.0373***

注：*表示 $p<0.1$；**表示 $p<0.05$；***表示 $p<0.001$。由于表示大学生文化素质养成的综合得分为各公共因子的加权总和，故而不另行计算相关分析系数。

五、影响文化素质的回归模型分析

本文以符合正态分布的笔试成绩作为因变量（见图4），将测度文化素质养成的5个维度以及个人禀赋、家庭背景和教育背景的19个变量作为自变量，进行回归模型的构建。在回归分析前，将因变量与自变量进行相关系数分析，发现父亲职业（p值为0.2421）和是否电子阅读（p值为0.6985）与学生笔试成绩显著不相关，故最后的自变量共计22个。由于变量中不乏非此即彼的二值变量（binary variable）和多类别的序数变量（ordinal variable），回归模型还需要用虚拟变量的方法对这些定性变量进行解释。本文再使用逐步回归工具，筛选出具有多重共线性的变量，同时在5%的显著性水平上剔除不显著的变量，最终被剔除掉的变量共计7个，包括生源地、家庭地理位置、上幼儿园的时长、拥有物品数、使用语言、和谁一起生活以及母亲文化程度，从而得到表6的回归模型，模型解释力为24%，在社会调查研究中尚可。

表 6 文化素质的影响因素回归模型

因变量：考生成绩

$R^2=24.18\%$ 调整后 $R^2=24.12\%$

	自变量	系数			自变量	系数
养成维度	学习行为因子	0.599***	教育背景		年级（二年级）	2.880***
	偏好因子	3.893***			年级（三年级）	2.960***
	自信因子	5.285***			年级（四年级）	-3.568
	动机因子	5.431***			学校类型（专科）	-22.511***
	障碍因子	1.793***			高中在城镇	-1.058**
家庭背景	父亲文化（高中）	4.142***			高中在农村	-1.974**
	父亲文化（大学或大专）	-0.133			选修课程数	0.542***
	父亲文化（研究生）	6.611***	个人禀赋		性别（女性）	-8.881***
	母亲职业（教育、医务或科技人员）	1.404**		书籍种类	故事小说	6.545***
	母亲职业（企业或政府的事务工作者）	1.197			纪实传记	-2.519*
	母亲职业（私营或个体经营者）	0.896			社会科学	2.478***
	母亲职业（商业服务员）	-4.468***			科学技术	-4.389***
	母亲职业（从事技术劳动的工人或农）	1.954**			生活休闲	7.466***
	母亲职业（从事体力劳动的工人或农）	-4.947***			经济管理	-3.531***
	母亲职业（军人）	0.104			漫画卡通	4.016***
	母亲职业（其他工作）	-2.950***			艺术	-6.323***
	母亲职业（无工作）	-0.987*			阅读时长	-0.006**
常数项		141.037***			书籍数量	0.011***

注：$N=41114$。* 表示 $p<0.1$；** 表示 $p<0.05$；*** 表示 $p<0.001$。诸多虚拟变量的基准组情况如下：年级变量以一年级为基准组，学校类型以本科院校为基准组，高中地理位置以城市为基准组，父亲文化以初中及以下为基准组，母亲职业以企业或政府管理者为基准组，性别以男性为基准组，书籍种类以文学名著为基准组。

在文化素质的养成维度，当其他条件不变时，自信因子与动机因子对文化素质有显著的正面影响，更加自信、明确动机的学生文化素质成绩会多出 10 分；对文化素质有偏好、能克服学习障碍的学生文化素质成绩会多出 5 ~6 分；学习行为因子对文化素质有微弱的积极影响，科学合理的学习安排只提升文化素质成绩不到 1 分。这说明，文化素质的养成，与传统的文化知识学习并不完全一致：与付诸实践的学习行为相比，文化素质的养成更看重理念先行。明确文化素质的目标与动机，培养对文化素质的兴趣与爱好，加强对自我认知的认同与信心，意识到克服惰性的重要性，对文化素质有显著的积极作用。

在教育背景维度，当其他条件不变时，二、三年级学生比一年级学生平均多出 3 分；专科学校学生比本科学生低 23 分；高中在城镇和农村的学生，比高中在城市学生的成绩分别低 1 分、2 分；选修课程数量对文化素质成绩有微弱的积极作用，每多选 1 门课，成绩能提升 0.5 分。选修课及高年级学生的正面影响，说明学校开展素质教育的实践活动是有一定成效的。同时，具有城市高中背景的学生在文化素质成绩上的表现更为优异。教育分流机制通过高中地域分布和高校类型作用于大学生文化素质。

在家庭背景层面，父亲职业与母亲文化对学生文化素质成绩无显著的影响，反而是父亲文化与母亲职业有显著影响。其中，当其他条件不变时，父亲为高中文化程度的学生，比父亲初中文化程度的学生，可以多出 4 分成绩；但是，父亲文化程度为大学或大专的影响则不显著；父亲文化为研究生的学生，比父亲初中文化程度的学生，可以多出 6 分成绩。母亲职业以企业或政府管理者为基准组，会产生显著影响的职业有 5 类，分别是：教育、医务或科技人员，商业服务员，从事体力劳动的工人或农民，其他工作，无工作。其中，当母亲职业为教育、医务或科技人员的学生，其考试成绩比母亲为企业或政府管理者的学生多1分；其余四类职业，都显著较低。一项实证研究发现，低教育和低收入背景家庭更多借助文化活动参与来实现文化流动，高教育和高收入背景家庭更多地通过家庭文化氛围来实现文化再生产。① 理论上，父母亲的文化程度与职业类型均会对孩子产生潜移默化的影响；但实证结果有选择地验证了理论预期，本文初步推论，这与家庭传统分工中母亲更多陪伴孩子的现象有关，从事教育、医务或科技人员的母亲，比从事体力劳动、商业服务员等工作或者无工作的母亲，更能对孩子的文化素质产生积极影响。这其中交叠着榜样作用和陪伴功能。

在个人禀赋层面，性别、阅读书籍种类、阅读时长和书籍数量都是影响文化素质的重要因素。当其他条件不变时，女生的文化素质成绩比男生低近9分，这与当前大学考试中女生更占优势的现状相反；更爱阅读故事小说、社会科学、生活休闲、漫画卡通的学生，比阅读文学名著的学生有更优异的文化素质表现；而经常阅读纪实传记、科学技术、经济管理、艺术的学生，文化素质表现稍逊；阅读时长与文化素质有显著为负的影响，但影响程度几乎可以忽略不计；书籍数量与文化素质有显著为正、但影响较微弱。从书籍类型及其对文化素质的影响来看，与专业教育更加贴近的书籍对文化素质的影响为负，而更散漫无目的地阅读反而有益于文化素质。庄子云："无用之用，方为大用。"素质教育是与专业教育互为补充的、突破功利性导向和专业化束缚、实现"工具理性"与"价值理性"统一的教育。

六、结论

当今，培养大批高素质的拔尖创新人才，不仅是我国人才强国的战略需求，也是高等教育的根本任务，更是个体创造人力资本价值的重要途径。前文的实证分析发现：其一，文化素质养成对文化素质有着显著积极的强劲作用。文化素质是学生的基本素质，学生是素质教育的主体。因此，素质教育工作需要将以教师为中心的传承式、灌输式教学转变为学生掌握精神生命发展的主动权，让学生充分享有学习选择的自由，变被动行为为自主行为，充分激发其主观能动性和无限潜力。其二，性别、学校类型与城乡差异显著，男生、本科院校学生、城市高中毕业生的文化素质水平明显较高。其三，代际传递通过父亲文化程度和母亲职业类型对学生文化素质产生影响，当然，父亲文化程度并不是越高越好；母亲职业类型更偏向教育、医务或科技人员类。其四，高校的文化素质教育实践发挥了一定作用。今后高校的素质教育工作需要在学生中强化素质教育的理念，同时要明确素质教育是与工具化的专业教育是截然不同的教育模式。

当然，本文的研究还有两点不足之处。其一，文化素质仅仅是学生综合素质的一个方面。在知识竞赛举办过程中，我们发现，并不是笔试成绩最佳的学生最后能在决赛夺魁。知识竞赛决赛借鉴了电视竞技类节目的形式举办现场决赛，分抢答、必答等多个环节，由参赛的9名选手现场答题。决赛题目覆盖各学科知识点，考察了选手们知识存储量以及提取知识的准确性。同时，选手在决赛现场的抗压能力、临场发挥以及答题策略等心理素质和决策能力，也是他们综合素质的重要组成部分。这些难以通过笔试、问卷等传统方式测量的内容，又恰恰是高校素质教育工作不可或缺的部分。如何加强学生心理素质、思想道德、实践水平、科技创新等综合素质的提升，是今后高等教育教学工作改革的重要工作之一。其二，知识竞赛的问卷调查提供了数据金矿。本文的实证分析只是小试牛刀，随着计量模型的更迭发展，本文的数据挖掘工作还有待进一步开展。

---

① 孙远太．家庭背景、文化资本与教育获得［J］．青年研究，2010（2）：35－43.

助学贷款模式对大学生学习成绩的影响

黄　维　刘偲偲

摘　要：本文基于覆盖全国21460位大学生追踪调查的微观数据，同时充分考虑学生获得助学贷款的选择性，采用倍差法（DID）和倾向得分匹配法（PSM）相结合的反事实估计，对助学贷款与大学生学习成绩之间的关系进行因果推断。研究发现，两种助学贷款都未能改善大学生的学习成绩，反而都有一些小幅度的下降。助学贷款影响大学生学习成绩的可能途径是经济约束下的毕业选择和课外打工，以及相应的心理压力，这些发现可以为政府改善助学贷款政策提供可靠的经验证据。

关键词：校园地助学贷款；生源地助学贷款；大学生；学习成绩；因果推断

一、引言

对于个体而言，高等教育是一项极其重要的人力资本投资，对于个体的职业生涯发展和社会流动具有独特的价值。中国的大学本科文凭能够带给个人52%的额外收益。[1]相关研究发现，美国来自低收入家庭的学生，如果没有大学学历，他们中只有14%的人，其收入能够进入美国社会整体收入分布的前40%。然而一旦他们拥有学士学位，该比例将被扩增为三倍（41%）。[2]对于经济发展而言，随着我国成为中等收入的经济体，高等教育为知识和技术密集型产业提供必需的创新人才。研究表明，即使没有技术进步和产业升级，将第二产业由劳动密集型转变到资本密集型，就要求工人平均受教育年限提升1.3年；如果将第三产业从劳动密集型转向知识和技术密集型，则需要工人平均受教育年限提升3.7年。[3]

然而，相对于基础教育，高等教育的投资成本非常高，贫困依然是低收入阶层学生进入大学时要面临的首要挑战。为了扩大家庭经济困难学生的高等教育参与和入学机会，许多国家相继出台和完善了大学生资助政策，普遍采用助学贷款这一有偿资助方式。1999年以来，随着高等教育规模的急剧扩招和成本分担政策的推行，我国政府出台一系列推进助学贷款制度建设的政策文件，相继推出两种模式的助学贷款：校园地贷款和生源地贷款，并加大资金投入。助学贷款成为我国大学生资助体系的主体，发放金额从2007年的89亿元急剧增加到2015年的220亿元，累计增加2.47倍，2015年中央、地方财政贴息26.09亿元，两者合计占当年大学生资助经费的29%，同期获贷的大学生由76万人增长为333万人。其中，校园地助学贷款22亿元发放给34万人，生源地助学贷款198亿元发放给299万人。①

助学贷款相当于贫困生通过借贷自己未来收入来补贴当前的高等教育投资成本，不仅能够减轻政府的财政负担，而且能够让我国更多的贫困生受益。特别是生源地贷款通过动员基层力量、采取共同借款人，以及

本文系国家自然科学基金面上项目“基于系统动力学的高校生均成本和学费交互增长的因素、机理与政策仿真研究”（项目编号：71373032），长沙理工大学硕士生科研创新项目“学生贷款对贫困大学生学习成绩的影响”（项目编号：16SKY08）的研究成果之一。

黄维，博士，长沙理工大学经济与管理学院教授，从事教育经济学研究；刘偲偲，长沙理工大学教育经济与管理专业硕士研究生，研究方向为学生贷款的政策评估。

① 根据全国学生资助管理中心发布的《2007—2015中国学生资助发展报告》整理而成。

将网络支付手段运用贷款发放和回收环节等做法，解决了发展中国家普遍存在的家庭经济状况核实难和回收难的问题，极具中国特色，受到了英国、美国和日本等国专家的关注和积极评价。[4]但是，相对于投入规模的不断增长，我国助学贷款政策实施效果的评价却非常滞后。我国大规模的助学贷款是否提升了大学生的学习成绩？不同模式的助学贷款是否都提高了贫困大学生这一弱势群体的学业发展水平？这是需要实证性考察的问题，才能为助学贷款实现社会效益最大化提供经验证据。

研究表明，助学贷款确实有利于降低贫困大学生的经济负担和增加入学机会。[5]但在助学贷款与大学生学习成绩的关系上，现有研究结论不尽一致，仍有较大争议。一些研究认为，助学贷款显著提高了大学生的学习成绩。Canton&Blom发现墨西哥获得SOFES贷款的大学生，比非贷款学生的学习成绩高0.175个标准差。[6]Bodvarsson et al. 发现美国University of Nebraska - Lincoln（UNL）和Washburn University（WU）两所公立大学的贷款学习者，其学业发展水平显著高于未贷款的学习者。[7]钟云华对湖南省2013届本科毕业生的社会流动效应进行了评估，发现借贷贫困生比非借贷贫困生的综合学业成绩更为优秀。[8]但是，另外一些研究发现，助学贷款与学习之间并不存在显著的正相关关系。Joensen&Mattana利用动态的固定选择模型分析，发现助学贷款对瑞典大学生的辍学率和毕业率没有显著影响。[9]杨钋对甘肃、湖南和江苏三省的大学生资助进行实证评估，发现助学贷款和学习成绩没有显著的相关关系。[10]鲍威、陈晓亚发现，助学贷款对农村第一代大学生的学业表现直接形成负向的抑制作用。[11]

已有研究不仅极大地拓展了助学贷款的研究空间，具有重要的学术价值，特别是一系列围绕生源地助学贷款制度性设计的研究，[12][13]具有较高的政策参考价值。但是，已有研究仍存在一些局限：第一，数据样本的覆盖面有限。由于很难收集大学生的学习成绩数据，大多数研究仅采用单个高校或少数几所高校数据样本进行计量，或者采用学生自我报告的数据，研究结论自然难以一致且存在较大争议；第二，助学贷款并非是学习成绩纯粹的外生变量，家庭经济社会背景等许多影响学生获得助学贷款的因素，可能也会同时影响到学生的学习成绩，已有研究一般采用传统的回归估计方法，在内生性问题处理方面仍然较为缺乏，可能高估或低估助学贷款的效果；第三，已有研究忽视不同模式的助学贷款对获贷人群的学业发展效应，难以全面把握助学贷款模式的特征及其政策效果。

针对上述研究局限，本文利用覆盖全国的调查数据，将倾向得分匹配法（Propensity Score Matching，PSM）与倍差法（Difference - in - Difference，DID）相结合，考察现行的助学贷款模式与大学生学习成绩之间的因果关，以期为助学贷款的政策改革提供决策参考。

二、研究方法

（一）数据来源

本文采用一套自行设计的“学生贷款对我国大学生学业表现的影响”问卷，内容包括学生的基本信息（家庭经济状况、父母受教育程度等）和学生获得的助学贷款信息（贷款类型、额度、时间、对助学贷款的满意度等）。调查时间从2015年6月到2016年5月。问卷调查的样本学校按分层随机抽样的方法确定，发放范围覆盖全国12个省区的148所高校（中央部委高校22所、省属高校126所）。确定样本学校以后，由每所高校学生资助部门组织2011级全日制本科生中随机发放300份问卷，对象包括大二起获得助学贷款的学生、未获贷的贫困生和未获贷的非贫困生，三者之间的比例是1∶1∶1，共计放问卷44400份，回收问卷30137份，有效问卷为29509份。回收问卷以后，课题组将参与问卷填制的学生学号，再发送至样本高校，由样本高校的教务部门返回每位填写问卷学生的大一、大二、大三三个学年的GPA成绩（平均绩点成绩），共回收24362位学生的GPA成绩。本文对既填写了有效调查问卷又获得了可靠GPA成绩的学生数据进行合并汇总，最终获得有效样本为21460份（生源地贷款样本4250份，校园地贷款样本3594份，未获贷样本13616份）。

（二）研究方法

1. PSM

现实中只能观测到每名学生在获贷或者未获贷某一种状态的结果，即存在“反事实数据缺失”。同时，学生是否获得助学贷款并不是一个随机分配的过程，而是由一系列因素决定的内生过程，简单地用获贷学生和未获贷学生之间的学习成绩差异来计量的助学贷款的效果，将会带来选择性偏差。因此，我们需要通过一定的方法来平衡数据，以消除获贷学生和未获贷学生的选择性偏差。

PSM 是一种基于观测数据（observational data）分析变量间因果关系并且能够有效控制样本选择偏差的数据处理方法。[14]在本文中，倾向得分可以理解为在给定一系列可能影响因素的情况下学生获贷助学贷款的条件概率。首先，本文采用 logit 模型估计，预测每名学生获得生源地贷款或校园地贷款的倾向得分（p，分数）；然后，本文采用 K2K 匹配的方法，为每位获贷学生匹配一个与之最为相似的未获贷学生；最后，本文进行平衡性检验。检验结果表明，本文的 PSM 能有效校正选择性偏差。①

2. DID

本研究采用倍差法（DID）对匹配后的样本数据进行计量估计。在现实的数据分析中，极易产生一些遗漏变量，如果这些遗漏变量与助学贷款（干预变量）具有一定的相关性，此时便会导致干预变量与残值相关，产生有偏的估计。DID 将残值中那些不随时间变化的部分彻底消除，从而极大地减少可能存在的遗漏变量偏差。[13]本文依据匹配后的样本进行模型（1）的 DID 估算，这样计量估计的因果关系是双向稳健且无偏误的。[15]

为了精确计量助学贷款方式对学习成绩的影响，本文设定模型：

$$\Delta Y_{ijs} = \alpha_0 + \alpha_1 T_{js} + \alpha_2 X'_{ijs} + \partial_s + \vartheta_m + \gamma_g + \varepsilon_{ij} \tag{1}$$

其中，$\Delta Y_{ijs} = (Y_{ijs2} - Y_{ijs1})$ 是学生在不同时期学习成绩的双重差分，即 s 省 j 高校的学生 i 在不同时期 GPA 成绩的变化；T_{js}是一个二分变量，其中 T_{js}等于 1，表示学生 i 在学校将获得了生源地贷款或校园地贷款；否则，T_{js}等于 0，即表示学生没有获得助学贷款。在不存在遗漏变量偏差的情况下，α_1 是需要关注的，即助学贷款是否对大学生学习成绩产生了显著的影响。X'_{ijs} 是控制变量，包括性别、是否为农村大学生、基线的 GPA 成绩、家庭经济状况、是否获得其他经济资助等。模型（1）也控制省区的固定效应（∂_s）、学校的固定效应（ϑ_m）和专业的固定效应（γ_g），ε_{ij} 是一个随机误差项。

三、研究结果

（一）描述性统计

在分析助学贷款是否影响大学生的学习成绩之前，需先分析样本学生在大学一年级时的成绩分布（见图 1）。在大学一年级时，获贷学生无论是生源地或校园地贷款与未获贷学生之间的成绩并无很大的差异，相同的结果也可以从样本 T 检验中得到验证。尽管 T 检验显示，获得助学贷款的学生与未获贷学生在大一时的成绩存在统计上的显著差异，但获生源地贷款、校园地贷款的学生与未获贷学生成绩差异仅为 0.065、0.073 个标准差，差异幅度并不大，因此大学生能否获得助学贷款与其在大一时的 GPA 成绩并不存在显著的相关关系。通过对学生是否获得生源地贷款或校园地贷款的倾向得分计算，同样发现，大一时学生的 GPA 成绩对于之后是否获得助学贷款并没有显著的影响。

① 限于篇幅，本文没有展示匹配前和匹配后样本数据，以及结果变量统计表，感兴趣的读者可向作者索取。

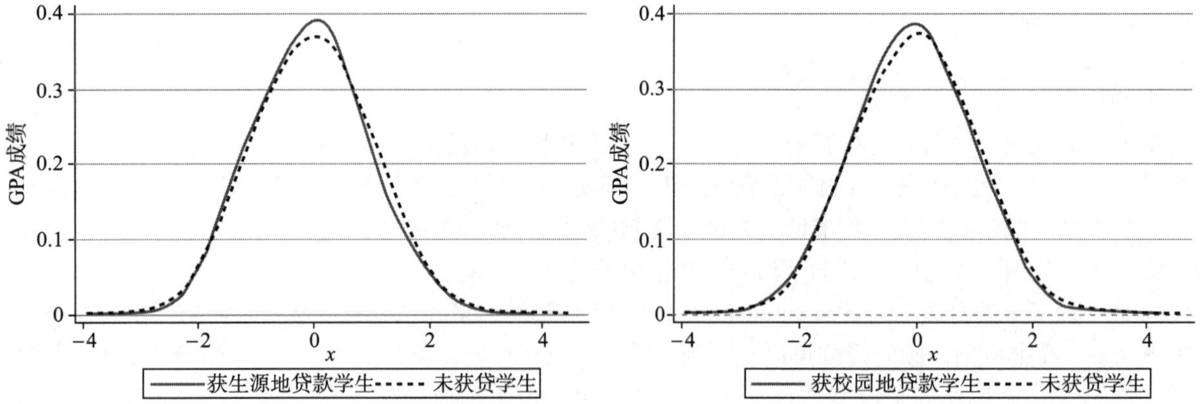

图 1　大一学生 GPA 成绩分布图

数据来源：根据作者的调查。

表 1 通过对获贷与未获贷两样本结果变量进行 T 检验，可以发现大学生获得助学贷款之后其 GPA 成绩并没有得到显著提高。如大学生一年级后（大学二年级时）的 GPA 成绩与大一相比，获生源地贷款学生增加了 0.006 个标准差，获校园地贷款学生降低了 0.011 个标准差，未获贷学生增加了 0.001 个标准差。尽管不同助学贷款对大学生 GPA 成绩的影响不同，但两样本 GPA 成绩的变化无论增加还是降低都非常小，而且样本 T 检验也显示统计上并不显著。换而言之，助学贷款并没有显著地提高大学生的 GPA 成绩，不仅短期内没有显著影响，从长期看也没有发现它对大学生的 GPA 成绩有任何影响。如表 1，获得助学贷款的学生，无论是生源地贷款还是校园地贷款，其两年后 GPA 成绩也并没有显著的提高。

表 1　结果变量的描述性统计

结果变量	获生源地贷款学生（1）	获校园地贷款学生（2）	未获贷学生（3）	生源地贷款学生与未获贷学生差异（4）	校园地贷款学生与未获贷学生差异（5）
学生 GPA 成绩					
大二 V. S 大一 GPA 成绩增量	0.006	−0.011	0.001	0.005	−0.012
	(0.011)	(0.010)	(0.004)	(0.015)	(0.013)
大三 V. S 大一 GPA 成绩增量	0.019	−0.024	−0.001	0.020	−0.023
	(0.009)	(0.012)	(0.006)	(0.019)	(0.016)
观测量	4250	3594	13616	17866	17866

注：（1）括号内为稳健标准误差：*** $p<0.01$，** $p<0.05$，* $p<0.1$。
（2）数据来源：根据作者的调查。

（二）生源地贷款对大学生学习成绩的影响

尽管上述的描述性分析结果提供了很好的基本参照，但是获贷大学生与未获贷大学生在很多方面可能仍然存在显著差别。若不能较好地控制样本起始的差异，描述性分析结果可能会存在较大偏差。因此，本研究在描述性分析的基础之上，使用了 DID 以及对匹配后的样本进行 DID 分析，根据分析的结果来检验研究结果的稳健性。

从表 2 可以看到，生源地贷款对大学生学习成绩产生了统计上显著的负影响，但这一影响幅度并不大。如，直接使用 DID 分析的结果显示，大学生一年级后（大学二年级时）的 GPA 成绩与大一相比，获生源地贷款学生比未获贷学生降低了 0.045 个标准差。尽管这一结果具有统计上的显著性，但降低程度较小基本上可以忽略不计。而对匹配之后的样本进行 DID 分析，其结果也验证了这一点，即获生源地贷款学生的 GPA 成绩比未获贷学生的 GPA 的成绩降低了 0.029 个标准差，统计上也并不显著。

表 2　生源地贷款对学生学习成绩的影响

结果变量	大二 V. S 大一 GPA 成绩的变化		大三 V. S 大一 GPA 成绩的变化	
	DID 结果（1）	PSM + DID 结果（2）	DID 结果（3）	PSM + DID 结果（4）
干预变量				
获得生源地贷款，1 = 是	−0.045*** （0.017）	−0.029 （0.024）	−0.047** （0.018）	−0.046* （0.026）
学生个人、父母、家庭特征	是	是	是	是
专业虚拟变量	是	是	是	是
学校及地区固定效应	是	是	是	是
常数	0.153*** （0.039）	−0.487*** （0.076）	−0.124*** （0.040）	−1.234*** （0.089）
观测量	17851	4577	17843	4575
拟和优度	0.194	0.172	0.264	0.239

注：（1）括号内为稳健标准误差：*** $p<0.01$，** $p<0.05$，* $p<0.1$。
（2）数据来源：根据作者的调查。

同时，这一负向的影响具有长期的持续性。如表 2 所示，DID 结果显示，两年后大学生 GPA 成绩的变化，获生源地贷款学生比未获贷学生降低了 0.047 个标准差。而在匹配样本基础上 DID 的分析结果显示，获生源地贷款学生比未获贷学生 GPA 成绩降低了 0.046 个标准差，尽管降低的幅度较小，但是统计上仍是显著的。因此，从长远看来，生源地贷款对大学生 GPA 成绩的负向影响会逐步扩大。

（三）校园地贷款对大学生学习成绩的影响

本研究发现校园地贷款也同样对大学生学习成绩存在负向的影响。据表 3 DID 分析的结果显示，学生在大二时期的 GPA 成绩与其大一相比，获校园地贷款学生 GPA 成绩比未获贷学生降低了 0.072 个标准差。而在匹配样本后进行 DID 分析，结果显示获得校园地贷款的学生 GPA 成绩一年后比未获贷学生降低了 0.121 个标准差，且这一结果在统计上是很显著的。

表 3　校园地贷款对学生学习成绩的影响

结果变量	大二 V. S 大一 GPA 成绩的变化		大三 V. S 大一 GPA 成绩的变化	
	DID 结果（1）	PSM + DID 结果（2）	DID 结果（3）	PSM + DID 结果（4）
干预变量				
获得校园地贷款，1 = 是	−0.072*** （0.014）	−0.121*** （0.026）	−0.102*** （0.017）	−0.134*** （0.035）
学生个人、父母、家庭特征	是	是	是	是
专业虚拟变量	是	是	是	是
学校及地区固定效应	是	是	是	是
常数	−0.119*** （0.032）	−0.387** （0.162）	−0.107** （0.042）	−0.563*** （0.198）
观测量	17195	2947	17193	2946
拟和优度	0.192	0.166	0.259	0.235

注：（1）括号内为稳健标准误差：*** $p<0.01$，** $p<0.05$，* $p<0.1$。
（2）数据来源：根据作者的调查。

此外，校园地贷款对大学生学习成绩这一负向影响同样具有长期的持续性，且这种负向影响也是逐步扩大的。表3中大学三年级时学生GPA成绩与其大一时期相比，单独的DID分析结果显示，获校园地贷款学生GPA成绩与未获贷学生相比降低了0.102个标准差，而在匹配样本后进行DID分析结果也显示降低了0.134个标准差，两组数据的结果在统计上都是十分显著的，证实了上述结论。

四、结论与讨论

本研究通过对全国12个省区的148所高校约29000名大学生进行随机抽抽样调研，结果发现：首先，中国有近40%的贫困大学生通过助学贷款实现了高等教育入学，但无论哪种助学贷款对大学生在校期间的学业发展并无显著的提升，反而有小幅度的负向影响。其次，校园地贷款对大学生学习成绩产生的负向影响要大于生源地贷款。针对以上结论，本研究认为这一现象的可能原因有以下几点。

第一，自2014年7月1日起，高等教育本专科生国家助学贷款最高标准限额由6000元提高8000元，生源地和校园地贷款皆原则上按照学费与住宿费标准总和确定。① 由此可见，我国助学贷款金额已经显著提升了。但是，从1997年到2013年，中国大学学费上涨约4倍，从1620元增加到6000元，[16]-[17]增长幅度远超过助学贷款金额。尽管助学贷款解决了部分大学生学费支付的问题，但除了学费之外的教材费、住宿费以及生活费依然困扰着大部分贫困学生。因此助学贷款资助金额仍远低于贫困大学生资助需求，并未从根本上解决贫困大学生所面临的经济约束或流动性约束，经济负担依然是造成贫困大学生学习困难的重要原因。

第二，助学贷款作为一种滞后支付型贫困资助，借款学生毕业后是需要进行经济偿还的，因此未来的预期债务对学生的情绪认知参与产生了影响。一方面，贫困使得获贷学生的注意力被金钱所过分占据，容易产生焦虑情绪，分散了学习注意力以及妨碍大脑做出正确的学习决策。[18]另一方面，经济约束以及还款压力制约了获贷大学生的消费水平。获贷学生更多地选择消费便宜的谷物、蔬菜类食物，对于乳类、肉类食物摄入不足，极易患上生理和营养性疾病，而身体健康的失衡限制了学习的认知参与。[18]

第三，生源地贷款与校园地助学贷款存在政策上的差异，主要体现在：一方面，两者的贷款合同主体不同。校园地贷款的申请人为学生本人，还款义务也由学生一人独自承担；生源地贷款的申请人既可以是大学生本人，也可以是其父母或法定监护人，采用的是学生及其家长共同承担还款义务的方式。② 相比较而言，家庭的还款能力比学生个体要强。因此，校园地贷款学生面临较沉重的未来预期债务，而生源地贷款学生则有家庭作为后盾，债务压力有所缓解，金钱所带来的焦虑情绪更小，对大学生学习成绩所产生的负向影响更缓和。另一方面，两者的办理程序不同。校园地贷款管理部门为各高校资助管理中心，经学校资助部门向银行申请办理贷款；生源地贷款管理部门为县（市、区）的学生资助管理中心，学生在新学期开始前向当地部门提出贷款申请。②就学生心理而言，生源地贷款使得贫困学生入学时能按时缴清学费，缓解了学生的心理压力以及思想包袱，家境差异不会完全暴露在同学面前，不会产生“低人一等”的感觉，[19]缓解了贫困学生的自卑、封闭心理，维护了其自尊心。因此，相比较校园地贷款给贫困学生贴上“经济困难户标签”，生源地贷款更有利于学生的身心健康成长，对其学习成绩的负向影响自然更小。

参考文献

[1] 张青根，沈红．劳动力市场分割与家庭资本交互作用中的文凭效应［J］．教育研究，2015（8）：123－128.

---

① 财政部．关于调整完善国家助学贷款相关政策措施的通知［EB/OL］．（2016－03－18）．http：//jkw. mof. gov. cn/zhengwuxinxi/zhengcefabu/201407/t20140724_ 1117625. html.

② 教育部．高等学校学生资助政策简介（本科生）［EB/OL］．（2015－08－11）．http：//www. moe. gov. cn/jyb_ xwfb/xw_ zt/moe_ 357/jyzt_ 2015nztzl/2015_ zt06/15zt06_ xgxz/201508/t20150811_ 199453. html.

［2］鲍威．未完成的转型：高等教育影响力与学生发展［M］．北京：教育科学出版社，2014：134.
［3］Cai，Fang&Yang Du，The Changing Demand for Human Capital at the New Stage of Economic Development in China［M］. London and New York：Routledge，2013：103－120.
［4］魏建国．从国际视野考察我国的学生资助政策体系，教育部新闻发布会——介绍《教育规划纲要》中期评估学生资助有关情况［EB/OL］. http：//www. xszz. cee. edu. cn/tongzhigonggao/2015－12－11/2413. html. 2015－12－11/2016－04－08.
［5］沈红，等．中国高校学生资助的理论与实践［M］．北京：中国社会科学出版社，2016：86－88.
［6］Canton E，Blom A. Can Student Loans Improve Accessibility to Higher Education and Student Performance? An Impact Study of the Case of SOFES，Mexico［R］. World Bank Policy Research Working Paper，2004 No. 3425.
［7］Bodvarsson B，Rosemary L. Do Parental Cash Transfers Weaken Performance in College?［J］. Economics of Education Review，2004（23）：483－495.
［8］钟云华．资本转化视角下助学贷款的社会流动效应分析［J］．教育与经济，2015（5）：11－19.
［9］Joensen J，Mattana E. Student Aid，Academic Achievement and Labor Market Beh－avior：Grants or Loans?［R］. IZA Working Paper，2014 No. 3425.
［10］杨钋．大学生资助对学业发展的影响［J］．清华大学教育研究，2009（5）：101－108.
［11］鲍威，陈亚晓．经济资助方式对农村第一代大学生学业发展的影响［J］．北京大学教育评论，2015（2）：80－96.
［12］宋飞琼．生源地信用助学贷款政策给国家助学贷款带来的可能影响［J］．高等教育研究，2008（1）：101－108.
［13］藏兴兵，沈红．供求视角下的生源地助学贷款［J］．教育发展研究，2011（9）：35－39.
［14］Rosenbaum P R，Rubin D B. The Central Role of the Propensity Score in Obs－ervational Studies for Causal Effects［J］. Biometrika，1983，70（1）：41－55.
［15］Hod E，Imai K，King G，et al. Matching as Nonparametric Preprocessing for R－educing Model Dependence in Parametric Causal Inference［J］. Political Analysis，2007，15（3）：199－236.
［16］LIU C，ZHANG L，LUO R，et al. Early Commitment on Financial Aid and C－ollege Decision Making of Poor Students：Evidence from a Randomized Evaluation in Rur－al China［J］. Economics of Education Review，2011，30（4）：627－640.
［17］曹淑江．我国高等教育成本与学费问题研究［J］．中国高教研究，2014（5）：44－49.
［18］MANI A，MULLAINATHAN，et al. Poverty Impedes Cognitive Function.［J］. Sci－ence，2013，341（6149）：976－80.
［19］藏兴兵，沈红．生源地助学贷款 SWOT 分析［J］．高校教育管理，2011（4）：63－70.

大学生学业参与行为及类型研究

苏林琴　韩　笑

摘　要：高等教育规模扩张带来的直接影响是大学生群体的异质化，这种异质性也体现在大学生学业参与方式上。以学生为达到教师或学校提出的学业目标在课堂内外的学习投入，按行为特征可分为"课上学习""课外学术互动""课程相关学业参与"和"课外拓展性学业参与"；按类型可分为规则性参与、程序性参与、自主性参与。针对学生学业参与行为差异和类型特征，学校可通过创设学习型院校氛围、鼓励师生及生生互动以及增加学业挑战度等方式改进大学生的学业参与方式，提升学习质量。

关键词：学业参与；学业参与类型；影响机制

大学生被广泛认为是社会精英群体，是推进社会进步的中坚力量。然而这种同质性仅仅表现在他们所具有的学业成就及学习水平上，在这种表象之下大学生在学业参与行为上表现出了多元化的个体特征。学业参与行为是大学生学习方式中更加微观的层面，直接关注"怎么学"的问题。大学生以什么样的方式参与到学习过程中，直接决定其学习质量。

一、"怎么学"：大学生学业参与方式探索性因素分析

本研究以2014年北京某211高校全体本科生为调查对象，采用分层随机抽样方法，抽取样本2866份，回收有效问卷1676份，有效回收率为58.5%。

（一）调查样本的代表性检验

为使调查数据具有普遍性，研究将调查数据与211院校、985院校的数据做了T检验和效应大小检验（见表1），以说明样本对大学生群体的代表性。T检验说明二者在统计学上的显著性差异，效应大小检验（Effect size）说明该差异在实际中的意义。结果显示数据在统计学和实际中的差异均不显著，表明研究数据具有一定的代表性。

表1　调查样本数据的代表性检验

调查样本	211院校			985院校		
Mean	Mean	T - Value	Effect Size	Mean	T - Value	Effect Size
56.45	59.64	1.574	0.15	59.47	0.857	0.07

注：Effect size值大于0.2表示有差异但差异较小，大于0.5表示差异程度中等，大于0.8表示差异较大。"211院校""985院校"数据来源于NSSE - China - 2014问卷使用手册。

本文系北京市社科基金"十三五"规划青年课题"基于学生学习投入与学科竞争力的首都高等教育质量评价研究"（编号13JYC017）的研究成果。

苏林琴，博士，北京工业大学高等教育研究所副研究员，主要从事教育政策与法规、学生发展研究；韩笑，北京工业大学高等教育研究所硕士研究生，主要从事学生事务管理研究。

（二）大学生学业参与方式指标提炼

学业参与是一个多层次、多维度的概念。研究使用 SPSS20.0 对数据进行探索性因素分析，采用极大似然法抽取特征根大于1的因子，共产生4个因子，各因子的 α 值均大于0.6。按照空间维度“课上”与“课下”，内容维度“课程”与“课程外其他学术活动”，对各因子进行命名。如“课上学习（$\alpha=0.802$）”是指在课堂中发生的围绕课程的个人学习活动行为；“课外学术互动（$\alpha=0.675$）”是指在课堂外，脱离课堂束缚下通过与他人互动努力实现学业目标的行为；“课程相关学业参与（$\alpha=0.631$）”是指课堂之外学生发挥自身认知能力去参与和课程相关的学业活动；“课外拓展性学业参与（$\alpha=0.739$）”是学生发挥主观能动性参与到以个人兴趣为导向的学习活动。

二、“怎么样”：大学生学业参与行为差异和类型特征

（一）大学生学业参与行为的差异分析

大学生学业参与行为的多元化个体特征如何体现？这种行为的差异性是否受性别和年级影响？主观判断，一般会认为女生的学业参与行为更频繁，而且随着年级的增加，学生应该在课外的投入会更多。但研究发现，大学生学业参与行为在性别上并不具有显著性差异。除课上学习行为随年级增加参与的程度更加频繁外（$p=0.003$），学业参与行为在年级上的差异并不明显。“课外学术互动”“课外拓展型学业参与”等本应随年级增加而有所提升的假设，在数据分析中并没有得到验证（见表2）。

表2　大学生学业参与行为的年级差异分析

年级		N	均值	标准差	标准误	F 值	显著性
课上学习	1	535	2.41	0.559	0.025		
	2	268	2.50	0.593	0.036	7.673	0.003
	3	261	2.62	0.574	0.037		
	4	27	2.54	0.439	0.085		
课外学术互动	1	535	2.36	0.566	0.024		
	2	268	2.32	0.579	0.034	1.249	0.291
	3	261	2.29	0.580	0.035		
	4	27	2.47	0.396	0.076		
课程相关学业参与	1	535	2.177	0.516	0.022		
	2	268	2.229	0.503	0.030	1.317	0.267
	3	261	2.149	0.549	0.034		
	4	27	2.092	0.461	0.088		
课外拓展性学业参与	1	535	2.385	0.546	0.023		
	2	268	2.351	0.545	0.033	0.807	0.490
	3	261	2.329	0.535	0.033		
	4	27	2.425	0.395	0.076		

（二）大学生学业参与行为的类型特征

大学生的学业参与行为除可以按照课堂内外、课程及课程外学术活动等维度进行划分，还可以看学业参

与中是积极主动还是被动参与将不同行为的人进行类型划分。按照卡博纳罗的观点，大学生的学业参与行为主要有以下三类特征：（1）遵守学校相关规范或纪律的规则性参与；（2）满足教师在课堂内提出的特定要求的程序性参与；（3）学生发挥自身认知能力去应对课程中挑战的智能性参与。[1]

本研究采用聚类分析法，根据数据本身的结果特点探究对变量的各种影响因素聚类。由于本研究中样本量较大，因此适宜采用K－均值聚类的方法，结果见表3。

表3　大学生学业参与类型最终聚类中心

	聚类		
	1	2	3
1. 课堂上主动提问或参与讨论	0.03684	－1.07953	0.68332
2. 课堂上积极回答/思考没有既定答案的提问	0.04695	－1.10388	0.66304
3. 经过充分准备，在课堂上就某一研究主题做报告	0.00409	－1.10949	0.68899
4. 与其他同学合作完成课程作业或相关任务	－0.07232	－0.81006	0.53016
5. 帮助其他同学理解课程内容	－0.02105	－0.03972	0.61345
6. 上课前没有完成规定的作业或相关阅读	0.15227	－0.79968	0.31117
7. 课堂上质疑老师提出的观点	0.08293	－0.04246	0.58973
8. 课堂上有侧重地做笔记	－0.15301	－0.14870	0.70545
9. 课堂上专心致志听老师的讲解	－0.14149	－0.01426	0.61450
10. 课后和同学讨论课程内容	－0.05225	－0.03381	0.66357
11. 使用网络媒介讨论或完成作业（如网络学堂、网络论坛、聊天工具等）	－0.08140	－0.91228	0.63805
12. 考试和作业得到教师及时的反馈	－0.04154	－0.88576	0.53478
13. 去图书馆/自习室学习	－0.04337	－0.73573	0.53351
14. 听感兴趣的讲座或学术报告	－0.01673	－1.00429	0.69018
15. 课外和任课教师讨论课程相关内容	－0.04444	－0.08950	0.73385
16. 和任课教师讨论作业量或分数	0.08239	－0.05237	0.55860
17. 课后复习课堂笔记	－0.00742	－0.95949	0.61617
18. 反思并评价自己的学习过程	－0.06081	－0.93431	0.67067
19. 通过学习，改变了对某个问题/概念的理解	－0.02923	－0.96351	0.60019
20. 挑战自己对问题的已有看法	－0.04055	－0.87758	0.59529
21. 课堂讨论或完成作业时能从不同的视角综合考虑问题	－0.05978	－0.86146	0.60837
22. 实习、社会实践或调查	0.02390	－0.40480	0.22648
23. 向专业学术期刊/学术会议等投稿	0.06070	－0.75201	0.54357
24. 参加学习社团（如读书会、英语俱乐部等）	0.08953	－0.53600	0.41331
25. 和任课教师一起做研究	0.06412	－0.62494	0.44539
26. 课程要求以外的语言学习（如上新东方、修二外等）	0.03599	－0.60169	0.40001
27. 参加各类学术、专业、创业或设计竞赛	0.09857	－0.52559	0.37761
28. 报考专业资格证书/技能等级证书	0.03360	－0.40331	0.26920
29. 辅修第二学位/专业	0.01269	－0.57555	0.34245

数据表明，聚类 1 在课堂上学习、课外学术互动及学业参与上，其聚类中心均值低于各维度整体分数的均值，而在自主课外学术拓展活动的均值均为正且高于其他题项得分，也就是说这一类型更倾向于自主开展课外学习活动，学业参与具有一定的主动性特征，因此将这类学生命名为“自主性参与型”。

聚类 2 在课堂及学业上与教师及同学的互动等题项得分均高于其他因素，表明这类型的学业参与方式具有较为明显的互动特点，且与互动内容与学业呈较高的相关度，具有明显的学业参与过程性的特质，因此将其命名为“过程性参与型”。

聚类 3 各题项得分均为正，而进一步观察，课堂听课、课后完成作业及独立思考解决问题等因素的得分明显高于其他题项，表现出了与院校要求及学业目标关联性较大的学业参与特征，因此将其命名为“规则性参与型”。

总体来看，“自主性参与型”的学生学业参与行为特征体现在发挥自身认知能力去应对学习中的挑战。“过程性参与型”的学生学业参与行为倾向于满足教师在课堂内提出的特定要求以及注重与他人之间的互动学习。“规则性参与型”学生的参与行为特点是遵守学校相关规范或学业要求的规则性参与。

三、“怎么做”：对大学生学业参与行为差异的应对

高等教育质量的不断提升不仅得益于改革进程中多种因素的共同进步，更重要的是将焦点逐步聚集在学生的成长与发展过程中。学生在学习过程中表现出的学业参与方式的差异，正是群体异质性的一种体现，学校在学习环境以及有效学习策略的支持上应考虑到这种差异性，以促进学生的有效学习。

（一）拓展多种学业参与渠道，创设学习型院校氛围

大学教育引起内部各因素之间的关系复杂交错，难以把握而常常被称为“黑箱”。[2]研究发现，学生的学习和发展明显地取决于个体在大学期间对于课堂内外有效学习活动的参与，而且校园环境支持度对于学习收获具有显著影响。[3]良好的校园环境和学习氛围能够对学生的学习产生正影响，提升学习兴趣，最终影响学生学业参与的表现。因此，学校在重视学生在课上学业参与的同时，保证学生的规则性参与、过程性参与的前提下，尽可能提高学生的自主性参与，营造学习型院校氛围，发挥课外学术互动及课外拓展性学业参与的效能。

学习型院校氛围的创建主要强调在学校教育目标之外，能够引起学生兴趣的学术渠道，拓宽课外学术渠道。如果学校能够给学生以学术上的支持，那么学生也能够对学业参与抱有较高的兴趣，并且增强学业参与行为的多维性。

（二）倡导学业良性互动，鼓励师生及生生合作

研究表明，师生及生生之间的互动与合作对学生的学习收获至关重要，良性的互动能够提升学生的学习收获。因此促进学业互动，鼓励师生及生生交流与合作十分必要。

首先，教师作为课堂组织者及学习活动的引导者，要营造积极互动的课堂气氛；在课堂中增加互动的机会和要素，例如鼓励课后与同学讨论作业，课后主动与同学交流，保持着相互探讨的心态投入到学习相关的活动中，能够在很大程度上对学生的合作、组织能力有更高的要求等。[4]通过教师对学生学习的积极反馈，对学生成长的有效引导，以及良好的师生关系从而对学生产生积极影响。[5]

其次，通过学生之间学业上的合作与沟通，不仅能够对于学生知识和能力的增长有所帮助，同时这种“同辈效应”也会对学生的情感和价值观的形成有所影响。

（三）合理设置课业任务，适当增加学业挑战度

学业挑战度是指在课程认知目标的设置上要对学生提出较高的挑战，比如提高课程要求的严格程度、注重学生认知能力的发展，增加学生的学术阅读量和写作量等。[7]

学校和教师可以结合课程与学生参与的特点，将课程内容要求分解为程序性参与部分、规则性参与部分及自主性参与部分，针对学生个体特征给予恰当的学业挑战与支持。在课业任务的设置上，避免毫无意义且对学生能力提升成效不大的任务，可以适当对学生的学业提出相应水平内略有难度并能够引起学生研究兴趣的要求，促使他们将更多的精力投入到解决学业相关的问题中去，避免机械地完成任务。随着年级的升高，要更加注重对学生课外学术拓展行为提出相应的要求。

（四）促进学生学习与发展，引导积极学业参与行为

学校和教师应当根据学生学业参与特点及学生类型特征因材施教，采取不同教育措施促进各类学生在学习收获及各方面成长。更重要的是，学生的学业参与行为并不是一成不变的，它具有一定的可变化性。通过个体与学校的交互作用，学校和教师在教育过程中可以根据学生个体特征，引导、鼓励学生参与多种类型的学业活动，以利于学生的全面发展。

参考文献

[1] William Carbonaro. Tracking, Students' Effort, and Academic Achievement [J]. Sociology of Education, 2005, 78 (1): 27-49.

[2] 王纾. 中国研究性大学本科生学习性投入类型及特征研究 [D]. 北京：清华大学，2012.

[3] 史静寰，涂冬波，等. 基于学习过程的本科教育学情调查报告2009 [J]，清华大学教育研究，2011 (4).

[4] Marcia B. Baxter Magolda. Knowing and Reasoning in college: Gender-related patterns in students' intellectual development [M]. San Francisco: Jossey-Bass, 1992.

[5] Alexander W. Astin. Achieving Education Excellence: A Critical Assessment of Priorities and Practices in Higher Education [M]. San Francisco: Jossey-Bass, 1985.

[6] 郭林彬. 基于学习收获的大学生发展研究 [D]. 北京：北京工业大学，2014.

促生与强化：大学生自主学习意识的系统培养

宋怡林

摘　要：对大学生自主学习意识的培养是自主学习能力培养的重要内容，但教育实践中存在诸多对于自主学习意识培养的误区，原因主要在于对自主学习意识内涵体系认识不全面。自主学习意识是由多元要素构成的主观体系，各构成要素相互支撑、相互关联。对自主学习意识的培养也应当以系统论的观点，顺应各要素的关联关系，给予渐进式设计。职业目标对于加强与维持大学生自主学习意识具有重要功能，在意识产生后，对部分意识要素的培养还应予以强化，并充分重视学习任务驱动、实践体验、互动交流等培养途径。

关键词：大学生；自主学习；自主学习意识；学习主体；职业目标

社会转型时期，需要能够主动适应社会发展新形势，顺应社会变迁更新自我，以知识和能力的持续发展满足社会需要的人才。自主学习能力是新时期衡量人才的重要标准，也是高等教育人才培养的核心能力目标之一。美国著名自主学习研究者齐莫曼（Zimmerman）认为，自主学习是自我、行为、环境三者之间交互作用所形成一种过程，在这一过程中，学习者通过自觉地对学习的内在激发和情感维系，在对外部环境反馈基础上，通过具体的学习行为有系统地引导自己实现学习目标。①这一定义反映出学习者的主观意识是自主学习的关键构成部分。对大学生自主学习意识的培养是自主学习能力培养的重要内容。促进大学生自主学习是中国近年高等教育人才培养的改革方向之一。笔者曾经对辽宁省本科教学改革项目的4位负责人进行访谈，并在一所普通高校进行了问卷调查和课堂观察后，认为改革迄今，有些围绕自主学习的教学改革“看上去很美”，但实效甚微。自主学习改革广泛铺陈的表面繁荣，却没有带来教师和学生对自主学习效果的普遍认同。原因当然是多方面的，但其中一个较为重要的原因，是大学教学实践中对大学生自主学习意识的培养尚存误区，使改革实施与改革目标相去甚远。

一、问题的提出：对大学生自主学习意识的培养误区

（一）误区之一：培养自主学习意识就是激发学习积极性

激发学习积极性是高校中培养大学生自主学习意识最广泛的共识。不可否认，教师们采用启发式、讨论式等各种教学方法，采用多媒体、现场教学等多种教学手段，甚至将行业精英请进校园，启发大学生形成对问题的兴趣，产生对未来职业的向往，对于促进大学生形成求知的内心冲动确有裨益。但这并不意味着自主

本文为2012年度辽宁省教学改革项目“职业目标激励下法学本科生自主学习能力多维形成研究与实践”的研究成果；2014年度辽宁省教学改革项目“法学大学生师徒式实践能力培养模式研究与实践”的阶段性成果。

宋怡林，博士，辽宁科技大学经济与法律学院副院长、副教授。

① Zimmerman, B& Schunk, D. Motivation, an Essential Dimension of Self - Regulated Learning. Motivation and Self - regulated Learning: Theory, Research, and Application, New York: Routledge, 2008: 1 - 30.

学习意识的培养仅仅包含激发学习积极性。有诸多针对学习积极性的安排仅仅将学生们领入长满知识的辽阔草原，却缺乏引导学生继续前行并不至于迷路的向导，更没有后续不断鼓励和帮助学生维系最初学习冲动的机制与安排。现实中表现为，学生在低年级或刚刚接受教师的启发时踌躇满志，热情高涨，但其后艰深繁杂的知识和枯燥绵延的学习过程渐渐消磨了学习的热切初心，加之其他更富有刺激性的娱乐和除学习之外各种轻松度日方式的诱惑，学生们往往最终回归到被动学习、应付考试的旧途。

（二）误区之二：培养自主学习意识的主要场合是课堂

教学实际中，有许多教师致力于以新颖的教学设计带动学生在课堂上主动参与，也有许多教师想尽办法通过五光十色的感官刺激输入知识。由于新奇而轻松，学生们也确实产生学习的热情，在课堂上主动且乐于接受教师的安排，从而跟随教师的设计积极吸收知识。但这些努力更多的还是着眼于学生"无痛接受"知识的视角，仍然是以教师为中心的传授式教学。其效果是，课堂上学生们主动学习意识较为强烈，行动上也能够配合教师，教师能够比单纯"讲授式"教学更好地达到传送知识的目标。但师生之间这种良好的教学互动仅限于课堂，课后学生们的注意力则很快转移。学生们的主动学习意识是在课堂上教师的设计下产生的，其本质仍然是一种以教师引导为条件的被动意识，而非源于学生内心自觉和自我激励下的意识觉醒。一旦脱离了教师引导的条件，离开了课堂环境的刺激，学生主动学习的意识减弱，甚至无法持续。

（三）误区之三：对自主学习意识的培养无个体差别

意识属于个体特征非常强的精神范畴，个体差异明显。而大学教学最无奈之处是明明知道学习者是各有特点的个体，却由于资源和成本的限制不得已对其给予无差别教育待遇，表现在高校教学实际中即为批量化整班式教学，而个体指导和个性化安排则为之寥寥。"因材施教"是我们多年的教育改革主题，但真正实施起来许多改革项目却形式大于内涵。其原因包括诸多方面，既有教育资源的限制，也有教学实施体制的因素，更有教师精力有限的原因。结果是教师实施了自主学习意识的启发和引导，但无力顾及是否对每位学生均产生良性效果，更无法调动各种资源对不同学生给予差异化的意识维护与强化。学生们在最初的统一教学安排下产生对学习的兴趣和主动学习的意识后，在长期的大学学习过程中，自律性较强的学生可以维持自主学习意识，而自我控制能力较弱的学生则出现自主学习意识减弱乃至消退状况。

二、自主学习意识内涵的重新认识

对大学生自主学习意识培养误区的产生原因，既有教师的教育观念问题，也有教育技术问题，更有教育体制机制问题。但不论哪类问题，究其根源，都是对自主学习意识内涵的认识存在偏差，从而导致教育观念未能及时转变，教育技术未能适应性更新，教育体制机制的设计未能有针对性的改进。

（一）自主学习意识内涵溯源

对"自主学习"的研究始于21世纪70年代中期，欧美学者在这一领域最早形成研究成果。西方学者对自主学习的内涵界定各有侧重，影响较大的包括如下几种观点。

其一，自主学习是一种学习能力（ability）。以Holec（1981）和Little（1991）为代表，对自主学习指称为Autonomy Learning。Holec认为自主学习是学习者愿意对自己的学习负责的能力，包括确定学习目标、内容、材料和方法，确定学习进程并进行自我评估的能力。① Little D认为自主学习前提是学习者必须和学习过程与内容建立心理联系，自主学习意味着学习者必须具有独立性，善于进行批判性反思，敢于做出决策，并能独立采取行动。② Little D同时指出，虽然自主意味着相当程度的独立性，但也要注意独立性和依赖性必须

① Holec H. Autonomy and Foreign Language Learning [M]. Oxford: Council of Europe, Pergamon Press. 1981: 1-3.

② Little D. 自主学习方法与途径 [M]. 邱永忠等，译. 福州：福建教育出版社，2010.

相辅相成，自主学习能力是在与他人的互动过程中培养起来的，与教师的互动是重要的学习经历。① 按照自主学习的能力论，获得自主学习能力的前提是学习者具有对自己负责的认知和独立学习的信念，由此，在这种观点看来，自我负责意识以及独立学习意识是自主学习意识的重要内容，同时独立学习并不意味着教师在学习过程中消失，相反教师与学生的互动是自主学习的必要环节。

其二，自主学习是一种学习过程（process）。以 Dickinson L（1987）为代表，Dickinson L 将自主学习界定为自我指导式学习（self - instruction Learning），是学习者在没有教师指导的场合下独立或与他人合作学习，自我指导并不意味着教师不需要存在，而是教师采用灵活的方式，利用学习者一部分时间进行教学，其余时间学习者通过其他途径学习，这样既体现教师的引导作用，又给不同需求的学习者提供了自主安排学习的机会。② 按这一观点，自主学习是一种学习者以个性化的目标和学习行动，有意识地主动获取解决问题方法，自主探究问题答案的过程。而个性化的学习需求和行动，自主获取方法和途径是自主学习的核心要素。故而，在这一观点看来，自主学习意识具有鲜明的个性，主动地对方法和途径的探求意识是完成自我指导的重要主观前提。

其三，自主学习是一种学习态度（attitude）。以 Candy P（1991）为代表，Candy P 将自主学习界定为自我导向式学习（self - directed learning），认为学习者的责任在于对学习做出决策，并对自己的决策所致后果负责，学习者能够正确评估并积极管理学习目标、行为、环境和成果。③ 在这一观点下，自主学习首先是学习者对自己的学习目标和行为负责的态度，其次是结合自身实际做出学习决策，并管理自己的学习。由此，自主学习意识包括自我负责的主观意愿，还包括融汇于学习全过程中的独立决策和自我管理意识。

（二）自主学习意识内涵重构

回溯自主学习研究者们对其内涵的不同界定，可以从各个侧面了解自主学习的本质属性。学习者的意识是自主学习内涵体系中重要的组成部分，不同的观点强调了自主学习的不同角度和不同层面的意识内容。综合来看，自主学习意识是一个多元的结构，是由学习者多个各有功用又互相联系的主观认知和思想综合构造而成的。依心理学的观点，意识是赋与现实的心理现象的总体，是作为直接经验的个人的主观现象，表现为知、情、意三者的统一。“知”指人类对世界的知识性与理性的追求，它与认识的内涵是统一的；“情”指情感，是指人类对客观事物的感受和评价；“意”指意志，是人类追求某种目的和理想时表现出来的自我克制、毅力、信心和顽强不屈等精神状态。④ 自主学习意识也应当是认知追求、感受评价、自我监控管理多元要素的统一。融汇各代表性的自主学习研究者的观点，结合心理学对“意识”的界定，自主学习意识内涵应当包括在对学习与职业认知基础上的主体意识、环境与资源意识、学习动机以及目标意识，此为自主学习意识之“知”；包括自我效能感、自我负责及自我评价意识，此为自主学习意识之“情”；还包括独立意识、方法意识、自我管理意识，此为自主学习意识之“意”。三个方面十个要素互相关联，相互支撑，构成自主学习意识内涵的统一体。

在“知”的方面，首先，依建构主义学习观，学习不是学习者被动的记忆和理解，而是主动去接收信息，并对外部信息进行一定的选择、加工和处理，从而在内心构建新知识的过程。⑤ 大学生应首先对什么是学习以及对未来的职业性质、前景等形成准确认知，在此基础上形成自己作为学习主体的意识，明确学习动机，树立学习目标，以自己为知识的建构者，运用工具的主动探索者，而不仅仅是知识的接受者。而教师是建构性学习的合作者和促进者。教师应当尊重学生原有对世界的经验，允许不同的学生依据原有经验形成不同的知识建构，并给予交流的机会，促进学生感知不同的知识建构结论并修正自身的结论。依据这种主体意识，教师就应当尊重个体，避免无差异化的教学实施。其次，鉴于学习者是知识的主动建构者这一主体定

① Little D. 自主学习方法与途径［M］. 邱永忠等，译. 福州：福建教育出版社，2010.

② Dickinson L. Self - instruction in Language Learning［M］. Cambridge：Cambridge University Press，1987.

③ Candy P. C. Self - Direction for Lifelong Learning. San Francisco：Jossey - Bass，1991：11.

④ “意识”的内涵包括广义和狭义，此处指其广义内涵，狭义内涵仅指广义的意识概念中知、情、意相统一中的意志部分。参见：姚梅林. 学习心理学——学习与行为的基本规律［M］. 北京：北京师范大学出版社，2010.

⑤ 张雅军. 建构主义指导下的自主学习理论与实践［M］. 武汉：华中师范大学出版社，2012.

位，学生应当具有环境与资源意识，即了解外部环境并能够从环境中吸收知识，知悉资源的意义及所在，并能有效利用资源建构自身的知识体系。这就要求教师必须引导学生认识到课堂之外广泛的外部环境皆为建构知识的来源，并指导学生知悉课堂之外的学习资源。

在“情”的方面，自主学习者应当建立起自己有能力独立学习的判断和信念，这能够有效促进学生对自己努力学习行为的认同，并激励学生将其维持下去。在这方面，教师的作用不仅是促进学生自我效能感的建立，而且应当采取措施使之持续存在。而自我效能感的维持要依靠学生产生自我负责的责任意识，依靠责任感始终保持对学习的热情，并从自我评价中形成学习反思、获得学习自信，从而形成从肯学到乐学的主观情势。在这一过程中，教师的引导作用应当始终存在。在激发学生产生“我要学”的自我责任意识后，还要在长期的学习过程中帮助学生进行自我评价和反思，从中总结学习经验，建立学习自信，促进学生产生自我效能感后形成“乐于学”的心理，只有这样学生的学习热情才能长期维持。

在“意”的方面，自主学习意识包括学习者脱离依赖心理，勇于独立探索知识的独立学习意识，包括认识到良好的学习方法是自主学习的有效促进手段，并有目的地主动研习方法意识，包括自我约束、自主管理时间等的自我管理意识。所以，对于自主学习意识的培养不仅仅包括学习积极性的激发，还包括指导学生重视掌握学习方法，引导学生形成独立学习意识并成为习惯，指导学生建立对学习的管理机制。这些不仅需要教师在课堂上给予引导训练，更需要在课后给予长期的、持续性的指导。

三、职业目标对大学生自主学习意识的激励功能

无论教育者采用多么活泼有趣的教学方法，都不能改变学习本质上是一件辛苦之事的事实，高等教育中较为艰深的专业知识更是需要长时间静坐内省，记忆琢磨。如果没有强劲的心理激励和约束，学生们的学习韧性很容易受五光十色的外界诱惑。而高校教师们的学习目标引导，空泛的多，具体的少。以成绩目标或宽泛的个人发展目标进行激励并非不可，但效果并不突出；以涉及学生将来安身立命的职业目标加以激励，以职业前景、行业发展以及能够通过从事专业性职业获得的社会认同感、职业自豪感和生活预期作为目标，引导学生们明确“为什么学习”，则激励动力更为强大。

自主学习意识是学习者内心自发形成的自我维系性心理体验。意识的形成可以靠某一偶发事件刺激促生，而意识的持续以及行动上的长期稳定则要靠一种常在的心理激励动力。大学学习本质上是专业学习，大学教学是为社会培养具有一定专业特长的高层次劳动者。大学学习与毕业生未来所从事的职业和具体工作具有密切联系，当前本科教学向应用型转型，更是强调了高等教育要面向社会实际用人需求展开的目标。故而从意识生发以及维系的角度，应当将职业目标作为针对大学生的自主学习意识的激励手段。

首先，21世纪是信息、技术迅速增长的时代，各行业普遍表现出行业专业知识与技术更新较快的特点，这对职业工作者提出了较高的自我更新的要求。另外，职业工作面对的是日益纷繁复杂的社会生活，要求职业工作者要有较高的信息素养、敏锐的洞察力、对知识灵活的应用以及独立决策能力。要使大学生树立“终身学习”的观念，明确将来的职业工作学习的目标。

其次，从主观能动角度看，学生的自主意识和内驱信念是自主学习能力形成的重要主观基础。职业目标导向就是以实现职业理想和职业发展规划为目标形成学生的内生精神力量，是大学生改变高中之前“要我学”的思维定式，转变为“我要学”自主学习意识的重要心理驱动力。要帮助学生树立专业认同度和职业自豪感，并逐步引导学生形成职业愿景努力的心态。了解职业，寻找职业目标，确定职业目标，坚持职业目标，这一心理过程具有形成和维持学生为实现职业理想而主动学习的作用。

四、自主学习意识培养的系统观

自主学习意识是一个多元要素组成的主观现象，是多个要素构成相互支撑、互为条件、协同发挥作用的统一体。对学习与职业的认知可以促进学生形成作为主动学习者的主体意识，并生成学习动机，明确学习目

标，动机和目标的确立又反过来激发学生主动学习的热情，并建立积极从环境中吸取知识，建构内心知识体系的自觉性。对职业前景和职业发展的预想，可以促进学生形成自我责任感，建立对自己的行为选择负责的内心约束机制，同时通过自我评价获得学习反思和自我效能感，而自我效能感又能反过来为学生建立自我责任感，以及为自我评价提供充分的信心。在生成了学习热情，建立了独立学习的自信，掌握了必要的方法，并明确了学习目标后，学生则可以建立坚定的自我管理意识，不仅能够自律，而且能够在时间管理、工具及途径管理等方面主动寻找最佳方案并持之以恒（见图1）。

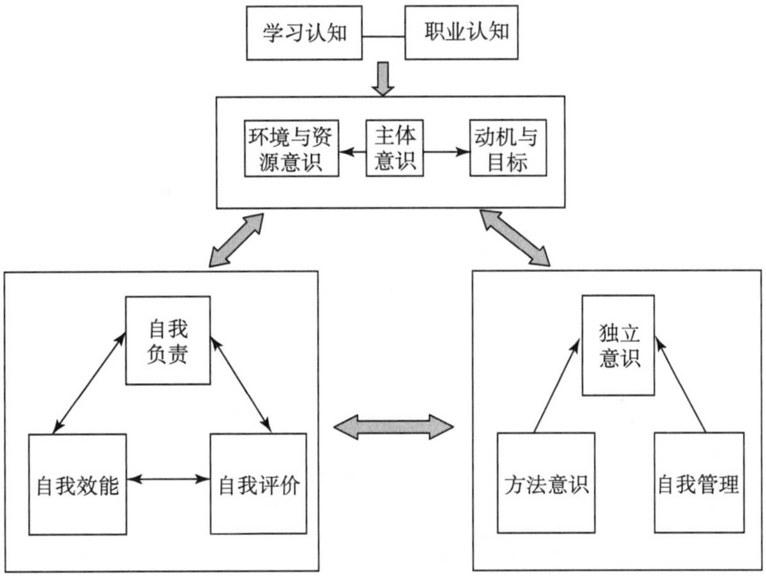

图1　自主学习意识内涵体系互动关系

依据这一内涵体系，鉴于各要素之间的关联关系，对大学生自主学习意识的培养也应当本着系统论的观点加以实施，不能仅强调其中一个或几个意识构成要素而忽略其他要素，否则将出现如前文所述的自主学习意识培养流于形式的误区。自主学习意识培养系统包括时间、空间、对象三个维度。

（1）在时间维度上，对于大学生自主学习的意识的培养应当持续整个在学期间，但各年级应当有着不同的培养目标。一年级引导学生形成职业认同感，形成独立自觉学习的观念和责任感，并帮助学生建立长期学习规划和短期学习目标。二年级重在指导学生树立方法意识、养成独立学习习惯，建立自律意识，在学习过程中不断完善自我评价机制，不断优化时间管理，最终形成稳定而积极的自我效能感。三、四年级须在不同的教学环节，包括理论教学环节和实践教学环节，课内学习环节和课外学习环节，对自主学习意识的各种要素进行适应性强化。其中四年级重在引导学生针对未来职业规划树立终身学习的观念，并着重强化其感知外界环境，树立获取并高效利用资源的灵活学习意识。

（2）在空间维度上，应当打破课堂界限，引导学生树立在整个校园，乃至在可能接触到的有益的外界环境均可进行自主学习的意识。我国著名教育学家刘旭东曾提出，大学生在大学校园里不仅仅是一个“学习者”，而是一个“生活者”，其所接触的校园每一个组成部分、每一次与他人的沟通和交流、每一个参与的活动，皆为养分，都能对大学生的学习产生启发。① 校园之外，信息时代来自于社会环境的有益信息均可成为学生自主学习的资源。现代社会信息的传递和知识的传播早已经不局限于传统的语言或文字媒介，快速发展的互联网为大学生自主学习提供了一个更为广阔的空间。对自主学习意识的培养应当本着广博的环境观和资源观，引导学生开阔眼界，认识到在课堂之外还有更广阔的学习空间，并建立在浩瀚的信息海洋里甄别、筛选，寻找有益信息的意识。

（3）在对象维度上，教师应当首先引导学生形成清晰的学习主体意识，同时应认识到不同的学习主体有

① 李晓华，何巧艳．导向型自主学习的基本原理与教学策略［M］．西安：陕西师范大学出版社，2009.

着不同的学习经验和知识积累，自我效能感和自我管理意识并不相同，所以学校应当建立个性化意识培养的机制。个性化人才培养是高等教育多年的教育改革方向，其中的难点在于如何解决个性化培养的需求与教师精力有限及教学资源有限的矛盾，这是一个更为宏大的课题。概括而论，在自主学习意识的个性化培养上，可以采取团队教学和专业导师制度，并给予教师相应的激励待遇。对于团队教学，主要是某一个课程或教学环节由多位教师共同承担教学任务，以课程负责人为主负责整班理论讲授，其他教学安排如学习任务指导、方法训练、学习评价等由其余教师分担，并采用将整班分散为小班分别实施的办法，这样缓解了由一位教师承担个性化训练精力不足的问题。专业导师制度是在大学期间为大学生安排固定的教师给予专业学习意识、目标和方法等的指导，在课上教学环节讲授自主学习意识后，专业导师通过课后对不同学生进行针对性、持续性的指导，以强化自主学习意识。

五、自主学习意识培养体系与实施

自主学习意识培养应当注重体系完整，实施全面。应当把握一个基本目标，即以实现职业愿景，促进形成终身学习能力为目标。应当遵循两个原则，其一为系统培养原则，既要在大学生入学初期激励学生形成自主学习的热情，树立自主学习意识，又要在大学生在校学习学期间持续地、体系化地强化自主学习意识；其二为个性化培养原则，要关注不同学生的个体意识差异，分别给予有针对性的指导。应当注意三个结合：一为课内和课外结合，二为学生自主学习和教师指导结合，三为独立学习和互动交流结合。

自主学习意识培养体系的构建应当顺应自主学习意识内涵系统的构造，给予渐进式设计，在部分意识内涵要素的培养上，包括规划与目标意识、学习管理意识、环境与资源意识、方法意识、自我评价意识、自我效能感等，应当循环往复地培养方能达到逐渐强化的目的。主体意识、独立意识和自我负责意识均属于学习者对自己作为学习中心主体的认知，是一种自我定位，这一认知一旦形成就相对牢固地转化为学习者的内心信念，不会轻易改变。而其他意识与这些意识不同，属于实现自我定位的工具性意识，需要不断提醒并持续训练，方能熟稔于胸，形成内心稳定的知觉，在学习时自然外化。综合来看，结合自主学习意识内涵要素体系，自主学习意识培养也应成为体系（见表 1）。

表 1　自主学习意识培养体系

年级	培养内容	培养途径
大一 大二	学习认知	学习任务驱动、教师传授、高低年级交流
	职业认知	实践体验、闻知职业经历、从业者传授
	主体意识	学习任务驱动、职业目标激励、教师角色转换
	学习目标与规划意识	教师指导与学生自主决策相结合
大二 大三	独立意识	学习任务驱动，教师启发与引导
	学习管理意识	学习任务驱动，学习评价约束
	环境与资源意识	培育信息素养，养成开放性问题求解习惯、对问题的规范分析习惯
	方法意识	
	自我负责意识	自我个体意识，可持续发展观
	自我评价意识	正确的评价观、发展观、能力本位观
	自我效能感	学习自信
大三 大四	强化独立意识	加大学习任务难度，细化方法性指导，加大实践体验式学习强度和深度
	优化环境与资源意识	
	增强自我效能感	

在自主学习意识的培养过程中，首先，应当充分重视学习任务驱动途径，教师要转变将知识无障碍输送给学生的教学惯性。在实施教学前，教师先提出问题，引导学生在独立自考、问题求解过程中建立对建构性学习的感知和认同，并在自主完成学习任务过程中不断熟悉环境与资源，锤炼方法，优化学习管理，建立学习自信。其次，也应当重视实践体验式学习在培养自主学习能力过程中的重要作用。通过学生亲历专业实践，能够亲身感知职业场景和职业工作，有利于学生建立职业认知，形成职业认同，并产生对未来职业工作的向往，有利于激发学生的学习主动性和自觉性，并能够使之持久；另外亲历实践也能够使学生明确学习目标，并清楚地获得解决实践问题的思路和方法，这些都有利于学生建立环境与资源意识以及方法意识，在反复多次的专业实践中，还能够不断强化这些意识。最后，应当重视互动交流对于培养自主学习能力的促进作用。虽然自主学习强调学习的独立性，但这并不意味着教师角色就此淡化，相反，自主学习更要强调教师的启发和引导，才能帮助学生不至于盲目学习；同时也应当重视学生之间的交流、互动和合作，不同学习者的学习经验和学习效果不同，学生们之间的合作和交流能够促使他们相互交换有益信息，在互动过程中共同提高能力。

六、结论

自主学习意识是自主学习能力的重要组成部分，对自主学习意识内涵的认识偏差将导致在意识培养过程中的诸多误区。自主学习意识内涵应当包括主体意识、环境意识、资源意识、学习动机意识、目标意识、自我效能感、自我负责及自我评价意识、独立意识、方法意识、自我管理意识10个要素，10个要素互相关联，相互支撑，构成自主学习意识内涵的统一体。对大学生自主学习意识的培养应当本着系统论的观点加以实施，在时间上应当持续整个在学期间；在空间上应当打破课堂界限，课内课外相结合；在对象上应当注重个性化意识培养。自主学习意识培养体系应当给予渐进式设计，在意识产生后，部分要素还应循环往复予以强化，并充分重视学习任务驱动、实践体验、互动交流等培养途径。

参考文献

[1] Zimmerman, B& Schunk, D. Motivation, an Essential Dimension of Self – Regulated Learning. Motivation and Self – regulated Learning: Theory, Research, and Application, New York: Routledge, 2008.
[2] Holec H. Autonomy and Foreign Language Learning [M]. Oxford: Council of Europe, Pergamon Press. 1981.
[3] Dickinson L. Self – instruction in Language Learning [M]. Cambridge: Cambridge University Press, 1987.
[4] Candy P. C. Self – Direction for Lifelong Learning. San Francisco: Jossey – Bass, 1991.
[5] Little D. 自主学习方法与途径 [M]. 邱永忠等, 译. 福州: 福建教育出版社, 2010.
[6] 姚梅林. 学习心理学——学习与行为的基本规律 [M]. 北京: 北京师范大学出版社, 2010.
[7] 张雅军. 建构主义指导下的自主学习理论与实践 [M]. 武汉: 华中师范大学出版社, 2012.
[8] 李晓华, 何巧艳. 导向型自主学习的基本原理与教学策略 [M]. 西安: 陕西师范大学出版社, 2009.
[9] 李颖. “自主”理论本土化的问题与反思 [J]. 外语教学理论与实践, 2013 (3).
[10] 林毓锜. 学生自主学习与相关教学思想 [J]. 高等教育研究, 2006 (12).

人才培养的新视角：大学生整体就读经历

徐　波

摘　要：研究表明，影响人才培养质量的因素，首先是学生投入度，其次是学校教育服务的支持力度。为了充分体现人才培养质量的形成机制，实现人才培养过程的最优化，在教学计划、人才培养方案等基础上，有必要提出大学生整体就读经历概念，并从教育导向、教育主体、教育场域、教育方式等角度进行实务建构。

关键词：学习成果；学生投入；教育设计

人才培养的质量形成于培养的过程，从过程的视角来探讨人才培养的质量是研究应有之义。分析人才培养质量的形成机制，哪些是制约因素？如何化解？哪些是促进因素？又如何放大？这就是讨论大学生整体就读经历概念并进行实务建构的意义所在。

一、人才培养过程的弊端

（一）学生学习的兴趣与主动性抑制

全美学生投入情况调查（National Survey of Student Engagement，NSSE）结果表明，[1]“在学习中，学生所做的比他们是谁或者在哪儿学习更为重要”。换而言之，影响学生学习成果的首要因素是学生的主动性。而激发学生学习主动性至少包括三个环节：一是自我认知。学校有义务帮助学生探索兴趣与潜能，明晰自己应该、需要且可以从高等教育经历中获得什么样的学习成果。二是兴趣匹配。在自我认知基础上，学生拥有较大的选择空间和较多的选择机会，以契合兴趣所在。三是学校的教育设计。一套合理的教育设计应该告诉学生如何投入其中，并能保证学生经过适度的努力较好地达到预期的学习成果。最终，学生能够绘制一张自我发展的地图，并付诸实施。

当前，我们的大学生在中学时期没有时间、精力思考人生的发展，即使上了大学，对于“为什么上大学”这个基本问题认识仍然模糊。至于兴趣，一方面在大学文凭约等于工作的认知背景下，兴趣经常从属于就业的追求。另一方面，缺乏宽松的专业选择、课程选修，以及学分制，乃至于转校、转系学习等制度设计，无法为学生摸索与确认自我兴趣、潜能提供机会。同时，学校的教育主要设计学生的课堂，学生的非课堂基本处于留白状态。长期习惯于他主性学习的学生在有待于自主安排的学习中常常迷失方向。所以，学生的主动性、兴趣性学习较少，外在强制性学习（如学校要求、父母压力）、诱致性学习（如为了就业而考证、考研等）较多。

徐波，博士，南京审计学院副研究员，美国丹佛大学访问学者，研究领域：大学生发展。

① NSSE 调查致力于研发学生投入良好教育实践程度的评估方法，并分析学生从大学经历中学到了什么。参加 NSSE 调查的学校不断增加，从 1999 年参加第一次调查的 140 所到 2008 年的 772 所。NSSE 每年都随机选择超过 10 万名新生和老生作为调查对象。

（二）学校环境的挑战与支持缺乏

1987 年，奇克林（Chickering）等人提出本科教育良好实践（影响学生发展的学校因素，作者注）七项原则。[2]七项原则之一，就是对学生表达较高的期望：期望越大，获得的就越多。对每个人，包括对学业准备不充分的、不愿尽力的、聪明的且有强动力的，高期望都是相当重要的。当教师和学校保持高期望，并做出努力时，学生是能够实现的。因此，高等教育发达国家高校普遍存在较重的学习任务，严格的考核要求以及相对中国而言较低的毕业率。

圣福特（Sanford）认为最能促进学生发展的环境应是“挑战 + 支持”[3]，人无挑战不会进步，但挑战太大会引起退缩、逃避。这时，支持措施与系统可鼓励其勇敢面对挑战而获得成长发展。20 世纪 60 年代以来，美国高校逐步建立了学生支持系统——“目标循环”体系[4]。第一阶段是“需求评估”，了解学生背景、学习方式、特殊需求。第二阶段是教育预期成果的设计，表达对学生的期待，体现学生学习与发展的特点。第三阶段是学习机会的创造，推动从教师“教”转向学生“学”的课堂教学，设计新生适应、宿舍教育、兼职、社团活动等数十个专业化领域的课外教育方案，覆盖学生高等教育期间所有的时间、空间。第四阶段进行格式化评估，优化学习机会以帮助学生无限抵近预期教育成果。

当前，我们的学生一方面自我期待普遍不高，常常把毕业的要求当作学校的期待，也当作自己的学习目标。另一方面，教师对教学有限的投入降低了对学生的要求，“严进宽出”的传统也让学校保持较高的毕业率。同时，较低的期待伴随着有限的支持。课堂教育普遍以教师为中心，或者以知识为中心，忽略学生的有效需求。学生事务处于替代父母模式（in loco parentis model），学生事务工作人员扮演着父母般的角色，监管学生；或者是医护模式（medical model），学生事务工作人员好似医生护理人员一样，重视学生“生病”的个案或是特殊的学生问题。总之，重心在于学生的安全稳定，而不在于学生在校园中的改变、成长及发展。

（三）教育目标与过程功利

教育主管部门、学校、学生及其家庭普遍把就业作为评价教育质量的关键指标。当下的学生学习从目标到过程都表现出强烈的就业取向，就业作为教育的附加值演化成教育的本身，教育变成了职业培训。这种求职欲消解了求知欲，催生了转专业热、考证热、学生当干部热，这时候学生的家庭资本也涌入其中。因此，有必要区分一下“就业”与“就业力”。考克斯（Cox）等认为“就业力”不等同于“就业”，正如教育不等同于培训。[5]普尔（Pool）等认为就业力指具有一系列技能、知识、职业生涯规划及个人态度，以使得个人找到满意的工作并获得成功。[6]台湾学者王如哲则指出就业力关注的是专业领域的长期生涯发展，甚至包含培养可转换至不同专业领域的工作能力，因此，并非狭隘地只注重大学毕业生的就业，而是重视大学毕业生的竞争力，即使其所学在劳动力市场或职场上已趋饱和，仍可产生外溢效果而有能力转移至其他专业领域就业与发展。[7]台湾学者秦梦群、庄清宝认为就业力包括：一般能力，即表达与沟通、领导、创新及团队合作等职场所需能力；专业知能，指具备专业知识与技术，且能将理论运用实务；专业态度，指具有良好工作态度，遵循专业伦理道德，且有学习意愿及可塑性，并有稳定度和抗压性；职涯规划，指对职涯发展具有充分了解，规划、了解产业环境及发展，具有求职及自我推销能力。[8]

区别就业与就业力，首先，对于大学生而言具有重要意义，学生如果因家庭资本而预期可以实现高层次就业，那么就会失去学习的动力。同样，在就业越来越难的社会背景下，对就业失去信心的学生也会失去学习的动力。其次，对于大学而言，关注就业力的概念，其教育的重点就应转向学生的持续就业、全面发展和持续发展，实施通识教育与专业教育，而不是职业性教育。再次，当大学经历不能带来就业时，如果不区分就业与就业力，就会给学生家长乃至社会带来错觉和困惑，误读高等教育，衍生新的“读书无用论”。最后，只有在就业力而不是就业的语境下，大学的教育价值才能得以回归：从求知中得到快乐，愿意主动自发地继续求知；在学习中健康成长，而健康成长至少包含认知、身体及社会三方面的成长；在生活中准备未来生活，提供适合于学生生活的环境，让学生在生活教育中学习并重组生活经验。[9]

（四）教育环节与要素离散

这体现在两个方面：一是学校教育教学游离人才培养目标。教师普遍不清楚本校的人才培养目标是什么，这样教学内容的选择、教学方法的运用、学生考核、课堂互动等环节就失去了依据。同样，学生事务人员在工作中也没有把人才培养目标贯穿其中，学生活动是否匹配人才培养目标，如何才能匹配似乎都是多余的问题，甚至学生也不知道学校希望自己成为什么样的人。这或许和学校的人才培养目标不明确、内涵不清晰也有关系。

二是学生学习经历碎片化。大学里有两个组织单位之间普遍存在较大的隔阂，这两个组织单位就是学术事务、学生事务。学术事务和学生事务之间缺乏合作限制了学生学习潜能的发挥、全面的发展。早在1945年，美国教育委员会（American Council on Education）强调：教育的有效性依赖于学生课内外正常健康运行。[10]如果有一个学生，尽管是聪明的，但是身体不健康，个人和社交关系遇到挫折，经济困难，缺乏教育上的方向和目标感，其住宿和学习状况不断扰乱学习，那么该学生不能以最好的状态学习，也不能从学习中获得最大收益。帕斯卡来拉（Pascarella）和特仁兹尼（Terenzini）说大学的生存取决于学术和课外教育经历关系的重构。[11]在信息化到来的时代，两者合作对于大学的生存、发展显得更加重要。教授或学生工作者需要认识到，他们只是关注了学生作为整体的一小部分，独立于学术生活来关注学生发展和教授们只考虑学生的学业一样是无效的。

二、大学生整体就读经历的内涵

（一）大学生整体就读经历的概念

教学计划、人才培养方案与大学生整体就读经历概念相近，但是在本质上存在较大差异，正是这种差异性才有必要提出大学生整体就读经历的概念。

1. 缺失与周全

人才培养方案是由先前的教学计划演变而来的，在教学计划的基础上增加了实践、实习等内容，但是主体还是课程体系的设计。许多学习发生的场域没有被纳入人才培养方案，如宿舍、社团、兼职等，忽略了课外教育。也就是说，学生在读期间还有不少时空的空白点没能在人才培养方案中体现出来。大学生整体就读经历在时间上，包括学生自被录取起直至毕业的课堂时间与非课堂时间。在空间上，包括学生就读期间可能经历的所有场域，课内课外、校内校外、国内国外。在要素上，包括学校提供的教育服务（各种环境、资源、制度、课内外一体化方案等）以及在此基础上学生的参与和投入，二者相结合才构成了大学生整体就读经历。

2. 静态与动态

相对于大学生整体就读经历，人才培养方案是静态的。一般而言，人才培养方案在学生没有入学前已经制订，具有计划性、前置性。大学生整体就读经历是动态的，是一个过程，是学生参与校园活动、投入学习的过程，也是互动的过程，既包括师生的正式互动，也包括师生的非正式互动，以及朋辈互动。这一点下面还会阐述。因此，人才培养方案的实施、运行只是大学生整体就读经历的一个组成部分。

3. 学生被动与学生主动

人才培养方案是学校提供给学生的教育方案，意味着学校在主导学生的发展，意味着学校及教师的主体性。大学生整体就读经历的视角则是学生，要强调学生在高等教育中的主体性地位。人才培养方案潜在地认为学生是学校培养出来的，而大学生整体就读经历则认为学生的学习成果主要来自于学生积极主动的投入，其次才是学校支持性教育供给。

（二）大学生整体就读经历的三个核心要素

基于上述三者的差异，可以给大学生整体就读经历界定基本的内涵。大学生整体就读经历是指学生进入学校后学校进行的结构化教育设计，实现全面发展而形成的学习经历。此概念包含三个核心要素：全面发展、学生投入、结构化教育设计。

1. 全面发展

高等教育不仅仅是实现学生的就业，也是为学生毕业后的生活做好准备而实施的全人教育。这就要求高等教育要注重学生的全面发展，也就是说学生的学习发展成果要广泛覆盖。美国40个相关学术团体、近十万专业人员组成的高等教育标准促进委员会（The Council for the Advancement of Standards in Higher Education，CAS）认为，接受高等教育的学生应取得六大类学习与发展成果：知识获取、建构、整合与应用；复杂化认知；人的内在发展；与人交往能力；人文主义与公民参与；实践能力。[12]中国语境下的全面发展，可以概括为懂得为学、做人与生活之道。

2. 学生投入

1985年，艾斯汀对学生影响的研究揭示了学生投入与学生发展成果之间的联系。[13]他认为，学生投入学校生活的身心数量与质量和该学生的学习成果具有紧密的正相关关系。学习不是一项旁观性运动，学生必须积极地投入到大量的学习经历中去。如果参与其中的学生觉得越满意，就会花更多的时间和精力学习，在智力发展中会得到更多收获，取得更好的成绩和更高的毕业率。学生投入是影响学习成果的决定性因素。

3. 结构化教育设计

学生的投入是以学校提供的学习机会为前提的。而学习机会影响着学生投入的方向和投入度，因此，要求学校进行有目的、有计划、有针对性的结构化教育设计。结构化教育设计包括：以学生预期学习成果为中心的一体化课内外教育方案、组织与制度设计、多形式互动、经费投入与分配、硬件布置等。

综上所述，大学生整体就读经历的“整体性”是指以学生全面发展为导向，进行结构化教育设计，促进学生投入这一学习过程的闭合性，也指学生发展的全面性及课堂内外的一体化。

三、大学生整体就读经历的建构

（一）教育导向的建构：全面可持续的学习成果

早在20世纪20年代，把学生教育成“全面发展的人”的概念开始在美国大学流行。其意图是为了将认知性课堂学习和情感性课外学习联系在一起。怀特海（Whitehead）表示“教育的目的是为了促进和引导学生的自我发展”。他认为人们不会把学习这一整体进行分割。[14]1931年，克罗泽（Clothier）在向美国高校人事协会（American College Personnel Association，ACPA）提交的报告中表达了整体的方法。他认为“在工作中，我们对学生个人的发展很感兴趣，不是对他的项目中某一阶段的学识、智力、领导力，而是从学生整个人格的方面”。[15]美国教育委员会（The American Council of Education，ACE）表示学校有“全面地看待学生的义务——他们的知识能力和成就、情感形成、体质状况、道德和宗教信仰、经济资源和审美能力。”[16]

一个全面发展的人应具备广泛的学习成果。2007年，美国高校联盟（the American Association of Colleges and Universities）发布了一篇报告《应对全球化的大学学习（College Learning for the New Global Century）》，明确了本科生教育的四大关键成果：[17]一是人类文化和物质、自然世界的知识；二是智力和实践技巧，包括获取和分析知识，批判性和创造性思维，口头和书面交流，定量分析和信息能力，团队合作和问题解决；三是个人和社会责任感，包括公民知识和参与，包括当地和全球的，跨文化的知识和能力，道德推理和行动，终身学习的基础和技巧；四是综合学习，包括综合、概括、推理能力。这些成果清晰地描述了“学习是一个整体过程”的观点。

在我国，学生的学习发展成果应包括哪些讨论较少，且没有权威的观点，这就导致各个学校在确立各自培养目标过程中缺乏基本的共识和可靠的指导意见。另外，许多学校也没有充分认识到预期的全面学习成果对于人才培养的灵魂作用。虽然，各个学校都有人才培养目标，但很少体现出全面性，对既定的培养目标如何实现也没有深刻的认识和有效的措施。更为关键的是，学生对发展方向的模糊认识，很难让学生付出足够的努力。

（二）教育主体的建构：以学生为中心

美国纽约大学卓越教学中心主任肯·贝恩（Ken Bain）说过，只有在学习确实发生时，教育才算出现。这种教学概念告诉我们教学绝非单纯的课堂讲演，而是要能帮助和鼓励并引导学生学习。在学生事务中，美国的高校认为：“强调学生学习才能从教师中心或学生事务人员中心环境走向学生中心环境，教师和学生事务人员才有共同的声音。”[18]

以学生为中心，一是要帮助学生构建自我期许。自我期许是一个人对自我概念的知觉、经验、价值观等，进而形成对自我的认识，这种认识包含了“我是谁”，“我是怎样的一个人”，“我能做什么”，“我要做什么”，“我如何做”。“教育是点燃火焰”。新生研讨课、新生入学教育首先应当承担起这样的功能。从这个角度来看，大一阶段尤为重要。如果说，自我期许就是探索学习兴趣、明确学习动机，那么接下来的高等教育经历就是发挥潜能、自我实现的过程。

二是全面规划课程。依据预期的全面学习发展成果，检讨学习发展成果与课程的关联度、课程内涵与结构的逻辑性，以及课程体系与配置的合理性，让课程内涵、结构与全面的学习发展成果能够相符。鼓励教师进行以学生能力为核心的课程设计，在全面学习成果架构下，选取课程应培养的核心能力，然后配合课程内容，把具体的学习成果转化为教学目标和教学过程，评估学生学习成果，并不断动态微调上述环节，以确保学生习的重要核心能力。

三是全面检讨课外活动。关注课外经历至少有四个原因：[19]（1）学生大部分时间在课外；（2）学生的同伴对学生如何支配自由的时间、花费多少时间用于学习和其他有意义教育活动产生很大的影响；（3）课外经历提供给学生获得重要技能的机会，而这些技能在课堂中常常是不传授的；（4）参与课外活动有利于学生形成社区感，培养校园感情和信任。因此，有必要在全面学习发展成果框架下，挖掘课外活动的教育功能，明确实现教育功能的有效环节与必备的条件，编制类似于教学计划一样的课外活动计划及具体的课外活动方案、手册。

（三）教育场域的建构：教室的再定义

促进学生学习一个最大的挑战就是创立“教室”新概念。尽管研究表明，学生从课外经历所获如果说不比正式的学习经历更多的话，也是相当的。[20]但是绝大多数教师和学生事务人员还是认为知识的获得和各类智力技能发展只存在于传统的教室。

佩兹（Pace）将学习经历区分为：第一类，物理环境有关的经验，如教室、图书馆、健身房等。第二类，学习机会，如与教授的接触、参与学生社团组织、朋辈互动等。[21]汀托（Tinto）则指出，大学是由学术与人际系统所组成，各有其正式与非正式结构的特质，学术系统主要关心的是学生的正式教育，它的内容集中在学校的教室与实验室或与课业有关的活动；而人际系统的内容主要是大学正式教学之外。[22]以新的视角来看学生的经历，就会发现学习不仅仅发生在传统的教室中，即使是一些生活设施也可转化为教育设施，如宿舍、食堂等。

以宿舍教育为例[23]。美国的高校普遍把宿舍改造为学生课堂教育与非课堂教育的衔接点，设立生活学习项目，有目的设计宿舍教育性环境，开发宿舍的教育潜能。每一个生活学习项目都有一个主题，学生以主题为单位相对集中住在一起。围绕主题设置课程和课外活动。项目有教师、专业的宿舍事务人员、兼职的宿舍事务人员参与，并与参加项目的学生进行广泛密切的互动。

学习无处不在，经过学校有目的设计，能够引起学生学习、促进学生发展而具有教育功能的场域，都可称之为“教室”。这个“教室”的新概念大大扩展了学校教育和学生学习的时空观，囊括了课堂与非课堂。

（四）教育方式的建构：多形式互动

在信息化时代，教育教学的手段有了日新月异的变化。然而教育教学手段的背后是互动的本质。传统的教育方式主要是课堂上师生之间正式的互动，而对于朋辈之间互动、师生之间非正式互动关注不多，对其教育功能认识也不足。

根据撒切姆伯格（schiamberg）的青年期二阶段理论，[24]大学生正处于青年晚期，由于生理、心理与环境的内外在要求，以及与父母间逐渐减弱的依附关系，青年会逐渐将依附关系转移至同辈团体身上，因此，对于大学生而言，同辈团体拥有重要的影响力。个体能借由同辈团体互动的历程，增加互相支持与依赖的机会，并满足个体亲密感与隶属感的需求。此外，大学生与同辈在个人层面，包括年龄、社会地位、能力以及学习层面，皆具有一定程度的相似性。加上处于同一个学习环境，容易因物理空间的相近性提高彼此互动的可能，进而通过互动中的观察、模仿、讨论、分享相互产生影响。

大学生朋辈互动的影响可分为四大层面。（1）行为层面：大学生与朋辈的互动，感受到朋辈间所形塑的团体规范，而这些团体规范也是指引及修正个体行为的根据；（2）学习层面：爱乐沙（Elasa）等人指出，感受到较多朋辈支持与家庭支持的大学生，拥有较高的学业成就及大学生活满意度；[25]（3）心理层面：卡拉里斯（Colarossi）等人的研究指出，朋辈的支持有助于个体对抗负向的生活事件，且对于提高个人的自尊有正向的影响；[26]（4）社会适应层面：伯克利（Barkley）等人研究发现，朋辈咨询和朋辈学习的方式可以改善个人的人际技巧和社会兴趣。[27]此外，拿破里（Napoli）等人研究发现，感受到较多的朋辈支持与家庭支持的大学生，其社会及学业适应较为良好。[28]

同样，大量的研究成果也表明师生之间非正式互动具有十分明显的教育功能。麦乐基（Malecki）等人研究发现，青少年从教师身上所获得的情感性支持很重要。[29]爱乐沙等人指出，教师咨询提供学生学业及社会支持的服务，能够帮助大学生更适应大学的环境。[30]此外，师生的非正式互动与大学生的学业成就[31]、大学生对大学生活的满意度及学习坚持有正向的关系，对大学生的认知能力及个人发展也有正向的帮助。[32]事实上，良好的非正式师生互动非常有助于形成有效的正式的师生互动，反之亦然。

以上三种形式的互动从学生关系的视角构成了大学生整体就读经历。互动的功能为教育教学方式的改革提供了理论依据。导师制、办公时间制（house office）、网络交流等均是发挥师生之间非正式互动教育功能的制度或方式。同样，不管是课堂内教学环节的设计，还是课堂外辅导方案的制订，如社团活动、宿舍教育，都需要有意识、有目的地引导学生之间进行互动。当然，更好地实现互动的教育功能，互动的障碍需要剖析与克服，互动的主题、互动的技巧、互动的规模、互动的频次、互动的深度等都还需要进一步研究与设计。

参考文献

[1] George D kuh. The National Survey of Student Engagement: Conceptual and Empirical Foundations [J]. New Directions for Institutional Research, No. 141, Spring 2009. 5 – 20.

[2] Chickering A. W. and Gasom Z. F. Seven Principles For Good Practice in Undergraduate Education [R]. Washington Center News, 1987.

[3] Sanford, N. Self and Society [M]. New York: Atherton Press. 1996.

[4] Ward L., and Mitchell. Cycle of Intentionality [C]. Harrisonburg, VA: Paper presented at the Student Learning Institute. 1996.

[5] Cox，S.，& King，D. Skill Sets：An Approach to Embed Employability in Course Design [J]. Education and Training，2006，48 (4)：262 –274.

[6] Dacre Pool，L.，& Sewell，P. The Key to Employability：Developing a Practical Model Graduate Employability [J]. Education and Training，2007，49 (4)：277 –289.

[7] 王如哲. 评鉴大学绩效的新指标——就业力 [J]. 评鉴双月刊，2008 (15)：20 –23.

[8] 秦梦群，庄清宝. 大专生求学经历与就业力关系 [J]. 教育资料与研究双月刊. 2010 (94)：85 –112.

[9] 张雪梅. 学生发展——学生事务工作的理论与实践 [M]. 台北：张老师文化. 1996.

[10] American Council on Education，Committee on Student Personnel Work. Student Personnel Work in the Postwar College [M]. Washington，DC：Author. 1945.

[11] Pascarella，E. T.，& Terenzini，P. T. Studying College Student in the 21st Century：Meeting New Challenges [J]. The Review of Higher Education 1998，21 (2)：15 –165.

[12] Astin A. W. Achiving Educational Excellence [M]. San Francisco：Jossey – Bass，1985.

[13] Laura A.. CAS Professional Standards for Higher Education (7thed) [S]. Washington，DC：Council for the Advancement of Standards in Higher Education，2009.

[14] Whitehead. A. N. The Aims of Education and Other Essays [M]. New York：The Free Press. 1929，P. v.

[15] Clothier. R. C. College Personnel Principles and Functions [G]. //Saddlemire，G. L. & Rentz，A. L. (1986) (Eds.)，Student Affairs：A Professions's Heritage. Alexandria，VA：American College Personnel Association. 1931：15.

[16] American Council on Education. The Student Personnel Point of View [C]. Washington，DC：Author. 1937：1.

[17] American Association of Colleges and Universities. College Learning for the New Global Century [EB/CD]. http：www. aacu. org/advocacy/leap/documents/Glogal Century_ final. pdf. 2007. 2008 –05 –18.

[18] American College Personnel Association. The Student Learing Imperative [R]. Washington，DC. 1994.

[19] 徐波. 高校学生投入理论：内涵特点及应用 [J]. 高等教育研究，2013 (6)，48 –54.

[20] Kuh，G. D.，Shedd，J. D.，& Whitt，E. J. Student Affairs and Liberal Education：Unrecognized (and Unappreciated) Common Law Partners [J]. Journey of College Student Personnel，1987，28 (3)：253.

[21] Pace，C. R.. Measuring the Quality of College Student Experiences [R]. Los Angeles：University of California，Los Angeles，Center for the Study of Evaluation. 1984.

[22] Tinto，V. Leaving College：Rethinking the Causes and Cures of Student Attrition [M] (2nded.). Chicago：University of Chicago Press. 1993.

[23] 徐波，张曦. 美国高校宿舍教育：生活学习项目——基于全美高校生活学习项目调查报告 [J]. 现代大学教育，2015 (1).

[24] Schiamberg L. B. Child and Adolescent Development. Macmillan USA，1988，594.

[25] Elasa，G. V.，Kelly，R.，Christine，U.，& Edward，P. An Analysis of the Effect of Self – esteem，Social Support，and Participation in Student Support Services on Students' Adjustment and Commitment to College [J]. Journal of College Student Retention，2004，5 (3)：255 –274.

[26] Colarossi，L. G.，& Eccles，J. S. Differential Effects of Support Providers on Adolescents' Mental Health. Social Work Research，2003，27 (1)：19 –30.

[27] Barkley，H. Wilborn，B.，& Towers，S. M. Social Interest in a Peer Counseling Training Program. Journal of Individual Psychology，1984，40 (3)：295 –299.

[28] Napoli，A. R.，& Wortman，P. M. Psychosocial Factors Related to Retention and Early Departure of Two – year Community College Student [J]. Research of Higher Education，1998，39 (4)：419 –455.

[29] Malecki，C. K.，& Demaray，M. K. What Type of Support do They Need? Investigating Student Adjustment as

Related to Emotional, Informational, Appraisal, and Instrumental Support [J]. School Psychology Quarterly, 2003, 18 (3): 231 – 252.

[30] Terenzini, P. T., & Pascarella, E. T. Student/faculty Relationships and Freshman Year Educational Outcomes: A Further Investigation. Journal of College Student Personnel, 1980, 21 (6): 521 – 528.

[31] Endo, J. J., & Harpel, R. L. The Effect of Student – faculty Interaction on Students' Educational Outcomes. Research in Higher Education, 1982 (16): 115 – 138.

[32] Pascarella, E. T., & Terenzini, P. T. Student – faculty Informal Relationships and Freshman Year Educational Outcomes [J]. Journal of Educational Research, 1978, 71 (4): 183 – 189.

第二部分

提升教师素质及教育教学能力

Teachers'Teaching Quality

——supporting, documenting and assessing teaching quality

Thomas Olsson

Lund University is one of Scandinavia's largest and strongest institutions for education and research. Since 1666 it has stood for excellence and innovation and it is currently ranked as a top 100 university in the world. The teachers' teaching quality is essential for the university and the faculty of Engineering has systematically worked to develop teaching and student learning for the last 20 years.

Teaching quality is often regarded as the actual teaching activities in the classroom. This is of course absolutely fundamental but teaching quality is complex and also includes aspects like theoretical knowledge of teaching and student learning, planning of teaching, reflections, feedback and much more. Quality in teaching means that teachers are able to use their disciplinary expertise within a teaching practice based on relevant theoretical pedagogical understanding focusing on the improvement of teaching and student learning.

The presentation continues with a discussion about how to support, document and assess teaching quality through teaching portfolios. In a portfolio teachers analyse and reflect on examples from their teaching practice, supported by authentic documents and testimonies. Concretion is a key issue and so is the importance of the subject. Especially the ability to use discipline specific examples, analogies and explanations, to help students overcome discipline specific learning hurdles and to suggest useful learning pathways, and, perhaps most important, to help students learn the patterns of the subject. The structure of a teaching portfolio is closely related to the fact that the portfolio is about a practice. It is a description and analysis of this practice.

Assessment of teaching quality is based on criteria, evidence and standards. The criteria usually involve a clear focus on student learning, a professional development over time, a scholarly approach to teaching and student learning, and a developed ability to incorporate the subject in a teaching and learning context. The presentation will conclude with models about assessment of teaching quality. One model is about how all teaching activities and educational structures eventually should promote the students' approaches while learning the subject. A final model illustrates how theoretical knowledge and understanding together with an informed and reflected teaching practice integrate in the development of teaching quality.

Thomas Olsson, Ph. D. , Associate Professor of Lund University.

应用型大学教师发展理念及其蕴含

夏建国　魏晓艳

摘　要：有别于传统研究型大学，应用型大学在教师发展实践中秉持着具有自身特色的教师发展理念。本文根据近两年对我国8个省、直辖市13所应用型大学教师发展活动所做的观察与访谈，对我国应用型大学教师发展理念进行内涵界说，并扼要分析了其实施教师发展活动的理念及蕴含，提出对我国应用型大学教师发展活动的启示与建议。

关键词：应用型大学；大学教师发展；理念

教师发展理念是教师发展实践的逻辑起点。大学教师发展越重要，就越需要对应用型大学的教师发展理念进行反思。应用型大学教师发展理念是关于应用型大学教师培养的观念基础，它反映了应用型高等教育的教育职能和当今时代大学教师发展的基本特征，指明了应用型大学未来教师培养的方向，对应用型大学教师发展的整体局面具有决定性的影响。本文根据近两年以我国8个省、直辖市范围内13所应用型大学的教师发展实践为观察与访谈对象进行的实证调研，拟在对应用型大学教师发展理念进行内涵解说的基础上，结合我国应用型大学教师发展实践，对我国应用型大学教师发展理念及其蕴含进行探析。

一、应用型大学教师发展理念的内涵界说

对大学教师发展理念进行内涵界说，是正确认识和理解应用型大学教师发展理念边界与内涵的概念前提。那么，到底什么是大学教师发展理念？理念是哲学世界的最基本概念。所谓理念，是“指人们对于某一事物或现象的理性认识、理想追求及其所形成的观念体系”。①柏拉图首先提出理念“洞喻”论，把人类的生活世界比做是一个阴暗的洞穴，理念则是洞外的太阳。此后，黑格尔、康德等哲学家也对理念做出了自身哲学观点体系范畴里的理解。“大学教师发展理念”则是将哲学领域中的理念移植、扩展到教师发展领域后，在此基础上产生的概念名词，是指人们在对大学教师发展实践的认识基础上所形成的，关于大学教师发展活动的性质、职能、使命、目的、功能与价值以及教师发展活动与其他教育活动之间的关系等关于大学教师发展的一些基本问题的理性认识。

进一步延伸地理解，应用型大学教师发展理念是指人们在对应用型大学教师发展实践的认识基础上所形成的，包括了应用型大学教师发展活动的性质、职能、使命、目的、功能与价值以及教师发展活动与其他教育活动之间的关系等关于应用型大学教师发展的一些基本问题的理性认识，是关于应用型大学教师发展是什么、为什么以及应该怎样展开的认识与想法。概言之，应用型大学教师发展理念是人们对其教师发展实践与观念的一种理性建构，是应用型高校教师发展改革与进步的思想先导。

基金项目：2014年度教育部人文社会科学重点研究基地重大项目“大学教师发展的理念、内涵、方式与动力”（项目编号：14JJD880003），主持人：潘懋元。

夏建国，上海工程技术大学校长、教授，华东师范大学博士生导师，研究方向为高等工程教育、高等技术教育；魏晓艳，上海工程技术大学助理研究员，研究方向为高等教育基本理论、大学教师发展。

① 韩延明．大学理念论纲［M］．北京：人民教育出版社，2003.

二、应用型大学教师发展的理念蕴涵

应用型大学教师发展理念包括了应用型大学对自身教师发展实践的远景与愿景，体现着应用型大学对其教师发展活动的认识。一方面，应用型大学教师发展理念主要包括对教师发展目标、任务和现状等的认识与理解。另一方面，从应用型大学教师发展活动所赖以发生和发展的场域来看，应用型大学的教师发展理念也内隐地反映了应用型大学教师发展实践的实践逻辑。我们可以认为，应用型大学的教师发展理念主要包括两方面：对应用型大学教师发展活动的认知理念以及对应用型大学教师发展活动的行动理念。

（一）认知理念：对大学教师发展活动的认识与理解

对应用型大学教师发展活动的认识主要是指对应用型大学教师发展持什么观点和态度。主要回答了应用型大学教师发展实践的一些前提性问题，即应用型大学的教师发展活动是什么性质的活动，其目的是什么，其具体任务又是什么等。具体包括了应用型大学对教师发展主体、教师发展对象、教师发展内容与方式以及教师发展组织与运行机制的认识与看法。

1. 实践认知：应用型大学的教师发展不同于其他教育层次类型的教师发展

就高等院校而言，不同的院校类型对应着不同的高等教育职能定位、分工与任务。教育职能定位不同，对教师知能结构和素质要求不同，实施教师发展活动的内涵、理念、方式与内容也就截然不同。应用型大学教师发展理念是应用型高等教育理念的下位理念和应用型大学办学理念的次生理念，体现着应用型大学对其教师发展活动的认识。因此，“应用型大学的教师发展实践不同于其他教育层次或教育类型的教师发展实践”这一实践认知，是应用型大学教师发展理念的重要内容（见图1）。

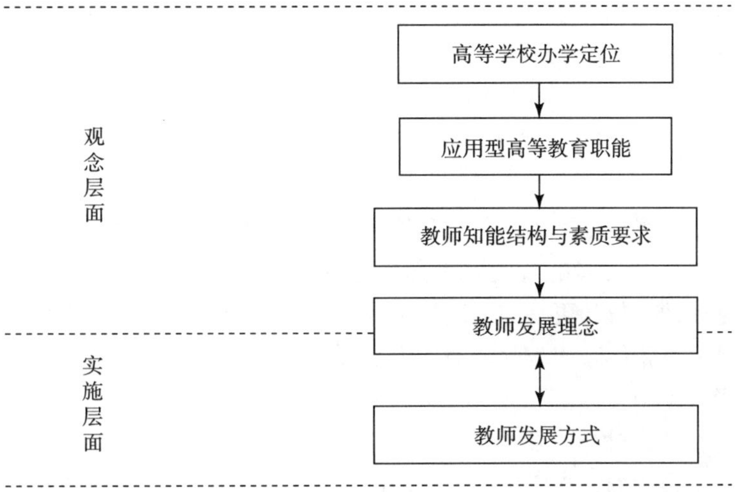

图1　应用型大学教师发展理念的形塑路线

应用型大学教师发展实践的特殊性是由其承担的教育职能所决定的，主要包括：

（1）人才培养：培养应用型专门人才。以高等技术教育人才培养的目标为例，所培养的人才必须是技术型的，具备较强的技术实践能力，且突出具备四方面能力：一是具有将技术创造原型进行具体化设计并组织实施于生产实践的能力；二是具有维护、监控实际技术系统，能够发现、分析和解决综合性复杂技术实践问题的能力；三是具有对基层技术员提供指导和咨询的能力；四是具有在服务领域运用专门知识与技术向特定顾客提供全面或综合性服务并承担相应责任的能力。①

（2）科学研究：侧重应用型科学研究与技术转化。科学研究不是一概而论的概念。为了对科学技术活动

① 夏建国．高等技术教育学［M］．上海：上海交通大学出版社，2011：47－48.

进行统计工作，联合国教科文组织编撰了《科学技术统计资料收集指南》，将科学技术活动分为三种类型，即基础研究（fundamental research）、应用研究（applied research）和实验发展研究（experimental research），并进行了释义。基础研究是指旨在增加科学、技术知识和发现新的探索领域的任何创造性活动，而不考虑任何特定的实际目的；应用研究是指以增加科学、技术知识的创造性为目的的系统活动，但它考虑到某一特定的实际目标；实验发展研究则是指运用基础研究与应用研究及实验的知识，为了推广新材料、新产品、新设计、新流程和新方法，或为了对现有样机和中间生产进行重大改进的任何系统的创造性活动。① 不同于传统研究型大学，应用型大学的科学研究职能主要指向的是第二、三种研究为主要部分的应用性科学研究，其研究成果也主要是为区域发展和技术革新服务。以谋求错位发展为发展定位，应用型大学科学研究的主要目的在很大程度上也是服务于提高教育教学质量并围绕着应用型创新人才的培养展开的，② 其科研活动的考核指标也主要是能体现面向区域的科研活动的横向经费总量和应用性的科技获奖成果。③

（3）社会服务：致力于应用型社会服务与技术支持。社会服务是一种衍生性教育职能，一般通过履行人才培养职能和科学研究职能实现社会服务职能。在高等教育社会服务方面，应用型高等教育表现出较强的区域性，致力于应用型社会服务与技术支持，开展地方需要的各种服务活动，包括人才培训、文化活动指导、技术咨询、决策咨询等，这方面的考核标准主要是专利、咨询报告、培训的人数和质量等。④ 人才培养和科学研究能否迅速转化为现实生产力，是衡量应用型本科院校社会服务职能的重要标志。

2. 实践性质：应用型大学的教师发展是面向应用型大学教师的服务性活动，而非行政管理性行为

服务性教师发展活动与行政管理性教师发展活动之间的区别是：教师发展活动到底反映了谁的诉求。在“明确教师发展需求→确定教师发展目标→设计教师发展活动→实施教师发展行为→评估教师发展效果→改进教师发展行为”的逻辑链条里，确定明确应用型大学的教师发展需求是前提步骤。教师发展需求是一个复合的概念，应用型大学教师发展需求是与应用型大学教师发展实践相关的利益相关者的需求总和。。在变革的高等教育背景下，支持并促进教师发展，对应用型大学本身、应用型大学管理者、教师自身乃至应用型大学内外部的教师发展利益相关者都非常重要。⑤ 因此，应用型大学教师发展需求不仅仅是应用型院校的教师发展需求，还包括了国家、政府对应用型大学教师的要求，应用型大学对教师的需求以及教师对自身发展的需求、学生和教学活动对应用型大学教师的要求、企业在应用型大学教师发展活动中的需求等多重需求。

目前，我国应用型大学教师发展活动面临一种尴尬的境况：随着高校教育教学资源的改善，教师发展的硬性条件已经逐步改善，但教师发展的软性条件却迟迟跟不上步。其中，最大的问题就是教师发展动力不足。院校是如此，企业是如此，教师更是如此。教师对学校的认同和归属感不强烈。究其原因，还是应用型大学的教师发展需求并没有真正体现出教师自身的发展需求和学生学习活动对教师发展的需求。此外，如何在应用型大学的教师发展活动中“恰好”地体现企业的需求也是一个挑战。一位企业负责人说：“企业有没有这个责任来为学校培养教师，对企业来说虽然有社会责任和义务，但更多是和企业宏观发展战略捆绑在一起的，如果没有益处是很难推动的，当应用型大学教师发展能够与其宏观发展战略一致的话就可以。教师专业发展和企业经济责任、经济义务，社会责任和社会义务，不是所有都能做到的。”为了提高教师对教师发展活动的认同，共同明确教师发展活动的服务性质，应用型大学在教师发展中心的人员配置上也尝试了一些新的做法。一位高校负责人说：“当初选教师发展中心主任的时候，考虑到教学问题咨询服务这一块是一个特色，也考虑到教师对领导和行政人员的不信任和抵触心理，我们想学习其他学校，找退休的资深老教师做主任。都是同行资深老教师，教师就很认同，也愿意提出自己遇到的问题。”

---

① 杨安仙，联合国教科文组织关于科学技术活动的分类与定义［J］科学与科学技术管理，1982（5）：16－17.

② 潘懋元，车如山．略论应用型本科院校的定位［J］．高等教育研究，2009（5）：35－38.

③④ 汪明义．担负时代使命，创建应用型大学［J］．中国高等教育，2014（21）：34.

⑤ MD Sorcinelli，AE Austin，PL Eddy，AL Beach. Creating the Future of Faculty Development：Learning from the Past，Understanding the Present［J］. Review of Higher Education，2006，30（30）：85－87.

3. 对象厘定：不仅仅是面向每一位应用型大学教师，也是面向一个应用型大学的教师整体

应用型大学教师发展的对象是大学教师发展的亚群体概念，包括了应用型大学教师群体及其成员。这意味着，应用型大学教师发展不仅面向应用型大学教师群体也面向应用型大学教师个体。这里包含了两层意思：一是教师发展应该把所有类型的教师都纳入进去。以实验序列教师为例，应用型大学人才培养的两个重要途径是产学研和校内实验，实验序列教师对应用型大学教学质量实际上具有重要意义。但许多应用型大学沿用研究型大学对教师和教师发展的角色认知与价值认定，却往往忽视了实验序列教师的培养与发展。此外，根据教师职业生涯阶段理论，高校教师又可以划分为新晋教师、中青年骨干教师与成熟教师。通过对应用型大学教师发展需求进行访谈我们发现，除了应用型院校着力培养的中青年骨干教师以及新晋教师，成熟教师也有较强的发展需求与发展意愿，但成熟教师往往在院校教师发展实践中被边缘化甚至忽略。由此，应用型大学教师发展需要将所有教师纳入教师发展活动的服务范畴。二是应用型大学的教师发展要强调整体。应用型大学处于我国高校办学资源中的弱势地位，注重团队建设是推进教学、科研与社会服务质量提升及吸引留住优秀人才的重要途径。一位负责科研的大学副校长说："应用型大学的平台相较于知名度高的研究型大学，平台高度较低，决定了必须用团队形式才能做出一些科研成果，所以，近几年我们特别强调学科团队建设。"

（二）行动理念：应用型大学教师发展的行动与策略

应用型大学教师发展活动的主要特征包括实践范畴、实施主体、实践载体等五方面，反映了应用型大学教师发展实践的行动者对应用型大学教师发展实践范畴的划定、教师发展实施主体、教师发展实施载体和教师发展内容重心的选择以及教师发展主要任务的安排。

1. 实践范畴：区域是应用型大学教师发展的实践场域

场域是客观关系的系统，也是社会制度的产物，但体现在事物之中。① 应用型大学的基本特征之一是以区域经济社会发展为服务方向。相应地，以区域为场域，组织应用型大学教师发展的动力与责任也内隐地包涵在校地合作的实质里。我们可以认为，应用型大学教师发展活动是一种以院校教师为发展主体，以区域为主要教师发展场域的活动。在这里，区域是指应用型大学的主要办学活动区域，可以等同于应用型大学的主要教育活动场域，通常以应用型大学办学所面向的省级行政区域为地理范围。以笔者在上海市调研的若干所应用型大学为例，一般面向江浙沪开发教师发展资源，实施教师发展活动。

在区域范围内，应用型大学可以通过高校和企业、多所高校和企业之间的区域产学研合作，在高校所在城市和周边地区建立以企业或院校教师发展项目为单位，以产教融合、产学研发为内容的教师发展合作项目，推动校企人才互流。赋予行业企业人才和高校教师双重身份，在企业是技术研发人员，在高校是双师型教师，推动高校教师角色和队伍建设，实现高校师资在行业企业和课程教学现场的自由转换。以上海地区应用型大学教师发展的近年经验为例，上海市被列入高等教育综合改革"两校一市"改革试点区以来，作为改革的重点区域，应用型大学及其教师发展的改革备受关注。以区域内的应用型高校教师发展实践经验和案例为基础，上海市将多年积累探索的教师发展实践经验上升为区域教师发展政策与手段。近年来，配合区域内高校建设规划，陆续推出高校教师产学研践习计划，高校教师出国留学（进修）计划，高校青年骨干教师国内访问学者计划和高校实验技术队伍建设意见等四大教师发展计划；2013 年启动上海市新教师岗前培训计划等教师发展计划，并逐年改进丰富。区域与院校在教师发展上打配合战并逐年调试改进，有计划有步骤地制定、调适区域内教师发展相关政策和教师发展工作，使院校发展与区域发展以教师质量提升为核心形成有深远意义的互动。超越产地项目合作等时间短、效果显现快的互动，这种教师发展方面的互动合作为校地发展奠定了更为坚实、长远的基础。

---

① 皮埃尔·布迪厄，华康德．实践与反思：反思社会学导引［M］．李猛，等，译．北京：中央编译出版社，2004：171.

2. 实施主体：院校自身是应用型大学教师发展的实施主体

教师发展需要以学校为依托，学校的发展也需要以教师发展为基础。① 一方面，从现实状况来看，目前我国高校师资培育体系只能实现应用型大学教师发展任务的部分需求，不具有应用型大学教师发展方面的需求针对性和理念适切性。于是，一些具有办学活动和教师发展意识的应用型院校以教师为发展实施主体，开展具有自身特色的教师发展活动；与此同时，一些教师发展理念模糊，教师发展规划与责任意识不清的应用型院校，教师发展实践的形式化问题严重，教师发展活动几乎没有实质性地展开。两者之间，对比明显。另一方面，从国内外大学教师发展的理念趋势来看，都强调建立起以院校为主体的教师发展体系。从许多国家近年出台的教师发展政策来看，其意旨也是建立以院校为主体的教师发展体系。以院校自身为教师发展的实施主体是大学教师发展的重要趋势之一。

我国原有的高校教师培育体系是政府为主、集中建设培训基地。这种政府主导的培训模式，能较好地保证投入，也有利于高层次师资尤其是行政人员的培训。但集中培训难以照顾到应用型大学教师发展的要求，缺乏针对性，更不能及时解决教师教学中遇到的困难，而且花费也比较大。依托院校开展多样化的教师发展活动的模式，将更能有针对性地提高教师水平，也将更适合当前中国高校发展的实际需要。② 应用型大学需要以自身为教师发展的责任主体，建立教师发展的自觉观念与自觉行为。注重发挥自身在教师发展中的积极作用，从教师来源与教师培育两方面寻求困境突破，使院校自身成为教师发展的主要组织者。

3. 实践载体：应用性生产研发项目是应用型大学教师发展的实践载体

这里的项目不是指一般意义上的教师发展项目，而是来自行业企业的工程技术生产研发项目。一位企业负责人说："我们是以项目为载体来做的，目的是提高技能，以项目为载体来提升教师技能。其要求没有科研项目要求高，但也要求企业签字认可成果。比如环境方面的污水处理厂。他填报的是污水处理的申报书。我们希望教师不是从实验室到实验室，是到实践中去，看看实践当中到底有些什么问题，他们感兴趣解决什么问题。"应用型大学教师发展的价值理念是强调教学能力和实践能力，在应用型大学教学实践中，这两种能力又是高度相关的。拥有丰富的实践经验进而形成独特的教学方法，是应用型高校教师能够有效组织实施教学取得教学成功以及成为优秀的应用型大学教师的关键。企业行业的应用类生产研发工程项目，是应用型大学为教师发展中提供教师发展平台和机会的优良载体，应用型大学的教师发展项目应该与企业行业的工程技术生产研发项目相联结，促进教师发展。例如某一产学研践习项目，是一种为期三个月到一年不等的教师发展项目，按照资历将教师放置到企业行业的技术员或技术研发工程师等真实工作岗位上，对口培训脱产学习，学校教师职称评定也以具有半年或一年以上企业实习经历为硬性评定条件。这种项目的优势是以产教融合为平台契机，以产学研践习项目为典型项目，教师置身于真实的工程或技术生产研发项目和流程中，可以帮助教师从应用型高校教师的角色定位出发，结合自身理论知识与素质，理解并融入真实生产研发情境，获取教学案例经验与素材来反哺教学，提升教学能力与实践能力；使教师在真实而持续的应用型教学情境与工程实践情境中穿插成长，教学与实践互哺，引导成为合格、成熟乃至卓越的应用型大学教师。另外，组织一些短期零散的教师发展项目，如组织教师定期参加工业技术博览会，了解工程技术前沿趋势，应用到教学实际中，对教师扩展专业视野、丰富教学科研内容亦有积极意义。③ 一位应用型院校负责人说："我们的定位是工科见长的学校，学校还是希望能够服务社会；与纵向研究相比，横向研究也更有含金量，更能锻炼人。基于这个定位，科研处考核的时候，横向项目也要求很高，也积极鼓励教师做横向项目。""另一方面，纵向项目，人家也一般不愿意给小学校，不知道你完成完不成。"实际上，这种教师发展策略也是应用型高校寻求"错位发展"的结果之一。

---

① 赵昕．职教改革与发展背景下职业学校专业课教师适应性及其内涵研究——教师专业发展的视角［J］．职业技术教育，2009（34）：49－52.

② 程良宏．经验传承、实践反思与人生教育——论教学活动的三种形态及与教师发展的关系［J］．华东师范大学学报（教育科学版），2014（4）：47－54.

③ 魏晓艳．应用型大学教师发展：目标、困境与突破［J］．大学教育科学，2015（4）：71.

4. 内容重心：实践性教学是应用型大学教师发展的主要内容

实践性教学是应用型大学教师发展的主要内容。首先，作为一种独特的高等教育类型，应用型大学及其教育活动与外部社会之间的互动复杂且紧密于一般高校，应用型大学所承担的高等教育任务及其定位和服务面向也决定了实践性教学是其重心。其次，与研究型大学相比，实践教学是应用型大学教学的重要环节，它需要在理论学习的基础上，通过实践教学环节使学生掌握理论知识是如何被应用于实践的，从而培养学生理论应用于实践的能力。① 教师发展的维度之一是组织发展，发展活动应该以对组织环境深入了解为基底，与组织发展目标相结合，使教师群体发展的方向具有多元化特征，具有共同的行为基质，即与学校以及院系、学科的价值取向和发展方向一致，从而共同实现教师的发展目标与组织目标。应用型大学的教师发展理论作为应用型高等教育理念的下位理念，沿袭了这种价值选择，决定了其教师发展也应以实践性教学为重心，凝练应用型院校教师发展的理念、内涵，形成应用型院校的教师发展方式乃至范式。

5. 主要任务：平台和团队建设是应用性大学教师发展的主要任务

大学教师发展的主要任务包括平台建设、组织建设、活动开展、动力激发以及资源支持等五个主要方面。应用型大学教师发展的任务是整合所有合理的实践资源与激励手段，使应用型大学里所有教师受益其中，并有效激励与促进其获得发展的实践活动。应用型大学教师发展的三个重心是教学、实务和团队建设。其中，平台建设和组织建设是应用型大学教师发展的主要任务。在应用型大学教师发展实践中，应用型大学教师发展平台建设和组织建设毫无疑问能够起到比较强的资源整合和项目整合的作用。从顶层设计上，对教师发展活动起到功能整合的作用。一方面，由于应用型高等教育职能与应用型大学教师角色的高度复杂性，应用型大学教师发展任务的复杂程度也远远超过其他类型的教师发展任务。另一方面，应用型大学的平台相较于知名度高的研究型大学，平台高度较低，决定了必须整合政府、学校各方资源，注重学科和专业平台建设，在平台建设的基础上，推动应用型大学的教师发展实践。以笔者调研的案例区域和案例院校为例，一些省市和应用型大学在薪酬福利分配制度上也为促进应用型大学师资队伍建设做出了调整与改进。一位高校负责人说："过去薪酬福利分配与学生数有关系，现在分配下拨数与教师数有关系，学校的目的是推动师资队伍建设。2002 年以来，学校采用两级分配，学院分配方案交给学校即可。"

三、结语

高校教师发展活动的前提是明确方向。应用型大学教师发展的理论研究和实践探索都表明：对应用型大学教师发展实践而言，理念是教师发展实践的行动方向，方式是教师发展实践的形式基础。明确应用型大学教师发展的实践方向，树立应用型大学教师发展理念是应用型大学教师发展的活动前提。卓越的应用型大学教师发展实践的前提是提炼院校教师发展理念并一以贯之。应用型大学要建立起关于自身教师发展实践的自觉理论和自觉实践，一方面注重在应用型高等教育理论和大学教师发展理论指导下明确对自身教师发展的理解和认识，另一方面，注重在探索改进自身教师发展的实践进程中不断树立教师发展理念，探索教师发展方式，注重培育应用型大学的教学文化和应用型大学教师发展组织建设，培养和提高应用型大学与应用型高等教育职能相适应的教师发展能力，注重应用型大学整合资源和设计、实施与改进教师发展活动等方面的能力。

参考文献

[1] 韩延明．大学理念论纲［M］．北京：人民教育出版社，2003.
[2] 杨安仙，联合国教科文组织关于科学技术活动的分类与定义［J］科学与科学技术管理，1982（5）：

① 李志锋，杨灵．大学教师发展的多样性与实践途径——基于学术职业分层分类的视角［M］．//李妍，赵丽，王立科．国际视野下的教师发展与教师培养研究：理论建构与实践案例．上海：华东师范大学出版社，2013：131.

16－17.
[3] 潘懋元，车如山．略论应用型本科院校的定位［J］．高等教育研究，2009（5）：35－38.
[4] 汪明义．担负时代使命，创建应用型大学［J］．中国高等教育，2014（21）：34.
[5] MD Sorcinelli，AE Austin，PL Eddy，AL Beach. Creating the Future of Faculty Development：Learning from the Past，Understanding the Present［J］. Review of Higher Education，2006，30（30）：85－87.
[6] 皮埃尔·布迪厄，华康德．实践与反思：反思社会学导引［M］．李猛，等，译．北京：中央编译出版社，2004：171.
[7] 赵昕．职教改革与发展背景下职业学校专业课教师适应性及其内涵研究——教师专业发展的视角［J］．职业技术教育，2009（34）：49－52.
[8] 程良宏．经验传承、实践反思与人生教育——论教学活动的三种形态及与教师发展的关系［J］．华东师范大学学报（教育科学版），2014（4）：47－54.
[9] 魏晓艳．应用型大学教师发展：目标、困境与突破［J］．大学教育科学，2015（4）：71.
[10] 李志锋，杨灵．大学教师发展的多样性与实践途径——基于学术职业分层分类的视角［M］．//李妍，赵丽，王立科．国际视野下的教师发展与教师培养研究：理论建构与实践案例．上海：华东师范大学出版社，2013：131.
[11] 夏建国．高等技术教育学［M］．上海：上海交通大学出版社，2011：47－48.

麻省理工学院教师的教学责任及其保障机制

马廷奇　吴佳欣

摘　要：一流本科教育是一流大学的标志。麻省理工学院（MIT）将教学责任作为教师基本的学术责任。MIT教师的教学责任主要体现在持续推进教学改革、教研结合、追求质量卓越等三个方面，并通过教师聘任与薪酬制度的激励、教学支持机构的保障、教学评价制度的导向以及教学文化的熏染予以保障和落实。

关键词：麻省理工学院；学术责任；教学责任

按照学术界的共识，大学具有人才培养、科学研究、社会服务三大职能。大学职能与大学责任是同一事物的两个方面，大学职能的发挥程度在本质上是其责任履行状况的反映。大学承担什么样的社会职能，也就意味着大学必须履行什么样的学术责任。教师作为大学这个学术组织的主体，承担着教学责任、科研责任、社会服务责任等。但"大学对社会承担学术责任的核心途径是教师的工作。……大学教师通过承担他们的学术责任来履行他们所在的机构对社会的责任"。①而在社会对当代大学的许多期望中，"最重要的就是能够教好学生"。②因此在教师的众多学术责任中，教学责任是最基本的责任。本文以麻省理工学院为例，分析其关于教师教学责任的规定及其保障机制，以期对我国大学教师教学责任机制建设提供参考与借鉴。

一、教学责任：MIT教师最基本的学术责任

责任是"由一个人的资格（作为人的资格或作为角色的资格）和能力所赋予，并与此相适应的完成某些任务以及承担相应后果的法律和道德要求"。③大学教师的学术责任是指教师在学术活动中依照大学章程或相关制度而必须遵循的行为规范或职责体系。2016年英国《泰晤士报高等教育副刊》（Times Higher Education）公布的世界大学排名榜，麻省理工学院（Massachusetts Institute of Technology，MIT）位列第五，是世界公认的一流研究型大学。MIT在150多年的办学历程中，之所以能够培养出诸多行业精英及领袖人才，享有"理工大学之父"的美名，与MIT追求卓越本科教育的理念，以及强化教师的本科教学责任密切相关。MIT的教职工分为多种类型，包括"Faculty""Staff""Academic staff""Research staff"等，不同类型教职工承担的学术责任不尽相同。本文的研究对象为承担教学任务的"Faculty"。④

依据MIT主页教师板块的相关制度及规程，MIT教师的学术责任主要包括教学责任、研究责任、服务责任。⑤其中，教学责任是MIT教师最基本的学术责任。MIT最初由工程技术学院发展成为世界一流大学，尽

马廷奇，博士，武汉理工大学教育科学研究院副院长、教授，主要从事高等教育理论与政策、大学教学改革研究；吴佳欣，武汉理工大学教育科学研究院硕士研究生，从事高等教育管理研究。

① 唐纳德·肯尼迪．学术责任［M］．北京：新华出版社，2002：19.

② 唐纳德·肯尼迪．学术责任［M］．北京：新华出版社，2002：79.

③ 谢军．职责论［M］．上海：上海人民出版社，2007：29.

④ MITPolicies&Procedures：Introduction［EB/OL］．http：//web. mit. edu/policies/intro/index. html，2016－07－09.

⑤ Faculty Rights and Responsibilities［EB/OL］．http：//web. mit. edu/policies/4/4. 1. html，2016－07－08.

管其组织活动越来越复杂，但人才培养仍然是其基本的活动方式。正如唐纳德·肯尼迪所言，世界著名大学“不管它们位于何处，不管它们的规模有多大，或者它们的声誉有多高，所有的大学机构都有，或者应该有一种共同的东西——教育学生的基本使命”①。也就是说，教学或人才培养是大学的核心任务，大学教师不仅要完成研究任务，而且还要恪守教学或人才培养的主体性职责。MIT 将教师的教学责任置于诸多学术责任中基础性位置，并与其他两大学术责任互相促进、互相协调，造就了 MIT 世界一流大学的卓越地位。

首先，MIT 教师的研究责任是以教学责任为依托且二者有机统一，并通过推行以研究为本的本科教学模式得以体现。“教学与科研的统一在实践中是两个层次的问题，一是大学具有教学与科研两大职能，二是大学的职能要靠教师来实现，而其目标都是为了实现大学的根本目的——人才培养。”② 因此，对教师教学责任的强调是实现“教学与科研相统一”理念的关键。“科研和教学能够整合，而且对彼此都有好处。科研本身就是一个效率很高的教学形式。”③ 也就是说，科研活动可以作为一种教学形式，这种教学形式同样也体现了 MIT 教学体系的基本特征。例如，MIT 在本科生培养模式上采取以研究为基础的教学方法，开创了教育体系中“寓教于研”的先河，这种本科生培养模式提供的不是传统课程教学模式，而是将教学与研究融为一体，重视激发学生的创新意识，培养学生的动手能力，锻炼学生坚毅的性格品质。④

其次，MIT 教师的教学责任是履行服务责任的前提，也是提升服务质量的保障。作为一所现代大学和社会公共机构，MIT 肩负为学生、校友、行业、学术界、社会服务的责任。作为责任体系的一部分，MIT 力图服务于大学和整个国家，当大学和国家有迫切的需要时，MIT 会在不影响大学主要功能的基础上，通过其教师、通过设施的使用以及资源的管理来承担相应的责任。⑤ 也就是说，MIT 的教师履行服务责任，必须在不影响教学责任的前提下进行。教师应及时向教务长通报自己的校外服务活动，以便教务长能够根据学院有关规定判断这些活动是否有教育意义，且教学人员须每年向所在学院院长汇报其外部学术活动。如因校外服务活动而影响校内的教学、科研工作，就会影响院系对其继续聘用的决策。⑥ 1980 年 9 月，MIT 第 14 任校长保罗·爱德华·格雷在其就职演说中强调，“科学技术应重新成为为社会服务的有利因素，它能够使人们更加有效地为社会服务”⑦。这就需要培养更多掌握科学技术的人才，从而以更有效的方式为社会服务。自建校以来，MIT 为美国社会的发展与进步培养了大量科学技术人才，使得 MIT 赢得了联邦政府和工商业界的广泛支持，也赢得了社会的广泛赞誉。教师教学作为 MIT 培养科技人才的主渠道，意味着教学成效十分出色的教师，其在引导和培养学生参与社会服务方面也更富有效率。

再次，MIT 在历史发展过程中一直重视教师教学责任，以及教学责任与其他学术责任的协调。这在 MIT 历任校长的办学理念中得以体现，MIT 的创始人威廉·罗杰斯校长注重打造优秀师资队伍，丰富教学内容与教学方法，提升教学质量。弗朗西斯·沃克校长强调教师教学应与时俱进。理查德·科克伯恩·麦克劳林校长表示 MIT 的教育教学应该与联邦政府和工商业界加深联系。詹姆斯·赖恩·吉利安校长大力提倡教师加强人文社会科学教育以及跨学科教育，等等。⑧ 此外，MIT 首任校长罗杰斯希望建立一所与时代与国家需求相适应的新型而又独立的教育机构，他相信通过教学和研究相结合，以及关注现实世界问题是培育学生专业技能的最佳方式。⑨ 罗杰斯院长在建校的时候就将学校的办学宗旨定为“教学工作与科研活动相结合”；“学校

---

① 唐纳德·肯尼迪．学术责任［M］．北京：新华出版社，2002：32.

② 生云龙．高校实现“教学与科研统一”理念的制度选择［J］．现代大学教育，2011（6）：66－69.

③ 伯顿·克拉克．探究的场所—现代大学的科研和研究生教育［M］．王承绪，译．杭州：浙江教育出版社，2001.

④ 史静波．美国研究型大学本科生培养模式研究——以麻省理工学院为例［D］．大连：大连理工大学高等教育研究院，2007.

⑤ Mission and Objectives［EB/OL］. http：//web. mit. edu/policies/1/1. 1. html，2016－07－10.

⑥ Outside Professional Activities［EB/OL］. http：//web. mit. edu/policies/4/4. 5. html，2016－07－10.

⑦ 肖咏梅，曾晓萱．80 年代 MIT 校长保罗·格雷的教育思想［J］．清华大学教育研究，1994（1）：99－103.

⑧ 王凤玉，欧桃英．麻省理工学院校长办学理念与大学制度演进［J］．沈阳师范大学学报（社会科学版），2014（4）：143－147.

⑨ 于歆杰．麻省理工学院教育教学考察报告——感受篇［J］．电子电气教学学报，2004（12）：8－11.

教育与社会需要相联系”；“基础科学与应用科学并重”。① 这一理念体现了 MIT 对教师教学责任的重视，以及对教学责任与科研责任相结合的强调。时至今日，虽然 MIT 更换了 17 任校长，但始终坚持着建校时的宗旨和原则。在 MIT 主页的“Faculty”板块，汇聚着丰富的网络教学资源，设有教师与学生互动交流平台、教师教学活动行为指南，以及人事制度和教师权责的相关规定。这些配套设施与制度是教师履行教学责任的制度保障和资源平台。

二、教学改革、教研融合、追求卓越：MIT 教师教学责任的内在要求

本科教学是 MIT 的中心工作，是其人才培养的基础性工程。从系统论与过程论角度来看，教学既是涉及众多因素的系统工程，也是不断发展变化的过程。一流本科确立了 MIT 在世界范围内的一流大学地位，而一流本科是由 MIT 教师的教学责任来保障的。在实践中，MIT 教师的教学责任主要体现在持续推进教学改革、实施研究型教学及保障卓越的教学质量等三个方面。

（一）持续推进教学改革

MIT 在长期发展过程中重视教学改革，重视教师在教学过程中的作用与角色。MIT 的发展历程表明，其工程教育改革分为三个阶段：面向工程实践的单纯技术学院阶段（1861—1939 年），重视科研和学术的研究型大学阶段（1940 年—20 世纪 70 年代），回归工程实践的综合性大学阶段（20 世纪 80 年代至今），且每一个阶段都伴随着一次重大的教学改革。面向工程实践的单纯技术学院阶段，在实用主义理念指导下倡导“技术范式”的教学改革；重视科研和学术的研究阶段，在科学主义理念指导下倡导“研究范式”的教学改革；回归工程实践的综合性大学阶段，在大工程观理念指导下倡导“综合范式”的教学改革。② 纵观 MIT 的工程教育改革过程，MIT 的教学改革涉及到教学内容改革、教学方法改革以及教学技术改革，这也是教师履行教学责任的着力点。

在教学内容方面，MIT 要求教师不得割裂学科之间的联系，注重通识课程、交叉课程、人文社科类课程在课程教学体系中的地位。罗杰斯院长在 1865 年建校之初为学院规定的宗旨之一便是“提供一般的教育，使其在数学、物理、自然科学、英语和其他现代语言以及心理学和政治学的基础上，为学生在毕业后能适应任何领域的工作做好准备”③。同时，MIT 要求教师通过课程教学及课外实践教学培养学生的创新思维、批判思维，以及在解决问题过程中获得真知的能力。④ 为此，MIT 打破学科壁垒，设置学科共融的交叉学科活动项目，力求为学生提供开阔的培养环境，以多元化的培养方式促进跨学科人才的成长。⑤ 同时，MIT 教学内容改革一直强调人文、艺术与社会科学（Humanities，Arts，and Social Sciences，HASS）课程在人才培养中的作用，要求本科生修满八门指定的 HASS 课程，同时规定在修完该类课程之前，每学期至少选修一门 HASS 课程。⑥ 教师通过 HASS 课程教学，帮助学生了解人类社会的传统与体系，弥补学生认知世界的已有方法论的不足与局限。

在教学方法层面，强调教师教学方法的多样化。其一，开设 MIT 教师特别重视研讨班（Seminar）、小课辅导（Tutorial）等小班课教学。这种带有研究性教学的方式有利于调动学生学习积极性、主动性和创造性，有利于培养学生的创新思维品质。其二，注重培养学生动手能力。Mind And Hand（手脑并用）既是 MIT 的

---

① 史静波．美国研究型大学本科生培养模式研究——以麻省理工学院为例［D］．大连：大连理工大学高等教育研究院，2007.

② 莫甲凤．基于耦合系统理论分析 MIT 工程教育的三次教学改革［J］．高等工程教育研究，2015，(5)：108 - 114.

③ 郜承远，刘宁．麻省理工学院［M］．长沙：湖南教育出版社，1995.

④ Undergraduate Education at MIT［EB/OL］. http：//due. mit. edu/undergraduate - education - mit/what - undergraduate - education - mit，2016 - 08 - 15.

⑤ MIT Interdisciplinary Programs［EB/OL］. http：//catalog. mit. edu/interdisciplinary/，2016 - 07 - 21.

⑥ The HASS Requirement：About the Requirement［EB/OL］. http：//web. mit. edu/hassreq/，2016 - 07 - 21.

校训，也是课程教学模式。MIT 一直保持这样一门经典课程：老师发给学生一个装满弹簧、电机等元件的箱子，要求学生用箱子里的零件自行设计安装一台机器。① MIT 通过实验和实践教学模式培养了大批富有想象力和创造力的人才。

在教学技术层面，强调教师紧跟教育技术变革的步伐。正如 MIT 第 15 任校长查尔斯·维斯特所言："现在，我们获得了一个重大的机遇，就是通过互联网来促进知识的构思、形成和组织过程，并将其用之于教学。"② 2012 年 5 月，MIT 和哈佛大学联合推出非营利性网站 edX，并开设大规模在线开放课程（MOOCs）。MIT 现任校长拉斐尔·莱夫认为，MOOCs 在线学习平台的开创将会对世界产生深远影响。③ 教学技术创新是当代高等教育发展的大势所趋，MIT 作为 MOOCs 三大平台之一——edX 的开创先驱，教师的作用不可或缺。MIT 教育技术变革迫使教师重新思考教育过程。采用新的教育技术的教师坚信自己已经变得更为优秀——这不是因为他们的技术能力获得了多大提高，而是因为教学设计过程迫使他们以新的方式思考旧的技术。④ MIT 要求教师勤于学习数字化教学工具，乐于借助在线教学平台分享教学经验，善于与学生以及其他教师互动交流。

（二）寓教于研、教研结合

MIT 教师在教学中秉持"寓教于研"的教学责任理念，研究性教学成为 MIT 本科教学的主要特色。具体而言，MIT 通过开展一系列师生共同参与的项目课程活动，将教学与研究相结合，促使寓教于研的理念转化为实践层面的教学行动。项目课程活动是以研究为基础的教学活动，包括本科生研究机会方案（Undergraduate Research Opportunity Program，UROP）地球研究（Terrascope）、实验性学习小组（Experimental Study Group，ESG）、媒体艺术与科学新生计划（Media Arts and Science Freshman Program，MAS）、工程实习项目（Engineering Internship Program，EIP），等等。⑤ 此类活动在 MIT 的教学体系中的作用，不同于课堂传授知识，而是更看重在研究过程中给予学生启发与激励，重视学生在教学中的主动参与。在此过程中，MIT 强调教师与学生建立平等的、互为伙伴的关系，强调教师的教学责任与自律。

MIT 第 10 任校长康普顿指出，"教育必须把学生的兴趣刺激起来"，而"研究对于学生而言的一个优势是刺激兴趣"。⑥ 对教师的角色而言，关键在于增加与学生在教学与研究中的交流，调动学生学习的积极性，变被动学习为主动学习。MIT 鼓励教师与学生共同参与学术活动与非学术活动，与学生分享自身的知识与经验，以此加深对学生的了解。每年 1 月，MIT 为师生交往互动设立了为期四周的"独立活动期"（Independent Activities Period，IAP），在这期间，学生可以选择与教师一起制订研究计划，或参加学校已安排好的 IAP 活动，包括非学术活动和学分课程。MIT 鼓励教师在 IAP 期间设置新的主题，以新颖的方式呈现经典课程，研究新的教学方法，或基于学生兴趣开展活动。⑦ 在这个过程中教师与学生之间彼此交流互动，从而达成共识、共享、共进以及教学相长的目标。正如在 1998—1999 学年度的校长报告中，查尔斯·维斯特曾写道："学院和大学既通过他们的课程来教学，更通过他们的行动来教学"。⑧

（三）追求卓越的教学质量

首先，MIT 要求教师必须完成规定的教学工作量，MIT 在教师聘任规定中要求兼职教授和实习教授、兼

① 眭依凡．大学：如何培养创新型人才——兼谈美国著名大学的成功经验［J］．中国高教研究，2006（12）：3－9．

② 查尔斯·维斯特．麻省理工学院如何追求卓越［M］．蓝劲松，译．北京：北京大学出版社，2013：180．

③ MITx on edX（MOOCs）［EB/OL］．http：//odl. mit. edu/beyond－campus/mitx－edx－moocs，2016－07－21．

④ 查尔斯·维斯特．麻省理工学院如何追求卓越［M］．蓝劲松，译．北京：北京大学出版社，2013：192．

⑤ MIT Faculty Resources［EB/OL］．http：//web. mit. edu/faculty/teaching/index. html，2016－07－19．

⑥ Karl T · Compton. Specialization and Cooperation in Scientific Research. ［J］. Science，New Series，Vol. 66，NO. 1715（Mar. 11，1927）：435－436．

⑦ Independent Activities Period［EB/OL］. http：//web. mit. edu/policies/4/4. 1. html#sub3，2016－07－19．

⑧ 查尔斯·维斯特．麻省理工学院如何追求卓越［M］．蓝劲松，译．北京：北京大学出版社，2013：213．

职副教授和实习副教授每学年至少担任一门主要课程。① 诺贝尔奖获得者、院士等顶尖教授一般每学期也要给本科生讲授1～2门课程。② 其次，MIT要求教师教学必须强调培养学生的领导才能、公共责任感与专业实践能力，致力于培养造就公民成为工业、政府和教育部门的领导人才；增进学生工程专业知识基础，并对未来工程教育及其实践发挥方向性的影响。③ MIT在本科教育学术课程计划中规定，学生除了具备其在特定领域的专业技能之外，也期待他们具有更高的领导才能。④ MIT第6任校长亨利·史密斯·普利切特强调："所有在大学中受教育的人都应该清晰地意识到，在训练智力的同时必须培育公共责任感，服务公众的勇气和热情、爱国情操等，比学业上毕业和智力上优秀更为重要。"⑤ 从教师层面而言，MIT要求教师要使每位学生精通基础学科，拥有开阔的视野，获得学习动机，掌握学科知识以及自立精神；致力于为学生提供自由而专业化的教育，使学生获得正确的道德观，作为公民的责任感，以及对人的基本理解和领导力所需的知识。⑥ 另外，MIT要求教师积极参与产学合作计划，这不仅有助于MIT教师获取丰富的教学案例、提高课程水准，而且有助于为社会培养解决现实问题的实践型人才。⑦ 目前，有超过750家公司与MIT的教师与学生保持牢固而适当的科研合作关系，其中不乏行业领袖公司，例如英国石油公司、美国波音公司、杜邦、福特汽车、谷歌、英特尔、三星、西门子等。⑧ MIT要求教师参与企业合作项目必须以学生的教育为中心，充分发挥项目合作中实践教学的育人功能。

三、制度、机构、文化：MIT教师教学责任的保障机制

MIT教师的教学责任不仅依赖于学校本科教育理念以及教学责任的规定，而且还通过教师聘任与薪酬激励、教学服务机构支持、教学评价导向，以及教学文化熏染保障教师履行教学责任。

（一）教师聘任与薪酬制度的激励

和其他多数美国高校一样，MIT实行终身聘任制与任期聘用制相结合的教师管理制度。首先，MIT对终身制教师即专任教师任用主要考察该候选人能否为学院的教学做出贡献，以及在同行评议中是否出色；教师晋升需要学院和校外同行对该教师的教学表现、研究能力、职业发展潜力与服务贡献进行综合评估。⑨ 非终身教职教师的任用合同单次最长不能超过5年，允许多次续聘，但是在同一级别内的任期总和不能超过8年。MIT教师在聘任合同到期的前一年会受到连任审查，主要考察在教学与科研方面的成就和进展。审查考核通过后，学院会向系主任递交连任推荐；若未通过审查，院系则在合同到期之时终止对该教师的聘任，即

---

① MIT Policies & Procedures：Academic Instructional Staff Appointments [EB/OL]. http://web.mit.edu/policies/2/2.3.html，2016－07－12.

② 教育部科技司研究型大学建设模式考察团. 美国和加拿大部分研究型大学建设模式的考察报告 [J]. 研究与发展管理，2003（2）：108－114.

③ 别敦荣，李晓婷. 麻省理工学院的发展历程、教育理念及其启示 [J]. 高等理科教育，2011（2）：52－60.

④ Undergraduate Education：Academic Programs [EB/OL]. http://catalog.mit.edu/mit/undergraduate－education/academic－programs/，2016－07－23.

⑤ Henry Smith Pritchett：Fifth President of the Massachusetts Institute of Technology [EB/OL]. http://libraries.mit.edu/archives/exhibits/inaugurations/pritchett.html，2016－07－23.

⑥ Mission and Objectives [EB/OL]. http://web.mit.edu/policies/1/1.1.html，2016－07－10.

⑦ Industrial Liaison Program：For MIT Faculty [EB/OL]. http://ilp.mit.edu/mit－faculty.jsp，2016－08－15.

⑧ MIT Industry Guide：Collaboration with Industry [EB/OL]. http://web.mit.edu/industry/industry－collaboration.html，2016－07－23.

⑨ 戴如月，喻恺. 麻省理工学院专职科研人员与专任教师的对比研究 [J]. 湖南师范大学教育科学学报，2013（7）：70－75.

"非升即走"。① MIT还专门设立了"荣誉教师"计划，以奖励MIT本科教学工作做出杰出贡献的教师。荣誉教师的评定与其他教授的评审具有等同的权威，且在10年的时间里享有可自行自配的学者津贴。②

此外，MIT的薪酬制度为教师履行教学责任提供了经济层面的激励。MIT全职教师的薪酬由学校通过年薪计划（Annual Salary Plan）发放。全职教师通常需要在秋季学期和春季学期（从当年的9月1日到第二年5月31日，包括IAP期间）共9个月的时间里履行教学与科研的职责，才能依据年薪计划全年每个月都分配到薪酬。对于在夏季基于学院需要仍需执行教学任务的教师，可在年薪基础上额外获得最高达两个月的薪酬，这两个月的额外月薪标准为该名教师的年薪除以9所得的金额。③ MIT的薪酬制度保障教师在常规学期内正常履行教学责任，保质保量完成教学任务。同时，通过支付额外薪酬，吸引教师在非常规学期内满足学院对教学工作的需求。MIT教师的聘任、晋升、薪酬制度皆突出履行教学责任的重要性。如果教师未达到教学要求，则可能被终止聘任或无法正常获得规定的年薪。

（二）教学支持机构的保障

组织支撑是MIT教师履行教学责任、提升教学质量的制度保障，学校设有课程与教师支持办公室、教学实验室、数字化学习办公室等教学支持机构。首先，课程与教师支持办公室（Curriculum & Faculty Support，CFS）的使命是协助教师开发和协调本科课程和教育规划，为教师组织教学过程提供支持，以及为教师提供本科教育的相关信息资源，搭建教师与院系、管理部门的沟通与交流平台。该机构与本科生教务长办公室下属的本科教育委员会等机构密切合作，帮助教师为学生提供最好的教育。④ 其次，教学实验室（Teaching and Learning Laboratory，TLL）其宗旨是使教师与TLL其他成员共同建立一种学习环境，使学生可以接受学术上的挑战、参与课内外活动以及使学生得到个人支持。该组织的职责包括分享基于研究的教学经验，传播和倡导以学生为中心的教育理念，以及收集教学改革与学生评价的数据从而为教师提供建设性的反馈信息。⑤ 最后，数字化学习办公室（Office of Digital Learning，ODL）是师生获取在线教育和数字化教学资源的平台，ODL也为教师获得和分享在线教育经验提供机会和技术咨询服务。⑥

（三）教学评价体系的导向

MIT对教师的教学表现和教学质量进行全方位的评价，包括对教师所承担课程的评价以及定期的学生评教，评价目的是测量教学效果，并以此判断教师教学责任履行状况。由MIT教学实验室开展的教学评价涉及课程、院系和学校3个层面，内容涵盖新生与毕业生调查、通识教育技能标准化测试、学科知识标准化测试等多个方面；评价工作包括8个步骤，即识别潜在预期学习结果、提出研究问题、进行研究设计、选择抽样框、选择适合的数据收集方法、研制测量工具、选择适合的数据分析技术、沟通和发布研究结果。⑦ 学生对教学质量评价工作由课程和教师支持办公室负责实施，学生评教是其重点内容之一，一般在期中和期末2个时段开展。评价工具以网络问卷的形式开展，如在线课程评价问卷（MIT Online Subject Evaluation）分科学与工程和人文、艺术与社会科学2张问卷，内容包括教学质量、影响学习的因素、学习效果和开放题等一级指

---

① Search，Appointment，and Promotion Process for Faculty［EB/OL］. http：//web. mit. edu/policies/3/3. 1. html，2016－08－10.

② 查尔斯·维斯特．麻省理工学院如任何追求卓越［M］．蓝劲松，译．北京：北京大学出版社，2013：30.

③ MIT：Annual Salary Plan［EB/OL］. http：//web. mit. edu/policies/4/4. 2. html，2016－08－10.

④ Curriculum & Faculty Support：Welcome to Curriculum & Faculty Support［EB/OL］. http：//web. mit. edu/facultysupport/，2016－08－09.

⑤ Teaching and Learning Laboratory：About TLL［EB/OL］. http：//tll. mit. edu/，2016－07－10.

⑥ Office of Digital Learning：For MIT Faculty［EB/OL］. http：//odl. mit. edu/mit－faculty，2016－08－10.

⑦ 崔军．世界高水平大学教师教学发展运行机制探析——基于麻省理工学院的案例研究［J］．扬州大学学报（高教研究版），2014（10）：24－28.

标，下设若干二级指标；另一类是用反馈表（Feedback Sheet）和模糊卡片（Muddy Cards）进行随堂评价。① 此外，由 MIT 优秀教师组成的教授会对学校各科教学质量进行监督，针对教学过程提出改进建议。一系列的教学评价彰显 MIT 对教师教学工作的重视，客观上起到了督促教师履行教学责任、优化教学过程的作用。

（四）教学文化氛围的熏染

MIT 教师对自身教学责任的坚持不怠与热情，与 MIT 历史发展过程中形成的“本科教学为重、学生学习为先”教学文化氛围息息相关。其一，教师对教学责任的坚持以及师生共建的研究性教学氛围，形成了教师重视培养学生创新思维、批判思维，从解决问题中学习，以及为学生在未来社会承担领导角色而教学的文化氛围。其二，多元知识融合与创新性的学习氛围。科学与工程作为 MIT 教学文化的基础元素，与人文、艺术与社会科学等学科一起组成了 MIT 本科教育的底色。在这样的文化氛围中，学生得以在教师引导下养成以多种模式与方法分析和解决问题的视角，以及形成通过多元化、跨学科知识激发创新思维，保持专业领域卓越地位的学习氛围。其三，强调合作学习与培养学生领导力。MIT 强调学生在研究与设计过程中合作的重要性，教师鼓励学生之间基于不同知识与视角的碰撞以及团队合作；MIT 本科教育鼓励学生在全球化发展中扮演领导角色，强调学习的远见与抱负，重视社会公德与责任心培养。② 曾任校长查尔斯·维斯特认为，在 MIT 有一种观念深入人心：“本科课程和教育构成学校的核心，这也是使 MIT 在全国和世界上居于领导地位的关键所在。然而，MIT 对保持教学优秀，更新课程，再生活力必须予以高度重视。”③ 从根本上来说，MIT 的世界一流根源于本科教育的一流，而本科教育的一流则根源于教师对本科教育的坚守，以及由此而生的教学文化。

参考文献

[1] 唐纳德·肯尼迪．学术责任［M］．北京：新华出版社，2002.

[2] 谢军．职责论［M］．上海：上海人民出版社，2007.

[3] MITPolicies&Procedures：Introduction［EB/OL］．http：//web. mit. edu/policies/intro/index. html，2016 - 07 - 09.

[4] Faculty Rights and Responsibilities［EB/OL］．http：//web. mit. edu/policies/4/4. 1. html，2016 - 07 - 08.

[5] 生云龙．高校实现“教学与科研统一”理念的制度选择［J］．现代大学教育，2011（6）：66 - 69.

[6] 伯顿·克拉克．探究的场所—现代大学的科研和研究生教育［M］．王承绪，译．杭州：浙江教育出版社，2001.

[7] 史静波．美国研究型大学本科生培养模式研究——以麻省理工学院为例［D］．大连：大连理工大学高等教育研究院，2007.

[8] Mission and Objectives［EB/OL］．http：//web. mit. edu/policies/1/1. 1. html，2016 - 07 - 10.

[9] Outside Professional Activities［EB/OL］．http：//web. mit. edu/policies/4/4. 5. html，2016 - 07 - 10.

[10] 肖咏梅，曾晓萱．80 年代 MIT 校长保罗·格雷的教育思想［J］．清华大学教育研究，1994（1）：99 - 103.

[11] 王凤玉，欧桃英．麻省理工学院校长办学理念与大学制度演进［J］．沈阳师范大学学报（社会科学版），2014（4）：143 - 147.

[12] 于歆杰．麻省理工学院教育教学考察报告——感受篇［J］．电子电气教学学报，2004（12）：8 - 11.

[13] 莫甲凤．基于耦合系统理论分析 MIT 工程教育的三次教学改革［J］．高等工程教育研究，2015，（5）：108 - 114.

① MIT Online Subject Evaluation［EB/OL］．http：//web. mit. edu/subjectevaluation/，2016 - 07 - 10.

② MIT，Report of the Task Force on the Undergraduate Educational Commons［R］．MIT Press，2006：18.

③ 查尔斯·维斯特．麻省理工学院如任何追求卓越［M］．蓝劲松，译．北京：北京大学出版社，2013：29.

[14] 郜承远，刘宁．麻省理工学院［M］．长沙：湖南教育出版社，1995.
[15] Undergraduate Education at MIT［EB/OL］. http：//due. mit. edu/undergraduate - education - mit/what - undergraduate - education - mit，2016 - 08 - 15.
[16] MIT Interdisciplinary Programs［EB/OL］. http：//catalog. mit. edu/interdisciplinary/，2016 - 07 - 21.
[17] The HASS Requirement：About the Requirement［EB/OL］. http：//web. mit. edu/hassreq/，2016 - 07 - 21.
[18] 眭依凡．大学：如何培养创新型人才——兼谈美国著名大学的成功经验［J］．中国高教研究，2006（12）：3 - 9.
[19] MITx on edX（MOOCs）［EB/OL］. http：//odl. mit. edu/beyond - campus/mitx - edx - moocs，2016 - 07 - 21.
[20] Karl T·Compton. Specialization and Cooperation in Scientific Research.［J］. Science，New Series，Vol. 66，NO. 1715（Mar. 11，1927）：435 - 436.
[21] Independent Activities Period［EB/OL］. http：//web. mit. edu/policies/4/4. 1. html#sub3，2016 - 07 - 19.
[22] MIT Policies & Procedures：Academic Instructional Staff Appointments［EB/OL］. http：//web. mit. edu/policies/2/2. 3. html，2016 - 07 - 12.
[23] 教育部科技司研究型大学建设模式考察团．美国和加拿大部分研究型大学建设模式的考察报告［J］．研究与发展管理，2003，（2）：108 - 114.
[24] 别敦荣，李晓婷．麻省理工学院的发展历程、教育理念及其启示［J］．高等理科教育，2011（2）：52 - 60.
[25] Undergraduate Education：Academic Programs［EB/OL］. http：//catalog. mit. edu/mit/undergraduate - education/academic - programs/，2016 - 07 - 23.
[26] Henry Smith Pritchett：Fifth President of the Massachusetts Institute of Technology［EB/OL］. http：//libraries. mit. edu/archives/exhibits/inaugurations/pritchett. html，2016 - 07 - 23.
[27] Mission and Objectives［EB/OL］. http：//web. mit. edu/policies/1/1. 1. html，2016 - 07 - 10.
[28] Industrial Liaison Program：For MIT Faculty［EB/OL］. http：//ilp. mit. edu/mit - faculty. jsp，2016 - 08 - 15.
[29] MIT Industry Guide：Collaboration with Industry［EB/OL］. http：//web. mit. edu/industry/industry - collaboration. html，2016 - 07 - 23.
[30] 戴如月，喻恺．麻省理工学院专职科研人员与专任教师的对比研究［J］．湖南师范大学教育科学学报，2013（7）：70 - 75.
[31] Search，Appointment，and Promotion Process for Faculty［EB/OL］. http：//web. mit. edu/policies/3/3. 1. html，2016 - 08 - 10.
[32] 查尔斯·维斯特．麻省理工学院如任何追求卓越［M］．蓝劲松，译．北京：北京大学出版社，2013.
[33] MIT：Annual Salary Plan［EB/OL］. http：//web. mit. edu/policies/4/4. 2. html，2016 - 08 - 10.
[34] Curriculum & Faculty Support：Welcome to Curriculum & Faculty Support［EB/OL］. http：//web. mit. edu/facultysupport/，2016 - 08 - 09.
[35] Teaching and Learning Laboratory：About TLL［EB/OL］. http：//tll. mit. edu/，2016 - 07 - 10.
[36] Office of Digital Learning：For MIT Faculty［EB/OL］. http：//odl. mit. edu/mit - faculty，2016 - 08 - 10.
[37] 崔军．世界高水平大学教师教学发展运行机制探析——基于麻省理工学院的案例研究［J］．扬州大学学报（高教研究版），2014（10）：24 - 28.
[38] MIT Online Subject Evaluation［EB/OL］. http：//web. mit. edu/subjectevaluation/，2016 - 07 - 10.
[39] MIT，Report of the Task Force on the Undergraduate Educational Commons［R］. MIT Press，2006：18.

高职院校教师专业化发展路径探索与实践

——以重庆城市管理职业学院为例

任　波

摘　要：高职院校教师的专业化发展是提高教学质量的重要保障，但是目前，我国国家层面的高职院校教师专业化发展存在专业标准不健全，高职教师资格认定程序不规范，职前职后的培养培训不贯通等问题。重庆城市管理职业学院高职院校教师专业化发展中创新了在学校和企业培养一体化、国内和国外培训常态化、教学改革和技术服务相结合、团队建设与自主研修相统一和教师专业化发展体制机制建设的路径，不断提升教师队伍的专业化水平。

关键词：高职院校教师；专业化发展；路径

一、高职院校教师专业化发展的内涵分析

1966年联合国教科文组织（UNESCO）和世界劳工组织（ILO）联合发表《关于教师地位的建议》，指出“教师工作应被视为一种专门职业。它要求具备经过严格而持续不断的研究才能获得并维持专业知识与专门技能的公共业务；它要求对所辖学生的教育与福利拥有个人的及共同的责任感”。这是人类历史上第一次把教师职业定位于专门的职业。1996年第45届国际教育大会在《加强教师在多变的世界中的作用之教育》进一步指出“在提高教师地位的整体政策中，专业化是最有前途的中长期策略”，再次将教师专业化提到了显而易见的重要位置。

世界各国对教师专业化都非常重视，特别是20世纪80年代以来，对教师“专业化”的探索达到了空前的高度。在美国，围绕教师“专业化”的教师教育改革兴起了两大浪潮。这两次浪潮的焦点分别是教育的“卓越性”和教师的“专业化”。在这两次浪潮中，越来越多的美国人意识到教育改革成败的关键在于教师。在日本，从“专业化”观念的确立到制度的落实经历了20年。许多国家都非常重视制定和完善职业教育教师的专业发展标准。澳大利亚职教教师专业发展标准包括5个方面内容：教学内容、教学实践、学生学习的评估和报告、与学校所在社区的相互作用和职业要求。美国职教教师专业发展标准内容包括为所有学生服务的观念以及为了解学生需求而使用系统化的评估方法、与企业建立合作伙伴关系并学会与其他学科的职教教师等开展合作等13个方面的要求。德国职校的专业教师主要由高等职业技术师范学院培养，既要掌握相当熟练的专业技能，又必须具备宽厚扎实的专业理论功底。高等职业技术师范学院的学生毕业后，不能直接任教，还必须参加国家组织的第一次职业技术教师资格考试。芬兰职教师资需要达到教学策略方法、教学发展、教学科研、项目合作等6大能力模块要求。印度尼西亚职教教师的专业发展标准包括普通知识、教学能力、经济和专业等方面的能力，并为此推出了应用于职业教育的技能护照。瑞典规定职教教师也应有类似的从事职业的合格证书，并要求有7年以上相关企业工龄以及具有将自己的知识和技能传授给学生的能力等。我国1993年颁布的《教师法》首次以国家法律的形式明确规定国家实行教师资格制度。2001年教育部颁发

任波，博士，重庆城市管理职业学院党委书记、二级教授，主要从事公共经济学、高等职业教育管理等研究。

《〈教师资格条例〉实施办法》，开始全面实施教师资格认证制度。

高职院校教师专业化的基本含义是：(1) 教师专业既包括学科专业性，也包括教育专业性，更包括职业性和实践性。国家对教师任职既有规定的学历标准，也有必要的教育知识、教育能力和职业道德的要求。(2) 国家有高职教师教育的专门机构、专门的教育内容和措施。(3) 国家有对高职教师资格和教师教育机构的认定制度和管理制度。(4) 高职教师专业化是一个发展的概念，既是一种状态，又是一个不断深化的过程。高职院校教师专业发展的基本内涵是指为提高教育教学质量，改进教育教学方式等，教师在外部有计划、有组织的教育基础上，个体进行的主体发展设计、主动学习和自我修炼的专业提升活动。也就是说，高职院校教师专业发展是教师在特定的教育教学情境中，为有效地开展职业教育教学活动而进行的自我组织和持续发展的过程。

二、高职院校教师专业化发展的现存问题

（一）国家层面的专业标准不健全

标准是衡量事物的依据和准则。高职教师专业化标准能够为高职教师的发展、培训和评价提供依据。2013 年 9 月教育部发布了《中等职业学校教师专业标准（试行)》，首次从国家层面规范了合格中等职业学校教师专业素质的基本要求，明确了中等职业学校教师开展教育教学活动的基本规范，形成了中等职业学校教师专业发展的基本准则。该标准包括了中职教师专业理念与师德、专业知识和专业能力三个部分，是中等职业学校教师培养、准入、培训、考核等工作的基本依据。我国虽然颁发了《教师资格条例》和《教师资格条例实施办法》两个重要文件，但目前尚没有针对高职教师资格认定的专门条款，然而我国目前还没有统一的高职教师专业化标准，高职教师的专业标准可以从专业知识、专业能力和专业精神方面去构建。

（二）高职教师资格认定程序不规范

高职教师职业缺乏严格统一的专业标准导致高职教师资格认定制度不科学。一方面，高职院校招聘引进新教师，大多是按照普通高等学校教师资格认定条件，结合本校对高职教师的要求，参照国家和地方有关部门对高职教育的文件精神等设定招聘标准，忽略了高职教师的职业性和实践性要求。另一方面，高职院校从相关企业选调一些工程技术人员到校任教，或者聘请企事业单位的专家、技术能手到校担任兼职教师，这些人员技术技能比较强，但教育的专业性又显得非常不足，因此导致各个高职院校对企业转岗或者兼职担任高职教师的培训和引导存在较大的差异；同时，高职院校在引进高素质专家型的技术人才时，往往还会受到人事制度的制约。高职教师准入标准的缺失，严重影响了高职教师队伍的质量，制约了高职教师专业化的进程。

（三）职前职后的培养培训不贯通

目前，高职教师缺乏专门、稳定的培养基地，高职教师主要是由普通高等学校里的综合性大学或师范大学进行培养，我国仅有的 8 所职业技术师范学院（个别学院现已升格为大学）虽然也为高职院校输送了部分人才，但其目标主要是为中等职业学校培养合格师资。这样的高职教师职前培养机制很难为高职院校输送学科专业性、教育专业性和职业性、实践性均符合要求的合格师资。此外，在高职教师入职培训、校本培训、继续教育方面还没有较为合理的机制来保障其顺利进行。高职教师的入职培训也很不规范，虽然实行了教师岗前培训机制，但培训内容和培训方式主要是按照普通高等学校的教师入职培训大一统的方式进行设计和组织，培训课程也主要是教育学、心理学、教育法规等这样一些普适性的培训，与高职教师的职业性和实践性要求相差甚远。再者，高职教师的职后培训缺乏有效的政策和制度支持，职后培训形式与内容缺乏针对性，高职教师职后培训意识也比较欠缺。高职教师的职前、入职和职后培养培训设计和实施不连贯对系统地促进教师职业的专业化、提高高职教师队伍的“双师”素质、维持教师队伍的稳定性具有较大的影响。

三、高职院校教师专业化发展的路径选择

面对高职教育质量提升的迫切需要和高职院校教师专业化发展的形势与挑战，高职院校自身需要有高度的自觉性和战略思考。重庆城市管理职业学院在教师专业化发展方面充分把握教师专业化发展的基本规律，充分利用好学校、企业和社会丰富的教育资源，把握国家和地方有关方针政策，长期把教师专业知识的丰富、专业技能的提升、专业精神的打造作为重要内容，采取了学校和企业培养一体化、国内和国外培训常态化、教学改革和技术服务相结合、团队建设与自主研修相统一和教师专业化发展体制机制建设等战略措施，不断提升教师队伍的专业化水平。具体体现在：

（一）学校和企业培养一体化是出发点

高职教育的跨界性决定了高职教师队伍建设必然选择社会化和开放性的道路，校企联合培养高职教师是国家对高职院校提出的具体要求，也是高职师资队伍建设的有效措施。围绕专任教师“双师”素质提升、兼职教师队伍稳定与教学能力提高，重庆城市管理职业学院着力构建校企联合培养培训师资的长效机制，成立政企校三方联动的“合作发展理事会”，完善校企联合运行执行机构。通过建立兼职教师资格认证与培训中心及“双师”素质教师实践训练基地，落实校企联合运行有效载体，通过校企共同拟定师资准入、双重身份管理及绩效评价考核等八项管理制度规范校企联合运行日常行为，校企共同深化人事分配制度改革，畅通校企人员流通渠道，实施专任教师“双师”素质培养工程和兼职教师资格认证工程，加强专任教师“双师”素质的社会实践能力训练和兼职教师的职业教育能力提升，学校成立了企业培训师资格认证中心，专门负责我校行业企业兼职教师的职业教育能力提升培训和实施企业兼职教师资格认证，对企业兼职教师职业教育政策环境、教学内容设计、课堂教学实施、学生能力鉴定、课程质量改进等5个方面进行培训，中心还获政府政策支持，试点兼职教师中级职称评审制度。通过这些举措，逐步形成了校企联合促进教师专业化发展的良好格局。

（二）国内和国外培训常态化是立足点

（1）校内外培训常态化。重庆城市管理职业学院对教师进行全方位的培训，校内校外培训两手抓，开展各类培训，提升教师综合素质。校内培训包括新教师入职培训和在职教师提高培训，其中新教师入职培训包括学校基本情况及发展战略、学校教学人力资源管理、法治意识和安全意识、高职教师教学技能和教科研基本要求、青年教师师德师风等模块，在职教师培训包括职业技能培训和业务能力培训。校外培训包括骨干教师国内访问学者研修、优秀青年教师国内研修、西部之光访问学者研修、副教授能力提升培训、精品课程研修班培训、高等职业学校专业骨干教师国家级培训（简称国培）、青年教师技能培训等，促进教师培训工作的常态化。

（2）国际培训常态化。中办、国办印发的《关于做好新时期教育对外开放工作的若干意见》和《重庆市教育委员会关于进一步提升重庆市高校教师队伍国际化水平的意见》，对高职教师队伍的国际化建设提出了指导性意见。学校牢固树立国际化发展战略，拓展中外合作项目，加大教师外派学习力度，选派高层次人才和骨干教师出国、出境培训，提升教师国际化职业教育理念、教育教学能力，完善国际化课程体系和教学改革。学校选拔中青年骨干教师到国内外作访问学者、攻读学位、短期研修、行业锻炼。学校已与40所境外院校和机构达成合作交流协议，开展师资领域的交流、培训、进修以及短期留学和教师互派项目，覆盖了澳大利亚、英国、荷兰、德国、韩国、新加坡及中国香港和台湾地区。学校在柬埔寨经济管理大学建立了“职教中心”面向欠发达国家和地区开展职业培训；在英国威尔士职教联盟挂牌设立“海外教师工作站”，为学校教师开展海外长期培训、进修、访学、工作挂职、科研服务和短期培训提供稳定的实践平台。同时还开展校内双语师资培训，打造国际化师资培训平台，拓宽了教师教育教学国际化视野，并推进了境外优秀教材本土化进程，促进校本教材国际化。

（三）教学改革和技术服务相结合是着力点

（1）通过教学资源开发平台建设提升教师现代教育技术能力。为加强互联网+教学改革和教学资源建设，学校在“现代教育技术中心”基础上打造“数字化教学资源开发中心”。中心的课程开发工作室主要为教师进行课程资源建设提供场地和软硬件设备，可供教师查询资料、处理教学资源、做课件、建设课程网站等；中心的“精品课程录播室”主要用于精品课程、合格课程、视频公开课等课程录像。学校还引进了“课程学习中心”——课程资源建设平台，与国家数字化学习资源中心成功连接，正式授牌为“国家数字化学习资源中心分中心”，教师和学生可通过访问网站下载和学习各种更多教学资源，截至目前，学校“课程学习中心”平台里已建设的课程门数达500门以上。

（2）通过技术服务平台建设提升教师社会服务能力。学校以各二级学院为主体，打造校企融合平台，在企业设立“教师工作站”8个，派遣教师进驻企业，与企业共同开展应用技术研究，共同开展新产品、新工艺开发，共同开展技术项目开发（公关），共同开展职业教育培训，共同加强人才队伍建设，提升学校教师行业实践能力和技术服务能力，促进校企共同发展。为落实创新驱动发展战略，聚集学校、企业行业创新要素，促进产学研融合，推进科技成果转化与应用，学校成立了3个“应用技术协同创新中心”，围绕重点专业（群），校企共同出资立项加强若干个应用技术协同创新项目建设，协同建设创新基地，培育协同创新团队，促进科技成果转化、应用与推广，营造创新创业氛围，打造创新创业团队，提供项目孵化服务。学校还得到重庆市人力资源和社会保障局支持，成为市级“博士后科研工作站”，与引进的博士后所在单位加强科研合作，以博士后为纽带，建立与院士合作渠道，真正实现高效借脑、借智，打造高水平科研创新平台。

（四）团队建设与自主研修相统一是支撑点

（1）加强教学团队建设。为创新教学内容和改革教学方法，学校开发优质教学资源，促进教学研讨和经验交流，推进教学工作的传、帮、带和老中青相结合，提高教师的教学水平，学校加强教学团队建设，已建成25支市级和校级优秀教学团队，实现了对学校重点专业（群）的全覆盖。以团队为基础，学校拟在未来五年，自主培养一批校级教学名师后备人选和校级教学名师，引进（培养）市级和国家级教学名师，形成高水平的教学与科研骨干队伍和梯队结构，有效提升师资队伍整体水平和学校核心竞争力。

（2）学校实施科研创新团队建设项目。学校整合人力智力资源，解决学校、国家社会经济发展中的重大项目咨询服务和技术研究，提高学校社会服务能力，依托有关二级学院，建立了10余支人文社会科学和自然科学两大类科研创新团队，培养了一批优秀的科研创新人才，造就了一个个年富力强、具有创新能力的人才群体，提升了教师科研队伍的创新能力和竞争实力。

（3）成立教学改革与教师能力发展中心。中心通过开展教师培训、研究交流、咨询服务、资源构建、企业兼职教师培训、教学质量评估、教学竞赛和名师打造等工作，辅助教师个体制订职业发展规划，促进创新型教学模式改革，推动教师教学能力和业务水平提升；满足教师个性化发展需求和特色人才培养，创建适合教师个性化发展的学习环境。面向全体教师，重点是为新进教师、中青年教师和公共基础课教师提供教学咨询服务，满足高职特色人才培养和教师个性化专业发展需求。

（五）教师专业化发展体制机制建设是根本点

专业化的教师队伍是学校教育事业科学发展的第一资源，学校历来高度重视教师专业化发展机制建设，一直把教师专业化发展提高到“从严治党”“党管干部”“党管人才”的高度去认识和落实。学校成立了人才工作领导小组，组长由党委书记担任，副组长由其他校领导担任，成员由党委组织部、人力资源处，教务处、科研与发展规划处、对外合作处、学生处、纪委办公室、财务处、后勤处等部门负责人组成。学校形成了党委书记直接领导，党委组织部和人力资源处统筹，其他相关部门共同参与的教师专业化发展协同机制。

在教师专业化发展的机构建设上，学校党委组织部和人力资源处共同负责牵头制订人才发展规划，人力资源处具体负责落实上级人事管理制度、新教师招聘、新教师入职培训、教师职称评定、高层次人才引进及其岗位设置和激励等工作。教务处负责教师教学常规管理、质量管理和教师企业实践，并下设“教学改革与教师能力发展中心”负责教师职业成长的统筹管理和企业兼职教师的认证培训；还下设“数字化教学资源开发中心”，通过信息化教学资源建设和教学模式改革促进教师专业成长。社会服务管理部门负责教师职业资格认定，并会同科研与发展规划处负责组织教师面向社会和行业企业开展的技术服务和科技创新及成果转移转化工作。对外合作处负责教师海外学历进修、短期培训、长期研修和社会实践。

在教师专业化发展的制度建设上，十余年来，学校出台教师专业水平提升和考核激励有关制度近80项，进行了一系列精细化的制度设计，全面规范了教师从入职培训到继续教育，从短期培训到学历提升，从校本培训到企业实践，从国内培训到国际研修，从专任教师到兼职兼课教师，从合格教师到专业带头人，从团队建设到名师工程，从技术能手到高学历、高职称人才引进等各个方面。

在确保教师专业化发展的投入上，学校设立师资队伍建设专项经费，并且逐年递增，确保教师专业化发展，包括教师培训、人才引进、专项津贴、教学改革、高层次人才的科研启动及教师奖励等费用。学校积极推行校院两级管理体制，强化二级学院权力责任和办学主体地位，初步建立了以人才培养成效、教师队伍建设质量、学术贡献度为主要依据的资源配置机制，将有限的资源重点向优势专业、学院、基地和优秀人才倾斜，在公平竞争中体现“扶优、扶强、扶特”。学校要求各二级学院创收经费按不少于20%的比例用于教师队伍建设，建立了校、院两级教师专业发展的可持续性激励机制。

“十二五”期间，学校通过推进实施“师德师风建设工程、专业教学团队建设工程、名师建设工程、骨干教师培养工程、双师素质教师培育工程、兼职教师队伍建设工程”六大工程，坚持“引培并举”，教师队伍的年龄结构、专业结构、学历结构、职称结构、学缘结构不断趋向合理，教师专业化发展取得了一定成就。不久前，教育部发布《关于深化高校教师考核评价制度改革的指导意见》，提出将教师考核评价作为高等教育综合改革的重要内容，并明确以师德为先、教学为要、科研为基、发展为本为基本要求，全面考核教师的师德师风、教育教学、科学研究、社会服务、专业发展等，重视社会服务考核，综合考评教师社会服务，完善科研成果转化业绩的考核。评价是风向标，是推动改革创新的支点。学校“人才队伍建设十三五专项规划”更加明确了“创新人力资源管理体制机制，打造具有鲜明职教特点、教练型的师资队伍，建设高素质的管理服务人员队伍，持续推进人才队伍整体建设”的战略思路，全面加强教师专业化发展。学校将争取重视重庆市政府支持，设立“重庆市市级职业院校兼职教师资格认证与培训中心”，牵头负责全市职业院校企业兼职教师的岗前培训和资格认证；学校也将以一流专业建设为主要抓手，造就加强专业领军人物，面向专职教师设立科研专职岗位，面向企业兼职教师设置科研流动岗位，鼓励教师积极参与技术创新和产品研发，把科研成果转化作为着力培育大众创业、万众创新的新引擎；同时拓宽与国（境）外大学、科研机构、跨国公司等机构之间的交流与合作路径，完善教师参与国际交流项目制度，加大海外教师工作站和职业培训中心建设力度，全面提升师资队伍的国际化水平。

参考文献

[1] Maeroff G. The Empowerment of Teachers, Overcoming the Crisis of Confidence [M]. New York: Teachers College Press, 1988.

[2] 教育部师范教育司．教师专业化的理论与实践［M］．北京：人民教育出版社，2003.

[3] 皮连生．学与教的心理学［M］．上海：华东师范大学出版社，1997.

[4] 吴全全．职业教育“双师型”教师基本问题研究——基于跨界视域的诠释［M］．北京：清华大学出版社，2011.

[5] 罗小秋．高职院校校企联合培养教师机制研究与实践［M］．北京：光明日报出版社，2014.

[6] 刘桂林．高职教师专业化：内涵、问题与对策［J］．职业技术教育，2012（25）.

单一导师制抑或联合指导制？
——博士生对不同指导方式的偏好及其满意度

沈文钦　高　耀

摘　要：本研究利用博士质量调查数据及相关访谈资料分析了我国博士生对不同指导方式的偏好，并比较了单一导师制和联合指导制博士生对学术指导满意度的学科差异。研究结果表明，大多数博士生尤其是理工科博士生普遍倾向于选择联合指导制度，但除医学学科外，两种指导方式的满意度并无显著差异；考虑到在一些学科中某些博士生尽管名义上受单一导师的指导，但事实上是联合指导，因此回归结果可能低估了联合指导制度的实际效果。此外，如果学生偏好的指导方式与实际指导方式一致，其满意度也更高。从国际趋势和学生期望来看，我国应尝试进一步推行联合指导制度，同时坚持主导师的责任。

关键词：导师制度；学术指导方式；培养质量；联合指导

一、问题的提出

不断提升教育质量是新时期博士教育的核心任务。在影响博士教育质量的诸多因素中，导师指导尤为重要，多数研究都认为博士生导师是影响博士培养质量、学位获得和学生满意度的核心要素。[1]英国高等教育学会2008年对16524名研究生（其中绝大部分为博士生）的问卷调查结果显示，学生是否对其博士生教育经历感到满意，最主要的两个因素是学术指导和学术氛围。[2]

从国内外研究情况来看，导师指导满意度较高，但仍然存在较大改进空间。北京理工大学学位与研究生教育研究中心从2012—2015年连续四次对我国研究生满意度进行了调查，发现博士生的总体满意度和科研训练的满意度均高于硕士生。[3]2002年，由北欧研究生教育协会（Nordic Academy for Advanced Study，简称NorFA）和北欧大学合作协会（Nordic University Cooperation）成员组成的工作小组对北欧博士教育展开了调查。调查指出，北欧的博士教育质量存在一些不能令人满意之处，导师花在学术指导上的时间过少，有些博士生和导师一年才见面几次。[4]2015年，自然科学出版社集团对1600多名曾在其旗下集团杂志发表论文的中国科学家进行了问卷调查，结果表明，海归博士对博士期间学术指导的满意度显著高于本土博士，满意度分别为60%和34%。[5]

基于对导师指导质量的反思，欧洲国家开始进行改革传统的单一导师制，试图引入两位或两位以上导师参与指导的制度，在英文文献中，这种制度一般被称为联合指导（Joint Supervision）、共同指导（Co-Supervision）或团队指导（Team Supervision）。本文采用联合指导制这一术语，用于指导师人数在两个或两个以上的学术指导制度。2010年，欧洲大学协会在广泛征求欧洲各大学意见的基础上，提出萨尔茨堡II原则，

基金项目：国家自然科学基金项目“博士研究生知识生产的模式与机制研究”（71573010）。

沈文钦，北京大学教育学院副教授、硕士生导师，从事研究生教育、大学制度史与观念史、通识教育研究；高耀，北京大学教育学院博士后、硕士生导师，从事学位与研究生教育研究。

该原则认为"学术指导应该是集体的努力行为"，并且明确规定主导师和导师组的责任。[6]但是，萨尔茨堡Ⅱ原则倡导"学术指导应该是集体的努力行为"。实际情况中，集体指导是不是一定就比单一指导质量更高呢？德国高等教育研究者泰希勒（Teichler）在2008年联合国教科文组织的有关研究生教育的讨论中也提出过类似的问题，即集体指导与单一导师指导在培养学生研究能力方面有何差异。[7]

要对这一问题进行研究，只有在同时存在单一导师制和联合指导制的国家才有可能。至少从20世纪初期开始，美国就已经实施博士论文指导委员会制度，因此并不存在这方面的研究。在英国和澳大利亚，单一导师制和团队指导制并存，对这两种制度的优劣进行比较成为可能，也有一些相关的研究。英国学者Odette Parry、Paul Atkinson和Sara Delamont研究了博士生学术指导中的学科差异并指出：在人文社会科学中，学术指导通常是某一位导师的责任；而在自然科学中，博士生的学术指导被看成是"共同的责任"，而且博士后人员在指导博士生当中发挥着非常重要的作用。[8]Christopher Pole基于大量的学生和导师访谈，分析了联合指导制度的类型及其效果的影响因素。他指出，如果安排得当，联合指导可以带来比较好的效果，但他提醒联合制度并不是万能药。[9]英国学者Robin Humphrey等基于纽卡斯尔大学的数据，对比分析了单一导师制和联合指导制度的效果，其研究表明，接受联合指导的博士生更容易在4年之内毕业。[10]澳大利亚学者Cally Gurein和Ian Green分析了博士生团队指导中的反馈问题，指出博士生团队指导存在复杂多变的权力关系，博士生则试图寻求导师团队的共识。[11]

Trevor Heath对昆士兰大学的博士生进行问卷调查，结果发现接受单一导师制和集体指导制的博士生，其满意度并无显著差异。① 我国的博士生学术指导以单一导师制为主，但也有一些高校实行联合指导制度，但是，这两种制度的效果如何，并无比较分析。

由上述文献分析可知，目前国外对不同学术指导方式的比较研究已经展开，但大部分研究均为质性研究，相关的量化研究成果较为少见，而国内对此问题的研究尚属空白。

因此，中国的博士生是如何看待学术指导制度的？他们倾向于选择单一指导制还是联合指导制？就实际效果和满意度而言，两种指导方式的优劣如何？这是本研究希望探讨的问题。

二、数据、方法与分析性概念

本研究的定量分析数据来源于2007—2008年首次开展的中国博士质量调查，该项调查共回收博士生有效问卷20666份，涵盖全国248所有博士学位授权的高等院校。该项调查不仅极具代表性（涉及了当时全国绝大部分获得博士学位授权的高校），而且问卷质量较高。近年来，我国高校的博士生指导方式并没有发生大的改变，仍然以单一导师制为主，联合指导制度也有一定的比例，例如，根据南京大学2015年对450名在读博士生的调查，该校博士生75%为单一导师指导，22.7%为导师团队指导，2.3%处于几乎没有得到指导的状态。② 此外，对于不同学术指导方式的评价，目前也没有最新的全国层面调查数据，综合以上考虑，本研究以该项调查为数据来源仍具备充分的说服力。

定性分析资料来源于本文作者在2007、2010、2012和2015年度先后参与的4次有关研究生教育问题的大型访谈调研，这些访谈人数达数百人，访谈材料中包含了大量有关博士生指导问题的素材，一方面为本文分析博士生指导的相关问题提供了丰富的资料来源，另一方面也能为定量数据提供佐证和补充。

在分析质性材料时，本研究采用了伯顿·克拉克（Burton Clark）的学术分化（Academic Differentiation）概念，以发现被访者在对待学术指导问题上的院校差异和学科差异，这一分析框架也是伯顿·克拉克在其经典著作《学术生活：小的世界、不同的世界》中所采用的。[12]

① Heath T. A quantitative analysis of PhD students' views of supervision [J]. Higher Education Research & Development, 2002, 21 (1): 41-53.

② 朱俊杰. 南京大学博士研究生改革模式的探索 [C]. 中国研究生院联席会，2015.

三、实证研究结果

（一）博士生指导满意度的影响因素分析

博士生学术指导的满意度主要会受到哪些因素的影响呢？本研究利用多分类有序 logistic 回归模型对此进行了分析。中国博士质量调查中有一道选项——“您认为导师对您撰写博士学位论文的帮助程度”，其中“很大或较大”赋值为 3，“一般”赋值为 2，“较小或很小”赋值为 1，以此来测量博士生对学术指导满意度的高低。由于因变量为定序变量，故适合采用有序因变量（Ordinal Logistic Regression）回归模型进行分析。自变量主要包括个人特征、培养方式、学校背景和导师指导情况四类。

从表 1 的回归结果中可知：首先，个人特征中，年龄大的博士生和女性学生对学术指导的质量更为满意。其次，导师指导情况与满意度之间存在显著相关关系。从师生互动情况来看，两者交流次数越多，满意度越高；从学术指导的内容来看，从导师而不是同学、学术网络等渠道了解研究方法的博士生，其满意度更高。第三，博士生学术指导的质量往往与博士生导师所指导的学生数量有一定的关系。在中国，博士导师指导的博士生数量过多一直是人们所诟病的问题。回归分析结果表明，之前人们的批评意见和担忧是正确的：导师指导的学生数过多或者过少，学生的满意度均较低。第四，单一导师制和联合指导制在满意度方面并无显著性差异，但若博士生实际的学术指导模式与其期望的学术指导模式相一致，则其满意度更高。第五，从学生与导师的契合度来看，学生参加的课题与学位论文的关系越密切，满意度越高。培养方式与满意度的影响没有通过显著性检验。学校背景对满意度的影响也没有通过显著性检验。

表 1　博士生学术指导满意度的有序因变量回归分析结果

自变量		博士生学术指导满意度
个人特征	性别（女）	−0.145* （−2.51）
	年龄	0.0387*** （5.54）
培养方式	全日制（非全日制）	0.00176（0.02）
学校背景	985 院校（非 985 院校）	−0.0539（−0.94）
	中部（西部）	−0.0746（−0.83）
	东部（西部）	0.0137（0.16）
	京津沪（西部）	−0.0491（−0.60）
导师指导情况	指导学生数太多（适中）	−0.930*** （−16.12）
	指导学生数太少（适中）	−0.480*** （−3.42）
	与导师交流频次	0.209*** （12.46）
	对研究方法和规范的了解主要来自于导师（否）	1.725*** （31.08）
	单一导师制（联合指导制）	0.114（1.78）
	期望的指导方式与实际指导方式一致（不一致）	0.421*** （7.38）
	参与课题与学位论文的关系	0.788*** （25.64）
cut1_ cons		1.244*** （4.22）
cut2_ cons		3.620*** （12.21）
N		13253

注：t statistics in parentheses；$*p<0.05$，$**p<0.01$，$***p<0.001$。

（二）学生和导师对博士生指导方式的偏好

现行的博士生指导制度与学生期望的指导制度之间存在差距。我国长期以来主要实行单一导师制，而赞成这种单一导师指导方式的博士生仅占35.6%，其中，最高的人文社会科学学科也仅为45.3%，最低的医学学科仅为28.7%，具体如表2所示。

表2　博士生对导师指导方式的评价[13]　　%

学科	现状	博士生最赞成的指导方式		
	单一导师	单一导师	双导师制	指导小组
人文	88.8	45.3	22.9	29.8
社科	85.4	43.1	22.3	33.3
理学	77.4	38.4	24.3	36.2
工学	70.2	32.6	27.8	38.4
农学	72.8	31.7	21.5	45.6
医学	68.6	28.7	19.9	49.7
管理	83.7	41.1	25.3	32
合计	75.3	35.6	24.9	38

2012年南开大学研究生会对全校学生的调查结果与我们在2007—2008年的调查结果相一致，该项调查显示，超过八成的同学认可双导师制。①

很多博士生指出，联合指导制度能够提高培养质量。例如一位接受美方导师和中方导师共同指导的天文学博士生说：

"我在读博士期间有两个导师，一个是国外的导师，一个是国内的导师，我研一的时候就跟国外导师一起合作。有时三个人意见不统一，需要共同讨论达成统一。多导师制能培养出更好的学生。研究团队指导是很好的。我在国内的时候跟国外导师通过电子邮件交流，去国外时跟他合作。"（某985高校天文学博士生访谈，2012年）

一些博士生导师在访谈中也明确表示支持实行集体指导的制度：

"现在很多都是跨学科，凭导师本人是很难胜任的。如何使导师组成为一种稳定的机制，对提高培养质量是不可缺少的。因为现在一个导师确实是很难指导，更何况有很多导师许多工夫花在课题上而不是学生上。"（某211高校土壤学博士生导师访谈，2012年4月）

近年来，一些学校开始尝试推行双导师或导师小组制，但各高校并没有对双导师制或导师小组制作出明确的规定。

（三）博士生学术指导方式满意度的学科差异比较分析

澳大利亚的相关研究（对22位博士生的访谈研究）表明，如果学生有两位活跃的导师，相对而言学生对学术指导的满意度更高。[14]库勒（D. Cullen）等人对澳大利亚国立大学350名博士生的实证调研对比了单一导师、团队指导（group supervision model，类似于美国的委员会制度）和联合指导（Joint panel supervision，几位导师联合指导）这三种制度下博士生的满意率，结果显示，博士生对团队指导的满意率最高。[15]

那么，中国的实际情况如何呢？本研究对分学科门类的样本进行逻辑回归分析，以揭示博士生学术指导方式满意度的学科差异状况，由表3中的回归结果可知，分学科门类样本中，导师指导学生数、与导师交流频次、期望的与实际的指导方式是否一致、参与课题与学位论文的关系等因素对博士生学术指导满意度有显著性影响。

① 南开新闻网．校领导接待日：师生热议导师在研究生科研中的作用［EB/OL］．［2012－11－02］．http：//news. nankai. edu. cn/nkyw/system/2012/11/02/000098254. shtml.

从导师指导方式来看，人文社科、理学、工学、农学及管理学等学科的博士生对于单一导师制和联合指导制的满意度并无显著性差异，而对于医学学科而言，博士生对于联合指导制的满意程度要显著高于单一导师制。

表3 分学科门类的博士生学术指导满意度有序因变量回归分析结果

自变量	人文	社科	理学	工学	农学	医学	管理
性别	-0.117	-0.0940	-0.192	-0.0705	-0.192	-0.442*	0.0246
	(-0.45)	(-0.50)	(-1.26)	(-0.75)	(-0.56)	(-2.42)	(0.11)
年龄	0.0629*	-0.00325	0.0351	0.0340**	0.0354	0.0406	0.0398
	(2.07)	(-0.16)	(1.52)	(2.99)	(0.80)	(1.81)	(1.60)
全日制（非全日制）	0.475	0.255	-0.403	-0.0412	-0.402	-0.0183	-0.0180
	(1.00)	(0.92)	(-1.07)	(-0.24)	(-0.56)	(-0.05)	(-0.06)
985院校（非985院校）	0.138	-0.0350	0.150	-0.0583	-0.723	-0.0331	-0.0904
	(0.48)	(-0.18)	(0.83)	(-0.69)	(-1.89)	(-0.18)	(-0.39)
中部（西部）	1.010	-0.999**	0.236	-0.0413	0.0546	-0.535	0.508
	(1.73)	(-2.67)	(0.93)	(-0.33)	(0.11)	(-1.75)	(1.44)
东部（西部）	0.663	-0.290	0.440	-0.180	0.720	0.0223	0.558
	(1.22)	(-0.77)	(1.82)	(-1.44)	(1.51)	(0.08)	(1.63)
京津沪（西部）	0.721	-0.471	0.126	-0.0761	0.920	-0.719**	0.402
	(1.38)	(-1.37)	(0.54)	(-0.66)	(1.78)	(-2.71)	(1.20)
指导学生数太多（适中）	-1.196***	-0.718***	-0.978***	-0.985***	-0.420	-0.460*	-0.923***
	(-4.28)	(-3.47)	(-6.16)	(-11.67)	(-1.15)	(-2.30)	(-4.16)
指导学生数太少（适中）	0.159	-0.379	-0.479	-0.785***	0.174	-0.329	0.832
	(0.24)	(-0.68)	(-1.46)	(-3.90)	(0.19)	(-0.68)	(0.96)
与导师交流频次	0.146	0.483***	0.129***	0.190***	0.443**	0.363***	0.496***
	(1.72)	(5.81)	(3.83)	(8.06)	(3.01)	(5.30)	(5.57)
方法和规范了解来自于导师（否）	1.820***	1.694***	1.622***	1.702***	2.510***	1.515***	1.810***
	(7.00)	(9.06)	(10.59)	(20.62)	(7.07)	(8.29)	(8.37)
单一导师制（联合指导制）	-0.00631	-0.0256	-0.204	0.157	0.180	-0.516*	0.164
	(-0.01)	(-0.08)	(-1.09)	(1.79)	(0.46)	(-2.31)	(0.61)
期望与实际指导方式一致（否）	0.354	0.511**	0.390*	0.373***	0.563	0.209	0.587**
	(1.37)	(2.62)	(2.54)	(4.41)	(1.49)	(1.07)	(2.62)
参与课题与学位论文的关系	1.012***	0.968***	0.858***	0.834***	0.736***	0.839***	0.729***
	(7.58)	(9.57)	(9.32)	(17.05)	(3.37)	(7.42)	(6.22)
cut1_ cons	2.839*	0.207	1.172	1.210**	1.189	0.880	1.957
	(2.08)	(0.22)	(1.22)	(2.61)	(0.63)	(0.87)	(1.84)
cut1_ cons	5.544***	2.781**	3.353***	3.619***	4.212*	3.294**	4.411***
	(4.05)	(2.99)	(3.48)	(7.74)	(2.20)	(3.27)	(4.14)
N	925	1261	1837	5690	493	1355	981

注：t statistics in parentheses；$* p<0.05$，$** p<0.01$，$*** p<0.001$。

四、结论与讨论

（一）主要结论

第一，总体而言，大部分的博士生认可联合指导制（双导师制或指导小组制）。换言之，在认知层面，联合指导制度已经成为一种规范，得到大多数博士生的认可。在所有学科当中，认为应该采取单一导师组的学生比例均不足一半。而且，本研究结果表明，如果博士生实际的学术指导模式与其期望的学术指导模式相一致，则其满意度更高。因此，尊重学生的选择偏好可以提高其满意度。

第二，对于应该采取单一导师制还是联合指导制，存在显著的学科差异。质性分析结果表明，在关于应该采取单一导师制还是联合指导制这一问题上，不同院校之间的差异很小，但学科差异比较显著。相对来说，理工科的博士生主张联合指导制的比例比人文社会科学更高，而这显然是由于不同学科的知识生产方式差异所导致的。

第三，现行导师指导制度与博士生期望的制度之间存在较大的差距。尽管大多数学生认可联合指导制度，但现行的导师指导制度仍然以单一导师制为主。

第四，单一导师制与联合指导制度的指导效果分析结果显示，人文社科、理学、工学及农学等学科的博士生对于单一导师制和联合指导制的满意度并无显著性差异，但是在医学学科当中，联合指导的满意度和单一导师指导的满意度存在显著性差异，接受联合指导的博士生对学术指导的满意程度更高。

（二）进一步的讨论

本研究表明，实行导师联合指导制度，既符合国际的改革趋势，也符合我国博士生本身的期望。回归分析显示，除医学外，两种指导方式的满意度并无显著性差异，这一结果也提醒我们，尽管被调查的很多博士生倾向于选择联合指导制度，但是联合指导制度的实际效果并不必然优于单一导师制。在制度选择时，单一导师制和联合指导制不是非此即彼的关系，相对于不同的制度安排，导师的投入才是最关键的因素。另一方面，我们也要考虑到，在一些学科如工程学科当中，一些博士生尽管名义上受到单一导师的指导，但事实上是联合指导，例如一位计算机专业的博士生导师就指出：

> “我们培养研究生实际上也是以团队指导的形式进行，比如说这个团队里面有几个研究生导师，比如说招了多少研究生，一般也是以团队的形式统一负责指导的。每一个研究生最后总是挂一个导师，但是实际上以团队培养的方式来做的。”（2010 年访谈，计算机专业博导，985 高校）

因此，我们的回归模型可能低估了联合指导制度的实际效果。

此外，很多学校在指导博士生的过程中都设置了论文开题、综合考试、论文预答辩等环节，在这些环节当中，除导师之外的其他教师也参与进来，在不同程度上给学生提供指导，这也是某种意义上的联合指导，尽管参与这些活动的其他教师没有被制度认定为导师团队的成员。① 2013 年，教育部、国家发展改革委员会和财政部发布的《关于深化研究生教育改革的意见》指出，要重视发挥导师团队作用。试行联合指导制度，通过导师团队来培养研究生，这一改革将会带来诸多益处。首先，推行双导师或指导小组制度，可以为博士生提供更多的和导师交流的机会，把主导师从一些不必要的环节中解脱出来，专注于对博士生研究计划和论文的指导；对于副导师或指导小组成员而言，通过参与指导过程和承担部分指导工作，也可以帮助他们开拓学术视野和积累指导经验。其次，在交叉学科迅速发展和学科交叉逐渐成为知识创新的重要渠道的趋势下，积极鼓励和吸引其他相关学科教师参与对博士生的指导，对于提高博士生从事跨学科研究能力无疑是很有帮助的。

但是，目前的研究生教育综合改革提出要强化导师的责任。导师在论文发表、学术规范方面甚至负有连

---

① 这一观点受益于笔者在学术会议期间与北京师范大学石中英教授的交流，特此致谢。

带责任，如果实施联合指导制度，如何避免集体负责（即无人负责）是一大问题。因此，即便在推行联合指导制度的培养单位中，也应该有一位主导师，这也是国际通行的做法。

参考文献

[1] PAGLIS, L. L.; GREEN, S. &BAUER, T. Does advisor mentoring add value? A longitudinal study of mentoring and doctoral student outcomes. Research in Higher Education, 2006 (4), 451 – 476.

[2] KULEJ, M. &PARK, C. Postgraduate Research Experience Survey 2008 Final report. York: The higher Education Academy, 2008.

[3] 周文辉，等. 2015年我国研究生满意度调查［J］. 学位与研究生教育，2015 (10)：14 – 19.

[4] LARSEN, P. O.. Quality in research training: Nordic co – operation on quality assessment of research training. Nordic Academy for advanced study, 2004: 13.

[5] 自然出版集团白皮书，转型中的中国科研［EB/OL］.［2015 – 04 – 16］. http://www.nature.com/press_releases/turning_point_cn.pdf

[6] European University Association. Salzuburg II recommendations [R]. Brussels: European University Association, 2010.

[7] UNESCO Forum on Higher Education, Research and Knowledge. Trends and Issues in Postgraduate Education: Challenges for Research [R]. UNESCO, 2008: 26.

[8] PARRY, O., ATKINSON, P. & DELAMONT, S. The structure of Ph. D. research [J]. Sociology, 1997 (1): 121 – 129.

[9] POLE, C. Joint supervision and the PhD: Safety net or panacea? [J]. Assessment & Evaluation in Higher Education, 1998, 23 (3): 259 – 271.

[10] HUMPHREY, R, MARSHALL, N& LEONARD, L. The impact of research training and research codes of practice on submission of doctoral degrees: An exploratory cohort study [J]. Higher education quarterly, 2012 (1): 47 – 64.

[11] GUERIN, C & GREEN, I. 'They' re the bosses': Feedback in team supervision [J]. Journal of Further and Higher Education, 2015 (3): 320 – 335.

[12] CLARK, B. R. The Academic Life: small worlds, different worlds [M]. Princeton: The Carnegie Foundation for the Advancement of Teaching, 1987

[13] 中国博士质量分析课题组. 中国博士质量报告［M］. 北京：北京大学出版社，2010.

[14] IVES, G & ROWLEY, G. Supervisor selection or allocation and continuity of supervision: Ph. D. students' progress and outcomes. Studies in Higher Education, 2005 (5): 535 – 555.

[15] CULLEN, D. J., PEARSON, M., SAHA, L. & SPEAR, R. H. Establishing effective PhD supervision [M]. Canberra, Australian Government Publishing Services, 1994.

[16] Heath T. A quantitative analysis of PhD students' views of supervision [J]. Higher Education Research & Development, 2002, 21 (1): 41 – 53.

民国大学的师生关系及其启示

张意忠

摘　要：民国大学师生以学问为旨趣，教师前导，学生从游，朝夕相处，相互交流，关系融洽。师生之间通过教师关爱学生、学业引领、推荐工作，形成了亦师亦友的密切关系，见之温馨，思之感动。反思目前高校的师生关系，担当育人使命、关心爱护学生、培育学术兴趣，是建构和谐师生关系的有效举措。

关键词：民国大学；师生关系；亦师亦友

学高为师，身正为范。作为传道授业解惑的教师，是学生成长的引路人，因此，其师生关系直接影响到学生的成长成才。回望民国大学，翘首仰望其高等教育发展人才辈出的辉煌历史，融洽的师生关系是原因之一，故梳理民国大学师生关系，以期对目前高校如何处理好师生关系提供借鉴。

民国大学师生朝夕相处，相互切磋与交流，谈论学问与人生，评论时政，讲述历史掌故，其乐无穷，关系和谐。民国师生交往，教师前导，学生尾随，成了从游关系，“学校，犹水也，师生，犹游鱼也，其行动，犹游泳也。大鱼先导，小鱼尾随，从游既久，其濡染观摩之效，不求而至，不为而成。”[1]在“从游”过程中，教师通过言传身教的方式进行薪火相传，他们不仅传播知识，更是灵魂的呼唤。教师做学问的思维方式、人格操守等都会潜移默化地熏陶和感染学生，促使学生获得知识，掌握做人的道理，在这个过程中，师生关系自然也就融洽了。

一、民国师生关系

民国大学教师与学生之间，通过学业引领、关爱学生、推荐工作，形成了亦师亦友的良好关系。

（一）引领学业

学生，以学为主，所以，师生关系首先体现在教师对学生学业的引领。民国大学教师在指导学生学业方面各有绝活，根据学生特点，提供有针对性的指导和点拨。

胡适引导吴晗从事明史研究。吴晗就读中国公学后成为胡适的学生，在其影响下，喜欢上考据，发表了《西汉的经济状况》一文，受到胡适的称赞。1930 年吴晗考入清华大学，此后几年，吴晗常向胡适讨教，特别是考证中的问题。在胡适看来，现存的秦汉时代材料太少，许多地方先要大胆假设，然后去小心地求证。胡适自己最清楚，求证是件十分困难的事。自己经验丰富，方法缜密，但假设的东西仍经常出错，还需要反复求证。吴晗作为初学者，是不适宜研究材料较少的秦汉史的。因此，胡适推荐吴晗专攻明史。因为明史材料多，看起来难，其实容易，关键是用功就行。凡立一说，都容易找到材料证实。怎样治明史，胡适对吴晗进行了指导：先细细点读《明史》《明史纪事本末》《实录》。史传中重要人的姓名、字、号、籍贯、谥法，随笔记出，列表备查。此外，研究明史，满洲未入关以前的历史也要研究，可先看孟森编写的《清开国史》；

张意忠，江西师范大学教授。

试作“专题研究”的小论文，题目越小越好；札记最有用。每写一条，都必须注明卷册页数，引用时可以复检；最后，明史记载外国人甚少，但如倭寇问题、西洋通商问题、南洋问题、耶稣会教士东来问题，皆有日本及西洋著述可以参考。胡适末了说：“蒋廷黻先生必能指导你，我是全外行。”信写好后，胡适又补了几句：“请你记得：治明史不是要你做一部新明史，只是要你训练自己做一个能整理明代史料的学者。你不要误会蒋先生劝告的意思。”[2]这为吴晗后来成为明史专家打下了基础、提供了方向。

陈寅恪引导季羡林研究梵文和巴利文。季羡林的治学之路受陈寅恪的熏陶，他曾说：“寅恪师这种学风，影响了我的一生。如果没有他的影响的话，我不会走上现在走的这一条治学的道路。”1930 年，19 岁的季羡林从山东省立济南高中毕业，后入清华大学西洋文学系学习德文。当时，季羡林旁听了陈寅恪的《佛经翻译文学》课程，参考用书是《六祖坛经》。陈寅恪讲课，对材料解释、考证、分析、综合，细如毫发，如剥蕉叶，愈剥愈深，仿佛引导学生走在山道上，盘旋曲折，胜景无限，最后豁然开朗，走上阳关大道。[3]季羡林深深地被陈寅恪的渊博学问与教学风格所吸引，在不知不觉中对这门课程感兴趣，慢慢地发展到对陈寅恪充满好奇，进而阅读了陈寅恪出版的所有著作。在季羡林看来，读陈寅恪的文章，听他的课，简直是一种享受，因而对陈寅恪十分佩服。受其熏陶，季羡林树立了从事梵文和巴利文研究的理想，对其日后的学术之路起到了促进作用，就连季羡林那朴素无华的衣着也是受陈寅恪的影响。

顾颉刚引导谭其骧坚持真理。1930 年，谭其骧进入北平燕京大学历史系读研究生，他选修了顾颉刚讲授的《尚书研究》课程。顾颉刚讲到《尚书·尧典》内容时，认为其写作年代在西汉武帝以后，并陈述了理由，但谭其骧不同意老师的观点，而且提出相应证据。对此，顾颉刚鼓励他将自己的想法写出来。谭其骧通过阅读大量书籍，提出了有力的证据，写了一封信给顾颉刚。顾颉刚收到信后回信，对谭其骧的观点进行分析，表示有的认同，有的反对。几天之后，谭其骧又给老师写信，就其不认同的观点进行了阐述，提出理由。之后，顾颉刚又再次回信，提出自己的观点，仍旧是有的赞同，有的反对，而且将这几次来往的书信合在一起，做一说明，发给上课的同学，并写道：“现在经过这样的辩论之后，不仅汉武帝的十三州弄清楚了，就是王莽的十二州也弄清楚了，连带把虞舜的十二州也弄清楚了。对于这些时期中的分州制度，2000 年来的学者再没有像我们这样清楚的了！”[4]经过顾颉刚的引导，同学们对该问题的认识更为深刻，对学问的态度更为执着。

傅斯年引导杨志玖走向史学之路。杨志玖曾回忆说：“1934—1937 年，我在北京大学史学系读书时，曾旁听过傅先生的先秦史专题课，我虽不能完全领会他讲课的内容，但对他发表的独到的见解，对史籍的熟悉，旁征博引，融会中西的学识及滔滔不绝的口才，却深感新奇和钦佩。”[5]杨志玖毕业时，傅斯年劝他报考北京大学的研究生，后以优异成绩录取，师从姚从吾、向达继续从事元史的学习和研究。尽管当时傅斯年公务缠身，但仍关心杨志玖的学业情况，不时地给予指导和提携。1941 年夏，杨志玖在阅读《永乐大典》，收集元史资料时，在元修《经世大典·站赤》中发现了有关马可·波罗来华的史料，还从中考证出马可·波罗离开中国的确切时间。杨志玖将新发现的材料写成论文《关于马可波罗离华的一段汉文记载》，寄给顾颉刚主编的《文史杂志》，发表在 1941 年的第 12 期。杨志玖的此项研究成果不仅解开了一个世界史学之谜，而且是用新发现的史料证明史实的典型事例。傅斯年看到后十分欣赏，立即致信杨志玖，对文章的“内容和写法表示赞许”，同时将该文推荐给中央研究院学术评议会参加评奖。傅斯年在推荐信中对论文进行了高度评价。论文经评议获得名誉奖。傅斯年认为该文破解了国际学术界长期争论的一个疑案，值得向国际学术界公布，就委托中央大学何永佶教授将文章译成英文，寄给美国哈佛大学《亚洲研究杂志》，要求给予转载。通过对马可·波罗的研究，杨志玖对傅斯年的感情逐渐加深，以至于60 多年后谈论此事还相当激动：“事隔 60 多年，想起这些先生对我的鼓励和关怀，不禁涌起感激和思念之情。”[6]

沈从文教学生如何创作。沈从文从事写作课程的教学工作，其特点就是对学生的习作悉心指导，反复批改，精益求精。一旦他发现好的文章，总是想尽一切办法帮助其发表。他鼓励学生创办《旭日》月刊，增加作品发表平台，激发了学生的写作热情，收到学生的支持。汪曾祺是沈从文在西南联大时的学生。在入校之前，汪曾祺就因阅读了《沈从文小说选》等书籍，打心里喜欢上沈从文老师，用他自己的话说，好像命中注定要当沈从文的学生。读大学期间，汪曾祺选修了沈从文开设的《各体文习作》《创作实习》和《中国小说史》三门课，开始与沈从文接触。汪曾祺说：沈从文是那种“用手来思索”的人。他用笔写下的东西比用口讲出的要清楚得多，也深刻得多。使学生受惠的，不是他的讲话，而是他在学生的文章后面所写的评语……这些评语有的是就那篇习作来谈的，也有的是由此说开去，谈到创作上某个问题。这实在是一些文学随笔，往往有独到的见解，文笔也很讲究……[7]除了评语，沈从文还挑一些与习作相近的作品供其借鉴，因此，他来上课时总是抱着一大堆书。汪曾祺写了一篇《灯下》的短篇小说，沈从文阅后发现汪曾祺善于白描，能够抓住具有典型特征性的细节，以此编织成完美的画卷。于是，沈从文特意到图书馆找到几篇与《灯下》写法相类似的作品，让汪曾祺细读、品味。经过沈从文的悉心指导，汪曾祺反复修改完善，将短篇小说《灯下》改为《异秉》，在沈从文的推荐下，发表于 1948 年 3 月《文学杂志》第 2 卷第 10 期上。汪曾祺写的小说《小学校的钟声》，几年都没有地方发表，沈从文知道后亲自寄给郑振铎、李健吾，最后刊登在他们主办的《文艺复兴》杂志上。由于汪曾祺突出的文学才华而受到沈从文的欣赏，获得了更多的学习、锻炼机会，这对于刚踏上文学之路的汪曾祺来说，是一个很大的激励。汪曾祺与沈从文往密切，情同父子。

钱穆引导学生立志高远。钱穆常对学生说：“我们读书人，立志总要远大，要成为领导社会、移风易俗的大师，这才是第一流的学者！专守一隅，做得再好，也只是第二流。现在一般青年都无计划地混日子，你们有意读书，已是高人一等，但是气魄不够。……我希望你们要扩大范围，增加勇往迈进的气魄！”[8]钱穆的教诲让学生懂得，作为学者，要志存高远，胸怀博大；做学问要坐冷板凳，对社会要有热心肠。作为钱穆学生的余英时坦承，自己的成长凝聚着钱穆太多的心血。他说，“我可以说，如果我没有遇到钱先生，我以后四十年的生命必然是另外一个样子。这就是说：这五年中，钱先生的生命进入了我的生命，而发生了塑造的绝大作用”。[9]余英时一边读书，一边记笔记，并把书中的要点摘录下来，将笔记本交给老师指导。钱穆看后说：“你做这种笔记的工夫是一种训练，但是你最好在笔记本上留下一半空页，将来读到别人的史著而见解有不同时，可以写在空页上，以备比较和进一步的研究。”[10]钱穆面对余英时的浮躁心态，以朱子“放宽程限，紧着工夫”的话进行劝勉，使余英时懂得，水滴石穿，在于韧；做学问，最重要的就是要有韧劲。余英时后来赴美留学，钱穆通过书信来往进行指导、点拨，对余英时的发展带来了“振聋启聩的震撼力”。

由此可见，民国学生在教师的指导下，不仅培养了严谨的学风，找准了今后的发展方向，而且师生在交往过程中，增进了了解，加深了感情。

（二）关爱学生

民国大学教师不仅是学生学业的引路人，还在学习与生活上提供帮助，成为学生的良师益友。

吴宓对学生一向是循循善诱，关怀备至。他经常同学生一起同桌用餐，一起探讨问题，在课外为学生析疑解难，或帮助他们写诗作文，因而他居住过的地方经常有学生拜访。学生要看的书，借不到、买不到时，只要他有，就会毫不犹豫地借给他们，甚至在书店碰到学生买不起书时，都会慷慨解囊。后来为了方便学生阅读，他干脆将自己珍藏多年、多方求购得来的书全部捐献给学校。[11]

陈寅恪对学生给予极大的提携、帮助。他对学生的爱护无微不至，对学生生活及就业去向都非常牵挂。在清华大学校园内，无论是学生还是教师，只要在文史方面有疑难问题，都向他请教，并且能够得到满意的答复。其弟子罗香林，曾这样回忆恩师陈寅恪：“陈师对学生的爱护，真是无微不至，不但在学术上个别引导，使学生们个个都走上了专门研究的道路，能渐渐有新的发现的境地，就是对学生的日常生活，乃至于毕业后的就业情形，也非常关心”。[12]

傅斯年常说学生是他的儿女，对学生体贴入微，关照有加。1931 年何兹全考入北京大学，随傅斯年受业。何兹全的堂兄何思源与傅斯年有私交，故特意去拜访傅斯年。对于当时的情形，何兹全至今记忆犹新：傅斯年非常高兴，也非常热情，还嘱咐何兹全要学好外语，学好古汉语。1935 年何兹全毕业时，傅斯年约他去史语所工作。但何兹全已确定去日本留学，所以直到抗战结束前一年，他才辗转回到傅斯年那里，从事学术研究。何兹全在自传中写道：“我们去参拜傅先生墓。先在墓前行三鞠躬礼，然后绕至墓旁，我跪下默哀，……想起傅先生生前对我的爱护，我哭了。这时正下着大雨，风雨凄凄。”[13]杨志玖是傅斯年的学生，谈到老师对学生的关爱相当激动：“事隔 40 多年，想起先生对我的鼓励和关怀，不禁涌起感激和思念之情。”[14]

胡适帮助吴晗解决燃眉之急。吴晗进入清华大学学习后，经济困难，生活没有保障，胡适想方设法帮他解决生活问题。胡适对吴晗说：“我给你写推荐信，再附上你写的《胡应麟年谱》一册，估计会有作用。”胡适认为，将吴晗的稿本给清华历史系、中国文学系的教授看一看，说不定用得着吴晗作“助手”。随即，胡适给清华代理校长翁文灏和教务长张子高写信：“此人家境甚贫，本想半工半读，但他在清华无熟人，恐难急切得一个工读机会。他若没有工作的机会，就不能入学了。我劝他决定入学，并许他代求两兄帮忙。此事倘蒙两兄大力相助，我真感激不尽。”[15]胡适的信起了作用，翁文灏、张子高都乐意帮这个忙，答应在历史系为吴晗找一个工作，整理校内档案，每月 25 元的报酬。尽管收入不高，但可以维持生活，否则，生存都是问题。

顾颉刚爱才惜才。顾颉刚给学生开选修课，如果人数较少，就通知学生到他家中上课，以便学生好利用其丰富的图书资料。他家里藏书有五六万册之多，全部对学生开放。一旦学生有疑问，他立即从书架寻找答案，满足学生需要。“在他班上的学员，他往往指定题目，供应资料，教导写作方法。文成以后，亲加修改；水平较差的文章，他不辞辛苦为之补充润饰成篇，仍用其本人名义，为之刊登。”用他自己的话说：“这样地使许多有志有为的人，都得到他的适当的名誉和地位，岂不是人生一乐?”“他们没有研究的题目我就替他们想，他们找不到材料我就替他们找，他们做的文章词不达意我就替他们改。”[16]除了在学术上加以指点外，顾颉刚还在生活中予以关照，其中对李晋华的帮助最为明显。由于李晋华身染沉疴，而且家庭经济困难，顾颉刚便设法为李晋华的文章修改润色和推荐发表，以获取稿酬来缓解经济压力。此外，顾颉刚还接济李晋华钱财，多次请李晋华吃饭，改善生活。顾颉刚还做月老，为李晋华做媒，关心他的婚事。回顾顾颉刚对李晋华的关爱，彰显了二人的师生情缘，成为民国学术界的一段美谈。

沈从文推荐学生新作发表。沈从文多年来一直关心学生，一旦学生有好的作品，沈从文就主动寄到其熟悉的报刊上发表。多年来，沈从文就干着给别人的作品找地方发表这种事。经他的手介绍出去的稿子，可以说是不计其数了。他这辈子为别人寄稿子用去的邮费也是一个相当可观的数目了。为了防止超重太多，节省邮费，他大都把原稿的纸边裁去，只剩下纸芯。这当然不大好看。但是抗战时期，百物昂贵，不能不打这点小算盘。[17]

民国大学教师对学生的关爱超越功利，细致入微，亲如父子，可歌可泣，自然也就得到了学生爱的回报，师生之情溢于言表。

（三）推荐工作

民国大学教师不仅关注学生的学业与生活，还为他们毕业后的工作去向尽职尽责。

傅斯年推荐杨志玖。1941 年杨志玖研究生毕业，此时傅斯年正患严重高血压病，入中央医院治疗，出院后立即主动致信杨志玖，询问杨志玖研究生毕业后的去向，并建议杨志玖留在北京大学或到历史语言研究所工作，表示如果愿意去这两个单位工作他可以提供帮助。杨志玖甚是感动，在回信中比较详细地谈了自己的打算和想法。半年之后，傅斯年再次写信给杨志玖，嘱咐杨志玖安心读书，并邀请其在适当的时候去历史语言研究所工作。杨志玖在回信中汇报了自己情况，并对老师的关心表示感谢。

刘半农推荐台静农。1927 年夏天，台静农在北京大学研究所国学门完成了学业，在毕业之际正面临着去哪里就业的问题。当时刘半农任私立中法大学中文系主任，他把刚刚毕业的台静农引荐到中法大学，授予讲师之职。一出校门就当讲师，这对台静农来说，是想也不曾想过的幸事，他深深地感念着刘半农的厚爱。

沈从文推荐汪曾祺。1943 年，汪曾祺西南联大肄业，本想通过熟人谋份差事，但却到处碰壁，钱也快花光了，甚至有了自杀的念头。正是在落魄之时，汪曾祺想到了沈从文，写信告诉他自己的处境与遭遇。沈从文很快回信责骂他：“为了一时的困难，就这样哭哭啼啼的，甚至想到要自杀，真是没出息！你手里有一支笔，怕什么!”[18]沈从文在信中列举了自己当年在北京举目无亲的情况下，如何战胜困难、发奋创作的例子，使汪曾祺既感动又惭愧。沈从文还致信上海的李健吾，请其对汪曾祺多加关照，并让夫人张兆和从苏州写了一封长信来安慰汪曾祺。鉴于汪曾祺的才气，李健吾推荐他到一所学校任教，有了一个稳定的工作。

陈寅恪推荐季羡林。季羡林清华大学毕业后，于1935年9月赴德国哥廷根大学主修印度学。“二战”期间，季羡林被困德国，一待就是10年。“二战”结束后，听说陈寅恪正在英国就医，季羡林给他写了一封信，并附上发表在哥廷根科学院集刊上用德文写成的论文，向他汇报自己10年学习的成绩。季羡林很快就收到了陈寅恪的回信，问他愿不愿意到北大去任教。之后，陈寅恪给当时的北大校长胡适、代理校长傅斯年、文学院长汤用彤去信，推荐季羡林。鉴于陈寅恪的学术地位，季羡林受聘为北京大学教授兼东方语言文学系主任。

陈寅恪推荐程曦。1947年，程曦即将毕业，当务之急是找到一个称心如意的工作。由于生活的困难，寻找工作并不如意，程曦于是写信求助于陈寅恪。陈寅恪曾因程曦出色的毕业论文《恽南田研究》而给了91分，又考虑到过去学术及生活事务上的照顾，认为他正是一名佐理自己研究的合适人选，于是决定动用史语所的这一名额。于是，陈寅恪给史语所的陈槃、李济、夏鼐写信，询问是否还可以用兼任研究员的名义聘请助理。并称如果可以的话，本年度燕京大学国文系的毕业生程曦“堪称适当”，希望他们三人能在史语所的所务会议中提出通过。1948年3月27日，总办事处通过了请求，程曦正式成为史语所的一员。

胡适推荐罗尔纲。在中国公学就学的罗尔纲，在1930年即将毕业的前夕，决定以研究史学为志业，献身于历史研究，于是便写信给胡适，请求帮助，希望能够在国内的历史研究院或者图书馆中半工半读。胡适回信：“此间并无历史研究院，中央研究院的历史语言研究所又远在北京。大图书馆此间亦甚少。”[19]言下之意，其理想的实现面临困难；但他问罗尔纲：“你每月需要多少钱？期望多少？”见老师有意帮忙。罗尔纲回信说：“莫说北京不曾见其远，为了研究学问，就是北冰洋也有勇气去干。”“如果北京方面事情不确定的，宁请校长为学生在上海方面设法找事做”，只要“不至于与学问脱离关系的地方都很愿意”。[20]胡适收到罗尔纲的来信后，经过考虑，决定邀请罗尔纲到自己家里工作。罗尔纲得到这一消息后高兴不已，特地以挂号信回复表示感谢。罗尔纲的工作是抄录整理胡适父亲胡传的遗稿，辅导胡适的两个儿子胡祖望、思杜的学习。

民国大学教师关注学生未来发展，动用一切资源，竭尽全力，为其谋得一个理想的工作。

（四）亦师亦友

民国时期学生与教师关系极为密切。教师与学生的交流互动，除了课堂之外，更多的是到教师家面谈，或通过书信进行交流，有的甚至衣食住行都待在老师家里。一些著名学者在回忆自己的读书生涯时，曾多次强调，最美好的回忆就是去恩师家闲聊漫谈的时光。

陈寅恪与学生关系融洽。据学生蓝孟博《清华国学研究院始末》：“各位先生传业态度的庄严诚挚，诸同学问道心志的诚敬殷切，穆然有鹅湖、鹿洞遗风。每当春秋佳日，随侍诸师，徜徉湖山，俯仰吟啸，无限春风舞雩之乐。院中都以学问道义相期，故师弟之间，恩若骨肉，同门之谊，亲如手足，常引起许多人的羡慕。因同学分研中国文、史、哲诸学，故皆酷爱中国历史文化，视同性命。”[21]由于清华国学研究院导师陈寅恪学问渊博，平易近人，学生喜欢上门请教。学生“每到他家，身上总带几本小册子，佣人送上茶果，有时先生也教我们喝葡萄酒，我们便问其来历，他于是便把葡萄酒原产何处，原名什么，最早出现何处，何时又传到何处，一变成为何名，如此这般……我们都记在小册子里”。[22]陈寅恪和他的学生蒋天枢之间的师生情深，令人敬佩。蒋天枢是古代文学专家，有多种专著传世，但他在晚年时置自己的研究于不顾，而是全力搜集、整理和编辑恩师陈寅恪的著作，使得7卷本的《陈寅恪文集》《陈寅恪先生编年事缉》先后出版，成了陈寅恪的托命之人。季羡林任教北京大学时，常去清华大学看望恩师陈寅恪。他知道陈寅恪喜饮北京天主教外国神甫酿造的栅栏红葡萄酒，每次去清华大学都买上几瓶栅栏红葡萄酒送给陈寅恪。对于陈寅恪的关爱，具有拳拳报师之心的季羡林在一篇文章中写道：“怎样‘报’呢？专就寅恪师而论，我只有努力学习他的著作，努力宣扬他的学术成就，努力帮助出版社把他的全集出全、出好。”[3]季羡林先后写了《回忆陈寅恪先生》《纪念陈寅恪先生》等著作，以示对陈寅恪的敬仰和怀念。

金岳霖与殷海光的师生情。20世纪30年代，高中毕业之后的殷海光，本想去北平继续深造，但遭到家人的反对。缺乏经济来源的殷海光一时无计可施，只好向金岳霖写信求助。因为殷海光爱好逻辑，曾经与金岳霖有过书信往来。收到殷海光的求助信，金岳霖请张东荪给殷海光谋个工作。张东荪虽然答应了，但并没有给殷海光找到合适的工作，对此，金岳霖只好担负起殷海光的生活费，而且还与殷海光约好，每周吃饭一次，借此探讨学问。西南联大期间，殷海光一直跟随金岳霖读书思考。对于恩师金岳霖，殷海光充满深情地写道："在这样的氛围里，我突然碰见业师金岳霖先生。真像浓雾里看见太阳！这对我一辈子在思想上的影响太具决定作用了。他不仅是一位教逻辑和英国经验论的教授而已，并且是一个道德感极强烈的知识分子。昆明七年的教诲，严峻的论断，以及道德意识的呼吸，现在回想起来实在铸造了我的性格和思想生命。"[23]这一段话凸显了殷海光与金岳霖的师生情谊。

胡适与罗尔纲的师生因缘。胡适对学生罗尔纲关照有加，严格要求，因此，一旦罗尔纲学业进展不合老师心意，胡适就会批判指正，罗尔纲则是牢记在心，将老师的教训引以为戒。只要在学业、生活上碰到困难，罗尔纲都会及时与老师沟通、请教，从胡适处得到帮助。由于罗尔纲身染疾病，胡适给南京中央医院院长写信，请其关照。这期间，罗尔纲曾回广西短暂教过书。受条件限制，追求学问的罗尔纲决定返回北平。获得罗尔纲的想法后，胡适给罗尔纲写了一封热情洋溢的信："你觉得家乡环境不适宜你做研究，我也赞成你出来住几年。你若肯留在我家中我十分欢迎。但我不能不向你提出几个要求：一是你不可再向你家中取钱来供你费用。二是我每月送你40元零用，你不可再辞。三是你何时能来，我寄100元给你作旅费，你不可辞。如此数不敷，望你实告我。……你这一年来为我做的工作，我的感谢，自不用我细说。我只能说，你的工作没有一样不是超过我的期望的。"[24]在胡适的指导下，罗尔纲走上了研究太平天国的学术道路，演绎了一段轰轰烈烈的师生情。

傅斯年一生都在注意培养和奖掖青年学子，其中许多人后来都成为著名的专家学者，南开大学历史系杨志玖就是其中的代表。杨志玖在回忆傅斯年的文章中说："我现在已经成为老人了。但回忆往事，历历在目，仿佛回到40多年前的光景，对傅先生的治学为人，音容笑貌以及他对我的关怀和期望，我仍然记忆犹新，永志不忘。"[5]杨志玖1934年在北京大学与傅斯年结成师生关系，他曾回忆说："正因为傅先生礼贤下士，求才若渴，奖掖后进，不遗余力，因而'天下之士多就之'，'得天下英才而育之'，使史语所成为一个人才库。"随着时间的推移，两人的交往逐渐频繁，情谊日深。在以后的10多年间，杨志玖受到傅斯年的关爱和奖掖，或传道授业，或合作研究，虽聚散无时，但书信往返，联系未断，从交往中可以看出两代学人的情谊和处事风范。[25]

台静农与刘半农师生二人从相识、相知到相交，彼此建立了深厚师生情谊。台静农敬仰刘半农，是因为他是"五四"新文化运动和文学革命的急先锋，被鲁迅视为斗争中的"好伙伴"。而此时，台静农通过创办"未名社"已与鲁迅建立了深厚的友谊。正是由于这个原因，刘半农与台静农一见如故，虽是师生，其实老师只比学生大9岁。刘半农快人快语，台静农敦厚坦诚，两人性情相投，在此后的交往中，彼此既是师生，又如兄弟。台静农一生从教，还是刘半农把他领到这条道上的。从中法大学到辅仁大学，台静农与刘半农前后共事4年，这期间，发生在他们师生中间的许多事情已随着历史的波流而消失，但他们之间的友情却永不磨灭。[26]

顾颉刚与李晋华师生情深。顾颉刚与李晋华交往频繁，《顾颉刚日记》记载，在撰写作品的过程之中，李晋华常常到顾颉刚寓所拜访，其日记中常常出现"李晋华来"四字；顾颉刚也不辞辛苦，进城到李晋华住处交谈。二人之间的书信往来，更为频繁。据顾颉刚的日记，自1931年7月21日"写李晋华信"起至1933年9月，顾颉刚给李晋华写信的次数达到十次之多。这一过程之中，顾颉刚常常对李晋华进行勉励，并提供新材料、新思路，如《古史辨》第三册出版后，顾颉刚在第一时间就赠送给了李晋华。李晋华曾写道："（顾颉刚）时以治史方法见示，以所发见之新材料相告。"[27]《明史纂修考》一书的缘起，即得益于顾颉刚为李晋华提供的新材料。

沈从文对学生的影响，课外比课堂上要大得多。抗战时期，沈从文为了躲避日本飞机空袭，全家移住到呈贡桃园新村，每星期上课，进城住两天。沈从文在文林街二十号联大教职员宿舍有一间屋子。他一进城，同事和学生都来到他宿舍，或借书、求字，或看看沈从文收集的宝贝；或与沈从文谈天说地，其乐无穷。沈从文有很多书，吸引了很多文学爱好者，来借书者也就络绎不绝。西南联大文学院的同学，很多手里都有一两本沈从文的书，扉页上用淡墨签上"上官碧"（沈从文笔名）的名字。但对于沈从文来说，谁借了什么书，什么时候借的，他一概不知，以至于有的同学毕业后带着沈从文的书流传到全国各地。在西南联大就读的汪曾祺与沈从文往密切。有一天，正患牙痛的汪曾祺去看望老师。前来开门的沈从文一见汪曾祺的腮帮子肿得老高，便默默地出去买了几个橘子抱回来，看着汪曾祺吃下两个，又将剩余的塞到他怀中，叮嘱他多吃以便清火。沈从文逝世后，汪曾祺以《星斗其文　赤子其人》为题撰文纪念恩师。其实，这一对师生，都是“赤子其人”，他们亦师亦友，情如父子。

二、几点思考

春风化雨，师道永扬；教泽普沾，师恩难忘。这是学生送给教师的挽联，其实也是民国师生关系的缩影。上述诸多反映民国师生之情的例子，见之温馨，思之感动。它对目前高校如何处理师生关系提供了启示和借鉴。

（一）担当育人使命

民国大学教师之所以能够与学生建立深厚感情，其前提是他们把培养人才作为本职工作，是其职责所在，因此，他们对学生的关爱，如傅斯年对杨志玖、胡适对罗尔纲、陈寅恪对季羡林、顾颉刚对李晋华等，既是出于对学生本人的爱戴，对学生学业水平的赏识，更是为了中国学术事业的发展而培养一代新人。有了这种动力，也就有了工作的方向，因而在工作中，这些大师几十年如一日，不遗余力地担当人才培养的使命，想尽一切办法，通过各种途径，以培养人才为第一要务。反观如今高校，一些教师脱离教学第一线，或把教学工作视为应付的差事，心中没有学生，舍不得花时间和精力与学生交流，也缺乏与学生互动的意愿和动力，自然，师生关系不可能融洽，因此，作为教师，要责无旁贷地担负起人才培养的重任，设身处地地为学生着想，加强指导。

（二）关心爱护学生

教学是个良心活，爱心是基础，缺乏爱的教育是无效的教育。民国大学教师对学生的爱，是自觉自愿、发自内心深处的，是无私之爱，不求回报，因而，他们总是站在学生的角度思考问题，为学生着想，竭尽全力地提供力所能及的帮助，解决学生在学业与生活方面遇到的各种困难。当然，他们对学生的爱，不是溺爱，更不是放任自流，不管不问，而是严格要求。在民国时期，大学生常面临着日常生活与日后工作两件大事，教师总是经济上资助，工作上利用一切社会关系，帮助推荐工作。观照目前高校的一些教师，他们的关注点、兴奋点不是教学工作，不是学生，而是科研及其他。他们只是机械、被动地应付教学工作，对学生谈不上关心和爱护，因此，学生难得见上老师一面，碰到疑难问题也无法及时与教师沟通。没有爱就没有教育。教育工作的特殊性决定了教师要充满爱心，否则师生之间将形同陌路。

（三）培育学术兴趣

何为大学？德国哲学家雅斯贝尔斯在《大学之理念》一书中开宗明义地指出：大学是一个由学者与学生组成的、致力于寻求真理之事业的共同体。[28]可谓一语道出了大学的本质。大学需要教师与学生具有共同的学术兴趣与爱好，师生围绕共同的学术目标，在一起相互切磋，共同提高。民国大学教师与学生关系融洽，其原因在于他们对学问都有着相同的追求，因而在课堂内外探究学问，进行学术交流与碰撞。民国大学教师“导游”，学生“从游”，学生在耳濡目染中学到“道”和“业”，这就是大学之道。如果大学的工具性被扩大，过多地承载着大学之外的职能，那么大学将越来越功利化、世俗化，师生关系也就庸俗化、平淡化。如今高校的一些学生，对学术不感兴趣，热衷于各种证书与操作技能培训，教师则是忙着项目、经费与奖励，师生之间是老板和员工的关系，甚至互不相识、互不相干。师生各有取舍，大学成了职业谋生场所与技能培训班，大学精神受到侵蚀，师生关系受到疏远。只有回归学术本位，师生对学术具有内在的期盼，才可能在其共同的追求中建构良好的师生关系。

参考文献

[1] 梅贻琦．大学一解［M］.//黄延复．梅贻琦与清华大学．太原：山西教育出版社，1995.
[2] 苏双碧，等．吴晗的学术生涯［M］. 杭州：浙江人民出版社，1984.
[3] 刘宝富．季羡林感恩陈寅恪［J］. 兰台内外，2006（6）：59，59.
[4] 李晓杰．谭其骧："你们应该超过我"［N］. 社会科学报，2009 -07 -23.
[5] 杨志玖，等．傅斯年［M］. 济南：山东人民出版社，1991.
[6] 赵文坦，王晓欣．杨志玖先生访谈录［J］. 史学史研究，2002（2）：37.
[7] 张建安．沈从文：行伍出身的大师［J］. 江淮文史，2012（5）：101.
[8] 严耕望．钱穆宾四先生与我［M］. 台北：台湾商务印书馆，1992.
[9] 余英时．犹记风吹水上鳞——敬悼钱宾四师，钱穆与中国文化［M］. 上海：上海远东出版社，1994.
[10] 余英时．钱穆与现代中国学术［M］. 桂林：广西师范大学出版社，2006.
[11] 阎淑侠．近代爱国知识分子的杰出代表——吴宓［J］. 咸阳师范专科学校学报，1999（2）：52.
[12] 汪祖荣．陈寅恪评传［M］. 南昌：百花洲文艺出版社，1993.
[13] 陈勇．长跪在傅斯年先生的墓前［J］. 书城，2006（2）：87.
[14] 杨志玖．我怎样学元史［J］. 文史哲，1983（5）：87.
[15] 杨建民．堪伤书生不了情——吴晗与胡适的特别交谊［J］. 长城，2010（9）：202.
[16] 李永军．顾颉刚上课记［J］. 钟山风雨，2013（5）：64，64.
[17] 汪曾祺．沈从文先生在西南联大［J］. 人民文学，1986（5）：121.
[18] 熊坤静．汪曾祺与沈从文的师生情［J］. 文史天地，2009（6）：29.
[19] 孔令信．胡适与罗尔纲之间的师徒教育［J］. 教育文化论坛，2011（5）：21.
[20] 潘光哲．胡适与罗尔纲［J］. 开放时代，2004（3）：45.
[21] 北京大学中国中古史研究中心．纪念陈寅恪先生诞辰百年学术论文集［C］. 北京：北京大学出版社，1989.
[22] 蒋天枢．陈寅恪先生编年事辑［M］. 上海：上海古籍出版社，1997.
[23] 殷海光，林毓生．殷海光林毓生书信集［M］. 上海：上海远东出版社，1994.
[24] 罗尔纲．师门五年记·胡适琐记［M］. 北京：生活读书新知三联书店，2012.
[25] 马亮宽．两代学人的情谊与风范——杨志玖与傅斯年关系述论［J］. 史学月刊，2004（5）：29.
[26] 罗会祥．台静农与刘半农的师生之情［J］. 民国春秋，1999（2）：48.
[27] 宗亮．顾颉刚与李晋华的学术情谊［J］. 博览群书，2012（7）：105 -106.
[28] 雅斯贝尔斯．大学的理念［M］. 邱立波，译．上海：上海世纪出版集团，2007.

“学士后”模式：培养卓越教师的有效路径

闫建璋　郭赟嘉

摘　要： 卓越教师既能搞好教学，又能从事教育教学研究，具备基础知识广博、学科知识精深、教育素养较高、科研能力较强等特征。我国目前存在着“学士”与“学士后”两大模式。“学士”模式在培养卓越教师方面存在基础知识不广、学科知识不精、教育素养不高、科研能力不强等诸多局限，而“大学＋教育学院”的“学士后”教师培养模式有利于拓展学生的知识范围、深化其学科知识、提升师范生教育素养、提高学生科研能力，非常适合培养卓越教师，是培养卓越教师的有效路径。从“学士”走向“学士后”，是培养卓越教师的时代要求，在实践中可根据实际情况选择“4＋2”“3＋3”“4＋3”模式。

关键词： 卓越教师；“学士”模式；“学士后”模式

随着我国基础教育改革的稳步推进和高等教育大众化的逐步实现，教育质量问题变得日益突出，已成为目前教育领域的主要矛盾。“教育大计，教师为本”，教师是保证高质量教育的重要因素，有卓越的教师，才能培养卓越的人才。要真正提高教育质量，必须从源头上着手，想方设法提高教师培养质量，唯有如此，才能从根本上解决问题。为此，教育部于2012年在《全面提高高等教育质量的若干意见》中提出“实施卓越教师培养计划”，2014年又颁布了《教育部关于实施卓越教师培养计划的意见》，进一步明确了卓越教师培养的具体要求。然而，究竟什么是卓越教师？卓越教师有哪些不同于一般教师的特征？当前有哪些教师培养模式？哪种模式更适合培养卓越教师？在实践中又有哪些具体选择模式？本文拟对以上问题做一简单探讨。

一、卓越教师的内涵及其表征

（一）卓越教师的内涵

简单地说，所谓卓越教师，就是既能搞好教学，又能从事教育教学研究的教师。这其中包含两层意思。首先，卓越教师是能够胜任教育教学的专业教师，有一定的专业知识、专业伦理和专业技能，能够很好地履行教书育人的职责。其次，卓越教师是能够从事研究的教师，他们掌握科学的研究方法，有一定的科研意识与科研能力，能结合自己的工作进行教育教学研究。更为重要的是，卓越教师能够将教学与科研很好地结合起来，使二者相得益彰，互为补充，并形成良性互动。

（二）卓越教师的表征

有学者认为，卓越教师具有如下专业特征，强烈的职业动机、先进的教育理念、独特的个人魅力、灵活的教学行为、高效的学生管理等。[1]也有学者认为，卓越教师的素质构成主要表现为职业道德、教学能力、

闫建璋，博士，山西师范大学教师教育学院副院长、教师培训中心主任、教授、硕士研究生导师，主要从事高等教育管理、教师教育等研究；郭赟嘉，山西广播电视大学阳泉分校教师，主要从事高等教育、教师教育等研究。

科研素养、专业引领和传承等几个方面。[2]还有学者认为，卓越教师应具备如下素质：高尚的道德品质、明确的价值取向、卓越的能力素养、扎实的知识技能。[3]综合以上观点，我们认为，卓越教师应有以下几个特征。

（1）基础知识广博。与一般教师相比，卓越教师的知识面较为宽广，文化基础扎实牢靠，对各个学科领域的基本知识都有所涉猎，可谓“上知天文，下知地理”。广博的基础知识，能极大地提高教师的教学艺术水平。只有那些“通今博古”“文理兼通”的卓越教师才能够达到触类旁通、画龙点睛等理想境界，如果没有广博的基础知识做铺垫，教师教学时就会捉襟见肘，难以做到游刃有余。因此，广博的基础知识是卓越教师区别于一般教师的首要特征。

（2）学科知识精深。卓越教师不但知识面宽广，而且在自己的学科领域是一位专家。他掌握精深的学科专业知识，对本学科的历史、现状、未来发展等方面的知识理论、研究方法等都有比较深入的了解。他对本学科领域的专业知识烂熟于心，对于学科的未来发展走向胸有成竹。他了解本学科最前沿的研究成果，能始终站在学科发展的前沿思考问题，做出自己独特的判断，从不随声附和、人云亦云。与此同时，对于一些学科知识，他不仅知其然，而且知其所以然。所以，精深的学科专业知识是卓越教师区别于一般教师的第二个特征。

（3）教育知识扎实。教育知识是一名教师应该具备的基本知识。与一般教师相比，卓越教师的教育知识相对较扎实。卓越教师热爱教育事业，有自己的教育教学理念，具备扎实的教育理论知识和高超的教育教学技能；卓越教师热爱学生，能以学生为本，时时关注学生健康成长；卓越教师熟悉教育教学基本原理和学生的身心发展规律，能熟练地运用教育教学理论解决实际问题，且善于将各种知识充分地整合在一起，灵活地运用到教育教学实践中去。

（4）科研能力较强。科研能力是现代教师应该具备的一项基本能力。与一般教师相比，卓越教师有较强的科研意识和科研能力。卓越教师善于在教育教学实践中发现问题、分析问题，在理论的指导下针对问题进行专题研究，通过研究，进一步搞清问题的实质，找到解决问题的有效策略。卓越教师深信“教师即研究者”的观念，时时刻刻在发现问题、分析问题、解决问题。而一般教师则认为教师仅仅是知识传授者，研究是大学教授的事情，与中小学教师无关。因此，较强的科研能力是卓越教师区别于一般教师的又一特征。

二、教师培养的两大主要模式：“学士”模式与“学士后”模式

“学士”培养模式是一种以本科教育为基础的教师培养模式，教师的培养在大学学制时段内完成。在这种人才培养模式下，“学科教育课程与教师教育课程混在一起，教师培养分散在不同学科的专业学院，教师专业课程以‘补丁’的形式粘贴在学科教育之上，学校没有专门承担教师培养、研究的学院。”[4]这种模式是一种传统的培养模式，西方一些发达国家“二战”前多采用这种模式，苏联、我国以及部分东亚国家“二战”后到20世纪末也基本都采用这种教师培养模式。

“学士后”培养模式是一种以研究生教育为基础的教师培养模式，教师的培养在完成大学学业、取得某一专业学士学位后完成。这种模式通过人才培养体制的转型，实现由传统高师教育的专业课程与教师教育课程混编培养教师的模式向教师教育学院化转变，进一步提高教师的专业化水平，培养具有研究生学历水平的高素质卓越教师。这种人才培养模式将学科教育与教师教育分开，学生先完成学科教育课程的学习，取得某一学科的学士学位后，再到教师教育学院专门学习2～3年的教师教育课程，取得教育硕士学位。这种培养方式采取的是“大学＋教师教育学院”的模式，由专门的教师教育学院来集中培养教师。这种模式最早出现于第一次世界大战后的美国，从20世纪80年代起，西方发达国家开始日益重视这种教师培养模式。

三、“学士”模式培养卓越教师的局限性

客观地说，“学士”教师培养模式比较经济、节约，也符合新中国成立初期至20世纪末的社会经济发展

状况，这种模式曾经为我国培养了一大批中小学教师，有力地促进了基础教育的发展。然而，这种模式终究是一种粗犷式培养模式，仅能解决一时的教师数量不足问题，而不能解决长远的教师质量问题，在培养专业化程度较高的卓越教师方面，存在一定的局限性。

其一，基础知识不广。卓越教师应该具备广博的文化知识，然而，传统的“学士”教师培养模式要求学生在短短四年的时间内既要学习学科知识，又要学习教师专业知识，还要参加教育实习、撰写毕业论文及参与各种社交活动等。学生的学习时间都被这些相互独立的课程模块所占据，根本没有多余的时间去广泛阅读课外读物，扩充自身的知识面。尽管在我国师范院校的课程设置中明确规定要设置公共基础课程，但是这类课程并不受重视，仅仅局限于政治，外语和体育等课程，这就造成了师范生知识面相对狭窄，文化知识不够宽广，各种基础知识不够渊博的状况，难以做到触类旁通、举一反三。

其二，学科知识不精。掌握精深的学科知识是成为卓越教师的必备条件之一。如果不精通学科专业知识，知识储备不够，工作起来就会捉襟见肘，难以做到游刃有余，很难成为一名优秀的骨干教师，更遑论成为卓越教师。在传统的“学士”教师培养模式下，由于学习时间的限制，师范院校要在有限的四年时间内实现教师培养的目标，往往容易出现专业设置单一、课程体系偏窄的现象，这就客观上造成了学术性的不足。再加上师范院校教师有双重任务，师范生学习动力相对不足，学习时间短，学习内容庞杂等原因，造成师范毕业生的学科知识学习时间偏少，且普遍不够精深。

其三，教育知识不足。教育知识的积累是区分一般教师和卓越教师的重要尺度之一。在传统的“学士”教师培养模式下，由于时间的限制，无法开设诸多的教育类课程，教育专业学科门类偏少，也不够系统。大部分师范院校都是沿袭“老三篇”课程，即教育学、心理学和学科教学法。课程几乎都采用公共课的形式，学生对这些课程的学习兴趣不浓，学习态度不认真，导致其教育教学知识相对不足，教学技能训练不足。另外，实践类课程设置不足，只有时数很少的教育教学实习，教学计划中所规定的社会实践由于与考研、就业等产生冲突，也往往流于形式。教育实习时间和实践环节的时间得不到有效保证，导致师范生的教育教学技能相对缺乏，教育素养不高。

其四，科研能力不强。在实施新课程改革与教师专业化的大背景下，卓越教师除了要具备一定的学科知识与专业知识、掌握一定的教育教学技能外，还要掌握相关的教育科研方法，具备一定的教育科研能力，能够从事中小学教学实践研究。但是，“学士”教师培养模式对本科生的定位主要是专业知识的学习，很少进行科研能力的训练；同时，提升教师科研素养的教育类课程在全部课程中所占的比重较少，课程设置单一，结构不合理，无法保证学生掌握扎实的教育教学知识，更谈不上对学生进行必要的教育科研训练。师范院校的学生普遍缺乏教育科研能力。目前我国中小学教师教学方式呆板、不会进行教学研究的现状，正是高师院校本科毕业生科研能力不强的最好例证。

四、“学士后”模式培养卓越教师的优势

高师院校除了以教学为核心传授知识、培养教师外，还肩负着科学研究的任务，通过科研为教学与社会服务，实现师范性与学术性的有机统一。然而在传统的“学士”教师培养模式下，由于学科教育与教师教育相混合，专业学院与教师教育学院都有双重任务，结果哪个任务都不能很好完成，造成高师院校的师范性不强、学术性也不高，更无法实现师范性与学术性的有机统一。而分离式的“学士后”教师教育人才培养模式恰好具有既突出师范性又提高学术性，并使二者有机统一的优势。在分离式“学士后”教师教育人才培养模式下，各专业学院可以放下教师专业教育的包袱，充分利用自身的学科优势，大力加强本专业的学科建设，集中于学术性的提高。教师教育学院则专门致力于培养有志从教的学生，促进教育学科建设，不断提升教师教育专业化发展水平，突出师范性。这样既有利于学科知识的深入学习，又有利于加强教师专业知识的学习，体现学术性与师范性的有机统一，从而真正提高教师教育的人才培养质量，更有利于培养新型的专业化卓越教师。

（一）有利于拓展知识范围

"学士后"教师培养模式主要以研究生教育为基础，学生在完成大学专业学习任务后，再通过2~3年的教师教育专业和教育实践，然后才成为教师。这种模式延长了教师培养年限，将教师教育相关知识的学习和技能的获得延后至研究生阶段，这无疑给学生留下了充足的学习时间，学生在大学期间完全可以利用这些时间博览群书，拓展自己的知识领域，充实、完善自己的知识结构，努力使自己将来成为一名通晓多科知识的卓越教师做好知识准备。

（二）有利于深化学科知识

卓越教师除了具有广博的科学文化知识之外，还必须对自己任教学科的学科专业知识有深入透彻的理解和领悟。"学士后"教师培养模式延长了学科知识学习时间，丰富了学科知识内容，学生在本科四年学习期间，可以全身心投入到专业学科知识学习中，无须考虑教师教育专业知识的学习，也不需要进行教育实习，而在研究生学习阶段可以专心进行教育学科专业知识的学习，这无疑能使学生更加深入透彻地理解和领悟学科专业知识，系统、扎实地掌握学科专业知识，为日后成长为一名卓越教师奠定坚实的基础。

（三）有利于掌握教育知识

在"学士"教师培养模式下，学科教育与教师教育相混合，基本上以学科教育为主，教师教育为辅，这就使得师范生缺乏必要的教育素养。而"学士后"教师培养模式则将学科教育和教师教育分开，在4年的学科专业教育后再辅以2~3年专门、系统的教师教育，这有利于全面提升师范生的教育素养。随着师范生教育素养的不断提升，他们越来越加深了对教育教学工作的理解，越来越能用正确的教育观念对待教育教学，也能正确把握自己所教的学科在整个学科体系中的地位及其与其他学科的关系，在教学中能通观全局来处理教材，教给学生掌握各种知识和技能的方法，使学生学会学习。

（四）有利于提高科研能力

教师科研水平一直是学术界争议的焦点，"学士"教师培养模式在培养学生时侧重于教学理论和教学技能，忽视对学生科研能力的培养。而"学士后"教师培养模式则更加侧重于对学生科研能力的培养，从而弥补这一缺陷。通过研究生阶段的教育，可以培养学生的科研意识和反思能力，掌握教育科研方法，提高科研能力，使其能够在教育教学实践中发现问题、分析问题，在理论指导下针对问题进行研究，把握一般规律并指导教育教学实践活动，提高教育教学质量，从而适应不断发展变化着的教育要求，促进自身向卓越教师转变。

五、"学士后"模式培养卓越教师的实践选择

随着我国义务教育的全面普及和高中阶段教育的逐步普及，教师数量已经得到了较大的满足，从数量满足走向质量提高是今后我国教师教育的主要任务，也是教师专业化的要求。教师专业化需要教师教育的专业化来保证，教师教育专业化需要从事教师培养的专业学院来承担。"学士"教师教育人才培养模式已越来越不适应时代发展的要求，而"大学+教师教育学院"的"学士后"教师培养模式具有培养方式与国际接轨、师范性与学术性有机统一等优势，因而能真正提高师范大学的学术水平，提高教师培养质量，培养更多的优秀教师。从"学士"向"学士后"教师培养模式的转变是时代发展的必然要求。"学士后"教师培养模式是培养卓越教师的有效路径。但是，由于每个学校的情况不同，所采取的具体模式也应该是不尽相同的，目前主要有以下几种实践模式可供选择。

（一）"4+2"培养模式

"4+2"培养模式是指学生获学科专业学士学位后，经过免试推荐或者考试，进入师范大学的教师教育

学院学习两年的教师专业知识，论文答辩通过后，获得教育硕士专业学位。这种教师培养模式的优势是增加学生学习通识知识、学科知识的时间，强化教育教学技能训练，培养学生一定的研究能力，比较适合重点师范大学。美国、加拿大、澳大利亚等国家多采用这种模式培养教师，北京师范大学最早在国内进了“4+2”教师培养模式改革，效果非常明显。随后，南京师范大学、华中师范大学等高校也开始积极探索实行“4+2”本硕贯通教育硕士培养模式。

（二）“3+3”培养模式

这是我国创建的一种本硕衔接的新教师培养模式，第一个“3”是接受本模式培养的优秀学生用三年时间完成本科专业教育。第二个“3”是三年的教师教育，指完成教育学硕士学习核心课程、各学科必修课程和各种选修课程以及学位论文撰写与答辩，进行一定的教育实践、教职体验等。其优势就是贯通本科与研究生学历教育，重视教育教学实践能力和教育教学研究能力的培养，提高教师教育人才培养水平，比较适合普通师范大学。上海师范大学、沈阳师范大学、宁波大学目前都在积极探索实施这种教师培养模式，使大三优秀学生进入全日制教育硕士培养通道，实现本科与硕士教育的对接。

（三）“4+3”培养模式

这种模式是指学生在四年的本科专业学习后获得学科专业学士学位，通过参加全国统考进入硕士阶段进一步系统学习教师教育专业。学习三年后，通过论文答辩可获教育学硕士学位。这种培养模式的优势是通识知识更为广博，学科知识更为扎实，教育教学能力更为高超，尤其是教育科研训练能力更为有素。实践中有的学校将三年教师培养时间又划分为两段：其中一年为中学教育实践，以“准员工”的身份进入中学工作一年；之后再回学校学习两年，进行学位课程学习和硕士论文写作，突出在实践中学习、实践中研究、实践中成长，学生的硕士课程设置、教学、论文指导等在大学完成。华东师范大学为这一模式实施的典范。

总之，“学士”培养模式是一种粗放式低水平教师培养方式，只能满足社会发展对教师数量的要求，很难满足时代发展对教师质量的要求。目前，我国基础教育阶段教师数量已经基本满足，因此，今后教师教育的主要任务是提高人才培养质量。在教师教育专业化的国际潮流与国内新课改的不断推进的大趋势下，“学士后”教师培养模式是一种精细式高水平教师培养方式，是培养卓越教师、提高教师教育质量的必然选择。

参考文献

[1] 黄露，刘建银．中小学卓越教师专业特征及成长途径研究［J］．中国教育学刊，2014（3）：99－104.
[2] 施雨丹，卢晓中．论卓越教师的素质构成——基于广州市中小学教师的访谈分析［J］．中国教育学刊，2015（9）：92－96.
[3] 周先进．卓越教师：内涵、素质及培养［J］．高等农业教育，2015（8）：31－35.
[4] 高宝立，刘小强．中国特色的教师教育专业化之路［J］．高等教育研究，2009（12）：34－38.

大学教师专注教书育人的实现机理及政策研究

陈新忠　卢　瑶

摘　要：教书育人是大学教师的生存依据和发展依托，是大学教师的神圣职责和第一要务。然而，当前我国大学教师教书育人中普遍存在着重科研轻教学、重绩效轻质量、重授业轻育人等问题，正在颠覆着大学的基本职能和教师的首要职责。改善这一局面，需高等教育研究者提出并阐释大学教师专注教书育人的价值机理、评价机理和奖惩机理。促进大学教师专注教书育人，高等教育主管部门和高等院校要引导大学教师专注教书育人的价值取向，重构大学教师专注教书育人的评价体系，建立大学教师专注教书育人的奖惩制度。

关键词：大学教师；教书育人；价值取向；评价体系；奖惩机理

哈佛大学前校长哈瑞·刘易斯指出，大学的宗旨是育人，忘记教育宗旨的大学即使取得再大的成就也是失去灵魂的卓越。[1]作为高等教育机构，现代大学的第一职能仍是培养人才。把高中后学生培养成为具有高深知识、先进思想和发展潜能的高级专门人才是现代大学的光荣使命，也是大学教师的神圣职责。然而，受内外部环境的交互影响，现代大学肩负起越来越多的职能和责任，在多元化的功利追求中大有迷失本我的趋向；大学教师亦在忙忙碌碌中将更多的时间和精力投向了能够给自己带来利益的研究或经营，逐渐偏离了教书育人的中心轨道。促进大学教育回归高等教育本真、促使大学教师专注教书育人是当前我国高等教育实践领域面临的重大问题，也是我国高等教育理论领域亟须研究的重大课题。

一、大学教师教书育人中存在的问题及其原因

21 世纪以来，我国高等教育每年向社会输送数以百万计的毕业生，大学教师功不可没。然而，高等教育的人才培养质量并未赢得公众满意，甚至遭到社会人士的质疑。作为高等教育的直接施教者，大学教师难辞其咎。

（一）重科研轻教学

重科研轻教学是当前我国大学的普遍现象，也是多数大学教师的自然选择和平常行为。社会人士形象地将大学教师称为科研项目“老板”，将科研项目大、科研经费多的教师称为“一流教授”。上海交通大学前校长谢绳武坦言，没有科研项目的教授年薪仅为 7 万元左右，而拥有科研项目的教授年收入可达 50 万～60 万元，这使得大学教师争着跑项目、要经费，没人愿意从事课堂教学。[2]但是，教学并未受益于科研成果，两者处于游离状态，结合度极低。[3]据英国学者布莱克斯顿对 22 年间 30 项教学和科研相关性项目统计分析，

基金名称：国家社会科学基金项目（12BSH013）、中国学位与研究生教育学会项目（B1－2015Y0101－006）、湖北省教育科学规划 2015 年度专项资助重点课题（2015ZA004）、湖北省高等学校教改项目（2015A09）。

陈新忠，博士，华中农业大学高等教育研究所教授、硕士生导师，从事高等教育与社会发展研究；卢瑶，华中农业大学高等教育研究所研究生，从事高等教育管理研究。

科研项目与教学呈微弱正相关的仅有37%，零相关的高达60%，负相关的占3%。[4]产生这一现象的主要原因是：一是政府部门和社会组织每年设立了很多课题，拿出诱人的资金，希望大学教师利用知识优势做好相关研究；二是各种官方和非官方的大学排行榜将科研看得很重，对科研赋值较高，大学领导希望本单位教师通过做课题提升大学排名和地位；三是大学评价体系将科研成就置于衡量和评定人才的首位，引导越来越多的教师把时间和精力投入到科研之中，忽视了大学教学及其研究。[5]

（二）重绩效轻质量

很多大学教师将科研看作自己的晋升之路和攀登阶梯，仅把教学视为自己工作量的一部分。基于教育主管部门对教授的要求和学校对专职教师基本工作量的规定，他们在进行科研的同时又赶着为学生上课。2012年4月，教育部出台《关于全面提高高等教育质量的若干意见》，要求高等院校把教授为本科生上课作为一项基本制度，将承担本科教学任务作为教授聘用的一个基本条件；而一般高校则规定，每名大学教师每年不少于320个标准课时，少于320标准课时者按比例减少当年绩效工资和年终奖金。为了在年终分配时拿到应有的绩效工资和较高奖金，大多教师不得不承担授课、批改作业、指导本科生实习和论文等工作。此过程中，大多教师重绩效轻质量：教授一般只求完成上级或学校要求的最低工作量，以体面地保障教授的身份和既得利益；非教授教师一般希望超过学校要求的基础工作量，年终不扣奖金或多得奖金；多数教师对于领导听课或示范课精心准备，对于平常上课则只求课堂平稳。这种现象和问题的出现，主要有三个原因：一是现行教学评价主要从数量上来衡量教师教学的工作量，着重从物化方面检查教师的教学情况，多数教师采取以数量对付量化评价体系的办法；二是教学质量不宜简单计量，目前也没有较好的评判指标，多数教师在科研压力较大的现实面前，选择将更多的时间和精力投向了科研；三是高校面向教师教学倾斜的各种奖励制度较少，奖金较低，奖励覆盖面较小，许多大学教师将目光瞄向校内最高的奖励标准和最大的利益诱惑，仅将课堂教学视为获取工作绩效和年终奖金的砝码，注重完成数量，轻视质量和效果。

（三）重授业轻育人

当前多数大学教师将本科生当作“高四”学生对待，课堂教学上仍以知识传授为主，演绎着照搬教材、满堂灌输的传统高中教学方式。在本科生教育方面，教师上课主要讲授专业理论，很少涉及育人问题；教师上完课走人，师生之间较少沟通和交流。在研究生教育方面，大学教师除讲授专业知识外，主要向研究生示范科学研究的程序和过程，要求他们开展专业研究，对于如何促进他们身心健康发展则很少关注、引导和培育。之所以出现这些问题，主要原因有三个方面：一是教育主管部门和高校对于大学教师育人没有明确的硬性指标要求，没有量化标准，致使不少大学教师认为只要教书便算尽到了自己的责任；二是科研、教学和高校其他事务挤占了大学教师的有限时间，他们抽不出大量时间来从事有计划、有条理、有内容的育人工作，只能随机性地在课堂上或工作中提及；三是育人工作是心灵的抵达，需要高度的责任心和使命感，必须具备极强的耐心和极大的热情，大多大学教师因缺乏这方面的责任心而放弃育人工作。

二、大学教师专注教书育人的实现机理

大学教师专注教书育人本是大学之中的教育常态，但在当今社会遭遇了前所未有的挑战和异化。回归教育常态，高等教育研究者亟需从价值、评价和奖惩入手，构建基于当代社会现实和高等教育本质的大学教师专注教书育人实现机理。

（一）大学教师专注教书育人的价值机理

大学教师专注教书育人的价值机理是指在大学教师教书育人过程中，为促进大学教师实现全身心教书育人的特定功能和应然状态，高等教育主管部门、高等院校和大学教师等内外部主体共同调节大学教师价值取向而体现出来的相互关系、运行规则、作用方式及其原理。1978年以来，改革开放带来了我国经济的飞跃发

展，也引发了我国民众的多元化的价值追求。在我国高等院校中，当代大学教师也像众多社会公民一样有着多样化的价值追求。他们有的追求金钱，有的追求名利；有的追求安逸，有的追求拼搏；有的追求科研，有的追求仕途，如此等等。作为普通群众，这些追求无可厚非；但作为特殊的职业群体，大学教师应该具有某种共同的价值追求。美国高等教育哲学家布鲁贝克指出，高等教育的本质是"高深知识的教与学"。[6]美国著名高等教育评估专家肯·贝恩认为，是否取得重要教育教学成就是衡量大学教师是否卓越的标准。[7]要想使大学教师实现专注教书育人，必须使大学教师共同认识到教书育人是他们的最高价值目标和追求，是一生之中最有意义的事情，是值得终生为之奋斗和奉献的事业；同时，高等教育主管部门和高校也要使大学教师的共同认识从精神层面、物质层面和制度层面得以落实，并且通过文化塑造使其不断地得以生长和强化。具体而言，高等教育主管部门要对大学教师专注教书育人的价值进行定位和引导，要对教学一线的大学教师进行精神鼓励；高等院校要对大学教师专注教书育人的价值给予充分肯定，从制度到物质向教学一线的大学教师倾斜；大学教师要坚持全身心教书育人的价值信仰，将科学研究和各种事务性工作服从、服务于教书育人。

（二）大学教师专注教书育人的评价机理

大学教师专注教书育人的评价机理是指在大学教师教书育人过程中，为促进大学教师实现全身心教书育人的特定功能和应然状态，高等教育主管部门、高等院校和大学教师等内外部主体共同评价大学教师教书育人行为及成效而体现出来的相互关系、运行规则、作用方式及其原理。20世纪80年代以来，我国大学教师逐渐大规模参与国家重大科研项目，成为科学研究的重要主体和中坚力量。2010年，我国高校国际科技论文占全国总数的82.92%，国际合作论文占全国总数的79.10%。2011年，我国高校获得国家自然科学奖、国家技术发明奖、国家科学技术进步奖的数量占总数的72.5%；2012年，高校获得国家科技三大奖的数量仍占总数的近七成，达68.8%。[8]在国家需求和大学排名的推动下，科学研究成为大学教师的首要选择和第一要务，教书育人则被置于"口头上重视、行动中轻视"的尴尬地位。美国学者康斯坦斯·库克研究指出，研究型大学教师的教学艺术对人才培养的贡献微乎其微，他们的教学水平严重制约着大学根本任务完成的质量；[9]美国华盛顿大学教育和研究中心主任唐纳德·吴尔夫等研究认为，当前大学教授适应时代变化的教育教学能力堪忧，提高未来大学教授的职业水平要在研究生教育阶段及早加强教学技能训练和相关职业准备。[10]为促使大学回归本真，促进大学教师重新全身心承担起教书育人的天职，高等教育主管部门和高等院校要重构大学教师的评价机理。首先，高等教育主管部门要制订出大学教师职业发展及其评价的基本框架，将大学教师全身心教书育人及其成效置于首位；其次，高等院校要以"教书育人"为核心，制订出大学教师评价的具体指标；最后，大学教师要经常进行自我反省和自我评价，以"教书育人"为中心不断端正自己的职业思想和行为。

（三）大学教师专注教书育人的奖惩机理

大学教师专注教书育人的奖惩机理是指在大学教师教书育人过程中，为促进大学教师实现全身心教书育人的特定功能和状态，高等教育主管部门、高等院校和大学教师等内外部主体共同奖惩大学教师教书育人行为优劣而体现出来的相互关系、运行规则、作用方式及其原理。受市场经济大潮和富足程度有限的影响，大学教师大都仍把物质利益看得很重；高校对科研过重的奖励举措和对走穴教师的置若罔闻，激发起多数大学教师对教书育人之外利益的渴望和追求。当前我国高校对大学教师科研成绩的奖励普遍较多、较高，科研成效一定程度上决定着教师的地位和收入；有的学校甚至实行了省级以上科研项目经费匹配制，学校按一倍或数倍于课题获批经费的额度予以配套，使获得科研项目的教师一夜之间暴富；部分大学教师当了教授之后，不愿上课领取微薄的课时津贴，喜爱到外面"走穴"捞外快，"出场费"高达数万乃至数十万元。[11]这些现象严重影响了大学教师教书育人的情绪，打击了大学教师教书育人的积极性。为扭转这一局面，促进大学教师钟情于教书育人的高尚事业，高等教育主管部门和高等院校要在大学教师奖惩方面形成新的运作机理。其一，高等教育主管部门要从精神层面给予专注教书育人的大学教师以至高荣誉，使他们深切体会到自己坚持不懈追求带来的荣耀和地位；其二，高等院校要从物质层面给予专注教书育人的大学教师以最大回报，使他们在物质层面中感受教书育人的重要性；其三，高等教育主管部门和高等院校要对不专心教书育人的大学教师建立惩戒机制，使不专心教书育人的大学教师在职业发展方面处处受限，成为大学之中最不受欢迎的另类人物。

三、大学教师专注教书育人的政策建议

大学教师的第一职责是教书育人，科学研究应为教书育人而服务。近年来，我国大学教师花费大量时间和精力致力于科学研究，取得了显著成效。2010 年以来，以大学教师为主体的中国科技论文被 SCI 数据库收录数量超过美国，排名世界第一。然而，据统计，这些科研论文的平均引用率排在世界 100 名开外，全球被引用次数居于前 1% 的论文（即“高被引论文”）数量仅居世界第 6 位。我国有世界影响力的论文较少，能产生深远影响的科技成果更少。之所以如此，这与大学教师不专心教书育人、既当“教练员”又做“运动员”密切相关。在高等院校与科研院所两套机构兼具并设的我国，大学教师为教书育人而专注基础研究、推动知识创新应是契合高等教育本质的最佳选择。为促进大学教育人才辈出，基于大学教师专注教书育人的实现机理，高等教育主管部门和高等院校要从价值取向、评价体系和奖惩制度三方面建构大学教师专注教书育人的政策框架。

（一）引导大学教师专注教书育人的价值取向

价值取向是大学教师的价值追求方向，是大学教师职业行为和日常活动的思想指南。高等教育主管部门和高等院校要努力做好大学教师的价值观教育和引导工作，保障大学教师心情舒畅、持之以恒地终生践行教书育人的职业宗旨。首先，高等教育主管部门要突出强调“教书育人”是大学教师的基本职责和价值取向，强调大学教师要将“教书育人”作为自己的第一要务和中心工作，强调大学教师要把主要时间和精力运用到“教书育人”及其能力提升上，并通过立法（修订或出台法规政策）、宣讲、表彰、惩处、利益配置等手段使“教书育人”的价值取向深入大学教师心田；其次，高等院校要在专职教师的岗前、岗中及专业培训中反复讲解和明确“教书育人”是大学教师的价值取向与毕生追求，配备职业导师帮助引导青年教师树立“教书育人”的价值观念，并通过调整工资、奖金等物质利益分配方式使大学教师自觉奉行“以教学为中心”和“以学生为中心”相结合的职业原则，[12]树立“教书育人”的职业价值观；最后，政府其他部门和社会组织也要不断规范高等院校及大学教师的各种行为，努力维护大学教师专注“教书育人”的价值取向，促使大学教师集中时间和精力培育出越来越多的优秀人才。

（二）重构大学教师专注教书育人的评价体系

评价体系是大学教师职业活动实际遵循的具体目标，是大学教师处理行为矛盾和问题的重要依据。高等教育主管部门和高等院校要努力构建大学教师专注教书育人的评价体系，保障大学教师用心专一地履行教书育人的神圣职责。首先，高等教育主管部门要围绕“教书育人”制订大学教师工作评价的指导思想和评价原则，规定大学教师工作评价的核心指标，指导高等院校以“教书育人”为中心，结合校情重构大学教师工作评价系统，制订大学教师工作评价的指标体系；其次，高等院校要围绕“教书育人”重新构建大学教师工作评价的组织系统和运行系统，按照有利于教师了解教情、改进教情的原则，面向学生未来成长和可持续发展设计各级量化指标，大力削弱科研指标及其权重，遏制非教书育人行为滋长；最后，对于政府部门和社会组织资助的科学研究（国家重大战略需求委托项目除外），不再计量课题等级和论文发表期刊等级，而以科研成果的学术影响力为主要指标，倡导自由探索，鼓励基础研究，重视知识理论创新及其运用于教书育人方面的考评。

（三）建设大学教师专注教书育人的奖惩制度

奖惩制度是大学教师职业行为应当遵循的主要规范，为大学教师在职业活动中确定自己“值得做什么”

和“不值得做什么”提供了具体翔实的文本参照。当前大学教育教学现状与学生预期仍然存在很大差距，如何吸引大学教师改进教学方法、提高教育质量是全球大学普遍面对而又亟须解决重大难题。[13]我国高等教育主管部门和高等院校要合理建设大学教师专注教书育人的奖惩制度，保障大学教师方向鲜明地努力完成教书育人的光荣使命。首先，高等教育主管部门要在法规政策中以“教书育人”为核心明确制定优秀大学教师的职业标准，原则性地提出大学教师的奖惩标准及其办法，并每年对优秀大学教师进行奖励，对不合格大学教师进行惩处；其次，高等院校要以“教书育人”为核心从工作数量到工作质量详细制定大学教师的具体奖惩制度，力求最大限度地惠及每一位专注教书育人的大学教师，以物质奖励调动大学教师专注教书育人的信心和激情；最后，企业、基金会、校友会等社会组织也要关注大学教师的生存和发展，制订相关制度奖励为教书育人做出重大贡献的大学教师，弘扬专注教书育人广受尊重的社会风气，促进大学教师专注教书育人的传统代代不息。

参考文献

[1] 哈瑞·刘易斯．失去灵魂的卓越——哈佛是如何忘记教育宗旨的［M］．侯定凯，等，译．上海：华东师范大学出版社，2012：1－15.

[2] 张坚．可怕的老师［J］．新周刊，2010（12）：42.

[3] 陈新忠．高等教育变革的理论回应与社会支持［J］．国家教育行政学院学报，2014（4）：43－47.

[4] J. M. Braxton. Faculty teaching and research：is there a conflict?［J］. New Directions for Institutional Research，1996（02）：90.

[5] 陈新忠．以学生为中心　深化本科教学改革［J］．中国高等教育，2013（13/14）：50－52.

[6] 约翰·S·布鲁贝克．高等教育哲学［M］．王承绪，郑继伟，张维平，等，译．杭州：浙江教育出版社，2002：2－3.

[7] 肯·贝恩．如何成为卓越的大学教师［M］．明廷雄，彭汉良，译．北京：北京大学出版社，2012：5－11.

[8] 杨卫．高校成国家技术创新体系重要力量［N］．中国教育报，2012－06－18.

[9] 康斯坦斯·库克．提升大学教学能力［M］．陈劲、郑尧丽译．杭州：浙江大学出版社，2011：104－116.

[10] 唐纳德·吴尔夫，安·奥斯丁．教授是怎样炼成的——未来大学教师培养的改进策略［M］．赵文，译．北京：北京大学出版社，2011：3－15.

[11] 复旦校长痛批大学怪象 教师爱走穴［EB/OL］．（2010－09－18）http：//news. xinhuanet. com/school/2010－09/18/c_ 12582655. htm.

[12] 陈新忠．“以学生为中心”的本科教育实践误区及引导原则［J］．中国高教研究，2012（11）：57－63.

[13] 德雷克·博克．回归大学之道——对美国大学本科教育的反思与展望［M］．侯定凯，梁爽，陈琼琼，译．上海：华东师范大学出版社，2012：209－229.

国外“教学学术”概念发展脉络演进分析

王宝玺　朱超颖

摘　要：自博耶提出“教学学术”以来，国外对“教学学术”概念的研究大致可分为两个阶段。1990年至2000年是第一阶段，在这一阶段，博耶从教师作为一名“教育者”的角度提出“教学学术”这一概念，但并未对这一概念进行解释。赖斯、斯科、克莱博和马丁等分别对博耶的概念进行完善，他们初步意识到教师也是一名学习者，但并没有提出突破性概念，只是拓展了“教学学术”概念的外延。2001年至今是第二阶段，舒尔曼从教师作为学习者的视角对博耶提出的教学学术概念进行重新界定，把“教学学术”界定为“教与学的学术”，提出“学习者共同体”概念，将教学学术从宏观引向微观。此后学者在实践、评估、反思等活动中对“教学学术”概念不断完善。

关键词：博耶；教学学术；舒尔曼；教与学的学术

本科教育是大学的立校之本，它的生命力影响到所有各层次的高等教育，它的质量是形成世界一流大学的重要因素，[1-2]然而重科研、轻教学这一现象大大影响了本科教育的质量。博耶（Boyer）针对这一问题提出“教学学术”这一概念，但并未给出具体的操作性定义。继他之后，李·舒尔曼（Li Shulman）把“教学学术”重新定义为“教与学的学术”，着重强调教师的教学须进行同行间交流学习，促使教学成为科研的一种形式，在课程设计、教学方法和切合服务社会的评价指标等方面形成了初步的方案，后期学者在此基础上展开大量实践、评估、反思活动。

上述现象在国内也普遍存在，我国于21世纪初引进“教学学术”这一概念，[3]并取得了丰硕的学术成果。[4-7]然而，我国研究侧重于对国外“教学学术”（运动）的译介，多理论思辨，并未引起一线大学教师的关注与认同，更有甚者，国内研究出现“教学学术”对象泛化等严峻问题。作为一剂“治病良方”，“教学学术”的引入并未改变大学重科研、轻教学的现象。因此，有必要对国外“教学学术”概念发展脉络进行梳理。

一、“教学学术”概念的提出和外延拓展

（一）博耶“教学学术”概念的提出

20世纪80年代，美国大专院校的教育质量广受指责，批评者认为，大学把大量资源和精力投入到精英培养上，没有为国家培养出社会所需的生产性工作者和良好的公民。随后，公众不同于以往把矛头指向高等院校本身，而是指责高校教师是拿着双份工资（教学与科研）的政治极端分子。[8]在此背景下，时任卡内基基金会主席的美国当代著名教育家博耶认为有必要对公众的批评做出回应。为此，他于1990年在《学术水

基金项目：2016教育部人文社科基金（16YJA880041）；江苏大学高级人才启动基金（09JDG046）。

王宝玺，博士，江苏大学教师教育学院副教授、硕士生导师，主要研究方向：比较高等教育；朱超颖，江苏大学教师教育学院在读硕士研究生。

平反思——教授的工作重点》(Scholarship Reconsidered：Priorities of the Professoriate) 这一学术报告中首次提出“教学学术”这一概念，并重新定义大学教师工作的重心。[9]

博耶指出，在高等教育使命越来越多样化的今天，国家及社会对教师的要求也越发苛刻，但教师奖励制度却无人提及，这就导致教师只能注重科研论文发表而忽略本科生的教学。他在此报告中提出发现的学术、整合的学术、应用的学术和教学的学术。其中发现的学术即研究有关教学已有教材以及发现当今社会各种现象；整合的学术即把各种现象与教材相结合，找出与上课相关的内容，作为其素材；应用的学术即把前两个步骤得到的内容应用于课堂；教学的学术即是真正的执行，教好学生。这四种学术共同构成一种新的学术范式。博耶试图通过提出“教学学术”概念来改变教师对大学教学的态度，从而提升教学在“培养一个完整的大学教师”所需的教学、科研、与社会服务中的整体地位。

他进一步指出，“本科教育的目的旨在培养学生积极的学习态度，鼓励学生形成批判性与创造性思维，不仅仅局限于课堂，使他们在大学生活结束后获得能继续学习的能力”[10]。美国自“二战”后期就注重培养国家所需要的人才，如果教师由于各种原因忽视教学而注重与自身发展相关的科研，那么民族的栋梁就会夭折，长此以往国家就会落后于他国，所以教师教学需要达到国家的预期。因此，教师想要教学学术化就一定要使自己专业领域的知识与时俱进，在领悟已有知识的基础上，根据时代潮流，借鉴或者创造适当的方法来引导学生采用开拓性视角及思维，不局限于课堂，达到理想的效果，即教师要研究“如何教”。

博耶提出的“教学学术”是从教师作为“教育者”视角下的范式，侧重于教师教学专业化，包含“教学学术”的对象以及运用的方法和所预期的效果，并使之成为一种学术。然而博耶并没有具体阐述如何使教学成为一种学术、评定的标准是什么。他所认为的“教学学术”仅仅是知识传播的学术，通俗来说即教师需要研究如何把学生教好。严格来说，博耶给出的“教学学术”概念只是一种雏形，是“教学学术”概念的核心部分，然而这只是从教师作为“教育者”视角下提出来的。虽然博耶提出的概念在当时难以操作实施，但却以学术研究的形式改变着教育者的思想，激励教育者在实践中探索“教学学术”的操作性定义，大大冲击着高校重科研、轻教育的这一不良现象，对后世的研究者而言具有里程碑意义。

（二）博耶“教学学术”概念的外延拓展

1. 教师作为“教育者”的“教学学术”

博耶在《教育计划——一个行动目标》(Education Goals—An Action Plan) 中提到，“如果教师的科研成果已包含课程设计安排、专业教导学生和切合服务社会这些方面，说明教师已走上教学学术道路，不必再为教育质量而付出过多精力时间”[11]。然而课程设计的具体安排、专业教导学生的方法、切合服务社会的评价指标等博耶都未给出具体方案，虽然广大教师难以将其应用于实践之中，但为后期学者（主要以赖斯、斯科为代表）对“教学学术”概念外延的拓展提供了广阔空间。

赖斯 (Rice) 信服于博耶“教学学术”的观点，并在实际操作中提出关于“教学学术”的见解。他于1992年发表《美国背景下，迈向教学学术的更广泛概念》(Towards a broader conception of scholarship：The American context) 一文。在该文中他认为实施“教学学术”至少应达到以下三个要求：(1) 概括和综合已有教学材料的能力；(2) 关于运用教学方法的能力；(3) 关于交流反思以及学习知识的能力。[12]即教师在教之前，有条理并有意义地梳理知识，在理解已知知识的基础上，找出已有知识和未知知识之间的联系，做足课前准备；在教学过程中，教师用比喻、类比和实验等方法将教学知识与教学环节相结合；在教学后，总结学生如何有意义地学习。也就是说，以上三种要求构成的体系就是“教学学术”的操作性定义。

与赖斯相同，斯科 (Schon) 也是这一时期的学者。他于1995年发表《新的学科需要新的认识论》(The new scholarship requires a new epistemology) 一文。在该文中他认为：“如果将教学看做一种学术活动，那么教学实践就必能产生新的知识”。[13]他认为“教学学术”即教师在课前应做好充足的准备，在课程实施的同时衍生出对于该课堂的新思维，以便进行后续研究。他根据学术活动依赖于行动研究，推演出“教学学术”在教学实践中的研究能力。他所强调的是教学知识以及教师对教学经验的交流、研究以及将其综合运用的能力。

博耶提出的发现、整合、应用、教学这四种学术构成的新范式集中在教学前和在教学时，并没有注重教学后的反思，而赖斯在博耶的基础上强调了这一观点，使教学更加连贯，逻辑性强且具有可操作性。赖斯注重知识与能力的有机结合，及时自我反思，很好地阐释了博耶提出的教师“如何教”的问题。斯科提出的观点虽然基本符合博耶提出的新范式，但却忽视了“教学学术”的其他方面，过于注重课堂上的反思运用，几乎忽视了博耶“教学学术”新范式的前三种学术，窄化了“教学学术”的含义，这又回到了传统重科研、轻教学的学术观念。总的来说，赖斯和斯科给出了具体的“教学学术”操作性定义，拓展了博耶“教学学术”概念，但却未涉及如何评价“教学学术”。

2. “学习者”进入研究视域后的“教学学术”

博耶、赖斯以及斯科提出的“教学学术”概念都是教师作为“教育者”范式下的“教学学术”，即注重教师如何教好学生。教师既是知识的传授者又是学习者，如果“教学学术”仅局限于教师如何教好学生，没有学术交流以及总结同行的经验为己所用，就会导致教师在教学前关于教学内容和教学方法的准备源于旧教材。因此，人们意识到教师必须作为“学习者”参与到整个“教学学术”的实践中，在学会教授学生的同时及时与同行者交流并反复地自我反思，最终以科研成果的形式展示出来，以供更多的教师学习，由此带来范式的转变。

1999 年，马丁等人（Martin，Benjamin，Prosser and Trigwell）在已有研究基础上发表《教学学术：学术人员的方法研究》（Scholarship of teaching：A study of the approaches of academic staff）一文。他们认为教学学术包含且仅包含这三种要素：（1）了解其他人对教学和学习的学术贡献；（2）在特定的学科背景中对自己的教学实践和学生的学习效果做出反思；（3）对关于教学和学习的实践和理论观点作出交流和传播。[14]

从马丁等人的观点中可以看到博耶、赖斯以及斯科观念的影子。可以说马丁等人几乎完成了对博耶提出的“教学学术”概念外延的拓展，顺应其教师作为“教育者”范式的“教学学术”主张，给出了比较完整的“教学学术”操作性定义。要素第一点中提及了解他人的学术贡献，说明马丁等人认为同行之间的实践经验非常重要，可以说“学习者”这一概念已经进入研究者的视阈。但遗憾地是马丁等人没有提及教师需要系统的学习，只是停留在了解、借鉴的层面，并没有使自己的教学心得以论文或者书籍的方式发表，不能被广大的教师知晓，只是小范围个人理解运用的学术。他们涉及的反思层面仅仅是已有理论知识以及实践经验方面的反思。

（三）克莱博对这一时期“教学学术”的梳理总结

继马丁等人后，卡罗琳·克莱博（Carolyn Kreber）和卡顿（Cranton）于2000 年发表《探索教学学术》（Exploring the scholarship of teaching）一文，他们对从博耶开始有关“教学学术”的内涵做了个梳理，认为其大致可分为四类：（1）“教学学术”的研究对象仅仅是教学；（2）优秀教学即是“教学学术”；（3）教学学术性即是“教学学术”；（4）“教学学术”是知识和能力的综合体。[15]赞成观点一的学者强调教师要对自己的学科教学进行研究，并公开发表其研究成果，具体以学科教学论著、文章等形式呈现。赞成观点二的学者是从教学的角度来理解“教学学术”，这就把“教学学术”的概念混同于优秀教学。赞成观点三的学者强调教师必须参考教育类书籍或论文指导他们的学科教学。赞成观点四的学者认为对于教学，理论知识和实践知识同样重要。[16]

综合上文，可以把“教学学术”的概念具体到教学过程的全过程中，即教学前、教学中、教学后。教学前即克莱博的观点三，把已有知识以及新观察到的现象结合教育类书籍或论文，选取合适的方法来指导学科教学；教学中即克莱博的观点二，教学的最直接目的是在培养学生个性化的同时为国家培养新一代的人才，可以理解为是优秀的教学；教学后即克莱博的观点一，教师要与同行间进行交流反思，研究学科教学，并公开发表其研究成果，具体以学科教学论著、文章等形式呈现。

教学是一个连贯互通的过程，对“教学学术”概念的理解不能片面化。只注重科研的“教学学术”与传统的学术观没有任何差别；教师的有效教学并不是“教学学术”，只是教师的一种责任，不能将其理解为“教学学术”。教师教学要在灵活使用旧教材的基础上结合新兴“教学学术”科研成果，强调个人研究成果的呈现和表达，使其成为高等教育教学理论基础的一部分，让“教学学术”超越于学术性教学。再回到克莱博和卡顿对于“教学学术”内涵的梳理，虽然以上论及的学者都基本遵从博耶的“教学学术”观点，但他们的侧重点各不相同。只有马丁等人即克莱博梳理的观点四，认为理论知识和实践知识同样重要，既看到了理论层面，也看到了实践层面。

二、“教学学术”概念的重新界定与完善

（一）舒尔曼“教与学的学术”概念的提出

自博耶发表《学术的反思——教授的工作重点》这一报告后，卡内基基金会于1998年对大学本科教育质量的调查显示：“美国研究型大学的知识创新和完善方面相比其他国家而言遥遥领先，但在本科教育质量方面的排名远远落后。”[17]舒尔曼对该调查数据做了以下反思：“为什么所有的大学都将科学研究能力作为重点呢？科研的发展固然重要，但是本科教学就应放在次要地位吗？研究型大学的本科教学质量现状如何？”[18]结合美国时代背景可归为以下两方面：其一，一定的科学研究能力与大学的建设和发展密不可分；其二则是教师的职称晋升和工资提高几乎与研究成正比。这就意味着所有的大学必须将科学研究能力作为重点。

理清这些问题后，结合克莱博、卡顿以及马丁等人的教学学术观点，舒尔曼于2001年在《教与学的学术定义》（Definitions of Scholarship of Teaching and Learning）中将教学学术定义为：（1）“教学学术”是一项对教师的教与学进行系统研究的学术。在该研究中，教与学通过地方性、国家性、国际性同行间交流或出版著作的方式公开其成果。（2）研究的“教学学术”概念具体延伸为对不同学科知识间差异或联系的认识。（3）“教学学术”的公开化必须制订并遵循一个共同标准，以便通过团体所有成员的参与及评价进一步拓展和完善教学学术。（4）“教学学术”的研究主要体现在大学中的学科、应用、教室和实践这四个方面[19]。舒尔曼这里的“教学”不能只理解为教师作为“教育者”教授学生，应将“教学”理解为“教师教授学生”和“教师学习同行者经验”。

舒尔曼又对“教与学的学术”做了具体的补充，“一个可称作学术的活动至少应具备以下特征：（1）公开化；（2）设置批判和评价环节；（3）能够交流并可被同行使用”。[20-21]并在课程设计的具体安排、专业教导学生方法、切合服务社会的评价指标等方面初步给定了可操作性方案。这是博耶以及其他学者都未具体提及的，而评价指标恰恰是评判一个体系是否能运作或运作好坏的关键，所以舒尔曼提出的“教与学的学术”是“教学学术”概念形成的关键一步。由于舒尔曼提出的“教与学的学术”是“教学学术”概念的重新界定，所以我们仍将其称之为“教学学术”。这一概念的明确化，意味着后人的实践、评估、反思等都有了明确的标杆，“教学学术”不再是纯理论的思辨研究，而是能引起大学教师的关注与认同并付诸实践。

（二）对舒尔曼“教与学的学术”概念的完善

1. 在实践活动中完善

舒尔曼“教与学的学术”的提出后，美国不同类型的研究型大学根据自身情况颁布整改政策，但大都效果不佳。很多研究者对其原因进行分析，试图充实“教学学术”概念，将其制度化，减少实践活动中的曲折弯路。他们总结的主要原因有四：（1）教学学术自身理论不成熟；（2）大学教师传统教学和科研观念的制约；（3）大学教师评价和奖励机制单一；（4）教师沟通机制的匮乏。[22-24]

为什么教学学术理论不成熟？2009年，英属哥伦比亚大学的罗杰·布歇尔（Roger Boshier）在《为什么教与学的学术是一项艰难的任务？》（Why is the Scholarship of Teaching and Learning such a hard sell?）一文中发表自己的观点。他认为：（1）博耶并未对教学学术概念进行解释；（2）“教学学术”易被其他名词替代运用于教学实践中；（3）“教学学术”演说过于理想化；（4）“教学学术”没有唯一的评定标准。[24]虽然在博耶之后，舒尔曼给出了具体的评价标准等，但在实践的过程中仍然难以操作，其根源在于教学学术理论自身

不成熟。

大学教师传统观念主要有二：其一是传统的学术观；其二是传统的教学观。前者是布鲁斯·亨德森（Bruce Henderson）和海蒂·布坎南（Buchanan）于2007年在《大学的教和学的教学学术：综合性大学教师的特殊处境?》（The Scholarship of Teaching and Learning：a special niche for faculty at comprehensive universities?）中的观点，其认为："大部分教师早在学生时代就被渗透了传统的学术观念——从事高深学问研究以及发表学术论文才能在学术圈获得地位和声誉。"[26]后者是霍华德·丁伯格（Howard Dingboge）和唐娜·基利·杜菲（Doma Killy Duffy）于2007年在《二年制大学教与学的学术：承诺与变革》（The Scholarship of Teaching and Learning at the Two－Year College：Promise and Peril）提及的"美国实用主义文化传统和高等教育使命多样化促使教师角色定位于知识传授者而非教育研究者"[27]。

"教学学术"演说过于理想化以及没有唯一评定标准质疑了"教学学术"理论的合理性及可实行性，它是否是空想主义不切合实际的？只能说国家和社会应为学术者创造一个理想的殿堂，大学教师应处于象牙塔中。我们可以为教师设置合适的评价奖励机制，可以给予相应的钱财，供应物质；可以给予相应的地位，享受世界的赞誉。我们可以为教师在教学中隔离出沟通的课堂，实现同行之间的交流与对话，让教学知识和经验反思得以超越个体，成为广大教师的公共财富等。如果以上这些问题得以解决，那么实践活动的开展便能促进完善"教学学术"概念的进程。

2. 在评估活动中完善

克莱博于2002年在《对教学学术的争论与共识》（Controversy and consensus on the scholarship of teaching）上提出的"教学学术"模型可作为"教学学术"评价的一套指标。[28]这个教学学术模型是由反思行为以及教学知识领域组成的一个三阶矩阵（如图1所示），即九种教学学术的运作形式。根据每种形式可以制订具体的评价标准，来量裁教师实践过程中"教学学术"的运用程度。克莱博这一模型将"教学学术"评价指标可操作化，使教学学术概念更具体化。

内容反思	过程反思	前提反思
是什么	怎么做	为什么
教学知识	教育学知识	课程知识

图1　教学学术评价指标模型

基思·特里格维尔（Keith Trigvelle）等人在《教学学术：一个模型》（Scholarship of Teaching：a model）一文中也提到："教学学术评价活动旨在促进教师的'教学学术'过程更加透明化，通过公开的手段得到公众的监督和评价。"[29]他们构建的"教学学术"模型（见表1）可作为一种评价体系。该模型从知识、反思、交流和观念这四个维度对教师教学学术的进行程度加以量裁。

表1　教学学术多维模型

	知识维度	反思维度	交流维度	观念维度
发展过程	使用非正式的教学、学习理论	没有或者无意识地反思	没有交流	以教师中心的范式看待教学
	熟悉掌握一般的教学、学习理论	在行动中反思	同本系教师进行交流	根据范式转变要求从以教师中心到以学习者中心过渡
	熟悉掌握学科教学、学习理论	在行动中反思	在当地或者全国性会议上做汇报	根据范式转变要求从以教师中心到以学习者中心过渡
	进行行动研究，掌握句法能力以及教育学知识	以学习者的角度作出反思	在国际学术性期刊上发表文章	以学习者中心的范式看待教学

3. 在反思活动中完善

"教学学术"到"教与学的学术"的突破口是反思—交流—再反思。教师作为知识传播者，需要时刻反思自己的教学与行为；教师作为一个学习者，需要在与同行交流的过程中，借鉴他人的经验并反思自己的不足之处，最终成为科研的一种形式。如果教师只是机械地将已有知识灌输给学生并不反思其合理性及其教学方法，说明并未走上教学学术之路。

科特雷尔（Cottrell）和琼斯（Jones）发现，随着越来越多的教学学术成果发表，一些大学教师开始接触到“教学学术”并且逐渐认同教学学术。在实践过程反思教学不足之处并着力提升教学质量，给出关于教学学术概念的见解。他们认为：“大学教师如果时刻反思课程设计安排、专业教导学生，关注其素质发展、切合服务社会方面是否符合教学学术，就必定能改善美国大专院校教育质量广受批评指责的现状”[30]。

麦金尼（McKinney）认为：（1）阅读并应用教学和学习的研究文献；（2）运用课堂评估技术评估教学成效；（3）教师需系统反思自己的教学；（4）与同事讨论教学问题。[31-32]可以理解为：教学前阅读大量教学学术研究文献；教学中采用课堂评估技术对其评价；教学后系统地自我反思并与同事交流反思结果，之后再进一步地反思。这一过程体现了“反思—交流—再反思”的思想。他认为所有投入教学职业的大学教师都应实践“教学学术”并及时自我反思。同时吉恩斯（Ginns）等人的研究也显示“教师的教学学术发展离不开学术同行对如何教学生这一经验的交流和反思”[33]。

国外的教学学术实践活动大多以学校为单位，根据已有的评价模型或者创造性的评价理念来评判教师“教学学术”程度并将其结果公开化，以便教师交流反思，呈现更多的教学学术成果；还应根据学校自身传统教学的特点对“教学学术”实践活动的不适应性做出分析反思，以便广大教师更好地实施教学学术，完善“教学学术”概念体系。

三、结论

综上所述，西方对“教学学术”概念的研究和实施已初步构成体系，但已有研究仍存在许多问题。“教学学术”运动始于博耶发现大学里普遍存在重视科研、轻视教学以及教学和教研相互分离这些现象，其后他在报告中提出“教学学术”这一概念，对当时教师如何教好学生做出展望，并提出相应的范式。他并没有具体阐述如何使教学成为一种学术、评定它的标准是什么，甚至如何教好学生的范式也不具有可操作性，但在当时轻视教学的背景下，博耶担忧于国家的未来，创造性地提出“教学学术”这一概念，他是一位伟大的奠基人。其后赖斯以及斯科完全认同博耶的这种观点，通过自己的实践以及对已有关于如何教好学生知识的理解，拓展了“教学学术”概念。紧接着马丁等人以及克莱博、卡顿在博耶的基础上，认为教师是一个学者，需要学习同行的经验成果，既要注重理论也要注重实践。他们这一观点既标志着“教学学术”运动第一阶段的结束，也为“教学学术”运动第二阶段开端即舒尔曼的“教与学的学术”观点奠定了基础。

舒尔曼认同克莱博、卡顿以及马丁等人的观点，认为教师需要借鉴学习他人的经验，但他们仍然需要反思，总结出最适合自己、最适合这种环境的教学，并且以论文、书籍的形式发表，让更广大的教师了解，为教科书注入新的来源，教师以学术的方式开展教学。在此之后，“教学学术”以实践、评估、反思为主，学术体系随之不断分化发展并落实到各个方面。

“教学学术”作为近二三十年新兴的独特研究领域，现今，人们提到“教学学术”只知博耶和舒尔曼，有的甚至都不理解舒尔曼的“教与学”分别具体指什么，盲目地认为“教学学术”只需要对教学进行研究就够了。通过对国外“教学学术”概念发展脉络的梳理，有助于加深对“教学学术”的研究，避免研究对象的泛化，同时，对指导我国高校正确处理科研与教学的矛盾，提升教师“教学学术”水平、大学回归人才培养这一根本宗旨具有十分重要的意义。

参考文献

[1] 胡弼成．国外研究型大学的本科教育及其启示［J］．清华大学教育研究，2001（3）：35.
[2] 欧内斯特·博耶．美国大学教育——现状、经验、问题及对策［M］．复旦大学高教所，译．上海：复旦

大学出版社，1998.
[3] 俞信，于倩．着力提高大学教师的教学学术水平［J］．中国高等教育，2000（Z1）：25－27.
[4]［8］王玉衡．美国大学教学学术运动［J］．清华大学教育研究，2006（2）：84－90.
[5] 王建华．大学教师发展——“教学学术”的维度［J］．现代大学教育，2007（2）：1－5.
[6] 王英杰，刘宝存．美国大学教学学术运动［M］．北京：北京师范大学出版社，2012：24－40.
[7] 宋燕．大学教学学术及其制度保障［M］．北京：中央编译出版社，2013：13－16.
[9] Boyer，E. L.（1992）. *Scholarship Reconsidered*：*Priorities of the Professoriate.* Issues in Accounting Education，Vol. 7（1）：87－91.
[10] Boyer，E. L.（1997）. *Selected Speeches* 1978－1995. San Francisco：Jossey－Bass Inc.，9－109.
[11] Boyer，E. L.（1990）. *Education Goals——An Action Plan.* The Carnegie Foundation for the Advancement of Teaching Delivered at the National Governors' Association Winter Meeting，Washington，D. C.，February 25，495－497.
[12] Rice，R. E.（1992）. *Towards a broader conception of scholarship*：*The American context.* In T. Whiston & Geiger（Eds.），Research and higher education：The United Kingdom and the United States. Buckingham：SRHE and Open University Press，117－129.
[13] Schon，D. A.（1995）. *The new scholarship requires a new epistemology.* Change（November/December），27－34.
[14] Martin，E.，Benjamin，J.，Prosser，M.，& Trigwell，K.（1999）. *Scholarship of teaching*：*A study of the approaches of academic staff.* In C. Rust（Ed.），Improving student learning：Improving student learning outcomes，326－331.
[15] Kreber，C. & Cranton，P. A.（2000）. *Exploring the scholarship of teaching.* Journal of Higher Education，71（4）：476－495.
[16] Atkinson，M. P.（2001）. *The Scholarship of Teaching and Learning*：*Reconceptualizing Scholarship and Transforming the Academy.* Social Forces（June），79（4）：1217－1230.
[17] 朱雪文．彻底变革大学本科教育：美国研究型大学的蓝图［J］．全球教育展望，2001（3）：67.
[18]《专访》记者．宗旨：促进人类的教学进步——美国卡内基教学促进基金会主席舒尔曼访谈录［J］．教育发展研究，1998（8）：66.
[19] Shulman，L. S. *Definitions of Scholarship of Teaching and Learning.*［EB/OL］http：//www. stol. ilstu. edu/downloads/pdf/definesotl. pdf. 2001.
[20] Shulman，L. S.（2000）. *From Minsk to Pinsk*：*why a scholarship of teaching and learning*? Journal of Scholarship in Teaching and Learning，1（1）：48－53.
[21] Shulman，L. S.（2004）. *Teaching as community property*：*essays on higher education.* San Francisco：Jossey－Base，89－218.
[22] Shulman，L. S.（2008）. *Carnegie Perspectives*：*A different way to think about teaching and learning.* Carnegie Foundation for the Advancement of Teaching，3.
[23] Shapiro，H. N.（2006）. *Promotion & Tenure & the Scholarship of Teaching & Learning.* Change（March/April），38（2）：38－43.
[24] Bender，E. T.（2005）. *CASTLs in the air*：*The SoTL movement in mid－flight.* Change，37：40－49.
[25] Roger Boshier（2009）. *Why is the Scholarship of Teaching and Learning such a hard sell*? Higher Education Research & Development（March），Vol. 28（1）：1－15.
[26] Bruce B. Henderson and Heidi E. Buchanan（2007）. *The Scholarship of Teaching and Learning*：*a special niche for faculty at comprehensive universities*? Research in Higher Education（August），Vol. 48（5）：26－33.
[27] Howard Tinberg，Donna Killian Duffy，and Jack Mino（2007）. *The Scholarship of Teaching and Learning at*

the Two – Year College: Promise and Peril. Change (July/August), 39 (4): 26 – 33.

[28] Kreber, C. (2002). *Controversy and consensus on the scholarship of teaching*. Studies in Higher Education, 27 (2): 67 – 151.

[29] Keith Trigwell, Elaine Martin, Joan Benjamin, Michael Prosser (2000). *Scholarship of Teaching: a model*. Higher Education Research & Development, Vol. 19 (2), 19 (2): 155 – 168.

[30] Cottrell, S. A. & Jones, E. A. (2003). *Researching the Scholarship of Teaching and Learning: An Analysis of Current Curriculum Practices*. Innovative Higher Education, 27: 169 – 181.

[31] McKinney, K. (2004). *The Scholarship of Teaching and Learning: Past Lessons, Current Challenges and Future Visions*. To Improve the Academy, 22: 6 – 11.

[32] McKinney, K. (2006). *Attitudinal and Structural Factors Contributing to Challenges in the Work of the Scholarship of Teaching and Learning*. New Directions for Institutional Research, 129: 37 – 50.

[33] Ginns, P. Kitay, K. & Prosser, M. (2008). *Developing Conceptions of Teaching and the Scholarship of Teaching through a Graduate Certificate in Higher Education*. International Journal for Academic Development, 13: 175 – 185.

贡献度：创业型大学教师转型的重要指针

付八军

摘　要：在传统型大学，以学术业绩作为指针，已经产生了严重后果。在创业型大学，若以经济指标作为指针，则会产生更加严重的后果。因为经济指标比学术指标具有更强烈、更直观的功利性。推进创业型大学建设，要从社会贡献度的角度引导教师转型。当前，至少可以在三方面努力：在评价机制上矫正恶性膨胀的逐利动机；淡化数字业绩的宣传，突出社会贡献的介绍；从长远利益对待大学的学术创业，让利于师。这种努力，对接了创业型大学诞生的历史使命与社会责任，更加让人们坚信：创业型大学这个名字或许会变，但这种发展方向不会改变。

关键词：创业型大学；教师转型；贡献度

21世纪以来，随着创业型大学理论[1]的引入，我国高等教育领域兴起了一批创业型大学。近来，在“大众创业，万众创新”的政策导向中，建设创业型大学的社会呼声越来越高。不过，我国推进创业型大学建设，与那些完善传统型高校的改革不同，这里需要尽可能地统一声音，面向真实的世界，从保守封闭的高等教育世界中走出来。在创业型大学创建的第一个发展阶段，要让教师们统一声音，在价值观上支持学术创业，除了在教师的选聘上把好入口关、在占领思想阵地上做好宣传以及在推进学术创业上抓住评价机制等外，还有一点特别重要却又不为人们关注的是：在培育教师学术创业的观念时，要注重社会贡献的引领。也就是说，无论是在各种宣传活动中，还是针对教师的评聘标准，都要将教师的贡献度作为重要指针。文化是慢慢形成的，以此来引领教师，并不可能一下子改变浮躁的大学学术文化，但是，无论怎样，这是社会发展的最终走向。世界尤其中国只有往这个方向发展，才可能越来越美好，否则，那种过度追求享受与虚荣的竞争会将我们带入人间地狱甚至毁灭。此话绝非危言耸听，仅就大学内部，都已经严重走偏。本研究试从指引教师发展的现状、强调贡献度的理由以及落实贡献度的策略三个方面进行论述，进而获得关于创业型大学的新认识。

一、指引教师发展的现状

世界是统一的，任何学科知识都是相通的。若不能跳出教育问题来研究教育，则必定是盲人摸象，以偏概全，或者头痛医头，脚痛医脚。研究大学的发展，自然是以教师的发展为内线；研究教师的发展，不得不研究人性。[2]教师与其他个体一样，都是普普通通的社会人。激励他们前进的就是利益指针，亦即今天大学中的各种教师考评标准。因为从这里出发，他们能够获得更好的物质待遇、学术地位乃至精神享受。指针指向哪，人就扑向哪。这是一种动物本能，在人这种高级的动物身上，如果过于利用与追求，则带来的后果是非常可怕的，绝非动物世界中的自然生态平衡。标准、政策与制度的设计，正是针对普遍的人性。超凡脱

基金项目：国家社科基金“十二五”规划教育学一般课题“教师转型与创业型大学建设研究”（BIA130062）阶段性成果之一。

付八军，博士，绍兴文理学院教育学院教授，从事高等教育研究。

俗、高风亮节的个体，毕竟是少数。

那么，当前的大学教师考评现状如何呢？对此，学界已有诸多阐述。在此，根据论述需要，仅做简要概述。应该说，每所大学都有自己的教师考评体系，而且有多种不同类型的教师考评。但是，无论哪一所大学的教师考评，无论哪一种类型的教师考评，大都围绕着学术业绩[3]而定。虽然也有教学育人优秀奖、师德先进个人奖之类的，但一旦上升到更高层面，在所谓公平竞争的前提下，同样以学术业绩作为区分度与显示度。学术业绩是什么呢？那是将在不同级别刊物发表的论文、在不同出版社出版的论著以及从不同层次获得的课题与奖项等，各自折算成分数，汇总后所得的分值就是学术业绩。无论是教师职称的提升，还是年度的学术奖励，乃至各级人才工程的入选，都从学术业绩中来。可以说，学术业绩决定了大学教师的成败荣辱，也是大学教师发展最重要的指针。

在这样的大学学术环境中，教师们自然要为学术业绩而奋斗。从而，我们就会只关注数字，忽视数字背后到底是什么东西；只关注论文发表在什么刊物上，而不会关注论文到底讲了什么内容；只关注课题的级别与金额，根本不关注这个课题有多大意义；只看到各种耀眼的国家级人才称号，根本不会在乎这些称号是怎么获取的……于是，“八仙过海，各显神通”，“靠山吃山，靠水吃水”，各种乱象暗流涌动，撑起了表面的学术繁荣。例如，就教育研究来说，每年出版这么多的学术论著，有多少产生出正向影响？有多少教育改革的启动或者教育政策的出台，是来源于各种学术期刊中的教育著述？有多少教育著作等身的知名学者，其鸿篇大论（有如社会知名人士几句教育常识）令人产生震撼、受到认同？总之，这是一种虚假的学术繁荣，带来的社会后果相当可怕。有人说它浪费了国家资源，有人说它破坏了学术秩序，有人说它放弃了人才培养，笔者认为，它最大的负面影响是扰乱了人心。在培养人才、净化社会的大学中，学生还没有走出校园，教师还没有承担社会责任，就都变得唯利是图、近功近利了。如果将这种观念带入创业型大学，则会为商业经济注入一股浊流，不仅难以推动成果转化、肩负历史使命，而且玷污了大学，再次重创大学的“人文性和教育性”[4]。

二、强调贡献度的理由

在传统型大学，以学术业绩作为指针，都已经产生了严重后果。在创业型大学，若以经济指标作为指针，在现有社会大环境下，则会产生更加严重的后果。因为经济指标比学术指标具有更强烈、更直观的功利性。可以说，当前大学中的学术业绩，功利色彩明显，普遍指向经济指标，最后体现在物质收入的增加上。但是，无论如何，这里有一个中间环节，或者说缓冲地带，无论是学者们还是其他社会人，在讨论教师的发展方向时，都能将指针委婉地称之为学术业绩。因此，以学术业绩作为指针，尽管其背后已经是昭然若揭的金钱问题、权力问题，但毕竟要文明得多。到了创业型大学，成果转化业绩是以经济数值作为重要指标的，从而难以避免地突出了经济指标，将大学学术毫无保留地抬到了经济价值的桌面上了。在这种情况下，关注大学教师的贡献度，培育教师们的创业观念，就显得极为重要了。

事实上，经济指标本身并不可怕，可怕的是“唯经济指标”[5]，以此作为唯一方向，一切都围绕数字打转转。就像分析当前高校的学术业绩一样，看不到学术业绩背后的东西，将数量上的业绩作为最大的追求。我们批判经济至上的功利行为，正是从这个角度出发的，否则，那些正向的积极的经济至上价值观，不仅符合人性，而且会指引社会的发展。例如，卓越的企业，我们绝不能说他们以赚钱作为最大目标，或许他们是将为人类提供优质服务作为最高追求。再想想，那些卓越企业的存在，为我们提供了这么多好的产品，大大提高了我们的生活质量，促进了社会的发展，他人或者其他企业当前又无法做到。难道掏钱购买他们的商品，还以为他们剥削了我们？他们的赢利行为比服务贡献更可恶吗？缺乏这种思维，正是造成反大学学术创业文化、反大学市场化的重要原因之一。因此，我们不能从单一的营利动机看待企业，看待经济指标，看待大学学术创业，更要从其背后来分析其价值、服务、贡献与社会满意度。

在强化创业型大学教师创业观念之际，若从贡献度的角度，则可以在文化氛围上缓减大学的功利色彩，增强教师服务社会的创业观念。或者有人会说，许多贡献度，最终还是以经济价值体现出来；只有数字，才可测量，可比较，好宣传。确实，许多学者的学术创业贡献，要以经济指标展现出来。例如，某某研究获利多少万元，让多少农民受益，为社会创造了多少亿元的社会财富等。但是，从贡献度的角度来谈其社会价值，总比赤裸裸的数字指标要更体现成果的学术性。更重要的是，这是在培育教师的创业观念，而不是评估教师的创业业绩。在指引教师前进的方向上，若将经济数字作为一个奋斗目标，总比那种模糊的但可评价的社会贡献度，要让人浮躁得多。例如，如果一所医院的院领导在年初工作大会上说，今年工作要再上一个新台阶，力争比去年创收增加多少亿元，这给我们的感觉是什么呢？假如他换一种说法，说今年工作要再上一个新台阶，提高医疗服务水平与力度，力争比去年救治更多的病人，具体达到多少人次，则会是完全不一样的心境。

三、落实贡献度的策略

在学术创业过程中，怎样增强教师服务社会的意识，淡化逐利的欲念，主要还是取决于社会大环境。正如“双色论”的人性观所言：要改良人性，首先要改良环境。[6]虽然我们个人或者一所创业型大学一时无法改变环境，但可以从我们自己做起。当一个一个的个体变好了，这个环境也就变好了，人性也就变好了。因此，在这个人类历史上至今最为根深蒂固的两难问题面前，我们仍然要有信心，从身边做起，从自己做起，在强化竞争的方向下降低个人私欲，在追逐利益的驱动下彰显社会贡献。对于具体的创业型大学来说，至少在以下几个方面有所作为。

（一）在评价机制上矫正恶性膨胀的逐利动机

《道德经》如是说：“不尚贤，使民不争；不贵难得之货，使民不为盗；不见可欲，使民心不乱。是以圣人之治：虚其心，实其腹，弱其志，强其骨。常使民无知无欲，使夫智者不敢为也。为无为，则无不治。”其意是：不崇尚贤才异能，使人民不至于炫技逞能而争名逐利。不看重稀贵之物，使人民不做盗贼。不显露足以引起贪欲的物事，使人民的心思不至于被扰乱。因此，圣人治理天下的原则是：排弃充斥于人民心中的各种成见，满足人民的温饱需求，软化人民的犟执趋求，提高人民的自立自足能力。通常使人民不执成见、不生贪欲，使那些“智者”不敢为所欲为。我国古圣先贤老子的无为思想，虽表露出某些消极的思想，但蕴含着非常科学与有效的管理智慧，那就是降低人们的私欲；同时，外界也不要制造各种诱惑，以免弄乱人心。如果我们能够把“人心”引向正义、正向的社会贡献上来，那么，人们仍然有努力奋斗的方向，不会陷于毫无竞争的死寂状态。达此目标的最佳手段，仍然是教师评价机制。从而，创业型大学在制订教师评价标准时，就不要再纠缠于教师们的学术业绩，不再过度刺激或者催促教师们产出成果，而是尽力为他们创造条件，支持他们推动成果转化，在此基础上形成以经验总结或者理论提升为主要形式的学术著述，为社会做出更大的贡献。

（二）淡化数字业绩的宣传，突出社会贡献的介绍

一所大学的文化，需要依赖于学校的制度文化，植根于师生的精神面貌，但在很大程度上受制于学校的各种宣传与介绍。这就像世界各国历史上每次重大的社会运动一样，什么样的内容宣传多，社会就变成什么了，个体也慢慢变成这样了。若是一种不良的政治运动，就需要扭转过来，则需要依赖一批智勇双全的人物。对于创业型大学的宣传工作也是一样，如果无论是学校的工作报告，还是优秀个体的业绩介绍，都在突显那些冷冰冰的数字，没有关注到数字后面真正的成绩、贡献与价值，那么，这就会形成一种只关注数字业绩的办学文化，每个人都只瞄准数字目标，手段与方式都不重要，只要能够达到目标即可。可以说，那些没有把经济指标挂在嘴上的学者们，并不意味着他们必定以社会贡献度作为学术创业的指针；但是，那些把经济指标不时挂在嘴边的学者们，十之八九会坚持数字业绩的学术创业方向。这类似于“一个不说粗话、脏话、下流话的人不一定品行端正，但那些老说粗话、脏话、下流话的人，其品性大都有问题”一样。说这些或许还比较抽象，我们不妨通过一个例子来说明。例如，我国高校在招生宣传介绍时，研究型大学特别强调

有多少个国家级重点学科、多少个一级学科博士点、多少院士等，地方院校特别强调有多少国家级平台、多少个博士或者硕士学位点、多少教授与博士等；然而，美国高校在介绍自己时，则突出学校有哪些专业，他们是如何培养学生的，学生能够在学校获得哪些素质的提高等。这两种不同的介绍方式，体现了两种不同的思维方式，也体现了两种不同的价值取向。

（三）从长远利益对待大学的学术创业，让利于师

创业性大学自身首先必须去功利化。要求教师们不要急功近利，鼓励他们勇于拼搏又要降低个人私欲，从社会贡献的角度寻找人生价值。只有一所平和安静的大学，才能留住平和安静的教师，培养出平和安静的学生，创造出造福人类的成果。在这样的大学中，每个人都很努力地工作，但却又不那么浮华，显得极为低调与平和。他们相互竞争，似乎不是为了分配更多的蛋糕，而是为社会创造更多的财富，为人类做出更大的贡献。这样的大学，再强调学术创业，都不会那么浮躁，不会那么喧嚣。我们需要的创业型大学，就是这样的大学。这样的大学，不会将教师作为学校的赚钱机器，而是教师服务社会的一个平台。从而，在教师推动成果转化上，学校不会从中营利，而是尽可能地让利于教师。当一所大学真正成为大家共同的家园之后，校友们会尽己所能地关心与支持学校的建设与发展。对此，我们从世界名校的办学经费来源渠道就可获知。被学界推崇备至的创业型大学典范——麻省理工学院（MIT）与斯坦福大学，他们并没有从教师的学术创业中直接获取利润，而是从校友们的捐赠那里获得了1/4左右的大学运转资金。正因为如此，以致有文提出：以新兴大学为主体、以社会需求为出发点、单一的学校文化和自上而下的公司化经营战略是创业型大学的主要特征。相形之下，诸如麻省理工学院、斯坦福等美国研究型大学不能被认为是创业型大学，而是具有学术创业精神的大学。[7]

四、重塑创业型大学的形象

依前所述，我们会发现，创业型大学的诞生，不是基于赚钱的，而是基于一种历史使命与社会责任。这种理念，与我们揭示创业型大学的组织特性等许多基本问题、思想是一致的。这种理念，告诉我们许多道理：其一，创业型大学着眼于推动成果转化与培养创造性人才，只要从这两个目标出发，都是我们所推崇的创业型大学，也必定是具有发展前途的大学；其二，当一所大学的经费较为宽裕之际，为了鼓励教师们更好地推动成果转化与培养创造性人才，就应该最大限度地让利给教师，就像麻省理工学院与斯坦福大学一样，甚至将100%的利润让给教师；其三，当一所大学的经费较为紧张之际，为了学校的可持续与超常规发展，可以将该校全体教师变成一个整体而投入到市场经济中来，只要是基于将学术成果推广出去以及尽可能培养更多的创造性人才，以便更大范围与更大限度地服务社会，这样的大学都可称为创业型大学，例如创办之初的华威大学，其成果转化主要体现在教学学术的转化；其四，只要创业型大学从历史使命与社会责任出发，大学教师从历史使命与社会责任出发，我们的大学就不会变得如此浮躁，推而广之，社会也不会变得如此浮躁，人们就会从贡献中找到人生的快乐、价值与意义，虽然这看起来显得虚无缥缈甚至纯属幻想，但这是大学、人类与社会变革的方向，也是社会、人类与大学发展的走向。

认识到这个层面，我们会对创业型大学的理论纷争，有一种豁然开朗的感觉。长期以来，对于何谓创业型大学，争论不休。当认识到创业型大学的生命力在于其历史使命与社会责任后，我们会发现，这些争论都不重要，甚至这个概念都不重要，重要的是我们要知道大学需要承担这样的历史使命与社会责任，要从贡献的角度、高度与气度上贴上自己的标签，彰显自己的个性。只不过，我们暂时还没有找到一个更好的概念来称呼这样的大学，暂且就用亨利·埃兹科维茨与伯顿·克拉克二位学者提出的这个概念。何况，埃兹科维茨正是从学术资本转化的历史使命与社会责任角度而提出这个概念的。因此，我们相信，创业型大学这个名字或许会变，但这种发展方向不会改变。

参考文献

[1] 付八军. 创业型大学研究述评［J］. 黑龙江高教研究，2012（7）：2－8.
[2] 杨敏. 高等教育管理人性基础的反思［D］. 长沙：中南大学，2007.
[3] 韩巍. 学术评价的回归与业绩管理的矫正——对管理学院两种核心价值观的质疑与反思［J］. 西安交通大学学报（社科版），2014（3）. 8－17.
[4] 王建华. 我们需要什么样的大学［J］. 高等教育研究，2014（2）：1－9.
[5] 林德宏. 超越唯经济主义与唯科技主义——科学发展观解读［J］. 南京师范大学学报（社科版），2006（4）：5－8.
[6] 付八军. 理想的人生——人生编号论［M］. 北京：中国言实出版社，2015.
[7] 陈霞玲. 创业型大学组织变革路径研究［M］. 北京：北京理工大学出版社，2015.

论教师课程权力的学术品性

胡小桃

摘　要：教师课程权力是教师在课程活动中所表现出来的行为自主能力或影响力，其源于教师自身的专业学识与权威，因而具有学术品性。这种学术品性体现在，教师课程权力以知识和能力为基础，以教学对话为实现手段，以课程领导为表现形式。

关键词：教师；课程权力；学术品性

教师课程权力是一种课程能力或力量的体现，这种能力或力量既能使教师自身在课程活动中行动自如，也能对其他课程主体产生控制、支配或影响，是教师在课程运作中所产生的一种影响力。教师课程权力触及的是课程主体之间的一种利益关系，教师作为课程场域的众多主体之一，他们在课程场域的地位和权力不仅决定着他们自身的诸多行为，也决定着课程的运作及学校的发展。教师在课程场域中如果能享有应得的课程权力，能在一种民主、和谐、平等对话与交流的环境中理解与运行课程权力，能够自如获取文化资本与社会资本，自主支配课程资源，那么，教师与课程及课程主体之间就会建立起一种良性的互动关系，进而推动课程改革及学校的发展。教师的课程权力不同于政府机构、社会组织或行政人员的政治权力或行政权力，不是以法律或组织任命为基础的权力，而是源于教师自身的学术水平与专业能力，如专业知识与技能的丰富程度，课程行为中所表现出来的创新力和洞察力，对专业发展与课程活动的领导力，等等。因此，从性质上来说，教师的课程权力是一种源于专业权威或专业影响力的学术权力，教师的课程权力具有学术性品质，教师课程权力的学术品质表现在如下几个方面。

一、教师课程权力以知识和能力为基础

美国著名未来学家阿尔文·托夫勒（Alvin Toffler）在《权力的转移》一书中将权力分为三种不同质量的权力类型——最低层次的暴力、中间层次的金钱和最高层次的知识。①这三种权力类型在任何时代都存在，只是不同时代占主导地位的权力类型不一样。在远古时代和人类产业文明之前，暴力的形式占主导地位，“哪里有压迫，哪里就有反抗”，暴力导致的是对人民的、民主的和自由的压榨与排斥，因此，托夫勒将其称为“低质量的权力”。“财富是权力的一个好得多的工具”，财富将权力与金钱紧紧绑在一起。产业革命后，“工业社会的上层分子有可能越来越多地利用社会财富而不是公开使用武力把自己的意愿强加于历史。”财富通过“交换和交易”而获得权力基础，财富形态的权力曾凭借公平与民主的旗号在资本主义社会大行其道，但财富权力导致了物欲横流。20世纪80年代以来，知识经济逐渐取代工业经济而逐渐成为当代社会的基本特征，由此，人类的权力基础也开始由“肌肉到金钱发展到了头脑”，以知识为基础的权力成为现代社会的主要权力类型。

基金项目：湖南省研究生创新项目“在学术权力与行政权力之间——高校教师课程权的困境与出路”。

胡小桃，博士，湖南师范大学工程与设计学院副教授，主要从事高等教育管理与教学研究工作。

① 张天雪．校长权力论：政府、公民和学校层面的研究［M］．北京：教育科学出版社，2008.

在教育场域，同样存在有暴力（以强制、惩罚等为手段）、财力（以物质为基础）和能力（以知识为核心）三种权力类型。虽然教育场域也有以强制、惩罚等为手段的暴力权力，但是随着社会的进步和教育民主化的推进，暴力权力正逐渐淡出甚至消失于教育场域；以物质为基础的财富权力对教育而言是必不可少的，但它不是核心权力。课程场域属于文化场，文化场是以知识活动核心的，不仅场域中的行为活动都是围绕知识而展开，而且场域中的权力关系也是与知识结盟的。

（一）课程权力与知识具有同盟性

在社会学学者看来，课程知识不是中立和价值无涉的，而是隐含着统治阶级或主流阶级的意志和利益，代表着一定阶级的权力。对当代社会学发展产生巨大影响的法国哲学家、思想家福柯非常关注知识与权力的关系，在福柯看来，知识是权力的源泉，谁拥有更多的知识，谁就可能拥有更大的权力，知识可以赋予人以权力，而权力又可以保障人获取更多的知识，知识和权力互相保证其存在的合理性。

课程场域是一个以知识为核心的文化场，同样存在着知识掌握的差异。不同的课程主体拥有的知识资源是不一样的，比如，教授与讲师相比，其知识资源存在数量和质量上的差异，教授的知识相对更丰富；教师与管理人员、与企业技术人员相比，他们的知识资源存在结构上的差异。知识资源的差异导致在课程支配方面的权力差异，拥有更丰富知识的课程主体，自然也就拥有更多的权力，他们对课程、对其他课程主体也就拥有更大的影响力，比如在课程政策研讨、课程方案设计、课程标准制订等方面他们拥有更多的话语权，课程场域中其他行为主体自觉不自觉地会听取他们的意见。而这种影响力（权力）反过来又保障他们有获取更多知识资源的机会，比如他们可能比其他人有更多的机会与资格参加各种学术会议、外出学习考察等。因此，在教育场域，以知识为核心的权力占主导地位，权力的知识性特点特别突出。对教师而言，有没有权力、有多大的权力，主要取决于他们所拥有的知识与能力。

（二）教师的课程话语权力源于专业权威

语言是人类交流和沟通的工具，布尔迪厄将语言作为权力实现的媒介，认为权力是通过话语权表现出来的。课程场域中，由于不同课程主体之间存在权力层级关系或差异局面，因而课程话语的表达机会是不均等的。一般来说，处于较高层级的教师，如专业负责人、教研室主任、教授、教学名师等，他们拥有更多的课程话语权力。不论是在学校场域的教师例会抑或教研室的专题研讨会上，还是在校外场域如外出学习、考察、学术交流场景中，教师的课程话语机会都不是均等分配的。拥有较多话语表达机会的一般都是那些有一定资历、资源占有较为丰富的老师，他们控制或支配着当时情境下的话语权，布尔迪厄将语言中的这种权力现象称为“温和的暴力”①，那些处于有利位置的专业权威、影响较大的教师，使那些专业权威较小的教师失去独立的自我意识，成为课程知识和课程权力的对象，他们的话语机会也相对被控制了，较有声望的教师往往更容易获得表达自己课程思想的机会。

由此可见，教师在课程场域的权力或影响力源于他们的专业权威，“我之所以听你的，是因为你比我更明白前进的方向，比我更明白如何才能够达到我们前进的目标”。② 这种以知识与能力为基础而生成的课程权力是一种专业权威或权力，它不同于以强制性手段或物质条件为基础而生成的权力，也不同于学校组织任命的行政权力，这种权力随教师知识与能力的优越性程度而变化。当然，教师课程权力不只是来源于知识与能力，也包括个人魅力、人格、德行、情感和声望等因素，③ 但相比于知识与能力，这些因素只能算是教师课程权力来源的辅助性因素。

---

① 皮埃尔·布迪厄．艺术的法则——文学场的生成与结构［M］．刘晖，译．北京：中央编译出版社，2001.

② 黄腾蛟．小学校长的课程领导角色与权力研究［D］．西南大学，2008.

③ 有学者认为权力来源于资源，并将资源分为集体资源和个体资源。集体资源多指法律、职务、组织等；个体资源多为知识、技能、个人魅力、人格、德行、情感和声望等；还有介于二者之间的经济、信息、时间等也可成为权力来源。参见：张天雪．校长权力论：政府、公民和学校层面的研究［M］．北京：教育科学出版社，2008.

二、教师课程权力以教学对话为实现手段

教师的课程权力是教师在课程行为方面能够自主或产生影响的一种能力，是教师在专业教学活动中通过与其他课程主体的对话、交流、沟通与引导而体现出来，是在教育共同体中通过教师对课程思想的自由表达、教师课程行为的被认可、被分享来实现的，也就是说，教师的课程权力是通过教学对话而实现的。

（一）课程活动具有对话性特点

教育具有对话性，对话是教育场域广泛存在的一种活动形式。“在所有的教学中，都进行着最广义的对话，……教学原本就是形形色色的对话，具有对话的性格，这就是‘教学对话原理’。”① 在课程场域，教师的教学对话主要有三种形式：一是主体性对话，即教师与学生、与同伴、与领导或其他管理人员、与企业技术人员（职业教育）、与课程专家等课程主体的对话；二是理解性对话或阐释性对话，即教师与课程文本的对话；三是反思性对话，即教师自我的对话。可以说，教师的一切教学活动都是在这三种对话中展开的。

（1）主体性对话是一种分享、交流、体验与合作的对话，这是教师课程教学对话中最重要的一种形式。在这种对话中，课程场域成为教师与学生、教师与其他课程主体共同在场的精神家园，教师与不同主体之间相互倾诉、交流教与学的经验，探讨课程教学事件以及课程世界与生活世界的关联，分享彼此对生活世界的感悟与体会。

（2）阐释性对话是教师理解、诠释课程文本并将课程中所蕴含的社会思想、意识形态和价值观等以富有自己个性的鲜活的语言表达出来的一种对话。每位教师都有自己的独特之处，都是一个独特的“我”，因而他们对课程的理解也是独特的。课程实施的过程其实就是教师根据自己对课程的理解与加工，将给定的课程文本转化为“我自己的课程”，然后再将“我自己的课程”转化为师生共有的“我们的课程”的一个过程。这种从“给定的课程”到“我自己的课程”再到“我们的课程”的不断转化，就是教师与课程文本的一种对话。这种对话是教师理解、诠释（甚至包括质疑、批判）课程并对课程进行再创造的一个过程。

（3）反思性对话是教师在课程实践中对自己的课程意识、课程实践与课程理论等进行反思的过程，是教师在课程场域中“现实中的‘我’”与“理想中的‘我’”之间的一种对话。这种对话可以促使教师对自己的课程行为进行思考并做出改进。

（二）教学对话蕴含着课程权力

教师的课程权力正是在这些不同形式的教学对话过程中生成并体现出来的，因为“话语中包含权力，话语“言说”的实质就是权力的运作，即在特定的情境中形成一种控制性的关系和行为。”② 教师理解、阐释课程文本的过程，教师在课堂场域与学生对话的过程，在课堂外（办公室、会议室、学术会议场合以及各种正式、非正式场合）与同伴、管理人员等其他课程主体的对话，实际上都是教师对自己的课程理念、思想、态度与价值的表白，教师通过“言说”（语言或言语的形式），通过话语表达，实现对课程、对学生、对其他课程主体的控制、支配或影响。因此，对话活动蕴含着教师在课程方面的控制力或支配力，从某种意义上来说，教师对课程的话语表达（言语或非言语的对话）就是教师课程权力的体现。当然，教师对课程的话语表达以及由此而产生的影响力是基于教师自身的学科或专业以及作为教师的职业范围之内的，超出这一范围，教师就失去了其“言说”的优势，也难以产生影响力了。可见，教师的课程权力通过教学对话而实现。

---

① 冯茁．论教育场域中的对话——基于教师视角的哲学解释学研究［D］．长春：东北师范大学，2008.

② 牛海彬．批判与重构——教育场域的教师话语研究［D］．长春：东北师范大学，2010.

三、教师课程权力以课程领导为表现形式

课程领导是随着20世纪60年代美国“学校效能运动”的兴起而兴起的。当时，一些学者认为，要提高学校效能，必须提高学校领导的效能，学校领导应把精力放在课程与教学上。于是，学校组织变革开始进入学者们的研究视野，而课程领导则成为学校组织变革的一个重要方面而受到学者们的普遍关注。

（一）教师作为课程领导者的可能性

课程领导作为一种课程实践方式，是指引导、统领课程设计、课程开发、课程实施与课程评价等活动的一系列行为。课程领导的目的在于，通过课程团队中有能力、有胆识、有智慧、有责任心的人员（校长、其他领导者、教师）担当起课程领头羊的角色，引领团队成员通过讨论、交流、分享与合作，共同解决课程存在的问题；从而促成课程的变革与发展，有效达成教育的目标。在学校场域，课程领导不只是校长或其他领导者的事情，而是“一种存在于学校组织中校长与师生间的交互作用活动”①。领导者可以是组织团体，也可以是个人，如教务处、专业团队、教师个体；可以是组织正式任命的，如校长、专业带头人；也可以是非正式任命的，即团队中的任何一位成员。

随着课程领导研究的深入，教师成为课程领导者逐渐引起学者们的关注。人们开始由之前的关注学校领导者的课程领导发展到关注教师的课程领导，“学校层面的课程领导比较理想的状态主要是教师要能参与其中”②。所谓教师课程领导，是指教师引领团队成员，通过相互合作、分享与叙说经验，协调团队与个人所面临的问题，提出课程建设与发展的意见与建议，统筹课程计划与任务，促进课程体系的创新与发展的行为与过程。教师课程领导的目的不只是为了促进课程的管理与发展，还在于通过教师课程领导，形成专业共同体和合作学习文化，共同引领专业发展。那么，什么样的教师才能成为课程领导者？课程领导者有什么特质？一般认为，课程领导者需精于教学，有较高的教学专业水平、丰富的教学实践经验、广博的课程教学知识、较强的行政及组织能力，此外，还必须要善于沟通，能与同事建立合作及信任关系。③

（二）课程领导意味着学术权力的分享

领导意识是教师课程行为自主的基础，也是教师学术权力分享的表现。一位具有领导意识的教师，在课程实践中往往会表现出很强的领率作用，他会主动地思考、探索课程问题，并带领他所在的专业团队自觉进行课程改革。当然，这里的课程领导不是指那种通过行政授权的领导，而是教师自身萌发的意识，是蕴藏在教师身上的一种自主意识，它不具有强制性和命令性，而是自发的、潜在的，是人的一种本领驱使。当教师在课程实践中对某些问题有了非常清晰的认识，而且也知道应该怎么去处理的时候，出于本能，也出于对真理的渴求，他会主动、自觉地引领大家讨论、解决问题，提出新的策略。因此说领导意识意味着课程行为的自主性，意味着对学术权力的分享。教师的领导意识一旦被激发出来，其课程的自主意识就会增强，教师分享与运作课程权力的状况也就会因此而得到改善。

由此可见，教师的课程领导不同于一般行政人员的课程领导或课程管理，不是通过行政指令来实施的（虽然也需要一定的行政支持），而是依靠教师自身的专业权威以及人格魅力形成的潜在影响力来实现的，教师的课程领导实际上是教师分享与运用课程权力的过程。可以说，教师的课程权力通过课程领导的形式而表现出来，在很大程度上表现为课程领导权，是一种依赖专业权威又引导专业发展的专业权力。

当然，教师课程权力虽然主要源自于自身的专业水平与学术素养，具有学术品性，但并不排除教师课程

---

① 刘径言．教师课程领导学校场域与专业基质的个案研究［D］．长春：东北师范大学，2011.

② 徐佳．课程领导的多种形态与研究动向——访澳大利亚柯尔廷大学克林·马什教授［J］．全球教育展望，2008（3）：11.

③ 刘径言．教师课程领导学校场域与专业基质的个案研究［D］．长春：东北师范大学，2011.

权力一定意义上的行政权力性质。因为教师课程权力也是在一定的课程环境与制度下生成的，没有适宜的课程环境（如民主、平等、自由与对话）和良好的课程政策与制度（如赋权增能），教师无法真正分享课程权力，比如高度集权体制下，教师是无权力可言的，因而教师的课程权力需要一定的法律法规或制度做保障，也就是说，教师课程权力需要一定的行政赋权，行政权力是教师课程权力有效行使的保障。

参考文献

[1] 张天雪．校长权力论：政府、公民和学校层面的研究［M］．北京：教育科学出版社，2008.

[2] 皮埃尔·布迪厄．艺术的法则——文学场的生成与结构［M］．刘晖，译．北京：中央编译出版社，2001.

[3] 黄腾蛟．小学校长的课程领导角色与权力研究［D］．西南大学，2008.

[4] 冯茁．论教育场域中的对话——基于教师视角的哲学解释学研究［D］．长春：东北师范大学，2008.

[5] 牛海彬．批判与重构——教育场域的教师话语研究［D］．长春：东北师范大学，2010.

[6] 刘径言．教师课程领导学校场域与专业基质的个案研究［D］．长春：东北师范大学，2011.

[7] 徐佳．课程领导的多种形态与研究动向——访澳大利亚柯尔廷大学克林·马什教授［J］．全球教育展望，2008（3）：11.

供给侧改革：地方本科院校课程教学改革的基本策略

蒋馨岚　詹毅新

摘　要：从供给侧的视角来审视目前地方本科院校课程教学存在的问题主要是：课程教学供给体系单一，与跟学生需求不适应，课程教学供给效率和质量不高，课程教学供给选择有限等问题，需要进行改革。地方本科院校课程教学供给侧变革的基本策略主要是理念上坚持服务导向，内容上坚持应用导向，核心是以教学方法改革为重点，方式上以制度创新为引擎。

关键词：供给侧改革；地方本科院校；课程教学改革

2015 年 11 月 10 号，习近平主席在中央财经领导小组会议上首次提出了“供给侧改革”，指出“在适度扩大总需求的同时，着力加强供给侧结构性改革，着力提高供给体系质量和效率，增强经济持续增长动力”。要从供给、生产端入手，通过解放生产力，提升竞争力促进经济发展。作为计划经济的最后堡垒——高等教育领域，高校的课程教学不可避免地需要进行改革，为顺应宏观经济改革的新趋势，将我国的人力资源大国打造成人力资源强国，需要对高等学校课程教学供给体系质量和效率进行变革，这是高等教育课程教学改革的一个崭新而紧迫的课题。所谓供给侧结构性改革，就是着眼于提高供给质量，以改革的手段调整经济结构，扩大有效供给，提高供给结构对市场需求变化的适应性和灵活性，提高生产力要素，更好地满足市场需求。[1]课程教学是高等教育供给侧改革的重要部分，在新形势下，地方本科院校如何通过课程教学改革与创新，优化高校资源配置，提高教学质量，已成为一项亟待研究的重大课题。本文通过剖析地方本科院校课程教学供给中存在的问题，试图提出供给侧结构性改革背景下课程教学改革创新的基本策略。

一、高校课程教学供给中的问题

课程是实现教学目的进而实现人才培养目标的重要载体，高校课程教学质量的高低，是高校教学水平和教学质量的具体体现，在人才培养中占有重要地位。就目前来看，地方本科院校存在课程教学供给体系单一，与学生需求不适应，供给效率与质量不高和供给选择有限等问题。

（一）课程教学供给体系单一，与学生需求不适应

构建科学合理的课程体系，理顺课程总体结构，使课程体系在宏观上适应高等教育发展的需求和微观上适应提高学生素质的要求，科学规范课程教学，是提高教学质量的有效途径。[2]目前地方本科院校的课程教学供给体系还不能完全适应当今社会对高等教育发展的要求。

地方本科院校的课程教学体系大多来源于课程教学大纲，课程教学大纲的编制要根据人才培养目标、教

基金项目：2014 年国家社科基金年度项目“基于学术职业视角的现代大学制度研究”（项目编号：14BGL126）的阶段性成果。

蒋馨岚，博士，贵州财经大学公共管理学院副院长、教授，研究方向：高等教育管理；詹毅新，贵州财经大学教育经济与管理专业研究生。

学计划安排等诸多因素来考虑，既要有理论和方法指导，又需要实际的教学经验。而当下地方本科院校课程教学大纲的编制很难做到传统思想与学生的实际需求相融合。有相当一部分课程教学大纲和教材内容明显老化，实验教学效果不显著；课程之间教学内容出现较多重复，导致学生的知识面窄、知识内容陈旧，动手、实践能力不强等。在课程设置上，课程理论研究不够深入，更多源于对国外课程理论的借鉴，与社会发展的需求严重脱节；设置的课程重理论轻实践现象严重；课程更新难以跟上时代步伐，实践类和人文类课程在教学中所占分量较少，很难做到与时俱进。这些问题直接影响了地方本科院校课程教学质量和人才培养质量。

（二）课程教学供给效率和质量不高

大班额是我国课堂教学的基本存在现实，尤其随着高校的扩招，地方高校大班额的课堂教学趋势正在逐渐加大。诚然，大群体教学有个别化教学不可替代的价值，可同时对大量学生进行教育，经济成本低，具有群体性价值，可促进学生个体之间的互相学习。但地方本科院校规模过大的班级教学不仅给教师带来负担，而且大学生生源不一、诉求难以满足，需要更多地维持群体秩序，不利于大学生个性的养成。因此，地方本科院校的课程教学供给效率不高。

20 世纪以来，“知识传递型教学”逐渐成为我国课程教学的现实基础，在很大程度上，大班额的课堂教学规模是造成“知识传递型教学”无法实现育人功能的重要原因，此外，在教学过程中重视知识传授轻视能力培养、重视理论灌输轻视综合实践、重视机械继承轻视个体创造，教学内容重视广度轻视深度，学生对所学知识理解不够，很难在社会工作中发挥作用，直接影响了高校人才培养的质量。

（三）课程教学供给选择有限

随着信息技术的深入发展，大学生获取知识与方法的途径和渠道日趋多元化，对教师课堂讲授内容提出了新的挑战。越来越多的高校教师尝试对课堂进行内容创新，以便更好满足学生的知识探索需求。但是大学生生源多元化，学生基础水平良莠不齐，地方高校开展课程内容创新难度较大。学生的诉求较多，想通过课程学习获得远超过课堂所能承载的内容，导致教师无法供给相应的内容。

此外，由于课程设置的盲目性和整体性的缺失，课程之间衔接性较差，课程知识间的跨度较大，加重了学生学习的负担。虽然本科高校设置课程有选修和必修之分，学生有一定的自主选择课程的权利，但是课程的设置由于受到学校师资和办学条件的限制仍无法满足学生多样化的需求，因此，无论从学生可选择课程的范围还是从学生的个性需求上，学生合理的自主选择权仍然受到一定程度的限制。[3]在教材种类的选择和内容的编辑上，高校教材种类多杂而少精品，学生接触到的内容过于繁杂，严重制约着高校教学质量的提高。在教材内容上，知识缺乏直观性，受传统重理论轻实践的思想影响，教材对理论性的知识解释较为透彻，实用性较弱。教材的编写缺乏整体性和连续性，知识重叠和跳跃性强，而且教材的内容修订周期较长，内容陈旧，缺少国际前沿的理论知识。

二、改革的供给侧改革的基本策略

地方本科院校课程教学供给侧改革是高等教育应对社会变革的需要。供给侧改革带来的发展机遇是当前我国地方本科院校课程教学改革的主要动力。基于传统课程教学与当下社会发展要求不符的问题，必须坚持以服务导向创新课程教学理念，坚持应用导向优化课程教学内容，进行科学细致的教学研究和课程改革，不断进行教学方法和制度创新。

（一）课程教学改革的理念：坚持服务导向

纽曼曾说过：“我们不能借口履行大学的使命，而把它引向不属于他本身的目标。”[4]对于课程教学供给侧的变革，基本的立足点是如何更好地解决教育主体与教育客体之间的矛盾。服务型课程教学教育理念的内在逻辑之一便是体现课程教学的功能价值，突出对大学生的“服务”功能，坚持以服务为导向，这是一种教育范式意义上的转变。

服务型课程教学改革是一种新型的教育理念，它是一种符合当代大学生群体面貌、符合后现代社会特点的一种新型架构，它的特点被有些学者归结为“尊重大学生的主体地位”，“以大学生为本”，“注重教育手段的渗透性”，“尊重大学生的（思想）需要”，“专家型的教育团队”等。因此，地方本科院校应在“以人为本”的教育哲学理念指导下，教师教学的人文情怀应体现在教学过程中各个环节。教师应尊重学生的主体价值地位，重视学生个体差异，重视个性培养，关注学生的全面发展，应更加注重对地方本科院校大学生“获得感”“需求侧”的倾听。地方本科高校在选才要从专业性质、课程类型考虑，从学生所学知识整体性和社会时代的发展需求入手。学校也应注意实验室自习室的建设和教学设备的更新，能够给学生提供更多的学习资源，使学生在理论知识的指导下，通过更多的实践提高自身专业能力，适应社会发展需要。

（二）课程教学改革的内容：坚持应用导向

地方本科院校的主要职能是“围绕区域经济社会发展的需求，为地方经济建设与社会发展需求培养大批下得去、留得住、用得上的高层次应用型人才”。因此，地方本科院校课程教学改革的内容应根据地方发展和产业结构调整的实际需求，有针对性地进行课程教学改革。

从课程设置来讲，在考虑社会经济发展需要的同时，要兼顾学生自身发展需要，要从主课与副课设置的科学性与合理性和未来发展的角度出发，关注课程设置的科学性和受众性。另外，教材是教学的武器和科学文化知识的载体，教材质量的高低直接影响着学生在教学中接受知识的质量。课程教学供给侧的主要目标是更好地满足大学生的不同层次和社会时代的发展的需求，实现终极意义上的人的全面发展。因此，应当重视融入大学生日常生活的“实用性的”教育内容。在课程教学改革的内容上，开设更多的实践性课程，加强校企合作、产教融合，更多地在实训基地开展教学，使学生深入行业领域一线，参加实践、实习，提升实践应用能力和创新创业能力。更新优化教学内容，选用更为贴近时代科技进步的新教材，课堂教学内容要及时吸收行业领域最新的技术创新成果。

（三）课程教学改革的核心：以教学方法改革为重点

教学方法改革是课程教学供给侧改革的核心，教学方法的合理运用关系到良好教学效果的实现。课程教学是注重知识和教学的动态过程，应注意引导学生自主探索，因材施教，学生通过与教师不断对话获得知识。改革教学方法要做到真正以学生为主体，更多地采用诸如项目式、模拟式、案例式、讨论式等合作学习的教学方法和手段，最大限度地激发学生的学习兴趣，培养学生的综合素质，全方位地促使学生成长为优秀的应用技术型人才。

教师要根据自己的优势、教学风格进行课程教学内容创新，教师要对新教学方法、媒介有所了解，进行教学方式方法的创新，以提升学生的学习能力和素质。地方本科院校要坚持以教学内容和教学方法改革为重点，加强课程建设，坚持“务实整合，强化实践，注重应用，勇于创新，力求突破，整体优化”的原则，调整优化课程教学，构建合理的课程体系结构，秉持服务价值教育理念，以利于学生基础理论、应用能力和创新能力的培养。

（四）课程教学改革的方式：以制度创新为引擎

课程教学供给侧改革的方式，要以制度创新为引擎。地方本科院校应在坚持服务为导向的理念中重新合理设置课程体系，并在课程实施过程中落实。

在改革过程中，必须建立起以制度创新为导向的课程教学改革激活机制。一是创新课程教学模式，以全面贯彻教育方针、激发学校办学活力为出发点，制定相关法规，和目前正在推进的政府、市场和社会关系重构同步，明晰政府宏观调控、学校自主办学和市场积极参与的新型关系。二是创新现代学制，建立合理的课程学分制度体系，增设创新创业必修学分，设置创新课程和实践学习课程，从制度上保障大学教育灵活多样。三是创新教师管理制度，不断提高教师待遇，搭建科研、育人平台，从制度上确保教师“愿意创新、能够创新、出好创新成果”。四是创新资源配置机制，让市场充分参与，提供多层次、多样化、多形态的教育产品。[5]

参考文献

[1] 仇玉坤，顾冠华．供给侧改革视域中的一流民办大学建设［J］．黑龙江高教研究，2016（8）：80－84.

[2] 魏泽．高校本科课程教学大纲编制的现状考察［D］．重庆：西南大学，2010.

[3] 刘盈盈，颜玄洲．本科高校教学中的“人本情怀”思想的探析［J］．教学研究，2016（1）：52－55.

[4] 苏小燕．供给侧改革与地方本科高校转型发展［J］．中国高等教育，2016（10）：31－32.

[5] 刘云生．供给侧结构性改革：教育怎么办？［J］．教育发展研究，2016（3）：1－7.

国际教学学术25年：内涵、评价与挑战

马立红　刘海涛　虞思旦

摘　要：自博耶提出教学学术的概念至今已有25年的历史，教学学术的研究已经引起了世界范围的关注。教学学术内涵研究经历了“教的学术”到“学的学术”的发展历程，对教学学术活动的分类越来越细化、全面，教学学术相关概念的辨析越来越清晰。教学学术评价方法从描述性评价到模型化评价，呈现了其特色。教学学术理论和实践探索取得了丰富的成果，但其发展也面临一定的挑战，教学学术要突破观念的障碍，坚持以学生为中心，教学学术评价方法的研究要实现从理论到应用的转变。

关键词：教学学术；内涵；评价

2015年是博耶《学术反思》出版的第25年，1990年博耶第一次扩展了学术的内涵，提出学术包括发现的学术、整合的学术、应用的学术和教学学术。自博耶将教学纳入学术的范畴以来，在卡内基基金会、教学学术的期刊和学科组织等机构的推动下，教学学术的理论和模型不断丰富和发展，研究者和相关高等教育行政管理部门都努力通过平衡教学与科研的关系，以提升教学质量，实现高等教育人才培养的目标。

一、教学学术的内涵

（一）教学学术的内涵——学的学术

国外教学学术的内涵发展逐渐清晰和明确，博耶的观点是从教师的角度理解教学学术，主要强调教师应该怎样做才能提高教学质量。舒尔曼在强调教师教学的同时也关注学生学的学术，教师的教学观念更为重要，教师要有更广泛的知识基础。教学学术虽然已经经历了25年的发展和变化，教学学术的内涵在不断丰富和扩展，但是教学学术的概念仍然未达成共识。

“学的学术”成为教学学术内涵发展的重要特征。教学学术的内涵经历了“教的学术”（Scholarship of Teaching）—“教与学的学术”（Scholarship of Teaching and Learning）—“学的学术”（Scholarship of Teaching and Learning）的发展过程，以学生为中心的特征越来越显著，学者们在教学学术的研究中越来越强调学生学习。Gilpin的代表观点是教学学术应该是学的学术，以促进学生的学习为核心越来越成为教学学术的发展趋势。Megan M. Otis强调将学生的声音带入教学学术的研究。[1] Bill Cerbin强调在教学学术中的学习问题重点要解决教学学术工作是否促进了学生的学习，[2] 从教学学术的视角拓展了对学习问题的理解，教师应反思学生

基金项目：北京教育科学“十二五”规划2015年度青年专项课题（CDA15178）；北京联合大学校级科研项目（Sk9020150694）。

马立红，北京联合大学应用型高等教育发展研究中心助理研究员，北京理工大学教育研究院博士研究生，研究方向为高等教育研究；刘海涛，博士，滁州学院教育学院副研究员，主要从事高等教育史、高等教育管理研究；虞思旦，北京联合大学应用型高等教育发展研究中心副主任、副研究员，研究方向为院校研究、高等教育管理。

该文刊载于《滁州学院学报》2017年第1期。

需要学习什么、怎么学习和为什么学习。

（二）教学学术活动的类型——细化全面

由于对教学学术内涵界定范围广泛，因此，开展教学学术活动的形式越来越多样化。传统意义上对学术的理解是论文、出版物、专著和书籍。然而，学者对教学学术的内涵理解不断深入，他们认为，教学学术可以通过不同的形式表现出来，包括教师在教学相关的研讨会上交流的论文、研究方案等文字材料，还包括教学陈述、案例研究、教学大纲等。

在教学学术内涵研究的基础上，许多学者尝试了对教学学术的活动类型进行划分，认为教学学术活动包括教学学术的内容、教学学术的愿景、学生的经历和建构理论框架；教学学术活动包括传统的教育研究和课堂行为研究；教学学术活动包括课堂上做报告、对多年的教学进行反思、一定时期内课程与学生变化的比较和教学实践；教学学术活动包括实践智慧（教学讨论）和研究。此外，《教师分类报告》[3]中提出教学学术活动包括实证研究、基于课堂教学的研究、同行评价杂志和资料的出版物、教学案例研究、会议演讲、教学反思论文、教育文献综述和创作教材；《教学学术杂志》强调传统的实证研究（定量研究和定性研究）、反思性的论文、文献回顾和案例研究都属于教学学术活动。

从上述研究可以看出，教学反思、教学实践、案例研究、文献综述、论文成果等是教学学术活动的组成部分，不同的分类方法有不同的依据，通过对教学学术的分类研究有助于理解教学学术的内涵。教学学术是教学与研究的融合，因此界定教学学术的作用对于教师和管理者而言都具有挑战性。

（三）教学学术相关概念辨析——清晰具体

1. 教学学术与学术性教学

学者们对二者之间的关系研究从模糊到细化，教学学术与学术性教学经历了从单模型—双向模型—线性模型—重叠模型的发展过程。

第一，单模型阶段：假设教学学术与学术性教学都是优秀教学，此阶段，教学学术与学术性教学共存共生，不可割裂。如 Morehead and Shed 认为教学学术就是优秀教学；Menges and Weimer 认为教学学术就是通过教学和文献开展教学实践；Vajorczki 研究发现，学术型的教师经常反思教学实践，然后通过学习文献、参加教学研讨会、与学者讨论等方式提高教学；[4] Trigwell and Shale 也持类似的观点。[5]

第二，双向模型阶段：David Pace 认为教学学术与学术性教学是相互影响，都以促进学习为目标，从一定程度上，学术性教学比教学学术对学习的影响更直接。

第三，线性模型阶段：教学学术的线性模型假设参与教学学术研究能够提高教师研究教学的兴趣，通过对教学的研究促进学生的学习，进而教师成为学术型教师。

第四，重叠模型（见图 1）：Michael K. Potter，Erika D. H. Kustra 假设学术性教学有着更复杂的、有代表性的呈现，假设从学术性教学到教学学术有很多途径，在已有研究的基础上，提出一个更复杂的模型。[6]

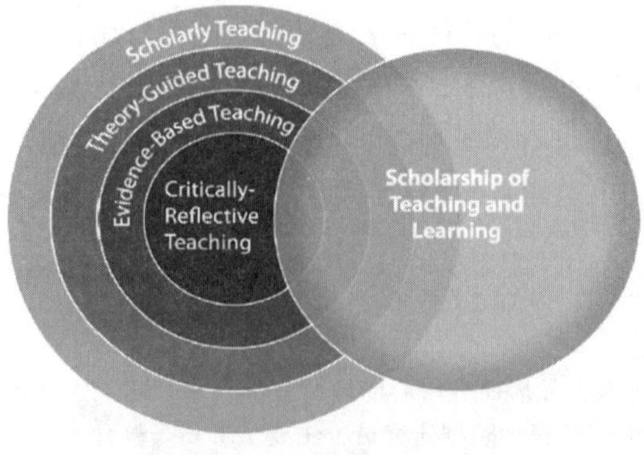

图 1　教学学术与学术性教学重叠关系模型

从图1可以看出，批判性反思教学是教学学术与学术性教学的核心，教师要对教学理念、教学态度、教学价值、教学实践及其对学生学习的影响进行批判性反思。批判性反思实践成为从学术性教学到教学学术的有效途径之一。此外，基于实证的教学、理论导向的教学和学术性教学与批判性反思教学是层层重叠、层层递进的关系。

2. 教学相关活动分类模型（DART）

印第安纳大学的 Beth Kern，Gwendolyn Mettetal，Marcia D. Dixson，and Robin K. Morgan 四位学者在2015年提出了教学相关活动分类模型（Dimensions of Activities Related to Teaching，DART，以下简称 DART 模型，见图2），[7]该模型从两个维度、四个象限对教学相关的活动进行了分类，重点强调活动的分类。

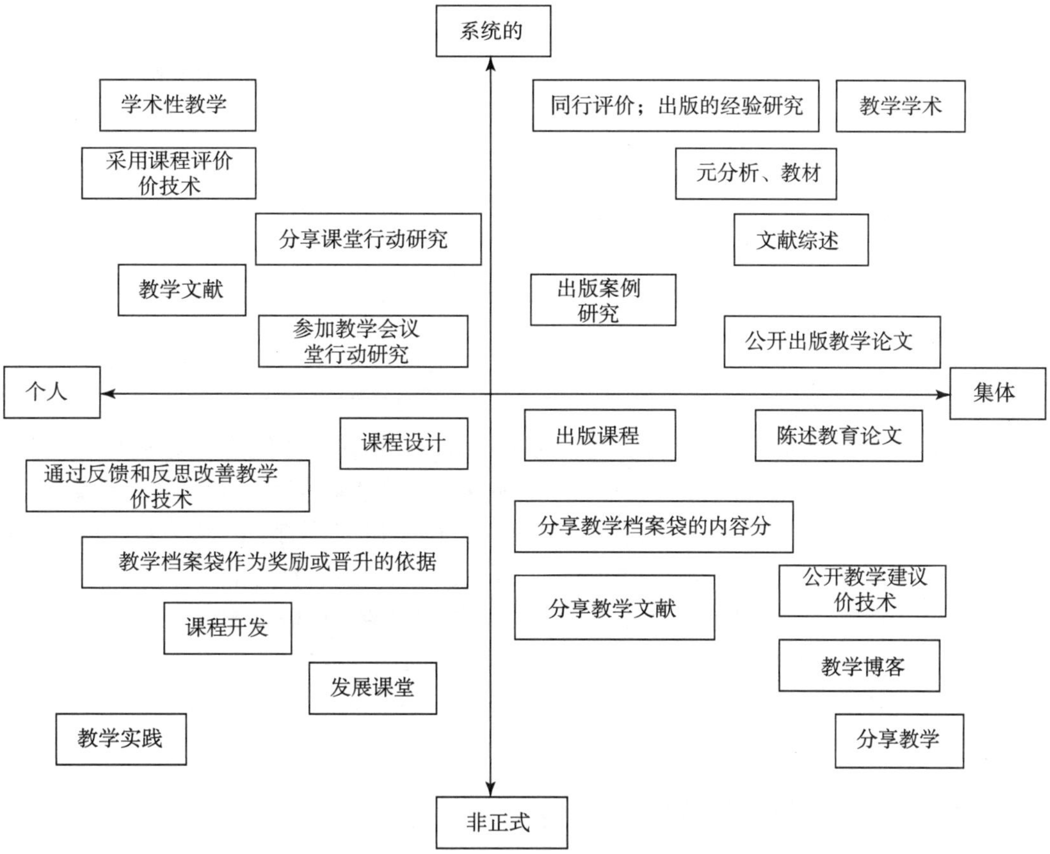

图2　DART 模型

通过 DART 模型可以看出，教学相关的活动从个人的行为转变为集体的行为，从个人的课堂转变为公开的会议报告、出版教学研究 成果等集体行为。教学学术的研究比较有代表性的观点是系统的和集体的维度，因此，DART 模型从这两个维度对教学相关活动进行了划分，将教学分为分享教学、教学实践、学术性教学和教学学术，并对这四个教学活动的类型进行了具体的阐释。该模型更有助于我们理解教学学术的内涵以及教学学术与其他相关活动的区别。

二、教学学术评价标准

教学学术在大学的学术地位最终取决于它如何为学科发展、教学方法和学生发展带来“附加值”（value added）。[8]评价是衡量学术的一项重要指标，评价标准的基本形成是教学学术理论化的重要标志。

（一）教学学术评价方法的类型

教学学术评价方法的类型包括描述性学术评价、普适性学术评、多元化评价方法（见表1）。

表1　教学学术评价方法的类型

类型	代表人物	教学学术评价方法	具体内容
描述性评价	博耶（Boyer）	描述性评价	只有深入理解教学内容，在教师的理解和学生的学习之间建立桥梁，认真地计划并检查教学程序，刺激主动学习，才能超越传播知识并实现改造和扩展知识
普适性评价	格拉赛克（Glassick）	教学学术评价六标准	目标明确、准备充分、方法适当、成果显著、有效表达和批判性反思
	Faith - Michael Uzoka 等	AHP 多层评价指标框架[9]	成果表现形式；影响；类型；评价过程；评价目标
多元性评价		教学档案袋评价方法	包括教师的教学授课大纲、教学任务的描述、学生评估的结果以及其他能够体现教师教学理念、教学哲学、教学历史和教学活动的材料
	克莱博（kreber）	九成分评价模型	通过三种不同类型的反思（过程、内容、前提）恰当地应用到教学知识、教学法知识和教学纲要知识中，就是所谓的3×3矩阵式教学学术的九成分模型，可以用来对教师的教学学术水平进行评价
	特里格维尔（Keith trigwell）[10]	四维度评价模型	从知识、反思、交流和观念四个纬度对教学学术程度加以衡量，构建了四维度教学学术模型

从表1可以看出，第一种类型——教学学术评价标准：博耶的描述性评价属于描述性的解释，并未提出教学学术评价的具体标准；主要侧重于知识视角。第二种类型——教学学术评价标准：普适性学术评价标准。格拉赛克（Glassick）的教学学术评价六标准成为美国"国家研究计划卡内基学者"的专业评价原则。AHP多层评价指标框架的评价方法尝试建立一个多层次的递阶结构，按目标的不同、实现功能的差异，将系统分为几个等级层次，但是，该评价标准是评价所有学术工作的标准，包括教学学术、发现的学术、应用的学术和整合的学术，具有一定的普适性，评价标准共性较强，没有突出教学学术的针对性和特殊性。第三种类型——多元化教学学术评价标准：越来越多的大学采用教学档案袋的方法来评价教学，教学学术评价开始研究教学档案袋在教师评价中的作用。此外，不同的学者从不同的维度构建了教学学术评价的模型。

（二）教学学术评价方法的发展特色

1. 教学学术的评价方法从抽象到具体，评价方法的类型呈现了多元化的特征

首先，教学学术评价的类型包括描述性评价、普适性评价、多元化评价，评价方法的内容越来越具有针对性，有从适用于所有类型的学术评价方法到具有针对性的教学学术评价方法。其次，教学学术评价方法从定性分析方法到定量分析方法，如Faith - Michael Uzoka等人提出的AHP层次分析法，通过建立一个多层次的递阶结构，确定以上递阶结构中相邻层次元素间相关程度，然后通过构造两个比较判断矩阵及矩阵运算的数学方法，将这种数学方法运用到教学学术的评价研究中，创新了教学学术的评价方法，使得教学学术的评价方法更丰富、多元。

2. 教学学术评价方法的视角不断拓展，从知识—规范—反思与交流

博耶的描述性评价方法侧重知识的视角，强调教学理解在传播知识、改造知识和拓展知识中的作用。格拉赛克的教学学术评价六标准和Faith - Michael Uzoka等人的AHP多层评价指标框架侧重教学学术的规范性，如教学准备、教学方法、评价过程和评价目标等。克莱博（Kreber）的九成分评价模型和特里格维尔的四维度评价模型开始侧重教学反思与交流在教学学术知识与过程中的运用。

三、教学学术发展面临的挑战

教学学术的发展面临着挑战，被学术性机构认可其价值，尤其是在学术性机构中的关于教师加薪、任期和职称晋升政策中的作用。不同类型的教学活动是否被认为是教学学术活动，其活动的价值是否得到学术性机构的认可，学术性机构也在纠结是否要促进教师教学学术的发展。

（一）突破观念障碍——教学学术观

各国开展了丰富的教学学术的实践。加拿大大学教授开设咨询课程，课程为学生提供学术技能，并促进学生养成良好的学术习惯，提升学习能力。爱尔兰 2009 年开展了研究生教师教育项目研究，作为教师发展的一个项目，主要研究教师间的合作、反思如何促进教师的发展，项目的参与者探索课程设计的新形势。这种促进教学学术发展的形式，支持教师发展、同行评价和项目评价，以此作为促进学生学习的途径之一。《马来西亚国家高等教育战略规划 2020》强调国家在经济全球化的压力背景下，大学是培养人力资本的重要机构。马来西亚高等教育部于 2004 年成立，其中高等教育领导学会（Higher Education Leadership Academy）最初的职责是保障并支持大学教师提高教学学术水平，现在该机构发展成为国家教师资格标准制定部门。高等教育领导学会为促进教学学术的国际化发展开展了教学学术发展的实践探索，并提供大量的教学学术发展项目，目的在于支持教师开展教学学术的研究，提升教师教学学术水平，引入了国际专家一起探讨教学学术的发展。

尽管很多国家都在努力开展教学学术的研究，探索教学学术的实践，但是由于文化的、观念的、制度的差异，教学学术理念的普及与推广还需要突破观念障碍。对教学学术的理解重要的不是创建新的技术或方法，而是形成思考和实践的习惯。我国学者宋燕强调与教学学术理论的繁荣相对，教学的学术性难以在实践中落实，传统的大学学术观、教师观、大学使命观等不利于教学学术性的彰显。[11]因此，高校要通过多种途径和措施鼓励教师突破教学学术的观念障碍，树立教学学术的理念，鼓励教师将教学视为知识性、学术性的工作，并结合教学实践开展本学科领域的教学研究，进而将教学研究成果公开。同时，大学教师自身应提升教学学术的意识，掌握教学理论，并在理论指导下，形成对教学的全面理解，提高教师的教学学术水平。

（二）教学学术发展趋势——学生为中心

大学教学未来的发展趋势如何？19 世纪的学者和牧师纽曼在《大学的理想》中强调大学是传授知识的场所，意味着知识是静态的、单维的、代代相传的。然而，在 21 世纪的今天，大学理念发生了很大的转变，现代大学不仅仅是知识传授的场所，而是多维的，更强调的是创新与创造，大学是动态的、持续发展的。然而，如今大学教学多为说教式教学，高等教育领域最主要的教学实践仍然是传统的教学方法，这主要是受到了强调教学内容的传统文化的影响，但这与高等教育研究与改革的方向不符。大学教学发展的未来是以学生为中心，教师要转变角色，由教学的主导者转变为教学的引导者，教师的教学要以促进学生的学习方法改变、促进学生的创新为中心。教学学术研究如何更好地体现“以学生为中心”，这成为教学学术研究面临的挑战之一。

教学学术是某一学科领域的学术成员致力于提升本学科学生的学习能力的提升，教学学术不是传统意义上的学术研究，而应更好地理解本学科领域学生的学习经历和学习成果，探寻丰富学生学习经历和学生学习成果的方法。教学学术的发展越来越以学生为中心，这一点在学术界已经基本达成了共识。教学学术已经成为教学研究中一道亮丽的风景线，为不同价值观、不同国界的教学研究者提供了教学研究的实践平台。

（三）教学学术评价——从理论到应用

美国高校教学学术评价是多元化的评价主体，倡导大学教师在教学学术评价过程的民主参与。运用较多的评价方法是“教学学术档案袋”，包括对教学工作的评价和教学成果的评价，通过师生座谈会、学生学情调查研究等方法收集教师评价的信息，进而了解教师教学学术的水平。美国的教学学术评价研究方法在实践中得以运用，但对其运用后对教学、教师和学生的成长影响进行深入研究的较少。

从已有的研究成果来看，教学学术评价的理论研究比较丰富，教学学术评价方法较多，学者从不同的维度建构了多种类型的评价模型，但对教学学术评价方法进行系统、深入研究的不多，对其评价方法的历史沿革、背景、运用的范围及评价的效果进行全面的研究较少。教学学术评价研究面临的挑战是教学学术评价方法的应用研究和实证研究，如何科学地运用这些评价模型，运用教学学术评价模型后对高校的教学产生了怎样的影响，对教师的专业发展发挥了怎样的作用，在多大程度上突出了学生的中心地位等，这些应用研究和实证研究成为未来教学学术评价研究面临的挑战和亟须解决的问题。

参考文献

[1] Megan M. Otis. Listening to students finding my voice in the scholarship of teaching and learning [EB/OL]. www. changemag. org, 2015－08－05.

[2] Cerbin, Bill. Emphasizing Learning in the Scholarship of Teaching and Learning [J]. International Journal for the Scholarship of Teaching and Learning, 2013, 7 (1): 5.

[3] Secret, M., Leisey, M., Lanning, S., Polich, S. L., & Schaub, J. Faculty perceptions of the scholarship of teaching and learning: Definition, activity level and merit considerations at one university [J]. Journal of the Scholarship of Teaching and Learning, 2011, 11 (3): 1－20.

[4] Vajorczki, S., Savage, P., Martin, L., Brin, P., & Kustra, E. D. H.. Good teachers, scholarly teachers, and teachers engaged in scholarship of teaching and learning: A case study from McMaster University, Hamilton, Canada [J]. The Canadian Journal for the Scholarship of Teaching and Learning, 2011, 2 (1): 1－27.

[5] Trigwell, K. & Suzanne Shale. Student learning and the scholarship of university teaching. [J]. Studies in Higher Education, 2007, 29 (4): 523－536.

[6] Michael K. Potter, Erika D. H. Kustra. The Relationship between Scholarly Teaching and SoTL: Models, Distinctions, and Clarifications [J]. International Journal for the Scholarship of Teaching and Learning, 2011, 5 (1): 23.

[7] Beth Kern, Gwendolyn Mettetal, Marcia D. Dixson, and Robin K. Morgan. The Role of SoTL in the Academy: Upon the 25th Anniversary of Boyer's Scholarship Reconsidered [J]. Journal of the Scholarship for Teaching and Learning, 2015, 15 (3): 1－14.

[8] 侯定凯. 博耶报告20年：教学学术的制度化进程 [J]. 复旦教育论坛，2010 (6)：31－36.

[9] Faith－Michael Uzoka, Alan Fedoruk, Carton Osakwe, Joseph Osuji and Kalen Gibb. A multi－criteria framework for assessing scholarship based on Boyer's scholarship model [J]. Information Knowledge System Management 2013, 12 (1): 22－51.

[10] Keith Trigwell, Elaine Martin, Joan Benjamin & Michael Prosser: Scholarship of Teaching: A model [J]. Higher Education Research & Development, 2000, 19 (2): 155－168.

[11] 宋燕. 我国大学教学学术发展的观念性障碍 [J]. 国家教育行政学院学报，2013 (7)：49－53.

美国高校“办公室时间”的制度演进与借鉴

李政辉

摘　要：美国高校普遍采用办公室时间，作为加强师生互动的重要形式。实践中，学生参与比例偏低，教师也经常缺席办公室时间，办公室时间的运行并不理想。作为互联网技术与师生互动的结合，虚拟办公室时间因与学生追求自由的行为模式冲突，未有效展开。我国高校应以师生互动为指引，结合既有制度，合理吸收借鉴美国高校的办公室时间，形成我国的自成体系、功能协调的师生互动体系。

关键词：办公室时间；师生互动；虚拟办公室时间

“办公室时间”（office hours）为美国高校普遍采用的辅助课堂教学、增进师生课外联系的教学形式。作为人才培养的手段，办公室时间伴随环境也在不停演化。近年来，我国亦有高校引进办公室时间制度，如深圳大学、南昌大学，特别是2016年北京大学采用办公室时间的做法一度被媒体广泛报道，①具有示范性。但是作为一种制度，办公室时间的具体面貌却并不清晰，在美国的运行效果也少有引介。如此，我国高等教育学界对办公室时间的内容理解相对浅显，实有沦为标签之嫌。本文立足于我国制度建设的需要，考察美国高校办公室时间的制度全貌，以求在我国构建相对良好的制度。

一、办公室时间的制度内涵

办公室时间是高校教师在课后特定的时间段内指导学生的教学活动。与课堂时间类似的是，“办公室时间是每周你预期会在办公室里以便与学生交流的时间”。②与课堂教学不同的是，它并没有课堂教学那种强度，但有教师认为“我所有的最好教学体验都发生在办公室时间内”。③办公室时间起源于对优秀本科教育的探讨，特别是1986年Arthur Chickering与Zelda Gamson提出的“优质本科教育七原则”突出强调了师生之间的互动，作为有利于学生成长的办公室时间逐渐成为高等教育的“标配”。即使如此，对于不同的大学而言，办公室时间的地位并不相同：有大学对其作出明确制度规定，从而成为教师教学活动不可或缺的组成；也有大学承认办公室时间是一种教学传统，但并没有强制性的规定。一般而言，“主持传统的办公室时间长久以来就是教授教学责任的必要部分。”④本文结合相关材料及高校实际做法初步勾勒美国办公室时间的运行概况。

（1）办公室时间的安排。作为基层教学单元，办公室时间一般由系组织落实。在学期开始前，系秘书就

李政辉，浙江财经大学教务处处长、教授。

① 柴葳. 北京大学推行“师生交流时间”制度［J］. 中国教育报，2016-2-27（2）.

② Linda Acitelli，Beverly Black & Elizabeth Axelson，Learning and Teaching During Office Hours，http：//www. crlt. umich. edu/gsis/p4_ 5.

③ JayParini，Office Hours：a Professor's Education，Subscribe Today，Sep 26，2003.

④ Lei Li，Jennifer P. Pitts，Doer It Really Matter? Using Virtual Office Hours to Enhance Student-Faculty Interaction，Journal of Information Systems Education，Vol. 20（2），176.

向每位教师征集办公室时间安排，教师可以依照自己情况安排不同时段、地点并提出讨论的范围，最终系里形成表格公布。以图兰大学数学系的办公室时间为例，并非每位教师都公布了办公室时间；在已经公布的教师中，时间长度从1小时到3小时的都有，并且可以另外约时间见面。① 办公室时间一般不能为周末或晚上，地点一般就是教授办公室，咖啡间等地亦可。对于尚无办公室或共用办公室的助理教授而言，就需要协调各自的时间，或另外寻找见面的地点。一位教师甚至使用台球房作为办公室时间的场所，并自认为很成功。②

（2）讨论的事项。作为课堂教学的延伸，办公室时间本意是讨论学习中的问题，加强师生间联系。学生寻找教师与课程有关的事项一般为：第一是关于作业或课程安排的问题，这属于最容易回答的问题；第二是请教特定疑难问题。学生可以就教师主讲课程中的疑难问题请教教师，这时教师面临着教学策略的选择。如果时间允许，让学生自己解答问题，教师只是提供必要的帮助。当前来请教问题的学生有数人时，也可集中学生一起解答。教师的职责除了解答疑问之外，如能培养学生自主思考的方法与质疑的能力被认为更好；第三是要求优待，比如学生前来要求请假、要求更好的考试成绩，或者是特别的考试安排等。Phillip 对此强调，在这种场合需要注意合法性。并且如答应了一个同学，就需要确保相同情况同等对待。③ 实践中，学生与教师讨论的范围并不局限于教师主讲的课程，甚至不局限于大学生活。这反映在教师对办公室时间的安排上，有的教师限制讨论课程内容，有的教师不限制，自然话题就可以更为自由。学生寻找教师除了学业问题外，也关注论文写作、考试，甚至是自身的生活、未来的职业选择等。作为会计学教授，Matt Munson 经常被问及未来的职业情况，他以办公室时间的回答为基础写了一本书《时间学》。④ 当然也有观点认为专业教师不应介入学生的生活，尤其对于心理问题应该转由专业人员处理。除了讨论，也有教师利用办公室时间开会。⑤

有学者将办公室时间依照是否需要预约划分为开放性与限制性两种类型，⑥ 从实际运行看，预约是教师可自由选择的附加条件，是否预约不足以构成独立的类型。

从以上对办公室时间的介绍来看，这一制度在实际运行中有相当大的自由度，教师的自主性较大，教师可以自由选择时间、地点、主题。另一方面，美国大学教授采用年薪制，办公室时间虽然会在确定薪水时纳入考虑，但却并不单项支付报酬。

问题是，支持办公室时间的理论基础是什么？回答是师生互动（student – faculty interaction）理论。美国从20世纪60年代开始，理论界主张师生互动对学生学习与成长具有重要意义，并进而通过数据采集的方式进行论证，积累了大量的个案结论，证实了师生互动的积极作用。以科罗拉多大学始于1975年的调研为例，该研究从1975级新生开始，一直持续到这批学生毕业，研究的主题就是师生互动的影响。该研究不但持续时间长，而且在指标上尽量全面，属于较有代表性的综合性研究。简言之，该研究将师生互动方式分为正式的师生互动与非正式的师生互动，师生互动分为互动的频率与深度，学生的成果包括个人与社会性成果、智力成果、学业成果、学习满意度四个方面。研究结果证实了一般性假设，即师生互动有助于学生发展，更重要的是它证明了非正式的师生互动的重要性。在所有四项学生成果指标中，非正式的师生互动比正式的师生互动作用更突出。办公室时间属于非正式的互动方式，这主要是指学生与教师交流的内容并无规定。笔者认为这一研究结果对教师、学生和管理者都有影响，特别是"教师需要知道，他们对于学生成果的全面影响具有多么重要的地位"。⑦ 学生心目中的好教师不仅仅在于所讲课程的知识、课堂的清晰性，同时也在于教师是否可以联系到。

---

① http：//www2. tulane. edu/sse/math/about/directory. cfm#reg_ faculty.

② John Soares，Office Hours in the Pool Hall，http：//www. chronicle. com/article/Office-Hours-In-the-Pool-Hall/135742.

③ Phillip Wankat，Office Hours RX，ASEE PRISM，January 1999，15.

④ Winslow，Jonathan，For professor，office-hour tips become book on living a full life，19 Jan 2016.

⑤ See Susan Behrens，Is the Office Hour Obsolete? Research & Teaching in Developmental Education，spring 2013，30.

⑥ 冯恩强，胡天佑. Office Hours 制度探微［J］. 职业技术教育，2011（23）.

⑦ Jean J. Endo，Richard L. Harpel，The Effect of Student-Faculty Interaction on Students' Educational Outcomes，Research in Higher Education，Vol. 16，No. 2，1982，133.

师生互动另一种更为简易的分类是课堂内的师生互动与课堂外的师生互动。课堂内的师生互动主要体现在教师教学方法上。课堂外的师生互动形式多样，又可区分为面对面与非面对面两种。办公室时间属于课堂外面对面师生互动。同为师生互动，课堂内外的师生互动具有不同的特质：课堂上的互动局限于课堂角色区分，教师具有主导性，课堂外的互动就可以弱化教师的权威，教师可以更为平等和日常的形象出现；课堂外的讨论内容可以更为具体，外延可以更为广阔；课堂外的互动具有私密性，更易于表现自我；课堂外的交流可以更为集中精力和快速回应，导致更好的交流满意度。学者认识到师生之间非学术性的交流对学生也有积极影响，这使得学生自认为更有价值与重要，从而也就更加坚持不懈。① 对于教师来说，教师通过办公室时间获得和学生一对一的交谈时间，可以深入了解学生，从而获得他们学习方面的信息，做出有针对性的指导，并进而可以改进自己的教学。因此，高质量的本科教育就需要构建师生之间的互动形式。"与个别学生在一起学习是特别有效的教育方式，也可能是教师重要的责任"。②

正是因为持续讨论并确认师生互动的重要性，"优质本科教育七原则"之首即是师生互动的重要性，而办公室时间无疑是师生互动的重要形式。

二、办公室时间的运行实践

作为理念先行的制度，办公室时间在美国高校运行的实际情况如何？是否充分发挥了强化师生联系从而促进学生成长成才的功能？对此，教学一线的教师与学生感受皆不佳，而教育研究者更是从20世纪70年代末期就开始了定性与定量相结合的分析，查找原因，探求改进。

第一个问题就是教师在不在？之所以会产生该问题，根源在于教师对课堂教学与办公室时间的重视程度并不相同：如果上课未到，大部分教师会认为这是严重过错；但对课堂之外的办公室时间却没有这么强的责任感。在20世纪70年代，学生已经感觉教师难找，课后就消失的"幻影教授"（phantom professor）不在少数。③ 针对教师出现在办公室时间的状况，学生感觉只有50%的概率找到教师，教师自认为有90%的遵守率，两者相距甚远。为了找到相对确切的数据，20世纪70年代末研究者在南加州大学对教师在办公室时间在岗情况进行了大规模调查。调查者访问受访者2次，两次全到的比例实在是有点低，全校的数据是54%。在不同的教师层级上，36%的讲师一次都没有出现，全职教授也有31.8%的一次都没有出现，情况整体不容乐观。所以调查者得出结论"从缺席者的比例可以看出，相当数量的教师并没有认真对待办公室时间"。此次调查之后，情况在改善吗？争论在延续。师生双方对教师出现在办公室时间的判断差距仍是很大。2013年的一项研究分为两个步骤：④ 第一步是师生给出自己认为教师出现在办公室时间的概率，学生认为教师出现的概率为77%，教师自认为有83%；第二步是研究者进行实证调查，得出的数据是76%的教师出现在办公室时间中。24%的缺席中有4%提前告知了自己的缺席，而20%的缺席者并未告知。缺席者并不受性别、职称、学院的影响。从这前后相隔30余年的两项调查看出，至少相当部分教师缺席办公室时间是一种常态。

第二个问题是学生是否积极参加办公室时间。该制度的设计是基于学生本位，让学生可以单独和教师交流学习或生活上的事情，但学生是否积极参与呢？回答并不乐观。在20世纪70年代末期关于教师缺席办公室时间的调研中，教师为缺席所找到的理由之一就是学生很少来，并且他们来基本是在考前为复习或考后为

---

① See Cox B.，Orehovec E.，Faclty-Student Interaction Outside the Classroom：A Typology from a Residential College，Review of Higher Education，Vol. 30 No. 4，2007. pp 343 –363.

② Linda Acitelli，Beverly Black & Elizabeth Axelson，Learning and Teaching During Office Hours，http：//www. crlt. umich. edu/gsis/p4_ 5.

③ Rae R. Newton，Gail Gutmann，The Other Side of Teaching：A Student-Generated Look at Faculty Commitment to Office Hours，Teaching Sociology，Vol. 6，NO. 2，January 1979，107.

④ Rory A. Pfund，Jessica D. Rogan，Bryan R. Burnham，John C. Norcross，Is the Professor in？Faculty Presence During Office Hours，College Student Journal 2013，47（3），pp524 –528.

解释。① 理论界一般从两个维度考察学生利用办公室时间的状况，一是学生在办公室时间联系教师的次数；一是学生与教师谈论问题的深度。这两个维度其实紧密相关，形成一个整体。考察范围更大的课堂外互动，基本回答是“互动不经常，范围很有限”。② 依据 20 世纪 90 年代的一项调研，不到 50% 的学生在课堂之外拜访过教师。③ 2013 年进行的一项调查数据是“2/3 的受访者表示调查的课程从不使用办公室时间，1/3 的受访者表示本学期至少参加了一次办公室时间，然而只有 8% 的受访者说自己参加了一次以上的办公室时间”。④ 在一项涉及 5 个班 89 名同学的跟踪实验中，一个学期学生总共只利用了 6 次办公室时间，实在是惨淡。⑤ 即使在学生利用办公室时间较多的场合，也存在部分学生积极利用，单人所占次数多，而大部分学生并未参与的情况。在师生交流的深度方面，情况也不乐观。有学者引用调查中的学生回答：“我不去找我的教授，除非我成绩上有问题或者我需要一封推荐信”。⑥ 学生找教师如果是学习的问题，也多局限在特定的问题上，目的性特别明确。基本一致的结论是，学生很少利用办公室时间。即使使用，持续的时间短，内容简单。解释办公室时间利用频率与深度不佳的常见原因是：学生害羞，学生感觉固定的办公室时间不方便，学生认为请教问题会让教师认为自己没有学好。

第三个问题是有无改进教师办公室时间的办法。办公室时间的运行情况体现了理想与现实之间的距离。其实前面两个问题具有内在的联系：学生到的少，教师就会面临无人来访的窘境，最终可能放弃办公室时间。实际上，如何避免办公室时间的尴尬一直见于教师经验交流之中，如有人不无调侃地说：“如果我每周设定了学生来访的时间，我不应坐在那里绞着拇指。找些可以被打断的活干干，以便在学生来访的间隙有成就感。”⑦

对于办公室时间运行不佳，理论上也在分析原因，并寻求改进之策。

（1）常见的解决方法就是教师督促学生利用办公室时间。引导学生利用办公室时间是教师的职责，教师明确告知学生办公室时间的信息，邀请学生参加，并在交谈中启发学生扩大交谈话题，进入到更为深入的交谈。

（2）作为对传统办公室时间的一种改进，有学者提出课程中心方法。这一方法是在办公室时间之外增加一或两小时，在办公室以外的地点学生可以相互交流，并可以与教师讨论。这一做法的目的在于消除阻碍办公室时间运行时学生的羞涩，通过学生交流可以明确与精炼问题。在实验中，学生对课程中心的接受度高，“它更为方便，允许他们（指学生）从事更多有创造性的活动（一对一帮助，和同学在一起，听其他同学的问题），提供了更舒适的环境以寻求帮助，这使得他们更愿意请求帮助”。⑧

上述两种方法的假设前提是办公室时间是有效的，教师可以提高学生的参与率。这也体现在将办公室时间本身作为一种教学活动进行技能培训，以提升教师的掌控能力。如采用研讨会的形式，“给参与者提供改进课外教学的方案，尤其是办公室时间中的课外教学”，这些方案包括对教师技能的培训，也包括改进办公

---

① Rae R. Newton，Gail Gutmann，The Other Side of Teaching：A Student-Generated Look at Faculty Commitment to Office Hours，Teaching Sociology，Vol. 6，NO. 2，January 1979，114.

② Shelia R. Cotton，Bonnie Wilson，Student-faculty Interactions：Dynamics and Determinants，Higher Education（2006）51：495.

③ David S. Fusani，“Extra-Class” Communication：Frequency，Immediacy，Self-Disclosure，and Satisfaction in Student-Faculty Interaction Outside the Classroom，Journal of Applied Communication Research，Vol 22，pp. 232－255.

④ Whitney Griffin，Steven D. Cohen，Rachel Berndtson，et，Starting the Conversation：An Exploratory Study of Factors That Influence Student Office Hour Use，College Teaching，62：96，2014.

⑤ Lei Li，Jennifer P. Pitts，Doer It Really Matter? Using Virtual Office Hours to Enhance Student-Faculty Interaction，Journal of Information Systems Education，Vol. 20（2），179.

⑥ Shelia R. Cotton，Bonnie Wilson，Student-faculty Interactions：Dynamics and Determinants，Higher Education（2006）51：496.

⑦ Susan Behrens，Is the Office Hour Obsolete? Research & Teaching in Developmental Education，spring 2013，32.

⑧ SeeCarl Chung，Leon Hsu，Encouraging Students to Seek Help：Supplementing Office Hours with A Course Center，College Teaching，Vol. 54，No. 3（Summer，2006），pp. 253－258.

室时间的类型，如主题办公室时间、边走边谈、公共场合的办公室时间，以及下文讨论的虚拟办公室时间。①

与前述两种办法的预设不同，有观点认为教师在改进办公室时间低效上作用有限。调查显示，最为影响学生使用办公室时间的因素是：办公室时间的时间与地点是否合适；课程的层级；课程是否包括了实验、讨论、背诵等内容；学校是否提供了学生导师；课程是否为专业课程；班级规模。因此，教师对这些因素缺乏控制，也就无法有效影响学生参与办公室时间，但是学校的管理者却可以有所作为。②

总之，办公室时间中的学生与教师的表现都出乎意料，运行效果没有达到预想目的。而且在原因的归纳上也呈现出较为分歧的态势，针对原因不在于教师的观点，其实学校在短期也难以有效提高，如小班化率，这显示出问题改进的难度。

三、虚拟办公室时间的出现与发展

伴随着对办公室时间的运行检验、争论，电脑从20世纪70年代开始进入教学使用，更为重要的是20世纪90年代开启了网络时代，新技术很快被运用于师生互动，产生了一种新的师生联系样态——虚拟办公室时间（virtual office hour，VOH）。可以说，虚拟办公室时间的运用与电脑网络技术的发展紧密相连，亦步亦趋，体现了高等教育是新技术的发源地与试验场。

1984年的一篇文献中首先提出了“电子办公室时间”，一位残疾学生通过电脑提交作业、与教师联系，③但这只是个案。较早可见的将电子通信技术运用于师生联系的是加利福尼亚大学洛杉矶分校。1995年的秋季学期，该校的化学与生物化学系在苹果电脑公司的支持下采用了虚拟办公室时间。这一系统类似于今天高校的网络课堂，师生可以24小时联系，用电子公告栏以发布教学资料与信息，师生也可在线进行问题研讨的会议。这就超越了电子邮件的个人化与非即时性。这是以网络技术为基础，主要功能在于发布资料与师生联系的创新。④

以电脑网络为媒介的另一种加强师生联系的重要方式是电子邮件。在2000年以后，电子邮件已经成为师生之间非常普遍的联系方式。但电子邮件作为非即时通信工具，本质上是一种书面的联系方式，无法传递人际联系中丰富的信息，这对于人文社会科学而言尤显不足。所以虽然至今电子邮件在师生联系中占据着重要位置，但它更多的是作为一种工具，未将其作为系统性的虚拟办公室时间。

真正将虚拟办公室时间带入实际运用的是基于web 2.0技术的即时通信方式（instant messaging，IM），这也是现在使用VOH一般的语境。web 2.0将网络作为平台，创造和分享信息，被广泛用于社交领域，成就了众多的社交平台。web 2.0一出现，其便捷高效的联络方式就被高等教育界所注意，其中重要的适用领域就是师生互动。“网络技术预计可以发挥影响的关键领域就是他们转变教授与学生相互联系与影响的方式。”⑤ 对于互联网一代而言，利用社交网络与教师联系符合其行为模式，在调查统计中受到了广泛欢迎。Jafari等学者的调查显示，学生偏好自由与大众化的联系技术，如IM、播客等，希望引入课程运用。⑥ 在随

---

① Michelle Deborah Majeed，Office Hours as Teachable Moments：Structuring Student-Instructor Interactions Outside the Classroom，Teaching Innovation Projects，Vol. 4 [2014]，1.

② Whitney Griffin，Steven D. Cohen，Rachel Berndtson，et，Starting the Conversation：An Exploratory Study of Factors That Influence Student Office Hour Use，College Teaching，62：98，2014.

③ See Turner，Judith Axler，Courses and 'Electronic Office Hours' by Computer，Chronicle of Higher Education，1984，28（3）.

④ James Krieger，Virtual Office Hours Project Links Students，Professors at UCLA，March 11，1996 C&EN.

⑤ Lei Li，Jennifer P. Pitts，Doer It Really Matter? Using Virtual Office Hours to Enhance Student-Faculty Interaction，Journal of Information Systems Education，Vol. 20（2），175.

⑥ Jafari，A.，McGee，P. and Carmean，C，Managing Courses，Defining Learning：What Faculty，Students，and Administrators Want，Educause Review，Vol. 41，No. 4，pp. 50－71.

后的一项调查中，学生希望更多、更及时地与教师联系，并将与教师的在线交流作为最迫切的要求。① 在一项发表于 2009 年的调查中，大部分学生都接受将本用于生活交友的 IM 运用于与教师联系，认为这种方式可以随时随地联系，更为方便与快捷，并且不会受到羞涩等个性打扰。② 对于将加强师生联系作为重点工作的高校来说，IM 如此受学生欢迎，设置虚拟办公室时间似乎是不言而喻的两者共赢。

事实上，高等教育界对虚拟办公室时间给予了厚望。IM 提供了文本为基础的同步交流，在网络接入技术与成本无障碍的情况下，时空上又不受限制。最为重要的是，IM 本身被学生广泛使用，处于这一代学生的生活中心，或者就是他们的生活本身。但对 VOH 的实证研究，结果却不容乐观，甚至与预期大相径庭。在一项对照试验中，学生可以使用传统办公室时间，也可以使用虚拟办公室时间。教师在 Facebook 上设定每周一个工作日晚上一小时的会议，教师将在线和学生交流，学生也可以预约另外的时间在线交流。总共 47 名同学参与实验，但一个学期只有 3 次学生与教师的互动记录。这个结果实在是令人惊讶。③ 但这并非孤立的个案。在另一项 Jaren 等人主持的虚拟办公室时间的实证研究中。教师每周提供了一小时的虚拟办公室时间，也提供传统的办公室时间，对于虚拟办公室时间也没有特别的激励，学生可以选择。20% 的学生加教师进联系名单，IM 共记录了 33 次联系，但大部分联系只持续了 4 ~ 5 分钟，并且谈论的是课程材料、考试的主题范围、考试形式等，仅只有 4 次联系涉及了课程内容。学生使用 IM 主要是问些简单明确的问题。④

学生对虚拟办公室时间的高意愿与实际使用的低频率构成了极大的反差。Jennifer 的调查也证实了这一点，70% 的被调查学生表示喜好 VOH，但真正参与的只有 12% 。⑤ 对此，研究者进行原因分析：第一是学生不需要虚拟办公室时间，因为他们的问题通过其他的联系方式已经解决了，特别是通过电子邮件；第二是学生不愿教师加入他们在社交媒体上的个人空间。学生虽然依赖社交媒体，但却是通过社交媒体展示自己，并不愿让教师分享这些信息，就如同他们也不愿让父母进入一样。第三是虚拟办公室时间不合适。也有学者提出了改进意见，如教师更为有效的管理虚拟办公室时间，包括设置有人进入的提醒信号，营造友善的环境，针对特定话题私下交谈等；也有人建议在技术上改进，隔离虚拟办公室场所与学生个人空间。

VOH 至今并未获得 IM 在个人交往中的地位，也未取代传统意义上的办公室时间，这是不争的事实。问题的关键在于，以自由为本质的 IM 和制度化的虚拟办公室时间具有内在的不可调和性。学生虽然每天都花大量时间在社交媒体上，但他的行为是自由的，是不受规制的；而 VOH 则要在平台上开辟出固定的时点来进行学业交流，这本身与 IM 的内在本质相冲突。所以大部分用 IM 的学生却没有采用虚拟办公室时间。

在探讨新媒体与新技术运用于师生联系的过程中，电子邮件的中心地位不经意间彰显出来。在社交媒体盛行之前，电子邮件是师生课外的主要联系方式。即使在社交媒体繁荣的今天，电子邮件依然为师生的主要联系方式，包括在学生的主观意愿与实际使用中。换言之，学生愿意采用电子邮件，而且也的确这么做了。仍是在上文提及的 Jaren 等人主持的调查中，在被问及最愿意采用的与教师的联系方式中，64% 学生选的是电子邮件。整个学期下来，学生通过电子邮件与教师联系了 148 次。⑥ 这种情况在其他调研中也属常态，具有代表性。究其根本原因，电子邮件自由收发与内容保密的模式契合了现代学生的心理，从而获得了普遍的运用。

---

① “The 21st Century Campus：Are We There Yet?” （2008），CDW Government，Inc.. Http：// newsroom. cdwg. com/features/feature－10－13－08. html.

② JarenBalayeca，AnabelQuan-Haase，Virtual Office Hours as Cyberinfrastructure：The Case Study of Instant Messaging，Learn Inq （2009） 3：123－124.

③ SeeLei Li，Jennifer P. Pitts，Doer It Really Matter? Using Virtual Office Hours to Enhance Student-Faculty Interaction，Journal of Information Systems Education，Vol. 20 （2），175.

④ JarenBalayeca，AnabelQuan-Haase，Virtual Office Hours as Cyberinfrastructure：The Case Study of Instant Messaging，Learn Inq （2009） 3：123－124.

⑤ Jennifer T. Edwards，Technology and Instructional Communication：Student Usage and Perceptions of Virtual Office Hours，MERLOT Journal of Online Learning and Teaching，Vol. 6，No. 1，2010.

⑥ JarenBalayeca，AnabelQuan-Haase，Virtual Office Hours as Cyberinfrastructure：The Case Study of Instant Messaging，Learn Inq （2009） 3：124－125.

四、我国对办公室时间制度的借鉴

美国办公室时间接受学理思考与检验的时间虽然不长，但在正确教育理念的指导下，经历了外部环境的变迁，屡经调整，形成了较为丰富的类型。

无论是常规的办公室时间，还是虚拟办公室时间，指导性的教育理念都是加强师生互动。师生互动理论一经提出就受到高度的重视，经过反复实证检验，该理论的正当性获得牢固确立。从而，强化师生互动，包括丰富师生互动的形式、增加师生互动的频率、深化师生互动的内容、减少师生互动的障碍，就成为美国高校提高人才培养质量的重要举措。师生互动的形式分为课堂上互动与课堂外互动：课堂上互动涉及教学方法改革；课堂外互动主要包括课前课后的交谈、办公室时间、电子邮件、电话、社交网络等。相对于电子邮件与电话等，办公室时间作为高校的一种制度性做法，具有相对固定的人员与时间地点，属于高校主动可控的互动形式，从而成为关注的重点。

作为出于良好愿望的制度设计，办公室时间运行并不顺畅。常规的办公室时间制度在教师与学生两个维度上都存在不足，学生或者因为不方便，或者因为自身原因而参与度不高，教师积极性也不高。两者交叉影响、相互强化，导致最终的学生参与率偏低。有文章标题为《办公室时间过时了吗?》，称这种制度看上去是“上世纪”的做法。① 话虽偏激，但代表了否定办公室时间的倾向性意见。

对于常规办公室时间的否定更多是建立在对网络时代师生联系乐观预期的基础之上。面对电脑、互联网、即时通信等应接不暇的信息革命浪潮，高校主动拥抱新技术，认为已经深刻塑造人类生活的联系方式当然可以用于师生互动，从而设计了虚拟办公室时间。这一结合了“学生偏好 + 学生行为模式 + 技术条件支持”的制度设计似乎理所当然就会大获成功却反应平平，远未取得应有的效果。占领了生活的即时通信技术要重塑师生联系还需要心理支持与更为精巧的技术设计。但新技术确实带来了更多的联系方式，如电子邮件、网络课堂，这些方式与常规的办公室时间、虚拟办公室时间并存。

美国高校经验最有价值的地方其实在于：各种方式都具有自身价值，相互之间是互补而不是替代关系。常规的办公室时间虽不免僵化，但它采用“面对面”的交流模式对于学生社会能力的培养却大有帮助。特别是对于具有深度的问题，或者是需要大量语言外信息的人文社会问题而言，面对面的交流是最好的方式，当然也是最为昂贵的交流方式。这也是至今，仍有相当部分学生愿意选择常规办公室时间的原因。有观点认为，“作为课堂外师生互动的主要形式，传统的办公室时间的做法也许在今天的教育环境下不具有现实性”。② 这属于过于重视外部条件的变化，而忽视了教育的根基。而在实证研究了虚拟办公时间之后，Jeren 得出结论，“总之，IM 不应用于替代传统面对面的办公室时间，而更应作为补充”。③ 这是更为理性的结论。虚拟办公室时间顺应了时代的技术潮流，这是其优势，但它也有劣势。除了上面分析的心理因素外，网络聊天要深度探讨有难度。并且如果 IM 被作为一种一般性的要求，显然会增加教师的负担。异军突起的电子邮件在师生互动中发挥着重要的作用，是电子化互动中最为常用的方式，但也并非没有弱点。突出的问题是电子邮件虽然是一种非即时通信工具，发信人可以有主题与深度的构思和写作，但实际情况并非如此。一项调查显示，（1）75% 的学生曾使用电子邮件获得关于作业的进一步信息；（2）65% 的学生曾使用电子邮件通知教师请假；（3）58 的学生曾使用电子邮件询问成绩；（4）25% 的学生曾使用电子邮件通知教师不能按时提交作业。④ 缺乏深度、主题分散似乎是电子联系方式的通病。除此，学生课前课后与教师的交流也发挥着不

① Susan Behrens, Is the Office Hour Obsolete? Research & Teaching in Developmental Education, spring 2013, 30.

② Lei Li, Jennifer P. Pitts, Doer It Really Matter? Using Virtual Office Hours to Enhance Student-Faculty Interaction, Journal of Information Systems Education, Vol. 20（2）, 181.

③ JarenBalayeca, AnabelQuan-Haase, Virtual Office Hours as Cyberinfrastructure: The Case Study of Instant Messaging, Learn Inq（2009）3: 127.

④ JarenBalayeca, AnabelQuan-Haase, Virtual Office Hours as Cyberinfrastructure: The Case Study of Instant Messaging, Learn Inq（2009）3: 118.

可小觑的作用。这些方式的叠加形成了完整的师生互动，各种方式相互补充，如此方能形成良性的互动局面。

对于我国来说，美国办公室时间可供借鉴的地方在于：

第一，高度重视师生互动，尤其是课堂外的互动。我国高等教育的改革往往在宏观与微观两个层次进行，宏观如大学治理，微观如课堂教学方法，比较缺少中观层面的导入。师生互动的理念就是一个中观层面的改革进路，既有精神层面的价值，又包含了实际操作的方式。

第二，构建自由的教师与学生的互动体系。无论是常规的办公室时间，还是虚拟的办公室时间，采用固定的程式运行皆欠佳，反而是形式自由的电子邮件、课堂前后的交流、电话发挥着更大的作用。这与我国现在的实际情况基本吻合。因此，虽然在制度上无法一一规定这些类型，但高校可以提倡教师采用上述方式与学生交流，并给予相应的建议，如回复电子邮件的指引。当然，高校也可在教学评估、教师评奖评优等活动中适度考虑师生互动情况，从而间接支持师生互动的做法。

第三，慎重设立办公室时间制度。诚然，办公室时间是美国甚至是欧美高校较为普遍的做法，是师生课堂外互动必不可少的方式。但这并不意味着我国需要引进该项制度。制度移植追求的是制度功能的实现，这不单单是制度内容的设计，更重要的是制度运行环境的具备。即使在美国这种以问答、启发为主的教学环境中，办公室时间的运行也不顺畅，在信息化时代下同样受到质疑，同样需要改进。我国学生提问不积极是较为显著的特征，如果采用行政化的办公室时间制度，教师的时间表是公示了，但前来求教的学生却寥寥，这一制度的后续就堪忧。在制度移植上，这种单兵突进的做法往往收到“橘生淮北则为枳”的效果，需要慎重。

第四，师生互动可融入高校已有的做法。办公室时间是针对课程展开的，基础在课程。我国可以从两个方面开展师生互动：一是网络课堂。实际上借助现在普遍使用的网络课堂，提供课程资料、提问与解答、请假等活动都可以实现。二是本科生导师。在本科阶段即建立导师制度，这已逐渐成为各高校普遍的做法，其目的就在于加强对学生的指导。在制度上明确导师的职责，负责学生学习、生活及职业规划的指导。如此，网络课堂与导师并用，基本可以覆盖办公室时间的功能。

总之，我们应该以师生互动为指引，结合我国既有的制度，合理吸收借鉴美国高校的办公室时间，形成我国的自成体系、功能协调的师生互动体系。如此，虽然我国并没有设立形式意义上的教师办公室时间，却可收获高质量的师生互动。

参考文献

[1] 柴葳. 北京大学推行“师生交流时间”制度［J］. 中国教育报，2016-2-27（2）.

[2] Linda Acitelli，Beverly Black & Elizabeth Axelson，Learning and Teaching During Office Hours，http：//www. crlt. umich. edu/gsis/p4_ 5.

[3] JayParini，Office Hours：a Professor's Education，Subscribe Today，Sep 26，2003.

[4] Lei Li，Jennifer P. Pitts，Doer It Really Matter? Using Virtual Office Hours to Enhance Student-Faculty Interaction，Journal of Information Systems Education，Vol. 20（2），176.

[5] http：//www2. tulane. edu/sse/math/about/directory. cfm#reg_ faculty.

[6] John Soares，Office Hours in the Pool Hall，http：//www. chronicle. com/article/Office-Hours-In-the-Pool-Hall/135742.

[7] Phillip Wankat，Office Hours RX，ASEE PRISM，January 1999，15.

[8] Winslow，Jonathan，For professor，office-hour tips become book on living a full life，19 Jan 2016.

[9] See Susan Behrens，Is the Office Hour Obsolete? Research & Teaching in Developmental Education，spring 2013，30.

[10] 参见冯恩强，胡天佑. Office Hours 制度探微［J］. 职业技术教育，2011（23）.

[11] Jean J. Endo, Richard L. Harpel, The Effect of Student-Faculty Interaction on Students' Educational Outcomes, Research in Higher Education, Vol. 16, No. 2, 1982, 133.

[12] See Cox B., Orehovec E., Faclty-Student Interaction Outside the Classroom: A Typology from a Residential College, Review of Higher Education, Vol. 30 No. 4, 2007. pp 343 –363.

[13] Linda Acitelli, Beverly Black & Elizabeth Axelson, Learning and Teaching During Office Hours, http://www.crlt.umich.edu/gsis/p4_ 5.

[14] Rae R. Newton, Gail Gutmann, The Other Side of Teaching: A Student-Generated Look at Faculty Commitment to Office Hours, Teaching Sociology, Vol. 6, NO. 2, January 1979, 107.

[15] Rory A. Pfund, Jessica D. Rogan, Bryan R. Burnham, John C. Norcross, Is the Professor in? Faculty Presence During Office Hours, College Student Journal 2013, 47 (3), pp524 –528.

[16] Rae R. Newton, Gail Gutmann, The Other Side of Teaching: A Student-Generated Look at Faculty Commitment to Office Hours, Teaching Sociology, Vol. 6, NO. 2, January 1979, 114.

[17] Shelia R. Cotton, Bonnie Wilson, Student-faculty Interactions: Dynamics and Determinants, Higher Education (2006) 51: 495.

[18] David S. Fusani, "Extra-Class" Communication: Frequency, Immediacy, Self-Disclosure, and Satisfaction in Student-Faculty Interaction Outside the Classroom, Journal of Applied Communication Research, Vol 22, pp. 232 –255.

[19] Whitney Griffin, Steven D. Cohen, Rachel Berndtson, et, Starting the Conversation: An Exploratory Study of Factors That Influence Student Office Hour Use, College Teaching, 62: 96, 2014.

[20] Lei Li, Jennifer P. Pitts, Doer It Really Matter? Using Virtual Office Hours to Enhance Student-Faculty Interaction, Journal of Information Systems Education, Vol. 20 (2), 179.

[21] Shelia R. Cotton, Bonnie Wilson, Student-faculty Interactions: Dynamics and Determinants, Higher Education (2006) 51: 496.

[22] Susan Behrens, Is the Office Hour Obsolete? Research & Teaching in Developmental Education, spring 2013, 32.

[23] SeeCarl Chung, Leon Hsu, Encouraging Students to Seek Help: Supplementing Office Hours with A Course Center, College Teaching, Vol. 54, No. 3 (Summer, 2006), pp. 253 –258.

[24] Michelle Deborah Majeed, Office Hours as Teachable Moments: Structuring Student-Instructor Interactions Outside the Classroom, Teaching Innovation Projects, Vol. 4 [2014], 1.

[25] Whitney Griffin, Steven D. Cohen, Rachel Berndtson, et, Starting the Conversation: An Exploratory Study of Factors That Influence Student Office Hour Use, College Teaching, 62: 98, 2014.

[26] See Turner, Judith Axler, Courses and Electronic Office Hours' by Computer, Chronicle of Higher Education, 1984, 28 (3).

[27] James Krieger, Virtual Office Hours Project Links Students, Professors at UCLA, March 11, 1996 C&EN.

[28] Lei Li, Jennifer P. Pitts, Doer It Really Matter? Using Virtual Office Hours to Enhance Student-Faculty Interaction, Journal of Information Systems Education, Vol. 20 (2), 175.

[29] Jafari, A., McGee, P. and Carmean, C, Managing Courses, Defining Learning: What Faculty, Students, and Administrators Want, Educause Review, Vol. 41, No. 4, pp. 50 –71.

[30] "The 21st Century Campus: Are We There Yet?" (2008), CDW Government, Inc.. Http://newsroom.cdwg.com/features/feature –10 –13 –08.html.

[31] JarenBalayeca, AnabelQuan-Haase, Virtual Office Hours as Cyberinfrastructure: The Case Study of Instant Messaging, Learn Inq (2009) 3: 123 –124.

[32] SeeLei Li, Jennifer P. Pitts, Doer It Really Matter? Using Virtual Office Hours to Enhance Student-Faculty

Interaction, Journal of Information Systems Education, Vol. 20 (2), 175.
[33] JarenBalayeca, AnabelQuan-Haase, Virtual Office Hours as Cyberinfrastructure: The Case Study of Instant Messaging, Learn Inq (2009) 3: 123-124.
[34] Jennifer T. Edwards, Technology and Instructional Communication: Student Usage and Perceptions of Virtual Office Hours, MERLOT Journal of Online Learning and Teaching, Vol. 6, No. 1, 2010.
[35] JarenBalayeca, AnabelQuan-Haase, Virtual Office Hours as Cyberinfrastructure: The Case Study of Instant Messaging, Learn Inq (2009) 3: 124-125.
[36] Susan Behrens, Is the Office Hour Obsolete? Research & Teaching in Developmental Education, spring 2013, 30.
[37] Lei Li, Jennifer P. Pitts, Doer It Really Matter? Using Virtual Office Hours to Enhance Student-Faculty Interaction, Journal of Information Systems Education, Vol. 20 (2), 181.
[38] JarenBalayeca, AnabelQuan-Haase, Virtual Office Hours as Cyberinfrastructure: The Case Study of Instant Messaging, Learn Inq (2009) 3: 127.
[39] JarenBalayeca, AnabelQuan-Haase, Virtual Office Hours as Cyberinfrastructure: The Case Study of Instant Messaging, Learn Inq (2009) 3: 118.

对应用型旅游管理本科专业人才培养的几点思考

尹正江　黄崇利

摘　要：我国学者30多年的有益研究与实践一定程度地推动了旅游管理本科专业建设的不断发展。但是，随着旅游业的快速发展，旅游管理本科专业的办学热度和求学热度却在渐次降低。搞好应用型旅游管理本科专业人才培养必须解决两个根本性的问题，一是要冲破“借腹生子”所筑成的藩篱，二是要改变“应用型人才学术化培养”的观念与行径。本文从教育理念与思想、培养目标、培养模式、培养方案、理论适度性等方面对应用型旅游本科专业人才培养的相关问题进行了思考。

关键词：应用型；旅游管理；本科；人才培养；思考

我国高校开办旅游管理本科专业已超过30年历史。30多年来，许多专家学者基于不同视角对旅游管理专业的培养目标、人才规格、培养模式、课程建设、教学改革、师资建设、专业建设等问题进行了研究和探讨。30多年的有益研究与实践一定程度地推动了旅游管理专业建设的不断发展——培养模式、方法逐渐规范，培养路径也逐渐清晰；也促成了旅游管理专业学科地位的根本性变化——由隶属于工商管理专业的二级学科上升为一级学科。但是，随着旅游业的快速发展，旅游管理本科专业的办学热度和求学热度却都在渐次降低。纵观国内众多“211大学”和“985大学”的专业建设状况，不难看出许多知名大学都把旅游管理专业作为较为尴尬的专业来对待，有的甚至停办或根本不办旅游管理专业。地方应用型大学（学院）旅游管理专业的招生压力在逐年加大。经调查，国内大部分本科院校旅游管理专业的学生至少超过50%是接受调剂而主修这一专业的；此外，有超过60%的学生毕业后并非选择旅游行业就业。这着实令人费解，但却是事实。究其原因，不排除部分高校无兴趣或无实力开办旅游管理应用型本科专业的可能，也不排除部分学生或其家长囿于观念的局限，但更深层次的原因还在于国内旅游管理专业建设本身。

在我国，大多数旅游管理本科专业脱胎于其他专业门类，如地理专业、历史专业和外国语言专业，这种“借腹生子”的作法使得旅游管理专业建设一开始就受到非商科专业培养理念、培养模式、培养计划、课程建设、教学方法、师资组建等方面的束缚；再者，大多数传统本科院校“重学术，轻实操”的人才培养基点与旅游管理专业强应用型的学科特点严重不符；此外，高校“重学历、重理论、重学术”的师资选拔与组建机制致使执教于旅游管理专业的教师绝大多数都是从学校到学校、学历很高、理论水平不低而缺乏实践经验的人，这样的师资队伍很难适应旅游管理实用型人才培养的特点。凡此种种均说明旅游管理本科专业建设有先天不足之嫌，使得大多数本科院校旅游管理专业办学基本上忽略了旅游行业固有的运行规律及其人才需求特点。

旅游管理本科专业建设要解决两个根本性的问题，其一是要冲破“借腹生子”所筑成的藩篱，其二是要

基金项目：海南省哲学社会科学规划课题“基于国际旅游岛建设背景的旅游目的地营销体系构建研究”［HNSK（GJ）12－21］。

尹正江，海南大学旅游学院副教授，主要从事旅游管理研究；黄崇利，海南大学高教研究所副主任、教授，主要从事人力资源管理等研究。

改变“应用型人才学术化培养”的观念和行径。本文主要围绕这两个问题对旅游管理应用型本科人才培养提出一些思考，希望能有一定的借鉴意义。

一、确立科学的教育理念与思想

应用型本科是以应用能力培养为主旨，以开放性教育为手段，以职业化为取向的一种办学类型。因此，在人才培养过程中，必须确立“能力素质本位”的教育理念，树立“以学生为导向，以素质和能力培养为核心”的教育思想，并在此基础上不断落实专业人才培养的“能力质量观”。

对“能力质量观”的落实主要体现在几个方面：第一，在教育目的上，要变应试教育为提高学生应用能力、应用研究能力和综合素质的素质教育。第二，在学科与课程观念上，一方面要注重学科系统性和完整性，一方面要强调以能力与素质为主线构建新的课程体系。第三、在教学主体上，从以教师为主体转向以教师为主导、学生为主体，促使学生自发、自主，培养其自身的应用能力和应用研究能力。第四，在教学形式上，从以理论教学为主、实践教学为辅转向理论与实践教学并重。第五，在教学方法上，从全面灌输式转向讲授式、角色扮演式、情景模拟式、讨论式、案例式等开放型教学方法的组合运用。主张兼容并蓄，反对拘泥于固定形式，提倡风格多样的教学，以促进学生多样化和个性化发展。第六，在教育教学质量评价上，从过多地注重教育内部的比较转向注重满足社会用人要求，以社会用人评价来衡量教育教学质量。

二、确定具体明确的培养目标

应用型本科的总体目标是培养高级应用型人才。“高级应用型人才”首先必须具备较高的应用能力和综合素质，同时还应具备相应的研究与创新能力。其使命是对应用的研究、对技术的创新、对各类技能的有效组合与创新。这与强调理论研究为目标的“研究型人才”有较大区别，也有别于以熟练操作和运用各类职业技能为目标的高职类“应用型人才”。

大多数高校旅游管理专业的培养方案明确提出“培养……的高层次应用型人才”，这一培养目标看似很明了，却十分模糊，因为我们很难回答“高层次高到什么层次?”“应用型应用到什么程度?”两个问题。其实，目前旅游行业紧缺的是两种人才，即中高级职业经理人和创业经理人。因此，如果把培养目标表述为“培养具有良好人格、正确观念，能力强、素质高，善于运用所学知识解决实际问题且能进行应用理论探索的高级应用型人才。他们的终极发展是旅游行业或其他行业中高层职业经理人或创业经理人才”，就要清晰得多。

三、改革和创新人才培养模式

要贯彻“能力本位”的办学理念，培养符合市场需求的旅游管理高级应用型人才，必须摒弃简单的“教与学”静态的人才培养模式，创建开放的、有利于能力与素质培养的动态的人才培养模式。动态的人才培养模式是“以学生为中心，理论教学、实践教学、专业教师三位一体”的应用型人才培养模式。这种模式以学生为主体，以教师为主导，促进理论教学和实践教学的双向并重，促使学生自主学习，追求理论教学和实践教学的最佳效果，促成学生合理的知识、素质与能力结构（参见图1“旅游管理专业学生的知识、能力、素质结构图”）。

要变“教师本位”为“学生本位”。无论是理论教学，还是实践教学，教师都只扮演“学习导演”的角色。其主要作用是引导学生树立专业思想，鼓励学生探讨专业问题和进行应用研究，培养学生终生学习的能力，同时为学生答疑解惑。

要创建动态的人才培养模式，还必须进行教学模式和教学程式的改革。根据旅游行业的人才需求特点和旅游管理专业人才特性，有必要建立“理论—实践—理论”的混合型“双元”教学模式和“感受认知—理论学习—技能培训—体会述评—能力促成”的教学程式。

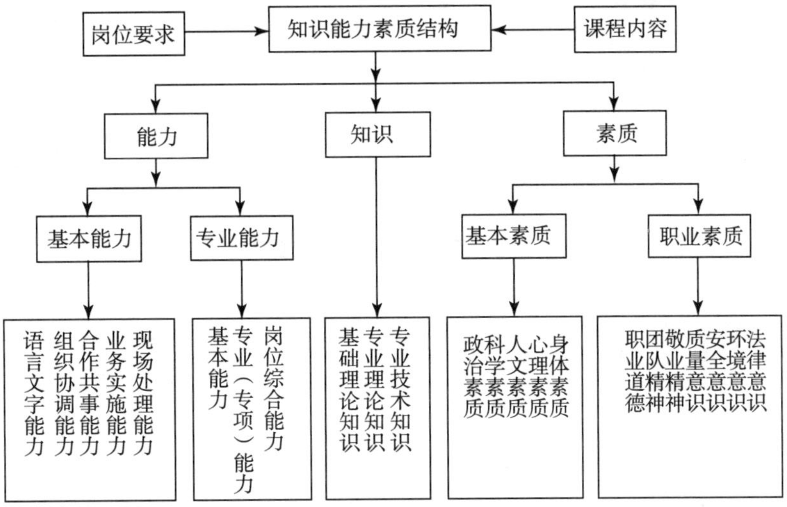

图 1 旅游管理专业学生的知识、能力、素质结构图

此外，开放式教育是动态培养模式的关键。开放性教育是一种观念，也是一种手段，它要求教育者树立开放、自由和协作的观念，整合校内外各种资源，营造开放的、灵活的、以学生为主体的学习和实践环境，唤起学生学习的自觉、自主和自乐，促使学生学以致用和自我提升。开放性教育的“开放性”主要表现为教育理念的开放性、培养方案拟定的开放性、教学内容的开放性、教学方法的开放性、教学地点的开放性、教学时间的开放性、师资建设的开放性、产学研结合的开放性等。目前，不少应用型本科院校在教育理论、培养方案的拟定、教学内容、教学方法、产学研结合等的开放性方面做了很多积极的探索，也取得了许多成效。例如，海南大学旅游学院、青岛大学旅游学院、东北财经大学旅游与酒店学院部分系或专业摒弃封闭式教育观念，重视同国内外旅游院校、旅游企业、旅游服务机构的交流与合作，注重教学内容组织的灵活性和教学实施的学生主体性。但是，由于受到各种条件的限制，应用型本科院校在教学地点、教学时间和师资建设的开放性方面所做的努力仍然是有限的，所取得的成绩也微乎其微。

四、进行培养方案的改革与创新

为了凸显“能力本位”的办学理念，应改变传统“学术型”“公共基础课—专业基础课—专业课”三段式的培养方案，制订“知识—能力—素质”三位一体的凸显高级应用型人才特色的培养方案。笔者认为，旅游管理专业可以按照表 1 所示的框架来进行培养方案的设计。

表 1 所示的培养方案框架体现“平台” + “模块”的思维，共有四大平台、两大模块。四大平台包括公共基础平台、专业通识平台、职业素养平台、素质拓展平台，两大模块包括行业方向模块和技术能力模块。公共基础平台主要对接大学生基本素质与能力的培养，专业通识平台主要对接学生旅游专业基础素质和商科基础能力的培养，职业素养平台主要对接学生道德、人格、精神、态度等从业素质的培养，素质拓展平台主要旨在培养学生的后劲。行业方向模块旨在培养学生的行业性认知理论和基础性技能，行业方向模块的设置兼顾学生的兴趣和爱好，并使其学习更具目标性和针对性。高校可以根据人力市场需求灵活地设置行业（专业）方向，并根据人力市场容量确定招生规模。技术能力模块主要围绕企业策划、服务运营、市场营销、人力资源管理等主要业务类别来设置课程，其目的是在学校即培养学生独到的业务技能，以缩短学生的职业适应与岗位磨合时间。四大平台为学生的必修项目，行业方向模块的项目可任选其一，技术能力模块的项目也可以任选其一。

表1　旅游管理专业（能力素质本位）教学进程示意表

平台/模块	项目	课程名称	考核方式			学时分配			总学分	各学期计划学分			备注
			考试	校内考查	校企联查	理论	技能	其他（讲座/案例/考察）		1	3	…	
公共基础	必修	…											
专业通识	必修	…											
职业素养（必修）	职业道德	…											活动举办或竞赛
	团队精神	…											
	职业意识	…											
	职业态度	…											
	心理素质	…											
	待人处事	…											
行业方向（任选一个方向模块）	饭店	…											
		观摩体验											
		生产型实训											
	景区	…											
		观摩体验											
		生产型实训											
	旅行社	…											
		观摩体验											
		生产型实训											
技术能力（任选一个能力模块）	企业策划	…				30	60						创造能力竞赛
		…											
	服务运营	…				30	60						综合能力竞赛
		…											
	市场营销	…				30	60						市场运营竞赛
		…											
	人力资源	…				30	60						人力配置竞赛
		…											
	国际导游	…				30	60						英语导游竞赛
		…											
素质拓展	选10学分	…											
		短期顶岗											
		毕业实习											
		毕业论文											

运用表1所示的方案框架进行方案设计需要配合进行一系列的改革与创新。

（1）进行课程体系改革。加大能力模块和素质模块的学时数，减少概论性课程的学时数。

（2）改革教学方法。职业素养模块的一些课程采用讲座、案例分析、考察等方式进行，能力模块课程和职业素养课程的教学增加相应比赛环节来提高学生的应用能力。

（3）对实践课程或实践教学环节提出更高要求。能力模块课程理论学时与实践学时之比为1∶1～1∶2，实践学时部分主要以项目驱动方式进行教学；增加观摩体验课程、短期顶岗实训课程、生产型实训课程（不少于半年）；要求学生利用寒暑假或其他节假日完成短期顶岗实训课程的研修。学生应撰写实践报告并出具企业工作经历证明；毕业实习为顶岗实习课程，时间不少于6个月，校企合作成立专兼职毕业实习指导教师队伍，毕业实习成绩由专兼职指导教师联合核定；校企合作成立专兼职毕业论文指导教师队伍。学生毕业论文应以调研报告、营销策划、企业诊断书、人力资源规划、企业投资方案、服务运营方案、旅游产品设计、服务流程再造等商业报告的形式出现，论文研究背景应限定于其服务之企业或组织。学校通过成立或创建联合研究中心、服务学习平台、社区服务平台、创业基金等来鼓励和支持学生利用课余时间进行实践活动。

（4）从专业培养的时空结构上看，应根据专业特点确定“学校＋社会”的空间结构和“0.5＋2.5＋0.5＋0.5”的时间结构。在“0.5＋2.5＋0.5＋0.5”的培养范式中，第一学期主要是基本素质课程的学习和企业认知性见习（0.5）；第二学期至第六学期主要进行理论教学和单项实践教学、阶段性实践教学，从第6学期期末开始组织学生撰写毕业论文（2.5），第7学期学生的主要任务是完成毕业论文（0.5），从第7学期期末开始组织学生顶岗实习，第8学期是学生实战性的实习阶段（0.5）。参见表1“旅游管理专业（能力素质本位）教学进程示意表”。

（5）改革考核方式。单门课的考核方式由传统的考试、考查改变为考试、考查与校企联合考查相结合的方式进行。减少认知性笔试考试的课程比重，增加能力考核的课程比重。

（6）加强复合师资的建设。

首先，加强专职师资交叉型团队建设。

专职教师分成三个团队，其一为专业方向团队，可分为若干个子团队，如饭店团队、旅行社团队、景区团队等，绝大多数师资均可归属于这若干个团队；其二为技术能力团队，也可分若干个子团队，每个团队有相关的项目负责人和项目导师，绝大多数师资均可归属于这若干个子团队；其三为素质养成团队，设置个人发展导师（校企联合设置）两到三名。交叉型师资团队建设能有效促成师资队伍在职业操守养成、技术能力创新和行业发展研究等方面的新进展与新突破。

其次，是加强外围师资的建设。外围师资主要包括客座教授、特聘教授（行业）、个人发展导师（行业）、特聘技能指导师等。聘请客座教授旨在加强专业建设、课程建设、科研建设；聘请特聘教授（行业）、个人发展导师（行业）、特聘技能指导师旨在加强产学研合作，加强实践基地建设，提高学生就业率。

五、淡化理论适度问题

“没有理论，拿什么去应用?”这是许多旅游专业教师对应用型教育的一种积极思考。的确，没有理论，我们应用什么？没有理论的应用型可能会办成“操作型”，况且，理论学习是素质提升的重要保证。应用型本科培养的是具有相当素质的高层次应用型人才，如果不重视理论的学习，这一培养目标很难实现。问题是，理论到底要多少才合适？应用型教育的一些研究者呼吁理论一定要适度，不能太难、太多，听起来很有道理，可是标准是什么？这是许多学校困惑的问题。这一困惑导致了两种极端：其一，以学术见长的一流大学过于偏重理论研究，几乎不进行技能培养，于是他们培养的学生只能说，不会做，学生得不到旅游行业的认可，最终的结果是他们的专业越办越萎缩；其二，新办本科院校或由高职专科升格的本科院校，受所谓的新观念的影响以及本身办学条件（特别是师资）的限制，过分强调操作技能的培养，很大程度上弱化了理论的研究与传授，以致培养的学生综合素质较差，后劲不足，与专科学生相差无几，这是许多学校毕业生打不开局面、在层次上很难提升的一个重要原因。实际上，没有必要去讨论学习多少理论才合适的问题，因为它没有可行的量化标准，我们应审慎地考虑“拿什么去应用，怎样去应用”的问题。应用型本科与学术型本科对理论的学习同等重要，这两种本科之间的最大区别不在于要不要学习、掌握理论或者学习、掌握多少理论，而在于学习和掌握理论的目的。学术型本科学习和掌握理论的目的主要是为了发展理论与创造新理论，而应用型本科学习和掌握理论的目的是为了把理论应用于生产和管理，即如何去提升企业的管理水平、提高企业的技术水平、优化发展环境，从而实现企业价值增值的目的。因此，应用型本科院校的教师应注重两种研究与教学，一是基础理论的研究与教学，二是将基础理论转化为创新性技能的研究与教学，其中应以后者为重。

参考文献

[1] 尹正江．旅游市场营销课程开放型教学探究［J］．现代企业教育，2010（4）．

[2] 张宇丹．高校旅游管理专业应用型创新人才培养模式［J］．学术探索，2015（2）．

[3] 陈勇．瑞士酒店与旅游管理教育概述：引证于洛桑酒店管理学院的教育经验［J］．旅游学期刊，2013（10）．

[4] 李忠厚．基于校企合作一体化的应用型旅游人才培养探讨［J］．教育探索，2014（8）．

[5] 刘雁．我国旅游管理本科人才培养模式研究新探索［J］．社会科学战线，2014（2）．

论大学专业教育的德育价值与实现途径

王　玲

摘　要：大学专业教育应承担起德育的责任，其在培育科学精神、确立世界情怀、提升职业道德水平、激发创新创业精神、弘扬公益精神、完善个性品格方面具有独特的优势。但是，在“二元化”的教育体系、现代教师评价制度、“以知识为核心”的教学模式、专业教师的学术水平与自身修养水平等因素的共同作用下，当前我国大学专业教育的德育价值并未得到有效体现，大学专业教师的德育职责也未有效履行。建议落实“全员育人”理念，打破“二元化”教育体系；改革评价制度，激发专业教师的德育主动性与积极性；加强专业教师“软实力”建设，提升其德育效能；提升教学研究水平，促进专业教师由“教书匠”成长为“教育家”。

关键词：德育价值；专业教育；大学；实现途径

党的十八大报告明确指出“立德树人”是教育的根本任务。大学专业教育作为高层次人才培养的主阵地自然也应以“立德树人”为根本目标。然而，从当前我国大学专业教育的实施状况来看，其德育①价值早已被遮蔽，德育功能未得到有效发挥，换言之，大学专业教育在“立德”方面并未起到应有的作用。这种情况的出现与人们对大学专业教育的德育价值认识模糊、对专业教育德育价值的实现途径缺乏深入探究有着密切的关系。

一、大学专业教育的主要德育价值

在我国高等教育实践中，大多数人认为专业教育是服务于职业需求的，是以传授专业知识与专业技能为核心任务的，其价值主要体现于促进学生“成才”；而通识教育和专门的思政教育体系则主要担负着促进学生“成人”的责任。这种认识不仅忽视了专业教育的德育价值与功能，更错误地将教育分裂化、碎片化。专业教育作为高等教育的核心构成部分，在“立德”方面具有不可推卸的责任，它应与通识教育、思政教育体系一起共同构建一个大学德育系统；同时专业教育由于具有科学性、权威性、开放性、实践性等特点在促进学生德育发展方面具有独特的优势，其德育价值主要体现在以下几个方面。

（一）培育科学精神

毫无疑问，专业教育在培育学生的科学精神方面具有得天独厚的优势。科学精神主要包括求实、创新、

基金项目：国家社会科学基金“十二五”规划2014年度教育学一般课题“民办普通高校师资队伍发展困境、制度缺陷与对策研究”（BIA140109）的阶段性成果。

王玲，博士，济南大学高等教育研究院副教授，厦门大学博士后，研究方向：高等教育管理、民办高等教育。

① 德育的内涵有狭义和广义之分，狭义上的德育仅指道德教育，广义上的德育包括思想、政治、心理、道德教育等多个方面。从党的十八大报告、《教育部关于全面深化课程改革　落实立德树人根本任务的意见》等文件中的表述来看，我国提出的“立德树人”中的“德”是一种包括思想政治、文化认同、道德品质等在内的广义上的“德”，因此，本文中讨论的德育取广义上的德育内涵。

怀疑、宽容、持之以恒等一系列精神，这些精神在专业教育中不仅可以展现给学生，引导学生奉行，而且还有机会践行，能够真正做到科学精神培育的“知、情、意、行”的统一，可以有效促进学生科学精神的形成。首先，学科专业知识本身就是人类智慧的结晶、科学研究的产物，无论是其系统性、逻辑性的呈现方式，还是其所揭示出来的规律与道理，都能让学生直接感受到科学的力量与理性的魅力，进而吸引他们走近科学、热爱科学。其次，在专业知识的学习过程中，随着对前人科学探索过程和专业知识发展史的深入了解，学生可以领悟到其中的探索精神、创新精神、质疑精神等科学精神，这将有助于其构建完整的科学精神内容体系；再次，在专业知识与技能的运用过程中，学生能够亲身体验到只有遵循严谨、客观、求实、创新等科学精神，才能展开有效的专业实践，获得丰硕的实践成果。最后，当学生运用专业理论与方法解决问题或探索未知领域时，只有切实践行科学精神才可能有所收获。总之，对专业知识的学习、应用与探索十分有利于促进科学精神内化为学生的个性品质，成为其主要的精神特征。

（二）确立“世界情怀”

“科学知识无国界”，无论哪一种专业知识均不是由某一个国家的研究者提出并完善的，都是各国科学研究者们共同的智慧成果，因此“国际性”“世界性”是专业教育固有的一种内在特征。专业教师可以利用专业教育的这一特征，引导学生形成国际视野，拥有关注人类共同命运的世界情怀。首先，在国际性专业知识的学习过程中，教师可以引导学生关注、体悟专业理论与知识背后所隐藏的具有不同特质的文化和思维模式以及它们之间的相互影响，进而形成对多元文化的深层次认识。其次，通过对专业理论发展与人类社会进步之间关系的分析，可以引导学生关注、思考与人类共同命运相关联的问题，进而促进其“世界情怀”的形成。最后，以专业为基础的国际学术交流、国际访学、国际联合培养等活动和项目可以为学生切身体验异国文化，开展真实的国际性交流提供平台。显然，在确立“世界情怀”方面，专业教育比通识教育、思想政治教育体系更有优势。

（三）提升职业道德水平

大学专业教育主要服务于学生的未来职业发展，其中职业道德教育本应是其重要的组成部分，但在多种因素的作用下，我国专业教育中始终未给予职业道德教育以足够的重视，有些专业虽然在人才培养方案中提出相应的职业道德发展目标，但却常因缺乏有效、具体的教育措施而流于形式。职业道德的内涵有广义和狭义之分，广义上的职业道德是指与职业活动相关的所有道德要求，既包括诚信、勤劳、守时、负责等一般道德要求，也包括因职业发展需求而形成的特殊道德要求。而狭义上的职业道德仅指因职业发展需求而形成的特殊道德要求，如医生的医德，教师的师德等。笔者认为，专业教育主要在狭义的职业道德水平提升方面具有不可推卸的责任，同时也具有独特的优势：首先，专业教育与职业活动密切相关，有些专业课教师直接就参与相关的职业活动，这对学生职业素养的形成，尤其是职业道德水平的提升具有潜移默化的影响作用。其次，专业课教师对职业道德的系统梳理，尤其是结合职业场景的讲解更有利于引导学生确立正确的职业道德观。最后，专业实践活动可以为学生提供一个实践并验证职业道德价值与意义的平台，增强其职业道德体验，有效促进职业道德要求内化为学生的个人品质。

（四）激发创新创业精神

在“大众创业、万众创新”的大发展趋势下，大学越来越重视对大学生创新创业精神与素养的培育。从一开始的大学生创新创业大赛到现在的创业课程、创新创业科技园、创业学院，大学创新创业的教育形式也日益多元化。然而，学生的创新创业精神与素养的培育不能脱离专业教育，事实上要想真正扎实推进创新创业教育，必须让专业教育成为创新创业精神与素养培育的主阵地。美国创业教育模式从“以创业教育中心或者商学院来集中负责全校创业教育的磁石式模式”向“创业教育资源分散于全校各个系部的辐射式模式”的转变已经向我们展示了这种必然性与必要性。首先，创新创业教育只有紧密地与专业教育结合在一起，才能更具有针对性，同时让学生感受到创业并不是遥不可及的事情，从而增强学生的创新创业意愿；其次，专业教师凭借其对专业知识创新的敏感性、对相关行业发展趋势的把握和自身的创新创业活动，可以帮助学生分析问题、把握商机，成为其创新创业的最亲密伙伴；最后，专业教育大部分服务于传统行业，因此结合专业学习开展创新创业教育可以更好地引导学生在传统行业中实现创新创业，着眼于促进传统行业转型升级，有效地拓展学生创新创业空间。

（五）弘扬公益精神

2015 年 6 月，联合国教科文组织（UNESCO）发布了名为《反思教育：向“全球共同利益”的理念转变》的报告。这份充满人文关切的报告中，指明了教育应“促进人权和尊严，消除贫穷，深化可持续性，为所有人建设一个更美好的未来”，并“以权利平等和社会正义、尊重文化多样性、国际团结和分担责任为基础”。[1]由此可见，关于公益精神的培育已经提到了世界教育发展的日程上。相对于基础教育，高等教育更应担负起守望、引领社会发展的责任。专业教育不应仅仅局限于专业知识与技能的传授，更应引导学生运用专业知识推动整个人类社会的发展，促进公共利益和人类共同福祉的实现。结合专业教育培育学生的公益精神可以达到“双赢”的效果：一方面，让学生结合专业知识与技能开展公益活动，可以有效地拓展学生的公益精神实践形式，让学生更有成就感与价值感，更愿意并创造性地开展公益活动；另一方面，用公益精神引领学生的专业学习，可以有效地促进学生深入思考所学专业知识、技能与社会发展、与人类共同命运之间的关联性，从而使其更深入地体会专业学习的价值和意义。

（六）熏染公民素养，完善个性品格

目前，虽然我国大学师生关系呈现疏离状态，学生与专业课教师之间的交往大多数局限于课堂，但是由于在专业知识方面的权威性和引领性，专业课教师很容易受到学生的关注和效仿，因此专业课教师的言行举止、品德修养与公民素养均会对学生产生不小的影响。随着大学师生关系的日益密切，这种影响将更加凸显，因此专业课教师群体是大学德育不可忽视的重要资源。建设一支具有较高道德修养和公民素养的大学教师队伍，将对学生个性品格完善、公民素养水平提升形成一个强大而有效的作用场域，使其受到潜移默化的影响与引领。这种影响与引领作用将随着学生对专业教师的尊敬与崇敬程度的加深而不断增强。这实际上正是“学高为师、身正为范”的教育规律的体现。若专业课教师能够有意识、有计划地引导学生积极反思道德知识和道德实践形式，将更有利于促进学生深层次地理解道德价值，进而更快地完成道德内化过程。

二、专业教育德育价值“被遮蔽”的原因

专业教育虽然在德育方面有着独特的优势，但在实践中，专业教育的这些德育价值却被“遮蔽”起来了，很少受到关注，更极少被实现。这种状况的形成与我国的“二元化”教育体系、现代大学教师评价制度、以“知识为核心”的教学、专业教师的学术水平与自身修养水平有着密切的关系。

（一）“二元化”教育体系导致专业教师德育意识淡薄

众所周知，目前我国大学的学生德育工作主要由辅导员、团委和思想政治课老师来承担；而专业课教师一般只承担专业知识的讲授和学业的指导，这样就慢慢形成了一种隐性的“二元化”教育体系，即学生德育体系与专业教育体系并行。这种“二元化”教育体系有利有弊，利处在于可以有效地提升思政教育的专业化水平，弊处则在于容易误导专业课教师放弃德育职责，进而弱化专业教师在学生德育中的作用与价值。在现实中我们不难发现，目前我国大学专业课教师的德育意识已经相当淡薄，严重影响了师生关系及教师“育人”职责的履行。首先，专业课教师很少与学生进行课后交往，这与其“专业课教师只负责专业知识与技能传授”的认识有很大的关系，师生关系日益疏离成为必然。其次，专业课老师很少关注学生的思想与道德问题，即使注意到学生在思想、道德或心理方面有问题，一般也会将问题移交给思想政治课辅导员老师来处理，直接放弃自己的育人职责。最后，专业课教师在实施专业教育过程中，往往只关注知识与技能的传授，

很少对知识背后的理性与科学精神进行深度挖掘，更很少思考专业教育中所蕴含的德育因素，这使得专业教育的德育功能很难发挥。总之，“二元化”的教育体系使得本应融为一体的专业教育与德育变成了“两层皮”。

（二）现行大学教师评价模式削弱了专业教师的德育责任

如果说“二元化”教育体系的存在导致了专业教师德育意识的薄弱，那么当前的教师评价模式则更进一步削弱了大学教师的德育责任。首先，专业教师评价内容一般只包括教学、科研、社会服务三个方面，不包括德育工作评价，即使在教学评价中也不涉及德育，这是导致大学专业教师德育责任意识普遍不强的一个重要原因。其次，量化评价方式引导着教师只关注可被量化的工作，忽视甚至放弃那些难以被量化的工作，如只关注课程数量，不关注课程教学质量；只关注课堂内教学，不关注课后指导；只关注“教”的效率，不关注“学”的效果等，因此难以被量化的德育自然不受重视。最后，由学生主导的教学评价，一方面诱发了诸多教师“为获得高分评价而放松课堂要求、作业要求、考试要求”的不良行为；另一方面则导致了专业教师在学生不良行为面前不作为现象的普遍存在。总之，在现行的大学教师评价模式下，大学专业教师不仅难以深入挖掘专业教育中蕴含的德育价值，而且还很容易放弃最一般的道德引领责任，给学生做出负面表率。

（三）以“知识为核心”的教学使专业课的德育价值难以彰显

专业课是专业教育的主阵地，本应是其德育价值彰显的主要载体，但当前我国“以知识为核心”的教学模式却使得专业课的作用与功能仅仅局限为“传递知识”，难以发挥促进学生思维与精神成长的作用。首先，专业课教学内容多以较为成熟的理论知识为主体，忽视实践，不鼓励创新探索，缺乏对知识背后所蕴藏的逻辑与精神的深度挖掘与总结，这样的课程内容很难使学生体悟到人类理性的魅力和其中蕴含的科学精神。其次，教学方法以讲授为主，辅以验证性、体验性的实验实践；学生学习以死记硬背为主，很少有机会参与创新性探索，这样的“教与学”很难激起学生对科学的崇敬与向往。最后，学业评价以知识性考试为主要方法，重点评价学生对理论知识的记忆程度，一般不关注学生在专业课学习过程中逻辑思维和精神方面的发展与变化，这样的学业评价是导致大学师生只关注知识学习，忽视逻辑思维和精神方面的成长。对专业知识个体实用价值的强调和对专业知识社会价值的忽视，使得很少有教师将专业知识学习与人类共同命运或共同利益相联系，这使得专业课的在培育公益精神方面的作用难以发挥。

（四）专业教师的学术水平限制其德育能力

目前，我国推进的高等教育综合改革正致力于解决科研与教学相冲突的问题。但是在解决这一问题之前，必须首先弄清楚“教学与科研”之间是否真的存在冲突，换言之，这是不是一个真问题。笔者认为，教学与科研之间并不存在实质性的冲突，教学与科研之间本来就是相辅相成、相互促进的。当年德国柏林大学之所以闻名世界，改变了世界高等教育的发展格局，与其倡导“教学与科研相结合”的办学思想以及汇聚了康德、黑格尔等学术大师有着密切的关系。现代大学中的教学与科研工作之所以会形成如此“冲突”的局面，是过分强调科研成果、采用量化的教师评价方式、高师生比等因素共同作用的结果。历史与现实都清楚地告诉我们，大学教师的学术水平与其育人水平是成正相关关系的——学术水平越高的教师带给学生的附加价值越多，除了必要的专业知识和技能之外，学生还能从教师身上体悟到探究未知世界的兴趣与热情，学习到为人处世的道理、思考问题的方式、解决问题的方法；学生甚至能在教师的带领下走进哲学领域，从更宏观的视角思考问题，深层次地理解事物之间、知识之间、人与人之间的关系。然而，在大学教师的论文、项目、经费、专著数量成倍增长的今天，真正的学术大师却越来越少，这从根本上制约着大学专业教师的德育能力。

（五）专业教师的自身修养水平制约着德育效果

众所周知，“学高为师、身正为范”，大学专业教师如果自身修养水平不高的话，不仅不能履行德育职责，还容易对学生身心成长造成不良影响。总体来说，我国大学专业教师群体在思想道德方面必须予以重视的问题有：第一，功利主义思想严重。目前我国大学普遍存在的师生关系淡漠、教师的教学投入少、教学质量偏低等问题，这不能不说是功利主义思想作怪的结果。“育人”是教师的天职，然而在以科研为核心的评价制度下，在科研高额的回报引诱下，在以“科研”扬名的现实环境下，很多大学教师不重视甚至放弃了这个天职。第二，心理问题逐渐增多。近几年，大学教师自杀事件逐渐增多，这警示我国大学教师群体的心理问题已不容忽视。多项调查发现，目前在高校教师中抑郁、躯体化、焦虑、失眠、食欲不振等问题较突出，有部分教师存在人际关系淡漠、职业倦怠的问题。[2]第三，个人道德修养水平需进一步提升。正如叶圣陶先生所言：“教育工作者的全部工作就是为人师表。”[3]因此大学教师的个人道德修养的提升时刻不能放松，应彻底消除教师群体中言语粗俗、举止不文明、接受家长或学生礼品、缺乏正义正气等现象，为学生发展提供一个优良的人文环境。

三、专业教育德育价值的实现途径

（一）落实“全员育人”理念，打破“二元化”教育体系

“全员育人”是我国高校所倡导的重要理念之一。所谓“全员育人”是指不管是教师、管理干部还是后勤职员，都要充分树立育人的理念，将高等教育工作的神圣性和使命感，将对人才的培养贯穿到工作的点滴之中，用自己的专业技能、工作态度和敬业精神去影响学生，实现教书育人、管理育人和服务育人。[4]但是在实践中，“全员育人”理念却并未被真正落实，其中“教书”与“育人”分离问题十分突出，其原因主要有二：一是大多数专业教师对“全员育人”存在认识简单化的问题；二是大多数高校缺乏具体的制度促进、激励专业教师“育人”。因此，要想真正贯彻“全员育人”理念，打破现存的“二元化”教育体系，达到增强专业教师德育意识与责任之目的，首先要引导专业教师认识到，“全员育人”强调的是全体高校工作者共同承担“育人”职责，虽各有侧重，但在促进学生“成人”方面都负有不可推卸的责任，因此应彻底改变“辅导员和政治课老师负责德育，专业教师负责传递知识、技能”的分工思想；同时，“全员育人”的重点在于“育”，而这种“育”可以是有计划的课程与教学，也可以是一种潜移默化的影响，既包括知识积累，也包括思想、道德、政治方面的成长，不能片面地理解为授课和知识传授。其次要建立科学的激励制度，促进“全员育人”理念的落实，如除了教学效果评价，可让学生对专业教师的育人效果或对学生成长的影响力做出评价，并使这一评价成为教师评价体系的重要组成部分；可建立教师“育人”成就荣誉体系——目前我国高校有教学成就的荣誉体系，有科研成就的荣誉体系，但很少有育人成就的荣誉体系，这必然影响专业教师的“育人”积极性；可加强定性评价，引导教师完善不可量化的“育人”行为。

（二）改革评价制度，激发专业教师的德育主动性与积极性

毫无疑问，要想让专业教师积极、主动地承担、履行德育责任，就必须改变现有的教师评价制度。当前大学教师评价制度的最大弊端是使教师职责碎片化、拼盘化。一般情况下，大学教师的职责被划分为教学、科研、社会服务三大块，每一块职责又被细分为若干项目，因此无论是高校管理者还是教师本人在进行评价工作时都是在做简单的加法，很少考虑这三方面职责之间的关联性及整体效果。这是造成当前我国大学教师主要职责之间相互冲突、相互排斥的重要原因之一，也是导致我国大学教师忽视“育人”职责的重要原因之一。因此，笔者建议应从促进教师履行完整而非片面的职责为出发点，围绕“立德树人”这一根本任务，探索建立一种定性与定量评价相结合，以定性评价为主的大学教师评价制度，具体可从以下几方面入手：（1）确立“育人”职责目标的核心地位，明确大学教师评价的唯一目的在于提升其“育人”能力，不管是教学、科研还是社会服务，都要对学生的全面成长负起责任；（2）优化教师评价指标体系，在现有量化指标的基础上增加定性指标及其比重，增强对无法量化的行为的评价，激励教师创造性地发挥“育人”功能，积极探索专业教师德育价值实现的途径；（3）构建由管理者、学生、学术同行、教师本人等共同组成的多元化评价主

体，对教师实施全方位的评价，其中学生对教师的评价不能仅仅局限于“学生评教”，而应重点对“教师对学生产生的影响力”进行评价；（4）弱化科研奖励，让科学研究与利益适当分离，促进其回归正常态，成为大学教师职业生涯中的有机组成部分；（5）以定性方式呈现评价结果，以等级制代替百分制，这样既可增强教师评价的弹性又可使评价与荣誉体系有机结合，增加激励作用，最重要的是有利于消除大学教师群体内“斤斤计较”的不良竞争心理。

（三）加强专业教师“软实力”建设，提升其德育效能

我国大学专业教师必须加强“软实力”建设，才能切实承担德育责任，提升德育效能。结合当前我国大学专业教师队伍发展现状，建议重点加强思想道德修养、心理素质和学术素养三方面的“软实力”建设。首先，提升专业教师的思想道德修养，可以使其更好地发挥“率先垂范”作用，并与辅导员、思想政治教师形成有效互补，共同为学生思想道德修养成长构建一个优良的人文场域；其次，增强专业教师的心理健康水平，可以使其更多地向学生传递积极、进取、不畏挫折的正能量，引导学生从乐观的角度看待问题，为学生创造幸福人生奠定基础；最后，提高专业教师的学术素养，使其具有引领学生理性发展的能力，提升学生的逻辑思维水平，培育学生的科学精神。具体来讲，可采取以下措施提升大学专业教师的以上“软实力”。

第一，将道德修养水平列入教师年度考核，并以学生为评价主体，实行师德“一票否决制”，任何在师德上存在问题的教师必须调离教师岗位。这种制度设计一方面有利于发现并清退那些在道德方面存在问题的教师，另一方面则有利于督促教师提升自身道德修养水平。

第二，通过建立专门的心理健康辅导机构，加强对专业教师的心理健康水平监测与辅导，及时发现教师心理上存在的问题并进行有效疏导，防止恶性事件的发生；同时定期开展心理健康知识宣讲活动，提升专业教师的心理问题解决意识与能力。

第三，提升专业教师的学术素养是一个系统工程，需要解决的问题也较多，但其中最核心的问题是要改革科研管理制度，提升专业教师的学术自由度，让学术研究成为由兴趣、激情所驱动的活动，让大学教师重拾自由与科学精神，让学生看到大学教师为追求真理而不懈努力的精神面貌，而不是在为了某种功利性目的而从事学术研究工作。

（四）提升教学研究水平，促进专业教师由“教书匠”成长为“教育家”

正如上述所讲，从事“以知识为核心”的教学活动的教师，不关注知识背后所隐藏的精神与文化，更不关注学生的精神与思想成长，因此只能被称为“教书匠”。毫无疑问，若想增强专业教师的德育能力，就必须促进专业教师从“教书匠”成长为“教育家”。这种成长除了需要从思想意识上予以引导，从评价制度上予以激励之外，还需要通过提升教学研究水平予以具体实现。我国大学专业教师对于教学研究并不陌生，在诸多激励政策和项目经费的支持下，我国大学专业教师群体中从事教学研究的并不占少数。然而，当前的教学研究却没有发挥促进专业教师由“教书匠”成长为“教育家”的作用，原因主要有三：

一是教学研究过于关注教学方法。教学方法是服务于教学目的与教学内容的，在教学目的与教学内容都以专业知识与技能为核心的情况下，方法的研究只能有助于提升知识传递的效率，无助于教师发现、总结专业知识背后的精神与文化特质。

二是缺乏对教学内容的深层次、系统分析。当前我国大学专业教育大多采用固定的教材，这种做法有利有弊：利处在于可以统一教学内容，便于评价、便于比较；弊端则在于窄化了教师与学生的视野，无法做到“采众家之长”，同时也更容易忽视知识背后所隐藏的哲理与逻辑、精神与文化，让专业教师误以为“照本宣科”即可完成教学任务。

三是忽视科学的学情研究。学情研究是教学活动的基本环节，也是教学研究的基本内容。[5]科学而全面的学情研究既有利于教师掌握学生的认知基础与认知需求，又有利于教师掌握学生的思维逻辑、学习态度等精神层面的特点，因此，学情研究是“因材施教”的重要基础，也是教师对学生进行思想发展引导的重要基础。然而目前我国专业教师普遍忽视学情研究，这与我国大学大班授课情况较为普遍，教师开展学情研究难

度较大有关系；但更主要的原因则是专业教师仍没有认识到学情研究的重要性与必要性，同时普遍不掌握学情研究方法。总之，专业教师要想更好地履行德育责任，必须进一步提升教学研究水平，加强教学理念反思，努力做到在充分了解学生基础的情况下，深入挖掘专业知识背后所隐藏的思想与文化因素，有针对性地促进学生的精神成长。

参考文献

[1] UNESCO. Rethinking Education：Towards a global common good? [R]. http：//120. 192. 76. 105/cache/unesdoc. unesco. org/images/0023/002325/232555e. pdf? ich_ args = e860ba3a7888810c3290f45392e7946c_ 1_ 0_ 0_ 7_ b539f2f41f0d295a667c3fb33b6b30288d2e2f3a996d097789f5bef4556513fe_ ceb33160117e585765c532a19bc1564e _ 1_ 0 &ich_ ip = [2015. 6. 05/2016. 5. 4].

[2] 潘月明．我国高校教师心理健康问题的成因及缓解对策——基于马斯洛的需要层次理论的分析 [J]. 中国电力教育，2011 (23)：36 -37.

[3] 叶圣陶．叶圣陶教育文集 (2) [M]. 北京：人民教育出版社，1994：555.

[4] 刘时新，刘晓云．高校全员育人机制的构建 [N]. 光明日报．http：//www. jyb. cn/high/sjts/201208/t20120827_ 507779_ 1. html [2012. 08. 27/2016. 04. 15].

[5] 马文杰，鲍建生．“学生分析”：功能、内容和方法 [M]. 教育科学研究，2013 (9)：52 -57.

大学生创业教育的探索与实践：校外创业导师制

文李黠

摘　要：在我国，随着本科教育教学改革的不断深入，本科生导师制成为培养创新型人才的有效途径。本文以本科生导师制为切入点，结合我国大学生创业教育的现状，探索完善校外创业导师制的建设途径，从五个方面制提出了校外创业导师制实施策略，力求使得该制度能发挥更大的作用，培养出符合社会要求的创新型人才。

关键词：创业教育；本科生导师制；校外创业导师；创新创业

高校毕业生是国家宝贵的人才资源。做好高校毕业生创新创业工作，对于保持就业形势稳定，促进经济社会健康发展具有重要意义。2014 年 11 月，《教育部关于做好 2015 年全国普通高等学校毕业生就业创业工作的通知》指出，高校要聘请创业成功者、企业家、投资人、专家学者等担任兼职导师，对创新创业学生进行一对一指导。①

本文将以本科生导师制为切入点，结合我国大学生创业教育的现状，探索完善校外创业导师制的建设途径，从五个方面提出了校外创业导师制实施策略，力求使得该制度能发挥更大的作用，培养出符合社会要求的创新型人才。

一、本科生导师制

本科生导师制度起源于牛津大学，是美国的学分制与英国的导师制传统相结合的产物，是一种经过实践证明行之有效的学生培养与管理模式，一直被誉为“镶嵌在牛津皇冠上的一颗耀眼的宝石”。②

14 世纪初创办牛津大学“新学院”的温切斯特主教威廉·威克姆规定：学院为每位新生在入学初指定一名导师，协助安排学生学习计划，指导学生选择课程，同时负有监督学生思想和品行的责任。学生在校期间必须接受每周不少于一次的个别辅导。导师制作为一种教学管理制度所营造出来的是开放、自由以及学生能够真正参与学习的教学环境，师生双方进行着一项合作共享的事业。③牛津导师制的方法是一种质疑的方法，一种探究、探索及细察的方法。它不是通过权威的独断，而是通过批判、理论、分析及比较的方式来进行。它倾向于相对性而非绝对性、尝试而非武断、学术札记的风格而非专题论文的风格。④牛津导师制教学的内核在于要始终保持质疑的态度和探索的精神。⑤导师制的作用不是去对学生进行教学，而是给学生设置

文李黠，暨南大学国际商学院讲师。

① 教育部关于做好 2015 年全国普通高等学校毕业生就业创业工作的通知．教学［2014］15 号．http：//www.moe.gov.cn/publicfiles/business/htmlfiles/moe/s8591/201412/xxgk_180810.html.

② 大卫·帕尔菲曼．高等教育何以为“高”——牛津导师制教学反思［M］．北京：北京大学出版社，2011：32.

③ 薛毅．思想政治教育视野下本科生导师制研究［D］．上海：华东师范大学，2012（2）.

④ 大卫·帕尔菲曼．高等教育何以为“高”——牛津导师制教学反思［M］．北京：北京大学出版社，2011：40.

⑤ 大卫·帕尔菲曼．高等教育何以为“高”——牛津导师制教学反思［M］．北京：北京大学出版社，2011：209.

了口头表达自我思想的任务，然后帮助学生对自我的创见进行批判性审查和重构。①

本科生导师制强调对学生的个别关注，尊重学生个体，注重在师生平等的基础上营造自由的学术氛围，培养学生理性思考和评判性思维的能力。它存在的价值不在于传授知识，主要是教会学生思考，挑战对问题的理解并将其推至深广。② 从牛津大学推行的模式来看，本科生导师制度是基于传统的精英教育背景下培养精英人才的一种教学模式。③

在我国现行的高等教育的学生培养模式中，导师制一般作为硕、博士研究生的培养方式被普遍采用，部分重点大学在本科生的培养中虽然也采用了导师制，但是范围并不很广。20 世纪末以来，为了培养适应知识经济和新世纪的创新人才，强化素质教育，提高人才培养质量，北京大学、浙江大学等一批重点大学在 2002 年开始试行本科生导师制。据了解，目前全国约有近百所高校试行本科生导师制。

二、我国高校创业教育的现状

创业教育是为适应经济社会和国家发展战略需要而产生的一种教学理念与模式。创业教育目标实质在于掌握创业相关知识、掌握创业相关技能，提升创业素质、塑造创业精神。高校创业教育是以高等教育为背景，以结合专业教育为前提，通过课堂理论传授与课外实践锻炼相结合的途径，增强在校学生自主创业意识、理论水平、技能和综合能力，使在校大学生具备创业所需的综合素质，以期带动大学生就业、促进大学生全面发展、推动未来社会进步的综合教育活动。④ 高校推进创新创业教育，要求学生在专业学习全过程中接受创新思维训练与创业精神培养，而这些需求仅在课堂教学或实践中无法完全得到满足，需要教师对学生学习、科研、创新给予个别指导，企业家对学生给予帮助。⑤

虽然，创业教育教学和创业实践纳入到一些高校的教学计划中，但是我国创业教育依然处于探索发展阶段，在课程设置上仅停留在以“第二课堂”开展的创业指导，缺乏创业教育课程的针对性，忽略了不同专业学生的优势和特点，学生整体创业能力不强，创业成功率不高。究其原因，主要是没有形成能够充分发挥“集群优势”的专业化、专家化创业教学团队机制。⑥

面临创业教育师资的参差不齐和水平不高、学生创新创业能力的现实情况与需求产生明显矛盾等问题，本文提出应建设和实施以本科生导师制为指导的校外创业导师制，为推进高校创新创业教育提供指导和保障。

三、校外创业导师制的建设路径

校外创业导师制是在本科生导师制的背景下，利用自由平等的平台中，对学生创新能力和创业精神进行评估的基础上，由评审产生的导师对学生进行针对性的模拟、实习、实践，帮助学生增强学习的主动性和积极性，掌握创新创业方法，提高创业意识，培养理性思考和批判性思维能力的服务制度。

（一）校外创业导师的选拔

校外创业导师是授予境内外优秀商业领袖、企业家、管理者以及社会各界知名人士的荣誉称号。聘请主体为境内外知名企业的企业家、高层管理团队成员，政府官员，以及热心教育事业，能够为高校的教学、科研、社会实践和人才培养等给予支持的专家学者。

---

① 大卫·帕尔菲曼．高等教育何以为“高”——牛津导师制教学反思［M］．北京：北京大学出版社，2011：41.
② 何齐宗．导师制与本科人才培养研究［M］．北京：中国社会科学出版社，2014：21.
③ 何齐宗．导师制与本科人才培养研究［M］．北京：中国社会科学出版社，2014：30.
④ 樊鹏．高等院校本科生创业教育研究［D］．华中农业大学，2014.
⑤ 张海淀．“三位一体”导师制可为创新创业教育提供保障［J］．中国社会科学报，2014（6）.
⑥ 封军，等．大学生创业教育“思想＋创新＋创业”三导师制初探［J］．校园英语，2014（8）.

导师应具备良好的专业知识和业务能力；应具备高度的工作热情和丰富的创业经验；应具备良好的个人素质和人文修养。① 根据上述的素质要求，匹配专业领域，建立对应的“创业导师数据库”。

（二）校外创业导师的职责定位

校外创业导师主要是来自政府、企业、事业单位等部门的优秀人才，其优势是实践经验丰富，重点是“导”，即学业的疏导、科研的指导和创业的引导。

在学习方面，导师根据每位同学的不同特点，对学生专业发展方向选择方面进行疏导，帮助学生制订个性化学习方案，实现培养目标；在科研方面，导师协助学生参加科研工作，鼓励学生参加创新创业竞赛，指导学生科研项目研究；在创业方面，导师交流创业经验，提供实习实践机会，有意识地培养学生的创业能力和实践能力，针对性地引导学生将理论与实践有效结合，进行大胆的创新创业实践。

（三）校外创业导师的评价与考核

各高校应重视校外创业导师制的建设和实施，加强导师相关配套制度的衔接和协调，构建有效的评价和考核体系。首先，学校应成立专门的校外导师工作小组，加强对校外创业导师制工作的领导、协调和指导，宏观上制订导师制实施办法，把握校外导师制实施理念和目标，监督各院系校外创业导师制的实施情况；其次，成立院、系两级校导师制管理机制，负责选拔、培训、评价考核等具体事项，定期召开校外创业导师会议，开展经验交流，定期召开学生座谈会，了解导师指导情况；再次，建立校外创业导师的网络评估平台，学期或学年结束前，可通过平台采取学生评议、导师自评、院系考评相结合的方式，进行打分和提出建议；最后，将校外创业导师评价结果纳入绩效年度考核，学校根据结果进行表彰和奖励，并发放学年导师制工作简报，介绍和宣传优秀校外创业导师的工作经验。

四、校外创业导师制的实施路径

校外创业导师制的实施，是改变赫尔巴特传统的“教师中心、教室中心、课本中心”教育形式，在宽松自由的氛围下，充分发挥学生的主观能动性，实现导师与学生的沟通和交流，提高学生创业实践能力的一项举措。实施校外创业导师制，对深化教育教学改革，提高人才培养质量，具有重要的现实意义。具体实施路径如下。

（一）开设以自由讨论为中心的创业课堂

牛津导师制在教学方式上重视个别指导、言传身教、循循善诱；在教学内容上德治并重；善于营造和谐、宽松、自由的教育环境。② 牛津大学圣约翰学院院士和导师摩尔（Will G. Moore）在1968年出版的《导师制及其未来》（The Tutorial System and its Future）中指出，导师制成功的原因主要有三个方面：关注学生的个体、依赖师生双方的合作以及对待知识的独特态度。

校外创业导师制实施的重点不在于“教”，而在“导”，目的在于引导学生进行创新创业的思考，并在导师的指导下进行分析和研究，开展自由的讨论，挖掘学生的创新思想，发挥学生的个性特长，营造学生创新创业的良好氛围，为学生搭建可以施展才能的舞台。导师通过指导学生自由学习和自由讨论，最大限度地发掘学生潜能，尽最大可能使学生的能力得到充分的提高，培养学生的创业理念和实践能力。导师和学生在讨论中相互学习，共同探索，根据各自的学习背景和知识积累，从不同的角度去发现和理解问题，敢于表达，不怕错误，养成一种理性的思考和批判的思维。

创业课堂是暨南大学国际商学院教学改革的一项创新，旨在通过具有丰富实践经验和相关专业背景的校

---

① 何齐宗．导师制与本科人才培养研究［M］．北京：中国社会科学出版社，2014：44.

② 何齐宗．导师制与本科人才培养研究［M］．北京：中国社会科学出版社，2014：23.

外创业导师进入到专业课的课堂上对学生现场指导，和专业教师在课堂上一起帮助学生获得实践知识，将课堂知识学习与社会实践紧密结合起来，从而提升学生的实践能力和理论认识。暨南大学国际商学院以校外导师为主体开设的选修课《企业管理实践与创新导论》已列入2013年人才培养方案。《营销策划实务》课程邀请校外创业导师、金捷成咖啡贸易公司总经理庞女士就韩国"咖啡陪你"项目在中国推广策略与学生进行分享，学生深受启发，获得好评。市场营销专业的《零售学》课堂请进了学院校外创业导师——丹田管理公司运营总监田先生和小米烘焙屋经理李女士，他们在课堂上对学生的实践调研报告进行点评。校外创业导师们对每份报告的主题选取、调研方式设计、调研分析和结论总结等进行了深入而专业的指导，甚至还对PPT设计、汇报的形象和语言等细节等方面都提出一些有益的建议，获得了同学们的一致好评，同学们都觉得受益匪浅。

（二）举办以互动为中心的创业论坛

校外创业导师制并不排斥其他教学形式，如班级教学、个别辅导、讲座、学术沙龙、科研活动等，它应该与其他教学形式互相补充，协调发展，最终达到让学生能够获得最大收益的目的。① 导师制的核心是一种教会青年学子独立思考，是导师放手让学生自由探索，并清晰表达自己对问题的见解。②

创业论坛是校外创业导师制的重要组成部分，而互动又是导师制的关键。没有学生主体意识的形成，导师无法达到师生互动的理想状态，只有让学生成为创业论坛的主体，让学生感受到校外创业导师的经历和魅力，才能使学生在互动过程中分享应有的权利，激发学生对创业的兴趣，有意识、有责任去参与导师组织的各项创业和实践活动。同时，校外创业导师要鼓励学生积极主动地拓展自主学习、独立工作的能力以及分析批判的技能。

暨南大学国际商学院的创业论坛举办了三届，校外导师讲座举办了10余次，沙龙举办了5次，获得了广大师生的一致好评。第一届"创业领袖论坛"于2011年11月举行，主题是"创新与发展"，师生就后金融危机时代的体制机制创新、商业模式创新、行业创新等展开讨论。第二届"创业领袖论坛"于2013年12月举行，主题是"转型与升级"，师生围绕在不同行业背景下企业的转型与升级发表了不同的看法。第三届"创业领袖论坛"于2015年12月举行，来自大陆和台湾以及香港、澳门的专家学者、企业家和学校师生共约300人参加了研讨会。研讨会围绕"创新·创业·企业转型"与"校企协同育人·协同创新创业"等主题进行了深入探讨与交流。这一系列的创业论坛有利于加强学校组织文化建设，对于繁荣校园文化、营造导师制教学的有利氛围、鼓励大学生开展理论研究和创新创业等都具有良好的促进作用，更好地培养了学生独立思考能力，拓宽了学生视野。

（三）打造以实践为中心的创业竞赛

学科竞赛对大学生的创新意识和技能的提升、创业精神的树立有着重要的作用。必要的实践训练有助于培养学生的创业精神和能力，具有针对性的和真实性的创业竞赛有利于大学生在自身具体操作的过程中将知识转化为能力，在收获经验的同时也有助于学生创业精神的形成。校外创业导师制要与创业竞赛相结合，要重视对学生创业成果的总结，把优秀的成果在各类竞赛平台中进行检验和展示。校外创业导师要鼓励不同专业、不同年级、不同学科的合作创业，要对学生的创新创业成果进行完善和指导，鼓励参加各类学科竞赛，如教育部主办的"大学生创新创业训练计划"和团中央主办的"挑战杯"创业大赛。

同时，高校应举办有自己特色的创业竞赛，打造多元的创业实践平台，培养学生的学习能力、创新能力、管理能力、经营能力，让学生将所学理论应用于实践，获得一定的创业实践经验。如暨南大学国际商学院的商业精英挑战赛，它是国际商学院完善人才培养体系、创新人才培养模式和提升人才培养质量的一大探索和实践，旨在拓展学生经营管理知识与技能、增强商业意识和能力、锻炼学以致用和实践创新能力。大赛

---

① 何齐宗．导师制与本科人才培养研究［M］．北京：中国社会科学出版社，2014：185.

② 大卫·帕尔菲曼．高等教育何以为"高"——牛津导师制教学反思［M］．北京：北京大学出版社，2011：35.

每学年举办一次，邀请学院校外创业导师企业作为赞助商，由参赛同学为企业量身定制各种企业变革、管理提升、营销策略等方案。赛事的一大特点是既有文本策划方案，也有实战环节，最后还有决赛晚会。赛事的一大亮点是校外创业导师企业提供了赞助费、奖金和创业实践平台等，比如冠军团队的最高奖金是3000元。第二届“金捷成杯”商业精英挑战赛除了奖金之外，赞助商还为冠军团队毕业之后创业提供10万元资金；第四届“水精之恋”商业精英挑战赛还为获奖团队提供免费到澳门公司暑期实习实践机会；第五届“蓝海之略杯”商业精英挑战赛一等奖5000元，还为决赛队伍成员提供年薪10万元的工作岗位。

（四）拓展以合作为中心的创业基地

要积极拓展校外创业实践基地，为创业教育师生进行创业训练和实习提供实践平台。高校应建立长期、稳定的创业实习基地，加强校企合作，实现资源优势互补，促进校企共同发展。高校应将企业生产和科研活动引入到创业教育中，为师生提供实习实训场所，将创业科研成果与企业进行合作和开发，既提高了学校科研成果转化水平，也为企业的发展提供了科技保障。

暨南大学国际商学院通过实施校外创业导师制，111名企业家和各界人士所代表的单位与国际商学院建立了更为密切的联系，签订教学实习基地15家，国际商学院与企业共建学生创新创业示范基地2家。2015年成立了校企协同创新创业实践中心，为学生实践实习和教师开展教学科研工作提供了条件，为开展学生活动和学生就业、创业提供条件和指导。每年校外导师企业为国际商学院学生提供了大量的实践、实习、就业的机会和岗位。同时，已有3家企业在国际商学院进行管理层培训，也利用国际商学院平台宣传了企业，提高了国际商学院和校外创业导师企业的社会声誉和知名度，取得了双赢的效果。2015年7月，国际商学院与台湾高校开展为期1个月的实习实践活动，同学们围绕企业的经营理念、营销模式、作业流程、竞争优势、产品特色等方面进行专业学习、企业参访和实践调研，听取企业和机构负责人的专业分析和讲解。

（五）搭建校企合作信息化平台

为更好地发挥校外创业导师的作用和力量，暨南大学国际商学院在每年的迎新大会上举行校外创业导师受聘仪式和新生班级对接仪式，同时根据专业特色和导师的背景，为新生本科班级和研究生班级配备两名企业家或公司高管，作为学生的校外班主任，搭建好学生与校外创业导师的交流沟通平台，让本科新生一入学就接触校外创业导师的指导。

围绕着校企合作双赢与长效的目标进行信息化平台建设，必须以资源的共享、利益的共赢为出发点，遵循开放性、共建共享性、实用性和即时性的原则。暨南大学国际商学院在学院网站专设校外创业导师栏目，下设导师风采、导师进班级、创业领袖论坛、商业精英挑战赛等子栏目。对学校而言，信息化平台的构建有利于人才培养发展、课程建设、学生实习实训、毕业生就业；对企业而言，平台能为企业出谋划策，遴选企业所需的人才。

五、结语

暨南大学国际商学院校外创业导师制在实施过程中取得了一些成绩，但仍存在一些问题，如校外创业导师指导学生数量过多，校外创业导师指导内容不明确，师生职责不清晰，学生主动性不足，学校支持力度不够，校外创业导师评价和激励机制不完善等。各高校应根据自身的特点和实际情况，明确校外创业导师制的培养目标，在实践中进行不断的改进和完善，积极探索适合自身发展的校外创业导师制，构建出具有中国特色的创业教育理论框架和培养体系，从而培养出更多具有创业品质的创新人才，推动我国经济社会稳步发展。

参考文献

[1] 教育部关于做好2015年全国普通高等学校毕业生就业创业工作的通知．教学［2014］15号．http：//

www. moe. gov. cn/publicfiles/business/htmlfiles/moe/s8591/201412/xxgk_ 180810. html.
[2] 教育部办公厅普通本科学校创业教育教学基本要求（试行）. 教高厅［2012］4 号 . http：//www. moe. gov. cn/publicfiles/business/htmlfiles/moe/s5672/201208/xxgk_ 140455. html.
[3] 陈达洁. 本科生导师制的实施状况研究述评［J］. 中国电力教育，2008（1）.
[4] 封军，汪振友，等. 大学生创业教育“思想＋创新＋创业”三导师制初探［J］. 校园英语，2014（8）.
[5] 张海淀.“三位一体”导师制可为创新创业教育提供保障［J］. 中国社会科学报，2014.
[6] 大卫·帕尔菲曼. 高等教育何以为“高”——牛津导师制教学反思［M］. 北京：北京大学出版社，2011.
[7] 薛毅. 思想政治教育视野下本科生导师制研究［D］. 上海：华东师范大学，2012（2）.
[8] 何齐宗. 导师制与本科人才培养研究［M］. 北京：中国社会科学出版社，2014.
[9] 樊鹏. 高等院校本科生创业教育研究［D］. 华中农业大学，2014.

第三部分

打造现代大学课堂教育教学文化

大学“师生共同体”：概念辨析与现实重构

龚　放

摘　要：大学应当是“师生共同体”。师生课堂上的互动及课后的密切接触，构成了大学师生共赢的局面。它包括认知拓展、情感互通和共生、创生等三重境界。大学“师生共同体”的现实重构尽管困难重重，却是势在必行、时不我待之举。对于旨在创建一流大学、一流学科的我国高校而言，需要控制招生规模，增加一线教师，提高师生比；实行本科生导师制；鼓励教授们设立本科生接待日；加大学生问责的权重。

关键词：大学；师生共同体；互动；创生

一、何为大学“共同体”

“共同体”是一个人类社会学范畴的概念。1887 年德国社会学家斐迪南·滕尼斯在其成名作《社区和社会》一书中首先提出了这一概念，旨在强调人与人之间的亲密关联，特别是形成共同的精神意识以及共同的归属感和认同感。20 世纪 40 年代，英国科学家、哲学家和社会学家 M·波兰尼曾经探讨了“科学共同体”问题。美国社会学家 R·K·默顿尤其强调“科学共同体”的作用，认为其意义和价值在于建立和发展了科学家之间那种为探索真理、获得新知而必不可少的最佳关系。

将大学视为“科学共同体”或者“学术共同体”的缘由，在于突出大学从事科学研究、推进学术发展、探索真理、发现新知的作用和职能。强调大学是“学科共同体”的本意，是因为在高等院校，任务和工作是围绕许多知识群类而组合的，知识、专业、学科是一切其他工作的基础；大学组织文化的特点之一，就是按学科与院校划分和组织活动。尽管近年来跨学科的呼声日益高涨，学科边界逐渐模糊，专业概念渐渐淡化，但无论是研究型大学还是教学型大学，无论是综合性大学，抑或师范学院、理工院校，学科依然是大学最重要的组织单元，大学仍然被称作是“学科共同体”。

大学又被称作是“学者共同体”（community of scholars），其言外之意至少有两点：其一是大学是由堪称学者的教授“执牛耳”的，大学是这些教授学者的领地；其二，有幸进入象牙塔深造的学生，是早晚要步入学术殿堂的“准学者”。很显然，把大学作为“学者共同体”，强调大学格物致知、探究学理的使命，强调大学育人的标的与范式是学术精英。

美国学者爱德华·希尔斯不太同意将大学视为“学者共同体”，尽管他理解这一提法意味着“大学教师应该尽其所能地把那些有可能成长为科学工作者或者学者的学生引入学术之门”。他指出：“更确切地说，一所大学应该是一个由发现者、教育者和学习者组成的共同体。”[1]希尔斯的界说不仅突出了大学共同体的人本性，而且明确了大学是由“发现者（研究工作者）”“教育者（教师）”和“学习者（学生）”三类人组成的共同体，他更突出了学生在大学共同体中的主体性与重要性。

龚放，常州大学高等教育研究院特聘专家，南京大学教育研究院教授。

原文刊载于《中国高教研究》2016 年第 12 期。

英国剑桥大学学术副校长埃瑞克·阿什比也持同样的观点，不过他的“三位一体”与希尔斯略有不同。他强调：“剑桥大学的校印，不论盖在任何合同或协议上，都是代表校长、教师和学员盖的。这种三位一体构成了大学的组合。”而且，在此“三位一体”的组合中，三者“彼此并没有高下之分”，三者是相互平等的[2]。

相比之下，德国教育哲学巨擘卡尔·雅斯贝尔斯对大学共同体的界定更为全面、更为准确、更为透彻。他说：“大学是一个由学者与学生组成的、致力于寻求真理之事业的共同体。”[3]这就不但突出了“以人为本”——大学的主体角色是教师（学者）与学生，而且兼顾了“大学之道”——“致力于寻求真理之事业”——这既包括学生在教师的指点下系统地学习真理、掌握知识，而且包括学生在教师引导下通过批判性思维与探索性学习，提高分辨真理与谬误的能力，同时也包括师生共同寻求真理、发现新知的努力。雅斯贝尔斯还进一步阐述了大学作为“师生共同体”的本质特征和基本要求：“大学把人们集合起来，投身于学术或科学的学习，投身于精神生活。Universitas（大学）的最初含义——教师与学生的共同体——与它作为所有学科的统一体的含义是同等重要的……这个理念要求有交流存在，不仅要有不同学科层次上的交流，而且要有不同个人层次的交流。这样，大学就应该给学者们提供条件，使得他们能够和同行的学者和学生一起开展直接的讨论和交流。”[3]

我认同雅斯贝尔斯的定义：大学理应是“师生共同体”。不管是研究型大学，还是社区学院、高职院校，培养人才，是大学最初始的职能，其他如科学研究、服务社会等职能，都是大学发展到一定阶段才拓展或者延伸的；培养人才，是所有高等院校所共有的最基本的任务。培养人才，更是高等院校最核心的使命，是它们区别于其他社会组织如科研院所、政府机构或企业公司的最本质的特性。而教师和学生，就是学校教育得以发生、得以展开的两个最基本的要素，一体两面，缺一不可。人们曾经争议“先有鸡还是先有蛋”，其实，中世纪欧洲大学诞生之时，就既有“学生大学”，也有“先生大学”，毋庸置疑地宣示大学理应是“教师和学生的共同体”。

我更认同雅斯贝尔斯对这一特殊的共同体理念的特质的明白无误的判断——“这个理念要求有交流存在”。而且，这种交流，并非单向的教师讲授、传授的活动，而是双向（师生交流）和多向（既包括师生之间，也包括生生之间、师师之间）的交流与共生。

而且，这种交流，不仅仅是不同学科层次上的交流，更要有“不同个人层次上的交流”。我的理解是，不仅是学者与学者之间、学生与学生之间的交流，而且更看重教师与学生之间密切的、深入的一对一的交流，特别是那些学富五车的知名教授与“初生之犊”的莘莘学子之间的对话、交流，如同当年哥本哈根学派的创始人玻尔与大学二年级学生沃纳·海森堡的“哥廷根郊外的散步”那样。

二、互动与创生：“师生共同体”的意蕴

（一）“师生共同体”的三重境界

大学作为“师生共同体”，当然首先是“学习共同体”，但不仅仅是“学习共同体”；师生的互动则始于课堂而又不止于课堂。师生课堂上的互动及课后的密切接触，其实构成了大学师生“共生”“共赢”的局面。套用王国维的三境界说，我认为，大学师生共同体的意蕴也有三个领域、三重境界。

其一为认知拓展。即对授课内容的逻辑梳理、概念辨析和意义阐发，继而对所学专业、学科领域知识地图的了解、发展前景的把握，在此过程中教师因势利导，因材施教，激发学习动机，突破思维定式，指点学习方法和研究路径。

其二是情感互通。即通过课堂的初步交流，课后的个别辅导、个性化教育，建立起师生之间的相互了解和相互信任，继而达到相互默契、相互热爱。约翰·S·布鲁贝克将其命名为“启发和友爱”。他认为苏格拉底式的对话、杜威的问题解决法教学等，最接近这一层次的师生交往。他直言：“友爱教学的标志就是教师与学生之间相互热爱。”它尽管最费时，但却令学生获益最多，对学生的成长与发展也最重要。“其重要性从

学生持久地抱怨与教师个人接触太少这一点可得到证明。”[4]只有深入到这一层次，即通过教师与学生的交互、交往，从近距离的、一对一的密切交流到情感的坦诚相通，触及教育的真谛，才是真正本真的教育。德国学者雅斯贝尔斯也主张教育的本质不是知识的堆积，而是灵魂的碰撞，他特别形象地比喻为“一棵树摇动另一棵树，一朵云摇动另一朵云，一个灵魂唤醒另一个灵魂”。[5]

其三则是共生、创生。通常我们将创造一种存在形式并赋予它新的价值和意义，称为“创生”。创生和产生的差异，就在有没有赋予其新的意蕴、新的价值。如果没有，还不能称之为“创生”。笔者把大学这一“师生共同体”的最佳状态、最高境界称之为师生的共生和创生，主要依据就在于是否形成共赢、共生的局面，是否具有一种不可言状的潜力和难以估价的意义。

大学师生共同体的“创生”理想状态，其实就是英国哲学家、教育家怀特海 1929 年所强调的那种境界：“大学之所以存在，不在于传授给学生的知识，也不在于提供给教师的研究机会，而在于在‘富于想象地’探讨学问中把年轻人和老一辈联合起来。由积极的想象所产生的激动气氛转化了知识。在这种气氛中，一件事实就不再是一件事实，而被赋予了不可言状的潜力。”[4]

我们所要探究的是：为什么怀特海认为仅仅是学生埋头学习、教授潜心科研还不是大学存在的理由和价值？何为“富于想象地”探讨学问？为何需要“把年轻人和老一辈联合起来”？在教授和学生富于想象地探讨学问的氛围中，知识如何转化？转化为什么？为什么师生富于想象地研讨时“一件事实就不再是一件事实，而被赋予了不可言状的潜力”？这“不可言状的潜力”又表现在哪些方面？

真正的大学教育就是要将青年人置于经验丰富而又依然充满想象力的学者的智慧影响之下；而我们所看重、所期待的师生共同体的“创生”，其实也就是师生共同“富于想象地”学习、研究、探索和思考。诚如怀特海所强调的另一个观点：“你要教师有想象力吗？那么鼓励他们去研究。你要研究人员有想象力吗？那么让他们与正处在一生中最有朝气、最富于想象时期的青年人产生思想上的共鸣……教育是生活探险的训练，研究是智力的探险，而大学，应该成为青年人和老年人共同探险的故乡。”[6]

这一过程的作用其实是双向的，一方面，像卡尔·雅斯贝尔斯所言：“一所大学的性格是由它的教授们所决定的。”在知识探索方面富有体验和心得的教授，会引人入胜，把青年学子引向知识的前沿和学问的殿堂，他们“引导学生接触到真实的求知过程，从而也就能够引导学生接触到科学的精神，而不只是接触仅凭借记忆就可以传授的僵死的结果。”[3]这一过程不仅仅是知识的传授和学习，也不仅仅借助于精心的教学设计和高超、流畅的教学方法，而是凭借教授自身的经历、体验、理性和激情，靠着知识存在的朴素状态和知识探索的鲜活过程，唤醒青年学子的探索兴趣和创造激情。雅斯贝尔斯还强调了另一方面：“大学生活对学生的仰仗并不少于教授。在一所学生资质不相称的学校里，最好的教授都会举步维艰。所以，一切还要看年轻人。”[3]青年学子的敏锐反应和“初生牛犊不怕虎式”的诘难和质疑，足以成为挑战教授权威、考验教授智慧、磨砺教授锋芒的刀石，往往有助于教授打破思维定式、拓展新的思路。这双向的互动往往产生共鸣，相互的争辩往往激起具有“无限的可能性”的创新火花，使得师生交往臻于共同探险并共生、“创生”的理想境界。

（二）师生互动、创生的范例

笔者从中外大学发展史上采撷数例，以印证大学师生共同体的意蕴和价值。

范例1　牛津奥秘：学问被导师烟熏出来

牛津、剑桥由来已久的“导师制”，其实就是营造师生之间密切的个人联系。大学从本科开始就给学生配备导师，由德行和学养俱佳的教授学者担任。双方每周见一次面，导师会给学生布置阅读书目和研究问题，要求学生撰写读书心得、报告研究进展。除了师生研讨、论辩之外，在更多的情况下，是教授边抽烟、品茗，边与学生谈天说地。加拿大幽默大师斯蒂芬·里科克（Stephen Leacock）曾经据此断言牛津学生的“学问是被导师的烟熏出来的”。他在一篇题为《我所见的牛津》的散文中写道：“据说（牛津）这种神秘之关键在于导师之作用，学生所有的学识，是从导师学来的……但是导师的教学方法，却有点特别。有一个学生说：‘我们到他的房间去，他只点起烟斗，与我们攀谈。’……我了悟牛津导师的工作，就是召集少数学生，向他们冒烟。凡人这样有系统地被人冒烟，四年之后，自然成为学者。”[7]

其实，像牛津这样的经典大学的“神秘关键”或者说成功之道，也就是建立一种制度，形成一种氛围，以保持学问大师与学生间的频繁、密切接触。所谓系统、持久的“被人喷烟”，熏陶久了，自然就移情易性了。

范例2　教授点拨：量才指向避短板

1945年杨振宁赴美留学，立志在实验物理学领域有所作为。当时美国芝加哥大学物理系正筹建一台40万电子伏特的加速器，杨振宁如愿成为项目主持人艾里逊教授的研究生。然而，在实验室工作的近20个月中，杨振宁的物理实验进行得很不顺利，以至于当时实验室里流传一则笑话：“哪里有爆炸声，哪里就有杨振宁。”一直关注杨振宁的“美国氢弹之父”爱德华·泰勒教授建议他“不必坚持一定要写一篇实验论文，你已经写了一篇理论论文，我建议你把它充实一下作为博士论文，我可以做你的导师”。英雄所见略同，远在中国清华大学的赵忠尧和王竹溪两位教授也为杨振宁的研究改向而联名给校长梅贻琦写信：“……以目前美国情形，高电压实验较难进行，可否略予变通，以应时宜。查高电压实验之目的，在研究原子核物理。杨君对原子核物理之理论，尚有门径，赴美深造，适得其时。”[8]

今天重温这段旧闻，笔者有两个深刻的感受：其一，即便像杨振宁这样的科学奇才，其禀赋和能力在不同领域、方向也有高下之别，在专业方向选择时也需要教师的点拨。其二，只有那些与学生联系密切而又关心甚切的教师，才能对学生才能见识的长短优劣了然在胸，对其未来发展的指导才能切中要害。

由此看来，大学教师，不仅要因材施教，而且还有一个“量才指向”的任务。教授，特别是资深教授，由于阅历丰富，知识广博，凭着专业的敏感与直觉，能够比较全面地把握、鉴别学生的能力与禀赋。如果能够对学生的成长与发展给予适当的点拨与激励，帮助学生选择最切合其个性与气质，最能发挥其特长与潜能的方向和目标，并不断激发和强化其学习与研究兴趣，创新人才就能脱颖而出，层出不穷。但要做到这一点，前提是教授要有关爱、指点学生的意愿和责任感，同时还要舍得花时间和精力去观察、了解学生。

因此，大学之大，并不在于有大楼，而在于拥有大师，更重要的是这些学养深厚、引领学界的大师愿意并能够与朝气蓬勃的青年学子朝夕相处、互动、共生，在师生共同学习与研究氛围中创新和发展。

范例3　哥本哈根学派：玻尔与青年才俊的风云际会

1922年6月，量子物理学的开创者、丹麦哥本哈根大学理论物理研究所创始人尼尔斯·玻尔应邀到德国哥廷根大学讲学，他认为此行的最大收获是遇到了两位才华横溢的青年人——20岁的沃纳·海森堡和21岁的沃尔夫冈·鲍利。前者当时还是慕尼黑大学的大二学生，有幸随索末菲教授前来听讲，居然当场质疑，犀利的评析令全场哗然。但玻尔十分欣赏海森堡的胆略和见解，特地发出邀请：“愿意在会后和我一起到哥廷根城外走走吗？”这场在声名显赫的大教授与青涩后生之间的长达3个多小时的散步，被海森堡称为：“决定我命运与成功的一次散步。我的科学生涯是从这次散步开始的。”鲍利是索末菲的学生，不过当时已在做博士论文了。鲍利认为：“我科学生涯的一个新阶段始于我第一次遇见尼尔斯·玻尔。”演讲会后鲍利即追随玻尔加盟哥本哈根大学理论物理研究所。两年后，海森堡也应邀参加了玻尔的研究团队。鲍利因直言不讳、不留情面而成为近代物理学界最著名的评论家，并被戏称为“上帝的鞭子”。但玻尔既容忍鲍利的“直言犯上”，更欣赏他的敏锐直觉，不仅自己常常倾听鲍利的批评，而且要求所里的同仁高度重视鲍利的批评，哪怕意见尖刻甚至近乎嘲讽。海森堡、鲍利，加上来自苏联的青年学者朗道、伽莫夫等，辅佐玻尔打造了哥本哈根学派，并让哥本哈根大学理论物理研究所成为量子力学的领军团队、“国际物理学界的朝圣之地”[9]。

在哥本哈根大学理论物理研究所草创初期，玻尔就表示：“……极端重要的是，不仅要依靠少数科学家的才能，而且要不断吸收相当数量的年轻人，让他们熟悉科学研究的结果与方法。只有这样，才能在最大程度上不断地提出新的问题；更重要的是，通过青年人自己的贡献，新的血液和新的思想就会不断涌入科研工作。”[9]正是因为秉持这样一种理念，他才会在海森堡提问时反驳气定神闲，而且主动邀请这位大二学生散步郊外，坦承“我今天上午说得不够小心”，并与之进行长达3小时的平等的交流研讨。素以狂傲著称的朗道曾经请教玻尔：有何秘诀能把这么多有才华的年轻人聚集在自己周围？玻尔的回答是：“我只是不怕在他们面前暴露自己的愚蠢。”他用自己的坦率和真诚鼓励青年人提出离经叛道的观点，引起针锋相对的论辩，激发革故鼎新的火花。正是那个藐视一切权威并以尖锐、尖刻著称的鲍利，真正理解了玻尔的初衷。在一封与玻尔讨论元素光谱的信件中，鲍利居然说：“如果我的胡思乱想居然真能使您又亲自关心起多电子原子的问题来，那我就将是世界上最快乐的人了。”

这就是怀特海所赞誉的大学存在的应然状态，就是我们要营造的师生共同体的共生、创生境界。

三、“师生共同体”的现实重构：重点与难点

与弗莱克斯纳所居时代相比，今日中国大学共同体的生态更加不容乐观。首先是规模扩展、“人满为患”的状况有过之而无不及。特别是师生比严重失衡。因为本科和硕士生、博士生的持续扩招，即便是自诩为“研究型大学”的“985工程”高校，在本科教学评估时也要为不突破1∶18的师生比底线而伤透脑筋。其次，教授们的价值取向发生了转移，如同埃瑞克·阿什比所批评的那样，教授们逐渐“从忠诚于学生”转向“忠诚于学科”，“重视学科而忽视学生的现象已发展到极为严重的程度”。特别是对那些学术级别低的教师而言，“总有一种吸引力使他减少本该用于教学和与学生接触的时间，而对于被讽刺为‘自己的工作’（科研），却多用些时间。”[2]从学生这一方面来看，学习动机的多样化、功利化日益明显，他们与看重研究、志在学术的教授们的交集与共识越来越少。这样看来，当代大学的生态确实危机重重，而重构“师生共同体”也面临着重重困难。缺失了师生的交往与对话，缺失了师生的互动与创生，大学还成其为大学吗？在“师生共同体”近乎解体的情况下奢谈“创建一流大学”，岂非一个不大不小的笑话？

在高等教育大众化阶段，在学生构成和发展取向日益多样化的情况下，如何实现教授对学生的有效指导和密切接触？如何重构高等教育大众化时代的“师生共同体”？我们还需要进行多方面的探索与脚踏实地的实践。只有重新回归教授“忠诚于学生”和大学“为学生的成长与发展服务”，才是真正回归了“大学之道”；明确只有重构大学“师生共同体”，我们才能使大学的学风得以醇厚，学统得以传承，学派得以形成，学术得以繁荣。

重构师生共生、创生的共同体，对于旨在成为国际一流的中国“985工程”大学尤其重要。对此，笔者提出如下对策建议：

（1）控制招生规模，增加一线教师，提高师生比。如果我们不能将1∶18甚至1∶20的师生比切切实实提高到1∶12乃至1∶10，我们想要办一流的本科教育，想要创建世界一流大学，那都是贻笑大方的天方夜谭。因此不妨双管齐下：其一，鉴于我国高等教育同龄人口比例尚未探底，不妨严格控制甚至适当压缩研究型大学的本科、硕士和博士招生规模。其二，从年过六旬或65岁的退休教师中聘请那些身体健硕、思维敏捷的教授、副教授担任本科任课教师。特别是在高等教育大众化、有些高校师资紧缺的情况下，显得尤为必要。这样做，还可以对青年教师起到传帮带的作用，可以切实提高教师队伍的教育教学素养[10]。

（2）实行本科生导师制。每5～10名学生配一位导师，明确规定导师和学生每周见一次面。就像美国哈佛大学、耶鲁大学等名牌高校那样，强化“导师制”和“住宿学院制”，鼓励大牌资深教授担任本科生导师或住宿学院（即“学舍”）的主管。

（3）鼓励教授们设立本科生接待日。学生应当分享研究型大学的资源并有机会参与知识创新、探索未知的过程，学生应当有机会近距离接触最优秀的教授和学者并得到他们的指点与熏陶。因此，鼓励教授，特别是著名教授向本科生公布自己的办公室地址和联系方式，试行每周或者每两周一次的本科生接待日，应当是一个可以尝试的举措。

（4）加大学生问责的权重。针对当代大学“教学漂移”和教师价值取向的失衡，建议引入学生问责来改变现状。德里克·博克在评析美国本科教育存在的问题时承认：“正是因为在改善本科教育质量方面我们的大学缺乏足够的压力，大学教师在承担责任方面的种种表现也就不足为奇了……”[11]当下应当如何施加压

力，才能让大学校长和大学教授将时间、精力和资源用于为学生的成人、成才服务？我认为必须“三管齐下”，即除了政府问责、社会问责之外，还要有学生问责。如果我们在大学评价和教师、课程评价中引入“学生满意度”这一指标，不仅对在校大学生调查满意度，而且通过网络向毕业5年甚至10年的学生调查满意度，并将其作为评价教师和学校的一个重要依据，也许会影响大学领导层的价值取向和政策导向，会改变教师重研轻教、忽视本科教学的倾向。

参考文献

[1] 爱德华·希尔斯．教师的道与德［M］．徐弢，等，译．北京：北京大学出版社，2010：92.

[2] 埃瑞克·阿什比．科技发达时代的大学教育［M］．滕大春，滕大生，译．北京：人民教育出版社，1983.

[3] 卡尔·雅斯贝尔斯．大学之理念［M］．邱立波，译．上海：上海人民出版社，2007.

[4] 约翰·S·布鲁贝克．高等教育哲学［M］．王承绪，等，译．杭州：浙江教育出版社，2001.

[5] 雅斯贝尔斯．什么是教育［M］．邹进，译．北京：三联书店，1991：1.

[6] 怀特海．教育的目的［M］．庄莲平，王立中，译．上海：文汇出版社，2012：1.

[7] 刘俊．牛津敬畏［EB/OL］．(2011-8-1)［2016-9-2］http：//blog.sina.com.cn/s/blog_4a593e930100stfg.html.

[8] 邓耿．原来他们是这样的学术大师——清华学人手札展观后［EB/OL］．(2016-10-1)［2016-10-8］http：//www.weixinla.com/document/66103763.html.

[9] 夏中义．人与世界［M］．桂林：广西师范大学出版社，2002：210.

[10] 龚放，张红霞．教授上讲台是提高教育质量的必由之路［M］．北京：高等教育出版社，2009：165.

[11] 德里克·博克．回归大学之道［M］．侯定凯，等，译．上海：华东师范大学出版社，2008：189.

高等教育强国视角下的学习共同体构建

张　炜　万小朋　张　军　牟　蕾

摘　要：我国正处于由高等教育大国向高等教育强国转变的重要时期，积极探索构建“以学生为中心”的学习共同体，是建设中国特色高等教育强国的重要举措。在深化本科教学改革的过程中，应建立“三位一体”的课堂文化和实施研究型的教学模式，以此作为构建新型学习共同体的实现路径。

关键词：高等教育强国；学习共同体；课堂文化；教学模式

《国务院关于印发统筹推进世界一流大学和一流学科建设总体方案》提出：到2030年，“高等教育整体实力显著提升”；到21世纪中叶，“基本建成高等教育强国”。建设高等教育强国，必须牢牢抓住全面提高人才培养能力这个核心点，建立集价值塑造、能力培养、知识传授于一体的课堂文化，深化研究型教学模式改革，认真研究和积极构建学习共同体。

一、高等教育强国的国家特色

习近平总书记在全国高校思想政治工作会上强调指出：“教育强则国家强。高等教育发展水平是一个国家发展水平和发展潜力的重要标志。”20世纪以来，各国都把为国家服务作为教育的最高战略目标，强调教育在促进国家发展方面的功能。党中央做出加快建设世界一流大学和一流学科的战略决策，而质量是一流大学的核心，人才培养是教育的根本。切实提高人才培养质量，必须坚持中国高等教育的道路自信、理论自信、制度自信和文化自信，构建中国特色高等教育的话语体系，实现中国特色高等教育强国的建设目标。

高等教育强国必须有世界一流大学和一流学科，但拥有世界一流大学和一流学科并不等于就是高等教育强国[1]。我国高校有不同的类型、层次和基础，办学定位有所差异。尽管并非所有高校都要建成世界一流大学，但每一所高校都是高等教育强国的组成部分，都要同我国发展的现实目标和未来方向紧密联系在一起，都肩负着培养中国特色社会主义事业建设者和接班人的重大任务，必须坚持立德树人，把培育和践行社会主义核心价值观融入教书育人的全过程，扎根中国大地办好社会主义大学，提高我国高等教育发展水平，增强国家核心竞争力。同时，高等教育强国应该拥有完整的教育体系、合理的层次及科学的结构。每一所高校都应合理定位、因校制宜、特色发展，防止“同质化”，避免“一窝蜂”，共同为实现高等教育强国的建设目标作贡献。

二、“以学生为中心”的学习共同体

20世纪70年代以来，以学生为中心的教育理念不断增强和明确。20世纪80年代末，“共同体”一词在

张炜，西北工业大学党委书记、教授；万小朋，西北工业大学副校长、教授；张军，西北工业大学教务处长、教授；牟蕾，西北工业大学学生注册中心主任。

原文刊载于《中国高教研究》2017年第2期。

引入教育领域的同时，其特征也发生了一定变化。学习共同体是由学习者及其助学者共同构成的新型学习模式。[2]基于不同学校的需求和特点，学习共同体的建构模式呈现多样化的特征。如将学习共同体定义为“一种多元、民主、平等而安全的开放式学习环境”“一个系统的学习环境”[3]，认为“学习共同体是所有人因共同体的使命并朝共同的愿景一起学习的组织”[4]，强调“学习共同体是进行文化交流、融合与撞击的组织形式”[5]。

通过文献分析发现，目前国内学术界关于学习共同体的关注集中在四个方面：教师专业发展、虚拟学习社区、协作学习和网络学习等。[6]同时，国内关于学习共同体的研究大多侧重于基础教育，注重网络环境，但与课堂文化联系不紧密，基础研究薄弱，对实证研究与案例分析不足，缩小了学习共同体的内涵。

通过对学习共同体内涵的进一步梳理，笔者认为新型学习共同体以学生为主体，以教师为主导，具有民主、平等的特征，以知识构建和意义协商为内涵。学习共同体既是实践共同体，又是探究共同体，强调每个人既是学习者，又是潜在的助学者，师生之间是合作、互惠、相互促进的关系。

谈到学习共同体，就会涉及学习方法和教学模式的问题。多年来，我们更多关注的是“studying”（学习，即：阅读、记忆等学习的行为和过程），而对于“learning”（学会，即：通过学习、实践或传授获得知识和技能）的关注不够。也就是说，对于教师向学生灌输知识的行为和过程关注较多，而对于以学生为主体的学会或掌握结果疏于研究，实际上还是以学生为中心的教育思想尚未牢固树立，没有实现从以“教”为中心向以“学”为中心的转变。

中国传统教学模式以教师为中心，采用“满堂灌”的讲授教学方式，注重系统的传授知识，具有推崇权威、服从师道尊严的特性，而对于培养沟通合作和共享意识关注不足，对批判性思维和创新能力的培养重视不够。中国、日本、韩国、新加坡等东亚国家都呈现出“百科全书式的知识的单向、划一的传递；组织以死记硬背为中心的学习、以竞争为动机的个人主义学习”[7]。与中国传统教学模式类似，西方传统教学模式也是以教师为中心、以教材为中心、以教室为中心（“老三中心”），教师在课堂上传授教学内容，学生被动地获取知识。这种教学模式显然无法适应当今信息社会发展的需要。

西方现代教学模式发生了巨大的变化。提出以学生发展为中心、以学生学习为中心、以学习效果为中心的“新三中心”，主张以学生当前状态为基础，发掘学生潜力，以促进其全面发展为目的；强调教育的目的是学而不是教，在学生所有活动中，学习是中心；更加关注学习效果，重视测量与反馈在学习中的作用，[8]“教师讲解、学生听讲”的“灌输中心教学”模式逐渐转变为师生互动的“对话中心教学”模式。[9]学生不再仅仅是被动的学习者，而是与教师一起共同学习，课堂文化和教学模式也发生了变化。

三、“三位一体”的课堂文化

课堂文化，是特定课堂空间中师生共同创建的思想观念、价值规范、行为方式[10]以及精神气象、环境氛围等的综合。为了切实提高高等教育质量，需要建立一种积极进取、努力向上、充满活力，有利于学生个性发展，有利于激发学生创新思维的新型课堂文化。[11]这种文化的内涵主要是：民主平等——学生与教师共同发展，情感交互——师生互动、合作与共享，探究与批判——体验、思辨、实践、创新。为此，应紧密围绕学生“价值塑造、能力培养和知识传授”三位一体的目标实现和达成，提倡建立师生平等交互、生动和谐的课堂气氛，强调师生互动探讨的教学模式，鼓励学生跨专业发展，增强主动体验和探究，努力促成学生实现自我完善和提升。

构建“三位一体”课堂文化的路径：一是更新教育观念，遵循高等教育教学的客观规律和创新人才的成长规律，实施基于学习者全面发展、集成通识教育和专业教育的素质教育；二是丰富教学内容，强化专业渗透和相互交叉，通过重组、整合和改革，构建适应创新人才培养的新型课程体系，建立课程和教材内容的更新机制；三是改革教学方法，由“以教为中心”向“以学为中心”转变，提倡基于问题的学习、基于项目的学习、基于兴趣的学习，探索创新性学习、探究性学习、浸润式学习、协作式学习等教学方法，充分调动学生自主学习的积极性和主动性，提高学业挑战度和师生互动性；四是创新教学手段，推进信息技术与教育教学深度融合，充分利用互联网、云计算、大数据等先进技术，加强对学习者的学习行为分析，形成迭代改进的课堂质量保障机制。

四、研究型教学模式

对学习共同体和课堂文化建设的深入分析，有助于深化教学模式的改革，创建研究型的教学模式。

教学模式的改革是一个解构与重构的过程，一些文献热衷于争论究竟应该是不破不立、还是先立后破；具体到研究型教学模式，应该是一个解构与建构相辅相成的过程，而创建学习共同体就是一个课堂规范、课堂文化与师生关系的“重建过程”。教师面对重大的角色转变，他们将“既是提供教育服务的专家，也是学习者；既是建设学习共同体的指导者，同时自身又是这种共同体的一员”[12]。

研究型教学模式的内涵是以学生为主体，以教师为主导，以探究为基础，理论与实践紧密结合，寓学于研，突出批判性思维和创新精神，强调师生互动与教学相长。

在研究型教学模式下，师生关系从权威与服从转变为民主与平等，教师关系由相互封闭与隔阂转变为切磋教学与相互学习，教学方法从灌输与说教转变为探索与研究，教学内容从教条与保守转变为思辨与创新，教学评价从单向性评价转变为多元化评价。正是因为研究型教学模式的独有特质，使其成为建立新型课堂文化的必由之路，成为构建新型学习共同体的重要支撑。

微观层面的研究型教学模式主要有以下形式：科技导师带动模式、学科竞赛参与模式、实践调研切入模式和学术社团活动模式等。[13]为支持和适应研究型教学模式的实施，应该从宏观层面做好顶层设计，优化资源配置，加强开放共享，适时关注学习者的状态、发展需求和能力提升，完善评价考核，构建新型教学质量保障体系，更好地培养学生的价值观、责任心、事业心、科学态度、创新品质、团结合作精神以及发现和解决问题的能力。另外，教学模式的改革还特别需要得到社会的理解和支持，加强舆论宣传和说服解释，减少外界对于研究型教学模式的怀疑和误解，特别要防止一些人既对当年所接受的传统教育模式颇有微词，但又自觉不自觉地将其作为标准和规范来评判和质疑当今的教学模式改革。

西北工业大学秉承“以学生为根、以育人为本、以学者为要、以学术为魂、以责任为重”的办学理念，把立德树人作为中心环节，不断提高人才培养质量。近年来，学校深化教学模式改革，建立研究型的教学模式，关注学生的状态和发展需求，开放共享教育资源，提升教师的能力和水平，完善考核评价机制，构建教学质量保障体系。这就是一个中心、两个机制、三种模式、四个计划、五个突破，即：牢固树立以人才培养为中心；积极探索招生选拔新机制与开放合作办学新机制；大力改革多样化的培养模式、研究型的教学模式和以生为本的管理模式；重点实施教学名师引领计划、课程质量提升计划、创新创业翱翔计划和个性化人才培养计划；力争取得素质教育、个性化培养、创新创业教育和开放合作办学的新突破，并最终实现提高人才培养质量的突破。

综上，在研究与辨析学习共同体、课堂文化和教学模式的概念、内涵、特征、相互关系及实现路径等的基础上，笔者认为：遵循教育教学规律，尊重学生成长成才需求，以先进的教育理念为指导，以建设高等教育强国为目标，构建“以学生为中心”的新型学习共同体，培育“三位一体”的课堂文化，深化研究型教学模式改革，是高等教育的改革创新之举，是贯彻落实立德树人、提高人才培养质量的有益探索，是建设高等教育强国的有力举措。

参考文献

[1] 瞿振元．积极推动一批大学和学科跻身世界一流［N］．中国教育报，2016－09－29.

[2] 潘洪建，仇丽君．学习共同体研究：成绩、问题与前瞻［J］．当代教育与文化，2011，3（3）.

[3] 郑葳，李芒．学习共同体及其生成［J］．当代教育科学，2007（5/6）.

[4] Retallick J，Cocklin B，Coombe K. Learning Communities in Education：Issues，Strategies and Contexts［M］.

London, New York: Taylor & Francis Group, 1999: 6. 转引自：朱熠，霍涌泉. 基于学习共同体的课堂文化重建 [J]. 中国教育学刊, 2011 (5).
[5] 伏荣超. 学习共同体理论及其对教育的启示 [J]. 教育探索, 2010 (7).
[6] 卢强. 国内学习共同体研究现状与进展分析 [J]. 中国远程教育, 2012 (5).
[7] 钟启泉. 课堂改革：学校改革的中心——与日本佐藤学教授的对话 [J]. 全球教育展望, 2004 (3).
[8] 赵炬明. 论新三中心：概念与历史——美国SC本科教学改革研究之一 [J]. 高等工程教育研究, 2016 (3).
[9] 钟启泉. 从课堂失范走向课堂规范——兼评《学校的挑战：创建学习共同体》 [J]. 全球教育展望, 2011 (1).
[10] 孟庆男. 基于体验学习的课堂文化建设 [J]. 课程·教材·教法, 2008 (6).
[11] 瞿振元. 要高度重视大学课堂文化建设 [N]. 中国教育报, 2012-09-19.
[12] 夏正江. 迈向课堂学习共同体：内涵、依据与行动策略 [J]. 全球教育展望, 2008 (11).
[13] 叶国荣，陈达强，吴碧艳. 高校本科生教育中研究型教学模式探讨 [J]. 中国高教研究, 2009 (3).

基于教学过程的六位一体课堂教学质量评价体系的构建

王国平　项　怡

摘　要：作为学校教学活动的基本组织形式，课堂教学质量的好坏直接关系到高校人才培养的质量，是“双一流”建设的重中之重。针对当前我国高校课堂教学质量评价中存在的评价主体单一化、评价范围局限化、评价指标设计同质化三方面的不足，本文从教学的全过程出发，建立以我评价为基础，学生评价为主体，领导、专家、同行评价为保障，校友评价为补充的六位一体课堂教学质量评价体系，并通过建立专门的评价机构和科学的运行机制保障其有效实施。

关键词：课堂教学；质量评价；教学过程；多元评价主体

课堂教学作为当代学校教学活动的基本组织形式，提升其质量是“双一流”建设的重中之重。准确把握高校课堂教学质量的内涵，分析当前我国课堂教学质量评价中存在的问题，从教学的全过程出发，构建教师、学生、领导、专家、同行、校友六位一体的课堂教学质量评价体系，构建科学、规范的评价体系，以促进教师课堂教学水平的提升，不断提高人才培养质量。

一、课堂教学质量评价及其内涵

高校课堂教学质量是一个多方因素共同影响和作用的综合体，包括三个层次：课堂教学、课堂教学质量、课堂教学质量评价，这三个递进的层次共同构成了课堂教学质量评价研究的对象整体。[1]

（一）课堂教学

一个完整的课堂教学过程包括课前准备、课堂讲授、课后辅导和教学效果测验四个相互作用不可分割的阶段，其中课堂讲授是教师向学生传授知识和培养技能最关键的环节。课堂教学由教师、学生以及教学情境三方面共同组成，是教师的教和学生的学以及课堂情境综合作用的结果。

（二）课堂教学质量

课堂教学质量包括两个层面：一方面是课堂教学的价值，表现为一定数量的教学投入所能够取得的效果和受教育者所取得的收获。另一方面是教育者和受教育者的需要在教学活动中得到满足的多少。因此，学生的收获、进步和发展都是衡量课堂教学质量的有效标准。其质量的好坏具有多重因素的关联性和显示成效的滞后性。

基金项目：本文系国家社科基金“十二五”规划2015年度教育学一般课题“价值管理在高校绩效评价中的应用研究”（课题编号：BIA150093）的阶段性成果。

王国平，南京邮电大学副校长、研究员、硕士生导师；项怡，南京邮电大学教育科学与技术学院硕士研究生。

（三）课堂教学质量评价

课堂教学质量评价是以课堂教学质量为评价对象，以教育目的和各级教学目标为评价标准，对课堂教学的过程和成效进行价值上的判断。一方面，作为学校教学工作的重要表现形式，是贯彻教育目的，完成教学任务，体现教育价值的重要手段，具有一定的规范性。另一方面，任何教学设计都无法满足教学情境中多变的课堂实际需要，具有很强的不确定型。

二、当前高校课堂教学质量评价存在的不足

当前，各高校都开展了课堂教学质量评价，制定出了一系列具有特色的评价指标体系和操作方案。但仍有一些不足之处。

（一）评价主体单一化，忽视多元评价

高等教育大众化催生了高校间生源竞争，学生作为高等教育的消费者和教学活动的直接参与者，理所应当参与课堂教学质量评价。以学生为评价主体是当前高校普遍采用的评价方法，学生评教的比重一般都超过50%，[2]甚至达到60%、70%。过度依赖学生评价在一定程度上忽略了其他评价主体，弱化了多元评价。

（二）评价范围局限化，没有覆盖到教学全过程

高校开展课堂教学质量评价主要以领导、专家听课为实施渠道，侧重于课堂讲授阶段教师的教学态度和教学方法。但完整的教学过程还包括课前准备、课后辅导和教学测验，对课堂教学的旁听和督导无法了解其他阶段的质量情况，评价缺乏完整性。

（三）评价指标设计同质化，缺乏针对性

评价指标的确定和使用是教育评价工作的核心。当前评价指标的设计中，存在同质化，缺乏针对性的现象。一方面，一表多用，同样的评价量表由不同主体使用，相同的评价指标忽略了多元评价的视角；另一方面，一表多课，使用相同的量表对不同课程进行评价，忽略不同性质学科多样的教学要求。

三、基于教学过程六位一体的课堂教学质量评价体系的构建

（一）以完整的教学过程为评价范围，构建六位一体评价主体体系

作为教学活动中间环节的课堂教学，其质量评价必须建立在对完整教学过程各个环节的评价之上。因此，以教学过程的不同阶段为评价区间，构建以教师自评为基础，以学生评价为主体，以领导、专家、同行评价为保障，以校友评价为补充的六位一体的课堂教学质量评价体系，符合教学工作的客观规律（如图1所示）。

1. 课前准备阶段

教师课前准备工作的心血和成果凝结在教案中，对教案开展评价是反映课前准备情况的有效途径。自我评价、专家评价和同行评价构成教学准备阶段的评价主体。教师自我评价重点是反思准备投入，包括准备的时间、教材的熟悉程度及努力的程度。专家和同行评价通过检查教学进度计划表、教案和课件，重点评价课时的分配、重难点的把握、教学内容的安排及教学方法的选择等。

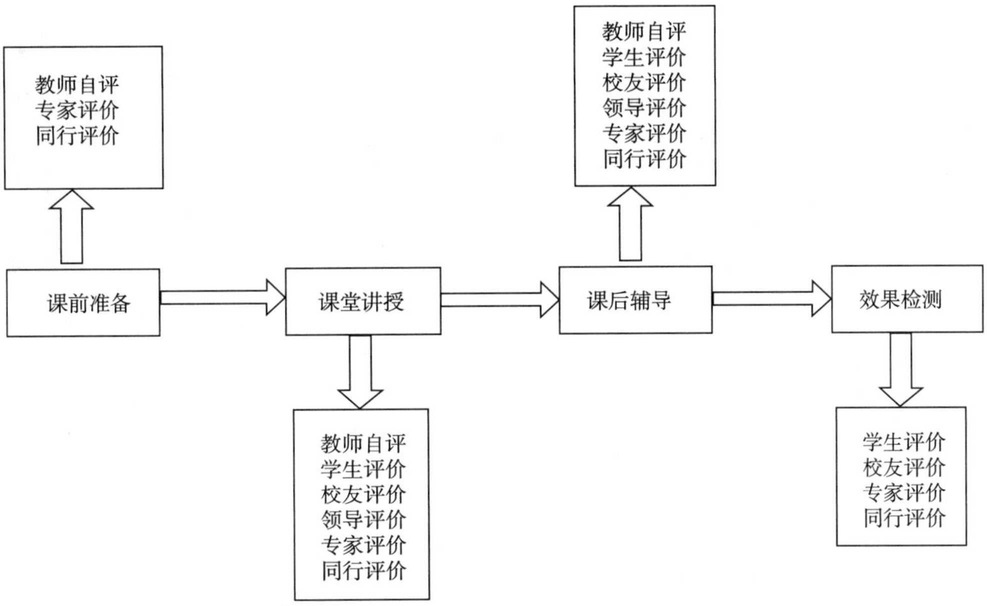

图1　基于教学过程的六位一体课堂教学质量评价体系

2. 课堂讲授阶段

根据不同主体参与课堂教学的程度分为两个群体：一是直接参与课堂教学的内部评价群体，包括教师、学生和校友。学生作为教学对象，侧重评价课堂教学的满意度和接受度；校友侧重于某位老师课堂教学对自己工作的帮助和收获度；教师对课堂教学中的教学行为进行反思，总结经验。二是以课堂旁听和观察为渠道的外部评价群体，包括领导、专家、同行。领导从学校管理的立场宏观评价教学态度和教学能力以及对教学质量的整体印象。教学督导人员组成的专家群体侧重评价教师对课堂教学的整体组织、教学方法使用以及教学效果。同一专业或者同一研究方向的同行教师，重点评价教学内容的科学性和重难点的把握。

3. 课后辅导阶段

这一阶段的工作，大多在课余时间完成，因此，评价这个阶段的质量由直接的参与者教师、学生和校友组成评价主体评价。作为课后辅导的对象，学生、校友（曾经的学生）对课后辅导的效果作出评价。教师自评着重于评价自己对学生课后的帮助，包括学业和人格品德上的指导，以及课后作业的批改、课后答疑开展情况等。

4. 教学效果检测阶段

课堂教学的效果最终通过学生的学业水平测试来判断，教学成效的滞后性决定了其成效，分为短期教学效果和长期教学效果。一是以学生、专家、同行为主体的短期评价群体。由专家和同行群体通过考试成绩、课程通过率等定量分析教学效果，由学生群体感知主观教学收获。二是以校友评价为主体的长期教学效果评价。校友评价充分体现课堂教学对于知识传授和能力培养的成效，从长效实用的角度发现不足，提高质量。

（二）以不同主体的参与程度，设计多元评价主体的评价量表

针对评价主体的各自特点和不同视角，设计评价指标，形成不同的评价量表（见表1）。

表1　课堂教学质量评价量表

类别	评价内容	评分项目					
		优秀	良好	一般	较差	差	各项得分
学生评价量表	①授课教师精神饱满，充满热情。②授课语言通俗易懂，易于接受和理解。③课堂形式丰富多彩，能够吸引学生。④授课教师鼓励学生提出问题，与学生交流互动。⑤课堂教学不局限于书本照本宣科，善用案例，联系实践。⑥课后作业布置合理，批改认真细致。⑦安排课后辅导或者答疑，耐心解答学生提出的问题。⑧课堂教学使学生掌握了书本上的基本知识，能独立完成作业和通过课程考试。⑨课堂教学使学生掌握本课程的基本方法，对学生的理解能力、分析能力、解决问题能力有所帮助。⑩课程教学使学生对该学科的兴趣提高了，对应用和实践有所帮助	10	8	6	4	2	
教师自评量表	①热爱自己的工作岗位，有工作激情，课前准备认真充分。②明确教学目标，了解教学大纲，熟悉教材。③教学内容充实，把握学科前沿，体现学术动态。④充分利用课堂时间，以传授技巧、方法为主，鼓励学生独立思考。⑤教学方法灵活，丰富教学形式，避免单调乏味。调动学生积极性，鼓励学生表达自己的观点。⑥课堂氛围活跃，与学生积极互动，主动交流。⑦授课语言规范，表述清楚，条理分明，重点难点突出。⑧遵守课堂纪律，不迟到、不提前下课。⑨多渠道安排辅导和答疑，认真批改学生的作业，耐心对待学生课内外提出的问题。⑩教书育人，注重课堂内外与学生沟通，培养学生良好的人格素养	10	8	6	4	2	
同行评价量表	①备课充分，教案完整。②熟悉教材，科学组织教学内容，把握重点和难点。③理论正确，概念准确，条理清晰，层次分明，逻辑性强。④教学内容充实，把握学科前沿，体现学术动态。⑤讲课语言简练、生动，语速适当。⑥理论联系实际，教学互动，气氛活跃，注意培养学生独立思考和分析、解决问题的能力。⑦教学方法多样灵活，板书工整、文字规范，合理使用现代化教学手段，提高教学的效果。⑧注意维持课堂秩序，教育督促学生遵守课堂纪律，发现问题妥善处理。⑨考核方式与课程教学目标相符，课程考核严格，评分恰当。⑩对课程考核结果认真分析，了解学生对课堂教学内容的掌握程度，并及时提出改进教学工作的措施	10	8	6	4	2	
领导评价量表	①讲课有热情，精神饱满，仪表端庄。②课程内容充实，信息量大，教学内容体现学科发展的新思想和新成果。③对课程内容娴熟，运用自如。④阐述问题深入浅出，重点突出，思路清晰。⑤教学方法多样灵活，板书工整、文字规范。⑥善于调动学生学习兴趣，给予学生思考、联想、创新和启迪。⑦讲课语言准确、生动、清楚，语速适当。⑧讲课有感染力，与学生互动，课堂气氛活跃。⑨注意维持课堂秩序，有效管理学生遵守课堂纪律，发现问题妥善处理。⑩适当、有效地运用现代化教学辅助手段	10	8	6	4	2	
专家评价量表	①教学文件齐全，符合规定，内容与大纲、课程标准一致。②教案认真细致，教学进度与教学日历基本一致。③教学内容适量、充实，进度适中，适合学生掌握。④理论联系实际，及时更新教学内容，把握学科前沿，体现学术动态。⑤充分利用课堂时间，以传授技巧、方法为主，鼓励学生独立思考。⑥教学方法灵活，教学形式丰富，避免单调乏味。调动学生积极性，鼓励同学表达自己的观点。⑦课堂氛围活跃，与学生积极互动、主动交流。⑧注意维持课堂秩序，教育督促学生遵守课堂纪律，发现问题妥善处理。⑨考核方式与课程教学目标相符，课程考核严格，评分恰当。⑩对课程考核结果认真分析，了解学生对课堂教学内容的掌握程度，并及时提出改进教学工作的措施	10	8	6	4	2	

续表

类别	评价内容	评分项目					
		优秀	良好	一般	较差	差	各项得分
校友评价量表	①课堂教学内容基本能够理解和吸收，重点难点基本掌握。②课堂教学完善了学生的知识结构，培养了学生的学习能力。③课堂教学使学生掌握了该课程的基本方法，能够灵活运用解决问题。④课堂教学内容奠定了之后学习的基础，具有一定铺垫作用。⑤课堂教学注重联系实际，对学生职业选择、职业能力和素质培养有所帮助。⑥在课堂教学中了解到课程和学科的新成果、新趋势和发展动态。⑦课堂教学提升了专业兴趣，对学生的职业选择具有一定影响。⑧课堂教学中学习到的知识和技能在工作中发挥了实际作用。⑨课堂教学对学生思维方式的完善有一定影响，具有深远意义。⑩老师教书育人，不仅传授专业知识，也教做人的道理，其人格魅力对学生产生了积极的影响。	10	8	6	4	2	
总体评价得分							
对课堂教学以及学校其他方面的具体意见或建议							

每一个评价主体从自身的角度出发，按表中的评价内容逐个进行评价打分，得出各自评价的总体得分。

（三）以不同主体评价的重要程度，确定课堂教学质量评价指标权重分配

由于评价主体参与课堂教学的程度不一，对课堂教学质量的评价结果的贡献也不尽相同，采用层次分析法确定各个评价主体评价得分所占的权重。

设某一教师某门课程的课堂教学质量得分为 U，下设 6 个一级指标及指标权重分别表示为：U1 学生评价得分（同一门课程不同班级的学生组成）；U2 教师自评得分（参与课堂教学的教师自身），权重为 F2；U3 同行评价得分（所在院系的同专业、同课程教师组成），权重为 F3；U4 领导评价得分（校级领导和院级领导组成），权重为 F4,；U5 专家评价得分（教学督导人员组成），权重为 F5；U6 校友评价得分（毕业 1 ~ 5 年校友组成），权重为 F6。

则某一教师某门课程的课堂教学质量得分为：

$$U = U1 \times F1 + U2 \times F2 + U3 \times F3 + U4 \times F4 + U5 \times F5 + U6 \times F6$$

为客观和公正，采用层次分析法（简称 AHP 法）来分配功能指标的权重。首先，对评价指标的结构层次模型进行分析，在此基础上，多位专家研讨同一层次的各个指标，对上一层次中某一指标的重要性进行两两比较，构造两两比较判断矩阵；然后，由判断矩阵计算被比较元素对于该指标的相对权重，通过不同层次间指标的权重综合，确定各一级指标相对课堂教学质量总指标的权重。[5] 最后，得到课堂教学质量评价的公式：

$$\text{教学质量评价得分} = A1 \times 30\% + A2 \times 20\% + A3 \times 15\% + A4 \times 10\% + A5 \times 15\% + A6 \times 10\%$$

四、基于教学过程的六位一体课堂教学质量评价体系的实施

课堂教学质量评价工作有效开展离不开科学合理的运行体制。在课堂教学质量评价体系构建的基础上，通过建立专门的评价机构和合理有效的运行机制充分保障多方参与、多元评价。

（一）建立专门评价机构，为课堂教学质量评价提供组织保证

教学质量评价以完整教学过程为评价对象，涉及六个评价主体，开展评价工作面广量大，建立专门的教

学质量评估机构保证有序进行。

以校级为单位建立教学质量评估机构，同时，在各个学院、不同系别成立相应的教学质量评价基层组织。在全校范围内开展学生、领导和校友评价，院系组织开展专业、同行和自我评价，形成上下通达，垂直管理的课堂教学质量评价网络系统。也可以聘请专业评价机构进行监督和检查，同时做好反馈工作。

（二）建立科学的运行机制，使课堂教学质量评价工作落到实处

（1）拓宽学生参评渠道，多种措施保证参评率。首先，积极宣传，各评价主体形成主动参评的意识。其次，采取措施，督促参评，确保较高的参评率。再次，借助现代信息技术实现评价的匿名性和方便性，全面推行网上评教。最后，通过面对面的方式直接听取学生意见。

（2）建立多层次的教学检查制度，不定期开展课堂教学检查。一是建立教师教案和课件检查制度。不定期对教师的教案进行检查，由专家和同行对教学计划、上课安排、课件准备进行评价，注重评价准备的态度以及教学目标、教学设计的正确与科学。二是建立多层级课堂旁听制度，形成以校院两级领导、教学督导组、同行教师的评价群体的课堂旁听制度。

（3）建立线上校友评价系统，定期开展校友评价。将校友引入课堂教学质量评价之中，可以弥补学生评价因存在利益相关而造成的失真性；同时，校友作为长期教学效果的实践者，他们的评价更具代表性。高校教育对毕业生的影响较为深厚，教师和学校领导可选择毕业一到五年的校友，以校友评价系统为途径，校友通过参与线上评价，了解课程的实用价值，聆听来自社会的声音。

参考文献

[1] 高强，李秀莲，张惠茹．高校课堂教学质量评价的研究［J］．湖北经济学院学报，2010，24（4）．

[2] 白菲，谭豫之．高校本科课堂教学质量评价现状分析［J］．中国农业教育，2012（1）：8－12．

[3] 庄国波，陈万明．领导干部政绩评价主体的系统构建——利益相关者理论视角［J］．中国行政管理，2011（1）：14．

[4] 叶澜．让课堂焕发出生命活力［J］．教育研究，1997（9）：3－8．

[5] 王波，徐光华，文卫国．人力资源价值的模糊计量方法［J］．重庆商学院学报，2001（2）：34－35．

ABET 认证背景下学生学习成果评价的实施过程及其特点

杨若凡　何　倩

摘　要：学生学习成果评价是 ABET 认证的内在要求。ABET 认证专业学生学习成果评价分为以下步骤：明确专业学习成果；确定每项学习成果达成的具体表现；开发支撑每项表现指标达成的课程体系；采取评价工具和方法对学生表现进行评价。同时具有以下特征：强调对学生成果产出进行评价；以学习成果为依据来确定评价标准和方法；以绝对标准作为参照，具有持续性；与教育系统中其他要素相匹配。

关键词：ABET；专业认证；学习成果；评价

目前，教育质量问题颇受全球关注，如何培养能够应对全球化经济和社会时代挑战的年轻一代成为世界许多国家面临的重大问题，尤其是当今教育成本高，教育资源有限，对教育提出了更高的要求。在此背景下，一些学者关注的焦点开始由教育投入和过程转向教育产出，如美国学者威廉斯·帕蒂（William Spady）提出了基于成果的教育理念（Outcome Based Education，OBE）。①基于学习成果的教育是以学生为中心，以结果为导向，关注学生在学业结束后真正拥有的能力，即学生最终表现的学习结果，而不仅是学生的课程分数。该理念的提出是基于以下三个假设，即：所有学生都能成功，只是时间和速度不一样；成功孕育成功；学校决定着学生是否成功的条件。②该教育理念实施始于学习成果的目标创建，终于对学生学习成果达成度的考量。基于此，教师不仅应该尽量提供更多的机会和平台帮助学生达到学习成果，还应该借助多元化的评价方法和手段收集学生表现的相关数据和资料，检测学生是否取得了既定的学习成果，即基于学习成果对学生表现进行评价。

一、学生学习成果评价是 ABET 认证的内在要求

美国工程与技术认证委员会（Accreditation Board for Engineer and Technology，ABET）作为美国一个非营利、非官方的认证机构，下设了四个不同的认证委员会，分别负责对应用科学、计算机、工程和工程技术四个学科领域的专业进行评估和认证。2000 年 ABET 与企业合作共同对工程技术类专业认证标准进行了修订，发布了新的技术类专业认证标准——《技术标准 2000》（Technology Criteria 2000，TC2K）。TC2K 的正式出炉意味着美国工程技术专业认证理念的重大变革，即由原来强调教学投入转而强调成果产出，由原来关注“教什么”转而关注“学什么”。新的专业认证标准要求参与认证的专业必须制订本专业的毕业要求（student

---

杨若凡，上海电机学院副校长、教授。

① Spady，W. G. Outcome-based education：Critical issues and answers. Arlington，VA：American Association of School Administrators. 1994.：8 – 13. Retrieved November 14，2008，from http：//eric. ed. gov/ERICWebPortal/custom/portlets/recordDetails/detailmini. jsp? _ nfpb = true&_ &ERICExtSearch_ SearchValue_ 0 = ED380910&ERICExtSearch_ SearchType_ 0 = no&accno = ED380910.

② William G. Spady. OBE：Reform in Search of Definition. http：//www. schools. nt. edu. au/curricbr/cf/outcomefocus/Spady_ OBE_ intro. pdf. 2001.

outcomes)，并对其学生毕业要求的达成情况进行评价和评估，以此作为判断专业质量的一个重要考核指标。其中毕业要求描述了学生毕业时所应掌握的知识和技能，包括学生通过本专业学习所掌握的知识、技能和行为。毕业要求是参与认证专业对学生毕业时所应达到的学习成果进行的构思和定义。尽管ABET认证的对象是专业，并非是学生个人，但ABET要求参与人专业必须持续进行自我评价和评估，通过系统地收集、审核和使用学生学习信息，诊断其学生学习成果的达成程度，并采取持续改进措施改善专业现有教学质量，确保其毕业生达到这些既定的学习成果并予以证明。评价的最终目的是帮助教师透过评价过程来检查学生在学习的过程及其最终是否达到预期目标，提高教学水平和效果。可见，基于学生学习成果的评价是ABET专业认证的内在要求，也是决定专业是否通过认证的重要环节。

二、ABET认证背景下学生学习成果评价的具体实施

（一）ABET认证专业学生学习成果评价的基本过程

尽管不同专业的评价过程可能存在差异，但ABET认证专业在证明毕业要求达成时通常是自下而上的一个过程，主要包括以下几个环节。

（1）明确专业学习成果。明确学生的学习目标。ABET不仅要求参与认证专业的学习成果应该与大学、院系的宗旨保持一致，还要求学习成果必须源于专业目标。而参与认证专业在制订专业目标时必须征询相关利益者的意见，这意味着专业在确定学习成果时可以通过多种方式广泛征询相关利益者的意见，包括企业咨询委员会会议和调查、访问或企业实地考察等，并予以记录。相关利益者通常包括教师、校友、学生、企业、工程行业协会、研究生院相关专业。当学习成果确定后，专业仍需继续系统收集相关利益者的信息，定期对学习成果进行修订和完善。此外，ABET要求参与认证专业必须证明其毕业生达到认证标准中毕业要求指标在内的学习成果，并明确本专业学习成果与毕业要求之间的关系。应该注意的是，有些专业为了简化评价体系将若干项毕业要求合并，但这会导致专业或评估员忽视其中某项或几项学习成果进行评价。因此，认证专业应该保持认证标准，在此基础上凸显本专业的特色和优势。①

（2）确定每项学习成果达成的具体表现。在确定每项学习成果与课程之间的关系后，美国许多高校工程专业将每项学习成果分解成若干个具体详细、可测量、可证明的表现指标（performance/outcomes indicators），以便于收集、统计、评价和分析相关数据和信息。这些表现指标都是根据每项学习成果衍生出来的，并且由全体教师共同讨论和决定。学习成果与表现指标的主要不同之处在于：学习成果旨在提供学生学习重点的基本信息，对学生所需达到的成果进行概括性的陈述，很难测量，而表现指标则是更为具体，且具有可测量性，是学生必须达到的指标，② 是学生在各项成果中应可表现出的具体行为。教师应该将表现指标作为评价学生每项学习成果的参考和依据。表现指标通常至少包括两个要素：即行为动词（如知晓、应用、分析、解释、设计等）和内容（指称对象）。在表现目标描述中使用动词可以确保教师对学生的外显行为进行观察和测量。③ 以纽约州立大学电气工程技术专业为例（见表1）。④

---

① Mohammed Abadallah, Daniel Jones. Successful Assessment of the Computer Engineering Technology Program.

② ABET. Student Outcomes and Performance Indicators. http://www.abet.org/wp-content/uploads/2015/04/program-outcomes-and-performance-indicators.pdf.

③ Haidar Harmanani. A Bottom-up Outcome-Based Learning Assessment Process for Accrediting Computing Programs. 2010. Retrieved 21 October, 2015. http://www.researchgate.net/publication/258452571_A_Bottom-Up_Outcome-Based_Learning_Assessment_Process_for_Accrediting_Computing_Programs.

④ Mohammed Abdallah. Student Outcomes Assessment and Evaluation for ETAC/ABET. 122nd ASEE Annual Conference and Exposition 2015-06-14 (17).

表1　学生学习成果与表现指标关系表

学生学习成果	● 运用现代技术工具，如软件和测试设备对电气系统进行分析、模拟、设计和完善
表现指标	学生可以通过达到以下一项或多项内容证明其达到学习成果： ● 根据问题描述，利用逻辑部件，如加法器、比较器、多工器（multiplexers）、编码器和解码器设计组合逻辑电路 ● 根据既定要求设计包括二极管、晶体管、运算放大器的电路 ● 为了达到既定要求和学习成果来分析、设计和建构一个系统、部件或程序

(3) 开发支撑每项表现指标达成的课程体系。目前，美国大部分高校的工程专业都为学生提供了包括一系列选修、必修、体验课程和实践活动。为了促进学生在毕业时达到既定的学习成果，参与认证专业将课程体系与一系列的学习成果有效联系起来，并尽可能提供更多的机会，让学生通过修习相关课程或参与相关实践活动获取所需的知识和能力。为了明晰具体课程与学习成果之间的关系，ABET 认证专业通常利用矩阵（matrix）将课程与每项学习成果联系起来，然后根据教师及课程委员会意见将每门课程对学习成果的贡献赋予不同的权重值。在此基础上，教师将根据学习成果的具体表现指标，确定每门课的课程目标和学习成果，并围绕着每门课的学习成果来选择课程内容和教学策略。根据学习成果来确定课程，不仅有利于引导教师有针对性地开展教学活动，还有利于引导教师对学生的知识和技能进行合理的考核和评价。

(4) 采取评价工具和方法对学生表现进行评价。为了对学生表现进行评价，专业必须采集一些数据并予以分析，为其结论提供支撑。因此，参与认证的专业必须围绕学生学习成果来开展教学活动，并根据已有数据决定每项学习成果需要收集哪些数据，探索对学生学习成果的达成度进行公正评价的具体方法和手段。首先，参与认证专业应该结合直接工具和间接工具对学生每项学习成果进行评价。直接方法包括测试、小测验、报告等。专业将借助直接方法，以既定的学习成果及表现指标对学生的知识或技能进行直观测试或观察。间接方法包括学生访谈、校友调查、企业调查等，相关人员对学生是否掌握知识或技能进行评论。① 此外，专业还应该确定每项表现指标的预期达成标准（performance expectation or standards），以此作为学生表现评价的基准值。这些标准通常是数值，并由全体专业教师共同制订完成。

(5) 根据评价结果做出决定和改变。参与认证专业的一个重要目的就是利用学生学习成果评价的结果来对学生学习成果进行修订和完善，提高专业教育质量，在专业内部形成一个闭环的反馈环路。当学生达到的现实标准与预期标准存在差距，专业教师及相关管理人员则需要采取措施来完善已有的教学内容和教学策略。如佐治亚南方大学土木工程技术专业将 2.5 分（四分制）作为基准值，当学生在某门课的平均成绩低于 2.5 分时，任课教师需要反思并向专业协调员（program coordinator）提交持续改进报告，在下次授课时采取改进措施，对学生表现再次进行评量。任课教师拥有两次改进的机会，如果学生的平均成绩仍低于 2.5，则需要教师团队对课程进行审核，并记录改进策略。②

三、ABET 认证专业学生学习成果评价的主要特征

（一）强调对学生产出进行评价

ABET 新的认证标准不再强调对教学资源和教学投入的考察，且没有对专业课程的知识或内容做出过多的规定，而是更关注学生成果产出，更注重对专业毕业生能力的考察，并将学生毕业时是否掌握预期的技能、知识和行为作为专业认证重要考核指标之一。根据要求，认证专业必须证明其毕业生具备既定的能力要求。这意味着教师不能仅仅凭借一次考试或小测验对学生的表现进行评价，而是应该采取多种途径和方法对

① Rogers, G.. Direct and Indirect Assessment. Assessment 101: Assessment Tips with Gloria Rogers. 2006. Retrieved March 2, 2012 from http://www.abet.org/wp-content/uploads/2015/04/direct-and-indirect-assessment.pdf.

② Nirmal Das. Assessment and Evaluation of Engineering Technology Program Outcomes Using Direct Mearsures. ASEE. 2008.

学生已习得的知识和能力进行考察，判断学生是否达到既定的学习成果。

（二）以学习成果为依据来确定评价标准和方法

ABET要求参与认证专业必须证明其毕业生达到包括既定毕业要求的所有学习成果，并建议专业将这些目标能力细分为若干个表现指标。教师将以此为依据来确定每门课的评价标准及方法，以相对客观的标准及多样化的评价方法对学生所掌握的知识和技能进行评价，并根据学生学习成果的达成度来调整课程内容和教学方法。

（三）以绝对标准作为参照

尽管ABET认证标准中明确规定标准3，但允许参与认证专业在此基础上确定各自的毕业要求达到标准或指标。这一标准通常是自我判断（a judgment call）。教师可以根据学习成果制订每门课的参照标准，对学生表现进行评价和评分。根据ABET认证要求，当课程成绩满足以下两个条件的情况时方可作为评价毕业要求达到的有效测量标准：其一，课程成绩必须是根据学生表现的绝对标准来评分，以具体的标准为依据来确定学生是否达到标准及达标程度如何，即标准参照评价，而不是以学生个体在群体中的相对位置予以相对评分。其二，课程内容与毕业要求必须存在明确的一一对应关系，即常规参照评价。这种基于学生学习成果评价完全转变了使用一条正则曲线（normal curve）来判断每位学生学业表现的方式。教师可以通过课前投入时间和精力来思考和细化标准，清楚地向学生说明这些标准，在课后参照标准对学生达到情况予以反馈，更好地促进学生学习。

（四）具有持续性

学习成果评价强调经常使用各种评价手段来引导学生达到每门课设定的学习成果。ABET尽管没有对评价方法做出强制性的规定，但建议各专业教师采取多种评价方法对学生的学习表现进行评价，了解学生的学习状况，并收集、审核、分析和讨论相关数据信息，在此基础上提出可行的改进措施。这种基于学习成果评价不仅仅是为了让学生了解自己的学习成效，其最终目的是为了帮助教师判断学生是否达到既定的预期学习成果，帮助教师为学生提供更多有针对性的指导，从而促进学生达到既定毕业要求的学习成果和专业的持续改进。基于学习成果的学生评价是ABET认证专业实现持续改进的前提条件和基础。

（五）与教育系统中其他要素相匹配

越来越多的学者认为，教育系统的重要因素必须结合起来才能帮助学生达到更高的智能水平。ABET不仅要求参与认证专业通过咨询会议和调查、访谈或企业实地考察等多种形式征询不同相关利益者的建议，并确保学生学习成果必须与专业培养目标、院系人才培养定位和学校定位相符，还要求建立支撑学习成果的课程体系，确保每门课的课程目标、教学方法、评价标准及方法与这些学习成果保持一致。

四、结语

在ABET专业认证的驱动下，美国许多高校工程技术专业都建立了基于学习成果的评价机制。教师根据学习成果来开发课程，开展教学，进行评价，利用评价结果来完善教学内容和方法，力图帮助所有的学生达到既定的学习成果。然而，这种评价方式也遭到一些专家的质疑，主要包括以下几个方面：其一，学习成果评价要求学习成果具有可测量性，可能引导教师仅仅关注培养学生那些易于测量的具体能力，而对哪些难于测量的能力则不做关注或考察。其二，在对学生学习结果进行评价过程中，教师不仅需要花费时间和精力对学习成果进行准确的理解和分解，还需要收集和分析大量的佐证信息，这会增加教师的额外负担，导致教师无法将有限的精力全部投入到真正的教学中。其三，课程开发通常是一个持续循环的过程（on－going cyclical process），即不仅需要判断学生是否达到课程目标，还需要反思既定的课程目标是否有效阐释了课程方向和重点。学生学习成果评价则并未要求对专业学习成果及课程学习成果的反思。有学者甚至指出，学生学习成果评价实质上是以结果为中心，并非以学生为中心。① 可见，基于学生学习成果的评价方式仍有待进一步探索和完善。

参 考 文 献

[1] Spady, W. G. Outcome-based education: Critical issues and answers. Arlington, VA: American Association of School Administrators. 1994. : 8 -13. Retrieved November 14, 2008, from http: //eric. ed. gov/ERICWebPortal/custom/portlets/recordDetails/detailmini. jsp? _ nfpb = true& _ &ERICExtSearch _ SearchValue _ 0 = ED380910&ERICExtSearch_ SearchType_ 0 = no&accno = ED380910.

[2] William G. Spady. OBE: Reform in Search of Definition. http: //www. schools. nt. edu. au/curricbr/cf/outcomefocus/Spady_ OBE_ intro. pdf. 2001.

[3] Mohammed Abadallah, Daniel Jones. Successful Assessment of the Computer Engineering Technology Program.

[4] ABET. Student Outcomes and Performance Indicators. http: //www. abet. org/wp-content/uploads/2015/04/program-outcomes-and-performance-indicators. pdf.

[5] Haidar Harmanani. A Bottom-up Outcome-Based Learning Assessment Process for Accrediting Computing Programs. 2010. (Retrieved 21 October, 2015. http: //www. researchgate. net/publication/258452571 _ A_ Bottom-Up_ Outcome-Based_ Learning_ Assessment_ Process_ for_ Accrediting_ Computing_ Programs.

[6] Mohammed Abdallah. Student Outcomes Assessment and Evaluation for ETAC/ABET. 122nd ASEE Annual Conference and Exposition 2015 -06 -14 (17).

[7] Rogers, G.. Direct and Indirect Assessment. Assessment 101: Assessment Tips with Gloria Rogers. 2006. Retrieved March 2, 2012 from http: //www. abet. org/wp-content/uploads/2015/04/direct-and-indirect-assessment. pdf.

[8] Nirmal Das. Assessment and Evaluation of Engineering Technology Program Outcomes Using Direct Mearsures. ASEE. 2008.

[9] Michael Lorenzen. Lorenzen, M. (1999). Using Outcome-Based Education in the Planning and Teaching of New Information Technologies. Journal of Library Administration, 26 (3 -4): 141 -52.

① Michael Lorenzen. Lorenzen M. (1999). Using Outcome-Based Education in the Planning and Teaching of New Information Technologies. Journal of Library Administration, 26 (3 -4): 141 -52.

聚焦生师互动：提高本科教育质量的“支撑点”

潘金林

摘　要：生师互动是提高高等教育质量的“支撑点”。我国本科教育的生师互动未受到应有的重视，生师互动对学生发展的影响有限。因此，本科院校要加强对学生的个性化指导，促进生师非正式互动与交流，重视课堂教学这一生师互动的“原点”，使其成为生师互动的“动力站”；加强科研与创新活动，营造生师互动的“巅峰体验”。当务之急是要提高学生参与度、教师投入度和院校支持度。

关键词：生师互动；个性化指导；课堂教学；科研与创新活动；本科教育质量

生师互动是教学活动的基本形式，也是提高大学教育教学质量的前提条件。通过生师的密切互动探索与传播高深知识是我国高等教育所秉持的优良传统。2000 年前孔子就采用互动式谈话法同弟子进行交流与教学；宋代的书院采取生师互动辩论的教学。这种教学相长、相互砥砺之风，不仅为后世学者津津乐道，也被西方大学所效仿。抗战时期的西南联合大学生师互动密切，培养出了如杨振宁、李政道、邓稼先、赵九章、黄昆、刘东升等杰出人才。李政道为“钱学森之问”给出的答案就是如当年西南联大的“一对一”互动式教育[1]。不久前南方科技大学首任校长朱清时在总结学校人才培养的经验时指出：“教育的根本就是学生要有更多机会跟老师交流、一起做研究，参加各种讨论。”[2]从国际经验来看，关注学生学习经验、促进生师互动是提高高等教育质量的基本“支撑点”。美国高质量高等教育研究小组在 1984 年发布的报告就明确指出：“除了跟老师的接触，似乎没有任何因素可以说明学生学习和对学校满意程度的原因”[3]。

尽管已有大量研究证明，生师互动对促进大学生学业和身心发展有诸多益处，但在我国本科教育实践中尚未受到应有的重视。近年来，由于高等教育规模激增、院校职能泛化、教学资源稀释、教师教学精力投入不足、学生学习动力缺失等原因，生师互动的频次、深度等都大不如前，由此也带来了本科生学业与发展中的诸多问题。一些学者甚至认为，我国高等教育中存在的许多问题都与生师互动不足有关。[4]因此，如何有效地发挥生师互动的作用、提升生师互动的质量是当下我国本科教育亟待解决的关键问题。

一、个性化指导：生师互动的基础

研究表明，教师对学生的悉心指导以及师生间的密切交流不仅能够促进学生的学业进步，还能影响学生的智力、个性、交往等多个方面能力的成长；[5][6]师生间非正式互动影响学生自我概念如价值观和自信等。[7]而大学里最基础的生师互动是从教师对学生咨询与指导开始的。[8]许多大一新生在心理、认知、人际交往等方面还没有为上大学做好准备；即使是那些有所准备的大学生，由于大学和中学在学习环境、学习方式、学习目标等方面的差异，对大学四年该如何度过也缺乏清晰的计划。因此，本科院校要让大一新生在入学之时

潘金林，常州工学院教授。

原文刊载于《中国高教研究》2016 年第 12 期。

（甚至是入学之前）就能得到教师的悉心指导，通过师生之间有针对性的互动交流，让他们目的明确、充满自信地投身到学习和各类有益的校园生活中。为此，大学应该做好以下 3 点。

（1）加强指导教师的配备，为学生提供及时指导。在新生入学后，学校应为其配备咨询教师，进行一对一的指导，以便学生在大学入门阶段就能够在课程修读、专业选择、职业发展等方面得到教师的建议，并在以后的学习中经常与指导教师面对面交流。导师的咨询和指导工作应该从入学一直持续到学生毕业，甚至是他们走上工作岗位或进一步深造之后。通常情况下，同一个教师连续的跟踪指导，在互动频率与深度上比经常更换教师要好得多。高校的行政管理者尤其是院系领导也应积极加入到指导教师的行列之中，通过对学生的指导，不仅可以在生师互动方面率先垂范，更为重要的是，他们能够直接发现学生所存在的问题，也更有针对性，能更快地为学生解决实际问题。

（2）设立多样化的咨询项目，为学生提供全过程指导。每一所本科院校都应该设立类似于“学生学习服务中心”的咨询和指导机构，聘请德高望重的教师，为全校学生提供学术导航、学业规划、资源利用和学习策略等方面的指导，帮助学生顺利实现从中学到大学的过渡，引领学生实现学习目标。院系层面可以成立“学生学习咨询办公室”，聘请经验丰富的专业教师为学生提供个性化的辅导，帮助学生做出学术生涯的最佳选择，使其在大学四年的时间得到最充分的利用。学校还应该为一些有特殊需要的学生（如少数民族学生、体育特招生、艺术特招生、残疾学生、有升学或出国深造需要的学生等）设立专门咨询项目或进行跟踪辅导，通过师生深度交流，减少他们的学习困难，增强其学习自信心。

（3）创设师生空间“交集”，促进师生非正式互动。随着大学新校区建设，许多设备先进、环境优美的新校区已经沦为学生留守的“孤岛”，学生在课余时间难以见到教师的身影。因此，大学首先要在校园空间布局上尽可能营造有利于生师互动的环境，如在学生教室与教师办公室的布局上，要尽可能地让师生产生“交集”，在非正式互动中增进了解，自然发展到正式互动和深度交流。其次，要创设条件让教师回到学生中间。加州大学伯克利分校设立了“教师进宿舍”项目，让终身教授住进学生宿舍楼，融入学生生活。教授们可以走访学生邻居或在宿舍接待学生来访，和他们一起到食堂就餐，参加学生发起的小型研讨会、社区活动、郊游等。通过“教师进宿舍”项目，学生有机会在非课堂环境中与教师们零距离接触。“同教师非正式的交往互动强化了学生同院系的联系，有助于学生关注自己的学业进步。通过这样的互动，教师成为了继续学习和终身学习的榜样、顾问和导师。”①我们不妨借鉴加州大学伯克利分校的经验，让辅导员教师和那些喜欢同学生打交道的年长教师住进学生宿舍，使“教师进宿舍”的口号真正落到实处。

二、课堂教学：生师互动的“动力站”

学生能否投身学习在很大程度上取决于教师能否投身教学，能否密切与本科生的接触与交流，能否对学生的需求和困惑做出敏锐反应。[9]诸多研究表明，课堂中的生师互动的频次与质量已成为衡量本科生学习经历满意度的一个重要变量。教师在课堂上与学生有效的互动和交流不仅可以激励学生的学习兴趣，还能激发他们课后与教师互动的意愿。而课堂上生师互动的质和量、广度和深度在较大程度上取决于教师的教学水平、教学班级规模以及课堂教学的方法、手段等方面。因此，本科院校要高度重视课堂教学，努力使其成为生师互动的“动力站”。

（一）坚持高水平教师担任本科教学工作

走进名师的课堂、聆听大师的教诲，是许多大学新生梦寐以求的大学生活。然而，许多本科院校的基础课程主要由青年教师担任，学生要到专业课阶段才能一睹自己仰慕的教师的真容。美国卡内基教学促进会主席博耶在 20 世纪 80 年代就告诫大学管理者：“衡量一所大学是否为本科生尽责，一个重要的方面就是看基础课是否是由高水平的教师授课”[10]。他竭力主张最优秀的教师应该去教一年级新生。美国一些知名高校对此倡议做出了积极的回应。加州大学伯克利分校把最有名的、最有经验的大牌教授安排教一、二年级的课，几乎所有得过诺贝尔奖的教授都要教一年级的课；哈佛大学要求学校著名的教授都要参与本科教学，为学生创造独特的学习机会；康奈尔大学要求“明星教授”和其他教职人员一样承担本科生的教学工作，物理系有7位教授是国家科学院院士，有两名诺贝尔奖获得者，而他们一半的教学工作是面向本科生的。[11]近年来我国高校也非常重视本科教育的基础地位，除落实让教授、副教授尽可能多地担任本科生课程外，一些高校还积极聘请国内外名师为本科生授课。重视本科教学，让本校最优秀的教师走进本科生的课堂，让每一个教师以本科教学为荣，应是每一所高校教学文化中所应倡导的风气。

（二）优化教学组织形式，创设有利于生师互动的教学条件

我国高校在公共基础课程、通识课程乃至专业基础课程中较多采用大班授课，在很大程度上制约了生师互动的频次和深度，对教学效果也造成了一定的影响。而小班化教学在促进师生、生生的互动交往方面有着独特的优势。近年来我国一些“985工程”“211工程”高校借鉴和效仿国外新生研讨课的做法，推进小班化教学，在提高学生学习兴趣、促进生师互动方面起到了立竿见影的作用。实际上，新生研讨课不应是研究型大学的专利，每一所本科院校都可结合自身的师资和学生实际开设一些基于学生兴趣的研讨课。小班教学也不仅限于专业课，更可广泛运用于专业基础课、通识课以及公共基础课。即使是在大班授课的课堂，教师也可通过有效的分组讨论等方式，增加学生之间的互动，以弥补生师互动的不足。

（三）创新教学方法，提升课堂生师互动的质量

教师首先应根据课程特点、学生特点和自身特点，选择适宜的教学方法，并根据课堂情境和学生的反馈及时调整和改进教学方法。其次，教师要善于激励学生的学习愿望。教师对学生鼓励和欣赏的态度以及良好人格魅力，可以有效提高学生课堂学习的参与度。学生的课堂参与越多，他们在学习过程中越主动，与教师和同学间的主动互动就越多，学习的体验越愉快。因而教师要充分调动学生的积极性，让其主动参与到听课、思考与回答问题、讨论交流、练习、汇报等课堂活动之中。教师还可以吸纳学生参与教学资源建设，组织学生开展指导严密的实践性学习，开展模拟教学，让学生享受参与和互动带来的乐趣。最后，不能忽视课程考核对生师互动的影响。笔者所在的“教育科学研究方法”课程组将课程闭卷考试改为开放式项目考核，学生根据学习内容，与教师商定研究课题，围绕“文献查阅与综述”“研究方法设计与实施”“数据统计与分析”“研究成果表述”等专题，逐项完成考核作业；考核成绩实行动态管理，单项作业不达标或学生对成绩不满意的，可重新提交，最后计学生最高成绩。这种考核方式扭转了课堂上学生参与率低、学习积极性差的局面，生师互动出现了久违的“井喷”：不仅课堂上学生提问不断，课间乃至课后师生还在为考核作业中存在的问题以及如何改进进行深度交流。

（四）创造性地使用现代教育技术，延展生师互动的时空

现代信息技术和互联网的发展为师生交流提供了各种便利，同时也成为阻隔师生面对面互动的屏障。实际上，每一次现代科学信息技术运用于教学，都会给传统的课堂教学和师生关系带来一定的挑战。美国高质量高等教育研究小组报告也表明：“我们目前对计算机的大多数用法、程序教学的其他形式、语言实验室以及电视教学，隔断了学习者和教师的联系，也隔断了教师与评价过程的联系。”[3]在生师互动中如何用好现代信息技术这把“双刃剑”，加州大学伯克利分校的“网络联系”研讨课提供了较好的样本。近年来，伯克利分校为了发挥网络对教学的支持作用，在新生研讨课的基础上发展了“伯克利网络联系”研讨课（Connections at Cal Seminars），鼓励师生在正常的教学结束后继续保持学术上的互动与交流。研讨课期间，师生通过“网络联系”这一特殊社交网站共享资源、交流思想、拓展视野、展示成果；课程结束后，教师通过网络与那些希望对本课程进一步探究的同学继续保持联系，培养和激发他们的研究兴趣。这种新的互动方式促进了教学相长：教师同一群朝气蓬勃、积极进取的学生保持联系可以让他们经常在一起探讨共同关心的话题，享受教学的乐趣；学生与教师以及同伴在学术背景而不是纯粹的社会背景中保持密切接触，也会受益无穷。[12]如何最有效利用新设备、新技术、新媒体的优势，克服师生对技术设备的过分依赖，破除先进技术对师生交往的阻隔，通过技术丰富教学而不是取代教学，是每一个大学教师的责任。

三、科研与创新活动：生师互动的“巅峰体验”

近年来，科研与创新活动已成为本科院校生师互动的“增长极”。诸多研究表明：科研与创新活动促进了师生的实质性互动，拓展了生师互动的宽度和深度，提升了生师互动的质量。

（1）提高学生在科研与创新活动的参与度。本科生科研与创新活动在我国起步较晚，从21世纪初开始，大学生创新创业活动受到了国家和地方教育主管部门以及各高校的高度重视，参与国家、省、校三级创新创业活动及其他科研活动的学生数量呈逐年上升趋势，但仍有不少学生由于各种原因不能参与到科研与创新活动之中。笔者的一项调查表明，学生参与最多的科研与创新活动是国家、省、学校和学院四级本科生创新创业项目，因此，本科院校除鼓励学生积极申报国家、省级本科创新创业项目外，还应创造条件，增加校、院两级科研与创新项目的项目数，加大对本科生科研项目的支持力度，让更多的学生有机会参与科研与创新项目。另外，还应加强与行业、企业合作，让行业、企业举办或资助各类学科竞赛和创新创业项目，拓宽大学生参与科研与创新活动的渠道。

（2）提高学生参与教师科研项目的比例。在学生参与的教师项目中，教师投入的精力多，和学生共处和交流的时间多，对学生的影响和示范作用大，对学生的指导也更认真负责。因此，从国外高校及国内“985工程”“211工程”高校的经验来看，参与教师项目是学生投身科研与创新活动的主要形式，也是学生最为珍惜的本科学习经历。然而，目前在我国大多数高校，学生参与教师科研项目的比例还很低，笔者近期做过一项调查，在一些学生参与科研与创新活动比例较高的大学，学生参加教师课题的比例也不足10%。究其原因，一是教师课题的研究领域、研究内容和任务难度与本科生的知识结构等匹配度不高，教师将课题分解为学生可以完成的项目，不仅费时，且有一定风险；二是学生科研能力、研究方法、投入时间均有限，研究结果往往达不到预期的要求，教师在指导上所需要花费时间往往超过自己独自完成的时间；三是学校在教师绩效评价时，很少把指导学生参与科研与创新活动等情况纳入考核指标，在很大程度上影响了教师的积极性。因此，高校首先应该对教师指导学生科研与创新等教学活动予以应有的认同，对在指导本科生科研与创新活动中成绩突出的教师加大奖励力度，这也是科研与创新活动中高质量的生师互动得以保持的根基所在。其次，鼓励教师从学生的知识、能力和兴趣等基础出发，为学生提供量身定做的项目。最后，将“以探究为基础的学习”贯穿于学生本科生涯的始终，注重培养学生发现问题和解决问题的能力，掌握科研与创新活动的基本方法，如此，学生可以满怀信心地参与到教师科研项目之中，真正从高频度、深层次的生师互动中受益。

梅贻琦先生在其《大学一解》中对师生关系有过生动地描述：“学校犹水也，师生犹鱼也，其行动如游泳也。大鱼前导，小鱼尾随，是从游也。从游既久，其濡染观摩之效，自不求而至，不为而成。”[13]这是本科院校师生关系的应然状态，也是生师互动的至高境界。要达到这一境界，当务之急是要提高学生的参与度、教师的投入度和院校的支持度。

参考文献

［1］马海燕．李政道破解“钱学森之问”：杰出人才需一对一教育．中国新闻网［EB/OL］（2010－10－31）［2016－9－10］http：//news. xinhuanet. com/politics/2010－10/31/c_ 12720034. htm.

［2］庄树雄．南科大“结果”：两学生进阶世界牛校［N］．南方都市报，2014－7－11.

［3］美国高质量高等教育研究小组．投身学习：发挥美国高等教育的潜力［M］//吕达，周满生．当代外国教育改革著名文献（美国卷·第一册）．北京：人民教育出版社，2004.

［4］李一飞，史静寰．生师互动对大学生教育收获和教育满意度的影响［J］．教育学术月刊，2014（8）.

［5］Pascarella E，Terenzini P. Student－faculty and Student－peer Relationships as Mediators of the Structural Effects of Undergraduate Residence Arrangement［J］. Journal of Educational Research 1980（6）：344－353.

［6］ Volkwein J，King M，Terenzini P. Student – faculty Relationships and Intellectual Growth among Transfer Students ［J］. Journal of Higher Education 1986（4）：413 – 430.

［7］ Kuh G. The Other Curriculum：Out – of – class Experiences Associated with Student Learning and Personal Development ［J］. Journal of Higher Education 1995（2）：123 – 155.

［8］ Christina Maslach. Promoting Student Success at Berkeley：Guidelines for the Future Report of the Commission on Responses to a Changing Student Body（1991）［EB/OL］.（2009 – 12 – 19）.［2016 – 11 – 17］http：//learning. berkeley. edu/cue/background/maslach. rtf，37 – 48.

［9］ 龚放．聚焦本科教育质量：重视“学生满意度”调查［J］. 江苏高教．2012（1）.

［10］ Boyer E L. College：The Undergraduate Experience in America ［M］. Carnegie Foundation for the Advancement of Teaching，1987：149.

［11］ 潘金林，龚放．本科教学：研究型大学的核心使命［J］. 中国大学教学，2010（2）.

［12］ 潘金林．加州大学伯克利分校 20 世纪 90 年代以来本科教育改革的理念、举措及成效［J］. 复旦教育论坛，2014（2）.

［13］ 梅贻琦．大学一解［M］//杨东平．大学精神．沈阳：辽海出版社，2000.

高校内部质量保障体系的构建与特色

——以厦门大学为例

乔连全　王佳慧

摘　要：近年来，厦门大学不断致力于构建内部教育质量保障体系，经过多年实践，目前已形成以年度教学评估为“抓手”，教学质量报告和教学状态数据为支撑，结合日常的课程测评、教学督导、教学委员会、学生问卷调查、党政干部听课、青年教师教学比赛、教师培训、用人单位满意度调查、毕业生跟踪调查等多种手段，构建了较为完善的内部质量保障体系，形成了一系列配套规章制度。重点关注质量，形成完备、多方参与的体系，构建相应的配套设施是其中几个值得关注的特色。

关键词：高等教育质量；内部质量保障体系；质量管理

在高等教育大众化进程中，扩招既为我国的高等教育发展提供了契机，同时也带来了一定挑战，特别是备受关注的高等教育质量。在此背景下，建立科学有效的高等学校质量保障体系以提高人才培养质量迫在眉睫。高等学校教学质量保障体系可以分为高校内部教育质量保障体系和外部质量监督机制。外部质量监督机制主要是政府、社会对高等学校的认证与评价。高校内部质量保障体系则是通过高校的自我约束、自我管理来推动自身教育教学质量的提高，近年来越来越受到社会各界和高校的重视。

一、高校内部质量保障体系简述

20 世纪 80 年代，欧洲率先兴起了高等教育质量保障运动，①之后各国一直对此给予高度关注。目前很多国家都已经建立了完备的外部质量监督机制，同时也逐渐认识到要从根本上实现高等教育质量的可持续发展最终取决于高校内部质量保障的措施，因此纷纷将关注重点转向高校内部。

由于高校的教育质量问题引起社会广泛关注，我国自 20 世纪 90 年代开始，教育部采取措施以保障高等教育质量。1990 年，国家教委颁布了《普通高等学校教育评估暂行规定》，其中提到：普通高等学校教育评估主要有合格评估（鉴定）、办学水平评估和选优评估三种基本形式。从 1994 年至 2014 年，一共实施了五次高校本科评估。2009 年，新的评估办法出台——“五位一体”评估制度。“五位一体”评估制度是“建立以高校自我评估为基础，以院校评估、专业认证与评估、教学基本状态数据常态监控和国际评估为主要内容的评估制度”。从中已经可以看出教育部对于高校自我评估的重视。在此重压下，高等教育质量管理主体开始由外转向内，保障高等教育质量开始成为各高校的重要问题，高校已然成为提高高等教育质量的主体。

高校内部教育质量保障体系（Internal Quality Assurance，简称 IQA）是指学校以提高和保证教育质量为目标，运用系统方法，依靠必要的组织结构，把学校各部门、各环节与教育质量有关的质量管理活动严密组织起来，将影响教育质量的一切因素控制起来，从而形成一个有明确任务、职责、权限，相互协调、相互促

乔连全，厦门大学教育研究院副教授；王佳慧，厦门大学教育研究院硕士生。

① 魏红，钟秉林．我国高校内部质量保障体系的现状分析与未来展望［J］．高等工程教育研究．2009（6）．

进的教育质量管理的有机整体。

高等教育内部质量保障体系大致可以由五个系统构成：高等教育质量保障的指挥系统、高等教育质量保障的信息收集系统，高等教育质量保障的评价与诊断系统，高等教育质量保障的信息反馈系统，高等教育质量保障的支持系统。① 在此分类系统下，学校各个组织机构、各主体都应参与质量保障体系。在实施系统的运行中，包括学校分管校长领导本科教学质量管理，② 以教务处为中心的实施体系，负责建立教学督导与专家评估组织，在校学生则参与到教育评估中等。

IQA 的最终落脚点是为高等教育质量、为高校人才培养服务。因此根据人才培养的阶段过程，可以将 IQA 划分为四个环节，分别是目标设计、培养模式设计、培养环节监控、培养结果检验。目标设计即把国家社会需要和个体发展需求转化为人才培养目标，包含知识、能力、素质等基本规格要求；培养模式设计即把培养目标规格要求转化成可操作的技术路线、方法，包括课程体系、教学方式、学习方式、教学管理制度建设和教学资源配置等；培养过程监控即通过监控组织建设、人财物要素投入、教学过程和学习过程监控，使培养结果与预期培养目标相吻合；培养结果检验即通过毕业生跟踪调查、用人单位反馈等，不断校正人才培养目标、调整培养模式和教学过程。

二、厦门大学的 IQA 发展现状

2014 年，厦门大学的内部教育质量保障体系作为案例，与德国、奥地利等八国高等学校共同参与了联合国教育规划研究所所开展的“高等教育内部质量保障优秀原则和创新研究”。这是对厦门大学内部教育质量保障体系的一个高度认可。21 世纪初期，厦门大学就开始致力于构建内部教育质量保障体系，经过多年实践，目前已经形成了以年度教学评估为“抓手”，教学质量报告和教学状态数据为支撑，结合日常的课程测评、教学督导、教学委员会、学生问卷调查、党政干部听课、青年教师教学竞赛、教师培训、用人单位满意度调查、毕业生跟踪调查等多种手段，构建了较为完善的内部质量保障体系，形成了一系列配套规章制度。这为厦门大学教育质量的稳步提升提供了坚实后盾。

具体而言，厦门大学的 IQA 主要措施可划分为四类：宏观监控、课程质量、教师发展和学生学习。

（一）宏观监控

宏观监控是从宏观层面对高校的教育教学质量进行管理控制，在这方面厦门大学主要采取了本科教学自我评估以及日常质量监督机制。

（1）本科教学自我评估。从 2006 年起，厦门大学就开始实施教学评估。每年年底，学校会选取若干影响本科教育质量的核心监测指标，在学院全面自查的基础上，以校领导为组长，成立若干评估专家组，对各个学院本科教学工作进行深入、集中的检查，形成专家反馈意见和学校评估报告，在第二年年初以评估反馈会的形式反馈至各学院及相关单位，并督促整改，建立了较为完善的“自我检查、相互观摩、典型示范、及时整改”的自我评估机制。评估内容涉及新教师、新专业、教学计划、课堂教学、实践教学、考试、毕业论文（毕业设计）、学生学习状态、教学改革等各个方面，形成了对教育质量的全方位、常态化监测。评估报告包括评估基本情况、检查情况分析、整改意见和建议、专家反馈意见、状态数据等。

（2）日常质量监督机制。这是一个包含教学督导制度、党政领导听课制度、校长日常听课制度、日常教学检查制度等在内的系统化机制，从而达到行政管理人员、教师、学生以及社会用人单位相互制约、相互监督、共同参与的目的，实现对本科教学运行过程的实时监测、预警和调控。

（3）常态数据监测。教学基本状态数据是对本科教育质量最直观的反映，是推动高等教育内涵式发展、提高高等学校人才培养质量的重要举措，是实施高等学校教学质量常态检测的重要内容。基于教学基本状态

---

① 杨昆蓉．高校内部质量保障体系的内核：自评管理与监控［J］．中国高等教育评估．2010（2）．

② 戚业国．高校内部本科教学质量保障体系建设的理论框架［J］．江苏高教．2009（2）．

数据，可以定期总结前期教学改革的成就，分析存在的问题，实时、客观、常态化地把控教学运行状态和教学质量情况，为人才培养的顶层设计提供科学依据。早在20世纪90年代末，厦门大学就开始动态采集教学基本状态数据。经过10几年的发展，逐步形成一套教学运行状态与质量评价的数据依据与统计方式，依托教务管理信息化平台，动态采集教学运行基本状态数据，并且在对数据统计、分析的基础上检测教学质量的状态与发展，形成每学年的《本科生教务基本情况统计表》和《厦门大学本科教学质量报告》及相关报告。

（二）课程质量

课程建设是高校教育质量建设的核心，是影响人才培养质量的关键环节。厦门大学历来重视教育质量，重视本科课程质量。因此在对课程质量的监控上，学校给予了高度重视，目前最重要的措施是本科课程教学测评。

本科课程教学测评是为了进一步提高本科课程教学质量。自2011年秋季学期开始，厦门大学本着“重在诊断、重在反馈、重在改进、重在提高”原则，每学期以随堂测评的方式开展本科课程教学测评。测评采用《厦门大学课程教学测评表》，该测评表主要是以李克特五级量表形式呈现的17个子题目和关于课程改进的1个开放题目。测评工作于期末考试前2周按照教师所属单位进行，后由教务处组织人员扫描测评表并做数据整理和统计。根据测评结果编制分析报告并反馈给相关学院和任课教师，对测评成绩较低的教师实行约谈、听课制度，帮助教师改进教学。

（三）教师发展

良好的高校教师发展制度是保障教师质量，进而提高高等教育质量的必然要求。① 为了保障厦门大学的教育教学质量，学校一直对教师群体的能力发展倾注了极大关注。

2012年起，厦门大学成立了教师教学发展中心，中心从教学能力提升、教学咨询服务、教学改革研究、教学质量评估、教学资源共享等方面开展工作，在促进全校教学质量提高等方面取得有效发展。目前针对教师发展，学校采取的措施主要有：（1）搭建教学观摩平台。通过举办青年教师教学技能比赛，搭建一个青年教师相互交流学习、提升教学能力的示范平台。（2）开展教师教学培训。通过入职教师培训制度、青年骨干教师教学研修夏令营等，帮助教师成长，形成较好的教师教学氛围。（3）建立教师教学档案。通过对青年教师教学的录像，从而帮助教师自我审视。

（四）学生学习

学生是高校教育教学工作的中心，厦门大学采取的一切工作最后落脚点都是提高人才培养质量，因此在IQA体系构建中，学生的主体地位必须予以凸显。目前厦门大学采取的措施主要是学生学习经历调查。

当前，评价本科生培养质量的方法很多，其中学生评价被认为是最有效、最可靠的方法之一，在高等教育领域扮演着非常重要的角色。学生学习经历调查能帮助了解对其所在高校的教学效能与课程质量。为进一步改进教学提供实证依据，厦门大学基于学生学习增值的理念，自2008年起，每年坚持开展新生、毕业生学习经历调查。新生刚从高中教育进入高等教育，入学衔接问题、教学方式的变化、学习方式的转变、生活习惯的适应等问题非常突出，因此新生学习经历调查关注学生个体学习体验，注重对学生学习过程、学习效果和学习期待的评估；而毕业生经历了本科四年的学习生活，对学校的相关制度、课程建设、学业活动等有了全方位接触，因此毕业生学习经历调查关注学生个体学习体验、注重学生对人才培养过程满意度及学生自我成长评价的评估。

---

① 潘懋元，罗丹．高校教师发展简论［J］．中国大学教育．2007（1）．

三、厦门大学IQA体系的特色

（一）重点关注课程质量

课程质量一直是厦门大学抓教学的重中之重。早在20世纪80、90年代，厦门大学就开始对课程实行分类管理，即将课程结构划分为基础课和选修课；并且通过《厦门大学课程教学质量评估的实施办法》，达到了对教师备课、授课，学生作业、考试等环节的规范化管理，已经建立了各级领导听课制度和学生课堂测评制度。

目前厦门大学在保证课程质量方面主要措施有：

（1）引进激励和竞争机制。公共课试行挂牌上课制度，专业基础课设立主讲教授岗位制度，从而要求更多优秀教师为本科生授课。

（2）开展教学评价机制改革。厦门大学目前对教师教学工作量的计算方法是按照课程门数或学分计算教学工作量，以督促教师将关注点转变至课程教学质量。

（3）建立课程教学测评制度。学期末对教师课程教学状况进行测评，通过测评了解教师授课的情况，帮助教师进一步改进教学。

（4）建立课程管理归口制度。即将原本由各学院自行承担的高等数学、外语教学、公共计算机教学的教师统一划归到相关学院，要求在学院内部打通公共基础教学教师和专业课教学教师的界限，由学院统筹安排教师，统一课程教学要求，统一教学质量标准。

（二）形成完备、多方参与的体系

厦门大学的内部质量保障工作经过多年探索，已形成了一个完善的体系。该内部质量保障体系由分管校领导牵头、在实践运行方面形成教务处、研究生院、学生处、团委、院系等多机构合作，管理者、教师、学生、用人单位等多主体参与，教学管理、学生事务管理、行政管理、学术管理等多系统整合为特征的内部教学质量保障组织机制。

此外，内部治理保障并与外部质量保障相配合以共同发挥作用。一方面，学校内部评估是外部评估的重要组成部分，也是外部评估的最终目的，即推动学校建立持续的内部质量保障机制。另一方面，学校内部评估也必须根据外部评估的标准，内部评估的改进也助于进一步完善外部评估。其次，在学校的内部评估中，其核心是教学过程的评价。评价主体包括教师、学生以及学校行政管理者。其评价方式是三种主体之间两两评价，形成了教师、学生以及管理者共同参与的内部质量保障体系。

（三）构建相应的配套措施

为了保证IQA能顺利、完善进行，厦门大学还有一系列的相关措施为其提供保证，其中包括建立并不断完善制度规范。学校目前已有包括《厦门大学本科生学籍管理规定》《厦门大学本科教学基本规范》《厦门大学三学期制本科教学计划（2012级）修订总则》等在内的一系列教学管理规定，对包括教学计划、教师授课、学生学习评价等在内的教学环节进行了规定，明确各环节的质量要求。在学校的规范下，各个学院又根据各自的具体情况，从教和学两个方面制订了课堂教学、实践教学等各教学环节的质量标准。

除此之外，厦门大学还完善了学校组织建设。包括之前提到的教师发展中心，为教师的不断发展、教学质量的不断进步提供了不可忽视的帮助；设立了本科教学督导组，通过聘请富有教学管理经验退休老教师组成教学督导组，从事专题调研、稳定教学秩序、严格各项纪律工作，促进教学质量提高；从2001年，厦门大学还成立了教学工作委员会，该委员会的职责是负责审议、指导职能部门提出的重大教学工作的规划、教学改革措施、教学管理制度；审议、指导厦门大学本科专业设置和建设规划；审议、指导教学实验室设置和建设规划；审议厦门大学高级职称岗位设置原则和评聘标准，并对申报教师进行资格评议；审定各类教学奖评定标准和办法，评审重大教学成果奖。这个组织的建立对于教学质量的保障更是起到了显著作用。

厦门大学作为“985”“211”院校，历来对高等教育的质量给予了极大关注，而IQA体系的形成、发展，更是为学校教育教学质量提供了制度化保障。厦门大学的IQA体系作为中国高校IQA体系发展的一个缩影，展现了中国高等教育质量保障体系新阶段发展的态势与方向。

参考文献

[1] 魏红，钟秉林．我国高校内部质量保障体系的现状分析与未来展望［J］．高等工程教育研究．2009（6）．

[2] 杨昆蓉．高校内部质量保障体系的内核：自评管理与监控［J］．中国高等教育评估．2010（2）．

[3] 戚业国．高校内部本科教学质量保障体系建设的理论框架［J］．江苏高教．2009（2）．

[4] 潘懋元，罗丹．高校教师发展简论［J］．中国大学教育．2007（1）．

[5] 袁本涛．中国高校教学改革的现状与趋势分析——来自2005年国家级教学成果奖的报告［J］．大学教育科学．2006（2）．

[6] 张正义，贾晓娟．高等教育质量保障体系的完整性略论［J］．山西师大学报．2007（5）．

[7] 康宏．我国高等学校内部质量保证体系的建构［J］．教育理论与实践．2009（3）．

[8] 厦门大学网站 http：//www. xmu. edu. cn/.

[9] 厦门大学教务处网站 http：//jwc. xmu. edu. cn/.

基于整合性工程设计项目的课程教学改革研究

彭熙伟　廖晓钟　郭玉洁　汪湛清　张　婷

摘　要：专业课程理论教学比重过大，实验教学分量太少，影响了工程科技人才的培养质量。本文对专业课程教学的基本情况进行了分析，提出了把实践性强的一些理论课程，改造成基于整合性工程设计项目的实践导向学习课程，以整合性工程设计项目为抓手，按照突出工程特色、强化工程训练的思路，着力提升学生的工程素养，着力培养学生的工程实践能力、设计能力和创新能力，并把非专业因素的人文素质教育落实在整合性工程设计项目中，从知识结构、能力结构、创新素质和创新精神四个方面培养学生的实践能力、分析解决工程问题的综合能力和素质。

关键词：工程教育；课程教学；实验教学

引言

课程教学是人才培养过程中的基本环节，是保证人才培养质量的基础。现有工程教育课程教学方面存在的主要问题是：课程教学仍然偏重知识传授，而在能力培养方面相对比较薄弱；[1]由于缺乏工程实践经验，以及知识结构等方面的缺陷，教师普遍存在教学理念和教学方法落后的现象，仍采用填鸭式教学方法；[2]人文社会科学相关内容与工科教学整合的力度不够，尤其是如何从经济、环境、法律、伦理等领域看待工程问题，还没有在课程教学内容中得到很好体现。[1]这些直接影响了工程教育的人才培养质量。

在新一轮科技革命和产业变革与人类社会发展形成历史性交会的新时期，对工程技术人才培养提出了新的、更高的要求。中国工程院“创新型工程科技人才培养研究”重大咨询项目明确指出：“中国未来的创新型工程科技人才是科学知识、工程技术、实践经验、工程设计能力、创新意识与创新能力以及爱国主义和拼搏奉献精神有机结合的优秀人物和优秀群体”[3]。新时代创新型工程科技人才的素质要求具体体现在知识结构、能力结构、创新素质和创新精神四个方面，这为工程教育改革与创新指明了方向。

本文以整合性工程设计项目的课程教学改革为例，探索工科专业课程教学改革的几个问题。

1　工科专业课程教学基本情况

工程教育具有理论与实践结合紧密，工程性、实践性和综合性强的突出特点，但是，长期以来受“学科中心”课程观影响，工程教育课程偏重单一的工程专业课程知识传授，加上工程教育的科学倾向，导致工程教育与工程实践的脱节，严重影响了我国工程教育的质量水平。

1.1　偏重于理论知识的传授

现有工程教育专业课程基本上是在学科导向教育背景下配置的，不同程度上存在知识结构学科化、课程

基金项目：北京市教委高等学校教育教学改革项目“基于成果导向教育的课程目标达成度的质量评价及保障体系的研究与实践”（2015－ms027）、北京市教育科学“十二五”规划课题“加强工程科技人才培养实验教学研究与实践”（ADA13086）. 北京理工大学实验室研究项目“电气测量及加载装置研制”（2014BITSYA22）。

彭熙伟，博士，北京理工大学自动化学院教授；廖晓钟，北京理工大学自动化学院教授；张婷，北京理工大学自动化学院高级实验师。

内容知识化状况。教学理念和教学方法落后，课堂教学注重学科知识传授，“教授在前面表演，学生在下面欣赏”，“许多课堂教学，学生是在陪听”，课堂教学缺乏“师生互动”。

1.2 实验教学薄弱

专业课程理论教学比重过大，实验教学分量太少，依附于理论课程。很多课程没有实验，少数课程有课内实验，而这些实验大多数基于实验箱或实验柜上完成原理验证实验，工程特色不突出，综合性的训练缺乏；实验设备测试点固定，实验方法、实验步骤统一，实验结果可预知，导致学生缺乏实验设计、实验技术、观察能力、分析能力以及解决工程实际问题的全面训练。

1.3 课程内容缺乏横向整合

专业课程一般在学科导向背景下配置，这些课程之间相对独立，内容缺乏相互交叉和渗透，使得学生所学专业知识片段化，缺少把专业课程知识整合应用于工程实际系统的教学环节。学生专业知识零散化、片段化，导致学生在系统分析和综合运用知识解决复杂工程问题能力方面偏弱。

1.4 专业素质不足

专业课程往往偏重专业内容方面的教学，而在非专业因素方面的社会责任意识、创新意识、团队合作，工程设计时考虑经济、环境、安全、可持续发展、伦理等制约因素的素质教育上还很欠缺；往往把这些非专业的素质教育简单视为人文社科课程所承担的教学任务，而在专业课程的教学活动中很难体现与工程实践活动相关的非专业因素的素质教育，这导致培养的学生在从事工程职业的综合素质教育方面有所欠缺。

1.5 教师队伍非工化趋向严重

由于“论文指挥棒”的压力，绝大多数工科教师是从家门到校门，缺乏严格的科学研究训练和创造能力培养，缺乏现代化工业企业的输出技术、工程设计和组织管理的实际经验。工科教师偏重于课堂上的理论教学，很少参与实验教学，导致具有深厚工程背景又有学术水平的“双师”型教师严重缺乏。

1.6 课程教学没有支撑专业毕业要求

课程教学考核主要是期末考试，考核内容、考核方式、评价标准简单，而非专业因素方面的责任意识、团队合作、交流表达、创新意识、经济管理等素质教育没有在专业课程教学内容中得到很好体现，难以全面、客观对学生的潜能、胜任力、批判性思维和创新能力等学习成果进行综合评价，课程教学没有达到支撑专业毕业要求的目的。

2 工科专业课程教学改革思路

遵循工程教育规律和工程科技人才成长规律，工科专业课程教学改革的思路是：把实践性强的一些理论课程，改造成基于整合性工程设计项目的实践导向学习课程，让学生能够“学中做”“做中学”。突出工程特色、强化工程训练，着力提升学生的工程素养，着力培养学生的工程实践能力、设计能力和创新能力，并把非专业因素的人文素质教育落实在整合性工程设计项目中，提高人才培养质量，形成对专业毕业要求达成度的有效支撑。

2.1 整合性工程设计项目的内涵

基于整合性工程设计项目的课程教学具有工程性、实践性和综合性的突出特点，着力于学生能够运用过去所学专业知识及技能，尝试解决复杂且整合性的工程实际问题。整合性工程设计项目内涵有以下几方面。

（1）需要创新应用专业的综合知识才可解决的实际问题。

（2）问题本身是多面向的，或在技术、专业与其他层面上相互冲突。

（3）是一个实际问题，没有显而易见的解决方法。

（4）需要查阅资料、自学相关专业知识。

（5）需要考虑经济、环境、安全、材料及技术等。

2.2 实验平台建设

整合性工程设计项目以工程实际问题为牵引，实验教学平台为必需的硬件支撑条件，因此，需要把验证性实验教学装置向工程性、实践性和综合性的实验教学装置转变。工程性，即实验教学装置贴近工程实际，突出工程特色，增强学生的感性认识，提升学生的工程素养；实践性，即学生能够完成设计、搭建和操作，强化工程实践训练；综合性，即实验教学平台可以完成综合性的设计实验，学生能够综合运用专业知识分析解决工程实际问题。从而使学生的知识、能力和素质得到综合培养。

以北京理工大学 Parker Hannifin & 华德液压“流体传动与控制”联合实验室为例，在流体传动与控制实验教学平台的基础上，集成流量、压力、温度、位移、转速、力、编码器、电流互感器等传感器，构建了开放式、设计性、综合性的自动化专业类实验教学平台，可以完成流体传动与控制、工程测试技术、传感器技术、电气测量技术、自动控制系统等课程内容交叉的设计项目实验，为整合性工程设计项目的课程教学提供了实验平台基础。

2.3 强化设计性、综合性的项目内容

以支撑专业毕业要求为目的，以能力培养和综合素质提升为主线，以体现专业综合能力培养的工程设计项目为对象，把所学专业知识整合运用于设计性、综合性的工程设计项目中。例如，工程测试技术、传感器技术、电气测量技术等偏重实践的课程教学，理论教学占1/3，项目实验教学占2/3，把所学的电子技术、计算机技术、信号处理、误差分析等专业知识整合运用于工程设计项目中，学生需要查阅资料，自学虚拟仪器技术。这些实验项目专业内容的针对性和工程性强，学生需要完成方案设计、电路设计、搭建系统、调试、数据处理、误差分析、测量参数及波形显示等，把相关专业知识整合运用于实验项目中，培养学生实践能力、设计能力、观察能力及分析、解决工程实际问题的综合能力，实现对专业毕业要求相关能力指标的有效支撑。

2.4 整合性工程设计项目教学模式

转变教育观念，把传统的以教师为中心，统一要求、按部就班的实验教学模式向基于项目的研究性教学模式转变。教师介绍课程教学目标、内容、考核评价及教学模式，对项目基本情况、参数与指标、研究的问题、目标进行说明，并为学生提供相关参考资料，组织教学安排。教师的职责要从知识的传授者转变为学生学习研究问题的指导者和引导者。

围绕项目设计，以能力培养为导向，以小组为团队，采用开放式的教学组织形式。小组成员分工与合作，增强学生的责任感，调动学生参与课程教学的积极性，培养学生交流与表达、团队合作的能力；通过方案比较、分析与设计，培养学生查阅资料的能力，并把性能指标与经济成本综合考虑；在设计、调试、研究与实践中，提升学生的工程素养，激发学生的创新性思维，培养学生综合运用知识分析解决实际问题能力；开放式、进程式的教学组织形式，培养学生资料整理、项目管理能力；通过项目验收、答辩等活动，增强学生的成就感，并检验学生的实验教学成果。把能力培养、综合素质提升融合在“学中做”“做中学”的实验教学过程中。

2.5 全程化、多样化考核评价

根据项目驱动的研究性教学模式的特点，把一般的考勤、实验结果、实验报告测评转向重知识整合、应用、设计与制作、实验、表达、写作的综合能力与素质的形成性评价方式，考核指标如表1所示。其中项目作品验收、答辩由3~5人教学团队进行评价。这种过程化、多样化、多元化的考核评价方式，激励学生自主、进取、协作精神，促进学生全面发展。

表1 考核评价指标 %

考勤	讨论	成员评价	设计创新	作品验收	答辩	报告
10	10	10	15	25	10	20

3 结束语

课程教学是人才培养中最基本的教学环节，是人才培养质量的重要保证。本文提出把实践性强的一些理

论课程，改造成基于整合性工程设计项目的实践导向学习课程，以整合性工程设计项目为抓手，从专业方面来看，通过方案论证、设计、制作、调试、软件编程、分析与数据处理等工程实践训练，培养学生综合运用专业知识分析解决工程实际问题的能力；从素质方面来看，培养学生查阅资料、主动学习、项目管理、汇报、书面报告的能力以及团队合作、交流与沟通的能力和创新精神。因而，从知识结构、能力结构、创新素质和创新精神四个方面培养学生的实践能力、分析解决工程问题的综合能力和素质，为达到专业毕业要求提供支撑。

参考文献

[1] 教育部高等教育教学评估中心．中国工程教育质量报告（2013 年度）［EB/OL］. http：//jwcad. ahut. edu. cn/xz2/zggcjyzlbg13. pdf.

[2] 陈劲，胡建雄．面向创新型国家的工程教育改革研究［M］. 北京：中国人民大学出版社，2006.

[3] 中国工程院“创新人才”项目组．走向创新［J］. 高等工程教育研究，2010（1）：1－19.

[4] 李培根．未来工程教育中的实践意识［J］. 高等工程教育研究，2010（6）：6－8.

[5] 李志义，朱泓，刘志军，等．用成果导向教育理念引领高等工程教育教学改革［J］. 高等工程教育研究，2014（2）：29－34.

[6] 高有华．美国研究型大学新课程教学方法的改革［J］. 比较教育，2007（11）：11－104.

[7] 林健．面向卓越工程师培养的研究性学习［J］. 高等工程教育研究，2011（6）：5－15.

新形势下传媒实践教学生态系统的构建与探索

姚　争　冯建超

摘　要： 近年来，随着卓越传媒人才培养的不断探索，传媒实践教学越来越受到学界和业界的重视，但是在旧的人才培养模式中，实践教学的地位、内容、资源、方法、教学安排、管理制度等方面均需要进行改革创新。笔者所在高校以教育生态学为基本理论，通过理论教学生态链、校内外资源生态链、社区融媒体生态链、学科—专业生态链、传媒技术生态链等五大生态链以及服务实践教学的制度环境打造，构建了实践教学生态系统，在卓越传媒人才能力培养中发挥了较好的作用。

关键词： 新闻传播；实践教学；卓越传媒人才；生态系统

传统精英化高等教育认为"获得系统的理论知识，比那种仅仅把知识当作工具的教育，能更好地为实际领导工作提供知识准备"。①精英高等教育的实践过程与教育过程脱节，传授的知识呈现显著的理论性、抽象性特征。在高等教育大众化的今天，应用型人才专业实践能力的培养越来越受到关注，更强调知识的社会意义与实践价值。企业希望毕业生到岗就要能够提供创新服务与新的思想，更强调创新发展。旧的学术精英化人才培养理念与做法，并不适合应用型人才培养。对于卓越传媒人才来说，社会对其专业实践能力的要求更为突出。一方面这是由于新闻传播学本身就是一个理论实践并重的学科，更重要的是在当前新媒体不断涌现、媒体融合发展的大变革背景下，卓越传媒人才必须在走上岗位之前就要对行业发展、技术革新趋势有较深的认识，适应并掌握各类新兴媒体与主流媒体的传播方法。因此，传媒实践教学在传媒人才培养中具有十分重要的意义。

一、开展传媒实践教学的探索和理论

如何开展传媒实践教学，国内高校已经开展很多有益的探索与实践。大体来说主要有以下三种理论。

（1）体系建设说。邹迎九提出，新闻传播类专业实践教学体系是一个完整的系统，这个系统由硬件系统、软件系统两个子系统组成。硬件系统主要由专业实验（实训）室、校内媒体平台和专业实践实习基地三部分组成；软件系统主要包括教学目标体系、教学内容体系、教学师资队伍和教学管理体系四个组成部分。②

（2）平台搭建说。白贵提出，应搭建学科与业界相结合的实践平台来推动新闻院系师资队伍建设，进而完成卓越新闻人才培养机制的创新。主要措施包括加大新闻学院和媒体单位互派人员挂职锻炼的力度；建立校外优质教学资源向校内教学的渗透机制并将之纳入新闻教学体系；结合学科发展强化实践教学环节的内涵建设，建设覆盖全部业务领域的示范性实践教学基地。③

姚争，浙江传媒学院副院长、教授；冯建超，浙江传媒学院讲师。

① 佛洛里安·兹纳涅茨基．知识人的社会角色［M］．南京：译林出版社，2012.

② 邹迎九．试论广西高校新闻传播类专业立体实践教学体系的构建［J］．高教论坛，2012（1）.

③ 白贵．搭建创新实践平台　培养卓越新闻传播人才［J］．中国高等教育，2014（Z2）.

（3）协同模式说。余丹等提出，通过校媒深度合作，双方实现设备、人力等资源的共享。媒体要全面参与到高校新闻学专业的人才培养中来；高校为媒体发展提供智力支持，双方通过优势互补，共建专业方向、共商教学内容、共享人力资源、共定考核标准。①

此外，学者对于国外尤其是密苏里大学等国外著名新闻专业高校也进行了深入研究。丁梅等提出，密苏里大学的新闻实践教学核心的特征在于：基于行业需求的系统化的课程设置；满足技术要求的系统化的实践体系；满足办学需要的系统化的社会资源整合。②

二、卓越传媒人才培养在实践教学中的瓶颈问题

这些探索与理论研究的成果不仅得到学术界的认同，也得到政府相关部门的重视。2013 年年底教育部、中共中央宣传部出台了《关于加强高校新闻传播院系师资队伍建设实施卓越新闻传播人才教育培养计划的意见》（教高〔2013〕7 号），提出加强卓越传媒人才培养的主要任务就是要加强马克思主义新闻观教育、加强人才培养基地建设、推动高校与新闻单位从业人员互聘、推动人才培养模式改革创新、推动优质教学资源共建共享。随着这一计划在各地的实施，我国传媒实践教学改革创新取得了相当的成绩，许多高校与新闻单位、政府部门签署了人才培养基地共建协议。但随着改革的不断深入，卓越传媒人才培养也在实践教学上遇到了深层次的瓶颈问题，主要包括以下几个方面。

（1）卓越传媒人才培养需要加强实践教学重要性的认识，处理好理论与实践的关系。精英化高等教育并非没有实践教学，但是其实践教学根本目标是在于帮助学生用实验验证理论、加深认识，最终掌握学科知识；人才培养方案中的核心课程主要依据知识逻辑进行设置，利于学生系统掌握学科专业知识体系。而大众化高等教育下，核心目标是培养应用型人才的专业实践技能，实践教学的地位与重要性更为突出，理论知识的学习要能够用以指导实践、服务创新。因此传媒实践教学改革，必须要打破实践依附理论的课程体系的旧框架，建立起理论与实践相互促进、循环递进的教学体系。

（2）传媒实践教学内容组织需要符合行业发展逻辑，处理好学科与行业的关系。能够服务传媒行业发展与改革创新的卓越新闻传播人才，需要掌握深厚的学科专业知识，更需要熟悉行业生产实际，要用行业生产需求组织学科知识，用以指导实践。因此，传媒实践教学必须以行业需求为逻辑起点，把掌握学科知识、培养行业实践能力融合起来，建立起适应行业发展需求的实践教学体系。

（3）传媒实践教学硬件建设需要依照行业逻辑进行整合，处理好建设与整合的关系。在高等教育跨越式发展的阶段，各高校实验室、实践实习基地建设数量可观，为实践教学的开展打下了坚实的基础。就传媒实践教学来说，下一步发展需要克服实践教学资源各自为政、分布离散的情况，用传媒产业发展的内在逻辑进行组织，打破校内外实践教学资源离散状分布、校内与一线实战脱节的弊端，建立立体融通的资源生态。

（4）传媒实践教学要不断跟上行业技术发展，技术平台的搭建要处理好基础与前沿的关系。传媒技术发展迅猛，实践教学内容滞后于行业一线技术，不利于传媒人才理解行业发展需求、把握行业发展趋势；软硬件平台不断更新换代，在财力人力上都会给学校与合作单位带来负担。实践教学需要在保障基础与紧跟技术前沿之间进行权衡，建立基于云技术的媒体融合生态技术平台，力争以最少的投入引进最先进的行业技术，打破实践教学技术落后于行业的局面。

（5）传媒实践教学的开展需要有创新的培养机制与制度环境。实践教学理念的贯彻、教学内容的实施、实践资源的有效利用乃至最终实践教学的顺利开展，需要教学管理制度和机制的保障。课程实践环节、独立实践实验课程、学年集中实践、毕业实践以及第二课堂课外实践都需要创新教学管理制度予以保障，以消除传统教学管理制度对实践教学的抑制性因素，形成师生重视实践、关注实践的教学文化与制度环境。

---

① 余丹，陈志强，黄朝钦．新闻学专业“3+1”人才培养模式探索［J］．宁波教育学院学报，2015（1）．

② 丁梅，闫月英．“密苏里方法”的本土化与应用型新闻人才培养模式的创新［J］．新闻教育，2013（3）．

三、重构传媒实践教学生态系统

针对以上问题，浙江传媒学院从2009年起，以申报和建设国家级实验教学示范中心为契机，以3个省级教改和多个实验教学平台项目建设为依托，运用教育生态学理论，针对抑制实践教学质量各生态因子进行全面研究，提出“重构传媒实践教学生态系统”的设想，并付诸实施。

（1）构建服务实践能力培养的“五个四”实践理论教学生态链。建立以课程实验（实训）、集中性实践、毕业实践、第二课堂实践四个环节为重点的实践教学体系；实施基础实践、学科实践、专业实践、创新实践四个逐层递进的分层次实践教学；形成理论与实践相结合、课内与课外相结合、校内与校外相结合、集中与分散相结合四种实践教学模式；搭建实验室、校内学生创新中心、导师工作室、校外实践教学基地四大实践教学平台；坚持实践教学四年不断线，把实践教学贯穿到本科阶段的整个学习过程。

（2）以国家级实验教学示范中心为平台，强化其实践创新和人才培养功能，整合优化实践教学资源，构建服务学生实践教学的校内外资源生态链。校内以国家级实验教学示范中心为平台，整合校内实践教学资源；校外以杭州文广集团国家级实践教育基地为龙头，通过实习项目、实验课程，以校内见习、校外实习等形式整合校内外实践资源。建立了教学内容一次生产、多形态展示、多渠道传播的实践教学生态链，为卓越传媒人才培养提供了“全流程、全方位、实战型、立体化、开放化”的育人环境和实践教学资源。

（3）组建卓越传媒人才创新实验区，实施“横向互动、纵向递进”沉浸式实践教学，构建服务实践能力培养的社区融媒体生态链（见图1）。卓越传媒人才创新实验区以“实践即实战”为核心教学理念，以区域性视听节目制作中心——传媒大厦为基础，将浙江省内标杆媒体机构引进校园，解决实验、实训、实习之间的协调和与行业同步问题；以创新基金、新苗计划、学科竞赛、毕业联合创作、极客联盟等活动为载体，打破校区、学院、专业、年级壁垒，形成学生实践团队；整合校内报纸、电台、电视台、杂志、网站、微信微博等，打造成社区融媒体生态，采取学生自主管理、独立操作的学生办报（台）实践运作模式，让学生各显特长、各司其岗、良性竞争、共同成长，培养学生的团队意识、管理素养、实践能力和创新精神。

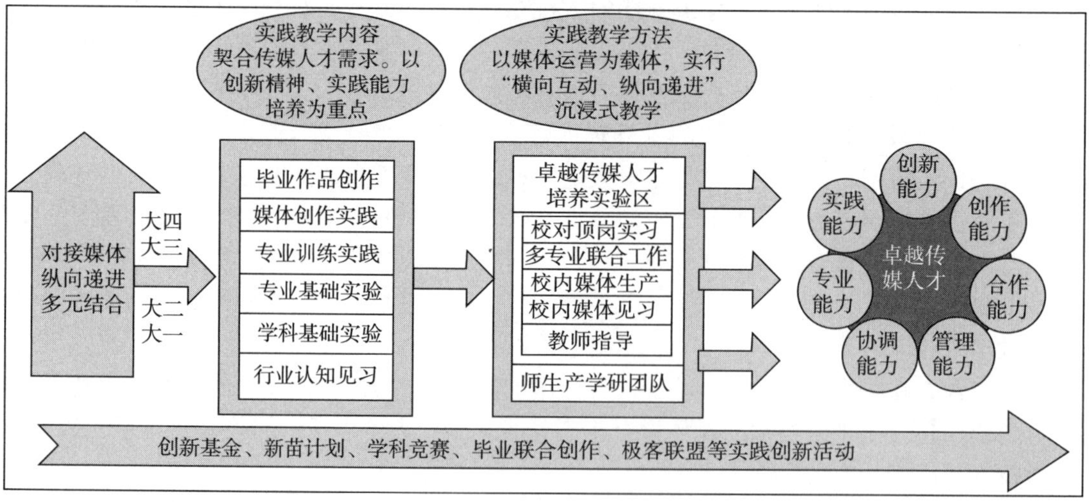

图1 “横向互动、纵向递进”沉浸式实践教学示意图

（4）顺应媒体技术转型升级需要，不断突破传统，升级技术体系，加快融合影视内容制播分发平台建设，构建服务于媒体融合发展的传媒技术生态链。为了适应与应对“媒体融合云”和“智慧媒体”发展，适配传统媒体和新兴媒体融合发展对“媒体融合”卓越人才培养要求，开发建设了国内高校首个基于混合云的媒体融合实践教学平台——媒体融合云平台，实现了传媒实践教学的媒体化、云化和开放化。该媒体融合云平台基于混合云基础架构，以融合媒体业务的实践教学与校内外媒体的生产运营为核心，部署了云端生产、互动运营、全媒体新闻、在线实践、课程学习互动和融媒体中心等多个业务平台，满足校内外的随时随地地应用接入，实现了媒体实践教学的云化、虚拟化、智慧化，初步形成了“平台＋内容＋渠道＋终端＋应用＋教育”的高校媒体融合教育生态系统。

（5）针对浙江省和“长三角”传媒产业集群分布现状，学校将原有的影视传媒和文化创意两大类专业群进一步细分为新闻传播类、广播影视艺术类、文化经济管理类、传媒工程类、技艺交叉类、美术设计和音乐类、文法类等七大专业集群，与行业和区域社会经济发展整体呼应和对接，打造形成适合卓越传媒人才培养需要的学科——专业生态链。

（6）实施与实践教学新生态系统相适应机制改革，修订人才培养方案，明确实践教学学分比例；实施三学期制，单独设立夏季学期用于开展综合实践；设立学生跨学科专业毕业联合创作项目，以毕业创作、毕业设计、毕业展演等代替传统毕业论文撰写，突出强化学生专业实践能力；通过实验室绩效考核、教师工作坊、业界导师制等建设，构建服务实践教学生态系统的生长空间与制度环境。

通过实践理论教学生态链、校内外资源生态链、社区融媒体生态链、学科—专业生态链，传媒技术生态链等五大生态链以及服务实践教学的制度环境打造，目前学校实践教学已经形成相对完整的生态系统，对比原有实践教学体系，在结构、效率、效果上都有显著改善（见表1）。

表1　重构前后传媒实践教学系统对比

教学特征 教学体系	设计出发点	系统结构	耦合关系	资源建设与利用	发展规模趋势	稳定性	人才培养效果
重构前传媒实践教学体系	基于传统媒体知识体系和传统媒体业务流程	线性	单一纵向	集成度低 共享性差	单一化 大型化 重复化	外部依赖	单一技能性 仿真训练
重构后传媒实践教学生态系统	基于新型主流媒体需求导向知识体系和融媒体业务流程	网状	复合横向	平台化 综合化 集成化	多样化 网络化 生态化	动态自平衡	融合媒体 全流程 实训一体

7年来，浙江传媒学院累计约1500名学生受益于新的实践教学生态系统，形成了一年级至四年级循环递进的40余个学生媒体实践团队，获得省部级及以上创新项目45项，获得国家和省部级学科竞赛奖项242项，实践能力和创新精神得到有效培养。2012年至2015年，学生团队制作的节目有50部作品参评中国高校电视奖并获奖，其中有20部荣获一等奖。2014年浙江传媒学院荣获教育部“就业百强高校”称号，在浙江省教育评估院的调研中，学生对于实践教学满意度逐年提高。已毕业学生中，95%以上进入传媒行业相关专业工作（见表2）；在省级及以上主流媒体就业逐年提高，5年就业人数达到453人，部分学生已经在传媒行业中崭露头角。

表2　浙江传媒学院毕业生职业发展状况及人才培养质量调查数据统计

指标 年份	人才培养质量公办本科高校排名	就业率		起薪水平		就业满意度		用人单位满意度		卓越传媒人才实验区数据		
		数据/%	全省排名	数据/元	全省排名	数据/%	全省排名	数据/%	全省排名	毕业学生人数	就业率/%	主流媒体就业人数
2011届	11	94.80	26	3359.2	7	58.70	6	—	—	198	98.47	46
2012届	7	96.28	11	3776.62	5	57.46	5	—	—	213	99.06	73
2013届	9	95.12	36	4002.03	3	68.00	3	79.70		237	98.31	92
2014届	4	95.53	31	4418.48	3	68.99	2	87.16		226	98.23	109
2015届	—	—	—	—	—	—	—	—	—	251	99.20	133

备注：数据来自浙江省教育考试院和学校就业中心。

在学生受益同时，浙江传媒学院社会影响日益凸显，实践教学水平得到社会和学界的广泛认可。2013年、2015召开“新闻传播卓越人才培养国际高峰论坛”“媒体融合国际高峰论坛”，相关研究论文集结出版了《中国卓越传媒人才培养的探索与实践》《媒体融合的探索与实践》，得到教育部新闻传播教学指导委员会的充分肯定；院领导2015年在教育部召开的国家实验教学示范中心10周年成果展示会上应邀发言，获得广泛赞誉；在全国最大传媒教育平台——索贝学院开办实践教学专区，媒体融合云平台在2016年亚太最大的广播电视展览会——中国国际广播电视信息网络展览会产生很大反响，科讯广电网、DVBCN众视网、世界广播电视等媒体均予以报道。截至2015年年底，70多家国内院校、媒体机构前来考察调研，实践教学生态系统受到较高评价。

参考文献

[1] 佛洛里安·兹纳涅茨基. 知识人的社会角色［M］. 南京：译林出版社，2012.

[2] 邹迎九. 试论广西高校新闻传播类专业立体实践教学体系的构建［J］. 高教论坛，2012（1）.

[3] 白贵. 搭建创新实践平台　培养卓越新闻传播人才［J］. 中国高等教育，2014（Z2）.

[4] 余丹，陈志强，黄朝钦. 新闻学专业“3+1”人才培养模式探索［J］. 宁波教育学院学报，2015（1）.

[5] 丁梅，闫月英. “密苏里方法”的本土化与应用型新闻人才培养模式的创新［J］. 新闻教育，2013（3）.

基于界面管理视角的大学生校外实践教育实效性探析

周志强　亓　晶　景惠玲

摘　要：以界面管理理论为基础，将大学生校外实践教育的主体、内容及过程解构为组织界面、任务界面和流程界面。校外实践教育除了在高校、政府、社会多个组织主体间存在交互作用外，校外实践教育的对象本身也形成一个界面系统。内外两个界面系统的交叠与互动过程中，存在着各主体间单一线性链接、流程之间不顺畅、任务与角色缺位等方面的界面障碍问题，影响着大学生校外实践教育的实效性。探究大学生校外实践教育界面障碍产生的原因机理，可以从实践主体的主观能动性、组织主体间的属性差异、信息沟通与合作博弈三个方面进行分析。

关键词：校外实践教育；界面管理；实效性；组织界面

实践教育在我国由来已久，而且随着高等教育正迈向大众普及化阶段，人才供给的类型、层次、结构日益多样化，实践教育在高校人才培养中的地位也日益凸显。[1]大学生的实践教育主要是在校外完成的，是一个典型的多主体、多界面的教育活动过程。由于传统的校外实践教育更多强调教育系统内部各要素的关联性，缺乏对外部系统以及内外系统交互作用的清晰认知，造成了实践教育的实效性一直缺乏系统保障，进而成为制约创新人才培养模式改革进程的瓶颈问题。从界面管理的视角，厘清校外实践教育界面的特征及作用机理，对于深入推进创新人才培养模式改革，提升大学生的创新精神、实践能力和社会责任感，在理论和实践两个层面均具有重要而现实的意义。

一、文献综述

界面（Interface）在汉语中是指两个或者两个以上物体之间的接触面；在英语中则具有多重含义，其既指物体间的交接面，又指两个独立实体间的接口或边界，也指两事物间的相互关系与作用。[2]界面一词最初出现在工程技术领域，20 世纪 70 年代引入管理学领域（Souder&Chakrabarti，1978），用来描述职能部门之间、人与物之间、工序之间、流程之间的连接关系。[3]从系统论的角度来看，界面是各个系统之间、各系统与外部环境的边界以及各系统内部的子系统之间的边界。界面的存在，既可以带来正面效果，同时也会产生不利的影响，降低系统工作的效率。为了能够保持系统正常、高效运转，维护系统与外部环境以及系统内部的和谐氛围，就需要对界面进行干预，解决界面障碍与界面矛盾，抑制“负界面”效应，发挥“正界面”的作用，这个过程被称为界面管理。[4]

界面管理方面的研究多集中于经济管理领域，尤其是技术创新、企业联盟以及 R&D 等领域，并逐渐渗

基金项目：中国博士后科学基金第 54 批面上资助项目（2013M542007）和辽宁省青年教育科研骨干专项（JGZXQDA015）阶段性研究成果。

周志强，博士，辽宁工程技术大学合作发展处处长、教授、硕士生导师，华中科技大学教育科学研究院博士后，主要从事院校管理研究；亓晶，辽宁工程技术大学工商管理学院博士研究生；景惠玲，辽宁工程技术大学工商管理学院硕士研究生。

透到包括教育领域在内的其他领域。部分学者从产学研合作的角度进行研究，例如章琰（2003）提出了大学—企业界面与大学技术转移的互动模型，他认为大学技术转移界面具有模糊性、多样性和演化性的特征，而界面位置的移动对应着大学技术转移的模式选择。[5]徐雨森、蒋杰（2010）以大连理工大学校企合作研究院为例，运用界面管理理论对紧密型校企合作模式的特殊规律和实现机理进行研究。[6]万学军，孙泽平、田书芹（2013）则将界面管理引入职业教育校企合作中，针对职业教育校企合作界面存在的问题提出相应对策。[7][8]王炳富、樊平军（2014）将产学研协同创新多主体、多维度、跨场域的活动特点解构为组织界面、任务界面和流程界面，并针对界面管理中的问题提出了产学研协同创新界面的优化路径。[9]黄维、吴家鹏（2009）则主要从高等教育研究与政府决策之间的界面管理出发，认为两者之间的界面障碍主要是由于文化冲突、目标差异和信息黏滞导致，并由此提出消除高等教育研究与政府决策界面障碍的策略。[10]从我国目前的相关研究来看，界面管理在教育领域的应用主要集中在高校与企业之间的校企协同、高校与政府之间的知识互动等。而从实践教育角度切入，关注校外实践教育在政府、高校、企业、学生多重主客体关系，多维度界面相互作用的研究相对较少。

本研究以界面理论为基础，将校外实践过程中政府、学校、企业以及学生之间交互作用过程中的接触面，界定为校外实践教育的界面。其中校外实践教育主要是指由学校组织，有第三方参与，以提高大学生实践能力、创新精神和社会责任感为目的，实现大学生理论学习与实践有机结合，有目的、有计划的实践过程，是具备学校教育和社会教育双重属性的教育活动，[11]主要包含了专业实习、社会实践、创新创业、科研合作等校外实践内容。

二、校外实践教育的界面识别

交互产生界面，界面的本质是交互现象，交互的复杂性也由此成为界面复杂性的根源。[12]校外实践教育是由政府、企业、高校、学生多层面主体共同参与的复杂交互活动，而异质主体之间复杂的交互活动就构成了校外实践教育多样化的界面。根据校外实践教育活动所包含的主体、内容和过程三个要素，可以将校外实践教育界面解构为组织界面、任务界面和流程界面。

（一）组织界面

从校外实践教育的组织界面来看，以学生为中心，政府作为实践教育政策和资源的供给方，学校作为政策的实施者和平台的搭建者，社会作为平台的提供者，三者在整个校外实践教育过程中进行的信息、资源、政策、人才等传递活动，构成了校外实践教育的外组织界面（见图 1）；而三者的相互作用也构成了克拉克

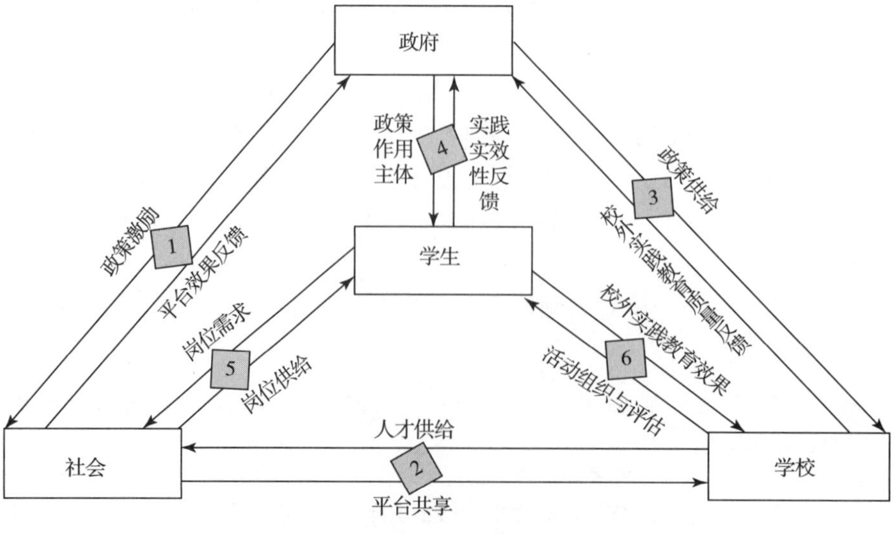

图 1　大学生校外实践教育的组织界面

提出的政府、高校和社会的三角协调模式。而从实践主体层面来看，大学生作为校外实践教育的具体实践者与其他三个主体中的两者又分别形成一个内三角的模式，其交互形成的界面则为内组织界面。除此之外，以团队形式进行校外实践活动的大学生同样要面对团队内部的界面管理。

（二）任务界面

大学生校外实践教育过程中，各项任务的实施、交接、管理等的协同过程形成了校外实践教育的任务界面。从任务界面来看，政策、经费供给，设计、管理与评估以及岗位平台供给共同构成了岗位实践的外部环境。而岗位实践外部环境的供给和保障，则需要高校、政府和社会等多方的参与。因此，任务界面中，各个组织主体间面对权、责、利的交叉作用，在整个活动过程中的参与程度和协同的紧密程度成为影响任务界面运行效率的重要外部因素，而合理的任务分配机制则成为组织主体间任务界面管理的关键。从实践主体的角度讲，其完成岗位实践过程中，对实践教育政策、理念及目标的理解与践行程度，对专业知识与岗位需求的转换和适应能力，对实践教育评估的积极性与配合度等都成为其任务界面管理的重要内容。而以团队形式进行实践活动的学生，也面临着实践任务分配、团队沟通协调及实践成果整合等界面管理内容。

（三）流程界面

流程界面是指阶段之间的交互作用，又称过程界面。以学生为主体，包含立项、前期准备、实践过程、中期审核、实践总结、终期评估等内容的校外实践教育具有明显的阶段性特征，而阶段之间的过渡则形成流程界面（见图2）。在两个阶段之间，上一个阶段积累的信息、成果等得以输出，并由学生根据实践的实际情况对上一阶段输出的总结和反馈进行删减、调整，并有针对性地输入到下一个阶段，在输入与输出的交互过程中，学生实现理论与实践的不断转化，校外实践教育目的也得以实现。而从目前政府、高校及社会的参与来看，具有一定的跨时空性。其中，跨时间性是指以学生为中心，三个组织主体所参与的阶段不一，且所在流程界面的位置具有可调整性；跨空间性则是政府、高校、企业三大组织主体在流程界面中的参与都基于各自的空间范围内，往往不能集中于同一个空间。

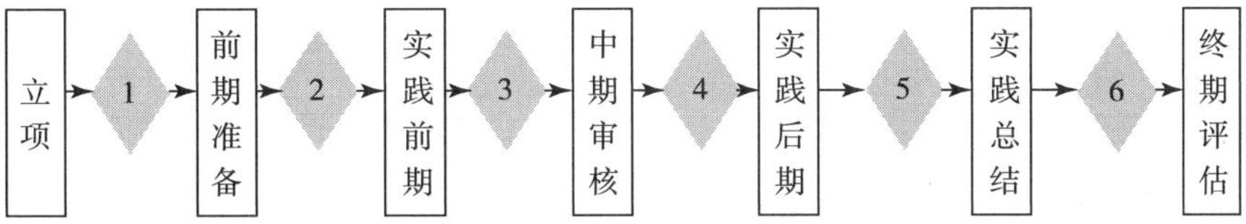

图2　大学生校外实践教育的流程界面

从校外实践教育的界面管理系统来看，任务是界面产生的根源，组织是界面形成的条件，流程是界面的表现形式。[13]界面上某一问题的出现，往往是三种界面共同作用的结果。从系统论的角度看，不同的校外实践内容、阶段之间根据实践主体的层次性（按年级）呈现出累进式的界面关系。而校外实践教育作为创新实践教育的一部分，与包含理论教学等在内的其他系统共同构成了创新实践教育的任务界面。而根据年级的不同将校外实践教育穿插其中，将各项任务串联起来，就构成了整个创新实践教育的流程界面。学生作为实践主体，在理论与实践、课堂与现场、学生与社会人的不断转换中，控制着整个创新实践教育的节奏和成效。

三、校外实践教育的界面障碍分析

界面障碍是指在客观上对界面双方交互过程中有消极影响的既有状态的总和。[14]若不同的系统之间或是系统与环境之间在处理界面障碍问题时产生分歧，就会形成界面矛盾；而矛盾进一步激化，就会引发界面冲突。过分的界面冲突可能会导致资源浪费和效率降低，甚至会造成有关各方由于自身利益得不到合理保护而从契约中退出，致使合作关系解体。[15]下面主要从组织、流程和任务三个方面对校外实践教育的界面障碍进行分析。

（一）各主体间单一线性链接，影响界面的稳定性

就目前的校外实践教育状况来看，直接接触并产生交互作用的界面形式多是在两个主体间进行。例如政府在制定与实施大学生校外实践政策方面多是专门针对学校，而对企业的相关激励与规范较少，企业积极性不足，造成高校在实践平台的搭建上往往孤掌难鸣。同样，校外实践基地的搭建、实习岗位和实习内容的拟定多由高校与企业沟通完成，但实践方案的实践过程却是在学生与实习岗位间进行。各个主体在某一时间段内只能产生两两之间的交互作用，由此很容易造成某些角色或责任的缺位，出现“踢皮球式”的推诿现象。

同时，界面具有动态性，产生交互作用的主体间关系随着环境的变化而不断变化，进而会改变主体间的接触状况。各主体间的单一线性链接，无法实现多个主体间信息、资源、价值等的实时共享和对环境变化的适时沟通与及时反应，可能会降低彼此的信任和合作的积极性，由此影响界面的稳定性。

（二）流程之间不顺畅，影响界面的渗透性

异质主体间显性或隐性间隙的存在，使得不同的系统之间以及系统与外部环境之间得以互相渗透和交流。[16]而交接处的间隙则构成了界面。[17]如果界面间隙过大，则会造成环节之间的衔接不流畅，进而影响界面上各因素的传递。从流程界面的时间性上来看，政府主要以政策和经费供给为主，参与阶段主要集中在校外实践教育开始阶段，政策对实践过程和实践效果的约束力较差；高校的参与则主要集中于开始的设计阶段和终期评估阶段，部分高校也增加了中期考核环节，但对过程的管理和实践的指导明显不足；社会的参与则主要集中于实践平台的对接及学生在企业的实践过程中，对实践前期的参与和后期实践效果的反馈不足。从空间性上来看，政策由政府拟定，实习在企业进行，评估由学校负责，由此造成实践活动在空间上的割裂。三个组织主体在时间和空间上的错位参与，很容易导致流程之间的不顺畅，甚至某些环节之间的断层。

此外，校外实践教育作为创新实践教育的一部分，与其他教育环节的脱节，也可能会造成实践教育价值的偏离。

（三）任务与角色缺位，影响界面的实效性

任务作为界面产生的根源，各主体任务的归属清晰度及完成度决定了整个校外实践教育界面的运行效率和实际成效。

首先，不当的制度设计或是制度缺失会给界面关系带来系统性或结构性的障碍。[18]从校外实践教育的制度性建设来看，政策的主要供给方在政府。从政府发布的相关政策性文件来看，政策主要的施与对象是高校，而且在校外实践教育过程中起到了指导、协调和保障的统摄作用。但由于政策本身缺乏较强的约束力、激励性和可实施性，无法引起高校与企业足够的重视。而高校与企业在实践平台的搭建方面缺乏体系化的制度规范和利益明确的契约关系，往往因企业的动力不足而难以长久维持。

其次，目前的实践教育并未完全贯穿于整个人才培养体系中，成为一种制度化的理念。而是仅将实践教育看作是大学生思想政治教育的途径或是理论教学的补充，甚至将实践教育与理论教学对立起来。[19]作为创新实践教育的一部分，校外实践教育内容多是零散的、不规范的，或被排除在课程体系之外，与理论教学割裂开来或被错估其育人的功能和价值，缺乏系统化的顶层设计。

最后，由于企业缺乏一定的责任意识，在校外实践教育过程中参与程度不够，往往造成实践内容无法契合企业的组织要求，实践成果无法得到较为合理、公正的评估。而学生由于专业知识储备不足、实践经验少、前期准备不够充分，无法很好地适应社会的人才需求，也成为学生在校外实践过程中的一大短板。[20]

四、校外实践教育界面的影响因素及机理

学生作为实践主体，学生与高校之间、学生与企业之间、学生个体之间的直接接触和交互作用，构成了校外实践教育的内部实施界面，即内界面。而以学生为中心，三个组织主体则扮演着规划与引导、管理与协

调、监督与评估等角色，其相互之间的交流与接洽，构成了校外实践教育的外部生态系统，即外界面。相较之下，企业技术创新管理界面、产学研协同界面等企业界面管理都是针对某一特定的任务或事物，主体间进行协同发生交互作用，而校外实践教育的对象本身也形成一个界面系统，内外双层界面系统内部及界面之间的交叠与互动，使得校外实践教育的界面管理更为复杂化。深究其原因，可以从实践主体、组织主体以及内外界面的互动三个角度进行分析。

（一）实践主体的主观能动性

高等教育作为一项经验产品，消费者——大学生只有通过消费才能决定其质量。[21]在校外实践教育过程中，高校与社会及政府之间发生交互作用的对象不是技术、知识等客观事物，而是具有主观能动性的大学生。因而校外实践教育实效性的决定权不在显性的制度化、平台性建设、教师的专业指导或经费保障，而是大学生在任务界面中的作用效应。在内部实施界面系统中，大学生对政府政策、实践理念的理解和认识，与实践平台的接触中实践方式和过程、实践内容完成程度，在高校评估中实践成果的呈现方式等，多是大学生在实践过程中不断内化和外化的过程，因而多以隐性界面的形式存在，各组织主体无法完全控制界面的发展。

（二）组织主体间属性差异

谈松华曾提出教育具有社会公共服务事业和产业的双重属性。社会公共服务事业属性是指教育具有同经济运行不同的规律，政府对教育负有主要的责任。[22]政府对高校的监管和调控作用，在校外实践教育中主要体现为政府与高校之间的不平等关系，高校在校外实践教育思想、实施方式及经费投入等都在一定程度上受到政府的牵制。产业属性则是指教育作为人力资源和知识的生产部门，主要通过人力资源和知识同市场的交换来增加社会财富，产生经济效益。[23]而企业作为一种营利性的经济组织，具有更为明显的利润导向，更加注重合作带来的经济价值。因此教育的产业属性也成为其与企业合作进行人力资源和知识交换的基础。

但从教育的本质来看，教育是非政治性和经济性的，不受各种利益驱使，以人的自我成长需要为内在驱动，即教育以育人为核心诉求，所培养的“人”是第一位的，“才”是第二位的。[24]校外实践教育过程中，高校以实践育人为主要目的，与企业在目标、价值观、人员要求、管理风格、成果要求、工作模式等方面均存在一定差异，两者的核心诉求相对处于一种分离甚至错位状态，阻碍了“人材”向“人才”的转变，[25]造成高校与企业在校外实践教育界面上的障碍甚至矛盾。

（三）信息沟通与合作博弈

合作博弈的概念最初由 von Nemnann 和 Morgenstem 提出。合作博弈作为博弈论的分支，与非合作博弈相对，主要是指参与者从自己的利益出发与其他参与者达成协调或形成联盟，其结果对双方均有利。[26]在校外实践教育过程中，各主体以完成校外实践教育目标进行的分工及交流活动，就构成了各主体间的合作博弈。而在各主体的合作博弈过程中，最重要的是信息的传递与协调。各主体在校外实践教育跨时空性的交互过程中，产生了大量的异构信息资源。在信息处理、集成和传递过程中，如果缺乏统一的信息解构规划与标准，或者各主体只注重创造与传输与自身相关的信息，对其他主体信息的接收存在时空上的迟滞性或渠道上的闭塞，或者由于各主体间的不平等关系造成表达信息渠道不畅等，就会形成黏滞信息和信息传输中的黏滞，由此造成交互主体间信息隔阂、交流不畅，进而加剧各主体间的信息不对称，影响界面的运作效率。例如高校在现有的人才培养模式下，很大程度上只专注于人才培养，尤其是在校外实践教育过程中，认为人才和专业知识的接收和应用是社会的责任，对社会的需求和高校可为社会提供的服务了解与钻研不足，[27]往往造成人才、知识的供给与社会的需求脱节。由于机会主义的存在，社会在人力资源富余或是高校供给的资源与其需求存在偏差时，就会因动力不足呈现出消极的合作状态。

五、校外实践教育界面的优化路径

（一）注重组织界面的整合，形成集成管理界面

从校外实践教育过程来看，各主体间目的的分歧影响着双方在平台搭建、实践内容、实践方式等方面的合作及参与模式选择。由于各主体间利益的获取不存在竞争性，要实现多个层级、维度主体的有效管理，最关键的是打破各主体之间的壁垒，实现目标上的协同。因此，可以将各个异质主体进行介质分析，寻求各方利益的协同点，在对界面上包括知识、信息、岗位、经费等要素进行整合的基础上，对校外实践教育的实践理念、实践内容、实践方式等进行相容性和系统性分析，由此减少因组织壁垒带来的信息黏滞问题，形成各个主体共同参与的集成管理界面，从而实现各主体在校外实践教育界面中的价值共享和价值共创。

（二）加强流程界面控制，实现管理界面的扩展

组织主体所在的流程界面的位置具有可调整性，通过有效控制组织主体在校外实践教育过程中所参与的阶段，能够打破空间的局限，实现管理界面的拓展。社会可以通过变动在流程界面中的位置，适当拉长在校外实践教育中的参与链条：通过界面的前移，以第三方进入高校的专业建设委员会，参与到校外实践教育的规划设计中，以提升顶层设计的行业性和应用性；通过界面的后置，参与到校外实践教育的管理评估中，有效激励企业导师的参与，将企业的过程指导意见及评估结果纳入到实践教育实效性的评估标准中。而高校作为校外实践教育最主要的组织管理者，可以通过界面的移动加强对关键环节的控制。如通过强化过程的管理与考核，有效约束大学生的懈怠心理和行为，制约指导教师在实践教育过程中的缺位。

（三）理清任务界面归属，实现界面和谐与稳定

校外实践教育过程中，充分发挥组织主体的保障作用和实践主体的能动作用，才能形成界面合力，提升任务界面的运作效率。

首先，政府作为政策的供给方和具备调控作用的第三方，应该通过合理的制度设计与安排，建构校外实践教育长效管理和激励机制，实现校外实践教育各主体利益的激励相容：通过控制人力资源的输入输出端口，拓宽人力资源有效流动的方式，并着力打通高校教师与企业人员双向流动的渠道，为实践教育提供专业的师资保障；适当拉长大学生校外实践教育基地的考核周期，并将评估结果作为企业信用等级的重要参考标准，以激发企业参与的积极性。

其次，高校应该借鉴西方实践教育的先进经验，将实践教育思想渗透为大学的制度化理念，[28]注重校外实践教育的整体规划设计。在平台建设上，注重专业与产业的对接，提高校外实践教育平台的专业辨识度和对企业的贡献度。在实践管理上，加强专业集中培训，关注学生由学业到职业的过渡周期，在专业知识储备、职位入职要求、角色转换适应能力等方面提供符合学生学业生涯演进规律的专业指导。

最后，随着社会经济发展，企业可以而且应该最大限度地增进社会福利，成为企业社会责任最根本的逻辑起点。[29]作为校外实践教育平台的主要提供者，企业有责任与高校共同构建促进人才培养的合作机制，为社会进步提供最大程度的价值支持。

参考文献

[1]［19］申纪云．高校实践育人的深度思考［J］．中国高等教育，2012（Z2）：11－14.
[2] 郭斌，陈劲，许庆瑞．界面管理：企业创新管理的新趋向［J］．科学学研究，1998（1）：60－67.
[3] 官建成，靳平安．企业经济学中的界面管理研究［J］．经济理论与经济管理，1995（6）：67－69.
[4]［16］刘博，沈菊琴．界面及界面管理概念界定［J］．华东经济管理，2012，26（9）：109－111.

[5] 章琰．大学技术转移中的界面及其移动分析［J］．科学学研究，2003，21（Z1）：25－29．
[6] 徐雨森，蒋杰．基于界面管理视角的紧密型校企合作模式实现机理研究——以大连理工大学校企合作研究院为例［J］．研究与发展管理，2010，22（4）：69－75．
[7] 万学军．高职教育校企合作双边交互的界面结构、障碍与对策［J］．教育发展研究，2013（Z1）：25－30．
[8]［21］孙泽平，田书芹．职业教育校企联合办学深度对接机制研究［J］．职业技术教育，2013，34（13）：32－35．
[9]［13］王炳富，樊平军．产学研协同创新界面管理及其优化路径［J］．中国高教研究，2014（12）：19－23．
[10] 黄维，吴家鹏．论高等教育研究与政府决策的界面管理——以国家助学贷款为例［J］．中国高教研究，2009（10）：35－37．
[11] 王小云，王辉．大学生社会实践概论［M］．北京：中国经济出版社，2005．
[12] 游达明，王美媛．界面管理研究动向及未来展望［J］．科技进步与对策，2014，31（11）：152－156．
[14]［18］蔡纯杰．界面基本理论与界面管理组织结构设计研究［D］．福州：福州大学，2005．
[15] 张志君，李新娥．界面管理视角下企业内部控制研究［J］经济管理，2012（11）：193－198．
[17] 杨艳平．基于协同创新的组织界面管理研究［J］．科技和产业，2009（10）：35－37．
[20] 林馥雯．大学生暑期实践缘何“成色不足”［N］．中国教育报，2016－08－13（1）．
[21] 佩德罗·泰克希拉，本·琼布罗德，大卫·笛尔，等．理想还是现实——高等教育中的市场［M］．胡咏梅，高玲，等，译．北京：北京师范大学出版社，2008．
[22]［23］谈松华．中国教育改革和发展中的若干理论和政策问题［J］．教育研究，2000（3）：3－9．
[24] 王洪才．论高等教育的本质属性及其使命［J］．高等教育研究，2014，35（6）：1－6．
[25] 李守可．试论高职院校校园文化与企业文化的互动与耦合［J］．江西教育学院学报（社会科学），2011（2）：59－62．
[26] 潘天群．博弈生存［M］．北京：中央编译出版社，2003．
[27]［28］成协设．国家大学生校外实践教育基地建设：问题与对策［J］．中国大学教学，2015（3）：74－77．
[29] 李伟阳，肖红军．企业社会责任的逻辑［J］．中国工业经济，2011（10）：87－97．

基于研究性学习的课程教学改革实践

李　成　梁　伟　贺　鹏　刘丹阳

摘　要：针对遥感图像类专业教学中体现的核心问题，从研究性学习的特质出发，在教学过程中实践“四环节”教学体系。以基础课《遥感数字图像处理》为例，通过课堂讲授、课题实践、研讨交流、网络拓展四个具体环节开展，以教学方法的灵活运用为支撑，以适应性融入学科前沿、知识可视化工具、问题解决理论等拓展内容和思维形式为重点。通过课程教学改革实践不断增强该类课程的实际教学效果。

关键词：研究性学习；教学体系；教学法

建构主义学习理论认为，学习是基于学习者的经验进行意义构建的过程，我们必须寻求和强化教学过程中的诸多环节促进学习的意义构建。而什么是适合本科生课堂或者更加确切地适合本校学生学习实际的建构教育行为，这需要思考、实践、再思考、再实践的循环过程。在重视探究和创新精神的培养上，国外知名大学走在了前列，多重点强调科学研究方法，并在低年级开设相关课程，不仅是为进入研究生阶段更是为长期从事相关专业和方向科学研究奠定坚实基础。围绕遥感图像类专业基础课程教学核心问题，如何在实际教学过程体现研究性学习的精髓、凸显研究性学习的特质，本文以专业基础课《遥感数字图像处理》课程实际教学为案例进行具体讨论和分析。

一、以研究性学习建构“四环节”教学体系

在分析教育水平高学校的课堂时，可以得到一些被普遍感到的特征：师生互动、生生互动好；学习内容不仅要基础和前沿并重，更要启发学生思考；有问题、有研究、有方法，有教化等。当然，具体教学实施中，我们不能、也不可能将国内外任何一所大学的教育实践活动整套搬移，更多要做的是在分析自身学生、自身课堂和自身环境的基础上，将一些普遍认可的理念和方法思路加以应用转换，从而得到学习主体最优化的学习效果，为学生后续持续自主学习打下基础。这样的过程也是发现和研究的过程，如果用数学建模的观点，这无异于求解一道多约束条件下的最优化问题，约束条件就是学校环境支撑基础、学生时间分配等限制，最优化的目标则是实现学习者又好又快的学习效果。学习和研究相伴，实际上更多强调的是在学习中的思考，只有强化了思考的行为，学习效果才能真正加强。遥感图像专业学生本科/研究生教育的核心内容都是围绕“研究图像”，这样的自主研究过程需要学生尽可能在本科阶段奠定厚实的知识基础和掌握良好的方法。如何求解专业教学困境中的这一道多约束条件下的最优化问题，研究性学习的基本思路无疑提供了一种优化方法。清华大学林健老师在国家卓越工程师相关政策研究中将“研究性学习”的核心理念总结为：[1]学

基金项目：本文受到全军学位与研究生教育研讨会研究课题（YJZX16D61）和空军航空大学教学学术计划课题（16KZ3F1－120CR）支持。

李成，博士，空军航空大学讲师，从事视觉认知与解译相关研究和教学工作，目前主持国家自然科学基金、国家社科基金军事学项目、中国博士后科学基金等5项科研学术项目。

生在教师的指导下，通过各种研究性学习方式，主动发现问题、分析问题和解决问题，从而在知识学习、能力培养和素质形成方面达到学习目标的过程；并总结研究性学习特质，包括学习方式的研究性、学生学习的主体性、教师教学的主导性、教学活动的互动性、学习内容的开放性、师生地位的平等性、学习方式的灵活性等。而研究性学习通过问题探究、案例讨论、项目参与等主要形式来充分体现。

作为专业基础课，《遥感数字图像处理》课程是该专业学生毕业后从事图像理解生成流程自动化的重要基础，在整个人才培养方案中占有重要地位。但是，由于总学时限制，学生在学习过程中对相关内容基础较为薄弱，理解深度不够；加之该门课程原理抽象、应用性强，注重理论传授和实践结合，所以稍显枯燥的课程使得学生总体兴趣不高；同时学生缺乏一定的编程能力，在实践环节也未能较好地达到课程标准要求的良好效果。如何调动学生的学习积极性，增加课程趣味性，获得应有的课程教学效果，是亟待研究和解决的课题。根据该课程特点及学生自身特点，笔者结合研究性学习基本思路、课程实践教学过程中教学双方体会和自身学术科研成果，提出“四环节”教学体系，并应用于教学实践。在《遥感数字图像处理》课程中实施“四环节”：课堂讲授（Lecture）、课题实践（Project）、研讨交流（Seminar）、网络拓展（Webinar），简称LPSW。课堂讲授融入教研先进理念和成果，通过整合概念图为学生奠定理论基础，梳理知识脉络，发掘问题，解决基础知识掌握不牢、教材陈旧等弊病，帮助学生克服畏难情绪，激发学生动力。课题实践以多层次课题为载体，以解决问题为目的，实施分组协作，以思维导图强化指向，开展典型案例，强化学生将理论转化为实践能力，着重体现学为主体、教为辅助的思路。研讨交流与课题实践相辅相成，根据理论学习中的难点，课题实践中的不足，比较分组实验结果，关注和区分学生学习中容易产生的概念混淆和处理方法的混用等问题，运用Triz（theory of inventive problem solving）理论创新思维、破解难题。网络拓展旨在为学生们提供网络信息资源平台，从中获取丰富的学习内容和学习建议，构建持续开放学习体系，为学生自主学习提供支撑。通过实践发现，LPSW的探索和实施能够有效强化教学互长，增强课程教学效果。

二、课程讲授融入教研成果，通过概念图梳理知识脉络

（一）强化3S等核心技术重要性认知

“只教不研即浅，研而不教则空”形象得描述了教学和科研的关系。基于研究性学习理论更加突出强调了教研内容和思路上的统一性。课程讲授在教学规范化约束下适应性融入教研成果等内容，无疑会起到事半功倍的效果。

《遥感数字图像处理》是体现多学科和多技术背景的典型课程，尤其反映了当前多个新技术与现实应用场景。遥感技术（RS）、全球定位系统（GPS）和地理信息系统（GIS）（简称3S技术）首当其冲，三者是科学改变生活的典型写照：尤其是Google地球的大量使用，使得原本专业人士才能精通的3S技术已成为桌面/移动式大众产品；手持终端随时能够获取高精度地图、GPS/北斗等导航定位出行工具；基于遥感多源传感器的各个学术方向紧跟应用前沿，融合新的应用出现大量耳熟能详词汇，以图像和视频为对象的智能处理与感知技术发展迅猛，体现在现实应用方方面面。[2]一方面，青年学生普遍对新知识、新事物有极强的好奇心和接受能力，教师在教研基础上要满足学生求知欲，在宝贵课堂时间给以饱满信息量，以知识为基础，以兴趣促思考。另一方面，一切理论与实践都有延续性。教材的基础性和当前运用的前沿性要紧密关联，不能脱节跳跃，只有将当前实际运用技术核心原理进行适当剖析，与课堂上学到的基础知识相联系，学生才能感同身受，才能主动希望获取更多原理性知识并拓展思维认知。实践教学中，笔者将3S技术前沿与工作实践、生活实用紧密联系，通过厘清图像处理基础知识和前沿应用之间关联，强化、提升其在教学中的比重，为后续环节奠定了良好的知识储备。

（二）发挥概念图的引导和启发作用

学生在进行学习内容梳理、复习总结时，通常围绕教材、课堂笔记与学习资源。但很多学生往往都是按

部就班、原原本本把主要内容抄写一遍来增强浅层记忆，而没有掌握良好知识学习的方法来固化记忆，一定程度和一定范围内出现应付考试的情形。在教学实践过程中，笔者引入概念图来强化学生对知识层面的掌握和思考（见图 1）。

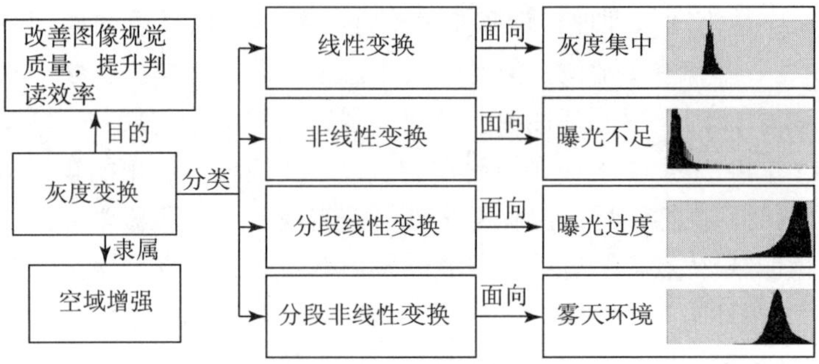

图 1　图像灰度变换增强课程内容概念图

概念图（Concept Map）是以综合、分层的形式表示概念之间相互联系的空间网络结构图，是一种将概念之间关系图形化表示的知识可视化工具，美国康奈尔大学教育系 Novak 教授首先将其系统的运用于教学与学习的研究。[3] 概念图的四个图表特征是概念、命题、交叉连接和层级结构，图表结构包括节点、连线和连接词三个部分。[4] 通过概念图的设计能够让学生进行基础理论的梳理并掌握知识结构关系。在章节预习和复习的过程中，整本书下来可以归结为几张图，甚至某一部分内容可以整理成一张大图。作为典型案例，图 1 为图像灰度变换增强一学时课程授课概念图设计范例。

三、课题实践强化集聚整合，利用思维导图加强解决问题的指向性

笔者与学生交流中了解到，学生在知识学习后最想学、最想知道的是“这些理论在实际中怎么用”。课程学习自然需要自主实践环节，但是必不可少不等于无的放矢甚至放任自流。在占总学时 1/4 的《遥感数字图像处理》实践环节中，笔者设计了基于研究性学习的分组与聚合两大步骤。分组实践中，让学生以课题和相关内容章节为单元实践和讨论，分组汇报和展示相关研究成果；然后实施聚合步骤，组与组之间对相互成果提出质疑和建议，本组进行解答，教师针对各组表现及重难点进行点评、总结与讨论。

课题实践两大步骤引发的先验核心问题是：在不依赖或较少依赖教师设计题目的基础上，如何让学生提出问题、设计问题，自发设计不同层次的挑战性课程课题。针对这样的过程，笔者引入思维导图来进行指向性强化。思维导图（Mind Map，又称心智导图）是英国“记忆之父”东尼·博赞（Tony Buzan）在 20 世纪 70 年代所创，[5,6] 是一种将放射性思考具体化的方法。思维导图能帮助学习者用图像和联想进行思维，是一种创造性的、有效的记笔记的方法。思维导图在原理上与概念图有异曲同工之妙，但更加强调激发并整理思考，采用的手段是“从中心向周围发散的非线性笔记”，比概念图强化的表征知识更关注激发和整理思考。通过思维导图可以实现由基础理论到实践环节的自然过渡。图 2 是笔者为图像增强一章基础理论讲授完成后设计的实践环节思维导图。以当前业界领先的 Iridix 技术为指向参考，依赖前期课程理论基础，引导学生根据特点进行自适应非线性变换具体设计，开放式目标最终指向图像增强的核心，学生依此回顾基础知识、拓展影响因素设计和算法集成等过程，也会更加深刻地理解萧伯纳所说“科学需要至少发现十个问题才能真正解决一个问题”的真谛。进而通过任务分组、集聚团队智慧，整合小组思路绘制各自课题的思维导图，努力完成课程实践的任务目标。这样的过程也为构建合理的过程性评价考核方式提供了有力抓手，思维导图构成了评价的一个阶段性指标。

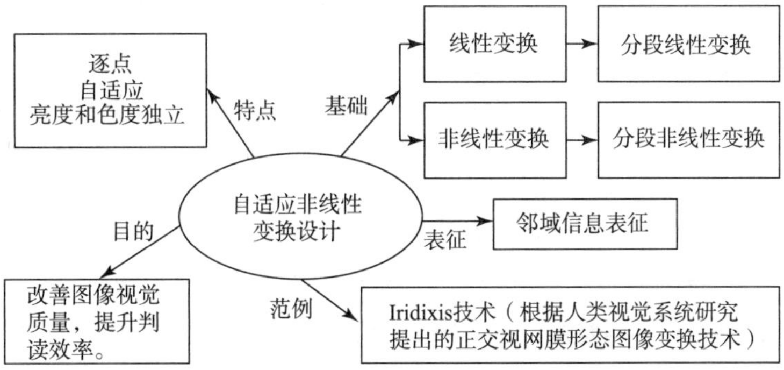

图 2　图像增强实践思维导图示例

四、研讨交流依托课题实践，运用 Triz 理论提升自主创新思维

对于研究性学习，教师的作用要在更多环节中充当“导演”的角色，给出讨论题目、要点、参考文献，并加以有效引导。学生在课题研究和讨论环节中，自愿选题、查阅文献、准备、研讨和争论，是名副其实的“演员”。所以在实际授课中，不能完全照搬国外讨论式课堂的组织形式，而要结合学生自主学习过程，注重课上课下两个环节，充分发挥教学相长作用。除了有效抓住碎片化时间进行交流外，通过设立分学时专题研讨交流环节对学生学习实践效果进行掌控。笔者研究认为：让学生写出来、说出来和实践出来才能让其真正掌握和内化。在多次专题研讨交流中，逐渐培养学生用方法论、认识论认识问题，以多学科交叉思维思考问题。

值得注意的是，在遥感图像处理实践环节中经常会凸显出参数调整问题和算法核心等难点问题，学生在面对这些困难时候，由于知识积累和实际经验不足，往往手足无措，不知道如何调整参数，不知道影响算法性能的核心点在哪里。这些实际问题需要用创新方法来解决。问题解决理论（Triz）[7]是苏联著名科学家 Altshuler 倾其毕生心血创立的创造性问题解决理论和方法。问题归类为管理问题、物理问题或技术问题，对于技术问题采用“39 矛盾矩阵”（修正后为 48 个）和“40 创新原则”加以解决。[8]其中，矛盾矩阵列出使性能改善的特性和导致系统性能恶化的特性，而交叉点就是对应实践证明最为有效的矛盾解决原理，这样从问题找方法就有了启发和辅助设计。如何实施 Triz，笔者以实际课程中灰度变换增强理论实践课程为例阐述。学生在进行自适应非线性变换设计的实践环节中，个人设计算法效果在测试图像上有所体现，而各分组可以很好指出各种变换函数的优缺点。但是从全局到局部涉及卷积窗尺度、分段点计算和计算效率这几个核心问题，虽然通过实践，学生还不能完全解决，而通过研讨，学生们逐渐形成了关键认识：性能和计算效率总是成反比，不能兼得，需要寻求最优化的方法来获取相关参数。根据 Triz 理论，这就可以转换为速度与信息损失的矛盾，所以相应的创新性原则包括：逆向思维原则（13）和复制原则（26）；同时也有适应性与多样性和速度的矛盾，对应的创新性原则有：动态化原则（15），预先作用原则（10），复制原则（26），见表 1。对于自适应非线性变换，基本矛盾参数中都有速度这一项，而在相应的创新性原则中利用逆向思维，则可以将原图像取反，然后进行自适应曲线变换，最后再取反；预先作用原则可以首先将图像像素值进行归一化，这样就可以首先拉升图像动态范围。

表 1　Triz 中矛盾矩阵和创新原则定位案例

防恶化参数 / 欲改善参数		1	…	24	…	35	…	39
				信息损失		适应性及多样性		
1								
…								

续表

欲改善参数 \ 防恶化参数		1	…	24	…	35	…	39
				信息损失		适应性及多样性		
9	速度			13，26		15，10，26		
…								
39								

通过 Triz 理论来解决现实问题、使技术创新变得有据可查、有规律可循，大大缩短了学生解决疑难的时间。该环节教学中教师采取环环相扣的方式，通过研讨交流强调和提升线性变换与非线性变换实际应用效果，而非简单重复基础理论。经过该流程，学生从基础理论分析演进到前沿技术，最终合作导向一种较为理想的模型或算法，更为重要的是让他们对从概念到产品、从实例到突破瓶颈的整个工作流程有所了解。经过实践和研讨两个环节的交叉融合，学生们得到了实质性的锻炼，提高了相应的实际操作能力，在分组中培养了通力合作的团队精神。

五、网络拓展重在开放，构建自主交流和信息资源共享平台

笔者在教学中发现，往往对理论学习不太热衷的学生对计算机网络却异常感兴趣，有些甚至痴迷于虚拟世界。在目前电脑游戏充斥的网络环境中，合理运用网络资源搭建学习平台所展现的学科魅力是一项任重道远的课题。利用充足的开放型网络和资源自行学习讨论，是对课题形式教学的有效补充和深入。[9]《遥感数字图像处理》课程网络资源平台建设以 B/S 架构为主，内容主要包括微课、文献共享、代码共享和测试图像建库共享，同时逐步设立交流答疑区。该门课程网络资源的建设为那些致力于该方向学习的学生提供了广阔平台，让他们在虚拟世界充分感受学习的乐趣，使之与日常互帮互学的学生联盟相得益彰；同时也为后进学生打开了另一扇天窗，多种形式激发他们的热情，形成“无形的老师”帮助完成该门课程的学习氛围。同时逐渐发挥目前 MOOC 通用资源的优势，让学生利用离散时间课下学习相关高校通识课程，在部分章节实现基于 MOOC 或 SPOC 的部分翻转课堂，该方面也是后续课堂教学和研究的一个重点，此文不再赘述。

结语

研究性学习的核心特质就是要培养学习者发现问题和解决问题的能力，这实际上也是教师自身综合发展的基本路径。[10]本文以《遥感数字图像处理》实际课程教学为背景，在研究性学习思路的牵引下，深入探讨了“课堂讲授 + 课题实践 + 研讨交流 + 网络拓展”这四个环节如何培养学生良好思维习惯、科学学习方法的全过程，为其他课程教学改革实践提供了研究的范式，也一定程度上为本科生开展 SRT（student research training）计划构建了场景支撑，为学生进入研究生阶段学习和从事相关方向科研工作奠定了方法论和实践经验基础。教学研究和探索无止境，后续进一步将研究性学习适应性融入其他专业课程教学改革实践中，继续反思和探索以形成良好的教学循环，同时更加深入体会、掌握和运用多种技术创新，切实提高多学科交叉学科和专业教学教学效果。

参考文献

[1] 林健．面向卓越工程师培养的研究性学习［J］．高等工程教育研究，2011（6）：5－15.

[2] 赵凌君，蒋味梅，匡纲要．《遥感图像解译》课程改革的实践与思考［J］．高等教育研究学报，2012，35（3）：112－114.

[3] 孙景荣，许录平．概念图在数字图像处理教学中的应用［J］．中国电子教育，2008（1）：53－56.

[4] 赵国庆. 概念图、心智导图教学应用若干重要问题的探讨 [J]. 电化教育研究, 2012 (5): 78-84;
[5] 托尼·巴赞. 心智导图: 放射性思维 [M]. 北京: 作家出版社, 1999.
[6] 杨艳蕾. 课堂教学中正确绘制思维导图刍议 [J]. 教育科学, 2015, 31 (4): 32-35.
[7] 吕文阁, 涂晓斌, 成思源, 等. 基于TRIZ的含噪声图像目标边缘检测算法 [J]. 计算机集成制造系统, 2013, 19 (2): 399-403.
[8] 刘红敏, 王志衡. 基于TRIZ分离原理的图像滤波技术研究 [J]. 创新科技, 2012 (5): 14-15.
[9] 夏海英. 基于实践能力培养的数字图像处理教学方法探索 [J]. 高等教育, 2011 (9): 41.
[10] 成尚荣. 超越学科: 教师专业发展的高境界 [J]. 基础教育参考, 2011 (12): 4-6.

大学在线课程的持续性创新：从 MOOC 到 SMOC

刘贤伟　马永红　塞缪尔·高斯林

摘　要：大规模公开在线课程（Massive Open Online Course，MOOC）的广泛转播及其所存在的问题，引起了高等教育界对技术进步和传统高等教育教学模式的反思，同时也给大学在线课程的持续性创新提供了条件和机遇。美国德克萨斯大学奥斯汀分校推出的同步大规模在线课程（Synchronous Massive Online Course，SMOC）整合了在线课程领域的技术发展成果与传统教学的优势，并结合教育心理领域的研究成果，不断完善大学在线课程的技术平台和课程模式。本文对SMOC 在课程同步、评价方式优化、商业模式可持续等方面所展开的实践和取得的效果进行了深入分析。作为大学在线课程的持续性创新，SMOC 的理念和经验对中国大学在线课程的建设和发展具有较好的启示作用。

关键词：在线课程；持续性创新；MOOC；SMOC

哈佛大学著名管理学家 Christensen 教授将创新分为持续性创新（Sustaining Innovation）和破坏性创新（Disruptive Innovation）两种形式。持续性创新是指对现有主流市场上产品性能改进做出贡献的创新，针对的是高端产品和市场；而破坏性创新使得一个复杂和昂贵的产品变得更加简单和便宜，并以此吸引新的顾客群体。企业通过破坏性创新立足于并显著扩展市场，而后无可阻挡地上升到质量链（Quality Chain）的顶端，最终在空间有限的市场最高层取代原来的市场主导企业。[1] Christensen 也深入探析过高等教育系统内破坏性创新的现象，尤其是在线课程、学位等给传统大学带来的巨大挑战。

袁莉等学者指出了当前的大规模公开在线课程（Massive Open Online Course，MOOC）具备了破坏性创新的关键特征，即将新的商业模式和相应的技术结合在一起，进而对传统高等教育市场形成了巨大冲击，这种冲击也引发了高等教育界对“MOOC 是否会最终导致现实大学消亡”的激烈争论。由于高等教育系统本身的特殊性和复杂性，我们尚不能轻易断言 MOOC 是否会取代传统的高等教育机构，但面对 MOOC 的挑战，大学是坐等答案还是主动出击？如硬币的两面，MOOC 给传统高等教育机构带来挑战的同时，也突显了巨大的机遇，[2] 也正如 Christensen 所总结的那样：“大学自身在提供在线课程方面存在天然优势，所需要做的便是积极投入到真正的创新之中，聚焦于大学的独特使命，采取持续性创新的方式探索教育教学改革……而不用过度担心‘传统’应该是什么样子，也不用过度焦虑其他机构正在做什么”[3]。

在 MOOC 浪潮中，中国高校也做出了迅速的反应，清华大学在中国最先推出大学 MOOC 平台，虽然在 edX 平台的基础上进行了本土化改造，但与其他国家的实践效果一样，该平台的有效学习者平均占比不到 10%，[4] 这也反映了中国高校在引进和借鉴 MOOC 的过程中还未投入到“真正的创新”，对大学传统教育教学优势重视程度不够，因此也未能克服现有 MOOC 模式所存在的种种局限。与此同时，美国一些高校已经开始对高等教育教学规律与现代科技进步的互动关系进行深入思考，而不仅仅是对 MOOC 模式的盲从，其中，德克萨斯大学奥斯汀分校（The University of Texas at Austin，UTA）通过同步大规模在线课程（Synchronous

---

刘贤伟，北京工业大学高等教育研究所助理研究员；马永红，北京航空航天大学高等教育研究所教授、博士生导师；塞缪尔·高斯林（Samuel Gosling），德克萨斯大学奥斯汀分校心理系教授、博士生导师。

Massive Online Course，SMOC）整合了科技进步与传统教育教学优势，在推动大学在线课程的持续性创新和提升学生学习效果等方面取得了良好效果。本文拟通过对 SMOC 的特点、实践和效果进行详细介绍和分析，以期为中国高校在线课程的可持续发展和教育教学改革提供有益的启示。

一、SMOC 的课程模式、技术平台和特点

（一）SMOC 的课程模式和技术平台

UTA 心理学系的 Pennebaker 教授和 Gosling 教授基于多年的教学经验和关于“学生如何学习”这一教育心理学研究领域数十年的研究成果，推出了世界上第一门 SMOC。在 SMOC 提出之前，两位教授分别承担了各 500 名学生的“心理学导论”（Introduction to Psychology）的教学任务。最初，他们将两个班的课程设置为背靠背的形式，并在课堂中试验了自适应学习（Adaptive Learning）模式，即要求学生将笔记本电脑带到课堂上，这样他们可以通过在线程序进行多项选择题测验并获得即时反馈；随后两位教授增加了一个群组聊天程序，将学生随机分成由 5 人组成的小组进行课堂讨论。2012 年，其中一个班的课程被搬上网络，通过这一改变，该班的 500 名学生将专门进行在线学习，另一个班则继续采用传统课堂模式。通过对比研究、在线课程学习计划完善、课程平台及相关技术改进，在 2013 年秋季学期，UTA 正式推出 SMOC。以首门 SMOC“心理学导论”为例，该课程是 UTA 本科生的核心课程之一，它在沿袭一些传统课程设置的同时，又吸收了在线课程尤其是 xMOOC 的方法，SMOC 具体课程运行模式如图 1 所示。[5]

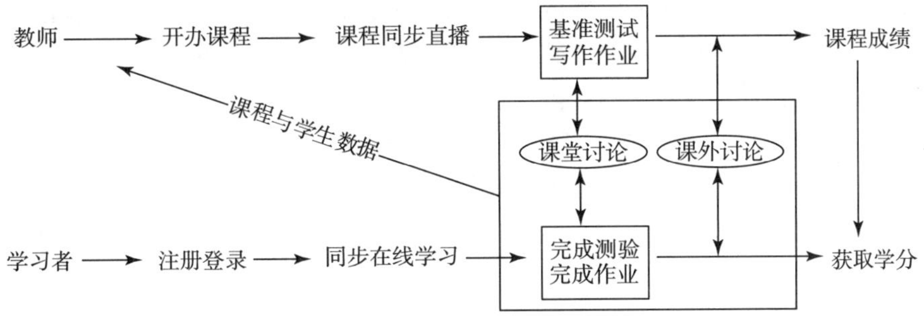

图 1　SMOC 的课程模式

与传统大学课程类似，学习这门课程之前需要缴费注册，但它面向 UTA 校内外任何人员开放。课程通过课程大纲对整个学期的课程主题和相应的时间节点进行完整的规划。课程在秋季学期开课，共 28 节课，每周 2 节课，每周二、四的美国中部标准时间的下午 6 点准时开始，师生需同时参与，每节课持续 75 分钟。

课程在传递形式上，教与学同步进行，可展开实时的小组讨论、交流，以及提问和答疑等教学活动。但与传统课堂最大的不同在于这些活动不是面对面的形式，而是以网络流媒体为介质。SMOC 没有传统的教科书，但每一节课都向学生提供与课程主题有关的必读材料，这些材料源于维基百科、Youtube、TED 以及其他来自于全球的广泛网络资源。SMOC 不采用传统的期中和期末考试，取而代之的是每节课的在线测验和课后作业，完成这些测验和作业，最终达到考核要求，能获取 3 个可转换学分。学生使用 SMOC 所提供的各种网络工具和资源的数据，所有的作业、问卷、评论、在线讨论以及其他在线行为都会被记录存档，并被用于对学生同步在线学习心理和行为的研究当中，以探析如何实现每一个学生学习效果的最优化，并通过研究结果进一步促进 SMOC 的完善。

在 SMOC 课程中，会随机邀请 25 到 30 名学生作为现场观众以活跃课程演播室的气氛，其他学生则通过在线方式进行同步学习。课程同步直播需要克服诸如教学法、教学逻辑和技术等方面的挑战。为更好地帮助课程的同步传送，UTA 人文教学技术服务团队（Liberal Arts Instructional Technology Services，LAITS）设计开发了“德克萨斯教育研究在线”（Texas Online World of Educational Research，TOWER）的内部平台，为授课教师们构建了一个安全的在线教学空间。TOWER 平台是 SMOC 课程的入口，它包括现场教学、课程大纲、

在线概要、课程通告、网络必读材料、基准问题测验、课下作业、成绩查询等板块，平台可嵌入多国语言版本，这为非英语国家学生的学习提供了便利。更重要的是，通过嵌入到 TOWER 平台的在线聊天室、实时语言反馈系统、高速实时流媒体等技术，使得课程进行中的互动性教学活动在大规模课程中成为可能，传统课堂学习的有效元素与在线教育的优势得到充分结合。

（二）SMOC 的特点

有研究者认为 SMOC 沿袭了当前流行的 xMOOC 模式，因此可以将其看作是 xMOOC 发展进程中的一个变体。[6]原因在于 SMOC 与 MOOC（尤其是 xMOOC）有着这样一些相似之处：（1）强调大规模性（Massive）。2014 年秋季学期，UTA 校内外注册 SMOC 的学生数量超过 2000 名，而每门 SMOC 能够支持大约 1 万名学生同时进行在线学习，随着更多的课程采用 SMOC 模式，学生数量也将会大幅增加。（2）采取在线形式。教师和学生大多数的教学和学习活动、教学内容以及互动都通过在线方式实现。（3）都是一种课程模式。具有完整的课程结构（时间安排、课程目标、协调人、课程主题、作业等），这区别于一般网络主题讨论。[7]

虽然 MOOC 利用科技进步的成果，尤其是网络技术的发展实现了课程规模化，但是 MOOC 自身存在的一些局限性也饱受诟病，例如学者们指出当前 MOOC 完成率较低，[8]缺乏一种可持续的商业模式，[9]传统课程中的亲密关系、团队意识、同步体验等促进学习的必要元素被剥夺，[10]此外，学习效果的评价以及利用评价促进和支持学生学习的方式也有待完善。[11]这些局限性在很大程度上源自对传统教育教学规律的忽视，而 SMOC 的基本出发点就是将传统课堂教育教学的优势与在线教育技术的发展成果进行系统整合，从这个层面出发，它实现了基于教育教学规律的“理性回归”，并具备如下有别于 MOOC 的重要特征：（1）SMOC 课程非事先录制好的，也非传统课程中师生面对面的形式，而是通过网络进行同步直播，通过同步手段维持互动与交流，实现教学相长，这是 SMOC 最主要的特征。（2）基于教育心理学的研究发现，对传统的评价方式进行了变革，采用持续评价，有效实现了通过评价促进学生学习效果提升的目的。（3）大规模的学生通过低注册费用获取顶尖大学的优质课程，最终还能获取可转换的学分，同时也激发了大学及其教学、科研人员在 SMOC 上进行持续投入的动力。总的来说，上述创新特点一方面进一步保持和扩展了传统课堂教学的优势，另一方面改善了 MOOC 在学生维持率、商业模式可持续性、学习效果评价方式等方面存在的不足，进而实现了大学在线课程的持续性创新。

二、SMOC 实践及效果

（一）通过课程同步促进学生充分参与

学生如果仅仅通过网络观看教师的课程录影，是无法营造出传统课堂所能提供的高接触性（High - touch）互动、参与和实时反馈。在线课程的持续发展需要让学生能够感受到他们正在与课程内的其他人进行有意义的互动，尤其是与授课教师，[12]因此，对课程进行现场直播是有必要的，它使得即时的互动交流、反馈成为可能，进而促使参与者产生一种对于学习的共同兴奋感和团体意识。[13]当学生们在课程进行中提问、参与调查、展开针对具体问题的讨论时，同步性便开始发挥作用。

SMOC 从第一节课开始便将所有学生随机分配到基于 TOWER 平台的在线互动聊天室。每个聊天室 5 到 6 名学生组成，并由一名之前学习过这门课程的学生担任朋辈指导人员，聊天室中的人员在整个学期固定不变。在每节课进行过程中，会安排大约 20 分钟的时间围绕具体主题进行提问和讨论。为保证聊天室中小组讨论的效果，SMOC 开发了实时语言反馈系统并将其嵌入到 TOWER 平台，该系统可以监测学生们在小组讨论中的交流模式，并分析处理小组内的聊天内容，进而提供实时指令以帮助小组成员形成合作的有效方式。例如，通过参与性反馈（Engagement Feedback）指示小组成员多注意其他成员的观点和意见；通过信息交换反馈（Information Exchange Feedback）指示小组成员们将话题继续下去并共享更多的信息。研究数据也指出这个反馈系统能够帮助小组成员们形成一个良好的合作方式，尤其是对于那些从合作一开始就有问题的小组。[14]

此外，作为课程的一部分，每节课都会给予学生完成如人格、心理健康、社会行为、情绪等心理学调查的机会，这些调查往往与本节课的主题密切相关。例如在以“健康生活”为主题的一节课中，在讲授个体对药物的感受性时，要求学生在限定时间内通过 TOWER 平台完成“药物感知量表（Perceived Sensitivity to Medicines，PSM)”调查。在完成调查后，学生整体调查结果即时显示，授课教师结合调查结果进一步讲解个体对于药物感知的概念、现象和规律。学生也会在完成调查后通过 TOWER 平台即时得到个人调查结果的反馈信息，如在 PSM 量表上的得分，该得分所在区间以及各区间代表的意义等。此外，反馈信息中还链接了与 PSM 量表有关的学术文献，供学生们课后进行延伸阅读。通过 TOWER 平台和现场教学，大规模学生参与调查得以实现，课程内容更加生动有趣，极大地提高了学生的课堂参与度和对知识的吸收度。

（二）优化评价方式促进学习效果持续提升

当前大学教育面临的一个挑战就是不能有效地训练学生掌握自主学习（Self－Regulated Learning）的基本技能，[15]而一种重要的训练方式就是给予学生频繁的测验，并对他们在测验中的表现以快速的、有针对性的和结构化的反馈，[16]这样他们可以及时调整学习策略以提升在课程中的学习效果。换句话说，测验虽不是证明能力的唯一方式，却可以成为直接强化学生学习和思维技能，促进和巩固学生学习效果的重要手段。但频繁测验在传统课堂中很难实现，尤其是在大课堂中，而在线教育技术的发展使得这一举措得以实现。SMOC 更进一步地使用简短的、频繁的、形成性的评价（Formative Assessments）取代了传统的高风险评价方式及与之相关联的压力，这种评价方式被称为基准测试（Benchmark Quiz，BQ)，其作用在于有效评价学生的学习效果并帮助他们设立个性化的学习目标，最终根据学生在测验和课后写作作业的表现给予学生可转换学分。

学生在每节课一开始的 15 分钟之内就需要在 TOWER 平台完成 BQ。该测试一般由 8 个多项选择题组成，其中有 7 个涉及上一节课的讲课内容和阅读材料，另外一个是学生在之前测试中没有答对的题目（以原题或者相同形式的题目呈现）。测试题目由授课教师以及由 6 个助教组成的小组进行仔细审核、编制，保证题目内容在概念上的复杂性并整合了来自不同渠道的信息。测试要求学生将心理学的一些基本概念运用到一种新的情景中或运用心理学原理或理论去解释某一现象，很少有题目是通过机械记忆能够完成的。结合课程教学需要，课程中途或尾声时偶尔会有简短测试（1～2 分钟)，称为课堂问题（Mid－Class Questions，MCQ)，问题源于当天的课程内容。在期末的成绩评定中，学生可以舍弃掉 5 次得分最低的 BQ，而平时的 MCQ 均分等同于一次 BQ 成绩。此外，BQ 和 MCQ 都不能补测，这就要求学生尽量不能缺勤。

为了检验这种评价方式的效果，Pennebaker 和 Gosling 对 2011 年 SMOC 实验班的 901 名学生和传统班的 935 名学生进行了对比研究。研究结果显示，不同社会阶层学生的学习成绩差距缩小了 50%；在实验的学期和接下来的学期中，SMOC 班的学生在其他课程上的成绩都更好；SMOC 班的学生比上个学期学习该门课程的学生的 GPA 要高出半个绩点；SMOC 班级的出勤率更高。研究者们将学生进步的原因归结于，BQ 和 MCQ 的运用使得学生更加专注于课程提供的广泛学习材料，也学会了更好地掌握了学习和时间管理技能。

（三）可持续的商业模式实现多赢

科技的飞速发展让学生们有了更多的选择，也迫使高校和教授们竞相争夺学生资源，这同时标志着曾经单一的高等教育营利模式正在经历着快速转型。[17]然而，在线课程的开发、传递、升级需要耗费大量资源，许多人开始担忧 MOOC 提供者以及 MOOC 本身的生存能力。尽管 MOOC 的提供者，如 Coursera 和 Udacity 吸引了众多由风投基金所支持的营利性组织的巨大投入，但这也说明了一个事实：本质上它们是对各个投资股东负责，而非对学生、教育或者社会负责的，而且到目前为止，MOOC 尚未有一个清晰的商业模式可循。[18]因此，大学在将其一流课程搬上网络时，如何确保这类课程在持续发展的同时又能维护和实现高等教育机构的职能，成为那些提供在线课程的大学所必须正视的问题。SMOC 也许是大学在线课程商业模式可持续的有效路径，它致力于实现学生、大学、教师等多方面的共赢。

与传统课程模式一样，选择 SMOC 的学生需要进行注册并缴费，以 SMOC“心理学导论”为例，该课程面向 UTA 大学系统内外的学生开放，课程收费是每人 550 美元，且不对外州学生收取额外费用。这对于 UTA

校内外的学生来说都很具吸引力，因为在SMOC开设之前，UTA的学生选择同样的传统课程将花费900美元，而非德克萨斯大学系统的学生则要花费高达3000美元。如前文所述，完成课程并达到考核要求的学生可以获得3个可转换学分课时，相较而言，传统课程模式下，UTA本校学生为了获取人文学院的3个学分需要支付2059美元，而外州学生则需要支付7137美元。

除了低廉学费使学生减轻了经济负担之外，每门SMOC平台目前可以支持1万名学生，如果达到这一入学人数，每门SMOC将带来550万美元的可观收入，而收取的学费也将在开设SMOC的院系和学校之间进行分配。这样的模式一方面使得课程得到学校层面的积极支持和配合，促进SMOC不断改进，并向其他学科课程扩展，另一方面也能够在当前MOOC潮流下，维护高校教师的士气、投入程度和持续创新的热情。SMOC在UTA学生学习中的影响力和扮演的角色越来越重要，截至目前，除了“心理学导论”之外，UTA的另一门公共课——“美国政府学”也采用了SMOC模式，这也说明这种模式是具有可移植性的，它们俨然已成为当今同步大规模在线课程传播的先驱。

四、小结与启示

作为一个不断发展的课程传播模式，SMOC仍需不断尝试和完善。例如，SMOC在刚起步时，与课程有关的授课教师、视听工作人员、助教、在线指导人员、程序员达到了125人，且每个教师基本上不可能在一年之内完成2门SMOC课程。但随着授课教师以及幕后团队对SMOC的逐渐熟悉，以及SMOC模式向其他学科课程中的扩展，所需工作人员的人数将会减少，一个幕后工作团队可以服务多门课程，效率将不断提高，以较为合理的成本提供高质量的课程。此外，目前尚不清楚SMOC模式在其他学科领域的适用情况，目前SMOC开设的两门课程基本上属于人文社科的范畴，因此，课程开发者和研究者们还需不断进行试验以确定SMOC最适合于哪些课程，或者SMOC在非人文社科类课程的应用中需要做出哪些调整和补充完善。

总的来说，UTA等高校在参与到MOOC大潮的同时，能够保持一种辩证、审慎的态度和观念，不断地对MOOC和传统的教育教学模式进行反思，很快发现了MOOC本身所存在的局限以及高校自身的独特优势，在MOOC大潮中发出大学自己的声音。从目前中国引进和借鉴MOOC的实践来看，尽管会对其进行一些调整、改造，但是从根本上并未能突破MOOC自身的局限性。事实上，在MOOC大潮来临之前，中国本土在线教育实践是有一定基础的，如在2003年启动的“国家精品课程建设工程”及2011年推出的“国家精品开放课程建设工程”等，对于推动中国高校教育教学改革和优质课程资源共享的过程中就产生了巨大的影响。因此，高校应当明确，采用MOOC等在线教育模式，只是推动高等教育教学改革和创新的一种手段和契机，并非为了MOOC而MOOC，发展大学在线课程还是应当立足于本土实践，而SMOC的理念和经验具有较好的启示作用。

首先，仍然要坚持以学生为中心的教育理念。MOOC的迅速扩张并不意味传统课程中的教学方法和教学原则应当被抛弃，相反，MOOC发展中的一系列局限和突出问题恰恰反映了传统课堂要素在教与学过程中的重要性。在教学过程中，学生并不是被动的接受者，学生需要感受到被尊重、理解、包容、认可，教学要启发学生的新思维，而师生间、学生间密切互动、交流和及时反馈等活动是实现以学生为中心的重要元素。因此，在线课程的建设切勿舍本求末，关键还在于有效地将在线技术的进步与教育教学过程中的必要元素进行结合，从SMOC的实践来看，这是切实可行的。

其次，完善在线课程评价方式和学习成果认证办法。良好的评价方式对于学生的持续进步起到了重要作用，而授予学分是诸如MOOC等在线教育模式实现可持续发展的关键。[19]从教育心理学的研究和SMOC的实践情况来看，充分利用在线技术的优势，在课程中实施简短的、频繁的、形成性的考核评价方式具有一定的借鉴作用，这也是传统课堂所难以实现的。而对于学习成果的认证，高校之间应加快学分互认、转换，教育主管部门应积极推动“学分银行”等制度的建立和完善，实现高校学生和社会学习人员的在校学习成果得到认可，实现结果公平。

最后，加强在线课程师资、技术团队建设的保障和投入。从SMOC的发展轨迹来看，对于大学在线课程的持续性创新需要各方的大量投入。从教育主管部门、高校层面来说，应当在政策、制度、投入上充分重视，如 SMOC 被 UTA 列为"以技术促进教育的引领性革新项目"，UTA 在相应的技术平台建设、技术人员投入、学分认证等方面积极支持；从师资和课程建设层面来讲，打造精品课程需要保证高水平教师的积极参与，如 SMOC 的教师团队皆为所在领域的顶尖学者，他们具有较高的教学、科研成就，并能够紧跟当前学科发展的前沿和方向，并将其融入教学中。为了为保障院系、教师的参与热情，UTA 还明确了 SMOC 教师团队、院系对课程拥有版权和相应学费分配权。

参考文献

[1] Christensen, C. M., & Raynor, M. E. The innovator's solution [M]. Boston: Harvard Business Press, 2003.

[2] 袁莉，马红亮，吴永和. MOOC 对高等教育的影响：破坏性创新理论视角 [J]. 现代远程教育研究，2014 (2): 3-9.

[3] Christensen, C. M., & Eyring, H. J. The innovative university: Changing the DNA of higher education from the inside out [M]. San Francisco: Jossey-Bass. 2011.

[4] 孙茂松. 清华大学 MOOC 实践报告 [R]. 北京：2014 中国大学 MOOC 发展论坛. 2014.

[5] 王萍. 大规模在线开放课程的新发展与应用：从 cMOOC 到 xMOOC [J]. 现代远程教育研究，2013 (3): 13-19.

[6] Chauhan, A. Massive open online courses (MOOCS): Emerging trends in assessment and accreditation [J]. Digital Education Review, 2014 (25): 7-17.

[7] 李青，王涛. MOOC 一种基于连通主义的巨型开放课程模式 [J]. 中国远程教育，2012 (3): 30-36.

[8] Daniel, J. Making sense of MOOCs: Musings in a maze of myth, paradox and possibility [J]. Journal of Interactive Media in Education, 2012 (3): 1-28.

[9] Siemens, G. Massive open online courses: Innovation in education? [M]. Commonwealth of Learning, Athabasca University Press, 2013.

[10] Straumsheim, C. Don't call it a MOOC [EB/OL]. https://www.insidehighered.com/news/2013/08/27/ut-austin-psychology-professors-prepare-worlds-first-synchronous-massive-online, 2013-08-27.

[11] 沈欣忆，李爽，丹尼尔·希基，李营. 如何提升 MOOCs 的学生参与度与学习效果——来自 BOOC 的经验 [J]. 开放教育研究，2014 (3): 63-70.

[12] Zarom, R. What massive open online courses are missing [EB/OL]. http://Insights.wired.com/profiles/blogs/what-moocs-are-missing#axzz3OEaFjcmn, 2013-06-27.

[13] Varney, R. Are UT's massive online courses making the grade? [EB/OL]. http://kut.org/post/are-uts-massive-online-courses-making-grade, 2013-10-24.

[14] Tausczik, Y. R., & Pennebaker, J. W. Improving teamwork using real-time language feedback [C]. In Proceedings of the SIGCHI Conference on Human Factors in Computing Systems. ACM, 2013.

[15] Pennebaker, J. W., Gosling, S. D., & Ferrell, J. D. Daily Online Testing in Large Classes: Boosting College Performance while Reducing Achievement Gaps [J/OL]. PloS one, 2013, 8 (11): e79774.

[16] Marsh, E. J., Lozito, J. P., Umanath, S., Bjork, E. L., & Bjork, R. A. Using verification feedback to correct errors made on a multiple-choice test [J]. Memory, 2012, 20 (6): 645-653.

[17] Belkin, D. Online class aims to earn millions [EB/OL]. http://www.wsj.com/articles/SB10001424127887324324404579045381967754304, 2013-08-30.

[18] Siemens, G. Massive open online courses: Innovation in education? [M]. Commonwealth of Learning, Athabasca University Press, 2013.

[19] 袁松鹤，刘选. 中国大学 MOOC 实践现状及共有问题——来自中国大学 MOOC 实践报告 [J]. 现代远程教育研究，2014 (4): 3-12.

基于 MOOCs 模式的学习评价体系构建研究

孙清忠　黄方方　邓少婷

摘　要：MOOCs 学习已成为一种新兴的学习方式，满足了当下学习者的需求，其学习特征也有与传统课程明显不同之处。因此，传统的学习评价模式已经不能很好地满足 MOOCs 日益发展的需求。为此，顺应课程变革诉求，本文尝试对典型 MOOCs 模式下学习评价进行分析，建构了 MOOOCs 模式下的学习评价体系，为 MOOCs 的相关研究提供适宜的理论框架和实践指导。

关键词：MOOCs；学习特征；学习评价；核心指标

随着高等教育改革的不断深化和科学技术的迅猛发展，依托“互联网 + 教育”的理念，基于互联网的学习方式和课程联盟应运而生。其中，MOOCs（汉语译为“慕课”或“幕课”等）是在线开放课程模式的一个典型代表。有人将互联网技术引发的这场教育变革称为“MOOCs 风暴”，甚至预言“慕课”将会彻底改变沿袭数百年的传统高等教育模式，其出现或许是教育领域的一个革命性契机。然而，如何保证 MOOCs 的质量，构建有利于 MOOCs 发展的学习评价体系是需要急待解决的问题。

一、MOOCs 状态下的学习特征分析

（一）MOOCs 的起源与定义

MOOCs 是“Massive Open Online Courses”的缩写，本意是“大规模、开放性的在线课程”。该概念是加拿大爱德华王子岛大学的 DaveCormier 和 Bryan Alexander 联合提出的。[1]后来有学者应用此概念，逐渐开设了 MOOCs。当前，纵观国内外的实践经验，MOOCs 已发展为一种交互性的在线课程开发模式，强调知识的开放、共享与生成，以学习内容为起点，学生通过资源共享和交互进行学习。简单地讲，MOOCs 就是借用现代科技实施教学的一种新型手段。

（二）从 OCW 到 OER 再到 MOOCs

MOOCs 是开放教育资源和网络学习实验的演化产物。以开放、共享为理念的开放教育资源发展可追溯到麻省理工学院（MIT）的开放课程运动（OCW）。早在 2001 年 4 月，美国麻省理工学院校长查尔斯·韦斯特在《时代》杂志上宣布启动开放式课程计划（MIT OCW），计划利用 10 年的时间，将下属 5 个二级学院的 3300 门课程公开发布在互联网上，免费供全世界任何人使用。此后，在美国，犹他州立大学、约翰霍普金斯

基金项目：广东省社科一般项目（GD15CJY07），广东省教育厅关于 2015 年度省级学校德育创新项目（2015DYYB066）“构建大学生思想政治教育协同创新机制”，广州市科技计划项目软科学研究专项“广州地区校地协同创新中心管理运行机制研究”，广东省高等教育教学改革项目（GDJG20142088）。

孙清忠，博士，暨南大学高教研究与评估中心副主任，主要从事高等教育政策研究；黄方方，博士，暨南大学华文学院讲师，主要从事华文远程教育、高等教育研究；邓少婷，暨南大学公共管理学院行政管理专业硕士研究生。

大学等高校纷纷加入了开放式课程计划的行列。2002 年 7 月，联合国教科文组织（UNESCO）在巴黎召开了题为“开放课件对发展中国家高等教育的影响”的论坛，在会议上首次提出“开放教育资源（OER）”概念。后来，随着 OER 运动的发展，越来越多的高校和教育机构逐渐将优质资源共享。[2]

然而，无论是 OCW 还是 OER，在集中体现开放学习、知识共享的同时，也凸显出种种局限性。例如，教学视频还是传统课堂录像的重复再现，教学情境单一，交互性不足，以教师为中心的单向式知识传播模式教学效果甚微，最终仅是一项资源共享运动。同时，随着“以学习者为中心”教学理念的不断增强，信息化手段的飞速发展，学习只要在网络环境下也可以随时随地展开。由此，在内部自身发展需求和外部环境的共同作用下，MOOCs 应运而生。

（三）MOOCs 的学习特征

MOOCs 以学习者规模“巨型化”、身份“多元化”和教学模式“人本化”等设计特点引起了社会各界的广泛关注。作为一种区别于传统课堂教学的教学模式，其是现代教育技术和教学实践的深度融合，是一种具有交互功能的开放式的在线学习方式。就学习特征而言，MOOCs 契合学习科学所倡导的人本化学习、掌握学习、建构主义学习、程序教学及有意义学习等理论原则。它在具备开放学习的共性同时，也表现出独有特征。

1. 自主性的学习

MOOCs 学习过程中，教师和教辅人员在学习活动中充当帮助者角色，学习者处于真正的中心地位。学习者不仅可以摆脱场所、时间的限制，自由获取资源，而且可以依据自己的情况进行自主式学习，自主设置学习计划，自主掌握学习内容、学习量、方式和进度，实现对学习全过程和结果的自我负责。例如，Coursera 开设课程达 558 门，采用英、法、中等多种语言授课，为学习者提供多样、宽泛的课程选择。学生可以自主地选择不同语言类型在线学习各类课程。此外，在 Coursera 网络教育平台上，有部分课程已经获得美国教育委员会的官方认可。如果完成五门官方认可学分的相关课程，就可以转换为大学里的相应学分。

2. 协作式的学习

交互性是 MOOCs 学习的主要特征。学习者可以通过对话、商讨、争论、合作等形式相互学习，以达到学习目的。学习同伴在交互学习中还可以相互评价，使得学习者之间互相影响、相互依存，构建了一种“伙伴式”的新型学习生态系统。以 Coursera 为例，Coursera 平台的“世界各地的音乐”“计算机数据分析”“文学课”等课程的作业都设置有相互评议的环节。学习者需按规定提交作业，并完成评价其他学习者后方可得到分数。这种方式不仅能够促进学习者之间相互交流、评价，还能巩固学习者的知识习得，掌握评判的技巧，提升评判能力、表达能力。

3. 个性化的学习

依托信息技术的支撑，MOOCs 的网络平台能记录学习者的学习点滴，形成系统化的大数据，为建立不同人群学习评价体系奠定基础。此外，应用教育数据挖掘、人工智能、自然语言处理等技术，改进学习方式，使得个性化学习成为可能。例如，基于掌握学习理论，Coursera 平台具有学习档案袋的功能。该功能主要是记录学习者的错题。错题能反映学习者的知识“漏洞”。根据错题，学习者能相应调整符合自身特点的学习计划，加强巩固自身薄弱的知识环节。同时，这些错题也会被系统默认，在习题复习环节中随机重复出现，帮助学习者复习。

4. 生成性的学习

MOOCs 一般以简短视频为主要方式传授教学内容，以即时测试与反馈激励学习者学习，进而满足碎片化交互性的学习需求，拉进教与学的距离。通过课程视频片段，小问题穿插，组成整个课程，且常常设置类似于游戏教学技术的通关设置，以加强学习者的深层理解。在弹性预设的前提下，学习过程由教师和学习者根据不同的教学情境因地制宜地构建，具有较强的生成性、灵活性。平台也会提供问题的回答思路与解题方法，以保障学习者的学习效果。

5. 翻转式的学习

传统教学过程包括两个阶段，即知识传授和知识内化。知识传授是通过教师在课堂中的现场当面讲授来完成，知识内化则需要学习者课后通过作业、操作或者实践来实现。然而，MOOCs 则颠覆了这种“传授—内化”的教学形式，体现为知识传授通过信息技术的辅助在课后完成，知识内化则在课堂中经老师的帮助与同学的协助而完成的，从而形成了“翻转式的学习”。正如 Udacity 平台的创始人塞巴斯蒂安·特龙教授所说：“寓教于练比寓教于听更为重要。”[3]这种将知识传授放在课堂之外，将知识内化放在课堂内的“翻转式学习”更利于激发学习者的学习主动性与学习兴趣，打破了按部就班、机械性的“填鸭式”教学形式。

二、当前 MOOCs 学习评价的难点

评价问题一直是远程教育服务质量管理的核心。MOOCs 学习评价，即针对学习者的的价值判断与综合评定。科学合理的学习评价，能够检查和促进教与学，检测学习者的知识技能、态度和情感的变化，最终为改进学习者的学习效果提供有效的对策与建议。不科学合理的学习评价，则会误人子弟，不能准确反映教与学的质量、效果，阻碍教育事业的发展。

目前，立足于“评价”这个关键点，不难发现 MOOCs 自身存在的“短板”——学习评价难。一方面，MOOCs 的评价机制存在较大的漏洞，对学习评价的界定较为宽泛，评价体系缺乏系统性和公平性。另一方面，与传统课堂一样，作业与测试仍在学习评价中扮演重要角色。Coursera、Udacity、edX 这三大 MOOCs 平台都主要通过日常作业及网络测试对学习者进行评价，然后给予相关的学习认证。可见，MOOCs 学习评价的操作可行性、评价方式都需有待改进的地方。当然，前提是我们需要了解当前 MOOCs 学习评价的难点。

（一）信息的真实性

由于距离的原因，MOOCs 整个评价系统很难全面有效地了解和监控学习者的情况。这里主要包括三方面：一是由于是自主地进行学习，很难统计学习者的真实出勤情况；二是无法观察学习者学习时的各种反应和表现；三是不能很清楚地调查课程和考试的有效性和真实性。Cathy Sandeen 曾表示，“线上课程的防弊系统是否完备是非常重要的因素，学习者身份鉴识和监考方式都得再加强功能，得到有权威的认证，所授予的学分才值得大众的信赖。”[4]

（二）目标的多样性

MOOCs 是开放性的学习平台。这意味着一方面其准入门槛较低，各年龄大小、收入水平、学历层次、意识形态的人群都可以通过网上注册，进而获取这种免费的开放性教育资源；另一方面，基于每个学习者的知识背景不同，他们对知识的需求、学习的目标是不尽相同。所以在这一层面上，MOOCs 学习评价目标是多样的，难以全面地判定学习者的学习目标的达到程度。

（三）检测工具的落后性

网络学习评价系统是学习评价的重要组成部分。目前，MOOCs 并未建立完备的网络学习评价系统，学习评价仍依靠传统的测试、课程点击量、浏览量等简单、落后的检测工具。其检测结果只能反映局部的情况，不能反映学习过程、效果的全貌，结果的可信度是值得质疑的。

（四）过程评价的复杂性

由于信息的真实性、目标的多样性、检测工具的落后性等因素，MOOCs 的学习评价过程呈现出复杂性的特征。此外，我们以往的网络教育偏重于对学习者考试成绩的评价，而忽视对学习方法、学习能力及学习过程表现的评价。MOOCs 的学习特征决定了掌握知识、提高技能仅仅是其评价目标之一，而学习者的学习态度及情感变化也应是学习评价的内容。

三、MOOCs 的学习评价要素

（一）评价主体

借助 360°多元主体评估的思维，从利益相关者理论的角度观察 MOOCs 的学习评价，MOOCs 管理平台的发布者、授课教师、教辅人员、学习者本人、共同学习人等利益相关者均应享有评价权。在 MOOCs 这种学习模式下，评价主体也应该表现出多元化的特征。评价主体不应局限于教师，与此相关的 MOOCs 平台管理者、学习小组及第三方评价机构等其他利益相关者均应成为评价主体。

（二）评价客体

评价客体是指被评价的对象。就 MOOCs 的评价而言，它包括 MOOCs 平台的所有在学人员，包括注册人员、未注册人员。其中，注册人员是主要的评价客体，按照学习的完成程度划分，注册人员还可划分为修完课程者、修完未考试者、中途退学者等类型。

（三）评价工具

（1）电子学习档案：电子学习档案是实现网络学习评价的有力工具，强调运用信息技术记录、展现学习者的学习过程。

（2）指标：针对学习者设计开发的定量评价标准，清晰界定每项指标的标准与不同层次水平，不但可以教师评价，而且可以让学习者、共同学习人、外部机构等评价。

（3）网上监测系统：借助计算机和网络技术设计、开发的数字化考试系统，能够有效记录、分析、测试学习者的学习过程及结果。

（四）评价方法

包括机测、口试、现场操作、讨论发言、总结汇报、第三者评价、自评、研究报告、PPT 制作、工件制作、书面答卷、视频录像等多种方法。

四、学习评价核心指标体系构建

前面提到，MOOCs 学习借助于现代教育技术与社交工具，实现了自主性学习、交互性学习，具有完整的课堂教学性质，同时又具有网络学习的一些特征。因此，我们认为 MOOCs 学习评价核心指标体系构建应包括学前评价、过程评价和总结评价等三大内容。

（一）学前评价

主要指通过前期的网络测试或者注册信息等，掌握学习者的基本情况，为后期评价提供参考。

1. 学习目标

主要评价学习者出发点因素。学习目标直接关乎学习者的学习情况，因此首先要清楚学习者参加 MOOCs 的动机是什么——个人兴趣还是修得学分需要，知识需求还是交流提升，求职还是掌握技能。这就需要充分考虑不同学习者的目标多样性，设计多维度的目标评价体系，如内在需求，包括兴趣、知识、能力等；外在需求，包括学业、职业、技能等，以便为全面评价提供数据参考。

2. 学习条件

主要评价学习者学习基础方面的个体差异，既包括个人智力因素、互动程度等，也包括电脑软硬件、网络使用技巧、学习氛围等。通过掌握学习者软硬件条件，可以有效地提高学习评价的准确性。

3. 学习特点

主要评价不同学习者的学习风格。有学者将学习者分为被动型、选择型和积极型。[7]当然，学习者也可按听觉型、视觉型、触觉型的学习特点分类评价。无论哪种模型的选择设计，都是掌握不同学习者的特点，以便为将来个性化学习提供可能。

4. 学习方式

主要评价学习者在完成学习任务时基本的行为和认知的取向。这里涉及学习的硬件设施、学习时间以及网络条件等。是采用传统的电脑网络界面，还是运用微博、微信、Wi－Fi等网络社交工具；学习时间是任意的，还是固定的；上网是畅通高速的，还是断续缓冲的。这些都会带来不同的学习方式，因而也就对学习者的学习效果产生影响。

（二）过程评价

又称形成性评价，是基于对学习者学习全过程的观察、记录、反思而做的发展性评价，其目的是激励学习者学习，帮助学习者有效掌控自己的学习过程，使得学习者从被动接受评价转而变为评价的主体和积极参与者。形成性评价内容主要包括：

1. 学习态度

学习态度是对学习者的评价与行为倾向，包括学习的诚信度、认真度、责任度、努力程度等，其中要强调网络环境下学习诚信度的评价设计。虽然该项评价更多侧重于主观性的判定，但我们可以尝试将其细化分类，通过其网上学习计划的执行度、互动的次数、课程作业完成程度、各项任务诚信率等客观性指标，量化检测学习者的学习态度。

2. 学习能力

学习能力是潜在的。在MOOCs条件下，除了个人学习能力的鉴定考核外，我们还要注重其外部协同学习能力的评价。尤其是学习者与教师、教辅人员、同学、网络系统等各种的交流互动，充分发掘其利用外部资源并提高自身学习质量的能力。在MOOCs的学习评价过程中，我们必须重视师—生、生—生、生—机的相互交流，以交流数据总量等信息，按网络检索、查询、求助等交流方式，提供学习者人际对话的交互参数，构成MOOCs学习能力测评的主要内容。

3. 资源利用能力

资源利用能力主要评价学习者学习资源的利用能力。这里的学习资源是广义的，一系列能提供学习、帮助学习、改善学习的要素都可以纳入学习资源的范畴。它既涵盖课程本身已选定的学习信息、资源，这些资源可以通过不同媒介和不同格式来存储、展现，供学生、教师使用；也包括课本之外的媒介、学习策略和方法、利于学习的环境条件等要素、资源。因此，在MOOCs的学习环境下，评价学习者的学习资源利用能力需重点掌握学习者对网络教学平台及其中的资源的使用情况。评价主体可以通过网上监控系统动态跟踪学习者上网检索、查询的信息主题、时间、网址等情况来了解学习者的学习关注点和兴趣点，再综合学习者在该方面的成果产出，判断学习者对学习资源开发的潜力。

4. 创新能力

MOOCs区别于以往的网络学习评价的是要强化学习者创新能力评价：通过课程测试观察完成作业体现解决问题的新思路；通过学习者在互动中是否提出不同寻常的答案；通过向同伴或教师请教问题、解决问题和上传问题解决方案的次数都可以强化学习者的创新能力。

（三）总结评价

总结性评价主要是基于学前评价和过程评价做出的，其根据课程的教学设计目的及学习者学习协议中的目标，判定他们的学习成绩、能力、水平等。总结评价涉及定性与定量两方面内容。

1. 定性评价

定性评价更多的是非量化评价，主要考查学生参与程度、学习情感、态度、信息能力等网络学习行为，是学生学习情况的全面反映，是全面评价学生的重要依据。[8]通过定性评价，更多的是对学习者的学习状况、特点等做出规律性判断，结合数据分析，以期给予不同学习者不同的学习建议，真正做到个性化的教与学，全面提高学习者的学习质量。

2. 量化效果

量化效果主要是基于各类数据模型的设计，通过学习成绩、作业完成情况、互动写作能力、创新得分、课程出勤率、网络资料利用率等各项学习评价指标，实现全方位、立体化的学习评价。基于网络量化的数据统计，充分体现了 MOOCs 相比传统课堂的优势。海量的数据积累，为教师、学习者、用人单位等提供了参考，并为类型化的学习提供了一种可能。

六、结语

学习评价的合理运用是提高学习者学习质量的重要保障。基于此，本文在梳理 MOOCs 的学习特征、学习评价难点的基础上，界定了 MOOCs 学习评价的要素，进而提出学前评价、过程评价、总结评价的核心指标，构建 MOOCs 学习评价体系，以期提高 MOOCs 的质量，促进学习者的知识内化，保障 MOOCs 的长远持续发展。

参考文献

[1] McAuley，A.，Stewart，B.，Siemens，G.，and Cormier. D.，"The MOOC model for digital practice"，University of Prince Edward Island，Social Sciences and Humantities Research ouncil's Knowledge synthesis grants on the Digital Economy（2010）. http：//davecormier. com/edblog/wpcontent/uploads/MOOC _ Final. pdf.

[2] 李青，王涛，MOOC：一种基于连通主义的巨型开放课程模式［J］. 中国远程教育，2012（3）：28－36.

[3] 网易财经 . Udacity：寓教于练的"在线大学"［EB/OL］，http：//money. 163. com/12/1029/10/8EVRJGN600253B0H. html，2012－10－29.

[4] http：//www. hbrc. com/news/view_ 4360400. html.

[5] 钟志贤，吴初平 . 电子学档：远程学习中一种有效的过程性评价工具［J］，中国远程教育，2008（5）：41－44.

[6] 赵丽梅，洪明 . 合同学习：通往个性化学习的实践方法［J］，继续教育研究，2007（3）：153－156.

[7] 陈时见，王冲 . 论网络学习资源的意义、功能与类型［J］. 电化教育研究，2003（10）：39－42.

[8] 彭文辉，杨宗凯 . 网络学习者的学习行为调查及分析［J］中国电化教育，2007（12）：40－42.

“学习共同体”背景下大学生课堂竞争与合作心理生态建设

徐建华　宋　航

摘　要：竞争与合作是社会群体交往中最基本的两种互动形式，也是当今社会关系中最为引人注目的两大主题，更是大学生之间不可回避的人际互动方式。本文从高校大学生间的竞争与合作生态本质出发，立足于学习共同体的建设，期冀通过对高校课堂教学中竞争与合作心理生态建设的探究，为高校课堂教学改革和质量提升开辟新的研究视角。

关键词：大学生；学习共同体；心理生态；竞争与合作

提高课堂教学质量是高等教育改革与发展永恒不变的主题，“现代教育学认为，课堂乃是让每个学生都感到有自己一席之地的地方；在这里，人与人能逐渐建立信任关系，大家内心的梦想和恶念能得到分享而不会遭到教师和同学的嘲笑。”①课堂是学生开展学习活动的主要阵地，也是同学之间心理相容、生命相伴成长的重要场所。学生在课堂中常常扮演不同的角色，从而使课堂生活处于或融洽和谐、或紧张对立、或冷漠沉闷、抑或内敛平淡的心理氛围，直接影响学习者的情感体验，进而影响课堂学习效能和学习共同体自我发展的动力。在课堂这个有限的时空环境中所形成的不同人际关系会营造出不同的课堂心理生态，从而形成学生不同的成长环境。本文从高校大学生间的竞争与合作生态本质出发，立足于学习共同体的建设，期望通过对高校课堂教学中竞争与合作心理生态的探究，为高校课堂教学改革和质量提升开辟新的研究视角。

一、大学生间的竞争与合作心理生态

竞争与合作是社会群体交往中最基本的两种互动形式，也是当今社会关系中最为引人注目的两大主题，更是大学生之间不可回避的人际互动方式。竞争与合作看似相互对立，实则是相互渗透、相互促进、相伴相随的关系。通过竞争可以进一步促进彼此的深入合作，通过合作可以进一步催生新的竞争力。竞争与合作能力的形成，不仅是大学生实现个体社会化发展的现实需要，也是其将来成功适应复杂的社会环境、谋求幸福生活的素质基础。

（一）正确认识大学生间竞争的生态本质

竞争是生物界存在的自然现象，同时也是人类社会的基本存在形式。无论是生物界还是人类社会都遵循着有竞争才有生机与活力这个规律，竞争是人的上进心、主动性、积极性和创造性的外在表现。尤其当前人

基金项目：黑龙江省高校基本科研业务费黑龙江大学专项资金项目（人文社科规划项目）《黑龙江省高校课堂生态问题研究》（项目批准号：HDRC201607）。

徐建华，博士，黑龙江大学教育科学研究院教授、硕士生导师，主要研究方向为教育基本理论、高等教育管理；宋航，哈尔滨师范大学传媒学院硕士研究生。

① 大卫·杰弗里·史密斯．全球化与后现代教育学［M］．郭祥生，译．北京：教育科学出版社，2001：103－104.

类社会已进入市场经济和信息化飞速发展的时代，其生存规律就是竞争—选择—淘汰的循环往复，只有遵循市场经济的规律，敢于直面竞争可能带来的更大发展空间和更强发展实力，才能充分调动人的积极性、主动性和创造性，挖掘人的发展潜能和激发前进的动力。对于在校大学生而言，尽管他们将面临毕业后进入职场择业、就业、创业等的巨大竞争与挑战，但在日常学习和生活中，也同样存在着竞争与输赢成败的问题，比如班级和学生会干部的选拔、每学期的综合成绩排名、各种比赛竞赛、评优评奖等都是竞争的具体表现形式。由于我国应试教育对竞争的异化，许多人往往只关注作为合作对立面的竞争的消极影响。其实，竞争既有积极的一面，也有消极的一面，大学生要正确认识竞争的生态本质。

积极的竞争是个体或群体通过扬长避短不断提高个体或群体的综合实力，竭力实现预期的目标，同时推动竞争各方不断发展、不断提高的行为。积极的竞争意味着人的赶超意识和不服输的精神比较强，想在竞争中取胜就必须通过各种办法取长补短，或通过培养创新、追求卓越等手段来使自己具备更高的能力和水平。因此，积极的竞争就会自觉激发自己的学习动机和成才渴望，从任务定向转向自我定向，最大限度激发自己的潜能，从而超长发挥取得比对方更好的成绩。在与他人的竞争中及时了解自己的优势与不足，既利用自己的优势唤起成就动机，在不断完善中给自己搭建一个展示自我、共享智慧的平台，同时又可以不断提升自信心和克服缺点的勇气，使自身价值得到充分体现。

消极的竞争是个体或群体在试图实现自己期望目标的同时，通过破坏或诋毁对方等手段来阻止他人接近或实现目标，从而最大限度地获得个人或小群体的利益或取得有利地位的行为。消极的竞争常常表现为只要自己能实现预期的目标，不管采用何种手段和途径，也不考虑对方是否受到伤害及受到何种程度的伤害，以至于这种行为既会对群体内的人际关系产生影响，也会对每个个体的心理健康造成一定程度的伤害。因为时刻要超越对方保持不败的地位，就会导致同学间的敌意、对立、冲突和攻击性的长期存在，产生心理和情感上的疏离和排斥，使自己陷入孤独无依的消极人际关系氛围中；同时，也会加大自己的心理紧张度，随着心理压力的不断增大，使学习者过度紧张和焦虑，就会导致心理障碍，甚至可能出现偏离“竞争轨道”，违反大学生道德规范、价值观念、行为准则、管理制度的竞争失范行为，出现竞争的非生态化现象，最终妨碍竞争者学业的进步和生活幸福指数的提升。

课堂是一个充满活力的地方，学生在课堂中生活的时间很长，他们年龄相近、面临的学习任务相同，所以在很多方面都不可避免会产生竞争。积极的竞争可以激发大学生学习的自主性、积极性和创新性，培养大学生拼搏进取、不屈不挠、不甘落后的个性特征，有利于同辈间的共同发展、共同进步。而消极的竞争既可能造成教育不公平现象的存在，形成学生之间的畸形竞争，也带来了课堂心理生态的失衡。毫无疑问，当代大学生已经提前进入了残酷的竞争时代，每个人想要取得优异成绩或者收获成功，都需要建立在激烈的竞争基础之上。加强对大学生竞争心理品质的培养，杜绝竞争失范行为的发生迫在眉睫。

（二）正确认识大学生间合作的生态本质

合作是社会互动的基本形式，是人类生存与发展的必要条件。随着现代科学技术和网络媒体的快速发展，社会分工将越来越专业、越来越细化，任何工作的开展和任务的完成都不可能完全由一个人来承担和实现，离不开众多人员的齐心协力和通力合作。可以说，合作是人类追求事业发展和人的潜能发挥的永恒动力，合作能力的培养应成为现代高等教育人才培养质量提升特别关注的问题。经典社会学大师埃米尔·涂尔干认为，推动社会进步的力量不是竞争，而是团结和合作，社会应该通过其制约功能来限制人与人之间的竞争而鼓励人们的合作。① 此段描述虽带有个人主观色彩，但在一个侧面也反映了合作在推动社会进步中的重要作用。合作从心理学角度看是一种社会交往活动，是一种亲社会行为的表现。但由于我国高考制度对竞争的异化，加上独生子女政策对孩子个性等心理品质的负面影响，导致人们对合作及合作行为的热切期盼和盲目推崇，以至于在对合作生态本质的认识上出现异化现象，只看到合作带给个体和群体发展的积极意义和价

① 赵瑞芳．当代大学生的竞争观研究——对全国六省（市）418 名大学生的问卷调查［D］．武汉：华中科技大学，2005.

值，而没有关注到盲目的合作可能也会给学习者带来消极影响，从而导致目前许多大学生失去与人合作的意愿、能力和精神品质，成为班集体生活中的“孤独者”和学习道路上的“单干户”。

目前，大多数在校大学生都是独生子女，特殊的成长环境和生活背景往往使他们自我中心意识较强，与他人合作的意识淡薄，缺乏团结协作的精神和习惯，有时攻击性较强，甚至表现为社会价值观偏颇。因此，要正视现实中大学生间的合作生态本质，既要看到合作的积极意义，也要理性地捕捉到消极的合作对人的身心发展的影响。

首先，积极的合作可以为学生们搭建平等发展与携手并进的舞台，更好地适应未来社会复杂人际关系的需要。同学间通过相互合作、相互启发和相互激励，一起分享彼此的经验和收获，在相互取长补短中收获珍贵的友情和团队间信任互助的良好人际关系，使个体的自信心、自尊心、自律意识和自我认知能力不断提高；同学间建立的相互信任、相互接纳、相互欣赏的人际关系，可以增强集体凝聚力和集体荣誉感，使共同体成员形成开朗、乐观、积极、无私的人生态度，促进学习者在携手合作中学习效能的提升和个性的充分发展，并对学习者的终身发展起到积极的推动作用；通过同学间和学习共同体成员间的相互合作，逐渐学会与不同的人和群体和谐相处、相互依赖、相互配合、共同进步，将成为大学生适应未来社会复杂人际关系必须具备的基本素质和能力。

其次，合作也可能出现对人的身心发展产生消极影响的现象，主要表现在心理学强调的“社会惰性效应”和“群体极化效应”。所谓社会惰性效应是指个体在参与团体活动时，个人所付出的努力比单独工作时减少或被抵减，① 个人的活动积极性与效率下降的一种现象。许多大学生由于从小在家庭中已经养成了过分依赖他人的习惯和以自我为中心不愿多付出的心理特点，即使在同辈团体合作活动中，也往往不愿承担过多的责任，斤斤计较自己在团队活动中的付出，总认为自己的功劳大、贡献大；有时又过分依赖团队中的其他成员，认为自己做的再多，在团队劳动成果中也很难分清孰轻孰重，因此就会降低参与活动的积极性，产生社会惰性，使个体潜能的发展受到抑制，常常会出现合作时的效率反而不如自己独立完成任务时效率高的现象。“群体极化效应”是指集体决策时往往会出现比个人决策时向更加保守或更加冒险的两个极端转移的心理现象，② 也就是说，个体的决策往往会随着团体间的讨论和分享而变得极端了。主要是许多大学生缺乏主见，喜欢随大流，也期望自己成为团体中受人欢迎的人，不随意发表自己的看法，以便形成合群的假象，但实则不利于群体决策质量的提升，更影响了合作团体的工作成效。因此，正确认识同学间合作的生态实质，积极培养学习共同体成员正确处理个人与他人、个人与集体、个人与组织等多方面的人际关系，避免产生从众心理、逆反心理、敌对心理、自负心理等自我认识偏差而影响了学习共同体中合作的顺利进行。通过课堂教学加强对大学生合作意识、合作品质的培养和合作精神的塑造，无疑是高校加强对大学生合作能力培养的主要途径。

二、大学生竞争与合作心理生态建设的有效路径

在合作中开展竞争，在竞争中深化合作，这是人类在处理竞争与合作关系问题上的明智选择。无节制的竞争可能最终导致两败俱伤，无原则的合作也可能最终导致步履维艰。竞争与合作之间必须保持一定的张力，达成一种必要的平衡，方能使竞争与合作的双方实现共生互赢。在高校课堂中，大学生之间的竞争与合作关系通常体现为既有相互竞争又有互利合作的相互交融的生态特点。在良性的课堂生态中，学生之间在教学活动和科学研究中能够相互交流、相互切磋、相互合作、互相鼓励，在不断探索与反思中，相互间会碰撞出多方面的灵感和思想火花，激发出深入研究的欲望和积极探索的勇气，促进彼此学习能力和学习水平的不断提高，体现了互利共生的生态特点。当然，大学生同样生活在一个充满竞争的社会时代背景下，毕竟目前

---

① 李颖，袁利，李阳模．大学生合作精神缺失成因及对策分析［J］．高教论坛，2010（5）：120.

② http://baike.baidu.com/link?url=cVPDqupmzlKlZnWYEHeZ_y-mIxJwn2pj7RN21a6M_WNClrdxfWoX7_hahsX8dI5gbz12ijrdykCNFaW5AQ51ta.

我国优质资源有限，人才选拔制度仍然是以学习者各方面成绩的高低作为评价的主要标准，高校学生迫于学业、择业及就业的压力，也要展开激烈的竞争，也希望在竞争中取得优势地位，以获得更多更好的发展机会和发展空间，这体现了偏利竞争的生态特征。教育者要深刻领会和准确把握课堂教学中大学生之间竞争与合作的实质和规律，把脉其中的矛盾焦点和冲突本质，根据大学生之间竞争与合作的发展要求，采取科学策略才能提升学生间竞争与合作的互利共生性。

（一）重视学习共同体间的相互影响，加强竞争与合作能力的自我培养。

关于课堂中学生学习的行为和方式等问题，中外学者都进行过比较具体的研究，如西方社会心理学家通常将学生的学习分为三种不同形态，即相互对抗方式、相互独立方式和相互促进方式，或竞争型学习、个体型学习和合作型学习。① 国内学者将课堂教学中学生的交往形态分为两种：协同性学习和竞争性学习。② 在我国，凡是参加过高考的大学生都曾经有过在优胜劣汰的竞争机制下或成功或失败的经历。这些或多或少的成功或失败经历，都会对那些正当青春年华、踌躇满志而又涉世不深的大学生们在心理上和情感上产生深刻的影响。他们承受着激烈竞争带来的心理考验和失败后复杂的内心体验，导致一些焦虑、抑郁、孤独、畏惧、妒忌、冲动等不良心理的产生，甚至会出现消极颓丧、精神失常、自我残害或攻击他人等的失范行为。

大学生面对崭新的生活环境，脱离了往日父母和教师的时时监督和扶持，正处于情感波动和心理无助相互交融的关键时期，最需要情感上的归依和心理上的平复。而此时，课堂中若能形成良好的学习共同体，通过共同体开展的集体活动和学习者间的亲密交往，必然会使大学生在频繁的合作互动中产生安全感、归属感和成就感，从而达到内心的平衡和对大学生活的无比热爱和珍惜。课堂学习共同体的建立和所开展的活动要尊重每个成员的兴趣和偏好，充分发挥他们的个性和特长，通过团体活动或主题演讨、现场辩论的形式来分享彼此的经验和经历，在明确自己的不足和差距的同时，积极汲取他人所长以弥补自己所短。在与他人的交流互动中，学会倾听和倾诉，不断提高自我培养、自我管理、自我评价的能力，舒缓因竞争带来的各种心理压力和挫折体验。通过学习共同体中不同能力、不同性格、不同品性的学习者与助学者间的互动影响，形成对学习共同体的信任和依赖情感，从而促使自身在组织良好环境浸染下身心得到快速成长，以此享受和谐的人际关系带来的美好体验。

（二）有效利用网络等高科技手段，形成竞争与合作的“网络共同体”。

随着现代网络技术和高科技手段的快速发展与广泛普及，大学生的学习生活和日常生活已完成被湮没在电子海洋的世界里，课堂中所谓的“低头族”“掌机癌”的学生比比皆是。互联网对于大学生竞争与合作能力及品质的培养，既有积极的正面影响作用，也存在消极的负面影响作用。互联网技术本身就蕴含着合作共享、开放创新、公平竞争、平等对话等积极的社会价值观，大学生在使用互联网进行学习和交流活动时，既能够捕捉到来自互联网技术本身所隐含的竞争与合作的意蕴，更能够利用这种技术手段全方位地开展竞争与合作活动，建立“网络共同体”，实现最经济、最丰富、最便捷、最高效的同学间竞争与合作的互动活动。这种“网络共同体”的建立和发展，可以不受时间、空间、地域、人员、身份、形式等多种因素制约，可以随时随地通过计算机、智能手机等现代信息设备和网络技术开展互动与交流，克服了许多实体组织在开展教与学活动时必然受到的客观环境的限制。“网络共同体”的成员不仅有教师和学生，还可以汇集各领域的专家、学者、企业人员、家长等多种身份的学习者和助学者，没有年龄、区域、专业、资历等的要求，他们可以随时随地就某一关注的问题共同探讨、共同协商，展开激烈的争议和博弈。每个成员都是学习的主体，每个人的意见和建议都可以被采纳和应用，每个人都有获得成功和分享经历的机会，每个人在竞争与合作中都能得到尊重。“网络共同体”的形成，可以突破课堂有限的时空限制，让学习者走进网络世界的大课堂，实

① 张天宝．新课程与课堂教学改革［M］．北京：人民教育出版社，2003：169.

② 谷力．冲突与和谐——课堂教学改革实践论［M］．南京：南京师范大学出版社，2009：43－44.

现更大范围的竞争与合作，在更高的平台上通过资源共享，打造具有更强竞争与合作品质的当代大学生群体。

（三）引入社会竞争与合作模式，重视学习者合作性竞争能力的培养。

目前，人类社会由于现代信息技术的发展和网络的互联已经使整个社会演变成了一个庞大的共同体，每个个体都是这个庞大共同体中的一个微小分子，为了使自己更好地生存与发展，相互间就需要发生各种各样的联结和互动，组成互利共生关系的动态系统。在此动态系统中生活，自然离不开竞争与合作这一基本的人际生态关系，只有正确处理好竞争与合作间的内在关系，才能更好地适应人类社会这个庞大的互联共同体。高校课堂作为学生增长知识才干、提升品德修养、锻造素质能力的主要阵地，不仅肩负着教会学生学习的重任，更要为学生学会生存、学会竞争、学会合作提供有力的环境支持与保障。要让学生在课堂学习中真正体验到社会竞争的激烈和有效合作的重要性，就必须为学生创设真实的社会交往情境，引入社会竞争与合作模式，让大学生在具体的参与和实践中，丰富自己的感性认识，增进对竞争与合作能力培养的重视。

有学者对学校课堂情境中的学习与社会实践情境中的学习进行了具体分析，指出两者之间的差异所在。学校课堂中的学习注重个体的认知，而真实情境中的学习注重分享的认知；学校课堂中的学习注重纯粹的心智活动，而真实情境中的学习和认知注重借助工具的操作；学校课堂中的学习重视符号的操作，而真实情境中的学习注重情境化的推理；学校课堂中的学习立足于普遍的目标，而真实情境中的学习旨在获得情境特殊性能力。① 可见，课堂中的学习必须要与现实真实情境相联系，才能培养学以致用、真才实学、能够很快适应社会交往互动关系的有用之才。

高校教师要立足于学生的终身发展和学习型组织建设，着眼于学生合作性竞争能力的培养，利用课堂教学范式的改革，加强课堂学习共同体的建设。通过开展以任务驱动、项目导向为特征的研究性学习，将竞争与合作机制引入课堂教学中，赋予课堂以生活意义和实践价值，关注学生与现实生活世界的联结，在学好专业知识的基础上，掌握创造性解决问题的方法和与人和谐相处的生存本领，在竞争与合作的辩证统一中更好地适应经济社会发展的现实需要。

总之，随着高等教育事业的蓬勃发展，现代社会对高层次人才质量和规格的要求越来越高，迫使高校要不断转变观念，适应知识社会和市场经济发展的现实需求，重视对大学生竞争与合作能力及品性的培养，不断提升高校课堂教学的有效性和人才培养的质量与规格，将高等教育的发展重心回归到提升课堂教学质量和效能上来。

参考文献

[1] 大卫·杰弗里·史密斯．全球化与后现代教育学［M］．郭祥生译．北京：教育科学出版社，2001：103－104.

[2] 赵瑞芳．当代大学生的竞争观研究——对全国六省（市）418 名大学生的问卷调查［D］．武汉：华中科技大学，2005.

[3] 李颖，袁利，李阳模．大学生合作精神缺失成因及对策分析［J］．高教论坛，2010（5）：120.

[4] http：//baike. baidu. com/link？url = cVPDqupmzlKlZnWYEHeZ_y - mIxJwn2pj7RN21a6M_WNClrdxfWoX7_hahsX8dI5gbz12ijrdykCNFaW5AQ51ta.

[5] 张天宝．新课程与课堂教学改革［M］．北京：人民教育出版社，2003：169.

[6] 谷力．冲突与和谐——课堂教学改革实践论［M］．南京：南京师范大学出版社，2009：43－44.

① 赵健．学习共同体的建构［M］．上海：上海教育出版社，2008：35－38.

MOOC 背景下的大学生跨学科学习模式变革研究

李雄鹰　马　君

摘　要：本文在分析传统模式下大学生跨学科学习出现的障碍和瓶颈，结合日渐成熟的 MOOC 网络课程作为新的跨学科学习契机，阐述其对跨学科学习所产生的变革。在分析 MOOC 为我国大学生进行跨学科学习的促进作用基础上提出意见和建议以期完善大学生跨学科学习模式，加强大学生跨学科学习效果，提高大学生跨学科学习质量。

关键词：跨学科学习；MOOC 学习模式；变革

随着社会对多元化复合型人才的需要，大学生就业过程中出现的专业知识和就业方向不对口现象愈演愈烈，现代网络社会急速发展背景下大学生对各学科知识的好奇与渴望，进行跨学科学习的需求和动机愈越发强烈。同时随着科技进步、网络发展，MOOC 作为一种大规模开放式网络课程学习平台，为愿意学习不同学科知识的人群提供了便捷平台。该学习模式为大学生跨学科学习提供了新的更为便捷的学习机制，有效补充和完善了传统的跨学科学习模式。

本文紧紧围绕大学生跨学科学习这一主题，分为两条主线：剖析当前我国高校本科生跨学科学习过程中产生的问题和瓶颈；阐述渐成规模的 MOOC 等网络课程学习模式对大学生跨学科学习的促进作用。在此基础上对我国大学生更有效地进行跨学科学习提出意见和建议。

一、大学生跨学科学习的传统模式

“跨学科学习”最早由英国科学家汉佛莱于 1981 年提出，即学生广泛进行探索与他们生活环境中某些问题相联系的不同科目的知识，这些知识可以涉及多个领域——人文科学、自然科学、社会科学、数学、美术甚至交流技巧，从而使技能和知识在多学科领域的学习中得到发现、发展和应用。[1] 大学生通过进行跨学科学习旨在拓宽自己的知识结构，以丰富不同知识体系，为解决实际跨学科问题提供多学科理论基础。

目前我国大学生跨学科学习主要通过双学位辅修、选修课和实验班等学习模式，此外，大学生可根据自己的兴趣爱好通过旁听、参加感兴趣学科举办的学术沙龙等方式建构跨学科知识。

（一）双学位辅修

双学位辅修指本科期间在攻读主修专业基础上，选择其他学科门类作为第二专业，按照教学计划规定修习一定的学分、考试合格并完成相应的毕业论文，在本科毕业时同时获得一门以上学科的学士学位证书。在

基金项目：教育部在线教育研究中心 2016 年度在线教育研究基金（全通教育）一般项目“基于教育大数据挖掘与分析的大学生学习质量研究”（2016YB170）成果；“中央高校基本科研业务费专项资金”项目“大学生跨学科学习研究”（15LZUJBWZY124）成果。

李雄鹰，博士，兰州大学高等教育研究所副教授、硕士生导师，主要从事高等教育理论与考试研究；马君，兰州大学高等教育研究所讲师，教育学院博士，从事高等教育理论与考试研究。

我国只要高校具备相当的教学条件和水平，均可根据自己的学科建设情况开设双学位班；对学生而言，只要对本专业学习心有余力，同时有心进行其他专业知识的学习，便可自愿选择进行双学位辅修。目前我国的双学位学习课程主要是安排在周末或者晚上，学生一般于大二的第一学期开始进行双学位课程学习，连续学习三个学期，第四学期开始实习、准备撰写毕业论文。[2]实施双学位教育，满足了当代大学生渴望学习不同学科知识的需求，推动了大学生跨学科学习，同时也一改传统单一性专门人才的培养，使高校人才培养更具人性化、更富弹性，满足了经济社会发展所需要的跨学科复合型创新人才标准。

（二）选修课程

我国几乎所有高校均规定大学生在学习主修专业课程的同时面向全校课程修习一定学分的选修课程，以充实学生在不同学科领域的知识。这类课程可根据大学生自身的兴趣爱好进行选修，满足了大学生对自己主修专业之外学科门类知识的渴望，一定程度上满足了大学生个性化跨学科学习的需求，为大学生形成跨学科思维丰富了不同学科的认知模式。

选修课发展新形势下，国内各大高校开启了校际合作形式，2007年教育部颁发的《关于进一步深化本科教学改革全面提高教学质量的若干意见》中指出："积极鼓励高等学校之间的跨校选修课程机制，加强高等学校之间学分互认等，使学生享受更多的教学资源，并逐步实现教学资源共享机制稳定化常规化。积极鼓励大学到国外大学选修课程学分和进行学习交流，拓宽学生的国际视野。"[3]高校间纷纷利用地缘优势打破高校"围墙"（如北京和上海等地），实行学分互认，为我国高校大学生跨校选修课程提供了方便，满足了大学生个性化学习需求，有效推动了大学生进行跨学科学习，充分利用了高校优质的教学资源和教学设备，同时有利于高校发挥各自的办学特色和学科优势。

（三）实验班

自中国科技大学创建"少年班"以来，我国高校便从未停止过通过开设各种实验班，对优质学生资源配备优质教师提供最优越的条件甚至福利，对其进行特殊培养。该类培养模式均承认学生间存在学习差异，并在此基础上重点培养创新型拔尖人才。目前实验班选拔人才的方式主要有：高考选拔，大学入校后选拔。从20世纪80年代开始发展实验班计划，至今已趋渐成熟，常被提及的诸如北京大学元培学院、清华大学人文科学实验班、中国人民大学国学院、浙江大学竺可桢学院、兰州大学萃英学院等。总体上通识教育、大类培养、夸大选修和分流培养的理念在实验班课程机构中得到比较充分的体现。人才培养均朝向"创新型""复合型""宽口径"等方向。[4]培养理念着重拓宽大学生学科知识视野，打破专业壁垒，追求不同学科知识的综合与学科交叉，旨在培养高素质复合型人才，这无疑是培养创新型跨学科人才的有效途径。

以上几种传统跨学科学习模式，不仅为大学生进行跨学科学习提供了理论支撑，更在实践进程中推动了大学生跨学科学习。大学生跨学科学习模式的不断修订和变革、不断发展和完善，正是体现了社会发展对跨学科复合型人才的需求、高校对跨学科人才培养的重视、当代大学生对多学科知识的渴望，同时回应了社会对当代大学生学习态度、学习质量的质疑，推动了高校培养高素质综合化人才的发展。

二、传统模式下我国大学生跨学科学习的障碍和困难

传统跨学科学习模式下，大学生积极参与并取得了一定成效，满足了当代大学生渴望获得不同学科知识的愿望，通过建构不同学科门类知识，为跨学科思维的培养奠定了宽厚的知识水平。然而传统模式下大学生跨学科学习出现了诸多障碍和困难，不仅体现在大学生学习自身心理与行为方面，更有政策支持、教学方法和课程安排等方面的问题。

（一）政策管理方面

1. 跨学科学习政策不明确

由于种种条件限制，目前我国高校真正推行双学位班或开设跨学科学习课程的高校仅仅存在于一些研究

型大学，如“985 和 211”高校，多数普通高校事实上并没有系统性地开设跨学科学习课程，尽管学生有强烈的愿望进行跨学科学习，却没有足够的现实条件。其中很大一部分原因在于高校跨学科政策不明确，例如高校推行的双学位课程一般在本科二年级的第一个学期开始，意味着学生在一年级就必须确定是否选择双学位学习。高校往往没有针对双学位辅修对大学生进行专业指导，造成主修专业成绩优秀的学生在不了解双学位的情况下跟风辅修双学位，加之一年级的本科生对自己未来的学业规划还不清晰等原因，并非主观兴趣所至，出现双学位学习过程中动力不足、兴趣不高、学习效果不佳，从而浪费双学位学习名额和教学资源。很多高校规定大学生必须在主修课成绩优秀的前提下才能够选修双学位，而那些高考被调剂到主修专业，但对主修课不感兴趣反而对跨学科领域课程感兴趣的同学，却因主修课成绩不够优秀而没有机会去辅修双学位。

2. 跨学科学习政策执行力度不够

双学位及辅修模式的开设旨意在于共享优质教学资源给来自不同学科愿意进行跨学科学习的大学生，因此高校本应在执行国家跨学科人才培养政策的基础上选择一些办学时间长、学科建设搞得好、毕业质量好的品牌专业作为开设辅修和双学位模式试点，[5]并在此基础上与外校合作实施联合培养的方式，切实做到将双学位及辅修推至校际之间联合培养。目前尽管很多高校开设有双学位，但仅存在于个别学院的个别专业，而且有些高校并没有做到依据自身实际情况，分享自己的优势学科开办双学位，这无疑是一种学科优势资源的浪费。此外，有些学院尽管开设了双学位，但师资本身不具备跨学科教学条件，又没及时更新教学方法，将双学位课程讲成了专业基础课，导致跨学科学习徒有其名。

3. 课程分配不合理

早在 1985 年第二次全国教育工作会议发布的《中共中央关于教育体制改革的决定》中就明确提出：“改革教学内容、教学方法、教学制度，提高教学质量，是一项十分重要而迫切的任务。高等学校要针对现存弊端，积极进行教学改革实验……施行学分制和双学位制等。[6]”武汉大学、清华大学、南京大学等国家重点高校先后实施并积极革新、不断发展。虽然我国高校实施跨学科教育的时间已不短，但受传统专业教育影响，跨学科课程仍停滞在不同学科课程的机械拼盘，如传授给学生的双学位课程大多是某一单科知识，较少有跨学科性质的课程安排在双学位辅修计划里；课程表现形式上大多是学生被动接受学习和机械学习，较少进行真正有效的学习，更没有尝试在实际问题解决过程中有效运用跨学科思维。

另外，双学位辅修课程每学期需要选修的具体科目和课时都是教务处等统一规定好的，学生并没有自由选择的权利，挫伤了大学生跨学科学习的积极性。例如本科生主修专业毕业总学分要求一般为 150 ~ 160 个学分，双学位辅修课程的学分一般为 40 ~ 50 个学分。高校为了避免课程冲突，将双学位辅修课、选修课安排在周末或者是晚上，不仅对大学生造成了课业负担，更打消学生对双学位和选修课程的积极性，学生很难处理好主修与双学位课程之间的关系，导致出现旷课、上课积极性不高、课堂参与动力不足等情况。

鉴于高校在跨学科学习政策引导、实施及课程安排等方面存在弊端，应该在给学生明确进行双学位知识普及并进行个性化指导的前提下，适当给大学生足够的自由来制订更加灵活、个性化的符合自身发展的培养计划。

（二）教师教学方面

1. 教师缺乏跨学科教学理念

培养跨学科人才并非一蹴而就，而是一种潜移默化的教育理念。由于我国长期以来实施专业教育模式，多数高校教师本身是经历专业教育成长，往往缺乏跨学科人才培养理念。因此，在进行跨学科教学过程中（如双学位及选修课），只是做到了将一门学科理论知识传授给学生，缺乏进一步指导学生对不同学科知识的整合，并通过整合不同学科知识实现跨学科知识的融合。

2. 忽略有效引导大学生解决跨学科实际问题

对教师来讲，跨学科教学的过程更多是将某一学科知识传递给跨学科学习者，忽略了引导学习者实际解决跨学科问题的能力。根据学习迁移理论，教师应注意实现各门类学科的横向联系，同时通过提问或者提示促使学生实现纵向迁移。[7]目前多数高校课堂教学过程大都由教师“满堂灌”，没有积极地引导学生通过讨论、合作，将一个问题从不同门类学科知识角度出发进行思考。据此，教师应着重注意在双学位辅修课堂上提出一个开放式的具有跨学科性质的复杂问题让学习者进行分组讨论并解决。组员尽量是来自不同学科的学习者，这样不仅在讨论过程中建构了不同学科知识体系，学习了不同学科解决问题的方法，而且在问题讨论过程中形成合作学习意识和整合不同学科知识的能力，有效培养大学生跨学科思维，切实通过应用于各类实际问题的解决，做到学科知识碰撞、融合。

3. 教师教学负担过重

进行跨学科教学的高校教师，一般都有专业主修课程安排，周末甚至晚上进行双学位课程教学，对教师而言无形中形成教学负担。此外高校教师还要投入大量精力进行科研活动，没有足够的时间和精力对双学位辅修的学生进行过多的指导，通常会对双学位辅修及选修等课程疏于管理，课堂要求宽泛，对双学位论文缺少指导，在双学位考评和论文答辩过程中“放水”等。辅修双学位的学习者大都是专业课优秀的学生，对双学位课程充满兴趣和热情，逐渐会因不堪重负、缺少监管等原因慢慢失去对双学位课程的兴趣，甚至出现应付等心理，最终使得双学位辅修课程质量严重缩水，造成跨学科教育教学资源严重浪费。

（三）学生学习方面

1. 缺乏解决实际跨学科问题的实践

学习的目的在于运用。学生把在校学习的内容不断迁移到新的情境中去解决新的问题这才是真正意义上的学习。我国高校大学生在进行双学位辅修的过程中，仅停留在不同学科理论知识建构层面，没能将之前所学到的知识迁移到另一学科门类知识学习中去实现意义学习，并尝试应用于实际问题的解决。培养大学生跨学科思维需要不断解决跨学科实际问题。

2. 学生不能灵活进行个性化跨学科学习

双学位辅修课程一般分 3 个学期进行，每个学期都按照双学位教学计划让学生辅修固定的课程，学生没有选择余地，不能多选或少选；课程安排不够灵活、人性化，不利于学生根据每个学期自己的时间安排制订个性化的培养计划。如学生在大学二年级期间时间充足，会选择多修几门双学位课以缓解大三面临着主修专业需要实习而时间紧张的局面。另外，双学位辅修课及选修课等大都在晚上甚至周末进行，安排过于死板，给大学生造成课业压力。

3. 传统跨学科培养模式使大学生跨学科学习兴趣和注意力下降

我国传统的课堂教学模式往往由任课教师唱“独角戏”，每节课除了结合 PPT 展示相关图片外均由教师进行单一学科理论知识讲解，这种枯燥乏味的学习方式使学生的跨学科学习兴趣减弱，同时注意力不集中，被动接受知识，被动记笔记，很难主动将新学到的跨学科知识与先前的知识融会贯通。

（四）交互方面

1. 师生交互贫乏

从授课时间来看，双学位课程、选修课程一般安排在夜晚或者周末进行，教师与学生进行面对面交流讨论的机会较少，通常带双学位及选修课程的高校教师也要准备主修课程和进行科研投入，没有足够的时间和精力与跨学科学习者进行交互讨论；此外，从我国传统的跨学科课程模式来看，教师单方面授课贯穿整个课堂，极少有师生之间的课堂互动，即便少数教师尝试引导学生进行讨论，但因长期深受传统机械接受学习模式的影响，往往因学生参与课堂讨论积极性不高而使讨论流于形式，没有真正进行师生之间的交流互动。

2. 学习者之间缺乏交互

双学位及选修课堂大都是面向全校各个学院进行招生，通常一个班级由来自不同学科的学习者组成。课堂上讨论问题时，不同学科出身的学生对同一个问题有不同的解读方法，利于跨学科学习者了解不同学科学习者解决实际问题的方法，拓宽不同学科知识领域，从而在进行实际问题谈论过程中培养跨学科思维。然而实际的双学位课堂却由于教学者没能积极有效地引导学生讨论与解决实际问题，而失去了不同学科学习者之间有效交流的优势。

3. 跨学科学习资源交互不足

传统的跨学科课堂教学者给跨学科学习者提供的学习资源，除了特定教科书和课堂上展现的 PPT，基本没有其他跨学科学习材料，学习者之间也没有充分共享彼此的学习资源。在这种情况下，大学生通常在学期结束时依然尚未对双学位辅修课程计划、课程目标、课程结构和课程内容等有整体的了解，也无从谈及主动将不同学科知识进行交互融合。

三、MOOC 等网络学习模式对大学生跨学科学习的促进作用

MOOC 即大规模网络开放课程，是在进行大规模学生交互参与和基于网络的开放式资源获取的在线课程。与传统网络课程不同的是，MOOC 除了提供视频资源、文本资料和在线答疑外，还为学习者提供各种用户交互型社区，建立交互参与机制。[8] MOOC 课程由一连串学习单元所组成，而这些学习单元大致可以分为视频模式课程呈现形式、非视频模式课程呈现形式及交互模式。传统跨学科学习模式主要以教师单向传授为主，而 MOOC 模式是以学习者为中心，从学习者的兴趣和需求出发，是在轻松友好的学习氛围和先进的学习工具支持下，将获取知识的学习欲望转化为主动汲取并同化知识的学习行为；按需要制订个性化学习方案，自发组织学习圈，随时随地展开学习。[9] 本文依据清华大学学堂网络学习模式，分别就视频模式课程表现形式、非视频模式课程表现形式以及 MOOC 特有的交互模式三个板块的内容，逐一阐述 MOOC 这种新兴的网络开放课程对大学生跨学科学习的有效促进作用，以期对我国大学生跨学科学习质量的提高有所帮助。

（一）视频模式学习形式

MOOC 视频单元课程呈现模式主要通过 3 ~7 分钟的教学视频呈现教学内容，主要呈现形式有出境讲解、手写讲解、实景讲解、动画讲解、专题短片、访谈式教学等。[10] 这些视频单元学习形式为跨学科学习者提供了移动学习的同时有效地提高跨学科学习者的兴趣、积极性和注意力。

1. 使跨学科学习者进行移动学习成为可能

史静寰教授曾指出："只要具备基本的上线条件，鼠标轻点，不管身在何处都能轻易地学习一流大学和大师的课程……人们多年来梦想的教育形态——任何人、任何时间、任何地点，按照自己的节奏学习，并即时得到学习反馈，在 MOOC 教育的平台上似乎都有可能成为现实。"[11] MOOC 在线性特征为跨学科学习者随时随地进行移动学习提供了可能，跨学科学习者可根据自己的时间选择自己感兴趣的学科，在 MOOC 平台寻找该学科顶尖名师的课程进行学习；同时 MOOC 平台支持视频字幕和文本格式下载，可以对自己感兴趣的学习视频内容随时随地进行有效复习与回顾，加强学习效果。MOOC 在线学习同时支持 iPhone、iPad 和 Android 等版本，通过覆盖多平台真正促进移动学习，给跨学科学习者更多的自由时间、自由空间，自由地进行跨学科学习。

2. 能够有效激发跨学科学习者学习兴趣及学习积极性

MOOC 视频学习模式总体上激发了学习兴趣并有效促进跨学科学习者的学习积极性。生动有趣的视频、短片、名人访谈等形式，让在线学习者能够在形象生动的气氛中很快领会课程学习的要点，缓解了传统跨学科课堂死气呆板的气氛，较之传统课堂中单一教师进行单向枯燥的传授知识形式，更易于激发大学生的学习兴趣。跨学科学习者可以针对跨学科学习的学科自由选择世界范围内大师级别的名师所开设的学科课程，名师效应一定程度上激发了学习者的敬仰之情，更有效促进了跨学科学习者的学习动力与积极性。

3. 能够有效集中跨学科学习者的注意力

MOOC 课程中的视频单元课程基本都是通过 3 ~7 分钟的视频讲解形式呈现课程要点。科学实验表明一

节 45 分钟的课堂，学生注意力最集中的时间段是前 20 分钟。[12]而且丰富生动的视频、多媒体材料等能够有效吸引大学生课堂注意力。对于跨学科学习者来讲，由于学科知识构建不够扎实，跨学科学习过程中难免会体验到接受跨学科领域知识的困难而产生阻抗心理，从而降低注意力，而 MOOC 平台的大量课程是通过实景讲解、动画讲解等形式展开，较之传统单一乏味的课堂，这种真实有趣的课堂更能够吸引跨学科学习者的注意力。从这个角度来讲无论是授课时间长度或是授课形式，MOOC 课堂都将比传统课堂满堂灌的课程呈现形式更能够集中学生的注意力。

（二）非视频模式学习形式

MOOC 课堂的非视频区不仅有各种测试题，而且提供课程进度，为跨学科学习者有效制订个性化学习计划提供了可能。MOOC 课堂将学习者所注册课程的学习进度、学习者提问的问题、问题得分情况、练习得分情况、考试情况得分等具体细节以可视化的图像展示给学习者，使得学习者本人对自己的学习情况有一个清晰的整体性认识，不断促进跨学科学习者主动合理分配时间，积极制订个性化跨学科学习计划。

（三）交互性学习形式

交互作为 MOOC 最突出的特征对大学生进行跨学科学习提供了很大优势，在完善传统跨学科学习模式的同时也提出了挑战。MOOC 特有的交互模式有师生交互、生生交互及资源交互。通过交互机制跨学科学习者不仅能够在课上讨论，更能够在线下通过社交平台与志趣相投的学习者进行交流，在充分实现混合式学习和合作学习的基础上培养跨学科学习思维的形成（见图 1）。

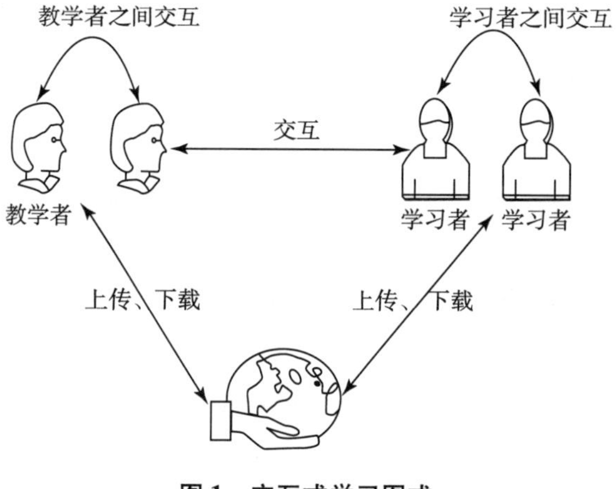

图 1　交互式学习图式

1. 师生交互

有效利用 MOOC 平台特有的公开性，跨学科学习者得以从世界范围内选择学科内的名师开设的开放性课程，通过课堂讨论或电子邮件的方式与名师进行交流。通常每一课程的讲解都不只有一个教师，更会有助教负责学生的作业、讨论等，学习者随时可以提出自己的疑问与任课教师进行互动。还可以针对某一课程在世界范围内选择跟踪不同教师的课程，吸收不同教师对同一课程的理解与解读方式，与不同的授课教师进行交互，加深自己对该学科课程的理解。

2. 生生交互

生生交互主要是体现在 MOOC 平台特有的讨论区。在讨论区内任何学习者都可以通过自己的账号提出问题或者参与问题的谈论。初学者还可以通过被“顶”次数最多的帖子找到讨论区内的精华谈论内容；“置顶”功能可以帮助学习者迅速了解到课程的最重要信息。

MOOC 平台特有的讨论区为学生有效进行合作学习提供了可能。讨论区特有的开放性使得任何一个问题的提出都会有来自不同学科背景的学习者解读自己对问题的理解和解决方式。每个人对同一个问题的认知、理解会因各自知识结构的不同而异，来自不同学科的学习者通过 MOOC 这一网络学习平台不断探讨，充分发挥群体智慧，找出最佳的问题解决方案，这个过程不仅可以了解不同学科知识体系及不同学科解决问题的方法，还可以锻炼学生合作学习的能力。

此外，讨论区帮助跨学科学习者实现了混合式学习。MOOC 平台“邀请好友”功能可以在跨学科学习者在谈论过程中发现与自己志趣相投的学习者，将其组成一个讨论组进行圈内探讨，既方便了跨学科学习者结交来自世界各地不同高校、不同学科学习者进行学术问题探讨，又能够增加学习者之间人际交往。这样跨学科学习者既可以通过课程模式又可以通过线下朋友圈交流进行跨学科学习，真正有效实现混合式学习。

3. 资源交互

其一，师生或生生之间同步或异步讨论过程都会在 MOOC 平台上存贮，利于跨学科学习者通过不断回顾和反思，使来自不同学科学习者在实际问题解决的过程中有效促进其知识的迁移，增强其不同学科知识整合的能力，培养跨学科思维的形成。对新问题的解决进行方法性指导，通过讨论区具体问题解决策略的迁移促进跨学科思维的培养和新问题的解决。

其二，学习者将自己选择学习的学科课程分享到豆瓣、微博、人人网、微信或者 QQ 空间等，让更多好友看到，吸引不同学科学习者关注到该课程；同时有机会与不同学科学习者进行讨论，加深对该课程的理解与认识。

当然，MOOC 在促进大学生跨学科学习的同时也存在一些弊端，如对大学生跨学科学习的主动性要求很高，如果学习者自我管理意识薄弱，在 MOOC 学习过程中很容易出现懈怠甚至放弃等行为。如何提高学习者的自我管理意志需要做进一步深入研究。

四、总结

本文在对传统跨学科学习模式解构的基础上指出了当前我国大学生跨学科学习所遇到的困境和瓶颈，并在此层面上提出了 MOOC 这一网络课程学习模式，为跨学科学习者超越了传统课堂学习模式提供了有力保障。MOOC 平台作为有效补充传统跨学科学习的新模式，不仅丰富了我国高校大学生跨学科学习模式，为我国高校大学生结合自身特点制订个性化跨学科学习方式提供了可能。高校大学生完全可能通过有效结合传统的跨学科课堂学习模式和 MOOC 等网络课程学习模式进行混合式学习体验，通过跨学科学习，形成跨学科学习思维，并积极应用于实际问题的分析和解决。然而 MOOC 网络课程自身的缺点也是不容小觑，对学习者的学习自主性及自律性提出了极高的要求，而且 MOOC 支撑的网络学习并不能取代传统课堂学习模式给学生带来的体验。因此，MOOC 为一种跨学科学习带来了新的变革的同时需要跨学科学习者理性、个性化对待。

参 考 文 献

[1] 许书萌，蔡敏. 美国高校跨学科教学策略研究 [J]. 煤炭高等教育，2008 (1)：95 – 97.

[2] 李雄鹰，车如山. 跨学科学习与专业学习交互效应的实证研究——以兰州大学应用心理学双学位班为例 [J]. 教育学术月刊，2012 (1)：33 – 35.

[3] 杨宗仁. 复合型人才培养模式多元化——辅修及双学位本科教育研究 [J]. 江苏高教，2011 (3)：102 – 104.

[4] 李雄鹰. 我国重点大学创新人才培养实验班的实践与反思 [J]. 研究生教育研究，2012 (3)：15 – 19.

[5] 沈苗，彭一明，高志同，等. 北京大学辅修和双学位报名系统的设计与实现 [J]. 华东师范大学学报（自然科学版），2015 (S1)：345 – 351.

[6] 李莉. 我国大学辅修与双学位制改革的回顾与分析 [J]. 中国高教研究，2009 (1)：60 – 62.

[7] 施良方. 学习论 [M]. 人民教育出版社，2013.

[8] 王颖，张金磊，张宝辉. 大规模网络开放课程（MOOC）典型项目特征分析及启示 [J]. 远程教育杂志，2013 (4)：67 – 75.

[9] 张振虹，刘文，韩智．从OCW课堂到MOOC学堂：学习本源的回归［J］．现代远程教育研究，2013（3）：20－27.

[10] 教育部在线教育研究中心．［EB/OL］．［2014－12－14］（2015－12－01），http：//www. rcoe. edu. cn/wp－content/themes/xuetangx/public/MOOC－handbook. pdf.

[11] 资料来源：史静寰："清华大学教育研究院在线教育研究工作简报"第1期．

[12] 贾雯．大学生英语课堂注意力调查及相关因素分析［D］．南京：南京农业大学，2007.

互联网 + 创新创业教育多样化发展研究

孙德林　罗家鑫　杜家欣　黄源通　李丽珍

摘　要：分析创新创业教育多样化存在的问题，探讨我国创新创业教育多样化的发展历程，研究互联网 + 创新创业教育多样化问题，研究成果对高等学校创新创业教育改革具有积极意义。

关键词：互联网 +；创新创业教育多样化；信息化创新创业教育

1　引言

2015 年 7 月，国务院印发《关于积极推进"互联网 +"行动的指导意见》，明确了"互联网 +"行动的基本原则、发展目标和主要任务。一年多来，"互联网 +"行动得到了包括教育界在内的社会各界的积极响应和广泛实施，对深化高等学校创新创业教育改革发挥了重要作用。

2　创新创业教育多样化存在的问题

随着我国创新创业教育及其人才培养模式改革工作不断推进，旧的教育理念正在发生改变，面临的问题也呈现出多样化。

2.1　教育理念陈旧和教学方式问题

目前，部分高校领导仍停留在传统教育理念中，未将加强实践教学作为创新创业教育改革的重要抓手，即使应用体验式实训，创新创业教育改革工作也难以落实到实处；有的高校局限在开设讲座或象征性的开设创新创业课程，或没有孵化基地，或创新创业的教学目标只是把知识传授给学生，在教学方法只是灌输式的教师讲、学生听；有的高校虽开设创新创业教育课程，但其针对对象仅局限于"极少数人"，并未从根本上实现创新创业教育的"大众化"，还是实施"精英教育"。培养创新创业多样化人才，高校创新创业的教学目标不能只是把知识传授给学生，而要具有着眼于学生的全面发展和个性发展，着眼于学生创新创业精神的培育、综合素质和能力的提高。

2.2　教学方法受到教学组织形式的影响和制约

教学组织形式是指为完成特定的教学任务，教师和学生按一定要求组合起来进行活动的结构形式。教学组织形式不是固定不变的，随着社会政治经济和科学文化的发展及其对人才培养的要求，教学组织形式也不

孙德林，江西师范大学教授、硕士生导师，江西省高性能计算重点实验室研究员，主要研究方向：互联网 +，信息化创新创业教育，电子商务。

罗家鑫，兰州财经大学硕士研究生，主要研究方向：信息化创新创业教育，电子商务。

杜家欣，河南大学硕士研究生，主要研究方向：应用经济学，电子商务。

黄源通，江西师范大学本科生，主要研究方向：互联网 +，电子商务。

李丽珍，江西师范大学本科生，主要研究方向：互联网 +，电子商务。

断发展和改进。在教学史上先后出现的影响较大的教学组织形式有个别教学制、班级授课制、分组教学制、现场教学、复式教学等。不同的教学组织形式，不可能运用统一的教学方法；同时，教学方法确定之后，教学的组织形式也要受到教学方法一定的约束和限制。

2.3 创新创业实践教学效果不佳

就创新创业教学内容分析：部分高校创新创业教学内容单一，对创新创业能力训练等方面未足够重视，造成学生学习创新创业知识始终停留在理论知识的层面上，导致学生不能深入有效地了解到创新创业内容的实质，缺乏实践创新过程，造成教学效果不佳。

2.4 创新创业教育师资专业化水平有待提高

教师是创新创业教育的主力军，实际上师资人数和能力均不足。虽然有各种培训的途径和方法提高师资队伍创新创业教育水平，但就实际效果来看，实践经验仍旧不足，能力素质有待提高。

综合分析，由于高校创新创业教育的针对性不强，教材与课程脱离实际，学生缺乏创业实践，师资力量薄弱，创新创业教育流于形式并表现出简单和单一等问题，说明我国创新创业教育仍旧存在众多问题，亟须探索互联网+创新创业教育多样化的发展途径。

3 我国创新创业教育多样化的发展历程与互联网+创新创业教育多样化发展

3.1 我国创新创业教育多样化的发展历程

1997年，清华大学举办了“创业计划大赛”，此次“创业计划大赛”得到了全国大学生与许多知名企业的广泛响应，清华大学成了全球商业计划竞赛联盟的一员。[1]从1999年开始，团中央、教育部、中国科协与全国学联联合举办每两年一次的大学生“挑战杯”创业计划大赛。[2]“挑战杯”大赛的推广作用使得创业教育辐射规模日益壮大，许多高等院校加入到探索创业教育的行列，并相继开设各具特色的创业教育课程。伴随高校创新创业教育的发展，引起了教育管理部门的重视，并开始进行组织与指导工作。但由于经验尚浅，创新创业教育只是局限于举办创业大赛这一层次上，并未有其他更多措施。2002年，教育部选定清华大学等9所重点高等院校为创业教育试点院校，引领试点院校积极探索创业教育模式。通过各试点院校的探索发展，形成了三种创业教育模式。第一种模式是国内目前大部分高等院校创新创业教育采用的教育模式，一是第一课程与第二课程相结合的创业教育模式；二是商业化运作的创业教育模式；三是以“三个基点”与“三个转变”的创业教育模式。[3]2005年，中国有关高校开始实施大学生KBA创业项目。2007年，党的十七大中提出“提高自主创新能力，建设创新型国家”和“以创业带动就业”的发展战略[4]。2008年，教育部成立了30个创业教育类人才培养模式创新实验区。通过政府相关部门的推动，创业教育开始由重点高等院校向应用型高等院校转移。[5]2012年，教育部下发文件，要求本科院校要创造条件开设“创业基础”必修课程。

2015年，《国务院关于积极推进“互联网+”行动的指导意见》指出：“‘互联网+’是把互联网的创新成果与经济社会各领域深度融合，推动技术进步、效率提升和组织变革，提升实体经济创新力和生产力，形成更广泛的以互联网为基础设施和创新要素的经济社会发展新形态。”随着《国务院关于大力推进大众创业万众创新若干政策措施的意见》和《关于深化高等学校创新创业教育改革的实施意见》等政策的推进，“互联网+”与创新创业教育多样化融合与发展具有广阔前景和无限潜力。

3.2 我国创新创业教育多样化发展探索

3.2.1 参与创新创业教育的机构多样化

随着社会对人才需求的多样化，我国高等教育大众化背景下的大学生就业难的问题亟须解决。国家及时出台了一系列优惠政策拓宽就业渠道，支持大学生创业。通过教育主管部门大力推进，高校积极努力探索，我国创新创业教育开始朝着多样化发展，各高校正在积累宝贵的经验。通过全国各高校积极探索、总结经验，我国正在形成具有中国特色的创新创业教育理论和实践体系，这一体系将由学校、社会、政府、企业多层次组成。

3.2.2　创新创业教育多样化发展理念渐入人心

高校在充分意识到创新创业教育的迫切性后，正尝试着转变原有教育理念，改革人才培养模式，引导学生改变传统被动的就业观念。在从事创新创业教育的教师方面，除了要树立全新的创新创业教育理念，还要尽快改变教师自身经验不足的问题。随着创新创业教育理念的形成及深入，越来越多具有创业经验的青年教师加入到创新创业教育的行列中来，创新创业教育师资力量将日益壮大，创新创业教育多样化发展的理念将渐入人心。

2015 年，国务院办公厅下发《关于深化高等学校创新创业教育改革的实施意见》（国办发［2015］36 号）文件。这一年在“大众创业，万众创新”成为国家战略后，创新创业教育也上升到国家层面。在国务院、教育部的大力推动下，目前各高校对于创新创业教育表现出了前所未有的重视，我国开始进入创新创业教育多样化发展阶段。

3.3　“互联网 +”与创新创业教育多样化发展

3.3.1　“互联网 +”对创新创业带来多样化发展新机遇

2015 年 3 月 5 日，李克强总理在全国人大会上首次提出“互联网 +”，并指出“网络创造的是‘活力与空间’，在‘互联网 +’的风口上应顺势而为”。同年 3 月 20 日，李克强总理在国家工商行政管理总局考察时提出要做好“互联网 +”的大文章。《国务院关于积极推进“互联网 +”行动的指导意见》中提出，到 2018 年，互联网与经济社会各领域的融合发展进一步深化，基于互联网的新业态成为新的经济增长动力，互联网支撑“双创”的作用进一步增强。[6]

“互联网 +”较早就在行业实践中得到体现，集中体现在第三产业当中，如淘宝、百度、腾讯就是典型的“互联网 +”在实践中的应用。随着国家“互联网 +”行动的提出，“互联网 +”开始快速向第一产业和第二产业融合，推动产业转型发展。“互联网 +”从正式提出到现在发展的时间较短，由于专家、学者所处的角度不同对“互联网 +”的理解也各有不同。

国家行政学院汪玉凯认为“互联网 +”从本质上而言就是“互联网 2.0 + 创新 2.0”的经济模式体现，借助于互联网这一基础设施，融合新的技术，从而产生无穷无尽的创新。

中国电子商务研究中心曹磊认为中国已经错过了工业 1.0 和 2.0 时代，加速推进“互联网 +”，中国有机会引领第三次工业革命。

针对“互联网 +”定义由于所站的角度不同、所处的行业不同，因此对“互联网 +”的理解也不尽相同，但综合各家关于“互联网 +”的描述可以发现一些相同点：一是“互联网 +”是以互联网为基础设施和创新要素的一种融合；二是“互联网 +”是新技术与经济社会传统行业或者领域的融合；三是“互联网 +”实施的前提和关键是创新；四是“互联网 +”实施目的是实现产业的转型发展。[7]“互联网 +”是互联网 + 各个传统行业，其以信息通信技术和互联网平台，将互联网与传统行业进行融合，通过与各行各业进行深度融合，创造新的发展生态，完善实体经济的创新力和生产力，逐步实现信息资源共享。互联网的迅猛发展为创新创业提供了新的发展空间和展示平台。早期的创业案例仅局限于虚拟互联网环境中的创新创业，并未将生活实际与虚拟网络空间结合起来，做到互联网的形象化与真实化。“互联网 +”衍生与发展实现中国实体产业经济与虚拟网络环境的融合，为创新创业开辟了新的天地。由此，创新创业教育内容新增“互联网 +”的内容，鼓励学生以互联网为基础，以移动电子商务、云计算、大数据等为载体，进行多样化的“互联网 +”式创业。

3.3.2　“互联网 +”对创新创业教育带来多样化发展新机遇

在当下的社会环境中，互联网已应用于各行各业，并取得高度融合，其中包括教育领域。在教育领域中，近年来由于互联网的迅速发展，网络在线教育滋生繁衍，其涵盖小学、初中、高中、大学各个领域的内容，随时随地可进入学习状态，成为快速便捷的教育模式，并取得广大群众的欢迎。

“互联网＋”优化传统产业，增添创新创业教育多样化模式。教育行业作为中国传统行业之一，在“互联网＋”的影响下，在线教育从传统课堂理论学习与课后社会实践的创新创业教育局限中脱颖而出，成为最为大众受欢迎的教育方式，给投资者和创业者们提供了政策方面的刺激，激发创新创业出现新的方式与特点，使其逐步走出瓶颈期。提高社会创新创业教育的整体水平，要完善在校大学生创新创业的整体素质，从而进一步提升教育的影响力。“互联网＋”的出现与迅速发展，无疑为当下处于瓶颈期的高校创新创业教育带来多样化发展新机遇。

3.3.3 “互联网＋”催生大众创业、万众创新的新业态，促进创新创业教育意识深入人心

“互联网＋”创造了一个全新的创新创业社会环境。如互联网＋创新创业教育搭建的平台服务应运而生，为在线教育创业者提供零技术门槛的网校平台搭建提供服务，帮助创业者创立自己的品牌。同时，互联网＋创新创业教育公司又反过来服务于大学生创新创业教育活动，由此形成应用“互联网＋”环境的大众创业、万众创新的新局面。“互联网＋”的产生为多样化的创新创业教育注入新的内容，丰富内涵。

通过将“互联网＋”与创新创业教育深度融合，形成新型的创新创业教育内容，对大学生进行互联网＋创业创业教育教育，调动大学生的创新创业热情，实现大众创业、万众创新的新格局。为保证国家大力推进大众创业、万众创新战略的顺利实施，源源不断地向社会输送优秀的创新创业人才是高校创新创业教育的重要任务，[8] 以创新创业大学生为主体的高素质人才将是大众创新创业的智力源泉。

4 研究路径及主要成果

本研究团队从事本领域研究始于21世纪初，自2005年起研究信息化创新创业教育（人才培养）多样化问题，自2011年起研究互联网＋创新创业教育（人才培养）多样化问题。期间主持的“基于信息技术与课程整合的电子商务复合型创新创业人才培养模式研究”成果获2006年江西省第十批省级教学成果二等奖，主持的“基于专业综合改革与合作共建下的交叉学科信息化创新创业多样化人才培养模式”成果获2012年江西省第十三批省级教学成果一等奖。本研究持续进行了10余年，研究路径及主要成果可以从主持完成的项目和出版的理论专著与教材得以反映（见表1），对研究历程进行总结将有利于后继者少走弯路。

表1 研究路径及主要成果表

<table>
<tr><th>成果名称</th><th>项目类别</th><th>出版理论专著和教材</th></tr>
<tr><td>基于创业教育与职业技能教育整合的复合型信息化创业人才培养模式研究</td><td>2005年全国教育科学“十五”规划教育部规划项目</td><td rowspan="3">《创业理论与技能》（高等教育出版社，2008年），《创业管理与技能》（经济管理出版社，2010年），《网上创业理论与技能》（电子工业出版社，2011年），《交叉学科特色专业多样化研究》（经济管理出版社，2011年），《交叉学科人才培养模式多样化理论与实践研究》（经济管理出版社，2012年）</td></tr>
<tr><td>普通高等学校电子商务专业知识体系江西省创新实验区</td><td>2008年教育部高等学校电子商务专业教学指导委员会课题</td></tr>
<tr><td>信息化创业教材、课程开发与信息化创业工程师人才培养模式研究</td><td>2010年中国高等教育学会教育科学研究专项课题</td></tr>
<tr><td>互联网＋创新创业多样化人才培养模式的理论构建与实践探索</td><td>2011年中国高等教育学会高等教育科学规划课题</td><td rowspan="2">《创业基础教程》（高等教育出版社，2012年），《创新创业多样化人才培养模式研究》（科学出版社，2014年），《电子商务与信息化创业卓越工程师培养模式研究》（科学出版社，2014年）</td></tr>
<tr><td>电子商务与信息化创业卓越工程师培养模式研究</td><td>2012年教育部人文社会科学研究（工程科技人才培养项目）</td></tr>
</table>

5　结束语

互联网给人们的学习、工作和生活方式带来了革命性影响，其中蕴含着一种新的创新创业教育发展理念和实践范式。互联网+创新创业教育将云计算、大数据、人工智能、移动互联网、物联网、可穿戴设备、虚拟现实等高新技术与教育深度融合，为提高我国创新创业教育质量创造了条件，展现了互联网高效、便捷、共享的优势，在创新教与学的过程中为学习者提供了优质、灵活、个性化学习方式，形成了“互联网+”时代创新创业教育多样化发展的新业态。目前，高校为经济社会发展源源不断地提供创新创业人才显得愈加迫切。G20杭州会议后，中国创新创业教育国际化促进各种教育理念扩散到全球，为本土教育理念的演化、碰撞、互补和丰富提供了国际环境基础；同时不同国家的实践对于创新创教育理论的检验会加速创新创业教育内涵饱满度，愈加接近教育理念的本质，进而形成某种结构严谨稳定的创新创业意识流和教育观念体系，并将意识流和关联体系融入高等教育体系中，成为推动我国高等创新创业教育进步的“生产力”。应用“互联网+”有效地开展多样化的创新创业教育，并激发师生的创新创业意识，实现以小创带动大创的创新创业教育目标，将构建具有中国特色的互联网+创新创业教育多样化发展方案。

参考文献

[1] 赵霞．国内外高校创业教育支持措施的比较分析［J］，科教文汇，2010（6）：1-3.
[2] 魏丽红，陈忠卫．创业教育模式比较及创业型人才培养［J］，教学研究（河北），2009（2）：39-43.
[3] 王曼文．论大学生创业教育有效机制的构建［J］，中州学刊，2009（3）：141-143.
[4] 张丽萍．论高职院校创新创业教育［J］．黑河学刊，2010（11）：128-129.
[5] 陈雪松，梁洪卫，阚玲玲．工科类创新创业型人才培养模式初探［J］，科技致富向导，2012（27）：10-10.
[6] 中华人民共和国国务院《国务院关于积极推进“互联网+”行动的指导意见》（国发［2015］40号），2015-07-01。
[7] 孙德林，互联网+微商创业多样化研究［J］，江西通信科技，2016（2）：1-4.
[8] 王洪彪，冯琰，赵洪朋．体育院校创新创业教育的现状与思考［J］，辽宁体育科技，2013（6）：82-85.

论导师与研究生生活共同体的构建

武永江

摘　要：教育要促进人的自由全面发展，需要关注人完整的生活。导师与研究生生活共同体是以共同生活为场域、以教育关系为纽带、以多维发展为诉求、以共同体文化为引领而建构的一种复合型共同体。其追求共享生活、共同行动、共筑意义和共谋发展的教育理念，以喜爱、好奇、希望和安全为发展动力，以语言、情感、制度和文化为建构路径。生活共同体体现了导师的人性关怀和人文精神，有利于导师对研究生的学术指导与人生指导的融合，使导师与研究生在各自的生活领域都能获得最大化的发展。

关键词：导师；研究生；生活共同体；共同成长

《中共中央国务院关于进一步加强和改进大学生思想政治教育的意见》（中发〔2004〕16 号文）下发以来，高等学校按照文件有关要求，积极采取措施，努力探索加强和改进研究生思想政治教育的有效形式和办法，取得了重要进展。但是，研究生思想政治教育仍是大学生思想政治教育工作中相对薄弱的环节，加强和改进研究生思想政治教育是当前全面推进大学生思想政治教育工作中一项十分紧迫的任务。为此，《教育部关于进一步加强和改进研究生思想政治教育的若干意见》提出把思想政治教育渗透到研究生培养和管理的各个环节，贯穿到研究生培养和管理的全过程，做到思想政治教育与业务培养紧密结合，努力形成全员育人、全方位育人、全过程育人的格局。而“生活共同体”则能契合这一需要。

一、生活共同体的含义诠释

导师与研究生都来自原来不同的共同体，这些共同体对师生的生活产生深刻的影响。马克思认为“只有在共同体中，个人才能获得全面发展其才能的手段，也就是说，只要在共同体中才可能有个人自由。”[1] 导师与研究生在生活实践中通过交互作用，即个体通过相互合作、相互支持以及相互反对的行为，而对对方产生作用，同时也接受对方的影响，进而形成包容性的、相互支持的共同体。

（一）完整生活

一个人是否属于某个共同体，如果属于某个共同体，那么从属于什么样的共同体，这表现于日常生活中。生活是一个不断累积的实现过程，而不是已经发展完善了；它是一种成长，而不是已获得的存在。现实生活包括日常生活与非日常生活，以往研究生教育忽视日常生活，而更多关注科学研究等非日常生活。当

基金项目：中国学位与研究生学会 2015 年研究课题“导师与研究生生活共同体研究”（2015Y0102）、陕西高校思想政治教育研究项目“导师与研究生共同体文化研究”、2016 年陕西省社科基金年度项目“成长视阈下导师与研究生生活共同体研究”（2016P008）、陕西高等教育学会“十三五”规划课题“高校教研共同体的理论内涵与实践模式研究”（XGH1616）和中央高校教育教学改革专项经费资助“地学类研究生与导师学术共同体培育模式探索”（310627176701）。

武永江，博士，长安大学地球科学与资源学院副教授，主要从事研究生教育研究。

然，生活也是学术发展无穷的地基和源泉。研究生是生活在日常生活世界中的活生生的、复杂而又多样性的人，是有自己思想的独特的人。日常生活是研究生个体成长、发展的必经场所。研究生思想政治教育工作不可能脱离他们赖以生存的日常生活领域。教育本源于日常生活世界，以日常生活世界为前提，又回到日常生活世界。因此，教育要促进人的自由全面发展，需要关注“完整人”的“完整生活”。

（二）生活共同体

共同体作为人的一种整体性的存在方式，是一个关注人类物质生活、精神生活和价值生活的建构性组织体。导师与研究生生活共同体是以共同生活为场域、以教育关系为纽带、以多维发展为诉求、以共同体文化为引领而建构的一种复合型共同体。它是导师与研究生的一种教育生活结构，涉及完整的人和完整的生活；导师与研究生核心的关系是教育关系，它衍生为师生关系、合作关系、伙伴关系、亲情关系等生活关系；多维发展，一方面指师生发展的内容涉及多个维度，例如思维、情感、语言和理解等，另一方面指师生发展的性质表现为协同发展、多样发展与生命发展的教育理念；共同体文化表现为共同参与、平等合作、对话交流、互相依存、共同在场、唤醒同感、共同负责和共同成长等师生关系文化。

生活共同体是导师与研究生基于共同发展这一理念和愿景而建构的特殊群体，他们通过解决共同的问题、课题或议题聚集在一起，逐渐形成清晰的规范和程序，这保证他们共同的追求以一定的方式前进，这种方式遵循互惠、共生、信任、忠诚和友谊，并最大限度开发每个人的潜能，使得师生在各自的领域都能获得最大化的发展。生活共同体是师生群体知识与智慧共享与衍生的关系场域，体现着师生彼此的建构、相互的促进、共同的成长。任何一方的成长，都会为另一方的成长提供前提条件；任何一方的变化，都会给另一方带来进一步的成长。导师具有生活共同体意识，将使其教育管理方式变得更完整、更体贴、更包容和更民主，体现了导师的人性关怀和人文精神，这有利于导师学术指导与人生指导的融合。

二、生活共同体的理念诉求

建构某种共同体要考虑实际上如何生活、希望怎样生活，即考虑某种共同体的建构愿景。“我们能够建立起共同体，这种共同体可以容忍和支持个体，并且我们可以培养既有根源又逐步成长的个体生活。对于社会自身来说，这种成长不是意味着脱离而是意味着更大的包含，不是意味着独立而是意味着责任。我们的理想是有助于共同体去处理社会生活之问题。”[2] 导师与研究生建构的生活共同体因其教育生活的特殊性而追求以下“四共”理念。

（一）共享生活

生活是持续学习、改变和成长的过程。生活的本性就是要努力使师生继续不断地存在，而存在又必须要常常自新，这样才能继续不断。这也是有意义的学习过程，它要求必须产生对于学习者的一生来说有重要意义的、持续的变化。所以，所谓生活，是一种自新的历程。教育家杜威认为：“生活即是发展；发展，生长，即是生活。如把这个意思用教育上的话来说，就是：（1）教育的历程，除了这个历程自身之外，没有别的目的，他就是他自己的目的；（2）教育的历程，即是继续不断地重新组织，重新构造，重新形成的历程。”[3] 我国著名教育家陶行知在致姚文采的信中提出师生共生活：“教职员和学生共甘苦，共生活，共造校风，共守校规，断不能有一个例外，如有例外，一定失败。”[4] 师生的这种共同生活能增长师生经验，并使经验贯通；能刺激师生想象力，并使想象力丰富；能使师生对于言论与思想负责。也就是说，导师与研究生共同生活的经验塑造了一种共同的善恶标准，一种共同的发展目标，一个共同的利益范围，使彼此的地位逐渐变得坚固，增强彼此自信和互信，同时又能将个人的自私限制起来。只有通过共同体而且通过作为其沟通的共同体，快乐才是可能的，才是有意义的，才是实存的。导师与研究生共享学习生活的成功是一个过程，其关键是学会以一种适合不同境况的方式识别、诊断、预测和回应问题，并且蕴含着巨大包容性，因为他们之间是“成长—抚育”的教育关系。于是，这也同样使师生走向更高尚、更崇高的进步。这需要他们战胜怀疑和不信任，但不能仅仅只靠反省，而要靠生活本身的内在塑造。

（二）共同行动

研究生喜欢这样的导师：充满激情，容易接近，敢于担当，把每个研究生都当作独特的个体来对待。此时导师面临的挑战就是在保持一定职业距离的同时与研究生建立起契合的关系，最终目标是形成一种共同行动的合作氛围，在这种氛围中导师和研究生共同生活，让发展效果最大化。观察研究生教育实践中的共同行动可以发现：一方面，导师与研究生的许多交往都是出于共同行动的需要，例如合作研究某个课题；另一方面，促使他们进行交往的许多需要又都是通过共同行动得以满足的，例如情感的需要和理解的需要在共同行动中得以满足。所以，生活共同体中导师与研究生的许多交往活动都表现出了“为了共同行动而交往”的特征，而且，谋求共同行动本身，这也是人际交往的一项重要内容。导师与研究生的共同行动具有探究性、目标性、批判性和合作性的特点。共同行动产生共有体验，它既让导师与研究生感觉到自己能够分享到对方的权益，又使自己认识到自己为对方所应该分担的义务。于是，他们也会发现，彼此之间的互相协作和共同生活就变得更加容易。

（三）共筑意义

一些研究生感觉读研很枯燥和痛苦，没有意义，但又觉得是环境所迫，不得不读，最后往往会超出学制，没有完成学业，被迫退学；同时，导师也觉得其指导没有意义和价值。出现的这些意义危机、意义丧失、意义坍塌和意义的遮蔽都是对人的缘在以及他的生活质量的深刻危害。因此，生活共同体的教育目标之一就是帮助师生共筑意义。某些创造意义的过程始终需要由个人通过自我反思单独完成。但是大多数人发现完全依靠自己创造意义并不是最有效的方法。事实上在跟他人对话的过程中，尤其是经常与导师的交流中，研究生更有可能发现新的、更丰富的意义。最好的有教育意义的指导是师生共同生活的结果，因为研究生个体只能看到复杂环境的局部，也只能带着个人化的倾向解释他们所见到的事物。因此，在什么是真实的、什么是重要的、应该注意什么、应该采取怎样的行动等问题上，研究生的认识不可避免地存在着分歧。客观的事物和事件在不同的人那里具有非常不同的意义，而导师与研究生合作探索的各种经历、信息和观点的意义的过程也是奠定共同体基础的过程。实质上，属于私人的意义是完全没有意义的，意义只有在与他人交往时，才有存在的可能。事物必须用在一种共同参与的经验，或共同参与的动作，才能获得意义。对意义的追求，对目的的发现，以及能为超越自我的更大目标服务是快乐人生的核心要素。

（四）共谋发展

共同体既不是抽象的或非物质的关系，也不是一个共同的实体。共同体不是共同的一个存在，而是存在于共通，或者说，是这一个与另一个的与在，或者共在。因此，生活共同体应当是最开放的，最应交流、合作、融合的，因为研究生的教育培养并不是只有研究生单方受益，对于导师一方来说，指导研究生也能够起到教学相长的作用。导师与研究生之间的共谋发展关系，一般而言是于某项共同完成的任务而形成的，在明确双方权利、义务与行为模式的基础上，履行和分担各自相应的义务与责任。师生人格上平等，以协作为纽带，他们是追求双方专业与价值共同发展和成长的一种新型发展关系。它首先涉及选择适切的合作伙伴，其次则要建立共同的愿景，确定双方的职责、权限与义务，并以一种协商的姿态，坦诚合作，共同应对生活的挑战，共同分担学术研究的责任。师生双方形成的是一种息息相关、荣辱与共的利益共同体，既然是发展伙伴关系，那么双方均要切实拿出实实在在的诚意与行动，否则发展的基础不稳，共谋发展也就无以为继。因此，也就意味着研究生教育制度要允许师生双方自由地选择新的合作伙伴，具备发展伙伴的选择与退出机制。在导师与研究生建立起发展伙伴关系后，学校便自然成为这种发展伙伴关系运行过程中的仲裁与总协调人，并发挥着重要的促进作用。

三、生活共同体的发展动力

生活中的个人是一个一体化的、有组织的生命体。因此，导师与研究生受到促动的是一个完整的个人而不是个人的某个部分，而所有同时发生作用的动机是各种强度不同的联合动机，而不是一个单一的、原始的、最重要的动机。动机是连续不断的、无休止的、起伏的和复杂的。推动生活共同体发展的力量是师生在建设良好关系的过程中产生的。

（一）喜爱

教育情境是一个感情场所，感情以一种潜在的方式，或积极，或消极地影响着育人过程；教育情境中充满着强烈的感情体验，这些体验又影响着师生的相互作用和个人成长。个人与个人之间良好关系来源于两个主要的方面：一个是本能的喜爱，另一个是共同的目标。[5]本能的喜爱是一种感情，它能使一方同别人在一起的时候，感到愉快和高兴，愿意和他谈话，和他一起工作、学习和探讨。导师对研究生的爱赢得了研究生对导师的爱，因为研究生初入科研大门之时，受到自己导师等周围人愉快的欢迎和体贴入微的呵护，爱和善意护卫着成长之路。这种无私的和智慧的爱还是一种源源不断的生命力，它对于物质的、精神的和道德上的健康都是十分必要的。还有一种喜爱是人对科学的喜爱。科学也是由于人们不同的爱好才得以发展的。情感具有感染性，因为情感能够唤醒他人同样的或交互的情感，从而增强社会联结关系。如果觉得活动是可控的且具有积极的价值，“喜爱”就会被激发。喜爱这种情感推动生活共同体快速发展。

（二）好奇

在人类社会中，各种各样的需要在驱动着科学前进，例如在科学的自然历史阶段，推动科学向前发展的最大动力是人的持久的好奇心。在更高一级的理论化和抽象化的水平阶段，科学同样产生于人的持久的理解、解释，以及系统化的欲望。[6]科学本应建立在自由探寻和质疑对自然现象的每一现有解释的基础之上，从而不断地增进导师与研究生对这个世界的运作方式的理解。获取知识，使宇宙系统化，在某种程度上是在世界上获得基本安全的方法；或者对于智者来说，是自我实现的表达方式。另外，探究和表达的自由也被作为满足基本需要的前提。导师与研究生获得的事实如果是孤立的或者原子式的，它们终究要被理论化，不是被组织就是被分析，或是两者兼有，这个过程也是寻求意义的过程。这也是理解的欲望、系统化的欲望、组织的欲望、分析的欲望、寻找联系的欲望、寻找意义的欲望、创立价值系统的欲望。[7]科学中那些未知、神秘、令人迷惑的事物常常吸引着导师与研究生苦苦地思索，沉浸于其中。这也是一种令人愉快的刺激性挑战，是生命的高峰而不是低谷。科学探索的过程——发现具体问题，寻求解决方案，直至最终解决——基本上属于一种满足好奇心、回答质疑的过程。好奇是使导师与研究生超越自我的主观状态的动力，由此，他们积极寻求与世界的积极联系并获得其意义；好奇是所有知识增长和发展的源泉，它不仅是科学的原动力，也是科学的持久推动力。

（三）希望

导师与研究生在学习生活中要有信念并有勇气去克服科学研究中的困难，去思考不可思议的事物，在实际可能的范围内，寻找一切行动的可能性。就个人的成长与解放而言，这是他们积极的行动。它导致新的欲念苏醒，新的愿望产生，日益增强的感性力量也为精神生活带来有益的推动力。向往和希望此时无穷无尽，无限的可能性呈现在充满追求的精神需求者面前以供选择，新鲜力量的自然涌现造成了这样一种感觉：此时的生活世界才真正开始了它的历程，此时的乐趣和爱才展现了它的所有魅力——真正的学习才真正开始。希望出现在关系中；希望出现在被认为有可能发生改变的地方。当期望得到回应时就会产生希望，当尊严和尊重出现时就会产生希望，与生活中的美好事物保持联系也可以带来希望和智慧。导师的正面期望及其尊重具有很强的激励作用，尤其是研究生在科研过程中遇到障碍，没有希望，想要放弃之时。导师与研究生选定一个目标，例如指导与完成学位论文，投入全部的注意力，会觉得乐趣无穷。一旦尝到这种乐趣，他们就会加倍努力，自我就这样开始成长了。科学的进步需要应用新的概念、新的方法和新的手段，去尝试一些新颖、大胆、原创的研究，哪怕此类创新和突破仅仅是偶尔为之，对于科学来说仍然具有重要意义。这需要一种科学信仰，信仰是师生所有行动和所有选择的有效伴随物，常常也是背后的原动力。

（四）安全

师生希望拥有一个可靠的世界、一个可以信赖的世界、一个安全的世界。不安全感和个人主义导致了共同体生活的削弱，其中的另一个原因就是信任问题。人在缺乏安全感时，不管他如何面对他人，都无法有效地应付生活。在他的内心好像有什么东西崩溃了。当安全得以确保，才能允许较高层次的需求与冲动浮现且朝向优势，而后成长。恐惧文化是一种信任缺席的文化，而这会严重影响导师与研究生之间的相互关系。原因在于，信任是将他们联系在一起的“社会黏合剂”。只有在熟悉的世界信任才是可能的，它需要共同的记忆或者体验作为可靠的背景。没有这种必不可少的基础，师生不可能付出信任。因此，一方面导师与研究生如果拥有共同的目标和开放的沟通渠道，就能在信任的氛围中，逐渐扩充行动的机会，使共同生活成为乐趣洋溢的心流活动。另一方面导师与求学的研究生共同交流，还有助于提升他们的自信心。他们能够从中获得两个重要认识：其一，天生我才必有用，每个人都有自己的优势；其二，解决困难时，每个人都有自己的独特视角。一个人只有把精神能量投注在与别人共同的目标上，才能成为共同体中的一分子。任何旨在激发主体的创造力的导师都要避免不为社会接受的思想的倾向，因为群体中的社会压力会抑制创造力。若想激发研究生的创造力，导师必须为其成员提供有意义的挑战和激励，提供一个支持新思想和自由发挥的环境，一个鼓励冒险、充满信任的环境。相对一个要求循规蹈矩、僵化、封闭的环境，一个宽容另类和新颖思想的、开放的、乐观的环境明显更有利于激发主体的创造力。因为“主体的创造力要通过减少控制才能有效实现，这令很多教师感到不安，也很少有学校能宽恕这一行为。”[8]安全感是文化之间对话的必要条件，没有这种安全感，共同体相互开放的可能性，参加可以使它们都受益并加强和睦相处的人性的会谈的这种可能性，就微乎其微。有了它，人性的前景看起来就是光明的。

四、生活共同体的构建路径

生活共同体的成功建构依靠导师与研究生一起以民主的方式来寻求共同的发展。当他们试图建立和发展民主的共同体时，真正起作用的是发展共同参与的活动的进程和共同持有的价值。正如著名教育家梅贻琦将学校、教师与学生所比喻的：“学校犹水也，师生犹鱼也，其行动犹游泳也，大鱼前导，小鱼尾随，是从游也，从游既久，其濡染观摩之效，自不求而至，不为而成。”[9]因此，教育者在建构某类共同体时必须了解需要什么，必须提供什么。为此，就必须理解什么有利于共同体，什么有利于增强共同体，什么是诋毁共同体。

（一）情感路径

生活共同体不仅仅是指一群人，它是一个生态化系统。其中没有情感的交流是不可想象的，情感成就了共同体家园般的感觉。因为导师与研究生在认知、行为以及任何一个方面几乎都受到情感驱动，情感是隐藏在背后的力量，也是决定师生关系形成与发展的重要因素。导师与研究生要学会驾驭自己的情感，要成为情感的主人，不做盲目的热情的俘虏。积极情绪有助于决策、提高解决问题的技能，心境好或情绪积极的导师更有可能使用启发式指导方法，来帮助研究生迅速做出好的决策。重视和喜爱某人或者被某人重视和喜爱是一种能促进成长的经历。研究生被导师充满欣赏地喜爱，就会绽放和发展那个独一无二的自我。而给予非占有式爱的导师也会更加充实。情感纽带将生活共同体成员凝聚在一起，从而使他们可以进行共同合作。

在研究生教育中认知学习向来是必要的，而情感经验的学习在如今的教育中被严重地低估了。但是，所有的认识都是以情感为媒介而发生的，这是因为在认识活动过程中，人使得宇宙中的存在物变为内部的，或者使之属于人的意识。在认识中，师生常常没有注意这一内在因素，而是注意那些他们获得的关于客观事物的信息。情感表达了这样的事实：所有的事物都不仅仅是客观的和普遍的，它们也以主观的和个体的形式而存在。情感本质上就是兴趣，而它自身则是由活动构成的。愉悦的情感活动方向倾向于增加个体的幸福或自我实现；而痛苦的情感则相反。一种情感只要它不再是孤立的，而是和知识的对象以及行为的观念联系起来了，那它就变成了兴趣。兴趣包含三种因素：[10]第一，作为一种情感，兴趣意味着自我的某种兴奋，而兴奋当中包含着满足；第二，这种满足并非存在于纯粹情感中，而是存在于与情感相连接的活动当中；第三，这种活动与某种对象有关。纯粹的情感会在它自己身上消失殆尽，而兴趣总是指向某种对象。师生总会对某些东西感兴趣，产生活动，从而走向共同生活。

（二）语言路径

语言提供了一个普遍的共同体，在有共同符号的地方都可以利用它；语言最重要之处在于它能够产生想象的共同体，能够建造事实上的特殊的连带。一个共同体拥有一种共同的语言文化，例如科学共同体的语言是一种寻找、探索和捕获，它反映了研究者在寻找、探索和捕获过程中真实的活动。导师与研究生基于共同的事务（例如科学研究）而生活在一个共同体中，交流是他们拥有这些共同事务的方式。更进一步讲，师生群体所处的共同学习环境，必然会造成他们“行话”的发展，其原因不仅是利用共有的知识使交流更有效率，更是这一个与另一个的与在，或者共在。师生拥有共同的“语言”，反过来也有助于界定他们这个群体。那些熟悉这种语言的人会为该群体成员们所“接纳”，从而成为其中的一员，但局外人会发现很难理解这种语言，从而难以成为该群体的成员。因此，语言可用来界定和强化一个群体独特的社会身份。

社会生活等同于交流，而且所有交流都是富有教育意义的。作为交流的接收方，就是去拥有被扩展和改变了的经验。一个人分享到另一个人的所思所感，在这个程度上，他自己的态度多多少少也会有所改变，做交流的一方也不会不被改变。教育主要是通过交流得以传递的，交流是一个分享经验、直到经验为师生所共同拥有的过程。它改变了分享经验的双方原有的性情倾向。师生联合起来的每一种方式，其深层意义在于有助于提升经验的品质。如今师生在学术共同体方面的缺失，既不表现为缺少一致，也不表现为缺少凝聚力，而是表现为缺少争论、缺少富有意义的对话以及缺少重要的交流。语言并不仅限于传递思想，它还传达感情、态度、意见等，没有语言传递不了的心理内容。克里斯托明确了语言的六种功能：“情感表达、思考、交际、控制现实、保存历史、表达身份。”[11]交流确保导师与研究生参与共同的理解，从而保障他们有相似的情绪、性情和理智。交流中共同的语言为相互的理解提供了便利，因而，在最高程度上有助于形成所有类型的社会关系，例如生活共同体。没有语言，师生就不能做这些事情，是语言给予他们力量，去开发他们个体人性的一面，和按照独特的人类的方式与他人发生联系。

（三）制度路径

制度体现了共同体全体成员对一个特定情境的一种共同反应。当然，这个共同反应会因个体的特性而变化。一切制度，如果要使它们不妨碍个人的生长，那么一定要尽可能建立在自愿与共识的结合上面，而不是建立在法律的力量或掌权者的传统权威上面，例如导师与研究生的双向选择与退出机制。最好的制度是能够产生最大可能性和创造性的那些制度。教育制度要为导师与研究生创造一种“成长—抚育”的教育关系，它的核心是相互共情和相互授权，师生都会投入、成长或受益。因为发展不是单向的，它包括关系模式和关系能力的不断精细与分化。师生每一个人自身的成长并不必与对方的成长展开竞争；参与到“成长—抚育”关系中能够促进共同成长，即增强了对自己和对方的共情，过度的个体化和对过去关系的歪曲理解开始转变。教育制度要力图通过培养安全的联系来促进师生成长，教育工作的最终秘密就是正确的教育关系，也就是把教育者和学生联系起来的创造性的关系。温暖的教育关系是学校作为“关系共同体”的意义所在，会使学校的所有成员体验到“家”的感觉，亲人般的感觉。它可以激励研究生继承和发扬导师的治学态度和科学精神，有利于研究生对科学的探索，发挥自己的创造力。但“首要的是，一个好的生活——即那种能够激励人的、热情的、愉悦快乐的、有价值的、关心体贴人的、有尊严的、自尊自重的生活——只要在一个平和、互助合作、人人平等、较少死板的社会中才有可能存在。第二个信念，每个人都有过上好生活的平等权，因此没有人应该以牺牲他人为代价来享有权力和特权。第三个信念，因为人们的生活是紧密交织在一起的，我们都有责任去考虑我们的行动会如何影响他人，尤其是会怎样影响他人过上好生活的机会。”[12]教育制度要有助于创建更具生机的、包容性的和相互支持的共同体，并能为师生提供一种更为安全的、轻松的工作与生活环境。

共同的目标，而非互动的多重性，才是构成人类团体、共同体或社团的要件。因为共同目的可以协调两者的行为，这或者是为了协调互动的本身，或者为了更长远的共同目标构建。戈尔泰认为，弟子们与所拜的师父共同生活，一起成长，本身就是一种崇高的教育。这样，教育与生活密切相连，师生之间建立真正的完美关系。[13]师生关系应该是非常纯真的。在许多事情上，导师与研究生之间的关系是给予和受纳的关系。给予知识，接受知识，双方之间的桥梁是尊敬和慈爱。没有情谊的纽带，只有干巴巴的职责，或交易的关系，那么，接受知识者是不幸的，传授知识者也是不幸的。教育制度应该创造一种安全的、促进成长的教育关系。“在整个生命历程中人类都通过联系成长，并走向联系。”[14]

（四）文化路径

每一个人都是文化的产物，文化以深刻而持久的方式支配着人的行为，人们对这样的制约却是浑然不觉的。文化是人的中介，生活的一切方面，无不受文化触动，无不因文化而改变。当两个或更多人面对同一个问题，得出一个相似的看法，并设计出一种解决办法，他们就是在创造一种社会现实。当他们的解决办法传给其他人，并逐渐变成一种习惯，文化的一部分就已形成。人类生活之所以意义隽永、丰富多彩，乃是因为复杂的文化系统中存在亿万种可能的组合。开放和对话是建构共享认同的最基本的一步。把对不同和差异的认可而不是把对差异的压制当作共同体建构的基本要素。为此，研究生教育必须为开放、宽容和探索保留席位。它是一个欢迎公开的探索、激烈的争论、广博的胸怀和容纳不同意见的地方，其中容纳必须是对无论什么新事物都抱有善意，并且怀有一种探究的兴趣；它必须努力将知识和文化的多样性带进校园文化。忽视了这一目标就等于抑制了人类最珍贵的资源：所有人的潜能和活力。在教育中如果排除差异化，那就是在毁灭生活。

文化与人格一样，在一个变化的连续状态中是连续体，有其本身的生长过程、建立新反应模式的过程以及旧模式的消逝过程。研究生教育要建构一种文化——一个尊重创造力和提高创造力地位的社会更可能带来创造力，同时研究者认为有九个社会文化创造因素：[15]文化手段的便利；对文化刺激的开放；注重正在生成的而不只是注重已经存在的；无差别地让所有人自由使用文化手段；在严重压迫或专制排外之后获得的自由或者那怕是保持着适当的差别；接受不同的甚至对立的文化刺激；对不同观点的容纳；重要人物的相互影响；对鼓励和奖励的提倡。导师与研究生建构的共同体文化，使得共同框架和话语的存在有利于讨论、分析和承诺，他们以一种默契的方式使用这些框架和话语。“研究要有一种研究文化、一种研究氛围和一个发表和讨论研究结论的论坛，在这样的研究氛围中，批评是受欢迎的而不是被回避的，在论坛里，其他人能够根据你提供的证据检查你得出的结论。”[16]研究生教育要提供一种可以通过探究和创新来挑战、修正和更新观念文化的环境，这也是研究生教育改革的重要方面。但绝不要这样的文化：“一个不自由的人，一个浮躁的人，一个不完整的人，一个迷失于非人道之中的人，一个把自己的精神独立及道德判断卖给组织化的社会的人，一个在任何方面都遭遇到文化信念障碍的人。”[17]导师与研究生之间存在着双向的影响，为此，师生就必须超越自己的文化。首先要知道自己有一个文化系统；其次应该了解其性质。一种文化引导、培育和发展师生的某些潜在性，而抑制或阻止另一些潜在性的发展。

参考文献

[1] 马克思，恩格斯．马克思恩格斯选集（第1卷）[M]．北京：人民出版社，1995：119.

[2] 拉里·希克曼．阅读杜威：为后现代的阐释[M]．徐陶，等，译．北京：北京大学出版社，2010：43.

[3] 杜威. 民本主义与教育［M］. 邹恩润，译. 北京：东方出版社，2013：54.
[4] 董宝良. 陶行知教育论著选［M］. 北京：人民教育出版社，2011：138.
[5] 伯特兰·罗素. 社会改造原理［M］. 张师竹，译. 上海：上海人民出版社，2001：18.
[6] 马斯洛. 科学心理学［M］. 方世华，译. 北京：北京燕山出版社，2013：124.
[7] 马斯洛. 动机与人格［M］. 许金声，等，译. 北京：中国人民大学出版社，2012：33.
[8] 赫伯特. 创造力教育学［M］. 陈峥，译. 北京：社会科学文献出版社，2014：177.
[9] 刘述理，黄延复. 梅贻琦教育论著选［M］. 北京：人民教育出版社，1993：102.
[10] 约翰·杜威. 杜威全集·早期著作（第2卷）［M］. 熊哲宏，张勇，蒋柯，译. 上海：华东师范大学出版社，2010：191.
[11] 拉里·A·萨默瓦，理查德·E·波特. 跨文化传播［M］. 闵惠泉，等，译. 北京：中国人民大学出版社，2010：120.
[12] 迈克尔·施瓦布. 生活的暗面：日常生活的社会学透视［M］. 汪丽华，译. 北京：北京大学出版社，2008：44－45.
[13] 泰戈尔. 泰戈尔谈教育［M］. 白开元，译. 北京：商务印书馆，2010：252.
[14] 约旦. 关系文化治疗［M］. 徐萍萍，郭本禹，译. 合肥：安徽人民出版社，2011：4.
[15] S·阿瑞提. 创造的秘密［M］. 钱岗南，译. 沈阳：辽宁人民出版社，1987：415.
[16] 普林. 教育研究的哲学［M］. 李伟，译. 北京：北京师范大学出版社，2007：130.
[17] 施韦泽. 文化哲学［M］. 陈泽环，译. 上海：上海人民出版社，2008：60.

“裸公开课”：课堂教学“供给侧”改革的时代呼唤

蒋己兰

摘　要：公开课具有展示优秀教师教学专业化水平的功能，起到课堂教学方法与技巧指导的作用，有着良好的示范效果。然而，现如今的公开课大多已经发生了异化，是“集体智慧的集大成者”，偏离日常课堂教学的实际情况，不利于有效促进教学相长。“裸公开课”是课堂教学“供给侧”改革的必然趋势，不仅有助于形成一种日常课堂教学的倒逼机制，而且有利于“人与问”课堂教学氛围的形成，促进学生的个性发展、自由发展和全面发展。

关键词：裸公开课；课堂教学；供给侧；改革

公开课是课堂教学的一种对外展示平台，不仅可以促进教师提高自身的教学水平与综合素质，而且有利于教师之间互相交流、取长补短，提高教学质量。因而长期以来，公开课成为课堂教学的一种必不可少的“供给侧”形式。然而，随着时代的发展与进步，人们日益追求公开课的本真与实效，“裸公开课”的课堂教学“供给侧”形式应势而生。

课堂教学是教师向学生传授知识的重要途径，通过教师在课堂上的言传身教，“引导学习者对问题或知识体系循序渐进的学习来提高学习者正在学习中的理解、转换和迁移能力”①，从而帮助学生更好地对知识进行内化，促进学生的全面发展。因此，课堂教学不仅是“把一切事物教给一切人类的全部艺术”②，而且是“以课程内容为中介的师生双方教和学的共同活动”③。公开课除了包涵课堂教学所有的职责与功能之外，更是承担了对其他听课教师的课堂教学指导、示范和观摩的责任与义务。

一、何谓“裸公开课”

本文所指的“裸公开课”，是任课教师首次面向学生及其他听课人员所上的、未经预演与研磨的原生态公开课。旨在展现教师最本真的课堂教学风采，体现教师专业化水平，凸显教师驾驭课堂能力，传授课堂教学艺术与技巧，达到示范、观摩的教学效果。

任课教师通过自己精心设计的课堂教学内容，根据课堂教学的实际需要，临机应变地处理课堂所发生的一切教学状况，运用自己独特的教学方法与教学手段，用深入浅出、言简意赅的教学语言，把任课教师个人的教学理念贯穿于整个课堂教学的过程之中。让学生在轻松自然的课堂教学过程中，从容学习，愉悦研讨，从而达到学有所得、学有所成的课堂教学效果，体验到课堂教学的无穷乐趣，体会到教师独特的人格魅力。

基金项目：本文系湖南省教育科学“十三五”规划2016年度省级一般资助项目“张楚廷治校智慧及其实践研究”（项目编号：XJK016BGD032）研究成果。

蒋己兰，博士，湖南女子学院副教授，主要从事高等教育学、教师专业化研究。

① 布鲁纳．教学过程［M］．邵瑞珍，译．北京：文化教育出版社，1982：12.

② 夸美纽斯．大教学论［M］．傅仁敢，译．北京：人民教育出版社，1984：10.

③ 顾明远．教育大辞典（第一卷）［M］．上海：上海教育出版社，1990：178.

“裸公开课”并非现如今的新生事物，追根溯源，从 17 世纪捷克著名教育家夸美纽斯创立班级授课制伊始，公开课就走上了课堂教学的大舞台，那时候的公开课都是“裸公开课”。

班级授课制是把学生“按照年龄和程度分成班级”“有一位教师统一面向班级授课”“班级成为学习最为基本的教学单位”①。班级授课制一经提出，就为实现教育对象的普及、扩大教育规模、提高教育教学效率发挥了及其重要的历史作用。迄今为止，所有的学校教育都仍在采纳这种基本的教学制度，足以可见其巨大的历史生命力以及对教育所产生的深远影响。

面向班级授课的老师，如果听课对象除了学校规定所教班级的学生之外，还面向其他班级的学生或是教育部门的领导、教学督导、其他教师或是教学同行，那么，这种形式的课堂教学就称其为公开课。可见，公开课担负的历史使命与责任就是展示教师的卓越才华，展现教师的课堂教学风采。

二、公开课的异化

然而，曾几何时，公开课这种课堂教学形式为了达到“观摩课”“示范课”之目的，反复试教、修改，集思广益，精益求精，以求达到最完美的示范效果。往往一堂公开课，会耗费掉大量的人力、物力、财力，成为一堂“集体智慧的集大成者”。看到的是精美绝伦的教学课件，听到的是无可挑剔的教学用语，问到的是精心设计的疑难问题，学到的是千篇一律的标准答案。貌似完美无缺的公开课，实则是经过千锤百炼的“示范课”。不仅教学配置高大上，而且对于日常课堂教学来说，教学实用性也会大打折扣，达不到即兴教学、临场发挥的效果。

（一）课堂教学目的异化

课堂教学最为直接或者最为首要的目的就是“为了青少年”② 的发展，“为了人的发展是根本”③。课堂教学目的“必须充分考虑青少年的自由发展，这是一个基本问题”。诚如著名教育家奥古斯丁所言：“充分发挥个人的潜质，让他们更全面地认识自己内心的圣灵”④。

公开课作为一种对外课堂教学展示课，更应让学生在课堂上学有所获。不仅获取知识，更能够获取各种各样的能力。通过公开课，使学生在知识上变得更富有，在思维结构上变得更聪明，在道德品质上变得更高尚，从而“使人更有价值”，实现个人价值的“增值”，达到马克思所说的“每个人的自由发展是一切人的自由发展的条件”⑤，为社会发展做贡献。

然而，在这种“集大成者”的公开课上，教师为了要花架子，为了整堂课的教学进程及教学效果，按照预设好的教学进度，依葫芦画瓢、按部就班，犹如放电影一样，逐一呈现每个教学过程。在课堂教学的全过程中，难以做到从学生实际出发，尊重学生个性发展，实行因材施教。这种公开课对于学生来说，学生只是教师展示其教学水平的一个道具，教师难以做到理解学生、体贴学生、关爱学生，因而谈不上促进学生的个性发展、自由发展与全面发展。

（二）课堂教学方法异化

在课堂教学工作中，“教学有法，教无定法”。好的教学方法可以更加有助于教师课堂教学“供给侧”的知识输出，有利于学生的知识内化与掌握。通常说来，课堂教学既包括“讲授法、讨论法、演示法、实验法、练习法”⑥ 等基本的、具体的教学方法，也包括“发现法、探索法”等一般性教学方法。教师既

---

① 王晓华，叶富贵．中外教育史［M］．北京：首都师范大学出版社，2007：226.

② 张楚廷．教学论纲［M］．北京：高等教育出版社，1999.

③ 蒋已兰．张楚廷教育智慧研究［D］．长沙：湖南师范大学，2015.

④ 弗兰克·M·弗拉纳根．最伟大的教育家［M］．卢立涛，安传达，译．上海：华东师范大学出版社，2009：59.

⑤ 马克思，恩格斯．马克思恩格斯选集（第一卷）［M］．北京：人民出版社，1972：273.

⑥ 张楚廷．张楚廷教育文集（第六卷）［M］．长沙：湖南教育出版社，2007.

可以用讲授的方式引导学生去发现，也可以用讨论的方法引领学生去探索，更可以通过演示、实验、练习等方法带领学生去发现与探索。因而，发现法、探索法更加注重培养学生的学习积极性、主动性和创造性。

每一位教师在课堂教学中“都有自己独特的教学方法，形成个性化的、独具特色的教学风格”①，我国著名教育家张楚廷所提倡并实施的“问题教学法”就是一个很好的例证。他认为教师在课堂上所展示出来的教学方法的魅力，不应“只是思想流、意识流，还应是问题流”，那种“能够让学生提出问题的教师是优秀的教师，能够让学生问倒自己的教师是最优秀的教师”②。

而上述“集大成者”的公开课，尽管会恰到好处地运用合适的教学方法，抑或是巧妙地综合运用各种教学方法，但由于是集体智慧的结晶，没有形成属于任课教师自己独特的教学风格，学生的课堂学习只是流于形式，哗众取宠却华而不实，很难达到引领学生走向深入思考、认真钻研的学习境界。与此同时，由于这种公开课受课堂教学时间的限制，每一个教学环节都是环环相扣，就算教师的教学非常引人入胜，学生在课堂上充分发挥想象力和创造力，大胆提出各种质疑，也很难深入探讨和解决，往往会成为悬而未决的问题。因而缺乏课堂教学的自主性、灵活性，有时候会成为一个令人扫兴的课堂，更有甚者，可能会打击某些学生的学习热情，不利于学生的健康发展。

三、“裸公开课”：课堂教学“供给侧”的本真回归

其实，我们组织一堂公开课的初衷，无外乎就是让具有卓越教学才华的优秀教师传授、启发、引导其他教师如何上好日常教学中的每一堂课，博采众长，取长补短，互相学习，相互提高，进而提高整体教学质量。

（一）课堂教学“供给侧”的内涵

课堂教学的“供给侧”，是指教师对知识的输出端，既包括书本知识，又包括社会知识，还包含教师个人的人生体验知识。是一种艺术化的知识传授，展现出来的是教师的教学智慧，培养的是学生学习兴趣，体现的是“教师主导，学生主体”的教师专业化水平。学生在课堂上所能感受到的（无论是公开课还是日常课堂教学），应是来自任课教师的耳濡目染、潜移默化、春风化雨、润物细无声的知识浸润，是一种心灵的洗礼。公开课只是一个展示教师日常课堂教学专业化水平的舞台，是教师教学智慧的传播平台，是任课教师真才实学的真实体现，而不是一场“作秀”！正如律师开庭，不可能经过预演、研磨与精雕细琢，而是真情实景、真实案例的呈现，探究的是“真”，辨明的是“理”，明晰的是“情”，遵循的是“法”。

（二）“裸公开课”有利于形成课堂教学“供给侧”的倒逼机制

“裸公开课”可以让任课教师从日常课堂教学“供给侧”出发，努力提升教师个人综合素质和教学水平，教学理念与时俱进。要精心设计教学过程，潜心钻研教学内容，细心对待教学环节，努力提高教学技能，不断更新教学方法，寻求最佳教学策略，真正把每一堂课都上成公开课，形成自己独具特色的、极具个性化的课堂教学“新常态”。而任何一堂公开课都是初次亮相，是任课教师日常课堂教学的真实呈现。那么，日常课堂教学就会精彩纷呈，“裸公开课”就会令人充满期待，充分激发学生的学习潜能，本能地、主动地、积极地参与到课堂学习当中去。

（三）“裸公开课”有利于形成“人与问”的课堂教学氛围

好的课堂绝对不是沉闷、死板的课堂，而是生气勃勃、生龙活虎、气氛热烈、师生互动良好的课堂。因

---

① 蒋己兰．保守与超越：张楚廷的教育理论智慧［J］．高教发展与评估，2015（2）：67－72.

② 张楚廷．张楚廷教育文集（第一卷）［M］．长沙：湖南教育出版社，2007：282.

此，"裸公开课"就会使得教师个体充分发挥自己的聪明才智，恰如其分地运用各种教学方法和手段，调动学生的学习积极性，引导学生问问题就是其中之一。

在"裸公开课"上，教师不断地引导学生发现问题，巧妙地提出问题，科学地解决问题。整个课堂就是"人和问"，即"人在问着，问着的人"①，学生在教师的引导下问着，是问着的学生。"聪明的人常问，智慧的人善问，天才的人能够石破天惊，一问惊天下"②。学生在课堂上问得越多，则思考得越多，就会学习得越多。问得越好、越巧妙、越深刻，就会对所提问题认识越独到，了解越深入，当然就会提高更快，学习就会越好！

参考文献

[1] 布鲁纳．教学过程［M］．邵瑞珍，译．北京：文化教育出版社，1982：12.
[2] 夸美纽斯．大教学论［M］．傅仁敢，译．北京：人民教育出版社，1984：10.
[3] 顾明远．教育大辞典（第一卷）［M］．上海：上海教育出版社，1990：178.
[4] 王晓华，叶富贵．中外教育史［M］．北京：首都师范大学出版社，2007：226.
[5] 张楚廷．教学论纲［M］．北京：高等教育出版社，1999.
[6] 蒋已兰．张楚廷教育智慧研究［D］．长沙：湖南师范大学，2015.
[7] 弗兰克·M·弗拉纳根．最伟大的教育家［M］．卢立涛，安传达，译．上海：华东师范大学出版社，2009：59.
[8] 马克思，恩格斯．马克思恩格斯选集（第一卷）［M］．北京：人民出版社，1972：273.
[9] 张楚廷．张楚廷教育文集（第六卷）［M］．长沙：湖南教育出版社，2007.
[10] 蒋已兰．保守与超越：张楚廷的教育理论智慧［J］．高教发展与评估，2015（2）：67－72.
[11] 张楚廷．张楚廷教育文集（第一卷）［M］．长沙：湖南教育出版社，2007：282.
[12] 张楚廷．教学改革的"人和问"［J］．高校教育管理，2015（2）：8－11.

①② 张楚廷．教学改革的"人和问"［J］．高校教育管理，2015（2）：8－11.

高校艺术类公选课课堂教学与第二课堂有机结合探析

路海英

摘　要：艺术类公选课以培养学生审美素养和追求美、创造美的能力为方向，课程涵盖面广泛，对培养学生的综合素质起到重要作用。在艺术类公选课教学中，目前课堂教学仍然是主要形式，通过课堂讲授，学生能够了解所学课程的基本知识和发展脉络，提高审美水平，培养道德情操。艺术类公选课课堂教学与第二课堂在功能和效果上相互补充、相互促进，共同对教育教学产生影响；同时第二课堂形式多样，能够激发起学生浓厚的学习兴趣，在促进学生全面发展方面有显著的功能和优势。

关键词：艺术类公选课；第二课堂；教学实效性

课堂教学作为传统的教学模式，一直以来在高校教学中起着关键作用。然而近些年，随着互联网的普及，很多新的教学形式涌现出来并迅速普及，比如微课、慕课、翻转课堂等，使得课堂教学在新兴事物的冲击下做出相应的调整，以适应时代的步伐。第二课堂正是在这样的形势下得到推广和普及的。课堂教学的特点是以教师讲授为主，而第二课堂更多是以学生为中心，两种教学方式相辅相成。

一、艺术类公选课课堂教学与第二课堂有机结合的必要性

（一）艺术类公选课课堂教学的特点及作用

课堂教学是以教师为主导的讲授式教学模式，是完成教学任务、实现教学目标的基本途径，也是整个教学过程的中心环节。课堂教学的优点是有教学大纲、规定教材、课时保证及规范的考核制度，教学效果有保证，教学内容侧重于理论知识和基本概念的学习。艺术类公选课一直沿用传统的课堂教学模式，它属于艺术教育范畴，以培养大学生审美素养和追求美、创造美的能力为方向。著名美学家朱光潜说：“真善美三者俱备才可以算是完全的人。”①艺术类公选课包含范围很广，音乐、美术、影视、舞蹈、书法、摄影、戏剧、艺术设计以及服饰服装、建筑环境艺术等艺术形式都包含在内。在艺术类公选课教学中，课堂教学仍然是必要和重要的。通过课堂讲授，使学生了解所学课程的基本知识和发展脉络，提高审美水平，培养道德情操，进一步提高追求美和创造美的能力。

（二）艺术类公选课第二课堂的特点及作用

第二课堂是相对于课堂教学而言的，它是以素质教育为核心的学习实践活动，即学生在教学计划之外，采取自愿参加，有组织、有计划、有目的地开展各项活动。第二课堂具有补充课堂教学的辅助功能，还能扩充学生对相关课程的外延内容。我国最早明确提出第二课堂概念的是著名教育家朱九思、蔡克勇、姚启和，

路海英，西安财经学院文学院讲师，文学硕士。

① 朱光潜．谈美［M］．广西师范大学出版，2004.11.

他们在合编的《高等学校管理》中指出："第二课堂是在教学计划之外，引导和组织学生开展的各种有意义的健康的课外活动。这个课堂的活动包括政治性的、学术性的、知识性的、健身性的、娱乐性的、公益性的（或叫服务性的），有酬性的活动等。"① 近些年，第二课堂逐渐成为除了课堂教学之外新的教学手段和途径。艺术类公选课涉及知识面的广泛性、教学方式的灵活性对培养学生美育及综合素质起到重要作用。艺术类公选课第二课堂具体的实施途径主要包括社会实践、社团活动、网络公开课等，这些有异于课堂教学的方式激发了学生的兴趣，提高了学生学习的积极主动性，实现了课堂教学达不到的效果。

（三）艺术类公选课课堂教学与第二课堂有机结合的必要性

艺术类公选课课堂教学与第二课堂在功能和效果上相互补充、相互促进，共同对教育教学产生影响。并且第二课堂形式多样，能够激发起学生浓厚的学习兴趣，在促进学生全面发展方面有突出的功能和显著的优势。第二课堂强调自主学习，满足学生的个性化发展需求，其内容和实施效果更符合每一位学生的特点，有助于发挥学生的个体优势。因此，第二课堂是提升教学质量和提高学生综合素质的有力保证，必须将两者有机地结合起来，既要重视课堂教学，又要重视第二课堂。

二、高校艺术类公选课第二课堂存在的主要问题

艺术类公选课第二课堂虽然受到学校和学生的关注，但是现状并不乐观，很多高校的艺术类公选课第二课堂还停留在呼吁和试验阶段。在课程设置、教学形式、结果检测、教学内容等方面，还有待进一步优化。

（一）学生对艺术类公选课第二课堂认识有偏差

公选课与必修课相比，更侧重专业知识以外的其他知识；第二课堂与课堂教学相比更侧重于实际操作能力的培养。在传统就业观念的影响下，很多学生受到"实用为先"观念的影响，认为艺术类公选课可选可不选，甚至可学可不学，艺术类公选课第二课堂在学生看来更是一种次要的教学形式，这种认识是极其错误的。高等教育一直呼吁德智体美劳全面发展，艺术类公选课担任美育培养的重要角色，第二课堂正是实现理论与实践相结合的有力手段。

（二）第二课堂的内容设置及要求不明确

第二课堂在课程设置、教学形式、教学内容和效果检测等方面还存在很多不足之处。目前还没有完善的第二课堂培养计划，需要完成的内容也没有明确规定，缺乏成体系的审核制度。完善的管理制度是第二课堂顺利进行的有力保证，艺术类公选课作为艺术素质培养的重要课目，其教学理念不应局限于欣赏和感受的层面，而应该提升该类课程在综合素质教育中的特殊效果，最终实现美育教育，提高个人艺术修养和审美境界，拓展知识面，活跃思维、陶冶情操，拓展创造力和想象力。

（三）教师缺乏第二课堂教学经验

第二课堂的有序开展必须有教师的参与和指导，良好的师资力量是保证教学质量的关键。艺术类公选课第二课堂的师资力量存在的局限和不足，主要体现在以下几个方面：一、教师结构较为单一。教师主要来自学校艺术系的专职教师，面对涉及面较广的艺术类公选课第二课堂，专职教师的实践知识储备有限。学校可以以聘请相关专家教授或校外兼职教师开讲座的形式，丰富教学形式、扩展教学内容。二、艺术类公选课教师交流研讨的学术氛围不浓。教师水平的提升是保证教学质量的前提，许多学校对艺术类公选课第二课堂重视不足，很少对教师进行相关课程的培训。三、教师要围绕教学大纲，及时更新教学内容，改进教学方法，

① 朱九思、蔡克勇、姚启和．高等学校管理［M］．武昌：华中学院出版社，1983.

创新教学理念，不断总结经验，并做到勤于思考、力求提升自身素养，增强教书育人的责任感，力求教学更加精彩、生动，吸引学生，并按要求完成教学任务。

三、加强艺术类公选课课堂教学与第二课堂有机结合的有效措施

目前，各高校非常重视第二课堂的开展，举办了内容丰富、形式多样的活动，旨在进一步深化校园文化建设，营造活跃、浓郁的科学和人文氛围，努力实现第二课堂实践性、动手性与创造性的有机结合。教育形式的丰富多样适应了学生多样化的需求，在学生学好专业基础知识的前提下，加强了课外教育，确保了学生全面发展。

（一）着力打造有创意的特色第二课堂

学校要结合自身专业特点，积极探索第二课堂多形式、多途径的开展方式。例如可以在校园网开辟“第二课堂”专栏，与网络公开课实现链接，减少学生在网络上盲目搜索和筛选的时间。还可以定期组织高水平的专家讲座，组织学生参与专业相关的课外活动与社会实践，在课堂以外扩宽学生视野，同时将理论与实践相结合，在活动中不仅创造了良好的校园氛围，潜移默化地促进了学生良好品格素养的形成，为学生搭建了展示创新思想、提升学术水平和提高综合素质的平台。在硬件设施建设上，学校可以购买各类相关图书、影像设备、教学器材，开放多功能教室、艺术活动场地等，为第二课堂的顺利开展做好准备工作。开展丰富多样的艺术类公选课第二课堂活动，不仅能全面提高学生的综合素质，而且为学生将来走向社会提升竞争力奠定了良好的基础。学校还应结合学生思维活跃、创新能力强的特点，鼓励学生参与、探索第二课堂的开展方式，为打造有创意有特色的第二课堂注入活力。授课教师也应该拓宽教学形式，增加第二课堂的趣味性。

（二）打造艺术类公选课课堂教学与第二课堂完善的对接链条

传统的艺术类公选课课堂教学模式受时间和空间影响，教师与学生互动环节较少，难免陷入单向灌输的说教模式，使理论知识与实际操作出现断层，而第二课堂能够弥补这一不足。两种教学模式完善地对接链条包括教学时间、教学内容和知识技能。首先，第二课堂的时间安排分为集中和分散两部分，集中的时间主要以学校组织开展的实践教学周为主。由学校统一规划，各学院按照自己的专业特点设计培养方案和教学目标，由专业教师带队指导，主要形式为考察和问卷。分散的时间包括课后、周末、节假日及寒暑假等，其优点是时间充裕，缺点是较为分散，统一管理难度较大，这就需要任课教师精心设计第二课堂教学大纲，并在课堂上清楚明了地告知学生所要完成的任务。

（三）重视高新技术投入教育教学

伴随着经济全球化的快速步伐，对人们的生活影响和改变最深刻、最巨大的莫过于互联网的普及。网络已经渗透到人们生活的方方面面。合理利用互联网上的资源，对第二课堂的顺利开展有很好的促进作用。比如，目前非常热门的慕课等网络课程深受广大师生的喜爱，网络课程几乎涵盖了大学所有的课程。学生可以在老师的引导下，寻求适合自己并且与课堂教学相关的网络课程，不但巩固了课堂知识，而且拓展了知识面。教学活动是教师与学生共同参与的活动，要充分发挥教师和学生的作用。高新技术的运用需要教师主动去寻找和选择相关课程资源，学生也应该善于利用信息技术和网络，在教师的引导下收集网上资源，拓宽获得知识的渠道。

（四）艺术类公选课课堂教学与第二课堂有机结合的具体措施

西安财经学院根据艺术类公选课涉及知识面广的特点，采用校外与校内相结合，集中与分散相结合的方式积极开展了第二课堂的实践探索。采取集中方式的学生既可到校外进行社会调查，实习基地实习，也可以在校内集中进行创新创业训练和组织各类创新创业竞赛等。采取分散方式的学生必须在教师的指导下进行，

有合理的计划、有明确的实践活动内容、实践活动地点等。以书法第二课堂为例，采取集中方式的实践活动有参观博物馆、教育基地等；采取分散方式的实践活动有专家访谈、小组辩论等。实践教学活动内容的选题主要是在教师的指导下进行，主要包括：各科研基地所公布的社会调查项目；已在陕西省或国家立项的大学生“大创”项目、“互联网+”大赛、其他各级各类大学生科技竞赛项目等；从教师所承担的较高级别科研课题中提炼调查或实践项目；教师和学生自主设计的综合实训或调研项目；校外实习基地和校企合作开发的项目；其他创新创业实践项目。实践教学周内容充实，形式丰富，效果明显，增强了学生的动手能力，解决实际问题，创新、创业能力，使第二课堂教学落到了实处。

参考文献

[1] 徐俊才、杨胜勇、熊海林．发挥第二课堂功效，促进大学生全面成长成才［J］．中国科教创新导刊．2008，10.137－138

[2] 李华、张旭东．充分发挥第二课堂作用，拓展大学生素质教育渠道［J］．高等理科教育．2004，3.122－125.

第四部分

博士生论坛

民办高校教师教学效能感及其影响因素分析

史少杰

摘　要： 教学效能感直接作用于教师的教学工作，包括教学策略效能感、课堂管理效能感和促进学生投入效能感。对重庆、上海、江苏三省市6631名民办高校教师的问卷调查发现，民办高校教师总体教学效能感较高，促进学生投入方面的效能感较低；T检验、方差分析等均值比较分析显示，属性特征（性别、年龄），资历特征（学历、职称、教龄），以及岗位特征（工作性质、承担课程门数、学时量）等对民办高校教师教学效能感有不同程度的显著影响。采取多样化措施，提高民办高校教师教学效能感为民办高校把握教师的教学效能感及其影响因素提供参考。

关键词： 民办高校教师；教学策略效能感；课堂管理效能感；促进学生投入效能感；影响因素

一、引言

教师教学效能感的早期研究主要有两条线索，一是以罗特（Rotter）的控制理论为基础，将教学效能感界定为教师相信自己能控制学习情境的程度；[1]二是以班杜拉（Bandura）的社会认知理论及其对自我效能感的构建为基础，将教学效能感界定为教师对自身促进学生参与并获得理想学习结果的能力的判断。[2]随着研究的发展，莫兰（Moran）等人建构的定义被广泛接受，即教师对自身组织和推进课程以实现预期目标的能力的信念。[3]同时国外众多学者对教学效能感的测量工具进行了长期的探索，[4][5][6]目前认可度较高的是Moran等人修订的教师教学效能感量表，[7]并在职前教师、在职教师等不同教师群体中得到检验和运用。[8][9]

教学效能感为研究者广泛关注，是因为其不仅关系到教师的自身发展，而且与学生的发展密切相关。教师的教学效能感越高，教学准备和组织工作越优，[10]教学热情和投入度越高，[11]离职倾向越低。[12]已有研究发现，教师的教学效能感对学生的学习成绩、学习动力、自我效能感等有重要影响。[13][14][15]但目前我国对教学效能感的研究多集中于中小学教师，对高校教师的关注较少，对民办高校教师的关注更为少见。当前，民办高校已成为我国高等教育的重要部分，民办高校教师队伍建设亟待推进。调查民办高校教师教学效能感，分析其影响因素，对促进民办高等教育发展具有重要价值。此外，本研究采用Moran等人的教学效能感定义与量表，将进一步丰富国内教师教学效能感研究。

二、调查范围与方法

（一）被试选择

本研究邀请上海、江苏、重庆61所民办高校9150名教师参与在线问卷作答，共回收问卷7618份，在清除无效数据以及没有承担教学任务的教师样本后，有效问卷共6631份，有效问卷回收率为72.47%。

史少杰，北京师范大学教育学部博士研究生。

原文刊载于《山东高等教育》2016年第10期。

（二）调查与分析工具

本研究调查工具为 Moran 等人编制的教学效能感量表（TSES）。该量表包括三个维度，分别为教学策略效能感（efficacy in using instructional strategies，IS）、课堂管理效能感（efficacy for classroom management，CM）和促进学生投入效能感（efficacy to promote student engagement，SE）。每个维度有 8 个题项，整个量表共 24 个题项。因子分析提取的因子个数以及各个因子题项与原始问卷一致。教学效能感总量表和分量表课堂管理效能感、教学策略效能感、促进学生投入效能感的 Cronbadch Alpha 系数分别为 0.957、0.906、0.913、0.918，在我国民办高校教师中使用具有良好信度和效度。结构分析和信效度分析结果证明该量表可作为评估我国民办高校教师教学效能感的工具。研究采用 SPSS21.0 软件对收集的数据进行分析处理。

（三）样本基本信息

量表（见表1）第一部分对民办高校教师的人口统计学特征进行调查，包括性别、年龄等属性特征，学历、职称、教龄等资历特征，以及工作性质、承担课程门数、学时量等岗位特征。从表 1 可以看出，样本中女教师比例略高；31～40 岁的教师比例最高，其次为 30 岁以下的教师；样本民办高校教师以全职教师为主，相对能够代表民办高校教师的教学效能感水平；最高学历为硕士的教师比例最高，其次为本科学历；在职称方面，中级教师比例最高，其次为初级教师，正高级教师比例最低；教龄为 1～5 年的教师比例最高，其次为 6～10 年的教师；在授课门数方面，承担 2 门课程的教师人数最多，其次为承担 1 门课程的教师，二者在总样本中的比例达到 72%；在每周授课学时数方面，每周授课 10～15 学时的教师比例最高，其次为 16～20 学时、10 学时以下的教师。这些特征切合民办高校教师的实际状况。

表1　民办高校教师教学效能感问卷调查样本基本情况

特征		人数	比例/%	特征		人数	比例/%
性别	男	2751	41.5	工作性质	全职	6323	95.4
	女	3880	58.5		兼职	308	4.6
年龄	≤30	2251	33.9	教龄	1～5	2665	40.2
	31～40	3175	47.9		6～10	2112	31.9
	41～50	586	8.8		11～20	1255	18.9
	≥51	619	9.4		≥21	599	9.0
学历	专科及以下	166	2.5	职称	正高	239	3.6
	学士	2211	33.3		副高	957	14.4
	硕士	3952	59.6		中级	3292	49.6
	博士	176	2.7		初级	1389	20.9
	其他	126	1.9		无	754	11.4
授课门数	1门	2282	34.4	每周授课学时数	<10	1469	22.2
	2门	2508	37.8		10～15	2121	32.0
	3门	1167	17.6		16～20	1880	28.4
	4门及以上	674	10.2		21～25	583	8.8
					≥26	578	8.6

三、结果与分析

（一）民办高校教师教学效能感的总体水平

描述统计显示（见表2），样本民办高校教师的总体教学效能感（均分）均值为3.9264，大于中间值3，表明民办高校教师教学效能感总体较好。样本民办高校教师的教学策略效能感、课堂管理效能感、促进学生投入效能感均值分别为3.9850、3.9626、3.8315，均高于中间值3，其中教学策略效能感均值最高，促进学生投入效能感均值最低，说明民办高校教师的促进学生投入效能感有待提高。

表2　民办高校教师教学效能感总体水平描述统计

	总体教学效能感	教学策略效能感	课堂管理效能感	促进学生投入效能感
均值	3.9264	3.9850	3.9626	3.8315
N	6631	6631	6631	6631
标准差	0.44517	0.46861	0.48101	0.52995

（二）不同人口统计学特征民办高校教师教学效能感差异分析

为了解不同人口统计学特征民办高校教师的教学效能感状况，运用T检验或方差分析等统计方法对民办高校教师的教学效能感进行均值比较分析。

1. 不同性别民办高校教师的教学效能感

民办高校男、女教师的总体教学效能感、课堂管理效能感、促进学生投入效能感差异显著。民办高校男教师的总体教学效能感及各维度效能感均值高于女教师；民办高校男、女教师的总体教学效能感、课堂管理效能感、促进学生投入效能感差异极其显著，教学策略效能感差异不显著（见表3）。

表3　不同性别、工作性质民办高校教师教学效能感T检验

教学效能感	性别	均值	T值	教学效能感	工作性质	均值	T值
总体教学效能感	男	3.9522	3.880**	总体教学效能感	全职	3.9290	1.742
	女	3.9081			兼职	3.8726	
教学策略效能感	男	3.9965	1.648	教学策略效能感	全职	3.9888	2.371*
	女	3.9769			兼职	3.9083	
课堂管理效能感	男	3.9846	3.079**	课堂管理效能感	全职	3.9666	2.511*
	女	3.9470			兼职	3.8803	
促进学生投入效能感	男	3.8753	5.671**	促进学生投入效能感	全职	3.8317	0.082
	女	3.8005			兼职	3.8291	

注：* 表示 $p<0.05$，差异显著；** 表示 $p<0.01$，差异非常显著。

2. 不同年龄民办高校教师的教学效能感

不同年龄段民办高校教师的总体教学效能感、课堂管理效能感、促进学生投入效能感不存在差异显著，教学策略效能感差异显著（见表4）。多重比较发现，30岁以下民办高校教师的教学策略效能感均值显著低于31～40岁教师，均值差为0.06152。

表 4 不同年龄、教龄民办高校教师教学效能感方差分析

教学效能感	年龄	均值	F 值	教学效能感	教龄	均值	F 值
总体教学效能感	≤30	3.9099	1.707	总体教学效能感	1～5	3.9057	6.362**
	31～40	3.9343			6～10	3.9229	
	41～50	3.9274			11～20	3.9715	
	≥51	3.9446			≥21	3.9362	
教学策略效能感	≤30	3.9464	7.921**	教学策略效能感	1～5	3.9478	12.770**
	31～40	4.0079			6～10	3.9931	
	41～50	3.9955			11～20	4.0446	
	≥51	3.9986			≥21	3.9971	
课堂管理效能感	≤30	3.9436	2.263	课堂管理效能感	1～5	3.9352	7.520**
	31～40	3.9738			6～10	3.9645	
	41～50	3.9522			11～20	4.0125	
	≥51	3.9845			≥21	3.9733	
促进学生投入效能感	≤30	3.8399	0.857	促进学生投入效能感	1～5	3.8341	2.083
	31～40	3.8213			6～10	3.8111	
	41～50	3.8345			11～20	3.8573	
	≥51	3.8508			≥21	3.8383	

注：* 表示 $p<.05$，差异显著；** 表示 $p<.01$，差异非常显著。

3. 不同教龄民办高校教师的教学效能感

不同教龄民办高校教师的总体教学效能感、教学策略效能感、课堂管理效能感差异显著，促进学生投入效能感差异不显著（见表 4）。在教学策略效能感方面，教龄为 1～5 年的民办高校教师显著低于教龄为 6～10 年、11～20 年的教师，均值差分别为 0.04529、0.09678；在课堂管理效能感方面，教龄为 1～5 年的民办高校教师均值显著低于教龄为 11～20 年的教师；在总体教学效能感方面，教龄为 1～5 年的民办高校教师均值显著低于教龄为 11～20 年的教师，均值差为 0.06576。

4. 不同学历民办高校教师的教学效能感

不同学历民办高校教师的总体教学效能感及各维度效能感有极其显著的差异（见表 5）。专科及以下民办高校教师的总体教学效能感、教学策略效能感、课堂管理效能感均值显著低于所有其他层次学历教师，促进学生投入效能感均值显著低于本科学士学位、硕士学位和博士学位教师。

表 5 不同学历、职称民办高校教师教学效能感方差分析

教学效能感	学历	均值	F 值	教学效能感	职称	均值	F 值
总体教学效能感	专科以下	3.7437	8.099**	总体教学效能感	正高	3.9787	3.864**
	本科	3.9259			副高	3.9495	
	硕士	3.9306			中级	3.9256	
	博士	3.9875			初级	3.9305	
	其他	3.9580			无	3.8766	

续表

教学效能感	学历	均值	F 值	教学效能感	职称	均值	F 值
教学策略效能感	专科以下	3.7583	12.128^{**}	教学策略效能感	正高	4.0037	7.141^{**}
	本科	3.9687			副高	4.0175	
	硕士	4.0008			中级	3.9980	
	博士	4.0320			初级	3.9695	
	其他	4.0119			无	3.9098	
课堂管理效能感	专科以下	3.7741	7.055^{**}	课堂管理效能感	正高	4.0084	2.912^{*}
	本科	3.9616			副高	3.9749	
	硕士	3.9681			中级	3.9668	
	博士	3.9986			初级	3.9642	
	其他	4.0079			无	3.9113	
促进学生投入效能感	专科以下	3.6988	4.992^{**}	促进学生投入效能感	正高	3.9242	4.667^{**}
	本科	3.8474			副高	3.8559	
	硕士	3.8231			中级	3.8119	
	博士	3.9318			初级	3.8577	
	其他	3.8542			无	3.8087	

注：$*$ 表示 $p<0.05$，差异显著；$**$ 表示 $p<0.01$，差异非常显著。

5. 不同职称民办高校教师的教学效能感

不同职称民办高校教师的总体教学效能感及各维度效能感存在显著差异（见表5）。无职称教师教学策略效能感水平显著低于中级和副高级职称教师，均值差分别为0.08821、0.10769；在促进学生投入效能感方面，正高级教师显著高于中级、无职称教师，均值差为0.11223、0.11548；在总体教学效能感方面，正高级、副高级教师显著高于无职称教师，均值差分别为0.10213、0.07285。

6. 不同工作性质民办高校教师的教学效能感

民办高校全、兼职教师的总体教学效能感、促进学生投入效能感差异不显著，教学策略效能感、课堂管理效能感具有显著差异（见表3）。全职教师的促进学生投入效能感均值略高于兼职教师，教学策略效能感、课堂管理效能感显著高于兼职教师。

7. 每周不同授课时数民办高校教师的教学效能感

每周不同授课学时数民办高校教师的总体教学效能感及各维度效能感存在显著差异（见表6）。多重比较显示，在课堂管理效能感维度，每周授课16~20学时的民办高校教师均值显著低于每周授课21~25学时的教师，均值差为0.07025；在促进学生投入效能感维度，每周授课16~20学时的民办高校教师均值显著低于每周26学时以上的教师，均值差为0.08933。

8. 不同授课门数民办高校教师的教学效能感

不同授课门数民办高校教师的总体教学效能感不存在显著差异（见表6）。在各维度，不同授课门数民办高校教师的课堂管理效能感、促进学生投入效能感差异不显著，教学策略效能感差异显著。其中，在教学策略效能感方面，承担3门课程民办高校教师的均值显著高于承担1门和2门课程的教师，承担2门课程民办高校教师的均值高于承担1门课程的教师。

表 6　不同授课学时数、授课门数民办高校教师教学效能感方差分析

教学效能感	每周授课学时数	均值	F 值	教学效能感	授课门数	均值	F 值
总体教学效能感	<10	3.9150	2.641*	总体教学效能感	≤1	3.9180	2.465
	10~15	3.9280			2	3.9203	
	16~20	3.9125			3	3.9584	
	21~25	3.9731			≥4	3.9220	
	≥26	3.9477					
教学策略效能感	<10	3.9596	2.684*	教学策略效能感	≤1	3.9716	3.759*
	10~15	3.9922			2	3.9775	
	16~20	3.9870			3	4.0255	
	21~25	4.0300			≥4	3.9885	
	≥26	3.9715					
课堂管理效能感	<10	3.9653	2.546*	课堂管理效能感	≤1	3.9668	1.286
	10~15	3.9587			2	3.9533	
	16~20	3.9445			3	3.9831	
	21~25	4.0148			≥4	3.9477	
	≥26	3.9764					
促进学生投入效能感	<10	3.8202	4.323**	促进学生投入效能感	≤1	3.8157	2.405
	10~15	3.8332			2	3.8300	
	16~20	3.8058			3	3.8668	
	21~25	3.8744			≥4	3.8297	
	≥26	3.8951					

注：* 表示 $p<0.05$，差异显著；** 表示 $p<0.01$，差异非常显著。

四、结论与建议

（一）民办高校教师教学效能感总体水平较高

总体来看，民办高校教师教学效能感总体水平较高，说明民办高校教师相信自己能有效地组织和安排教学工作，并实现预期的教学目标。教学是民办高校的首要任务，学校重视教学工作，教师重视自身教学能力的发展，这种以教学为重、不断提高教学质量的理念和氛围，有利于民办高校教师获得教学效能感。但需注意，民办高校教师促进学生投入效能感水平稍低，说明民办高校教师对自身调动学生学习积极性的能力和效果信心不足。这一方面可能与民办高校学生的生源质量有关，民办高校学生基础相对较弱，参与学习的积极性较低，教师引导其投入学习的难度较大；另一方面可能与民办高校教师不恰当的教学策略有关，民办高校以培养应用型人才为主，理论与实践相结合是基本的教学途径，传统的理论灌输或过多的实践，都会影响学生对知识的掌握程度，降低学生的积极性。

（二）不同人口统计学变量对民办高校教师教学效能感的影响

均值比较发现，属性特征（性别、年龄）、资历特征（教龄、学历、职称）、岗位特征（工作性质、每周学时数、授课门数）均为影响民办高校教师教学效能感的重要因素。其中，性别、教龄、学历、职称、每周授课学时数对民办高校教师的总体教学效能感以及教学策略效能感、课堂管理效能感、促进学生投入效能感均有显著影响；年龄、授课门数对民办高校教师的教学策略效能感具有显著影响，工作性质对民办高校教师的教学策略效能感和课堂管理效能感有显著影响。

与已有研究相反，[16]本研究中，性别是影响民办高校教师教学效能感的重要因素，男教师的教学效能感明显高于女教师。这可能与当前男、女教师面临的压力以及男、女教师的自信心水平有关。在授课门数和每周授课学时数方面，样本民办高校男、女教师人数分布状况相差不大，说明男、女教师承担的教学工作量相当。但相对于男教师，女教师的抗压力能力弱、自信心低，这在不同程度上影响了女教师对自身教学控制能力的信念，导致民办高校女教师的教学效能感较低。从年龄来看，30 岁以下民办高校教师的教学效能感最低，51 岁以上教师的教学效能感最高。一般而言，年龄较大的教师在理论和实践方面都积累了较为丰富的经验，能够从容面对教学中出现的各种问题；并且 51 岁以上教师在资历、职称方面已有一定成就，内心有所慰藉，因而会具有较高的教学效能感。[17]而 30 岁以下的年轻教师刚刚入职，还处于适应期。本研究中，86.8% 的 30 岁以下教师教龄为 1～5 年，只有 12.3% 的教龄在 6～10 年之间。教学经验不足，对教学环境、教学对象缺乏了解，都可能导致民办高校年轻教师教学效能感差于年长教师。各年龄段民办高校教师在教学策略效能感方面具有显著差异，31～40 岁之间民办高校教师教学策略效能感明显优于其他年龄段教师，这可能与该阶段教师已经度过适应期有关，一方面他们积累了组织实施各种教学策略的经验，另一方面正处于学习工作的最佳阶段，能够不断学习新的教学策略，对自身运用各种教学策略的能力较为自信。

已有研究发现，教龄较长民办高校教师的教学效能感水平较高。[18]本研究中，11～20 年教龄的民办高校教师教学效能感最高，其次是 21 年以上教龄的教师，1～5 年教龄的教师最低。分析认为，10 年以上教龄的民办高校教师已经积累了一定的教学经验，并且多处于内驱力、学习力旺盛的中青年时期，有充沛的精力学习新的教学策略和教学方法，了解新一代学生的心理特点和学习需求，因而对教学工作的把控能力较强。与已有研究结果相一致，[19]学历对民办高校教师的教学效能感有显著影响。从总体教学效能感来看，具有博士或其他学位的民办高校教师教学效能感较好。这可能是因为受过博士教育的民办高校教师，得到了更为系统的教学知识训练，所掌握的专业知识和教学技能更丰富，对教育规律的把握更准确，能够更好地将理论与实践相结合，灵活应对教学工作。接受过国外高校培训等其他学历的民办高校教师，理论和实践经验丰富，自信心较高，教学效能感也相对较好。一般而言，副高级以上教师的教学效能感较好，[20]这是因为职称较高的教师，教学经验丰富，运用教学策略、调控教学的能力强；此外，职称作为对教师个人教学能力的一种认可，有助于增强教师的信心，提高教师的教学效能感。[21]

目前，很多民办高校探索建立以专职教师为主、专兼职相结合的师资队伍，兼职教师成为不可忽视的教学力量，因此也更加注重兼顾专兼职教师的专业发展。但由于民办高校的兼职教师多为公办高校的教师，本身已经有繁重的教学任务，处理民办高校教学工作的精力有限；也有些在民办高校兼职的公办高校教师，只关心是否完成授课任务，忽视教学质量，并且难以应对民办学校的一些学生问题，因而相对于民办高校的全职教师，教学效能感较低，甚至在教学策略效能感和课堂管理效能感方面具有较大差距。此外，有些在民办高校兼职的在读博、硕士研究生，基础较弱、也不会将太多精力用于改进教学策略，提高课堂管理质量。作为教学工作量的主要区分形式，授课门数、课时量，尤其是课时量与教师的教学效能感密切相关。从授课门数来看，民办高校教师的教学效能感均值呈倒 U 形分布，教授 3 门课程的民办高校教师教学效能感最好；在每周授课学时数方面，每周授课 10～15 学时、21～25 学时的民办高校教师教学效能感较好。在民办高校，授课门数较多的教师一般为教学骨干。该群体教师教学经验丰富，熟悉教学环境和课程知识，对教学工作的把控能力较强；骨干教师的模范地位也有助于提升其教学效能感。而课时量较大的民办高校教师，多为同门课程在不同班级的重复授课，有条件在二次授课中进行自我诊断，调整教学方案，寻找提高教学效果的途径，从而对不断完善教学方案、改变教学策略、实现教学目标的信心较高。

（三）采取多样化措施，提高民办高校教师教学效能感

民办高校教师教学效能感受教师个人属性特征、经验、资历、教学活动等多方面因素的影响。[22]因此，

民办高校要提高教师的教学效能感，需要分类对待、精准施策。

（1）给予女教师更多人文关怀，帮助女教师提高自信心，尽量结合女教师实际情况合理安排工作量。

（2）加强对年轻教师的专业培训，做好入职和在职培训工作，为年轻教师提供学习机会，助其尽快适应教学环境、熟悉课程内容、提高教学技能。

（3）发掘资深教师资源，通过课堂观摩、经验分享会、老人带新人等方式，促进各教龄段民办高校教师之间的交流，为资历较浅民办高校教师提供学习条件。

（4）激发民办高校教师的学习动力，鼓励教师接受继续教育，不断完善自身知识体系。

（5）完善职称管理制度，切实将职称作为认可、奖励教师专业能力的基本途径，为无职称教师提供有针对性的发展扶持。

（6）优化教师队伍结构，根据学校特点、课程类型，合理配置专兼职教师比例，端正兼职教师的工作态度，加强对兼职教师教学工作的管理。

（7）综合授课门数和每周课时数，合理安排教学工作量，尽量避免单门课程每周多次重复上课或者多门课程叠加课时量，避免因课时量过大或课程单一导致职业倦怠、效能感减弱的现象。此外，学校还应完善课程评价体系，引导教师正面理解教学评价结果，鼓励教师创新教学策略，不断提高教师的教学监控能力。

参考文献

[1] Rotter, J. B. Generalized expectancies for internal versus external control of reinforcement [J]. Psychological Monographs, 1966, 80 (1): 1 –28.

[2] [4] Bandura, A. Self – efficacy: Toward a unifying theory of behavioral change [J]. Psychological Review, 1977, 84 (2): 191 –215.

[3] [6] Tschannen – Moran, Woolfolk – Hoy, K. Hoy. Teacher efficacy: its meaning and measure [J]. Review of Educational Research, 1998, 68 (2): 202 –248.

[5] Gibson, S., & Dembo, M. Teacher efficacy: A construct validation [J]. Journal of Educational Psychology, 1984, 76 (4): 569 –582.

[7] Tschannen – Moran, Anita Woolfolk Hoy. Teacher efficacy: capturing an elusive construct. Teaching and Teacher Education, 2001 (17): 783 –805.

[8] Lisa C. Duffin, Brian F. French, Helen Patrick. The Teachers' Sense of Efficacy Scale: Confirming the factor structure with beginning pre – service teachers [J]. Teaching and Teacher Education, 2012, 28 (6): 827 –834.

[9] Helenrose Fives, Michelle M. Buehl. Examining the Factor Structure of the Teachers' Sense of Efficacy Scale [J]. The Journal of Experimental Education, 2010, 78 (1): 118 –134.

[10] Allinder, R. M. The relationship between efficacy and the instructional practices of special education teachers and consultants [J]. Teacher Education and Special Education, 1994, 17 (2): 86 –95.

[11] Coladarci, T. Teachers' sense of efficacy and commitment to teaching [J]. Journal of Experimental Education, 1992, 60 (4): 323 –337.

[12] Burley, W. W., Hall, B. W., Villeme, M. G., & Brockmeier, L. L.. A path analysis of the mediating role of efficacy in first – year teachers' experiences, reactions, and plans [C]. Paper presented at the annual meeting of the American Educational Research Association, 1991, Chicago.

[13] Ross, J. A. Teacher efficacy and the effect of coaching on student achievement [J]. Canadian Journal of Education, 1992, 17 (1): 51 –65.

[14] Midgley, C., Feldlaufer, H., & Eccles, J. Change in teacher efficacy and student self – and task – related beliefs in mathematics during the transition to junior high school [J]. Journal of Educational Psychology, 1989, 81 (2): 247 –258.

[15] Anderson, R., Greene, M., & Loewen, P. Relationships among teachers' and students' thinking skills, sense of efficacy, and student achievement [J]. Alberta Journal of Educational Research, 1988, 34 (2): 148-165.
[16] 程凤春，姚松．汶川地震极重灾区中小学教师教学效能感及其影响因素 [J]. 教育研究，2011 (08).
[17] 丛玉燕．加强管理 提升高校教师教学效能感 [J]. 中国高等教育，2013 (Z1).
[18] Hoi Yan Cheung. Teacher Efficacy: A Comparative Study of Hong Kong and Shanghai Primary In-Service Teachers [J]. The Australian Educational Researcher, 2008, 35 (1): 103-124.
[19] 辛涛，申继亮，林崇德．教师自我效能感与学校因素关系的研究 [J]. 教育研究，1994 (10).
[20] 周丽．西藏高校英语教师教学效能感研究 [J]. 教育探索，2013 (4).
[21] 王芳，谭顶良．中学教师教学效能感的实证研究及其对教师培训的启示 [J]. 当代教育科学，2006 (17).
[22] 李莹，朱新秤．基于实证的高校教师教学效能感研究 [J]. 广东外语外贸大学学报，2010 (4).

大学新生学习适应：问题表征与行动探索
——一项参与式行动研究

魏　戈

摘　要：学习适应问题在大学新生的个体发展中处于重要地位。已有研究多从临床心理诊断的方法入手，难以看到大学新生完整而真实的生活状态。本研究在后实证主义和行动科学的范式引领下，开展了长达一个学期的参与式行动研究。以北京大学医学部自愿报名的6位新生和3位老生为参与者，共同组成探究的社群，以参与式活动为主线，辅之以深度访谈和焦点团体，叙说了大学新生学习适应问题的真实表征与内在原因，展现了多种参与式活动的介入对于新生学习适应状况的帮助与改变。

关键词：学习适应；大学新生；学生发展；参与式行动研究

一切的现在都孕育着未来，
未来的一切都生长于它的昨天。
希望，而且为它斗争，
请把这一切放在你的肩上。

——舒婷《一切都是命运》

一、写作的缘起

我第一次见到白杨，①是一个周末的下午。在北京大学心理健康工作室，我作为活动主持人，与北京大学医学部教育处合作开办了帮助医学部大学新生学习适应的工作坊。白杨和他其余5位医学部的同学一样，自愿报名参加了工作坊，他们都是出现学习不适应问题的大学新生。

我清楚地记得第一次活动，我请他们围坐在一起。这些学生低着头，似乎没有相互交谈的意愿，现场的氛围有些尴尬。白杨是一个很特殊的孩子，他坐在人群中不起眼的角落，背着自己硕大的书包不肯放下，双手还紧紧地抓着两根书包肩带，眼睛小心地环顾着工作室的环境，仿佛只有他自己是可以抓得住的依靠。

眼前的场景，让我清楚地意识到这些学生内心的防御性和不安全感，也让我体会到要打开这些学生的内心世界可能面临的挑战。

白杨在第一次活动后告诉我，在刚刚过去的期中考试中，他有两门课程不及格，这不仅影响到学期末的成绩排名，也使他对自己的学习失去了信心。在第一次活动结束后他说出了自己学习的困惑：

我曾经努力过，但是效果不好……我不知道为什么我的分数那么低……现在我一看课本眼睛就花

基金项目：2013年度北京大学教育发展研究中心课题（2013YB04）成果之一。

魏戈，北京大学与赫尔辛基大学联合培养博士，主要从事大学课程与教学、大学教师发展研究。

①　白杨是本研究的参与者之一，北京大学医学部大学一年级学生。为保护研究对象的隐私，文中出现的所有人员均采用匿名处理。本研究的其余参与对象信息详见表1。

> 了，（书上的知识点）好像都重要，好像又都不重要。我越看越糊涂……化学给我的压力太大了……我自己能认识到这些问题，但是“知道”和“做”是两回事……可能我应该换一种思路。

虽然白杨有些语无伦次，但是我能体会到他内心的焦虑，当他面临平时学习与考试成绩的落差，面临周围同学的竞争氛围以及课业负担压力过大，他给自己找的方法是“或许应该换一种思路”。带着寻求新思路的可能性，这些学业不适应的学生走进了我的新生工作坊，并期待着自己经过一个学期活动之后的变化。

从2014年3月到6月，每周一次的参与式活动让我有机会和这些学生待在一起，整个活动的设计旨在帮助这些学业不适应的大学新生重新认识自己所面临的问题，从表面的学业适应问题窥视更深层次的生命关注，在群体动力的支持下重拾人生自信，并重新规划自己的大学生活。4个月的参与式活动让我和这些学生共同探究了如何在大学生活中更快、更好地发现自我，我也清楚地看到了他们内心和行为的变化。正如活动进行4个月以后，白杨在焦点团体访谈中告诉我他的收获：

> 经过与同学交流，分享了很多的想法，各自联系（自己的）生活，觉得（我）可以更坦然面对生活。与别人交流收获之后，学会理清问题了。（我）知道了在大学里最好地发展自己的方法，在探讨问题的过程中明晰了处理问题的方法。（我）明白了许多道理，对人生的航向有了更好的把握。现在我每天开始为自己制定目标，制订了自己的学习计划，坚持预习、上课听讲、课后复习等这些步骤。

我很欣慰地看到白杨做到了“换一种思路”来生活，或许这些变化还不够明显，或许我还看不到这些影响在时间上到底有多深远，但是我相信，和白杨在一起的大学新生，他们的人生印记已经在或多或少地发生了新萌动。

今天的我，感恩和这一群“特殊”的学生一起雕刻了彼此的生命。在4个月的经历中，他们的一颦一笑勾起了我曾经作为大学生的困惑与欢乐。正是这份相互之间的感恩和自我反思的冲动，让我决定用书写的方式来记录这段有意义的历程。

这些大学新生面临的是“如何适应大学学习”的问题，而我则带着“大学新生为什么会遇到学业适应问题”的疑惑进入他们的生活。当我看到他们渴望协助的眼神，当我反复聆听他们的访谈录音，并阅读他们撰写的个人叙事，这些问题一直在我头脑中萦绕——

> 出现学业不适应问题的大学新生的生活状态是怎样的？他们究竟遭遇了什么样的困惑？他们是如何看待自己当下的生活、学习状态的？我如何通过参与式活动的设计来帮助大学新生实现学业的适应？经过了4个月的参与式活动，他们又发生了哪些变化？这些变化是如何发生的？他们又将如何看待自己所发生的变化？

带着这些问题，我尝试书写，不断平衡自己作为一个研究者和参与者的双重身份，同时让大学新生在这些文字中发出声音，共同探究大学新生学业适应问题的原因与可能的解决方法。

当代女诗人舒婷在她的诗作《一切都是命运》中说道，我们所经历的一切都是命运的安排，虽然我们无法洞悉未来，但是一切的现在都孕育着未来，所以我们需要用肩膀扛起现在的一切，因为它充满希望。我将这首诗作为全文的题记，意在说明个体在与社会结构的互动之中所激发出的可能性。当我与这些大学新生共同承担学业不适应的问题，共同见证与分享每一位成员的变化的时候，我们就在不断朝着希望前进。

二、探究的基础

在个体发展的人生历程中，“适应”是我们每个人应具备的基本素质。“适应”原是一个生物学的概念，它是指有机体随外界环境的变化而改变自身活动，最终实现自己和周围环境的协调一致，从而达到一种平衡的状态。[1]对于人类而言，适应则是一种与人的需要、满足紧密联系的心理过程，是个体通过不断调整自己的身心，从而在现实生活环境中保持一种良好的生存状态的过程。社会适应是个体生存和发展的核心问题，而学习适应是青少年社会适应的重要内容。[2]

由高中到大学的转折，对大学新生来说，意味着环境、人际、生活习惯等多方面的改变。他们在生活习惯、人际、学习等诸多方面会表现适应不良，其中的学习适应不良处于核心地位。不少研究者发现，大学第一年是否能够平稳过渡，对大学生的整个学业发展来说至关重要。[3]近些年来，国内学者对大学生的学习适应问题有所关注，已有研究多是采用成熟量表或者自编量表对大学生的学习适应力进行探究。在研究工具上，冯廷勇等人编制的大学生学习适应量表被很多学者广为使用。[4]在实证研究方面，王霞和范红霞通过采用大学生学习适应量表对山西省两所高校 450 名大学生的学习适应性现状进行了调查研究。[5]曹亦薇等人利用纵向 Rasch 模型对 1952 名大学新生的适应性进行了追踪研究。[6]吴应荣对安徽某高校的新生进行了调查，关注了新生的学习态度、学习目标、自我监控、自主学习等方面，并就此提出了帮助学生适应的策略。研究者普遍认为，对于大学新生而言，学习仍然是其主要的活动，学业成绩是自我评价和他人评价的主要依据。因此，对于大学新生适应不良的调整点在于对学习适应的调整。

相比之下，国外研究则较多关注了不同的内外变量对于新生学业适应问题的可能影响。普莱特（Pratt）认为，挖掘出对大学新生学业适应产生正面影响的因素至关重要。[7]在 20 世纪 80 年代，研究者主要关注的外部的环境和社会因素对于大学生适应问题的影响。[8]例如，加德纳（Gardner）关注了生活经历对于学生的学习持续性和完成度的影响。[9]奥斯丁（Astin）也发现，居住地与就读学校的远近也是影响学生适应的因素。[10]进入 21 世纪初，研究者更多关注了大学生个体的内生变量对他们学业适应问题的影响。例如，奥莱斯（Al - Oaisy）以性别作为变量，利用大学生适应量表（College Adjustment Scale，CAS），发现男性学生的适应力要比女学生好。[11]普尔（Puher）则将视角放到了更加抽象的性格层面，利用大五人格量表（Big Five Traits）和大学生适应问卷（Student Adaptation to College Questionnaire，SACQ）[12]进行相关分析，发现人格与他们的学业适应和社会适应均具有相关性。

为了提供新生学业适应的有效策略，已有研究多采用“手段—目的”式的思维方式直接探求相关因素，并力图通过这些影响因素找到化解问题的方略。如前所述，由于“适应”问题本身源于生物学领域，因此现有研究大多偏向临床心理学的路径，心理学的科学化取向使得研究者的立场是一个客观的“旁人”。作为研究者，我们应该充分相信自己不仅具有洞悉社会现实的能力，更有改造社会现实的能力。更何况，改变与理解本是一体的，正如行动研究的鼻祖勒温（Lewin）所说：“要想了解它，就先去改变它吧。”[13]基于此，本研究将采用一种新的研究方法来探究大学新生学习适应的问题。

三、探究的过程

（一）方法论

参与式行动研究（Participatory Action Research，PAR）是不同于传统社会科学研究范式的“另类范式”。美国学者怀特（Whyte）于 1989 年为参与式行动研究做出了明确的界定，它被定义为“系统的问询”，通过被问题影响方的参与来研究问题，进而采取行动、解决问题，甚至施加社会影响。它是一种应用型的社会调查方法。[14]倘若追本溯源，则可以与阿吉里斯（Agyris）等人的行动科学[15]、海伦（Heron）的合作探究传统[16]相互关联。时至今日，哈佛大学人类学教授赫兹菲尔德（Herzfeld）所提出了“担当人类学”（engaged anthropology）[17]的概念亦有此意味。

按照史密斯（Smith）的说法，参与式行动研究者更像是社会活动家或者社团组织者。在某些研究项目中，研究者甚至就是团队的内部成员而非外部人员的介入。参与式行动研究始终关注和尊重着人类的生命，它具有很强的实践性，这在传统的研究范式中是看不见的。这样一种行动中探究、合作中探究的方式是本研究追求的研究路径。参与式行动研究是一种合作的研究，它通过研究、参与、行动的方式，帮助当事人解决当下的问题。参与式行动研究背后重要的价值假设便是，我们相信每个人都有自给自足的能力，能够解决自己的问题，每个人都应享有平等学习和表达的权利，同时也应有机会与别人对话。[18]参与式行动研究是一种研究取径，在这个取径之下可以采用多种多样适合自己的研究方法，它通常依照“计划—行动—反思—评估”的循环，其中最主要的就是不断地在行动和反思之间洄游。

（二）参与者与活动流程

在这项研究中，每一位成员都是研究的主体。在参与式行动研究中，我和这些大学生都是问题的探究者，我们共同面对的研究对象是新生所面临的学习适应问题。本项参与式行动研究的参与者构成如表1所示。

表1　参与者基本信息

姓名	性别	年级	专业	主要问题
白杨	男	大一	临床医学	失去动力
张丽	女	大一	药学	自制力差
孙强	男	大一	口腔医学	人际交往
赵凯	男	大一	临床医学	人际交往
胡淑	女	大一	预防医学	自制力差
王力	男	大一	药学	失去动力
薛楠	男	大三	临床	—
赵欣	女	大三	药学	—
刘芳	女	大三	药学	—

如前所述，参与式行动是一个合作探究的过程。在这个研究的过程中，我们始终在问自己这些问题：我们下一步要做什么？谁参与其中？这个活动在哪里发生？每个阶段何时发生？我们将如何做？在不断地自我反思之后，我和参与者共同调整着活动的设计，最终的活动安排如表2所示。

表2　参与式活动设计

次数	主题	内容	地点
第一次	熟悉自我与他人	介绍活动计划； 参与者相互介绍	心理工作室
焦点团体：全体参与者			
第二次	如何面对逆境	观影《面对巨人》； 分享观后感	心理工作室
深度访谈：孙强、胡淑			
第三次	建立合作共同体	素质拓展； 户外团体活动	户外
第四次	我的问题在哪	绘制生命之河； 个人生命故事叙说	心理工作室
深度访谈：白杨、王力			
第五次	读书会（一）	阅读《生命之书》； 分享读书感悟	心理工作室
第六次	解决我的问题	绘制思维导图； 找到解决之道	心理工作室

续表

次数	主题	内容	地点
深度访谈：张丽、赵凯			
第七次	读书会（二）	阅读《生命之书》；分享读书感悟	户外
第八次	解决同伴的问题	同伴相互访谈；提供解决方法	心理工作室
焦点团体：全体参与者			
第九次	优秀学长经验谈	毕业学长分享学习经验；新生自由问答	公共教室
第十次	活动总结	分享个人收获；制订未来计划	心理工作室

在自愿报名的基础上，我们成立了学习适应参与式活动小组，每周活动一次，每次2~3小时。本学期一共开展了10次活动，中间穿插了对每一位参与者的深度访谈以及焦点团体。每次活动都具有鲜明的主题，每次活动的形式也各有特色。活动的总体设计秉持“由浅入深”的逻辑，首先是建立安全、信任的团体氛围，然后是针对学习不适应的问题相互探讨，找到可行的解决方案，最后进入更深层次的价值观问题，引导学生发现自我，树立正确的人生理念，从而反观并尝试自我化解当下的适应问题。

四、共同行动与发现

经过一个学期的参与式活动，我们在行动中发现，在发现中设计新的行动方案，并在这个循环中介入改变，帮助参与研究的大学新生找到自身的问题，并改变现状。研究发现，大学新生的学业适应问题源于时间管理、责任感、人际关系、自我认知四个方面的不足，就此我们设计了相应的介入性活动。

（一）时间管理

大学新生体会到的第一个变化就是对于“时间”的认知。在高中时期，学生在什么时间做什么事情是被学校安排好的，而大学的新生活却缺少了惯常性和可预测性。[19]他们需要在对待时间的问题上做出转化性的认知，不少学生在大学第一年抱怨时间不够用，因为周围有太多的“诱惑”。

在对张丽的深度访谈中，她谈道：

大一时期的时间观念感觉比较薄弱，对于学习是这样，但对于其他活动就相对较好……花很多时间在手机以及电脑上，或者是玩上面，导致学习的时间少，或者等到学习的时候就累了……下午1点半左右去的图书馆，会先玩手机玩到两点多（一般是看视频），然后决定要读书的时候就看不下去，很烦躁。

对于医学部的学生来说，学习的课程要比其他专业难而繁杂。大学的学习仅靠听课是不够的，如果自己稍有懈怠，不注意规划课余时间，就会跟不上学业的进度。合理地利用课余时间，才能够让自己面对大学的学业压力时过得惬意、轻松。[20]白杨在访谈中表示自己在大学一年级学习失去动力，虽然自己很清楚这是一个问题，但是却不知道如何补救。

访谈者：那你的时间都到哪里去了？

白杨：我也不知道哪里去了。以前在高中感觉时间都被安排好了，来到大学之后没人安排了，有时候稍微一放纵也就停不下来，所以有时候感觉也很无聊。

访谈者：很无聊？你说自己高中时候很紧凑，来到大学之后一下子放下来自己开始安排了，那你能给我说一下你自己的时间安排吗？就说刚过去的周五吧。

白杨：我周四睡得不太好，所以周五睡了两觉，但起来之后发现上课已经迟到了，就不想再去了，感觉迟到之后，就是老师正在讲课就突然推门进去，特别不好意思，害怕被老师批评，就特别不想去。

访谈者：那你起床之后呢？

白杨：我玩了一会手机，然后到11点半就去吃饭了。下午没课，吃饭之后我又睡了一会。睡起来我玩游戏去了。

访谈者：那现在的状态，父母知道吗？

白杨：他们不知道，这些事我就没对父母说过，感觉这不是特别大的事，就没对他们说。

访谈者：那你为什么感觉这事不大呢？

白杨：因为这是大学啊。

我们和白杨的交谈让我很震惊，是大学“虚假”的自由印象给了他们迷惑，让他们理所应当地认为大学是可以逃课的。这样的误解最终导致他们学习失去动力、没有成就感。当我们意识到时间管理的问题绝不仅仅是大学新生自我控制力的问题，而是一个更大范围的社会环境问题的时候，就有必要介入其中。

为了帮助大学新生解决自己时间管理的问题，在参与式活动的工作坊中，我们特意将“化解学业与生活的时间冲突”作为一次活动的主题，并请三位大三的学长加入工作坊，通过“提出问题—头脑风暴—绘制思维导图—小组交流展览”的方式组织了这次活动（见图1）。

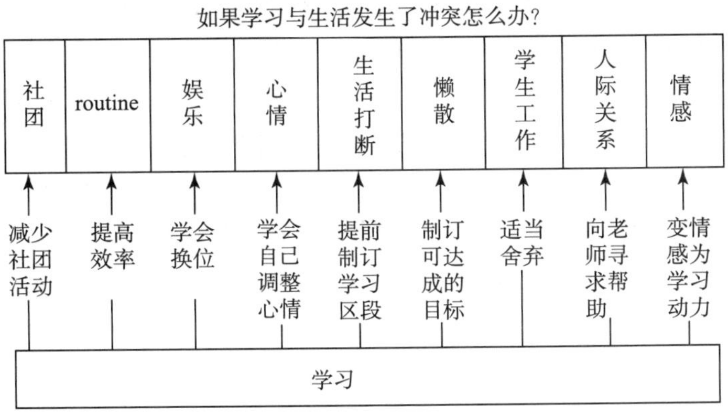

图1　“化解学业与生活时间冲突”的思维导图

在参与式活动结束之时，我们请全体成员撰写了自己的参与感悟。从下面这段学生的反馈中，我们可以看出他的改变：

（这次活动）最令我们受益匪浅。要去认真完成好这张表，需要会制定目标，实现目标两个大步骤。制定目标又分了许多若干的准则和要求，比如说是 attainable，measurable 等。这些能做到对自己的时间观念很有帮助。

（二）责任感

大学新生对大学氛围的憧憬莫过于对自由的向往，从此，他们需要时常独立做出决策。[21]有研究者指出，这种突如其来的“自由感”让大学新生无所适从，甚至会使他们丧失了责任心。[22]随着个体自由度的增强，他们需要对自己的日常生活负责。大学新生必须自我决定在什么时间去学习，什么时间做社交活动，还包括个人的花销预算、饮食起居。[23]国内学者孙涛等人认为，他们面对生活与学业的平衡，首先要拥有的就是责任心，对自己和他人负责。[24]

这种负责任的态度，在我看来是“学会关心”。美国教育学者诺丁思（Noddings）曾经批判美国的基础教育忽视了道德情操的培养，并指出从“关心”入手进行道德教育。[25]诺丁思认为，学会关心的旨意包括：关心自我，关心身边的人，关心陌生者和远离自己的人，关心动物、植物和地球，关心人类创造的物质世界，关心知识。在这些学业不适应的大学新生群体中，他们表面上是不关心知识，或者认为现在所学的基础知识对未来的专业学习和专业工作没有太大的关联，实则是对整个大学生活失去了信心。

王力是一个对于学习失去动力的学生，我们想找到他内在的原因，并挖掘他的动力能够从何产生。下面是我和王力一段简短的访谈节录：

王力：我觉得学习没有动力。

访谈者：那你对做什么事情比较有兴趣？

王力：……

访谈者：听说你喜欢打游戏？

王力：其实也挺无聊的，就是打发时间。

访谈者：平时关注什么事情？

王力：……

从上面的访谈材料可以看到，王力在老师同学的眼中是一个对学习失去兴趣的学生，并且有一些沉迷网络游戏的倾向。但是，他自己却说自己并不认同网络游戏，只是一种打消时间的方式。像王力一样，还有很多大学生，对世事不闻不问，不是他们不关心，而是他们没有找到了解的兴趣。

当我们谈到大学新生的学习适应问题，希望他们能够重新树立对于学习与知识的认识。所谓知识的利用，是要把它和人类的感知、情感、欲望、希望，以及能调节思想的精神活动联系在一起，那才是我们的生活。在介入改变的过程中，我们主张关注共同的人生和责任。在我们的参与式工作坊中，处处透露着鲁迪克所主张的"母性观点"——如果我们真正想帮助他们，我们就需要真正关心他们。为了培养大学新生的责任感和对他人的关心，我们特别组织了一次素质拓展活动。活动时间选择了同学们比较空闲的周末。这次室外工作坊，在素拓协会老师的指导之下，同学们进行了以下几项活动：分组、互相捶背按摩、蒙眼排队、鼓上击球、翻越逃生墙。在活动过程中，同学们通过热身活动和互相交流建立了和其他人的信任，原本不同专业的同学像同班同学一样亲切。

通过这次活动，参与者有不小的所获。例如，有学生表示"在拼搏中建立了和其他同学的友谊"，"更好为团队服务的意识和方式"，"更为清楚地定位自己的能力和所长"，"增强了在生活学习中克服困难的决心和信心"。

（三）人际关系

从高中到大学，从一个熟悉的城市到一个陌生的城市，大学新生的人际关系也在发生着微妙的变化。[26]原先是学生和父母的关系最为亲密，但是由于物理空间的距离，大学新生必须要在新的环境中寻找新的情感依靠。大学新生需要适应新的环境，与不熟悉的人交往，学会与室友进行协商。同时他们对成人世界的人际交往同样带有期待，他们需要学会一套新的为人处世的规则。

孙强是来自四川农村的学生，在对他的深度访谈中，我发现了他在人际交往方面的问题，而这个问题其实影响到了他当下的学习状态。

孙强：怎么跟别人交往之类的，对我来说也是很大问题。

访谈者：那你在高中有这方面问题吗？

孙强：高中没什么问题，但来大学之后发现人都不认识。

访谈者：那我可以这样说吗，你来大学之后心里立刻有了孤独感。

孙强：刚开始还不是，还是不错的，但现在有了孤独感。

访谈者：可能你来之前有很不错的憧憬，但到了这里才发现是各人有各人的做法是吗？

孙强：是的。来北大之后我发现大家都有自己的特长，但我没什么特长，所以说真的找不到一些话题。

美国国家统计局调查发现，有大约1/3的学生进入大学后因为学业不适应而辍学，其中有很大比例是在大学第一年就辍学的。[27]大约30%～40%的学生因为辍学而未能获得学位，这些学生自从离开大学之后就再也没有回去。[28]还有研究者指出，大学新生的友谊好坏影响其学业适应。[29]学校与周围的同学、朋友是个人身心发展的重要环境。

通过一段时期的观察，我发现孙强是个特别单纯的孩子，对于大学中的多元化现象，没想那么多或者想得太美好了，可现实其实不这样的。这种单纯的想法对于大学新生来说是正常的，能让他们真正看清现实的样子，以前也有很多新生都有这样的情况，发现大家都有自己的事情，都很独立，一些很美好的想法都不存在的。

其实，在这个参与式活动的工作坊中，遇到与孙强同样的问题的还有赵凯和胡淑。在一次活动中，他们说道：

一个是因为遇到的陌生人太多，地方差异太大，导致无从下手去接触他人，很容易因为地方差异的不同产生矛盾。另外一个就是会想念故乡，想念家人和以前的朋友。因此就没有什么心思想要经营新到来的生活。生活上失去了动力，学习上的动力就会也减少了。

为了让他们认识到自我与他人的关系以及自我内心力量的重要性，在整个参与式活动中，我们特别挑选了印度哲人克里希那穆提的《生命之书》作为读物，安排了两次读书活动，通过让大学新生触摸经典文本，进而与自己的生命体验和生活困惑相联系，最终找到尝试解决当下问题的办法。

在前文我们曾经探讨了大学新生孤独感的表征，内心的孤独与渴望与人交往似乎是矛盾的两面。克里希那穆提在该书中的一篇，特别谈到了“孤独”与生活、自我的关系：

观者一直想摆脱掉她所观察的那个东西，然而观者与被观之物不就是同一个东西吗？思想者如果觉知到他是孤独的而能安住于其中，彻底与他产生连接，也就是不逃避他，不诠释他，那么能观与被观还有差别吗？也许存在的只有一种状态，那就是心本身便是孤独的、空寂的。

——《与孤独合一》[30]

在现实的生活中，在现代世界中，每个人都有一种孤独感。这也是20世纪西方永恒的主题，科技理性冲击了日常生活之后，人的精神状态已经被抽空，人与人相互交流与陪伴的状态没有了。这样的风气也渗透入了大学生活。但是，这种孤独的感觉是我们自己预设的，如果将自己的心抽空，抛弃一些片面的前见，我们就能接纳更多的东西。为了让工作坊中的新生理解这种“与孤独合一”的境界，我们组织了集体讨论，将文本内容与自己的生活经验相结合。面对这样一个文本，赵欣解读到：

我的心一看到孤独就开始逃避了，如果我不逃避的话，就还会有一个观者在那里观察孤独。观者与被观之物是同一个东西。如果我们不逃避它，接受它，那么能观与被观还有差别吗？存在只是一种状态，心本身就是空无的、孤寂的。那么，我们就能从孤独的状态中解脱出来。

孤独和自我融合之后是一个非常和谐的状态，内心的独处与身体的独处会达到合一，而没有焦躁的状态。每个人要接纳自己的行为方式，发现自己的行为方式，即使在一个群体中也要保有自己的独特性。大学第一年面临的人生转变是非常重要但有时比较艰难的，有研究者曾指出，积极参加学校的活动有助于他们的组织认同和自我认同。[31]因此，我们通过参与式活动的方法，一方面能够以研究者的视角发现问题，另外一方面也能够以参与者的视角协助解决问题。活动，不仅仅是解决问题的机制，本质上来说是帮助个体的再社会化。

（四）自我认同

“认同”直接涉及我是谁或我们是谁、我在哪里或我们在哪里的反思性理解。认同，通常又被译成同一性、统一性或身份，它是对某一事物与其他事物相区别的认可，其中包括其自身统一性中所具有的所有内部变化和多样性。

中国的大学生由于应试压力过大，因此在自我同一性获得方面普遍滞后。当大学新生面临学业困境，更加深层次的问题是他们自我认同的缺失。在埃里克森看来，同一性或认同是一种熟悉自身的感觉，一种知道个人未来目标的感觉，一种从他信赖的人们中获得所期待的认可的内在自信。

杜威认为，任何一种教育活动都必须与学生入学前的个人生活经历相连接，同时也必须与他们未来的生活相连接——拓宽或加深他们未来生活的经验。需要关注：目的、地点、人（师生、生生）、连续性。[32]如果承认参与式活动也是一种自我教育与相互教育的方式，那么我们就应该深度关照到每一个个体独特的生命经验。在每次活动中穿插的深度访谈，我都会重点关注大学新生的生活史，探究他们的生命历程与当下困境的关联，并从内在入手，化解长期困扰新生适应问题的缘由，并通过组织“讲述生命故事”的活动，帮助参与者找到自己认同的根源。

孙强是一个敏感又单纯的学生，我在访谈中请他叙述了自己的生活史。

孙强：其实我家里是农村的，条件不是很好，而且我家里有四个子女，我是其中最小的一个。

访谈者：现在像你们这样有兄弟姐妹的确实挺好的。

孙强：我小时候是超生，还罚过款。没记错的话，罚了一条大水牛，很大的一条水牛。

访谈者：那应该值不少钱吧。

孙强：95年那阵，大概应该值2000元吧。

访谈者：不少钱啊。那你现在应该是你们家里学历最高的吧？

孙强：对。恩，虽然我父母不是很风光体面，但我非常感谢他。我父亲以前是做老师的，他是我们兄弟四个的启蒙老师，我们四个之所以能够考上大学，很大一部分是出于父亲。

访谈者：我觉得你这点特别好，有感恩的心，还能感受到父母对自己的教育，

孙强：该怎么说呢，(现在)很多孩子都是留守儿童，造成了很多教育问题，孩子留给爷爷奶奶教，会出现很多问题，这点上我很佩服自己的父母，没有丢下我们不管。

孙强的生活史让我看到了他对于自己身份的认同其实是非常复杂的。孙强的家庭并不富裕，自己作为一个“超生儿”又给家里的生活带来了不小的压力。能够让他和家人自豪的事情就是自己学习成绩不错，并且考入了北京大学。然而，来到大学以后的孙强，连自己最为自信的“学习”都遇到了危机，这对他来说是一个不小的打击。孙强是一个非常懂事的孩子，它能够理解父母的苦心，但也正是这份理解，又再一次加剧了他内心的愧疚。孙强告诉我：“有些时候（我）真的需要现实的支撑，需要一些成就感。”

心理学理论认为，自我认同和人际交往有关，也与他们对大学生活的整体归属感有关。[35]人的性格很大的一个特点是依赖性，每个人都有依赖性，没法摆脱自己所依赖的东西。像孙强一样来到大学失意的学生不在少数，特别是在北京大学这样的顶尖学府。然而，当前的大学教育，除了认知能力以外，学生自身发展方面的其他目标都被忽略了。对这种模式的批评在20世纪初，杜威就建议以一种“关系中的生活”来建构教育和民主。他指出，学生必须自己来建构学习目标，必须自己寻找和分析问题，而不能强调实现准备好的问题。学生必须要学会在与人合作的过程中解决问题，因为以后他们在工作场合也需要合作。那么，在我们的大学教育中，如何开辟出一条多元化的路径，帮助每一个学生找到自己的位置，形成自己的身份认同呢？这个问题直指当前高等教育的改革，值得未来进一步探讨。

五、回顾与展望

本研究在后实证主义和行动科学的范式引领下，开展了为期一个学期的参与式行动研究。以北京大学医学部自愿报名的6位新生和3位老生为参与者，共同组成探究的社群，以参与式活动为主线，辅之以深度访谈和焦点团体，叙说了大学新生学习适应问题的真实表征与内在原因，通过若干行动介入的方法（如合作探究、头脑风暴、生命叙事、读书会、素拓活动等），帮助大学新生发现自己，并更好地适应大学的学习。

通过研究发现，人际关系、责任感、自我认同和时间管理等都是大学新生较为突出的问题，它们共同作用于大学生的学习不适应问题。当然，我们也不能排除其他可能因素的影响，例如，在活动中有学生也提到了家庭关系、个人情感问题等，这些都需要我们在未来的研究中进行专题探讨。

从上述这些方面以及大学新生的自我叙说中可以看出，大学的学习与生活方式已经发生了与此前截然不同的变化，最核心的一点就是他们需要进行自我管理和自我担当，体现在学习问题上就是学习的自觉与自律。我们在此前谈到的大学新生心理问题表征的孤独感与恐惧感，实则是一种对他人和外界环境的依赖，也是对过去固有生活习惯的依赖。在这里，我将大学新生的学习与生活状态可以概括为“一个人的大学”，①

---

① 详见研究报告：魏戈，程化琴．一个人的大学——大学新生学习适应问题的参与式行动研究［R］．北京：北京大学教育发展研究中心，2014.

这既是一种现实的无奈，也是未来每一个人需要突破并适应的环境。当大学新生从一个班集体的概念进入大学松散的人际关系，受到了双重的冲击。首先，是内心的自我认同，对于自我存在感的缺失和自我价值的缺位是大学新生不适应的根本原因；其次，是自我担当、责任感，从一个被安排了的人到一个自主决策的人，这其中必然会有很大的鸿沟。

我们尊重大学生活所营造的转换性环境，也认为真实的教育应该像对话一样，事先是不应该设定结果的。它允许一种可能性，允许人们自己探索适合他们的方向，并且论证自己选择的理由。因此，如何更好地适应大学的学习生活，归根结底是每一个学生自己的事情，他需要不断地与社会结构进行协商，最终经过四年的学习完成自我内在与外在的认同历程。而这样的一个历程，虽然有人际的互动，但终究是一个人的旅程。从这一点来看，我们应该重新审视大学教育以及大学生的发展问题。

最后，需要指出的是，本研究是基于北京大学医学部的一项参与式行动研究，一方面，我们通过多方资料支撑了研究的结论，保证了研究的内在信度；另一方面，研究的结论是否能够得到推广，还需要在学生发展的实践领域得到验证，我们也希望在未来能够持续对大学新生学习适应的问题进行探索，不断扩大研究范围，丰富已有理论，为更好地帮助大学新生适应大学学习提供借鉴。

参考文献

[1] 辞海编委会. 辞海 [M]. 北京：中国辞书出版社，2000.

[2] 聂衍刚，郑雪. 中学生学习适应性状况的研究 [J]. 心理发展与教育，2004，20 (1)：23 – 28.

[3] Fidler, P. P. (1991). Relationship of freshman orientation seminars on sophomore return rates. *Journal of the Freshman Year Experience*, 3, 7 – 38.; Strumpf, G & Hunt, P. (1993). The effects of orientation course on the retention and academic standing of entering freshman. *Journal of the Freshman Year Experience*, 5, 7 – 14.

[4] 冯廷勇等. 大学生学习适应性量表的编制 [J]. 心理学报，2006，38 (5)：762 – 769.

[5] 王霞，范红霞. 大学生学习适应性现状的调查研究 [J]. 教育理论与实践，2009 (9).

[6] 曹亦薇，毛成美. 纵向 Rasch 模型在大学新生适应性追踪研究中的应用 [J]. 心理学报，2008 (4).

[7] Pratt, M. W. (2000). The transition to university: Contexts, connections, and consequences. *Journal f Adolescent Research*, 15, 5 – 8.

[8] Upcraft, M. L., Gardner, J. N. (1989). *The freshman year experience.* San Francisco: Jossey – Bass.

[9] Gardner, J. N. (1991). Reflection on the first year residential experience. In W. Zeller (ed.). *Residence life program and the first year experience.* Monograph series No. 5. Association of College and University Housing, 7 – 19.

[10] Astin. (1977). *Four critical years: effects of college on beliefs, attitudes, and knowledge.* San Francisco: Jossey – Bass.

[11] Al – Oaisy, L. M. (2010). Adjustment of College Freshmen: the Importance of Gender and the Place of Residence. *International Journal of Psychological Studies*, 2 (1).

[12] Puher, M. A. (2009). *The Big Five Personality Traits as Predictors of Adjustment to College.* Master Thesis Presented at Villanova University.

[13] Lewin, K. (1948). *Resolving Social Conflicts.* New York: Harper & Row.

[14] Whyte, W. F. (1989). Advancing Scientific Knowledge through Participatory Action Research. *Sociological Forum*, 4 (3), 367 – 385.

[15] Argyris, C., Putnam, R. & Smith, D. M. (1985). *Action Science.* San Francisco: Jossey – Bass.

[16] Heron, J. (1988). Impressions of the other reality: a co – operative inquiry into altered states of consciousness. In Reason, P. (ed.). *Human inquiry in action.* London: Sage. 103 – 147.

[17] Herzfeld, M (2013). *Engaged Anthropology.* Presentation in Fudan Advanced Institution of Social Science.

2013 – 3 – 29. 该术语由复旦大学纳日碧力戈教授翻译确定。

[18] 陈向明. 在参与中学习与行动 [M]. 北京：教育科学出版社，2006.

[19] Anderman, L. H., & Freeman, T. M. (2004). Students' sense of belonging in school. In P. R. Pintrich & M. I. Maehr (Eds.), *Advances in motivation and achievement*, Vol. 13. Motivating students, improving schools: The legacy of Carol Midgley (pp. 27 – 63). Amsterdam: Elsevier.

[20] Armsden, G., & Greenberg, M. T. (1987). The Inventory of Parent and Peer Attachment Relationships to Well – Being in Adolescence. *Journal of Youth and Adolescence*, 18, 683 – 692.

[21] Sherrod, L. R., Haggerty, R. J., & Featherman, D. L. (1993). Introduction: Late adolescence and the transition to adulthood. *Journal of Research on Adolescence*, 3, 217 – 226.

[22] Smerdon, B. A. (2002). Students'perceptions of membership in their high schools. *Sociology of Education*, 75, 287 – 305.

[23] Smetana, J. G., Campione – Barr, N., & Metzger, A. (2006). Adolescent development in interpersonal and societal contexts. *Annual Review of Psychology*, 57, 255 – 284. Pittman & Richmond 361.

[24] Tao, S., Dong, Q., Pratt, M. W., Hunsberger, B., & Pancer, S. (2000). Social support: Relations to coping and adjustment during the transition to university in the People's Republic of China. *Journal of Adolescent Research*, 15, 123 – 144.

[25] 诺丁思. 学会关心——教育的另一种模式 [M]. 于天龙，译. 北京：教育科学出版社，2003.

[26] Baumeister, R. F., & Leary, M. R. (1995). The need to belong: Desire for interpersonal attachments as a fundamental human motivation. *Psychological Bulletin*, 117, 497 – 529.

[27] Bradburn, E. M., & Carroll, C. D. (2002, November). *Short – term enrollment in postsecondary education: Student background and institutional differences in reasons for early departure*, 1996 – 1998. Pittman & Richmond 359. Report No. NCES 2003 – 153). Washington, DC: National Center for Educational Statistics, U. S. Department of Education.

[28] Consolvo, C. (2002). Building student success through enhanced coordinated student services. *Journal of College Student Development*, 284 – 287.

[29] Fass, M. E., & Tubman, J. G. (2002). The influence of parental and peer attachment on college students'academic achievement. *Psychology in the Schools*, 39, 561 – 573.

[30] 克里希纳穆提. 生命之书——365 天的静心冥想 [M]. 胡因梦，译. 南京：译林出版社，2011.

[31] Consolvo, C. (2002). Building student success through enhanced coordinated student services. *Journal of College Student Development*, 284 – 287.

[32] 杜威. 我们怎样思维·经验与教育 [M]. 北京：人民教育出版社，2005.

[33] Hoffman, M., Richmond, J., Morrow, J., & Salomone, K. (2002). Investigating "sense of belonging" in first – year college students. *Journal of College Student Retention*, 4, 227 – 256.

规范教师行动研究　推进大学创新教学

刘隽颖

摘　要：大学创新教学在开展中出现了诸多问题：创新教学主要以项目方式自上而下推进而缺少教师主动行动；过于重视创新形式，而忽视创新教学的核心理念；缺少交流与反思，成效有待检验等。造成这些问题的根本原因在于大学教师教学学术能力的不足。大学创新教学本质上是一种行动研究，同时行动研究也是提升大学教师教学学术能力的有效途径。只有进一步提升行动研究的规范性，走向合作，将成果纳入公共批评视野，关注学生体验，才能更好地推进大学创新教学。

关键词：大学创新教学；教学学术能力；行动研究；规范性

一、大学创新教学中的问题及其原因分析

大学创新教学，是指与传统灌输式教学相对的，以培养学生创新能力为特征，“以知识探究为本”的教学模式。[1]创新教学是一种教学理念上的根本性变革，并非所有的教学改革都可以称得上是“创新教学”，创新教学核心在于以问题为导向，从关注知识的系统传授转向关注学生在发现问题、探究问题过程中得到的思维训练、能力提升。目前高校进行的研究性教学、案例教学、项目教学等都是创新教学的一些有益尝试，但在实践中一些深层次问题逐渐显现。

（一）大学创新教学开展中问题凸显

1. 主要以项目方式自上而下推进，缺少教师主动行动

当前大学创新教学的开展，最主要驱动力还是来源自省级、校级教学改革项目的推动，而由教师自发、主动进行的改革少之又少。这说明各种形式的创新教学的开展多半始于外界刺激性、功利性的引导，而教师自身大多对课堂教学缺少反思，或者说有反思而缺少自发性的行动。

以项目形式刺激创新教学，容易导致创新教学走入以下误区：很多教师的创新教学是“照葫芦画瓢”似的简单模仿，没有真正研究自己的课程、自己的学生，富有针对性地进行设计；一些立项项目仅仅停留在理论探讨阶段，并未真正指导教学实践；教师单纯以结项评比为目标，而没有真正检验创新教学的实效；对教学缺少整体性反思和总结，无法巩固教改成果，很难真正提升自身教学能力；“重申报、轻管理”，项目立项后学校缺少后续管理、评价、激励、保障等措施，创新教学难以推进和铺开。

2. 过于重视创新形式，忽视创新教学的核心理念

大学创新教学本质上是一种教学理念的根本性变革，从“知识传授为本”转向“知识探究为本”，从关注学生知识积累转向关注学生能力提升。但现实中，部分教师热衷于教学形式的变革和翻新：慕课、微课的采用，与之相结合的线上线下混合式教学、翻转课堂……可谓形式丰富多样。不可否认的是，教学形式、教学手段的变革是创新教学必不可少的一环，可以说是突破口，但这些多样的教学形式并不意味着就能带来真

刘隽颖，厦门大学高等教育学专业2015级博士生，主要研究方向为高等教育基本理论、大学创新教学。

正的创新教学。

线上课程质量参差不齐，缺少个性化、分层次的设计；对学生线上学习的管理不到位，同时缺少高质量的线下讨论、辅导。翻转课堂对于“翻转”的内容缺少审慎的挑选和编排，课堂上的时间沦为低水平的复习与答疑。探究式教学等对项目的设计常常无法激起学生的兴趣，给予学生发挥创造力和能动性的空间有限。这些都反映出教师的创新教学实践没有触碰到创新教学的核心和本质，没有真正促进学生学习方式的转变。

3. 创新教学缺少交流与反思，成效有待检验

当前高校教师创新教学的实践基本处于各自为战的状况，极少数是以教学团队的方式来进行合作。倘若学生在一门课上接受了创新教学的训练方式，但在其他课程中又回到了传统的“填鸭式教学”，那么创新教学的效果将大打折扣。如何通过有效的交流与合作，为学生构建起有层次、连贯性的创新课程体系，将是下阶段创新教学开展中的重要议题。

很多高校教务处或者教师发展中心推出教学沙龙等形式，希望能够促进教师之间的交流与碰撞，但反响并不热烈。一方面，教师们总认为学科壁垒使得这种交流意义不大，另一方面也说明教师对自身的创新教学实践缺少必要的反思和总结。

创新教学的成效如何，不是简单地体现在课堂气氛上。创新教学目的是让课堂成为师生思维碰撞的场所、充满智慧的场域，而并非徒有表面的热闹。如何判断创新教学是否真正激发了学生的探究意识、发展了学生的思维能力？眼下单纯的学生评教的结果反馈并不足以体现创新教学的成效。

（二）根本原因在于大学教师教学学术能力不足

造成上述诸多问题出现的原因是多方面的，包括长期以来大学“重科研轻教学”的风气、教学评价方式上的不成熟以及教学激励政策不足够等。这些影响因素能够通过管理方式上的转变日渐改观，但深层次原因——大学教师自身教学学术能力的不足，将是制约大学创新教学发展的根本因素。

“教学学术”概念由厄内斯特·博耶提出，他认为学术应当包括四种不同却又相互联系的方面：探究的学术、整合的学术、应用的学术和教学的学术。一个好的大学教师，不仅仅能够进行科学研究，更能够很好地传播知识。这个概念的背后，蕴含着这样一些基本观点：教学也是学术，具有研究性；教学过程中充满着问题以待解决，充满着规律以待揭示；教师应当成为研究教学的主体；教师的教学学术能力是其学术能力的重要方面之一；教学学术能力的发展关系着教学的改进和教师的专业发展。

长期以来，很多大学教师对“教学学术”这一概念并没有正确的认识，习惯将教学视为经验性的工作。创新教学过程中出现的种种问题，都反映了教师教学学术能力的不足。开展创新教学，意味着教师要抛弃以往的“照本宣科”“一言堂”，重新设计出开放性的课程内容，直接与学生进行对话，放开整个课堂。这对教师的知识水平、教学能力、课堂管理能力都是极大的挑战。上述问题的出现，恰恰反映出当前我国大学教师对教学工作认识上尚有不足、教学能力上存在短板。只有提升教师的教学学术能力，才能真正支撑创新教学的继续推进。

二、开展行动研究是大学创新教学的内在要求

（一）大学创新教学本质上就是一种行动研究

对于行动研究的定义多种多样，采用比较广泛的是澳大利亚学者卡尔和凯米斯的界定：行动研究是由实践工作者（教师）在社会情境（教育情境）下开展的自我反思的探究，目的是提高他们自己的实践、他们对这些事件的理解、这些实践得以展开的背景的合理和公正。[2]批判主义和实用主义是其最主要的两大哲学基础。已有学者提出，要将行动研究作为教学学术的研究范式。[3]大学创新教学的开展，在有意或无意之间、低水平或高水平的层次上，已经是一线教师在践行着行动研究。可以说，大学创新教学与行动研究的内在规定性上有着若干一致。

1. 教师是创新教学的行动者、研究者

在西方，教育行动研究被明确称为“教师的研究”（teacher's research），即“由行动者研究”，就是要求教师“用研究的方式对待自己实际工作中出现的问题”。[4]教师是行动研究的发起者、设计者、执行者，也是最终研究成果的使用者。同样，当前大学创新教学，无论是基于项目推动还是教师内在需求，也都是由一线教师作为教学改革的发起者、探索者和实践者。教师在创新教学的过程中同时要进行设计、执行、反思和总结，兼具行动者和研究者的双重身份。

2. 课堂是行动研究开展的场域

“在行动中研究”是行动研究的另一特征。教育行动研究的起点就是教师在实际工作中感受到的种种问题和困惑，并通过分析问题，在行动中采取措施。大学创新教学同样旨在改进当前教与学过程中面临的困境，以课堂作为研究的场域，从教、学两方面入手，设计全新的教学模式。创新教学脱离不开实践，不能停留在理论探讨层次，而是要求教师真切地对教学过程做出改变。同时通过学生学习情况的反馈及时调整自己的设计，是一个不断循环、不断完善的过程。这与行动研究螺旋上升的基本过程也是一致的。

3. 创新教学的目的是为了服务教师自身教学需要

实用主义作为行动研究的一大理论基础，认为只有那些对行动者有用的知识才是有价值的知识。所以行动研究是由行动者面对真实的困境时，采用积极干预的方式对自己所处的社会文化场域进行批判性反思，寻求合适的解决之道，创造实用的知识，[5]也就是“为了行动而研究”。大学创新教学也是为了解决教师在教学中面临的真实问题，这些问题是独特的、具体的。通过创新教学改进问题，摆脱教学中的困境，服务于教师个人的专业发展。

（二）行动研究是提升教师教学学术能力的根本途径

如前所述，创新教学在开展中面临着诸多问题，根本原因是由于教师教学学术能力的不足，而行动研究则是提升教师教学学术能力的根本途径。行动研究汲取了后现代主义的一些基本观点，认为知识是情景化、个体性的。尤其在教育领域，历来研究和实践之间有着巨大的鸿沟。“即便研究其他教师的课堂和校园可以洞察到实践的前景，但在自己课堂或校园进行的行动研究似乎更具说服力，和自身教学实践的关系也更为密切，并且它的调查结果是以对教师自己有意义的、方便理解的方式来表述的”。[6]

1. 行动研究促使教师重新认识教学、反思教学

教学是一种创造性的艺术，在范梅南看来教师应当具备“教学机智”。然而长期以来我国大学的教学活动却是了无生机的，教师视其为一种重复性的劳动，认为是科研而非教学更能体现教师的个人价值，因此很少有教师真正投身于教学研究。而行动研究能够促使教师重新认识自己的教学、反思自己的教学。

行动研究始于对现实问题的困惑与思考，行动研究的主体对这些问题有着最为深刻的体验、迫不及待地渴望解决问题，进而主动、自发地展开研究。而随着研究的进行，不断接收反馈，采取的措施使得问题得以缓解，使得研究者对自身的行动产生认同感和满足感。行动研究要求教师作为研究者主动投入，提升了教师对自身主人公地位的认识，让教师感受到自己才是教学活动的设计者和掌控者，体验着教学的魅力，重新激发出教师对教学工作的热情。

2. 行动研究增进教师的学术能力和教学能力

博耶这样定义教学学术能力：深入理解教学内容，在教师的理解和学生的学习之间建立桥梁，认真计划并检查教学程序，刺激主动学习，超越知识传播实现知识的改造和扩展。[7]由此可见，发展教师的教学学术能力与大学创新教学的内在要求是不谋而合的，都主张教师应当能够引导学生自主探究、发现知识、应用知识。

周光礼教授认为教学学术能力包括学术能力和教学能力。二者是相互联系、相互促进的。没有学术知识和学术能力，大学教师就不能有效地开发课程、进行教学设计。[8]同时，教学的过程也是一个教师用探究精神不断摸索、尝试、验证的过程。行动研究将行动（教学）和研究结合起来，不仅能够最终帮助教师改善教学，更是对教师科研态度、科研水平的一次提升。

3. 行动研究帮助教师巩固创新教学成果

创新教学中，教师总是试图一劳永逸地设计出一种教学模式对所有的学生都适用、对所有的教学内容都适用。这显然是不切实际的。创新教学应当是一个不断完善，针对不同对象进行不同设计的动态过程。虽然对行动研究的具体步骤有诸多分法，但共识是行动研究不是一个线性过程，而是一个循环往复、螺旋式上升的过程。比如凯米斯提出了“计划、行动、考察、反思”这四个环节，“反思”的同时也即是下一阶段行动研究的起点。[9] 只有在这样的过程中，教学才能不断得以优化。对反思环节的强调，就要求教师对教学实践进行持续性、系统性的总结，提升对教学的认知，巩固创新教学的成果。

另外，行动研究是根植于某个共同体/社会（教师群体）的。首先在其中可以分享我们的工作。其次，是对我们在其中活动的社会有所贡献，并且通过这一过程加强和被加强。行动研究最重要的方面之一就是“使得你的研究为人所知，既是为了得到大家的批评，也是为了给学习的‘社会’做出自己的贡献。”[10] 这也是教学成果总结和巩固的过程。

三、提升行动研究规范性，推进大学创新教学

由上可见，行动研究应当成为大学教师发展教学学术能力、推进大学创新教学的研究范式。但就目前而言，大学创新教学的实践只能说浅层次的、不够规范的一种行动研究。只有提升行动研究的规范性，从潜意识的行动研究走向正式的行动研究，从低水平的行动研究走向高水平的行动研究，才能真正有助学大学创新教学的提升。以下三个要素可以说是提升行动研究规范性的关键所在。

（一）走向合作的行动研究

根据行动研究的人员组成不同，行动研究有三种模式：合作模式、支持模式、独立模式。[11] 当前大学创新教学中，绝大部分的行动研究属于独立模式。这种“独立”，不单单是没有教育研究者的参与，也较少有学术同行的参与。教师在开展创新教学的过程中经常会遇到一些教学理论上的难题，譬如当代大学生的心理特点、教学设计是否符合教学的一般规律、教学技术的运用等。一些创新教学出现困难或误区，往往就是由于缺少教学论上的指导。因此这种“独立模式”难以解决创新教学中的诸多现实问题。目前我国的高等教育研究，很少将精力投放到微观的大学课堂教学之中，并做跟踪调研；教师也不认为他们能从教育研究者那里获得什么样的指导。因此研究者和专家之间的合作机制尚未建立起来。教师发展中心或者教务处应当在校内发挥更主动的联系枢纽作用。另一方面，以课程团队的方式建立起教师之间的合作，是当下创新教学推进的一大突破口。这种合作可以将教师完全个人化的、孤岛式的研究引向群体合作性的研究，不仅扩大创新教学的成果，也有利于教师之间通过交流与探讨达成创新教学理念上的共识。

（二）将行动研究成果纳入公共批评视野

传统研究的成果往往体现为公开发表的理论成果，行动研究目的是要服务于行动本身，服务于问题的改善。但这并不意味着行动研究就是教师私下的个人行为。行动研究，作为一种研究范式，同样遵守着研究的基本规定性，“研究就是公开而系统的探究”，“公开”意味着教师向公众表达自己的研究过程和研究成果。[12]

写作和分享是行动研究重要的两个方面。写作的过程就是教师反思教学、明确改革意义的过程。行动研究成果的呈现方式可以是多种多样的，可以是质性研究报告，也可以是教学反思日志。教师完全可以通过个人化的语言，将行动研究的成果以叙事的方式讲述出来，这样的呈现方式也更贴近事实本身，更易于获得教师们的理解。

在写作的基础上，分享行动研究成果。米尔斯认为“分享和互相欣赏行动研究成果的行为对于教学的职业定位至关重要，它将恢复教学文化的元气，也将我们带向一个反思性、实践性和专注性的教学本身”。[6] 公

开行动研究的成果，一方面是教师自身进行教学实践反思的过程；另一方面使得公共批评成为可能，更有利于创新教学理念、模式的推广和交流。

（三）引入三角互证法判断行动研究成效

三角互证法是质性研究中保证效度的方法，它要求研究者从多个角度和立场来收集相关情况的资料，并对它们进行比较，以此评价资料的真实性。这一方法给予当前创新教学诸多启示。大学创新教学应当重点关注学生的学习体验，创新教学模式是否能够激发出学生自主探究的兴趣，让他们感受到在发现问题、解决问题过程中获得的知识的增长、能力的提升。当下有些创新教学，学生在其间没有感到任何的挑战度，或者感受到极大的负担，这都说明教师的教学设计是存在问题的。

可见创新教学中，教师不能执着于教学手段、形式的创新，不单单要关注“教”的一面，更要关注它是否真正带来了学生学习方式的转变，提升了学生的学习体验，体现了创新教学的核心理念。

参考文献

[1] 王洪才．论大学创新教学的三要素 [J]．复旦教育论坛，2012 (4)：41－45.
[2] 郑金洲．行动研究指导 [M]．北京：教育科学出版社，2004.
[3] 吴义昌．行动研究：教学学术的研究范式 [J]．教育探索，2016 (4)：6－10.
[4] 汪利兵．教育行动研究：意义、制度与方法 [M]．杭州：浙江大学出版社，2004.
[5] 陈向明．行动研究对一线教师意味着什么 [J]．教育发展研究，2014 (4)：3.
[6] 杰夫·米尔斯．教师行动研究指南 [M]．王本陆，等，译．重庆：重庆大学出版社，2010.
[7] [8] 周光礼，马海泉．教学学术能力：大学教师发展与评价的新框架 [J]．教育研究，2013 (8)：37－47.
[9] 陈向明．质的研究方法与社会科学研究 [M]．北京：教育科学出版社，2000.
[10] 阿哈，等．教师行动研究——教师发现之旅 [M]．黄宇，等，译．北京：中国轻工业出版社，2002.
[11] 陈向明．什么是“行动研究” [J]．教育研究与实验，1999 (2)：60－67.
[12] 刘良华．重申“行动研究” [J]．比较教育研究，2005 (5)：76－79，37.

“翻转课堂”教学模式的思考：实证与反思

孙家明

摘　要：翻转课堂教学不仅是一种全新的网络课程与现实课堂融合的教学模式，而且是一种全新的自主学习、团队学习、研究性学习模式。本文通过问卷调查S大学基于网络资源的通识教育课程翻转课堂实践，对照斯隆联盟网络高等教育质量标准的五大支柱分析调查数据，从机构组织、学生本位、教师本位、绩效主义层面提出系统整合线上与线下资源，提升课堂教学质量有效性。

关键词：通识教育课程；翻转课堂；教学模式；有效性

1. 前言

“每一次技术的重大发明，都会对人类文明产生重大的改变，同时也给教育带来巨大影响。”[1]自19世纪美国教育界率先提出通识教育（General Education）以来，该研究就成为现代高等教育改革的核心领域之一。通识教育作为高等教育一种理念，一种培养模式，是对所有学生普遍施行的“全人教育”，也是实施素质教育的必然要求。然而传统课堂教学形式一直主导通识教育教学模式，但也不乏存在抹杀了人的个性和创造力的诟病。当前网络信息技术、计算机技术等大规模融入教学领域，“互联网+教育”不仅发展了数字化学习的规模和运营机制，而且使高等教育教与学的形式更趋多样化。结合认知建构主义与关联主义理念，赋予了“自学”“协作”等新生命与内涵的翻转课堂教学模式，强调网络课程与现实课程、学习主体与学习环境的双向建构。

翻转课堂是在信息化环境中，课程教师提供以教学视频为主要形式的学习资源，学生在上课前完成对教学视频等学习资源的观看和学习，师生在课堂上一起完成作业答疑、协作探究和互动交流等活动的一种新型的教学模式。[2]从实施过程来看，具体包括课前自学、课中内化、课后升华三个阶段。实际上就是通过“课前观看视频学习知识、课上知识内化”的方式实现了对传统课堂教学的革新。[3]2014—2015学年，S大学采用线上学习和线下指导相结合方式，引进第三方机构超星尔雅11门通识教育网络课程板块，每门课程配备1~2名指导老师，推行了通识教育课程翻转课堂教学改革试点工作。课题组为此设计了调查问卷，对S大学选修该类课程的大学生进行了网上问卷调查，意在了解通识教育课程翻转课堂教与学的实际情况，探究其存在的问题并提出相应的解决办法，为深化课程体系与教学模式改革提供依据。

2. 问卷调查与数据统计

问卷调查主要采取网上调查方式。调查对象为S大学选修该类课程的本科生。主要反映的是大二、大三、大四学生情况，从年级、性别、学科类别分布构成上，具有一定代表性。该问卷采用四等级评定方法，

基金项目：广东省2015年度高等教育教学改革项目《转型期地方本科高校实施学分制管理的制度创新与实践研究》（项目编号：综合类545）阶段性成果。

孙家明，韶关学院教务处教学质量管理科科长、助理研究员，华南师范大学教育科学学院教育领导与管理专业在读博士研究生，研究方向为高等教育管理研究。

调查结果统计如表1所示。

表1 2014－2015学年S大学通识教育课程翻转课堂人数分布

学期	线上视频学习/人	线下教师指导/人	参与问卷调查
第一学期	2279	1901	1695人
			男：42.98%，女：57.02%；文科类：45.11%，理工科：37.20%，艺术类17.69%
第二学期	1653	1444	1238人
			男：52.1%，女：47.9%；文科类：37.48%，理工科：46.04%，艺术类16.48%

2.1 通识教育课程平台的满意度调查

从调查结果来看，图1中超过51%的学生认为通识教育课程平台内容与设计好，可以适量开设；50%的学生认为课程学习符合文化素质教育的要求；39%的学生选择学习课程的主要原因是学习效率高，适应学习需要；有30%的学生只是为完成规定学分要求；53%的学生对学习平台提供的功能与服务表示满意，但是49%的学生认为在通识教育课程平台学习中碰到的最大问题是浏览速度慢；48%的学生喜欢该平台通识教育网络学习这种方式。

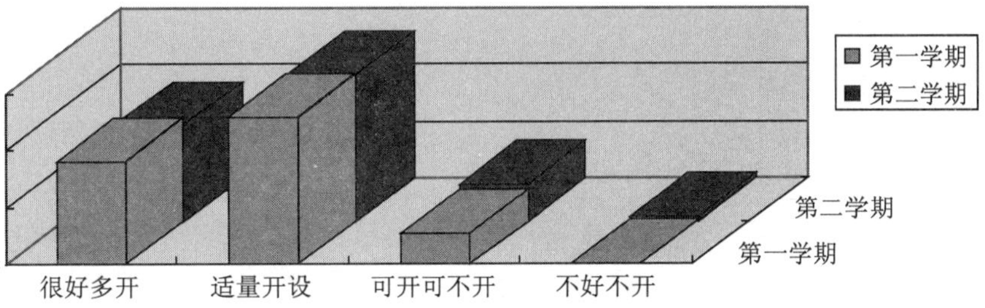

图1 通识课程平台内容与设计的调查

2.2 学生学习过程的调查

从调查结果来看，41%的学生在上网过程中学习课程的时间处于比较多的状况（见图2）；70%的学生在晚上学习网络通识课程；65%的学生对学习任务基本清晰；65%的学生在通识教育网络课程学习中最重要目的是学习知识，开阔视野；只有43%的学生在网络学习过程中遇到有用信息时，会搜索相关信息，做笔记，记录下来。

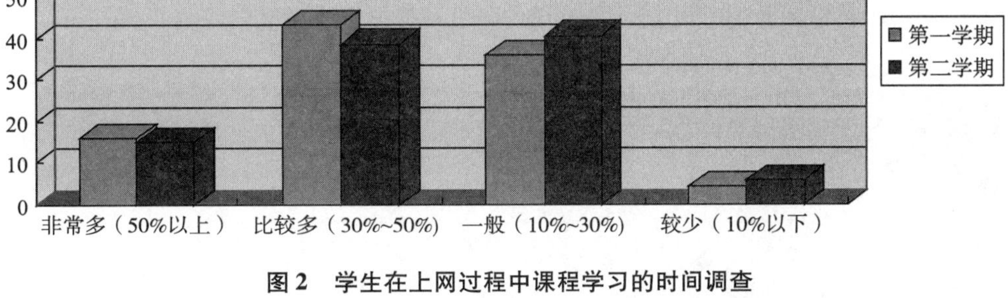

图2 学生在上网过程中课程学习的时间调查

2.3 翻转课堂助教教师指导的认同度调查

从调查结果来看，54%的学生认为在教学过程中，教师角色是课程学习的指导者；约40%的学生认为教师指导角色体现得比较明显（见图3）；但是41%的学生认为该门课程助教教师进行过简单的指导学习；37%的学生在该门课程学习中与助教教师有提问与回答问题等互动行为。

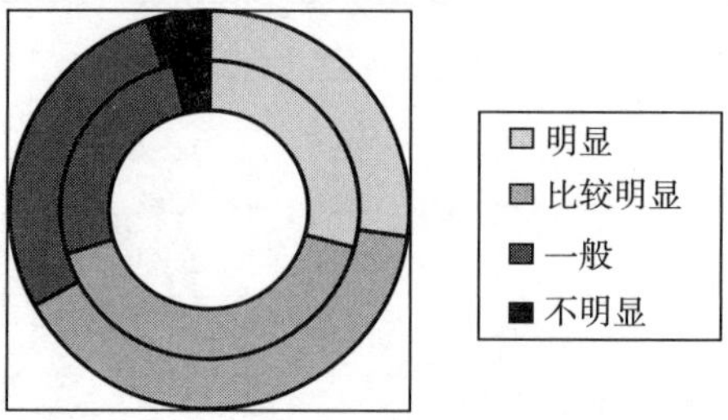

图3　助教教师指导角色认同程度的调查

2.4　学生学习纬度影响因素调查

从调查结果来看，在通识课程网络学习中，36%的学生认为最影响学习效率的因素是学习情绪与状态（见图4）；51%的学生认为会带着比较积极的态度学习，但是会挂着QQ，或者偶尔看看其他网页等；47%的学生认为如果带着学习任务，对通识网络课程学习会产生比较积极影响，他们会以学习任务为重，优先进行线上网络学习；49%的学生认为如果和同学之间互动学习该门课程，会对网络学习产生比较积极影响。

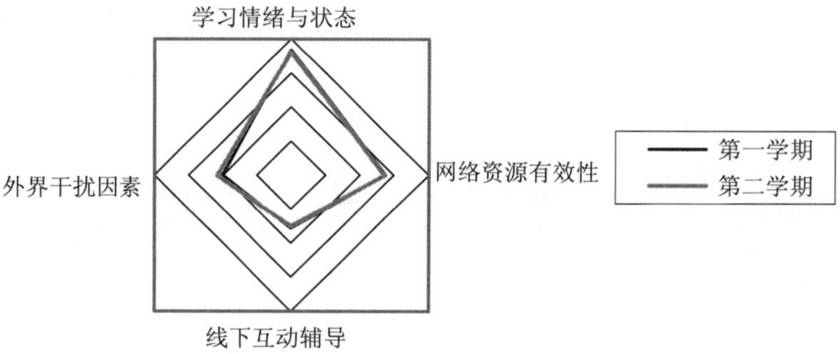

图4　影响学习效率的因素调查

2.5　学生学习结果评价

从调查结果来看，在翻转课堂教学中，52%的学生对付出的努力与回报持满意态度；56%的学生认为自己在线上视频学习通识教育课程有效率（见图5）；49%的学生认为自己在从线下课堂教学中学到的是理论知识；在比较线上网络课程与线下助教辅导时，45%的学生认为两者效果都好，但是认为线上网络课程好的占41%，认为线下助教辅导好的仅占13%；67%的学生认为产生学习效果差异的主要原因是学习者的主观意愿及能力。总体而言，61%的学生认可线上网络学习结合线下教师指导的翻转课堂形式。

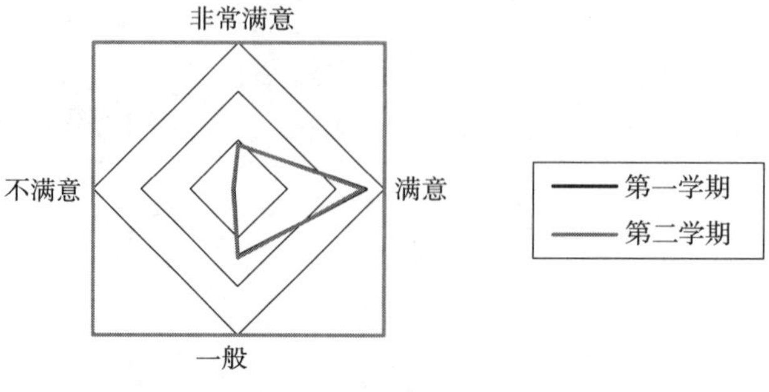

图5　学生学习结果评价的调查

3. 调查结论与数据分析

原斯隆联盟主席弗兰克·马亚达斯（Frank Mayadas）认为，网络高等教育质量标准有五大支柱：有效学习、学生满意度、教师满意度、无障碍和成本效益。斯隆联盟（Sloan Union）从目标和实践途径维度解读了五大支柱的内涵，并依此制订相应的目标评价细则和实践评价细则，该五大支柱逐渐成为美国评价网络高等教育质量的标准。[4]基于此，本文从对照五大支柱目标评价体系出发，分析S大学通识课程翻转课堂教学模式的实施情况。

3.1 课程管理机制不健全，导致有效学习缺失

有效学习的目标有：（1）课程设置、学习环境的创设等都要促进交流；（2）充分利用先进技术，让学生享受学习带来的乐趣；（3）建立相互帮助的学习团体。[5]从S大学问卷调查中发现学生认为该平台网络课程主讲教师具有丰富的教学经验，课程设置符合文化素质教育，课程内容与设计较好。在学习环境创设方面，S大学也制订了《通识教育网络课程助教教师职责》，规定要求每门课每学期根据实际必须安排4课时以上的现场教学课（分批次重复循环安排，每次50人/小班），但是由于教师与学生、学生与学生之间没有建立相互沟通的机制，教学信息流不能有效传递到对方；加上缺乏学习社区的合作交流，也没有建立朋辈互助的学习团体，导致学生线上视频学习多，参与线下课堂指导的学生少；同时，受S大学网络技术的限制，课程视频浏览速度慢，有1/3的学生选修课程纯粹为完成规定学分要求，一定程度上影响了学生享受学习的乐趣。这些问题的主要原因是S大学的课程管理机制不健全，相关配套管理措施跟不上。

3.2 学生自主学习意识弱，矮化学习满意度效果

学生满意度的衡量主要包括：（1）学习过程中的交流；（2）提供的服务；（3）学习指导的质量；（4）学习效果。[5]一方面，学习过程中的交流主要包括教师与学生、学生与学生之间的交流，但从调查来看，S大学约有2/3的学生在该门课程学习中与助教教师没有提问与回答问题等互动交流行为；约有1/2的学生认为和同学之间互动学习课程，会产生一定影响，但是效果不会太明显；1/2的学生学习仍然停留在理论知识的掌握阶段。另一方面，由于课程平台信息服务失效，助教教师联系不上学生，学生有时也不够主动，没能及时看到辅导信息，导致50人左右的小班辅导名存实亡，产生课程的低完成率与“倒漏斗”结构现象。其关键原因是学生对学习效率和学习效果的认识未进入自觉状态，对学习时间利用效率和学习方法很少进行反思，自主学习动机与自我效能感较低。

3.3 教师责任意识淡薄，降低翻转课堂教学效果

教师满意指教师从网络教学中获益，且网络教学效果获得外界一致的认可。在通识教育翻转课堂教学中，教师从教学经历中获益主要是获得相应的技术支持和培训。

教学效果取得外界肯定包括：学生认可教学效果；职业市场认可毕业生的知识面和能力；评价机构给予教师的网络教学质量优秀评价。[5]

S大学在翻转课堂教学模式改革实施前，选聘了课程助教教师，并进行线上与线下的课程教学设计培训，一定程度上帮助课程助教教师转变了思想观念。但是实际上有的课程有200多人选择，甚至400人选修，却只配备1名助教教师，因而部分教师的教学设计质量不高。从调查中发现1/2学生对助教教师的角色定位予以认可，但是对助教辅导的实际指导表现认可的仅占13%，这样大相径庭的差距表明助教教师的指导质量还有待提高，具体原因在于助教教师数量不足、教学责任意识缺乏以及教学学术能力有待提升。

3.4 教学信息反馈不畅，阻碍多样化学习目标达成

无障碍指使所有有学习意愿的学生都有机会接受网络高等教育。无障碍的目标包括：（1）为不同能力的

学生提供不同的学习机会和不同的服务；（2）提供以学生为中心的课件；（3）重视学生的反馈；（4）为学生提供多种获得课程的途径。[5]由于S大学通识教育课程主要集中在大二、大三、大四的学生选修课，选修课仅限于11门课程，也没有考虑到文科类、理科类、艺术类等不同学科学生的特殊性；同时学生大多都是自己使用电脑学习网络课程，S大学未在图书馆等学习场所提供多途径学习服务，学生获得课程渠道服务与及时反馈途径比较单一。另外在教学评价上，设置每门课程总分100分，其中，视频学习占25%，作业完成占20%，期末考试占30%，线下辅导占25%。有的学生在完成前三项时，就有可能达到60分，导致部分学生不参与线下辅导照样获得课程学分，一定程度上影响了教学反馈机制与运行系统的形成。

3.5 忽视教学模式改革成本效益，限制育人功能的发挥

成本效益指在降低成本的同时，保证网络高等教育的质量。成本效益的目标包括：

（1）机构在降低开支的情况下改善服务和扩大规模；

（2）学费和杂费能够反映服务的成本；

（3）能够有效地利用合作和资源减少开支。[5]

S大学翻转课堂教学模式改革成本主要有：课程平台租赁服务费（9万元/学年）和助教教师教学工作量酬金（50976元/学年）。

助教教师教学工作量酬金按照通识教育课堂教学的每个工作量标准予以发放。其计算公式为：

$$\text{线上网络教学工作量} = \text{通识教育网络课程标准教学课时数}(30) \times \text{网络课程教学工作量系数}\ W$$

$$\text{线下教学总课时}(F) = X \times \text{线下教学课时} \times (1 + \text{重复循环教学次数} \times 0.8)$$

其中：$W = 1.1$，$X = 1.5$。

从学生受益面来看，线上视频学习（3932人）和参与线下教师指导（3345人）的占67.82%，实际参与范围低；从学生学习结果评价来看，只有61%的学生认可翻转课堂教学模式改革，部分学生认为线下课程体验学习效果一般，制约了翻转课堂教学模式的育人功能，因此线上与线下资源有待进一步整合。

4. 对策与建议

4.1 机构组织层面：教学环境资源线上与线下的整合

（1）建构服务学习的多样化资源途径。首先要推进数字校园建设，运用网络技术资源支持学习，数字校园技术系统需要构建优质的网络环境。其次加大图书馆电子阅览室开放力度，扩大校园Wi－Fi覆盖范围，引进或建设有形平台资源，为学生自主学习提供丰富的学习资源和人性化的服务。

（2）建构交互对话与主体间性的学习型组织。对话“不仅是教育交往的方式，而且也是教育情境。在对话中，教师和学生都为教育活动所吸引，他们共同参与、合作、投入和创造相互交往活动，因此对话不仅仅是指二者之间的狭隘的语言的谈话……这种对话更多的是指相互接纳和共同分享，指双方的交互性和精神的互相承领”。[6]从交互对话类型上来看，翻转课堂教学有三种：学生与学生、学生与课程导师、学生与教学内容。从学习效果上来看，Means等2013年通过分析教学实践，显示合作互动学（g＋＝0.249）和教师指导（g＋＝0.386）比自定进度的自主学习（g＋＝0.05）更有效。[7]因此，翻转课堂教学首要的是营造主体间性的课堂学习环境。其次，根据课前学习与课程教学实际，创设对话空间。最后，要精心组织课堂对话活动，建立主体间性的关系，实现“意义溪流”的自由流动，以及“在群体中萌生新的理解与共识”。[8]

（3）建构合作学习的校园文化环境。“课程只是骨架，而它的血肉和精灵必须来源于师生之间难以预料的相互影响和交感作用”。[9]翻转课堂教学理念必然要求树立协同育人的思路，发挥教师与学生双方的主动性，改变线性课堂教学模式，创建富有生命力的“非线性课堂”。通过搭建师生之间、生生之间线上与线下沟通交流的桥梁，组建互助合作的虚拟班级和不同群体的朋辈互助组织等，并为学习者提供及时反馈（及时

反馈也是混合学习所推荐的一种教学实践），[10]构建虚拟与现实结合的交互式学习社区，从而营造合作学习的文化氛围。

4.2 学生本位层面：学习主体与知识意义的同步共生

通识课程翻转课堂教学模式实施的关键在于培养善于自主学习、协作学习的新一代学习者与创造者。孟子曾说："君子深造之以道，欲其自得之也。"Dickinson 也指出自主学习包括：学习的态度与独立学习的能力两个方面，态度是一种对自己的学习做出决策的责任；能力是对学习过程的决策和反思。[11]因为自主学习的态度与能力能够促进学生从被动的机械学习向主动、生动的创造性学习转变。因此，学生通过翻转课堂中的思疑、协作、对话，来构建个别化的内化知识，这就要求创新教学过程管理，改变传统考核模式，运用发展性评价导向，使考核评价主体多元化，考核评价注重过程性和差异化，考核指标强调学习态度和能力，分段考核实行分段小分制计分，避免学生不参与线下辅导的现象，实现学习主体从"消费式学习"转向"生产式学习"，从"浅层学习"转向"深度学习"，增强学生个性化学习体验。

4.3 教师本位层面：课程导师责任意识与教学学术的坚守

翻转课堂教学模式赋予了传统课堂教学以新的教育生态环境，使教师角色与责任也发生了变化。教师能力从中世纪关注单纯的学术能力，到 20 世纪 60 年代关注教学能力导向，20 世纪 90 年代以来更加注重教学学术能力导向，教师教学学术的能力主要通过课程开发与教学设计表征。在翻转课堂教学中，学生角色功能是主体，教师角色功能是主导，但在翻转课堂的各阶段他们却扮演不同角色者。总体上教师不再是"高高在上的圣人"，教师成为"引导者"，即促进者、开发者、反馈者、评估者。具体而言，课程导师首先要提高对大学生的关注度和在线课程组织与管理能力，以学生发展为本的责任信念和态度引导学生；其次，以大学生自主学习行为的养成保证学习有效运行，在与大学生的交往对话中提升承担责任的能力；再者，以积极期望推动学生自我期望的良性发展，实现师生之间期望值的一致性。

4.4 绩效主义层面：正面发展与反面代价的有效性衡量

翻转课堂有效性主要体现在三个方面：有效率、有效果、有效益。"有效率"是指课堂教学活动结果与活动投入的比例关系；"有效果"是指课堂教学活动结果和预期教学目标的吻合度；"有效益"是指在保证效率和效果的基础上，实现整个课堂教学系统的和谐与可持续发展。翻转课堂教学模式促进了大学教学模式的深层次变革，但是如果不顾翻转课堂教学模式的投入和产出比，以较高的代价换取较低的效益，必将影响翻转课堂教学模式的育人限度，课堂教学质量也将无从保障。特别是在教师成本上，可以通过校企共建共享共育课程导师的模式，减弱院校课程导师不足与聘用成本的弊病。

综上所述，翻转课堂作为混合学习模式主要模式之一。不仅对教师的教学能力提出了新要求，也对学生的学习能力提出了新要求。因此，这种数字化学习模式的变革不是对传统教学形式的简单翻转，而是从教育教学发展规律的角度对课程教学结构的根本性变革。

参考文献

[1] 汪瑞林，张春铭 . MOOCs 的挑战与大学的未来 [N]. 中国教育报 . 2013－09－23.

[2] 钟晓流，宋述强，焦丽珍 . 信息化环境中基于翻转课堂理念的教学设计研究 [J]. 开放教育研究，2013 (2)：58－64.

[3] 卢强 . 翻转课堂的冷思考：实证与反思 [J]. 电化教育研究，2013 (8)：91－97.

[4] The Sloan Consortium Report to the Nation：Five Pillars of Quality Online Education [EB/OL]. [2015－02－25]. http：//sloan consortium. org/publications/books/pillarreport1. pdf.

[5] Pillar Reference Manual [EB/OL]. [2015－02－10]. http：//sloan consortium. org/sites/default/files/pages/

Sloan – CPillarReferenceManual. pdf.
[6] 金生鈜. 理解与教育——走向哲学解释学的教育哲学导论 [M]. 北京：教育科学出版社，1997：130.
[7] Means，B.，Toyama，Y.，Murphy.，Bakia，M（2013）. The effectiveness of online and blended learning：A meta – analysis of the empirical literature. Teachers College Record，115（3）：1 –47.
[8] 戴维·伯姆. 论对话 [M]. 王松涛，译. 北京：教育科学出版社，2004：6.
[9] McGee.，Reis，A（2012）. Blended course design：A synthesis of best practices. Journal of Asynchronous Learning Networks，16（4），7 –22.
[10] 亨利·罗索夫斯基. 美国校园文化 [M]. 谢宗仙，等，译. 济南：山东人民出版社，1996：112.
[11] Dickinson，（1987）L. Self – instruction in Language Learning [M]. Cambridge：Cambridge University Press. 12 –13.

Knowledge Mapping Analysis on Research Fronts and Evolution Process of International MOOC

ZHAO Lei　ZHU Hong

Abstract: International research fronts and evolution process of MOOC are analyzed through Scientometrics and CiteSpace based on academic papers collected from Web of Science between 2008 and 2015. The findings have demonstrated that the international research fronts include introduction and main characteristics of MOOC, cMOOC, relationships between higher education and MOOC and educational system of MOOC. And the evolution of MOOC involves the process of "connectivism→VLEs→cMOOC→xMOOC→the influences and controversies regarding to MOOC→Post MOOC". It is also found that there are insufficiencies in the thorough research on MOOC and in the high level of relevance between research and practice. It is necessary for MOOC studies to refocus on advantages and potentials of MOOC in terms of instructional system, instructional reform and instructional management.

Keywords: MOOC; Research Fronts; Evolution Process; Scientometrics; Knowledge Mapping

1. Introduction

In 2012, owing to the "crazy" hype of the voice of America (VOA) and other medium and successful business operations, MOOC has gradually become a popular and valuable online education resource in higher education (HE). In recent years, many scholars and professionals have begun to research MOOC actively and extensively and gain more and more findings. Accordingly, it is necessary to investigate the status quo of MOOC by analyzing the content of high impact academic papers quantitatively and qualitatively through Scientometrics and CiteSpace in order to explore distribution characteristics of literatures, international research fronts and evolution process of MOOC and discover research insufficiencies and development trends of MOOC.

2. Methodology, Tools and Samples

In this paper, scientific measurement and knowledge mapping analysis are used to synthetically describe and analyze the status quo of research on MOOC. Research tools involve Excel 2007 and CiteSpace 3.8. In this paper, researches on MOOC are described quantitatively to reveal characteristics of space – time, research bodies and sources of literatures based on *Scientometrics* and *Statistics* and are analyzed though *co – citation* to draw a knowledge mapping

---

ZHAO Lei: PhD student, Graduate School of Higher Education, Dalian University of Technology; ZHU Hong: PhD, Doctoral Supervisor, Vice – President, Dalian University of Technology.

中文版见：赵磊，张春博，朱泓. MOOC 的国际研究前沿及演进历程——2008 – 2015 年 Web of Science 文献的科学计量及可视化分析 [J]. 现代远距离教育，2016 (4).

of quotations to demonstrate international research fronts and evolution process of MOOC.

Only complete papers about open courses in high impact factor scholarly journals need to be analyzed meanwhile interviews and informative articles are neglected. In addition, it is necessary to choose literatures in high impact factor journals in order to ensure quality of samples and research value. As Fig. 1 shows, 225 academic papers about international MOOCs were collected from Web of Science between 2008 and 2015.

检索式	检索结果	保存历史/创建跟踪 打开保存的检索历史
#1	225	(TS=("MOOC" or "MOOCs" or "massive open online course" or "massive open online courses" or "massive online open course" or "massive online open courses" or "SPOC" or "SPOCs" or "small private online course" or "small private online courses" or "xMOOC" or "xMOOCs" or "cMOOC" or "cMOOCs" or "tMOOC" or "tMOOCs") and WC=(EDUCATION EDUCATIONAL RESEARCH OR EDUCATION SCIENTIFIC DISCIPLINES OR COMPUTER SCIENCE INTERDISCIPLINARY APPLICATIONS OR MULTIDISCIPLINARY SCIENCES OR PUBLIC ADMINISTRATION OR SOCIAL SCIENCES MATHEMATICAL METHODS OR SOCIAL ISSUES OR PSYCHOLOGY EDUCATIONAL OR SOCIAL SCIENCES INTERDISCIPLINARY OR PSYCHOLOGY MULTIDISCIPLINARY)) *AND* **语种**: (English) *索引=SCI-EXPANDED, SSCI, CPCI-S, CPCI-SSH 时间跨度=2008-2015*

Fig. 1 Retrieval Results of International MOOC Literatures between 2008 and 2015

* The data is collected from Web of Science on July 15, 2015.

3. Results and Discussions

3.1 The Features of Literatures

3.1.1 The Number of Literatures

Fig. 2 displays none of literatures was retrievaled in 2008. And there has been only one paper about MOOC before 2011. MOOC was focused by a small number of researchers from 2011 to 2012. However, more and more researchers began to study MOOC from 2013, which results in the number of literatures reached a peak in 2014.

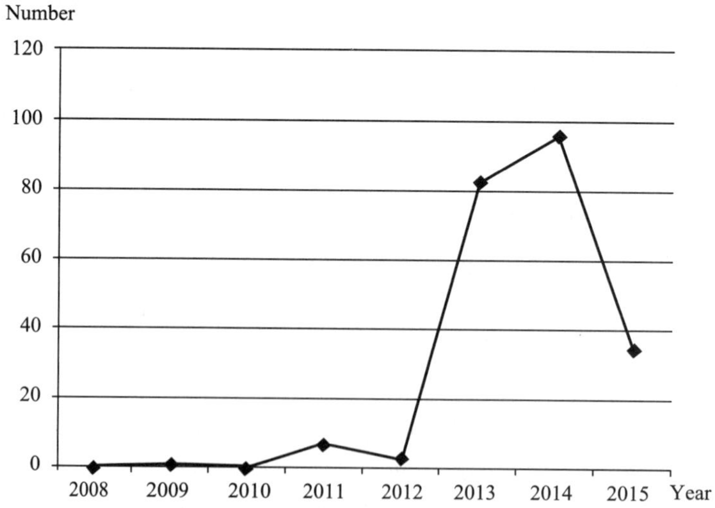

Fig. 2 Number of literatures of International MOOC

3.1.2 Characteristics of Research Bodies

As Fig. 3 demonstrates, research institutions and academic teams mainly distribute in high – level universities and open universities. These institutions not only have superior higher education resources and instructional teams, but also often dedicate to exploring and applying suitable educational technology to provide HE with high efficiency. However, the distance and location between most of the research bodies are relatively dispersive. It indicates the cooperative relationship between them is not close and interscholastic or international cooperative chains are still not formed.

Fig. 3 Distribution of Research Bodies of International MOOC

3.1.3 Characteristics of Sources of Literatures

According to the investigation, most literatures of MOOC are divided into academic articles accounting for about 60% and proceeding papers accounting for about 30%. Tab. 1 presents academic journals and conference proceedings which include 6 or more than 6 literatures. And then, *Distance Education*, *British Journal of Educational Technology* and *International Review of Research in Open and Distance Learning* have published special issues for MOOC. Accordingly, MOOC has been paid high attention in international higher education.

Tab. 1 Sources ofLiteratures of International MOOC

Source	Num	Type
International Review of Research in Open and Distance Learning	30	Academic Article
Distance Education	17	Academic Article
Proceedings of the European Conference on e – Learning	15	Proceeding Papers
IEEE Global Engineering Education Conference	13	Proceeding Papers
British Journal of Educational Technology	11	Academic Articles
6TH International Conference of Education, Research and Innovation ICERI 2013	11	Proceeding Papers
7TH International Technology, Education and Development Conference INTED2013	10	Proceeding Papers
EDULEARN13 5TH International Conference on Education and New Learning Technologies	9	Proceeding Papers
12TH International Conference on Information Technology and Based Higher Education and Training ITHET 2013	6	Proceeding Papers

3.2 Research Fronts of MOOC

As Fig. 4 shows, the knowledge mapping of co – citation on MOOC is described through clustering in CiteSpace. *Time Slicing* is set at 2009 – 2015. *Year Per Slice* is set at 1. *Node Type* is set at Cited Reference. *Top N Per Slice* is set at 50. According to results shown in Fig. 4, the knowledge mapping of co – citation includes 242 nodes and 265 lines and the values of Modularity Q and Mean Silhouette are greater than 0.5, which illustrates the cluster is reasonable. Fig. 4 reveals 20 clusters are displayed, one of which is a research front with keywords as cluster labels.

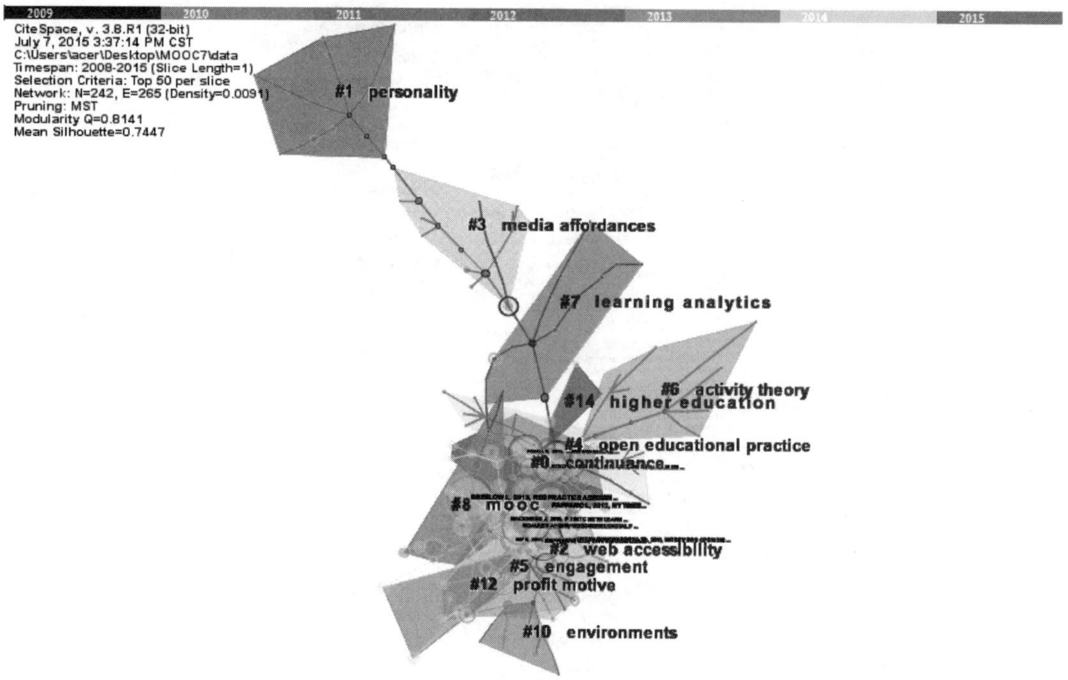

Fig. 4 Knowledge Mapping of Co – Citation on International MOOC

After unimportant clusters are excluded, 12 main clusters shown in Tab. 2 are analyzed finally. According to datas in Tab. 2, research fronts of MOOC involve four aspects. The first is *introduction and main characteristics of MOOC* (#0), which involves introductions and comments of background, meaning, types, value, development and other contents of MOOC; the second is *cMOOC*, which mainly involves connectivism learning theory (#6), personalized learning environment (#1), challenges for connectivism Learning system (#3), and other topics; the third is *relationships between higher education and MOOC*, which mainly involves impacts of MOOC on HE (#8), instructional practice based on MOOC (#4), learning activities and learner characteristics (#5), and other topics; the last is *educational system of MOOC*, which mainly involves creation and improvement for MOOC (#2), learning supports and services (#7), operations of MOOC (#12), social acceptance degree (#14) and other topics.

Tab. 2 Main Research Fronts of International MOOC

Cluster ID	Size	Research Fronts	Keywords
0	26	Introductions and Comments of MOOC	continuance; online education; distance learning/ self instruction
1	21	PersonalizedLearning Environment	personality; diversity; connectedness; autonomy; openness
2	21	Creation and Improvement for MOOC	web accessibility; platform; innovation; technology
3	20	Challenges for Connectivism Learning System	media affordances; connectivism; networked learning

续表

Cluster ID	Size	Research Fronts	Keywords
4	19	Instructional Practice	open educational practice; problem – based learning; higher – education
5	19	Learning Activities and Learner Characteristics	engagement; online education; student engagement; study groups
6	18	Connectivism Learning Theory	activity theory; actor – network theory; connectivism
7	18	Learning Supports and Services	learning analytics; open educational practice; self – directed learning
8	18	Impacts of MOOC on HE	MOOC; higher education; online learning; open education
10	11	the Construction of Technical Resources	environments; virtual environments of learning; video
12	7	Operations of MOOC	profit motive; marketing strategies; SPOC
14	5	Social Acceptance Degree	higher education; education reform; discourse; metaanalysis; press

3.3 Evolution Process of MOOC

Key nodes in a knowledge mapping are primary intellectual bases which are greatly significant to the formation of research fronts and serve as links between the past and the future in the history of a research. The evolution process of MOOC can be described by analysing key nodes literatures, ring colors and cluster topices. The centralities of key nodes, the color of which is purple (as Fig. 3 shows), are usually greater than 0.1. According to Tab. 3 shows, 8 key nodes literatures are discovered through comparing freq and centrality.

Tab. 3　Key Nodes Literatures

ID	Freq	Centrality	Year	Title
1	9	0.87	2004	Connectivism: A Learning Theory for the Digital Age
2	2	0.55	2007	Virtual learning environments: Using, choosing and developing your VLE
3	6	0.46	2008	Connectivism & Connective Knowledge
4	1	0.6	2008	When professors print their own diplomas, Who needs universities?
5	11	0.51	2011	The Challenges to Connectivism Learning on Open Online Networks: Learning Experiences during a Massive Open Online Course
6	2	0.29	2011	Network promises and their implications
7	12	0.19	2013	MOOCs and open education: Implications for higher education
8	7	0.14	2013	Deconstructing disengagement: analyzing learner subpopulations in massive open online courses

The first literature is published in 2004, the centrality of which is the greatest among all key nodes literatures. This paper introduces some significant trends in learning in knowledge life, analyses limitations of behaviorism, cognitivism and constructivism and advances connectivism learning theory that is consistent with the needs of the 21st century, involving its meaning, principles and implications on learning (Siemens, 2004). These conclusions have a most guiding significance to the creation of knowledge – based view in information era, internet – based distributed cognition and the construction of first MOOC. This literature belongs to cluster 4 and connects cluster

0, cluster 4 with cluster 7. Therefore, it plays a fundamental role in the studies on MOOC.

The second literature is published in 2007, which reviews the context within which Virtual Learning Environments (VLEs) are operating, discusses how to use VLEs to support different teaching approaches and methodologies, looks at some theoretical issues regarding to VLEs, provides some learning cases, sets these in the context of process of technology sucession and looks at possible future directions by considering influences of web2.0 and open learning resources (Weller, 2007). This literature is part of cluster 7 and connects cluster 4 with cluster 7. It illustrates that this book is important to both learning supports and services in MOOC and MOOC – based instruction.

The third literature discusses types of knowledge and connective knowledge, takes CCK08 as an example to introduce main characteristics of cMOOC and advance some instructional strategies of connectivism (Siemens, 2008). This literature is within cluster 3 connecting closely with other notes and provides the research on cMOOC with theoretical and practical basises.

The fourth literature introduces the contexts of the concept and practical cases of open teaching and discusses its challenges to traditional college credits and diplomas (Young, 2008), which is most important to the researches on relative features of MOOC – based educational systems. This paper locates at the center of cluster 7 connecting with the majority of nodes. Accordingly, it plays a basic and core role in MOOC – based learning supports and services.

The fifth literature holds that although open self – directed learning is a possibility as communication and resources can be combined to create learning environments, there are some challenges that might prevent learners from having a quality learning experience and raises questions on levels of learner autonomy, presence, and critical literacies in active connectivist learning during a MOOC (Kop, 2011). This paper is within cluster 2 connecting closely with other notes. It indicates that this paper provides important reference for the creation of MOOC – based systems. And the literature plays a fundamental role as a bridge between some studies on MOOC, for it connects cluster 0, cluster 4 with cluster 7.

The sixth literature argues that the P2P learning environment allows for new forms of learning and new ways of knowledge production, in which learners might gradually develop through dialog and exchange and learner control is one important factor of networked communications, with implications for questioning the nature of learning (Bouchard, 2011). This paper belongs to cluster 3 and provides the research on influence factors and questions of cMOOC – based learning environment with theoretical basises.

The seventh literaturehelps decision makers in HE gain a better understanding of MOOCs and trends towards greater openness in HE and think about the implications for their institutions. In this report, the phenomena of MOOCs are described, placing them in the wider context of open education, online learning and the changes that are taking place in HE at a time of globalization of education and constrained budgets (Yuan, 2013). This literature belongs to cluster 0, connecting cluster 4 with cluster 14.

The last literature presents a simple, scalable, and informative classification method that identifies a small number of longitudinal engagement trajectories in MOOCs, though which learners are classified based on their patterns of interaction with video lectures and assessments, the primary features of most MOOCs (Kizilcec, 2013). This paper connects cluster 2with cluster 10 and provides important reference for the design, development and technology of MOOC – based systems.

According to the analysis of key nodes literatures and 12 core clusters, the evolution process of MOOC is described by a timeline. As Fig. 5 shows, the concept of MOOC stems from connectivism learning theory and VLEs; early researches on MOOC concentrates on cMOOC and connectivism; in recent years, studies on MOOC mainly involves characteristics, values, impacts, controversies, instructional practices and business operations of xMOOC; at present, SPOC and other Post MOOCs are advanced and increasingly paid attention according to drawbacks of MOOC.

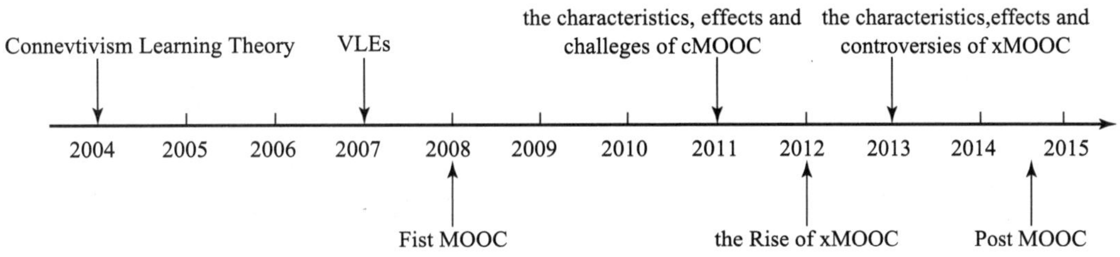

Fig. 5 Evolution Process of International MOOC

4. Conclusion

Apparently, those results suggest there are insufficiencies in the thorough research on MOOC and in the high level of relevance between research and practice. Accordingly, it is necessary for most of the researchers to advance this field along three trajectories: from studies of engagement to research about learning, from investigations of individual courses to comparisons across contexts and from a reliance on post hoc analyses to greater use of multidisciplinary experimental design (Reich, 2015) and to refocus on advantages and potentials of MOOC in terms of instructional system, instructional reform and instructional management.

References

[1] Bouchard P (2011). Network promises and their implications [J]. RUSC. Universities and Knowledge Society Journal, 8 (1): 288 -302.

[2] Kizilcec R F, Piech C, Schneider E (2013). Deconstructing disengagement: analyzing learner subpopulations in massive open online [DB/OL]. http: //rene. kizilcec. com/wp - content/uploads/2013/09/Kizilcec - Piech - Schneider - 2013 - Deconstructing - Disengagement - Analyzing - Learner - Subpopulations - in - Massive - Open - Online - Courses. pdf.

[3] Kop R (2011). The challenges to connectivist learning on open online networks: Learning experiences during a massive open online course [J]. The International Review of Research in Open and Distributed Learning, 12 (3): 19 -38.

[4] Reich J (2015). Rebooting MOOC research [J]. Science, 347 (6217): 34 -35.

[5] Siemens, G. (2004). Connectivism: A learning theory for the digital age [DB/O L]. http: //202. 116. 45. 236/mediawiki/resources/2/2005_ siemens_ Connectivism_ A_ Lea - rningTheoryForTheDigitalAge. pdf.

[6] Siemens, G., & Downes, S. (2008). Connectivism & connective knowledge [DB/OL]. http: //connect. downes. ca/archive/08/09_ 15_ thedaily. htm.

[7] Weller M (2007). Virtual learning environments: Using, choosing and developing your VLE [M]. New York: Routledge Press.

[8] Young J (2008). When professors print their own diplomas, who needs universities [J]. The Chronicle of Higher Education, (9): A3.

[9] Yuan L, Powell S (2013). MOOCs and Open Education: Implications for Higher Education [DB/OL]. http: //publications. cetis. org. uk/wp - content/uploads/2013/03/MOOCs - and - O - pen - Education. pdf.

我国工程硕士人才培养模式满意度调查

——基于102所高校的实证研究

于苗苗　包艳华　马永红　张　乐

摘　要：通过对全国102所不同层次高校的2015年全日制工程硕士毕业生对学习过程和学习结果的“两阶段式”满意度调查发现：超过八成的工程硕士认可当前的培养模式，工程硕士对课程设计、专业实践、导师指导、合作培养单位、能力提升、职业发展的满意度均显著影响人才培养模式满意度，且相关性较强，但是仍存在一些问题。在学习过程阶段，工程硕士对课程内容的前沿性、职业性和实践性满意度低；对实习实践场所的不满突出；“双导师制”存在2/3缺口；合作培养单位参与工程硕士培养的程度较低。在学习结果方面，工程硕士在国际视野和创新能力方面的提升最少；专业符合社会需求度、职业与期望的匹配度以及收入的期望达成度的满意度略低于平均职业发展满意度水平。

关键词：全日制工程硕士；人才培养模式；学生满意度；相关性

工程硕士专业学位教育是我国专业学位研究生教育中的重要组成部分，其年均招生规模占总体专业学位招生规模的40%以上。工程硕士研究生是培养高层次复合型应用技术人才的有效途径。教育部在2009年开始试点，2010年全面开展了以应届本科毕业生为主体的全日制工程硕士教育，迄今已有五届毕业生。2010年启动了“卓越工程师计划”，贯通了本科和研究生层次的卓越工程师人才培育。放眼世界强国工程科技前沿，德国2012年提出了以智能制造为主导的“工业4.0”高科技战略计划，掀起第四次工业革命；美国政府2011年正式启动了“先进制造伙伴计划”，要重新夺回制造业市场；英国2013年成立了7个“高价值制造推进研发中心”，力图加快促进成果转化。我国正面临着世界发达国家“再工业化”的新挑战，“中国制造2025”已经上升为国家战略。工程硕士是我国实施创新驱动战略、提升自主创新能力和复兴我国工业的中坚力量，在工程科技竞争的新形势下，重视工程硕士人才培养模式将成为我国晋升为竞争工业和科技强国的新契机。

工程硕士研究生的培养目标是具有明确的从事工程相关行业的职业指向的，而以应届本科毕业生为主要招生对象的全日制工程硕士缺乏工程实际的实践经验，不同于那些来自于工程实践一线的在职攻读工程硕士学位的学生，高等教育机构不得不面临着将“一张工程实践的白纸”培养成为兼具“学术性、实践性和职业导向性”的未来卓越工程师后备军的巨大挑战。从这个意义上讲，工程硕士研究生教育的质量将会对于我国从工程教育大国向工程教育强国迈进产生重要的不可忽视的影响。本研究基于2015年全日制应届工程硕士毕业生的视角，通过学生满意度的测评，考量工程硕士对什么最满意，对什么最不满意，以及影响工程硕士人才培养模式满意度的因素。

基金项目：本文系教育部哲学社会科学研究重大课题攻关项目“创新专业学位研究生培养模式研究”（编号：13JZD049）阶段性研究成果。

于苗苗，北京航空航天大学公共管理学院2015级博士研究生，从事高等教育研究；包艳华，北京航空航天大学公共管理学院讲师，从事高等教育研究；马永红，北京航空航天大学公共管理学院教授，博士生导师，从事高等教育研究；张乐，北京航空航天大学公共管理学院2013级博士研究生，从事高等教育研究。

一、文献综述

近年来国内外学者对学生满意度的研究和测量可分为三类：多数学者主要侧重对学习过程阶段的评价[1]-[3]，如Sojkin等人将学生满意度分为专业、知识、设备、课程、教师等六个指标；[4] Douglas et al. 认为，既可以导致满意又可以导致不满的要素，是高等教育服务质量的决定性因素，应该得到高等教育机构的重视，这种要素被称为关键要素，Douglas et al. 还研究了在教学和支持性服务环境中的决定性因素；[5]我国学者傅红认为，课程培养、论文撰写和实践是工程教育培养中的核心环节，将其设为一级指标构建结构方程模型，测量工程硕士满意度。[6]也有少部分学者关注对学习结果的满意度评价[7]-[10]，如我国学者崔军从不同利益相关者的视角考察了学生和用人单位对本科工科学生可雇佣能力的满意度。[11]

我们在2014年对全国专业学位的满意度研究中已经提出，对学生满意度研究应从学习过程和学习结果的“两阶段式”入手。[12]这既结合了前两类满意度研究的优点，并且更符合高等教育培养的逻辑顺序。工程硕士是一个专业特性介乎于学术型学位和传统专业学位之间的专业学位类型，因此我们在对专业学位满意度研究的基础上，借助“两阶段式”进一步对工程硕士这类专业学位人才的培养模式满意度进行单独的系统性研究。具体而言，学习过程中不仅应当包括学生对课程设计、专业实践、导师指导等传统高等教育培养环节的满意度，还应包括合作培养单位的参与程度。要将缺乏工程实践经验的学生培养成为高层次工程科技人才后备力量，仅仅依靠高等教育机构是不够的，必须引入高等教育机构以外的工程界人士进入培养体系开展工程硕士的合作培养，因此特别引入了对合作培养单位参与程度这一指标的观察和研究。对于学生对学习结果的满意度，职业导向性是专业学位的重要特性之一，因此我们认为培养结果的内涵不仅应当内化为工程硕士的工程能力提升，也应当外显为学生在职业领域上的发展。

二、研究设计与样本

（一）问卷设计

1. 学习过程的维度设计及信效度

学习过程阶段的指标设计参考了英国的两个大规模研究生调查：一个是以测量研究生科研经历为主的研究生研究经历调查（the Postgraduate Research Experience Survey，简称PRES），一个是针对研究生课程学习评价的研究生教学经历调查（the Postgraduate Taught Experience Survey，简称PTES），同时结合工程硕士培养中的“双导师制”、侧重实践训练、校企合作等特殊性，将工程硕士在学习过程中的满意度按照以下四个维度进行问卷设计：对课程设计的满意度、对专业实践的满意度、对导师指导的满意度以及对合作培养单位参与程度的满意度。

为检验学习过程满意度测量工具的效度水平，利用spss21.0进行探索性因子分析。检验结果表明，数据的KMO值为0.973，Bartlett球型检验值为121915.06（$df=465$，$p<0.001$），适合进行因子分析。通过主成分分析，发现可以抽取出上述的四个维度，共可以解释总变异量的77.028%；同时每个题目在相应维度上的载荷值均不低于0.658。以上检验说明测量工具具有很好的结构效度。为检验测量工具的信度水平，对测量工具的内部一致性系数进行检验。结果表明，总体检验系数Cronbach's α系数值为0.978（题项数为31项，简称31项），各维度的Cronbach's α系数值分别为：对课程设计实施的满意度为0.957（9项），对专业实践实施的满意度为0.965（7项），对导师指导作用的满意度为0.941（7项），对合作培养单位参与程度的满意度0.959（8项），上述检验结果表明测量工具的信度水平比较理想，通过了信度检验。

2. 学习结果的维度设计及信效度

工程硕士的学习结果包含了能力提升和职业发展两方面。对于能力维度的问卷设计，参考马永红等学者对专业学位学生应具备的能力的分类，[12]分别是基于行为的能力、基于知识的能力、基于技能的能力和基于工作状态的能力。并且借鉴美国工程教育委员会（American Society of Engineering Education，简称ASEE）在评估工程培养模式时定义的36种知识、技能和能力特征（Knowledge，Skills，and Abilities traits，简称KSAs），将四种能力类型细化为16个子能力。对于职业发展的指标设计参考了PTES中职业发展指标的设计，包括社会需求符合度、专业相关度、职业与期望匹配度、收入的期望达成度以及工作对职业发展的重要性。

对学习结果满意度测量工具的信效度检验与对学习过程满意度测量工具的检验方法一样。主成分分析得到的结果表明，测量工具的KMO值为0.975，Bartlett球型检验值为75908.25（df=210，$p<0.001$），适合进行因子分析。通过因子分析共抽取出上述的两个维度，共可以解释总变异量的72.709%，且每个题目在相应维度上的载荷值均高于0.680，说明学习结果满意度测量工具的题目设定准确，具有较好的结构效度。同时，学习结果满意度内部一致性总体检验的Cronbach's α系数为0.964（21项），并且对能力提升的满意度、对职业发展的满意度两个维度的Cronbach's α系数分别为0.974（16项）、0.891（5项）。以上信度检验结果说明测量工具符合教育测量学的标准，具有较高的内部一致性。

（二）样本分布情况

对于实施调研高校的选择，考虑了学校类型和地域分布。既有综合性高校，也有文科或理工科特色明显的高校；既有中央部属学校，也有地方高校；既有重点高校，也有一般高校；既有经济发达地区，也有经济发展一般的地区。回收来自102所高校的2015届工程硕士有效调查问卷共4867份，涵盖的工程硕士专业方向超过30种。其中，来自一般院校样本占49.4%、"211高校"样本占27.7%、"985"高校样本占22.9%；部委高校占47.8%，非部委高校占52.2%；工程硕士样本中男性的比例为64.2%，女性的比例为35.8%。因此，我国工程硕士的样本选择具有一定代表性。

三、调查结果分析

（一）总体情况

通过问题"您对本工程硕士专业学位的培养模式满意程度如何"的结果可知，75.6%的工程硕士对本校本专业的培养模式比较认可，同2014年的调研数据相比，提高了10个百分点。其中，有43.2%的学生对工程硕士培养模式比较满意；而在高满意度水平上，更有32.4%的学生对工程硕士培养模式非常满意，这比2014年提高了24个百分点；另外，还有10.5%的学生认为人才培养模式满意度一般；少数人对培养模式比较不满，有3.0%的学生对培养模式比较不满意；有1.9%的同学持完全否定的态度，对培养模式非常不满意（见图1）。

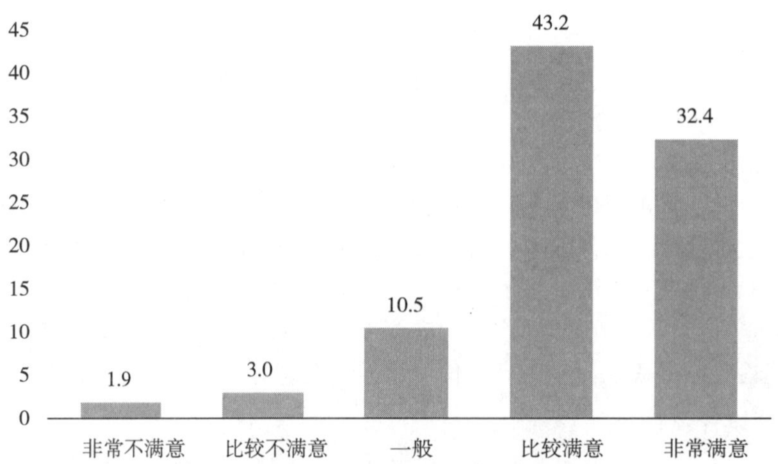

图1 工程硕士对人才培养模式满意度分布

工程硕士对学习过程和学习结果的满意度显著影响人才培养模式满意度（见表1）。工程硕士的人才培养模式满意度与学习过程和学习结果中各个维度均显著相关，且相关性较强。说明工程硕士的人才培养模式满意度与这六个维度的满意度有较强的相关关系。与2014年相比，对工程硕士人才培养模式满意度最高的仍然是对课程设计的满意度；而工程硕士对合作培养单位的满意度、对能力提升的满意度、对职业发展的满意度三者与人才培养模式满意度的相关性提升较大，相关性从弱相关或中性相关变为较强相关。

表1 工程硕士在学习过程和学习结果中各维度与人才培养模式满意度的相关性①

阶段	学习过程				学习结果	
维度名称	对课程设计的满意度	对专业实践的满意度	对导师指导的满意度	对合作培养单位的满意度	对能力提升满意度	对职业发展的满意度
均值	3.75	3.56	3.91	3.59	3.91	3.82
标准差	0.82	0.99	0.92	0.94	0.74	0.81
相关性	0.630**	0.549**	0.553**	0.531**	0.595**	0.528**

在满意度总分为5的李克特式五级量表下，在对学习过程的满意度中，满意度介于一般和比较满意之间，满意度得分最高的是对导师指导的满意度（3.91）；满意度得分最低的是对专业实践的满意度（3.56）。在对学习结果的满意度中，满意度仍然介于一般和比较满意之间，满意度得分最高的是对能力提升的满意度（3.91）；其次是对职业发展的满意度（3.82）。

（二）工程硕士对学习过程的感知

1. 工程硕士对课程内容的前沿性、职业性和实践性满意度低，影响整体满意度

在工程硕士的课程结构上，34.6%的学生认为工程硕士课程与工学硕士的课程相比，调整比例在20%～49%之间，有35.7%的学生认为他们所学课程调整比例在1%～19%之间，而有累积20.1%的学生认为课程调整比例大于50%（见图2）。值得注意的是，大部分工程硕士课程在保有和学术型部分课程相同的基础上，也改进了一些课程，体现其独特性。但是工程硕士课程需要改进多少和在哪些方面改进是需要研究的问题。

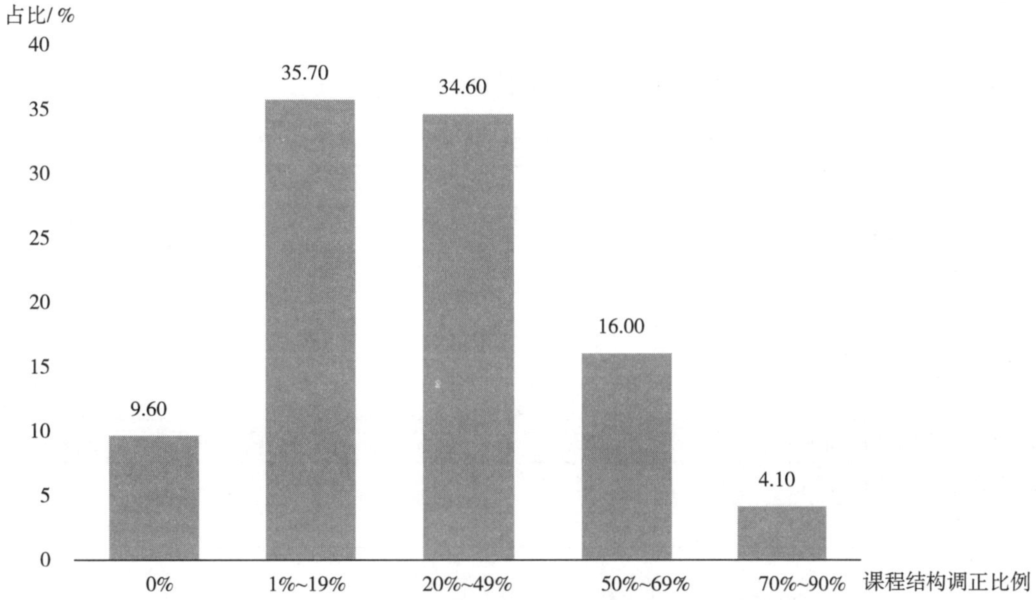

图2 工程硕士课程与相应的工学硕士课程内容调整的比例

① 本文中各表格的“**”均表示在 $\alpha=0.01$ 水平下显著相关，其中相关系数<0.3为弱相关，0.3≤相关系数<0.5为中性相关，0.5≤相关系数<0.7为较强相关，相关系数≥0.7为强相关。

在课程设计中，各指标均与人才培养模式满意度均较强相关。课程总量与人才培养模式满意度最相关，相关性为0.579，其次是课程内容的前沿性和理论性（相关性分别为0.553、0.551）。课程内容的理论性和课程总量是课程设计中满意率①最高的（68.6%、65.4%）。与2014年相似，课程内容的前沿性、职业性和实践性是满意率最低的三个指标（55.9%、57.0%、58.4%），同时不满率也是最高的（12.4%、11.9%、10.3%），如表2所示。

表2　工程硕士课程设计各指标与人才培养模式满意度的相关性

课程设计指标分类	满意率/%	不满率/%	相关性
课程总量	65.4	7.0	0.579**
课程内容的理论性	68.6	5.6	0.551**
课程内容的前沿性	55.9	12.4	0.553**
课程内容的实践性	58.4	10.3	0.533**
课程内容的职业性	57.0	11.9	0.533**
课程内容的综合性	63.3	7.6	0.535**
课程设计方式	61.5	9.0	0.544**
课程推荐教程	61.8	8.8	0.538**
课程考核方式	63.8	6.2	0.545**
课程设计平均水平	61.7	8.8	0.630**

2. 工程硕士对专业实践的满意度最低，对实习实践场所的不满突出

从总体来看，有54.3%的学生对实践整体感到满意，有15.9%的学生对实践感到不满意，可以看出工程硕士对实习实践的满意度普遍比较低，仅有一半左右的工程硕士对专业实践认可。例如，对实习实践场所的低满意度体现在内容安排、场所管理、时间安排、配套条件和补助或津贴上，满意率分别为56.6%、55.1%、55.2%、56.8%、47.8%。

在专业实践中，与人才培养模式满意度的相关性最强的是实验性教学和综合性实训，呈现较强的相关性（0.524），其次是案例教学和案例分析训练（0.519），相对而言，实习实践场所的内容安排、管理、时间、配套条件和补助与人才培养模式满意度的满意度的相关性略低（见表3）。

表3　工程硕士专业实践各指标与人才培养模式满意度的相关性

专业实践指标分类	满意率/%	不满率/%	相关性
在实践场所的时间安排	55.2	16.7	0.501**
实习实践场所的配套条件	56.8	15.5	0.491**
实习实践补助或津贴	47.8	21.4	0.473**
实习实践场所的管理	55.1	15.2	0.499**
实习实践活动内容安排	56.6	14.3	0.501**
案例教学和案例分析训练	53.6	14.4	0.519**
实验性教学和综合性实训	55.0	13.9	0.524**
专业实践平均水平	54.3	15.9	0.549**

① 在本文中，满意率等于李克特五级量表中比较满意和非常满意之和所占的比例；不满率等于李克特五级量表中比较不满意和非常不满意之和所占的比例；满意率加不满率加一般的比例等于100%。某维度平均水平的满意率或不满率是该维度下各指标的满意率或不满率的平均值；某维度平均水平与总体满意度的相关性是由该维度下各指标的得分加总后求平均值计算后，与总体满意度的相关性。

3. “双导师制”仍有2/3缺口，校内、校外导师的满意度呈现分化趋势

从工程硕士的反馈来看，目前工程硕士导师指导以校内单导师（49%）为主，校内外导师组只占34%，还有很少的校外单导师（2%）指导。此外还有13%的学生可以获得校内导师组的指导（见图3）。这说明“双师型”在工程硕士体系中得到了一定的普遍推行，但仍有2/3的工程硕士无法得到校外导师的指导。

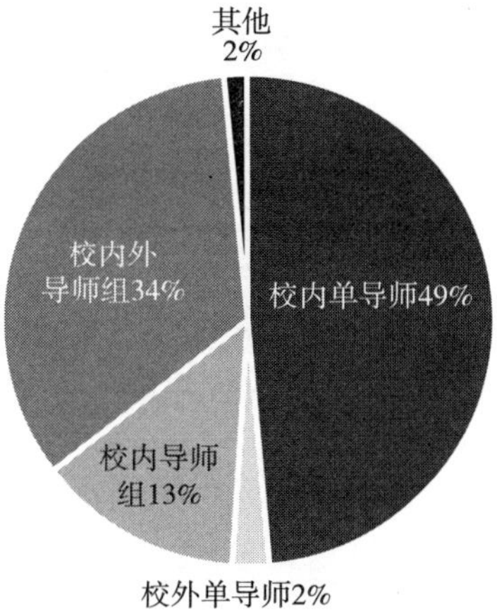

图3　工程硕士导师类型分布

总的来看，68.4%的学生对于导师是满意的，不满意的占10.3%。导师指导各指标与人才培养模式满意度均呈现中度相关，其中校内导师的论文指导以及校内导师和行业人员共同指导与人才培养模式满意度相关性最强。工程硕士对导师指导满意情况差异明显（如表4所示）。相比较而言，工程硕士对校内导师满意度更高，满意率均高于73%，而对校外导师满意率较低，均低于65%。其中，工程硕士对校内导师最满意的是论文指导（77.9%），对校外导师最满意的是实习期间校外导师的关心指导（64.9%），而校内导师和校外导师共同指导的满意率仅为62.7%。

表4　工程硕士导师指导各指标与人才培养模式满意度的相关性

导师指导指标分类	满意率/%	不满率/%	相关性
校内导师的论文指导	77.9	5.5	0.489**
与校内导师的日常交流沟通	77.6	5.9	0.472**
实习期间校内导师的关心指导	73.7	8.1	0.476**
校内导师和校外导师共同指导	62.7	12.4	0.486**
校外导师的论文指导	61.0	13.7	0.483**
与校外导师的日常交流沟通	61.1	14.7	0.471**
实习期间校外导师的关心指导	64.9	12.0	0.464**
导师指导平均水平	68.4	10.3	0.553**

4. 合作培养单位的参与程度较低

在工程硕士对合作培养单位参与程度的满意度中，只有参与实践指导环节与人才培养模式满意度的相关性较强（见表5），其他指标的相关性均为中性。总的来看，合作培养单位参与制度的满意率仅为56.4%，说明合作培养单位的参与度较低。

在各项参与指标中，工程硕士对合作培养单位参与程度学位论文答辩的满意率最高，为64.3%，同时不满率最低，为9.7%；而工程硕士对合作培养单位招生环节参与度的满意率为46.8%，同时不满率最高，为20.1%。以上分析说明合作培养单位在学位论文答辩方面的参与度最充分，招生环节参与度最欠缺。

表5　工程硕士合作培养单位参与程度各指标与人才培养模式满意度的相关性

合作培养单位参与指标分类	满意率/%	不满率/%	相关性
招生环节参与度	46.8	20.1	0.453**
理论为主的课程讲授参与度	51.7	16.1	0.456**
实践或职业内容为主的课程讲授参与度	54.0	15.8	0.468**
学术或行业前沿或行业实践讲座参与度	57.4	12.8	0.472**
专业实践指导参与度	55.6	12.7	0.500**
学位论文开题参与度	60.5	12.1	0.464**
学位论文过程中的指导参与度	60.7	11.8	0.468**
学位论文答辩参与度	64.3	9.7	0.467**
合作培养单位参与程度平均水平	56.4	13.9	0.531**

（三）工程硕士对学习结果的感知

（1）各类能力中，基于知识的能力和基于工作状态的能力与人才培养模式满意度相关性最大，国际视野和创新能力提升最少

工程硕士认为对四大类型能力提升的满意度差别不大（见表6），而与人才培养模式满意度最相关的是基于知识的能力和基于工作状态的能力，相关性分别为0.584、0.580。具体而言，在各项子能力中，与人才培养模式满意度相关性最大的是对职业素养和专业知识的满意度，相关性分别为0.532和0.531。

在各项子能力中，工程硕士认为最满意的是团队协作能力、适应和反应能力以及分析能力的提升，满意率均高于73.0%。最不满意的是国际视野和创新能力，满意率分别为57.8%和64.6%，远低于平均水平（69.4%），同时不满率也是最高的（9.4%和6.5%），说明工程硕士国际视野和创新能力的提升最少。

表6　工程硕士能力提升各指标与人才培养模式满意度的相关性

能力分类	指标	满意率/%	不满率/%	相关性
基于行为的能力（满意率70.6%，不满率4.3%，相关性0.537**）	沟通能力	72.0	3.8	0.479**
	团队协作能力	73.9	3.7	0.498**
	组织领导能力	66.0	5.3	0.499**
基于知识的能力（满意率69.3%，不满率4.6%，相关性0.584**）	专业知识	68.6	4.6	0.531**
	反思和批判性思维能力	71.4	3.9	0.492**
	知识迁移能力	69.7	4.3	0.504**
	人文素养	67.5	5.7	0.528**
基于技能的能力（满意率68.0%，不满率5.4%，相关性0.569**）	动手能力	72.4	4.0	0.477**
	分析能力	73.1	3.3	0.502**
	创新能力	64.6	6.5	0.496**
	国际视野	57.8	9.4	0.477**
	信息感知和采集能力	72.2	3.7	0.511**
基于工作状态的能力（满意率70.2%，不满率4.8%，相关性0.580**）	职业素养	70.6	5.0	0.532**
	职业发展潜力	68.2	4.8	0.504**
	适应和反应能力	73.3	3.4	0.489**
	职业实践能力	68.8	5.9	0.518**
能力提升平均水平		69.4	4.8	0.595**

（2）职业发展各指标与人才培养模式满意度均显著相关，但专业符合社会需求度、职业与期望的匹配度以及收入的期望达成度的满意率略低于职业发展平均水平满意率。

在职业发展维度中，工程硕士的社会需求符合度、专业相关度、职业与期望的匹配度、收入的期望达成度以及工作对职业发展的重要性与人才培养模式满意度均在 $\alpha=0.01$ 水平下显著相关，并且社会需求符合度与人才培养模式满意度相关度为较强相关，相关性最大，其他均为中度相关（见表7）。这说明工程硕士的职业发展情况对人才培养模式的满意度有显著影响，职业发展的平均水平满意率达到65.4%。

表7　工程硕士职业发展维度各指标与人才培养模式满意度的相关性

职业发展指标分类	满意率/%	不满率/%	相关性
专业满足社会需求度	63.5	7.5	0.508**
工作与专业的相关度	66.5	7.4	0.422**
职业与期望职业的匹配度	65.1	7.5	0.450**
收入的期望达成度	61.4	8.7	0.448**
工作对未来职业发展重要性	70.3	5.0	0.446**
职业发展平均水平	65.4	7.2	0.528**

从表7可以看出，工程硕士认为，在工作对职业发展的重要性上的满意率最高，为70.3%；不满率最低，为5.0%。而低于职业发展平均水平满意率的有职业与期望的匹配度（65.1%）、专业符合社会需求度（63.5%）、收入的期望达成度的满意率最低（61.4%）。

四、问题和思考

从工程教育人才培养模式满意度结果可以看出，2015年工程硕士培养模式得到八成同学认可，与2014年相比有较大提高，说明我国工程教育在一定程度上取得了成绩，但是仍有很大的发展空间，从研究中凸显了一些问题，引起思考。

第一，课程设计与人才培养模式满意度的相关性最强，体现了课程设计在工程硕士培养中的重要地位。目前大部分工程硕士课程在保有和学术型部分课程相同的基础上，也在不同程度上改进了一些课程，其中课程内容的前沿性、职业性和实践性与人才培养模式满意度的相关度虽然很高，但是满意度却是课程设计中满意度最低的三项。在全日制专业学位开展的初期，高校在学术性和职业导向性两方面的取向上自然存在着混乱无序、顾此失彼的现象，还有不能发挥原有的学术前沿优势的情况，要达到融合、综合还需要不断改进。

第二，本研究发现，在学习过程中，专业实践与人才培养模式满意度的相关性仅次于课程设计，但专业实践的满意度最低，仅有一半左右的工程硕士对专业实践比较满意或非常满意。学生对实习实践场所的内容安排、场所管理、时间安排、配套条件和补助或津贴的满意度相对较低。此外实验性教学和综合性实训、案例教学和案例分析训练对人才培养模式满意度的影响突显，因此关于实践内涵的界定是值得思考的问题。

第三，工程硕士的校外导师资源不足，“双导师制”存在2/3的缺口，使得大部分学生无法得到校外导师的指导，并且学生对校外导师的指导并不满意。“双导师制”应引起高度重视，我国真正了解工程实践的教师不到20%，对工程类教师的筛选和管理仍需加强。

第四，合作培养单位参与程度的满意度对人才培养模式满意度的影响虽然显著，特别是专业实践指导环节，但是学生对合作培养单位参与程度的满意度不高（如招生环节参与度）。这反映出合作培养单位在高校培养工程硕士过程中起到一定的调节作用，但是合作培养单位在参与招生、授课、专业实践指导和学位论文等环节时并不能实现主动参与，产学研合作整体水平比较低，没有发挥好工程界与高校联合培养工程硕士的作用。

第五，工程硕士在能力提升方面的满意度与人才培养模式满意度是很匹配的，尤其是基于知识的能力和基于工作状态的能力。但是学生在国际视野和创新能力的提升最少，这反映了培养单位对于工程硕士应具备的能力结构可能会存在误区，不自觉地将工程硕士矮化、低化，认为工程硕士只要有实践能力就达到要求了，无视了对硕士层次研究生的基本学术性、拓展国际视野和从实践中发现问题开展创新研究的要求。大学的功能是和当今世界经济社会发展的重大需求紧密联系的，工程硕士人才的培养应符合我国“一带一路”战略中对具有国际视野的高素质创造性工程人才的需求。

第六，工程硕士的工作与专业的相关度以及对未来职业发展重要性的满意率都很高，超过66%，体现出工程硕士的就业空间很大。工程硕士毕业生可以在相关工程领域就职，这是令人欣喜的。但值得注意的是，在职业发展中对人才培养模式满意度影响最大的是专业满足社会需求度，而对工程硕士专业符合社会需求度、职业与期望职业的匹配度以及收入的期望达成度的满意度，均低于职业发展的平均满意度水平。究其原因，结合合作培养单位的低参与度，有理由认为有些工程硕士在培养目标的设置和培养过程的安排上缺乏社会人士的介入，使得毕业生在求职时发现自身能力与工作需求的能力出现不匹配的情况，又很难在自身期望的职业就职，进而出现自身收入难以满足预期。

五、建议

（一）重新合理设计课程内容，使工程前沿性、职业性、实践性同工程综合性协调发展

课程学习是工程硕士知识积累和技术储备的基础环节。在美国的高等工程教育中，职业性越强的专业反而对课程的要求越高，因为他们认为工程硕士未来从不缺乏实践的机会，而对理论知识与技术知识需求强烈。[13]在美国2008年发布的《培养2020年的工程师——适应新世纪的工程教育》系列报告中，提出了2020年所期望的工程师特质是既精通技术又接受了广泛教育。借鉴美国的这种按需分配的工程教育课程设计理念和工程师培养目标，我们建议重新设计和加强工程硕士教育的课程内容，而不是简单地将学术和理论课程简化或减少来替换成实践课程，反而应该是在注意保持课程学术性、前沿性和理论逻辑系统性的基础上，要求在课程中适当融入对学生工程实践意识的培育和思考，既不是与实践完全割裂，也不是以实践完全代替课程。应重视学科的理论与跨学科，重视工程集成性体征，通过课程教学体系能够使工程前沿性、职业性、实践性同工程综合性协调发展。

（二）重新理解实践的内涵，设计合理的实践路径，建立全新的实践逻辑

习近平总书记在中央财经领导小组第七次会议上说：“创新驱动实质上是人才驱动。为了加快形成一支规模宏大、富有创新精神、敢于承担风险的创新型人才队伍，要重点在用好、吸引、培养上下功夫。”从创新驱动发展战略的角度来讲，工程硕士实践的内涵应该是多样化的，实践应不单指在企业场所的实践，从广义范围上来说，实践还应包括校内的案例教学、仿真实验、综合实验平台的实习和实验、案例的撰写和研讨、导师的应用型项目训练等。因此，不仅应当保证传统的在企业场所实习实践的效果，还要从更多的途径加强对工程硕士的实践训练。建议采取“实践积分银行”的办法，化整为零，积少成多，从整体上达到“六个月”或“一年”的实践要求；考虑实践的有效性，不一定要求学生在校外实践基地待的时间越长越好，而应依不同企业情况而定。在我们以往的调研发现，3～6个月是一个比较适宜的集中性的专业实习实践的时间，是企业、学校和学生个人都能接受的舒适区，如果实践时间过长，学生处于“离岛状态”或者从事非专业性的打杂工作，都不能保证有效实习。

（三）改进教师队伍的评聘制度，适量引进工程类教师

实践证明，从企业引进工程类人才进入培养体系是培养兼具“学术性、实践性和职业导向性”的工程类人才的有效手段。在柏林工业大学，40%的教授来自于工程领域，这些工程类教授必须是曾经出版过著作并

且活跃于研究或开发的领导者。①《中共中央国务院关于深化体制机制改革加快实施创新驱动发展战略的若干意见》中提出“允许有创新经验的人才到高校兼职……试点将企业任职经历作为高等学校新聘工程类教师的必要条件”。当然这在实际实施中有很大困难，与高校现在主流的以论文导向的教师评聘的相悖。我国高等教育机构应借鉴国外经验，在国家政策支持的有力保障下，建立导师的分类评估体系，加强专业工程类校外导师的引入和建设机制，保证工程类教师的质量，使这些导师既活跃于学术研究，又有工程经验，还可以和原有的校内导师合作。另外，充分发挥实务导师、校友导师的作用，实现导师组的多样化建设。目前我国部分高校在教师评聘问题上做出明确规定，如中国科学技术大学软件学院以规章制度的形式，要求专业课教师必须以校企合作的工程实践基地为中心，周期性地参与实际生产过程。北京航空航天大学在 2016 年夏季已经制定新的政策，要求未来新入职的教师，必须参加 1 年工程实践。

（四）鼓励合作培养单位主动参与，实现政府、企业、研究所和高校的联动，制定相应法规，鼓励企业建立实习及实践基地制度，使得学生实践研究训练得以落地

在知识生产的新模式下，知识产生于更广阔的应用情境中，企业在知识创新中的作用也越来越凸显。合作培养单位的参与可以与高校共同发挥优势互补的作用，使工程硕士获得从基础理论到实践应用的全方位培养。在这方面，建议从人力资源机制（如校友企业、导师的社会关系）、互利共赢机制（如产学研合作、校企功能交互）和政策支持机制（如校企合作专项基金、实习及实践基地制度）入手，激发合作培养单位的积极主动性。目前我国也有很多联合培养的有益探索，譬如清华大学联合国内多家重大核能集团共建核能与核技术工程硕士项目，校企共建专业实践基地，提供专业实践条件并出具鉴定。该项目从学生选拔、培养到就业的“贯通式校企合作”的成功经验已经推广到其他领域的专业硕士项目中，促进了人才培养与行业领域发展的良性互动。

参考文献

[1] Oluseye, OgunnaikeOlaleke; Tairat, BorishadeTaiye; Emmanuel, Jeje Olumide. Customer. Relationship Management Approach and Student Satisfaction in Higher Education Marketing [J]. Journal of Competitiveness. 2014, 03: 49 – 61.

[2] De Jager, J. , &Gbadamosi, G. Specific remedy for specific problem: Measuring service quality in South African higher education. Higher Education, 2010, 60: 251 – 267.

[3] Stodnick, M. , & Rogers, P. Using SERVQUAL to measure the quality of the classroom experience. Decision Sciences Journal of Innovative Education, 2008, 6 (1): 115 – 133.

[4] Sojkin, B. , Bartkowiak, P. , &Skuza, A. . Determinants of higher education choices and student satisfaction: The case of Poland. Higher Education, 2012, 63: 565 – 581.

[5] Douglas, J. , McClelland, R. , & Davies, J. The development of a conceptual model of student satisfaction with their experience in higher education. Quality Assurance in Education, 2008, 16 (1): 19 – 35.

[6] 傅红，段万春，孙永河．我国工程硕士培养中的问题及其对策——基于学生满意度调查的考察 [J]. 云南师范大学学报（哲学社会科学版），2011 (4): 117 – 123.

[7] 崔军．利益相关者眼中的本科工程教育课程 [J]. 高等工程教育研究，2015 (1): 174 – 179.

[8] 夏天娟，杜朝辉，吴世华，等．工程硕士培养质量存在的问题与对策——基于问卷调查结果的分析 [J]. 高等工程教育研究，2009 (1): 143 – 148.

[9] 本科教学质量现状调查课题组，陈敏，房保俊，林林．工科本科教学质量现状调查报告——三校学生满意度调查 [J]. 高等工程教育研究，2009 (6): 71 – 81, 112.

① 资料来源：Jorg Steinbach 教授在清华大学 2014 年国际工程教育学术工作坊的演讲。

[10] 张乐平，王应密，陈小平．全日制工程硕士研究生培养状况的调查与分析——以Z大学为例［J］．学位与研究生教育，2012（3）：11－17.
[11] 马永红，张乐，李开宇，于苗苗，等．全日制专业学位研究生教育满意度的调查分析——基于部分全国重点高校应届毕业生的视角［J］．高教探索，2015（12）：89－98.
[12] 马永红，李汉邦，郑晓齐．解读美国工程硕士教育［J］．清华大学教育研究，2008（4）：49－53，63.

台湾高校创造力教育的实践与启示

——以台湾政治大学为例

李　慧

摘　要：科技和社会的发展日新月异，国家需要大力开展创新教育，培养能适应经济发展的人才。台湾高校注重培养学生的创造力和创新能力。本文以台湾政治大学为例，采用访谈法、文献法和观察法，研究其创造力教育的推动机构、推动形式和课程，发现其具有六方面的显著特征。借鉴台湾创新人才培养的实践，高等院校应该从革新人才培养理念、创新教育机制、跨学科合作、课程的多元开发、教学方法注重实践、多方营造软环境、评价多元等方面大力开展创新教育。

关键词：创造力教育；创新；台湾政治大学

一、研究背景与问题提出

随着知识经济时代和信息时代的飞速发展，人们对创新能力和实践能力日益重视，创新能力成为衡量一个国家、地区和个人竞争力的重要标杆。国家实施创新驱动发展战略和促进经济提质增效升级亟须创新人才的智力支撑，同时推进高等教育综合改革和促进高校毕业生更高质量创业就业也对高校创新教育提出了新要求。2015 年 5 月 13 日国务院办公厅发布的《关于深化高等学校创新创业教育改革的实施意见》，提出 2015 年起全面深化创新创业教育改革，2017 年普及创新创业教育，2020 年建立健全创新创业教育的体制与机制。

博鳌亚洲论坛发布的发布的《亚洲竞争力 2017 年度报告》显示台湾地区在亚洲经济体中连续三年（2014 年、2015 年、2016 年）位居前四，其在高科技领域的产品出口有强大的优势，尤其是人均专利申请量领先其他经济体，这离不开其长期实行创造力教育的支持。为了保持其高科技产业和文化创意产业的高速发展，台湾教育行政主管部门不断出台各种政策和项目发展民众的创造力和创新能力，如《教育改革总谘议报告书》《迈向学习社会白皮书》《科技化“国家”推动方案》、《科学与技术创造力专题研究计划》和《创造力教育白皮书》等。2001 年发布的《创造力教育白皮书》整合相关政策全面推动创造力教育，施行范围涵盖幼儿园到大学各教育阶段，标志着台湾的创造力教育进入了新的阶段。[1] 随着《创造力教育中程发展计划》《未来想象与创意人才培育计划》等实施，台湾涌起一股从教学方法到学习方式、校园空间改造等创新思潮，不断进行各种创新的实验。台湾政治大学作为首批“创意学院”计划入选的高校和《未来想象与创意人才培育计划》总计划办公室的所在地，其创造力教育经验得到台湾教育行政主管部门的大力推广。其实践经验对大陆高校的创新创业教育的实施亦具有借鉴意义。

二、文献综述

全球的经济和科技发展日新月异，特别是在知识经济时代，发展的根本推动力是人的智慧和创造力。不少文献认为人类的发展史就是一部不断创新的历史。许多研究创造力的学者多将乔伊・保罗・吉尔福德

李慧，厦门大学教育研究院 2015 级博士生，研究方向为创造力教育、比较教育。

（Joy Paul Guilford）在1950年就职美国心理学会主席时发表的以“创造力”为题的演说作为推动创造力科学研究的滥觞。[2]自从1967年吉尔福德在《人类智力的本质》（*The Nature of Human Intelligence*）一书中提出“创造力”与“问题解决能力”是人类心智中最为复杂的两种能力以来，迄今创造力已逐渐被视为人类最珍贵的资源。各国在创造力领域的研究如火如荼地展开。美国、新加坡、日本、澳大利亚、韩国等国，皆提出培养创造力的教育改革计划与方案，从而使21世纪俨然成为一个“创造力时代”（creative age）。[3]

人人有创造潜能，创造思考能力可以通过教育得到培养和发展。伦科（Runco，M. A）和萨卡摩托（Sakamoto，S. O.）的研究证实创造的潜能人皆有之，并非某些特定个体所独有。[4]相关的研究显示创造思考能力可以通过教学得到提高。台湾地区各院校、教师、学生都对培养创造力的课程表现出浓厚兴趣并对其效果持乐观态度，而且认为有开设相关课程之必要性。如张志豪的《高中生活科技课程创造思考教学对学生学习成效之影响》[5]、吴世清的《国中生活科技课程创造思考教学对学生学习成效之影响》[6]、陈学志的《从“哈哈”到“啊哈”——统整知、情、意、行的幽默课程对创造力培养的影响》[7]、王睿千和林静萍的《创造思考教学模块对体育师资生创造力之影响》[8]、康琳琬的《数理世界的批判思考与创造通识课程对大学生创造力的影响》[9]、郭奕龙的《教师的创造力发展课程实施成效之研究》[10]、陈玉树的《创造力训练课程成效分析：准Solomon四组设计》[11]等研究，通过对不同的创造力课程成效进行研究，均发现正面反应居多。

关于创造力教育的内涵，学者们的看法是多样的。例如，台湾学者毛连塭和陈龙安认为有广义和狭义之分。广义的创造力教育是指与倡导创造力的有关的制度、政策、环境及学校相关的教育措施；狭义的创造力教育是指学校的创造力教学，教师通过有计划的教学活动，激发学生创造力的一种教学。[12]林均华认为创造力教育涵盖了创意、创新与创业的“三创教育”。但创造力教育不是鼓励所有的学生都尝试创业，其真正的目的在于挑战学生的创新思维能力、培养学生的创新创业精神、养成学生的终生学习心态，同时让学生体会企业主创业维艰的甘苦，学习尊重长者前辈的态度。[13]李俊湖等认为创造力教育是指学校以经营创新的学习环境与教法的教学氛围为主题，提升教育视野，发展学校特色；让包容与想象力无限延伸，营造尊重差异、欣赏创造的多元教育学习环境，并提出了创造力教育包括创意行政经营、创意课程教学、创意校园空间、学生创意展能（展现程度）和创意资源应用五个向度。[14]

创造力教育与创意教学、创造力思考经常产生混淆，但其实各有侧重（见表1）。创意教学着眼于老师，指教师在教学过程中，采用多元活泼的教学方式和多样丰富的教学内容，激发学生内在的学习兴趣，以培养学生乐于学习的态度和提升其学习能力。[15]创造力教育和创造力思考则是指以培养学生创造思考能力或创造力为教学目标的教育和教学活动。

表1　传统教育与创造力教育比较

项目	传统教育	创造力教育
教育理念	教学生学习知识	学生可以自主学习、发展
教学目标	完成教材目标	培养学生创造能力
教学方式	讲授为主	鼓励学生自主探索，多种教学方式
学习方式	被动式学习	主动学习，动手实践
教室气氛	拘束、呆板	自由、开放、包容
评价	注重知识记忆	学习知识的同时鼓励学生创新

台湾研究和发起创造力教育最早的教授吴静吉领导并开展了创造力教育的众多研究。其在《华人学生创造力的发掘与培育》一文中提出了华人社会忽略创造力的11个原因：过分强调智商（IQ）；重视外在动机而忽略内在动机；强调知识来自权威的传授，而忽略意义的主动建构；强调竞争表现、单打独斗，忽略团队合作、知识分享；强调考试结果，忽略学习过程；重视纸笔测验、记忆背诵，忽略真实评量、多元表现；支持“乖男巧女”、标准答案，排斥好奇求变、独立思考；重视创造知识的传授，忽略创造历程的体验；强调努力认真，忽略乐在其中；重视言教要求，忽略潜移默化；重视学科本位，忽略课程整合。他还提出了培育学生

创造力可以思考的方向，如积极建立创造力的价值与态度，形塑创造的生活风格，以多元智慧为架构培育创造力，采取会合取向或科际整合取向培育创造力，妥善选择创意守门人，陶冶融合创意文化，包容、尊重、支持多元团体与个别差异，强调创意历程与乐在其中的体验，将创造力融入各科教学与课程统整，创造力相关技巧与特定领域创造技巧并重，同时重视多元与真实、个别与团体、历程与产品的评量，谨记“上行下效”比“掌控管教”更有效等12条建议。Urban根据开放教学法，提出在班级中培育学生创造力的原则，如鼓励学生主动、自发和实验，对于学生的质问和探究性行为给予支持和正面回馈，运用游戏式教学活动降低学生负面压力，营造出开放与可以转换角色、主题和问题及分享活动的结构情景。[16]

遵循一定的理念和原则，创造力可以通过富有创意的课程得到培养和发展。学者对此已经进行多种调查并提出实施建议，普遍认为学校应该成为培养学生创造力的地方。但是对于学校如何支持创造力教育的开展则尚缺少具体的案例介绍。这也是本文采取案例形式介绍台湾高校创造力教育实践的原因之一。

三、研究方法

不同的研究方法各有其使用的优劣。一项研究选择和使用哪些研究方法，取决于研究的性质、研究的可用资源，以及研究者本身的能力。基于此，本研究使用了文献分析法、访谈法和观察法。具体而言，首先通过对文献的收集和整理，分析得出学者对台湾创造力教育的已有研究成果；然后通过对实施高校创造力教育的相关人员（研究专家1人、教师1人、行政人员1人和学生若干）进行访谈，并作为旁听者多次进入课堂观察其教学过程，以及对其具体创造力教育实践进行实地调查，了解其实施现状、特征和效果，最后得出研究的结论与建议。

四、研究发现

（一）创造力教育的推动机构

创新与创造力研究中心、创意实验室和X书院是台湾政治大学推动创造力教育的三大引擎。创新与创造力研究中心研究注重创新的研究和交流，积极推广创意课程、创意展览会和师资培训等，为学校实施创造力教育提供了足够的理论支持和师资支持。创意实验室作为台湾政治大学创造力教育的实验基地，是创造力教育的日常教学和学生活动的主要场所。2011年成立的X书院实行书院制、集体住宿制，力图营造一个关怀自然、人文与社会和多元尊重与公共参与的充满创意的环境，坚持社会参与导向设置课程，鼓励“做中学”，体验创新学习的精神。

（二）创造力教育的实施方式

台湾政治大学的创造力教育先后以创意学分学程和X书院的形式得以推动。学程共举办了4届（2006—2010年），学生通过报名和考试进入创意学程。2011年开始实行书院制，结合中国传统书院的精神和西方住宿学习的制度，融合学习与生活、正式与非正式课程，培养内隐知识与情感伦理，让书院的成员在创意环境中集体生活，参与跨领域课程、活动，鼓励师生发展创意。X书院是以发展运作4年的创意学分学程为基础，课程开发结合校内校外、学术界和产业界丰富的创意资源。不同专业背景的学生集体住宿，加上人性化、鼓励创意的教学环境和居住环境，更易激发师生的创意火花。

（三）创造力教育的课程设置

面对未知的世界，要容许想象才能找到创新，但也要有一个可遵循的程序或模式。X书院的学习被定义为一个想象→构思→实做→评量，是在过程中不断反思的历程（如图1所示，虚线方块内为每个阶段所对应的关键能力与课程内涵）。

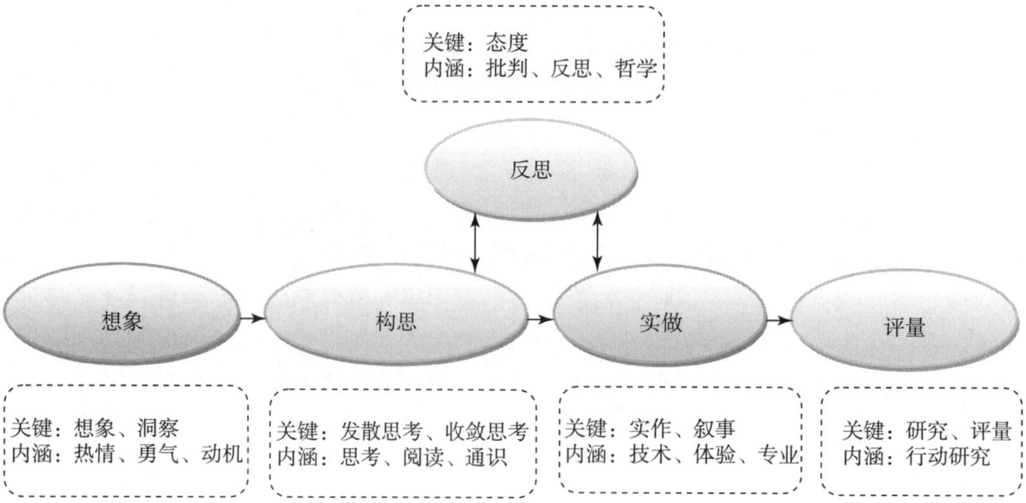

图1　X书院学习历程架构图

资料来源：台湾政治大学X1（2011年）、X2（2012年）招生简章。

X书院规定了3门必修课程及1门选修课，整合了通识教育、专业教育和X书院的实验体验教育，课程通过工作坊等形式鼓励学生大胆想象与实践。“服务学习课程——营造X书院生活学习圈课程大纲”课程包括动物园田野项目、自在如自家项目（宿舍美化和节能改造）、实验室杂学项目（创意实验室空间改造）3个项目。“问题、创意与实践课程大纲”让修该课程的同学重新看待自己如何思考、如何感受、如何体验及如何想象，并且唤起每个人在影像、图像、声音、肢体和抽象符号等各方面的表达能力。“X计划专题”要求学生在资源有限的条件下解决真实情境中的问题，学习如何发挥创意、整合知识、发挥团队精神，提出项目规划、具体实践并评估成果。“沟通、合作与领导课程大纲”规定，课程统合通识教育、专业教育与X书院的创意实验，引导学生在“动手做”与“做中学”的过程中，培养热情、勇气、动机以及面对未来的能力，并慢慢找到“个人的未来（x）与集体的未来（X）”（见表2）。

表2　X书院课程架构

科目名称	类型	学分	课程简介
服务学习课程——营造X风格	必修	0	由学生组成团队，拟定并执行书院的教务计划与学务计划
问题、创意与实践	必修	3	每学年视师资、趋势开设不同的子题，由老师带领学生探索自我，开发创意，解决问题
X计划专题	必修	3	每学年视师资、趋势开设不同子题，由学生设计题目，并在真实情景中实践
沟通、合作与领导	选修	2	经过审核，优秀者可修课，并获得第二年的住宿资格。住宿期间以指导员的身份带领学弟学妹修课、参赛，通过指导教学，培养沟通、合作与领导能力

资料来源：台湾政治大学X1（2011年）、X2（2012年）招生简章。

（四）创造力教育的特征

1. 多方协同，多方面资源支持

台湾政治大学的创造力教育有效地整合了校内多方面的资源，改建了原有的艺文中心作为创造力教育各机构办公和上课场所，整合现有各个学院的师资与教学资源开发课程，充分利用创新与创造力研究中心的研究成果指导创造力教育的设计理念和课程规划，用最少的人力、物力打造了丰富的创意学习环境。除了整合内部资源，学校还外聘企业、实业人士作为创新创意课程导师，与其他大学合作培养创新人才，如与台湾师范学院和台湾科技大学以“创意”为主轴联合成立“创意实务学程”，[17]培养跨领域文创产业的人才，并已有学生获得新型专利。

2. 跨学科的师资队伍

为了帮助学生认识到世界是一个瞬息万变的、庞杂而又有机联系的系统，培养学生多学科素养、包容力和洞察力，台湾政治大学创意实验室联合各学院共同开设相关课程。不同层次、不同学科的教师聚集到一起，不仅有富有创意的广告系和新闻系教师，也有创新与创造力研究中心的研究创意创新的教师，还有社会上的业界人士担任客座教师或授课教师。教师来自不同学科领域，又具有丰富的理论知识和实践经验，给学生带来了多样的学科知识，有利于开阔学生的视野，激发创意的火花；同时教师们自身的创意思想、行为也潜移默化地影响着学生。学校有意识地打破学科界限和门户藩篱，鼓励搭建跨领域合作与交流的平台。

3. 创意选拔学生，学生组成多元

进入创意学程或书院的学生属于跨领域、跨年龄的组合，而且还都是经过层层的创意选拔。这里的招生方式富有创意，且不断变化。如 2011 年要求提交申请表和个人档案；2012 年需要提交个人简介、自传、创造力文章读书心得和对自己专业的创意思考；2013 年要求提交个人简介、自传、读书心得、专业创意思考和通过照片串联的出故事（以考察学生的叙事创意）；2014 年除申请外还增加面试，通过“创意营”和面试等环节后才被录取。评委中不仅有老师，还有学程里的学长学姐，学生评委的加入保证了评价的标杆更加柔性、合理。

4. 课程类型多元，注重学生的全面发展

多院系联合开课、跨领域师资保证了台湾政治大学创造力教育的教学内容的多元化和学习方式的多样性。课程包括学习创意基本知识技能的核心课程，深入了解创意的延展课程，以领域知识为基础的领域课程，提供学生在真实环境中实践自己创意的实践课程。同时，课程设计关注学生的全面发展，通过设计团体任务、开展工作坊等教学方式，提升学生责任心、理解力、交流能力和解决问题的能力，培养学生关心他人、关心世界的情怀。

5. 教学方式重视学生的体验、交流与团队合作

以创造为目的，以实验为动力，以想象为工具，以人为核心，以学习者为本，这就是台湾政治大学创造力教育所倡导的理念。强调学生的主动体验，倡导学生“做中学”，提供机会，让学生们在实践中发展，敢于想象、大胆实践、接纳模糊，培养表达等多方面的能力。其中，“问题、创意与实践”和“X 计划”课程尤为突出。年长的成员还可以作为指导员带领师弟师妹学习课程、参加竞赛，通过指导教学，培养了其沟通和领导能力。

6. 重视创新环境的营造，将创新融入生活，使人人乐于体验和创新

台湾政治大学通过营造富有创意温馨的环境，让学生体验什么是创意，进而培养起学生的创新意识。创意实验室作为师生冒险和探索的教学场所，其环境设置充分尊重学生的需求——木地板、厨房和展演平台等设置充分体现人本理念——打造温馨的“家”的感觉，使人人乐于亲近和体验创新。教师和学生关系融洽，以陈文玲教师的课堂为例，陈老师每周五早上为学生准备早餐，大家坐在一起相互交流，吃完“团膳”后上课。在这种富有创意而又轻松的环境中，老师和学生的创造力得到很好释放，产生了无数奇思妙想。

（五）创造力教育的效果

台湾政治大学的创造力教育内容丰富多元、形式新颖，营造了时时创新、事事创新的环境氛围，鼓励并支持学生不断发掘创意，勇于实践，受到学生的欢迎。以创意学程为例，每年预录取人数不超过 40 人，但报名人数每年都超过 100 人，[18]足见学生对创意学程的认可。有一个学生，在学程学习结束后，回到创意实验室，利用其在这里所学的创意、创业知识建立了“创意小厨房”，为这里的师生提供创意美食。一些毕业生反馈，自己除了在实验室学到很多设计思考的方法，还学会从多个角度看问题，用多种方式解决问题。

五、结论与建议

在各国竞争日益激烈的背景下和我国建设创新型国家的使命下，全国各高校亟须开展改革，以培养能够快速适应变化的环境、具有创新意识和创新能力的创新型人才。改革最重要的就是要让大学成为培养创造力的地方。

台湾政治大学的创意学程和X书院通过延伸人才培养理念、整合资源、师生跨学科合作、课程开发多元、教法创新、营造创意环境、评价方式改革等方式，有效地培养学生的创造思考能力、想象力、实践能力和团队合作能力，取得了学生和社会较好的反馈。

大学作为人才成长的摇篮，是发展创意经济和高端科技的沃土。为培养适应经济社会需要的创新型人才，虽然全国许多大学都积极开展创新创业教育的探索，但是有必要积极学习借鉴台湾政治大学的创新人才培养的做法和经验。高校开展创新教育可以注重这几个方面：

第一，应突出“全人”的培养理念，在关注学生知识和技能成长的同时，要注重培养学生的情感、创造力、想象力、同情心、好奇心等，为学生发挥创意奠定健全的人格基础。

第二，创新教育机制，注重校内、校外资源整合与多方协同发展，有效引入企业界资源，帮助学生体验真实世界。

第三，鼓励并支持教师和学生跨学科合作，不同学科背景和生活背景的人通过交融、碰撞更易激发创意灵感。

第四，创意课程的开发多元化，搭建内容丰富、层次分明的创造力课程体系，有效整合专业学习、通识学习和创造力学习。

第五，教学方式灵活多样，突出以学生为本的理念，更多地组织工作坊、学生讲课、动手实践等活动，注重让学生去实践、去体验、去合作和分享，从而锻炼学生的责任心、理解力、实践能力和合作交流能力，培养创意创新所需的品格特质。

第六，营建充满创意的教育环境和宽松、温馨的学习氛围，让学生感受创意、体验创意，在包容的环境下鼓励学生大胆尝试而不担心出错受罚。

第七，课程评价是强有力的指挥棒，创新教育的评价标准应更多元，在知识的识记的基础上更加关注学生的创新变现，突出对创意的重视，而且评价主体也不仅限于教师，可以吸收学生参与，通过评阅他人的成果可以帮助学生相互学习，扩展学生的视野。

参考文献

[1] 台湾创造力教育白皮书［Z］. 台湾教育主管部门，2001：1－28.

[2] 吴静吉，李澄贤，林伟文. 台湾创造力教育研究之回顾［EB/OL］. https://www.ln.edu.hk/osl/newhorizon/abstract/v55n3/5.pdf，2016－09－05.

[3]［4］李安忠. 国大学创造力教育发展现况浅析——从创造力教育政策谈起［J］. 屏师特殊教育，2007，11（15）：10－17.

[5] 张志豪. 高中生活科技课程创造思考教学对学生学习成效之影响［D］. 台北：台湾师范大学，1999.

[6] 吴世清. 国中生活科技课程创造思考教学对学生学习成效之影响［D］. 台北：台湾师范大学，2001.

[7] 陈学志. 从“哈哈”到“啊哈”——统整知、情、意、行的幽默课程对创造力培养的影响［J］. 教育心理学报，2004，35（4）：394－411.

[8] 王睿千，林静萍. 创造思考教学模块对体育师资生创造力之影响［J］. 大专体育学刊，2009（9）：39－51.

[9] 康琳琬. 数理世界的批判思考与创造通识课程对大学生创造力的影响［D］. 台北：台北教育大

学，2006.
[10] 郭奕龙．教师的创造力发展课程实施成效之研究［D］．台北：台湾师范大学，2005.
[11] 陈玉树．创造力训练课程成效分析：准 Solomon 四组设计［J］．课程与教学季刊，2008，11（4）：187-212.
[12] 陈龙安．台湾的创造力教育发展与突破之道［J］．创造学刊，2010，1（1）：5-37.
[13] 林均烨．创造力教育在创新经济时代的社会责任与发展策略［J］．朝阳学报，2011（16）：1-30.
[14] 国民小学推展创造力教育成效之分析研究——以宜兰县崇圣国小为例［EB/OL］. http：//www.naer. edu. tw/ezfiles/0/1000/attach/5/pta_ 734_ 3417744_ 27637. pdf，2016-09-05.
[15] 吴清山．创意教学的重要理念与实施策略［J］．台湾教育，2002（12）：2-8
[16] 张世慧．造力理论、技法与教学［M］．台中：五南文化事业机构，2013：162.
[17] 师大文化创意产学中心．创意实务学程　三校联盟成发［EB/OL］. http：//pr. ntnu. edu. tw/news/index. php？ mode = data&id = 15277，2016-09-01.
[18] 李慧．台湾高校创造力教育的实践研究——以四所高校为例［D］．厦门：厦门大学，2014.

第五部分

会议交流论文摘要（选编）

一、大学生及学习研究

大学就读“过程”中大学生发展研究

——基于院校影响理论及模型

陆根书　刘秀英[①]

摘　要：基于院校影响模型，借助大学生就读经历调查数据，分析大学就读“过程”中大学生发展的影响因素和影响机制。分析结果发现大学生发展受“输入”变量和“过程”变量的影响，“输入”变量影响作用远低于“过程”变量；“过程”变量中学习环境因素和学生投入因素对学生发展的影响存在差异，学习环境因素的影响作用高于学生投入因素；“输入”变量和“过程”变量对大学生认知能力、非认知能力和对院校的情感发展影响各异，对非认知能力的影响最弱，对认知能力发展的影响一般，对情感发展的影响最强。

学分制度与大学生自主学习关系研究

胡　娟　秦冠英　祝　贺[②]

摘　要：本文对我国高校与美国高校、欧洲学分转换与累积系统（ECTS）的学分制度进行比较分析，指出我国高校本科教学制度设计中存在总学分太高、课程数量太多，导致课堂教学效果不佳、学生自主学习能力得不到锻炼、教师对学生学习缺乏有效指导等问题，提出减少本科学习总学分和课程总量、改善人才培养日常制度环境。

“两岸四地”协同构建适应创新驱动需要的科技人才发展机制研究

张向前　银丽萍[③]

摘　要：目前内地与港澳已经建立了相对完备的科技合作机制，大陆也提出与台湾签订科技合作协议，但“两岸四地”协同构建适应创新驱动的科技人才发展机制还存在如何有效弥合经济基础、科技人才培养机制、公共科技服务体系以及协同意愿上的差异。而内地与港澳、大陆与台湾存在较大的经济依存度，均有发展高科技的需求，中央人民政府一直积极推动内地与港澳、大陆与台湾间的协同，这是内地与港澳、大陆与台湾实现协同的实现基础。该机制的构建应该以内地与港

---

① 陆根书，西安交通大学高等教育研究所所长、教授、博士生导师；刘秀英，西安交通大学公管政策与管理学院博士生。

② 胡娟，中国人民大学教育学院教授、博士生导师；秦冠英，对外经贸大学教育与经济研究中心讲师；祝贺，中国人民大学教育学院博士。

③ 张向前，博士，华侨大学工商管理学院教授、博士生导师，主要从事人力资源管理研究；银丽萍，华侨大学工商管理学院工商管理博士研究生，主要从事人力资源管理研究。

澳、大陆与台湾之间的战略协同作为基础，以发展共性产业为动力，以产学研合作为途径，以制度整合为保障，通过对知识、科技、信息、资本等的协调、整合、优化和创新来实现。

生产实习中大学生创造性思维能力及实践能力培养模式的探索实践

黄　斌[①]　陶晓杰　张　勇　刘善林

摘　要：大学生创造性思维能力及实践能力培养是当前高等教育面临的重要课题。本文提出了一种将企业技术需求与大学生创新实习活动相结合的思路，探讨并实践了一种以企业小课题为导向的大学生创新型生产实习模式。实践表明，这种生产实习模式能有效激发大学生创新热情，并为建立校企联合培养大学生创新实践能力的长效机制奠定基础。

教学活动视角下大学生学习权利的调查与思考

张意忠[②]

摘　要：通过对江西某大学532名本科生的调查研究表明，大学生学习权利的总体情况较好，但从学习知情权、学习选择参与权、学习资源享用权与学习监督评价权等4个维度的分项分析发现，学习知情权最为薄弱，大学生的学习权利在性别与年级上存在显著性差异，在学科门类与学生干部的级别上未呈现显著性差异。要保障大学生的学习权利落到实处，需要完善学习权利的相关制度，拓宽学习维权渠道，扩大维权方式。

美国州立大学应用型创新人才培养协同机制的分析及启示

金保华　王　英[③]

摘　要：协同机制的建立是美国州立大学应用型创新人才培养质量的重要保障。美国州立大学应用型创新人才培养协同机制主要包括内部、外部两个部分，并具有协同主体角色定位明确、协同制度完善、协同组织机构专门化等特征。美国州立大学应用型创新人才培养协同机制对我国地方高校应用型创新人才培养具有重要的借鉴价值。

关于大学生深度学习场域的构建与思考

王　敏　　沈　凌[④]

摘　要：高校是创新创业人才的培养基地，深度学习为双创人才的培养提供了必要的理念根基。然而，目前我国大学生普遍缺乏创新创业能力，整体上凸显其深度学习的缺失。本文通过优化场域规则的输出路径，架设权力场域的对话通道，培养大学生深度学习的能力等构建大学生深度学习场域，促进我国高校双创人才培养目标的实现。

---

① 黄斌，博士，合肥工业大学仪器科学与光电工程学院教授，主要研究领域机械工程。

② 张意忠，江西师范大学教授。

③ 金保华，博士，北京工业大学高等教育研究所地方高水平大学发展战略研究中心研究员，主要从事高等教育管理研究；王英，北京工业大学高等教育研究所工作，主要从事高等教育管理研究。

④ 王敏，武汉理工大学教育科学研究院在读研究生，主要从事高等教育管理研究；沈凌，博士，武汉理工大学教育科学研究院副教授，主要从事高等教育与人力资源开发、高等教育管理、科技与教育人力资源管理研究。

基于大学生深度学习的进阶教学法

王光明　钟昆明　余志祥①

摘　要：深度学习是一种深刻、优质的批判性学习方式。为促进大学生深度学习，要坚持思维训练、问题解决和构建知识联系的教学原则，可采用进阶教学法，即通过讲授法、问题导向法、案例教学法、项目教学法的教法组合，逐步引导本科生进入深度学习的佳境。

着力培养大学生的自主学习能力和研究创新能力

——通识任选课《我国周边安全环境与安全战略》教学范式改革之我见

张博文②

摘　要：自2013年启动本科课程教学范式改革试点工作以来，贵州财经大学在推进课程教学范式改革方面已有了三年多的积累。在回顾和总结近几年来课程教学范式改革实践的基础上，结合笔者开设的通识任选课《我国周边安全环境与安全战略》教学范式改革实际情况，分析了通识教育课程教学范式改革存在的问题，提出了围绕学生自主学习能力和研究创新能力的培养，推进通识教育课程教学范式改革的若干思考和政策建议。

大学生学习投入类型影响学习收获机制探究

杨　院　任丽婵③

摘　要：以全国30所本科院校的48993名本科生为研究样本，对大学生学习投入类型进行识别与探索发现，学生学习投入类型可分为“全力投入型”“投入均衡型”“同伴依赖型”“教师依赖型”“通过考试型”和“学习抵触型”六大类；不同学习投入类型的学生具有不同的学习收获，其中“全力投入型”的“学术性收获”和“社会性收获”的值均最高，而“学习抵触型”的“学术性收获”和“社会性收获”的值均最低；学习投入各因子与学习收获的相关性各不相同，其中，“师生交流”与“学术性收获”的相关性最大，“同伴互动”与“社会性收获”的相关性最大。

大学生创造性思维能力及实践能力研究

——材料专业学生的实践能力培养与金相技能的关系探讨

王温银　关祥慧　尹文萱④

摘　要：金相技术是材料实验技术之一，对材料科学的研究起着至关重要的位置，所以培养学生的金相实验技能是一项很重要的教学任务。材料专业学生的实践能力培养中，金相技能的培养是首当其冲的。实践证明，技能大赛对大学生综合能力、分析解决实际问题的能力等都具有积极的意义，是培养大学生实践能力和创新能力的有效形式。本文从以赛促教、以赛促改、以赛促学三个方面进行了分析，探讨了材料专业学生的实践能力培养与金相技能的关系。

---

① 钟昆明，重庆科技学院高等教育研究院副院长、教授；余志祥，重庆市高等教育学会副秘书长。

② 张博文，博士，贵州财经大学西部现代化研究中心副主任、教授，研究方向为高等教育管理、公共治理与社会现代化、公共政策与现代城市管理。

③ 杨院，博士，天津大学教育学院副教授，从事高等教育学与大学生学习研究；任丽婵，博士，忻州师范学院讲师，从事高等教育学研究。

④ 王温银，中国矿业大学高级工程师；关祥慧，中国矿业大学高级工程师。

大学生创造性思维和实践能力培养：用户的视角

蔡宗模　张海生　杨慷慨　吴朝平[①]

摘　要：创造性思维能力和实践能力成为大学生综合素质培养的首要问题，并成为高教界热议的话题，引起社会的广泛关注。众多的研究站在高等教育的立场讨论这个问题，而不是基于用人单位的视角探讨问题。调查研究表明，大学教育要真正满足社会的需要，首先要分清国家战略和社会需求的异同，避免两种功能和两种指向的混淆。在服务社会的口号下，将培育综合素质而不是某种阶段战略需要作为基本目标；同时在分类分层的基础上，引入用户界面，提高人才培养的针对性，增加用人单位的满意度。本研究的创新体现在：基于用户视角，而非高校立场；不同于大样本的量化分析和数据统计，而是通过对质性资料的深度解析，在真实材料和理论缺口的互动之间获得解释性理解和政策启示。

大学生创造力的培养及其思考

吴　艳[②]

摘　要：大学日益面临着精神衰落、学术腐败、教学失范等危机，几乎遗忘甚至抛弃了其应有的理想追寻，转变为无限制地附和，并成为盲目满足某种功利性价值需求的技术训练场。在这样一种狭隘的态势下，大学越来越关注学生的就业，而忽视其思维力和创造力品质的塑造，大学生的创造性品质逐渐弱化，具体表现为思考力、质疑力以及核心能力的缺失等。

大学生创新能力的现状、问题与对策研究

胡赛凤　何习平　邓承志[③]

摘　要：高等教育肩负着为国家培养创新型人才的重任，能否培养出具有创新精神和创新能力的高级专门人才，是检验高校办学质量和办学水平的重要标志，也是高校教育工作者所面临的一个重要课题。本文主要结合当前教育理念、价值导向、教育内容及教育教学方式方法，对高校大学生创新能力的现状、影响因素等问题进行了梳理和分析，指出高校大学生创新能力培养方面目前存在的问题以及应对的策略。

---

① 蔡宗模，博士，重庆文理学院院校研究所副所长、副教授，主要从事高等教育管理和期刊编辑研究；张海生，重庆文理学院期刊编辑部助理编辑，主要从事高等教育管理和期刊编辑研究；杨慷慨，重庆文理学院职业教育研究所副所长，主要从事职业教育与区域经济发展、职业教育管理研究；吴朝平，编辑，主要从事期刊编辑和经济管理研究。

② 吴艳，博士，上海师范大学教育学院副教授，研究方向：教师教育、课程与教学论。

③ 胡赛凤，南昌工程学院教育教学评估办讲师，主要研究方向为比较高等教育；何习平，博士，南昌工程学院教育教学评估中心主任、教授，主要研究方向为高等教育管理；邓承志，博士，南昌工程学院信息工程学院教授，主要研究方向为数据分析与图像处理。

十年磨一剑

——我国师范生免费教育政策的落实现状与完善策略调查报告

赵 宇 刘 军①

摘 要：我国部属师范大学师范生免费教育政策已实行10年，在吸引优秀高中毕业生、补充农村师资、促进教育均衡发展等方面取得了明显成效。但政策在落实过程中，在进入机制、退出机制、激励机制、服务年限、跨省就业、攻读硕士学位、工资待遇等方面逐步显现出一些问题。为保障师范生免费教育政策有效落实，应调整招生方式，把好入口关；建立退出机制，注入激励机制；坚持全面育人，强化实践教学；创新研究生培养模式，提升专业发展能力；畅通就业渠道，建立“跨省就业”机制；缩短服务年限，建立待遇享受与服务年限对应机制；提高教师工资待遇，建立基层教师奖励与激励制度。

大学生创业成果孵化问题的探讨

——以辽宁省26所高校调研为例

苏海泉②

摘 要：通过对辽宁省26所高校2225名大学生的问卷调研，发现大学生创新创业氛围浓厚，公益创业前景广阔，同时对创业教育协同孵化有广泛需求，但大学生对创业相关资源利用不足。本文提出了建设大学生创业多层次孵化平台、建立创业教育生态系统、加强大学生创业激励等建议，以推动大学生创业成果的孵化。

职业兴趣、深层学习与读研期望的关系研究

——基于5所985高校大学生的调查

刘贤伟 赵新亮③

摘 要：采用问卷法对5所“985高校”的979名大学生进行调查，分析了大学生职业兴趣类型、深层学习及读研期望的特点，并深入考察了职业兴趣类型、深层学习与读研期望之间的确切关系。结果表明，研究型职业兴趣对大学生读研期望的直接效应显著，深层学习起到了部分中介作用，而常规型和社会型职业兴趣则通过深层学习的完全中介作用影响大学生的读研期望。基于此，建议高校要创造适合不同职业兴趣学生的发展环境，大学生应根据个人职业兴趣类型和深层学习情况明确读研期望，教师在课堂教学中要加强大学生深层学习方法的引导。

可见性学习：兴起、内涵与实践价值

潘 黎 黄祎婷④

摘 要：约翰·哈蒂（John Hattie）耗时15年，进行了覆盖8000万人以上的大规模研究，提

① 赵宇，黑龙江省教育科学研究院副研究员，从事高等教育管理研究；刘军，哈尔滨师范大学传媒学院讲师，从事广播电视艺术教育研究

② 苏海泉，辽宁工程技术大学副教授、硕士生导师，从事高校创业教育研究。

③ 刘贤伟，博士，北京工业大学高等教育研究所助理研究员，研究方向为高等教育管理；赵新亮，北京航空航天大学博士研究生，研究方向为高等教育管理。

④ 潘黎，博士，辽宁师范大学教育学院副教授、教务处副处长；黄祎婷，辽宁师范大学教育学院硕士研究生。

出可见性学习这一理论，其内涵旨在探讨在教育中究竟什么最起作用。本文介绍了可见性学习的兴起与内涵，并通过对一系列影响源的分析和佐证，提出了可见性学习实践价值的四点建议：及时进行教学反馈，促使翻转学习的发展与完善，学生自我学习策略的使用和提升以及促进教师和行政人员的合作。

大学生创业技能的结构与维度探索

王亚运　胡　瑞[①]

摘　要：创业技能是创业教育研究的核心问题之一。然而，当前学术界对于创业技能的内涵、结构维度以及核心要素仍存在诸多争议，无法满足高校创业教育对创业技能提升与发展的要求。本文基于已有创业技能理论研究之不足，通过界定创业技能内涵，辨析相关概念，厘清结构维度，提炼出大学生创业技能的三维结构：创业专业知识技能、创业可迁移技能和创业自我管理技能，并构建了有关创业技能的三维度多要素结构框架，以期为创业技能的提升提供更为细化和实用的理论指导。

高职院校学生发展诊断与改进指标体系研究

陈向平　袁洪志[②]

摘　要：随着《教育部办公厅关于建立职业院校教学工作诊断与改进制度的通知》精神的贯彻落实，职业院校对建立与完善学校内部质量保证体系的诊断与改进制度愈发关注。其中在学生层面建立健全科学完备的诊断与改进指标体系，建立常态化的质量监测与预警机制，成为学校人才培养质量制度保证体系建设的重要内容。

学习态度、学习动机与家庭背景的关系研究
——以民族地区高校大学生为样本的实证调研

刘培军[③]

摘　要：本文通过对广西壮族自治区内的15所公办普通本科院校的3054名大学生家庭背景、学习态度与动机的测量和部分学生的访谈发现：不同家庭背景的民族地区高校大学生在学习态度、动机上具有显著差异；家庭背景中的家庭经济条件、父母文化程度、是否独生子女、家庭居住地与大学生学习态度、动机显著负相关；家庭教养方式与大学生学习态度、动机显著正相关；父母职业与大学生学习态度、动机不显著相关；处于经济、地域双重不利且正在适应新环境的民族地区高校大学生学习态度端正，动机强烈。本文利用“文化再生产理论”对上述结论进行了阐释，并提出要改善民族地区高校大学生学习态度与动机不佳的现状，应既重视对学生内在学习动机和内生兴趣的挖掘，又要充分发挥利用与协调家庭文化资本的作用。

---

① 胡瑞，华中农业大学公共管理学院副教授；王亚运，华中农业大学公共管理学院硕士研究生。

② 陈向平，常州工程职业技术学院高等职业教育研究所所长、研究员，主要研究方向为高职教育研究；袁洪志，常州工程职业技术学院党委书记、研究员，主要研究方向为高职教育研究。

③ 刘培军，博士，广西大学科技处副研究员，从事高等教育学和高等教育管理研究。

英语学习者学习动机与语言学习策略使用间的关系

黄建滨[①]　Maryam Banisaeid

摘　要：在二语学习者的个体差异中，学习动机对实现教育目标意义重大。现有的学习动机和语言学习策略的相关研究对学习动机都是按照传统的方式进行的。本研究以自我决定理论的五种动机为视角，试图发现语言学习策略使用和学习动机之间的关系。笔者选取49名中国的英语学习者参与完成Oxford（1990）设计的语言学习策略调查表和Noel，Pelletier，Clément和Vallerand（2000）设计的语言学习动机倾向量表。利用皮尔逊相关分析发现，语言学习策略使用和英语学习者学习动机之间有明显的关联。研究结果显示，中国的英语学习者最常使用的策略是记忆策略，认同调节是他们的主要学习动机。

美国高校服务学习理念的思想源流

陈志忠[②]

摘　要：尽管服务学习这个词出现的历史不长，但是美国高校服务学习理念历史悠久，包括19世纪60年代的“赠地运动”中大学到社区开设课程，20世纪初杜威的实用主义哲学，以及20世纪60年代公民权利运动中的校园和社区组织联合倡议等。美国高校服务学习理念的思想源流可以追溯到美国高等教育对公共目的的历史承诺、知识与哲学的起源、美国志愿服务精神的传统和社会行动主义。

后大众化
——普及化时代“以生为本”的价值诉求

杨科正　王　洁[③]

摘　要：大学作为培养人的专门机构，“以生为本”应是其办学的基本准则，尤其面对后大众化—普及化阶段更为广泛的受教育者、更为多样化的价值需求，更应积极更新思想观念，切实将“以生为本”作为办学的第一理念，并从制度体制设计和校园文化氛围建设等方面切实维护学生利益，促进学生全面发展及大学科学发展。

研究生国际能力测评及影响因素研究

刘　扬　王洪娜　李宇健　孙　航[④]

摘　要：全球化带来的国际分工与合作需要更多具有国际交流合作能力的高层次人力资本，这要求研究生教育培养具备国际能力的高水平人才。本研究设计了研究生国际能力的量表和问卷，对北京5所高校的研究生进行了抽样调查和测评，分析了研究生国际能力的结构及影响因素。研究发现：研究生国际能力呈现三维度结构；三个维度的平均水平有显著差异，其中跨文化技能维度是

---

① 黄建滨，浙江大学外国语言文化与国际交流学院教授。

② 陈志忠，博士，江西师范大学教育学院讲师，研究方向为美国高校服务学习、院校研究。

③ 杨科正，宝鸡文理学院教授、硕士生导师、发展规划处处长，主要从事地方高校发展研究；王洁，宝鸡文理学院美术学院讲师。

④ 刘扬，北京航空航天大学高等教育研究院副教授；王洪娜、李宇健、孙航，北京航空航天大学高等教育研究院研究生。

“短板”；研究生跨文化技能受研究生个人特征和国际化经验方面因素的显著影响。

基于博耶“学术水平”的博士生教育质量观的探索

杨尊伟①

摘　要：博耶认为学术包括发现的学术、整合的学术、应用的学术和教学的学术。本文运用博耶“学术水平”的概念研究美国博士生教育质量，博士生教育应确立一个更全面的观点，即承认知识是通过研究、整合、实践和教学取得的。美国高校主要通过科学研究培养博士生的科学探索和研究能力，通过习明纳深化专业学习和研究的内容，通过跨学科教育拓宽专业学习和研究的视野，通过社会实践加强应用性的学术活动，通过研究生助教制度强化教学学术的训练。

美国学生事务评估的伦理准则与实践

张凌云　曹　菲②

摘　要：美国经过上百年的学生事务实践，逐渐确定“以学生为本”的理念，并在学生事务评估中严格践行其伦理准则。在学生事务评估实践中践行尊重自主权、不给他人带来伤害、有益于他人、公正合理及信守承诺等伦理准则，能够有效保证学生事务评估的伦理性，而专业的伦理审查机构在这一过程中也是必不可少的。

合作教育视阈下大学生思想教育的主体协同互动

王　库　李国钰③

摘　要：合作教育以主体的独立性、民主性、协同性为基础实现教育的治理变革，已经成为教育发展的新向度。以合作教育审视大学生思想教育主体与主体互动性问题，发现主体协同互动的独立性、民主性、协同性不足。基于此，在合作教育视域下从理念、平台、机制的视角系统分析大学生思想教育主体性，并探讨提升主体协同互动的合作教育实践路径。

2011年以来陆生赴台就学现状与前瞻

黄艳平④

摘　要：2011年，在大陆与台湾两岸关系和平发展的大背景下，同时为了缓解“少子化”对台湾高等教育的冲击，台湾地区首次开放招收陆生赴台就学。纵观陆生赴台就学六年多的发展，可以说是在曲折中前进，有其发展特点，也存在现实的困境。大陆与台湾高等教育政策的不对等性影响两岸高等教育的良性互动发展，台湾社会对大陆及陆生存在偏见，毕业陆生面临就业困境。为此，笔者建议，要实现陆生赴台就学的良性发展，台湾方面应开放、自由、公平地对待陆生，实现两岸高等教育良性互动；探索多种招生途径，实现陆生招收方式多元化；发挥陆生的桥梁作用，增进两岸青年群体交流和了解；明确优势方向，保障陆生顺利就业。

---

① 杨尊伟，博士，济南大学高等教育研究院，主要从事比较教育、高等教育研究。

② 张凌云，武汉理工大学教育科学研究院副教授、硕士生导师，研究方向为高等教育比较教育；曹菲，武汉理工大学教育科学研究院硕士研究生。

③ 王库，广州商学院人事处助理研究员，华南师范大学公共管理学院博士研究生，从事教育心理学、教育管理学研究；李国钰，华南师范大学公共管理学院硕士研究生，从事学校管理研究。

④ 黄艳平，福建社会科学院助理研究员。

南昌航空大学培养大学生实践能力的探索与实践

邱振中[①]

摘　要： 实践教学是培养大学生实践能力和创新精神的重要载体，也是目前本科人才培养的薄弱环节。作为一所江西省人民政府与国家国防科技工业局共建的具有鲜明航空、国防特色的高等学校，近年来，南昌航空大学以五大发展理念为指导，以实验教学示范中心建设和校企合作为抓手，全面推进实验室管理体制改革和实践教学运行机制改革，创新实践教育模式，拓展实践教学空间，着力培养学生的实践能力和创新精神，逐步构建了与理论教学并重的实验实践教学体系，全面提高了实践教学水平和人才培养质量。

基于ISO9000族标准的高校船员教育和培训管理体系构建与实践

——以钦州学院为例

黄孙庆[②]

摘　要： 人才培养质量是高校生存与发展的生命线，建立适宜的质量管理体系是确保人才培养质量的有力保障。构建并实施ISO9000族标准的船员教育和培训质量管理体系，包括树立过程管理的核心理念，确定质量方针和建立质量目标，建立程序文件和岗位职责，建立内部审核组织，加强组织建设等核心内容。该体系经过5年的经验总结和理论提升，在钦州学院实施，并推广了应用研究成果，取得了显著成效，具有一定的借鉴意义和推广价值。

大学生学习倦怠的成因及其对策分析

范　国[③]

摘　要： 学习倦怠是指大学生因缺乏学习兴趣、动力或因学业压力、负荷以及有关的个人心理因素，而表现的情感低落、行为不当和成就感低落等状态。本文从社会不良风气和就业压力等社会因素，教学内容陈旧、教学方法单一和严进宽出的培养机制等学校因素以及个体内在因素，分析了大学生学习倦怠的主要原因，主要从高校角度提出缓解大学生学习倦怠的建议：帮助大学生认清社会环境，加强就业指导；注重学风建设，完善教学管理；激发学习兴趣，培养学术空气；重视心理教育，健全学生人格。

---

① 邱振中，南昌航空大学改革办主任、学术委员会秘书长。
② 黄孙庆，钦州学院教务处副处长、副教授，研究方向为高等教育管理。
③ 范国，武汉理工大学教育科学研究院教育经济与管理专业研究生。

二、教师及教学研究

大学教师发展的评价困境亟待突破

刘　尧①

摘　要：在我国，大学教师压力大与教学质量低共存。如何解释解决这一教学悖论，尽管有多个视角，但大学教师发展是最重要的视角。大学教师发展由于受“学者即良师”的观念影响，以及“重科研、轻教学”的评价导向，教师偏重学术能力发展而轻视教学能力发展。另外，现行的教师评价完全漠视教师是学校的主人，不仅难以激发教师的主动性和积极性，而且还会使教师产生抵制心理甚至对抗行为。鉴于此，大学要确立“以人为本”的教师发展观念，制定“以人为本”的教师评价政策，促进教师由被动发展向主动发展转变，由注重外生涯发展向内生涯发展转变，引导教师走上学术与教学能力共同发展的道路。

大学教师教学发展的学术性思考

陈锡坚②

摘　要：深化高等教育改革，培养创新型人才，提升大学核心竞争力，关键在于高素质的师资队伍及其教学水平提高。本文从教学学术以及文化方面揭示大学教师教学发展的价值取向；建立健全学术性制度和激励评奖机制，以创新教学方式、培育教学团队为抓手，推进教师教学发展中心的平台建设等方面阐述大学教师教学发展的学术性举措。

大学教师教学学术能力的建构

周　萍　　陈　红③

摘　要：美国大学教学学术运动为我们更好地倡导科教融合的大学理念提供了一个全新的视角。欧内思特·博耶认为教授的学术工作有着丰富的内涵，教学学术是其中一个重要方面。本文进一步分析了大学教师教学学术能力建构的必要性和可行性，认为学科教学知识论的产生、学习科学的发现和新信息环境的改变，为大学教师教学学术能力的建构提供了可能性。要形成教师的教学学术能力，关键是要充分发挥大学组织、大学教师和大学院系各自的作用。

---

① 刘尧，浙江师范大学教育评论研究所所长、教授。

② 陈锡坚，肇庆学院高等教育研究所研究员，主要从事高等教育管理研究。

③ 周萍，江南大学人文学院副研究员、硕士生导师，主要从事教师教育及院校研究；陈红，江南大学人文学院教育学原理硕士研究生。

教师教学观念的转变与教学学术能力的构建

钟　海　李丽辉①

摘　要：美国大学教学学术运动为我们更好倡导科教融合的大学理念提供了一个全新的视角。教学专业发展是高校教师专业发展的重要内容之一，其核心在于树立教学学术理念和积极开展教学学术研究。教学学术使教学不仅具有教育属性，还具有学术属性，从而从根本上化解了科研与教学的矛盾，利于高校教学中心地位的复归。教学学术以全新的理念创新教学专业发展、以明确的目标激励教学专业发展、以多种形式促进教学专业发展、以完善的制度保障教学专业发展，为高校教师教学专业发展提供了全新的视角和内生点。

提高教员教学学术能力策略研究

王晓侠　李青海　刘文辉②

摘　要：本文主要从军队院校教学学术被忽略的原因进行剖析，并针对性地提出了提高教员教学学术能力的相关策略。即从教员自身来说，要提高教员对教学学术的正确认识；要将自己的研究成果公开；将实践教学学术的两种模式有效结合。从学校层面来讲，应该将教学学术纳入大学教员评价和奖励机制；改变教员招聘方式；建设教学学术交流平台；通过项目支持教学学术。

高校教师教学中心飘移：原因探究及政策规制

冯　东　　梁　鹤③

摘　要：人才培养在高校工作的中心地位是教学中心地位的合法性基础，是高校的首要职能也是本质属性，已被国家立法予以确认。但当前高校教师“重科研，轻教学”问题严重。从理性人视角分析发现，高校现有的教师评价政策，导致了教师从教学向科研飘移。应规范高校教师评价政策，从评价标准、评价主体、评价方式、评价内容等方面引导教师回归教学之本。

基于教学学术观建构教师教学发展立体化体系

——关于我国高校教师教学发展路线图的思考

魏　华　王远均④

摘　要：随着我国高等教育进入大众化阶段，高等教育教学质量成为社会关注的热点，也是高等教育在今后发展过程中需优先考虑和解决的问题。教师作为高校教育教学和人才培养的重要参与者，对提高教育教学质量的关键作用逐渐凸显。结合当前教师教学发展工作，本文认为高校教师教学发展的需要以教学学术观为立脚点，以教师发展观为系统视野，构建立体化的教师教学发展体系。

---

① 钟海，西安财经学院高教研究所讲师、助理研究员；李丽辉，博士，西安财经学院高教研究所所长、教授。

② 王晓侠，空军工程大学训练部军事教育和教学评估研究室参谋、助教；李青海，空军工程大学训练部军事教育和教学评估研究室主任、教授；刘文辉，空军工程大学训练部军事教育和教学评估研究室参谋、助教。

③ 冯东，宝鸡文理学院副教授，陕西师范大学博士研究生，从事高等教育管理研究；梁鹤，陕西师范大学博士研究生，从事教育政策与法规、比较教育研究。

④ 魏华，西南财经大学教师教学发展中心助教，主要从事教师教学发展培训与研究；王远均，西南财经大学教师教学发展中心主任、教授，主要从事教师教学发展培训与研究、教学评估、学业指导等工作。

大学教师评价价值回归的可选路径：教学学术制度化

李宝斌　许晓东①

摘　要：大学教师评价中，存在着明显的教学、科研失衡现象，评价背后的价值取向偏离了人才培养的核心价值观。教学学术观把高校教学当成一种学术，提高到与传统意义上的“科研”同等重要的学术地位，旨在为大学教师评价的价值回归提供支点。但在博耶提出教学学术理念20多年后的今天，教学学术仍然走在学术的边缘，不被主流学术界普遍认同，偏离了方向的大学教师评价价值观仍然没有回归本位。深化教学学术发展，加强学术培育机制、成果共享平台、价值认定制度等方面的建设，促进教学学术制度化，应该是高校教师评价价值回归的可选路径。

构建校本微格教学的新模式　助推高校新进专任教师教学发展
——基于西南财经大学新进专任教师微格教学的探索与实践

王远均　魏　华　周利云　李璐名②

摘　要：高校新进专任教师是高校人才培养队伍发展的生力军，也是今后高校人才培养质量建设的主力军、未来高校师资队伍建设的引领者。但是，新进专任教师由于角色变化，呈现着角色转化期、关键期、发展期的特征，面临着由教学模糊、教学臆想的散漫特点到教学规则、教学实践的具体落实转换。因此，如何有效地帮扶新进专任教师在入职初期将教育教学理念与教育教学方法有机地融为自身教育实践，为今后的教师职业生涯发展提供坚实的起点与基石，成为普通高校教师教学发展领域的重点与难题。西南财经大学着力从微格教学这一模式着手，设计与探索了面向全体新进专任教师的微格教学“立体化、全过程、个性化”的实践模式，助力学校人才培养和教师教学发展工作。

论创业型大学教师评价的四个“突出”

付八军③

摘　要：创业型大学以学术成果转化作为组织特性，在人才培养上更加强调理论与实践的结合，从而在评价教师教学育人质量时，要突出课程资源开发的能力与效果；创业型大学的学术创业文化，容易把教师们引导到经济至上的功利主义漩涡中，从而在评价教师教学育人质量时，要将教师职业态度作为一个重要方面予以关注；创业型大学教师教学育人质量的评价，不是着眼于一个可以比较的评估分数，而且能够总结经验并发现问题，更多地倡导发展性评价，从而突出学生主观评价；优秀校友是创业型大学的亮丽名片，比传统型高校更需要以此来证明人才培养的实效，从而创业型大学教师教学育人评价，需要考虑到每位教师在优秀校友培养上的作用与贡献。

---

① 李宝斌，博士，湖南文理学院教授，芙蓉学院文学与社会科系主任，主要从事高教管理研究；许晓东，华中科技大学副校长，教授。

② 王远均，西南财经大学教师教学发展中心主任、教授；魏华，西南财经大学教师教学发展中心教学培训科员；周利云，西南财经大学教师教学发展中心教学培训科员；李璐名，西南财经大学教师教学发展中心教学培训科员。

③ 付八军，博士，绍兴文理学院教育学院教授，从事高等教育研究。

教师工作量政策研究的元分析

丁国勇　刘晓东[①]

摘　要：通过元分析方法，从发表时间、研究者来源、研究热点、研究视角四个维度对已有的教师工作量政策研究论文进行分类和编码，并进行比较分析，发现教师工作量政策研究逐步深入，系统设计、计算方法等成为重点方向。教师工作量政策研究应该转向“向下看”“向内看”“向外看”“向他看”等四种新视角。

知识图谱视角下我国大学教师发展研究的评价与展望

——基于近10年CSSCI数据的分析

方泽强　欧　颖[②]

摘　要：基于知识图谱视角对2005－2014年CSSCI大学教师发展论文进行分析，得出几点结论：大学教师发展模式研究得到关注并从多维度进行探讨；大学教师发展课程和大学教师发展机构研究起步并取得阶段成果；大学教师发展国际化研究稳步推进，欧美国家经验研究成为主流；大学教师发展内涵研究倍受关注，迄今形成多种解读；以教学学术为视角的教师发展评价研究向纵深推进，形成了从概念到行动框架的研究体系。已有研究的特点是：基础理论研究热度高，应用研究稍“冷清”；宏观研究与微观研究双线并进，专题研究有待加强；经验研究和解释研究较多，批判研究和实证研究较少。今后，大学教师发展研究应加强实践研究，深化专题研究，推进域外研究，开展批判研究。

地方综合性高校青年教师职业生存状态研究

查永军　高　琪[③]

摘　要：地方综合性高校青年教师的工作有其特殊性，为了了解他们的职业生存样态，选取了江苏一所比较有代表性的地方综合性高校300名青年教师进行研究。研究发现，青年教师有比较积极的职业取向和精神风貌，教学科研压力和日常生活压力比较大是比较突出的问题。

大学教师发展的研究进路与展望

陈先哲[④]

摘　要：根据学术脉络和研究取向的不同，关于大学教师发展主要有四种代表性研究进路：一是知识分子的研究进路，二是学术职业的研究进路，三是学术制度的研究进路，四是生存状态的研究进路。这四种研究进路的历史性发展伴随着高等教育从象牙塔走向世俗化的进程，在不同时期各擅胜场。结合中国具体国情和时代特征，在学术制度变迁的大背景下，学术制度进路的大学教师发

---

① 丁国勇，南京审计大学教务处副研究员、副处长，南京师范大学教育科学学院博士研究生，主要研究方向：高等教育管理、教育技术学；刘晓东，南京审计大学组织人事部助理研究员、副主任科员，主要研究方向：高等教育管理。

② 方泽强，博士，云南师范大学职业技术教育学院副教授、硕士生导师，研究方向：高等教育基本理论、政府治理与高等教育发展；欧颖，博士，云南农业大学外语学院副教授、硕士生导师，研究方向：招生考试研究、英语教育。

③ 查永军，博士，扬州大学教育科学学院教授，主要从事高等教育管理、教师发展研究；高琪，扬州大学教育科学学院硕士研究生，主要从事高等教育管理研究。

④ 陈先哲，博士，华南师范大学教育科学学院高等教育研究所副研究员，主要研究方向为现代高等教育发展理论、学术制度与学术职业。

展研究应该成为未来的重要路向。

高校创新型教师的特征、成长路径及培养机制研究

孙泽文　程远志①

摘　要：本文对高校创新型教师的主体特征和成长途径进行了分析，并在此基础上提出了通过建立条件保障、营造创新氛围以及建立合作交流、柔性流动、激励评价和自我发展等机制，从而建设一支师德高尚、知识渊博、知识结构合理的高素质创新型教师队伍。

从“执教资格”到“通用执教资格”：教师流动的视角

黄旭华　杨　蕾②

摘　要：教师行会不仅具备所有行会都有的地方主义特质，还拥有与生俱来的普世主义精神。教师行会的这种独特气质在“通用执教资格”表现得尤为明显。教师行会一方面想拥有教廷授予的“通用执教资格”，希望其他学校无条件接受其学位，同时又拒绝其他学校拥有同样此类资格的学人。“通用执教资格”之所以受到中世纪大学的热捧，主要是它体现出一种世界主义精神，这和大学所从事精神生产，在气质上是相通的；同时“通用执教资格”在实际上很大程度上沦为一种名义上的权利（力），这是因为各个大学都不愿意放弃自主招募成员的自治权；各个大学的教学学术水平的差异，也是“通用执教资格”成为纸上权力的内在原因。不过“通用执教资格”所体现的世界主义，依然是我们奋斗的方向。

高校教师流动政策的宏观变革图景
——基于1978年以来的政策文本分析

江　俐　李志峰③

摘　要：以社会流动理论为理论基础，借助计算机自动爬行技术，运用文本分析法对1978年以来我国高校教师流动政策的权威制定主体、政策总量的统计情况、政策主题内容以及政策不同年度的分布情况等方面进行定量分析，系统探讨了高校教师流动政策变迁的宏观图景，总结了其政策形成特点。在此基础上提出了我国高校教师流动政策应明确多元化的政策制定主体以及层次化的政策制定对象，形成系统化的高校教师流动政策体系等创新思路。

提升新建本科院校教师科研创新能力的思考

朱中华④

摘　要：重视新建本科院校教师科研能力的提升，是新建本科院校全面履行高校职能，加快推进内涵式转型发展的需要。新建本科院校教师科研创新中存在的不足是由学校所处的发展阶段决定

---

① 孙泽文，荆楚理工学院院校发展研究中心教授，研究方向为大学发展与规划；程远志，荆楚理工学院教务处副处长，研究方向为大学教学管理。

② 黄旭华，上饶师范学院教师，华南师范大学博士研究生，研究方向为中世纪大学、教师教育；杨蕾，江西科技学院高等教育研究所讲师，从事中世纪大学、教育生态学研究。

③ 江俐，中南财经政法大学高等教育研究中心研究人员，从事学术职业与人力资源研究；李志峰，博士，武汉理工大学教育科学研究院副院长、教授，从事学术职业与人力资源研究。

④ 朱中华，淮阴工学院教学评估中心、教师教学发展中心主任，研究员，主要研究方向：高教管理、院校发展战略。

的，提升新建本科院校教师科研创新能力，要根据新建本科院校的办学定位和教师素质的实际状况确立应对举措。

新中国成立后我国农村教师政策变迁及走向

赵志军　邹　奇　李裕钢①

摘　要：我国师范教育曾一度秉持面向工农、服务工农的目标，为农村地区培养了一大批合格教师。但是随着20世纪末我国师范教育的重大改革，师范教育在出现“去师范化”倾向的同时，教师培养政策也开始呈现“去农村化”的倾向。这造成了当前我国农村教师培养方面的诸多困境，如何破解这些困境，已经成为构建我国农村教师教育政策的当务之急。

高职院校专任教师职业适应调查研究

王　琪②

摘　要：运用自编问卷对宁波市6所高职院校专任教师的职业适应状况进行调查研究。研究发现，职业适应包括学校工作胜任、职业环境适应、社会服务适应、人际关系适应四个维度。调查结果显示：职业适应总体状况一般，尚有较大提升空间；职业适应在学历上存在显著差异；职业环境适应在所有变量上无显著差异；学校工作胜任在职称、周课时量上存在显著差异；社会服务适应在学历、学科上存在显著差异；人际关系适应在学历上存在显著差异。

现代教育理念下高校教师课程教学效果提升路径思考

韩江水　孟凡静　吴晓明③

摘　要：教育理念决定教育行动，更关系到被教育者的培养质量。与传统教育理念相比，现代教育理念倡导素质教育、创新教育、主体性教育和终身教育，有利于促进大学生个性化发展和全面发展。课程是联系教育理念和教育实践的纽带，如何将现代教育理念融入课程教学，实现人才培养的目标，需要高校教师认真探索和实践。本文认为高校教师要通过研究学校的人才培养定位、厘清所授课程体系、研究自己的学生、提炼课程的“思想”、包容并尊重学生的“错误”等途径，不断提高自身课程教学的效果，最终实现培养人才的目标。

论混合式教学成效及教师角色的转型

王景枝　庞　亮　丁　瑞④

摘　要：对传统面对面课堂教学而言，慕课时代的到来既是挑战也提供了新的机遇。综观国内外慕课发展趋势，虽然慕课一般是以独立的网络在线课程形式而存在，但现实中更多的高校和教师是将慕课以多种方式融入传统课堂教学中去。高等教育混合式教学与传统课堂的面对面教学相比，

---

① 赵志军，吉林体育学院党委书记、教授；邹奇，吉林体育学院高等教育研究所所长；李裕钢，吉林体育学院校办主任。

② 王琪，博士，宁波职业技术学院高教研究所副所长、副研究员。

③ 韩江水，西安科技大学原副校长、高等教育研究所所长、教授、硕士生导师；孟凡静，西安科技大学发展规划处副处长；吴晓明，西安科技大学发展规划处高教研究与项目管理科科长、讲师。

④ 王景枝，中国传媒大学发展规划与法制办公室副研究员；庞亮，中国传媒大学发展规划与法制办公室研究员；丁瑞，中国传媒大学发展规划与法制办公室副教授。

其教学效果相当或前者表现稍好。作为课堂教学的"引领者"和"推动者"，混合式教学中的教师面临着转型与变革，其扮演的角色应该是多重的。

论大数据时代背景下军事院校教员信息素养的提升

唐　祺　张瑜玲　叶再兴3①

摘　要：大数据背景下，对数据的采集和整合能力、分析和决策能力以及精确快速反应能力与行动能力成为一个军事人员的综合实力与核心竞争力的体现。军事院校作为高素质军事人才培养的主渠道，提升教员的信息素养就显得格外重要。本文认为：首先，要提高教员对信息素养重要性的认识，增强教员提升信息素养的自觉性；其次，要从制度上把教员信息素养的提升规范化；第三，建立一个全军范围内的综合数字图书馆，使教员在"查找"中提升自身的信息素养；第四，加大教员的信息素养的培养力度，提高教员运用信息工具的能力以及信息的创造能力等。

"互联网＋教学"背景下的高校教师信息素养构成及提升策略研究

林　聪②

摘　要：以MOOC为代表的新教育形式掀起了一场教育领域"互联网＋"革命，对高校教师的教学工作提出了巨大的挑战，催生了新的教学模式，改变了师生获取知识的途径，影响了教学内容和高校教学秩序。在"互联网＋"环境下高校教师的角色也发生转变，为适应"互联网＋"教学环境和新的角色需求，适应新媒体教学环境和新的角色需求，高校教师应具备的媒介素养有：师德和教育责任意识、认知和使用技能、注意力和信息识别能力、批判和创新意识以及学习社区组织能力。

以学生为中心与传统教学模式在高校教学应用中的比较研究

杨树元　唐　玲③

摘　要：以学生为中心的教学模式是高校教学改革的发展方向，本文介绍了以学生为中心的教育理念，分析传统教学模式存在的问题，从学生的责任和角色、教学模式、指导方法等方面进行比较，并梳理了以学生为中心的教学模式带来的教学主体、内容、方法、考核方式及培养能力的转变。

如何推动一场新范式的教学改革：以学生为中心本科教学改革的困境与出路

崔乃文④

摘　要："以学生为中心"的学习范式是本科教学改革的新范式。它与传授范式本质上是伦理与价值观念的对立，而非科学理论基础之别。这意味着两者不是范式转换而是范式共存的关系。因此，学校的系统性变革必须考虑传授范式下纲领性精英、公众情绪以及支持系统的可接受性，在改

---

① 唐祺，重庆通信学院训练部军评室讲师；张瑜玲，重庆通信学院基础部军队管理教研室讲师；叶再兴，重庆通信学院训练部军评室助教。

② 林聪，博士，北京印刷学院助理研究员，研究方向：高等教育管理、新媒体与高等教育、MOOC等。

③ 杨树元，云南师范大学商学院副教授，研究方向：高等教育、教育心理；唐玲，云南机电职业学院助教，研究方向：统计学、高等教育。

④ 崔乃文，扬州大学教育科学学院讲师。

革实践中以自下而上的教学实验为突破口。教学实验不仅是人才培养方式的局部探索，更是一种改革策略，具有整体制度变迁的意义。

导学、问学、研学
——以学生为中心的本科教学模式改革思考

康翠萍　赵紫妤①

摘　要：“导学、问学、研学”是一种以学生为中心的专业课程模块化教学模式，它以布鲁纳的结构教学观和发现学习法、罗杰斯的人本主义学习理论以及建构主义学习理论为基础，要求教师打破传统教学模式的桎梏，建构一种基于学生需求为导向的新型教学模式。通过“导学”的专业求知欲诱导、“问学”的知识内化历练、“研学”的知识活化实训，最终实现以培养创新人才为目的的教育范式转变。

我国高等理科实践教学的挑战
——基于高等理科教育改革调研的质性分析

马莉萍　熊　煜②

摘　要：大学生实践教学是培养学生创新能力和实践能力的重要手段，是高校人才培养过程中的关键环节。现阶段我国理科实践教学总体上存在实习基地匮乏、教学条件较差、师资力量薄弱、教学缺乏创新等问题。“高等理科教育改革调研组”选取了4个高校12个理科院系的师生（共52人）进行访谈，发现我国高等理科的实践教学需要进一步完善课程设置，加强实验教学与理论教学的衔接性；扩充实验教师人员，保障教师队伍的稳定性；加强基础专业知识教育，提升动手操作能力；加大经费投入，确保实验室设备的更新；扩充实习基地，增加专业的职场适应性；探索不同理科的学科特色，形成各有特色的实践教学模式。

影响我国大学教学方法创新的主要因素与对策

陈梦然③

摘　要：大学课堂教学效果好坏，关键在于教学方法是否有所创新。影响我国大学课堂教学方法创新的因素，主要包括师生对创新教学方法的意识、教学环境条件、教学考评机制等。在分析这些影响因素基础上提出创新教学方法的应对措施，对增强大学课堂教学效果、提高教学质量具有重要的意义。

“互联网＋”背景下创业教育教学模式探究

赵江涛　谷沅芷④

摘　要：“互联网＋”行动计划的提出使教育行业获得了新的革新机遇，高校应抓住机遇，积极参与“互联网＋”时代的教育变革。在我国，各高校已认识到了创业教育的重要性，并逐渐开展

---

① 康翠萍，博士，中南民族大学教育学院常务副院长、博士生导师，国家级教师教学发展中心常务副主任，主要研究领域为教育学原理、高等教育政策与院校发展研究；赵紫妤，中南民族大学硕士生，主要研究方向为教育经济与管理。

② 马莉萍，北京大学教育学院副教授；熊煜，北京大学教育学院研究助理。

③ 陈梦然，九江学院教授，从事高等教育研究。

④ 赵江涛，博士，郑州大学教育系副教授，主要研究方向为教育学；谷沅芷，郑州大学教育系硕士研究生。

了各种形式的创业教育，但由于起步较晚，主要模式一直为精英色彩较浓厚的创业大赛。为扩大受众面、丰富相关的课程，笔者结合创业教育的学科特征，设计了线上线下相结合的O2O教学模式，并从教学目标、教学内容、师资分配、线上平台构建、课堂管理、教学评价六方面对该模式进行了介绍，同时，对模式中可能遇到的问题提出了解决方案。

多样化和自主性：本科教学管理制度的变革
——基于学生分类观的分析

李志峰　罗梦辉①

摘　要：我国基于行政导向和教师导向的传统本科教学管理制度虽然也考虑了学生的发展需求，但是总体来说，仍然存在着同一性和控制性的缺陷。基于学生对大学教育的期望以及对自我和社会认识两个维度，把学生分为高度匹配型、独立型、被动顺应型和排斥型等几种类型，按照学生的不同类型来创新教学管理制度，形成多样化和更为自主性的管理范式，有利于调动学生学习积极性，深化教育教学改革，促进学生成长成才成功。

应用技术型大学实践教学学生满意度调查研究

刘文华②

摘　要：本研究旨在研究本科院校学生对实践教学的满意度。为了更好地分析应用技术型本科院校实践教学的学生满意度，本研究选取一所技术本科院校（上海电机学院）和一所高职院校（东海职业技术学院），采取自行编制的实践教学调查问卷，进行抽样调查。本研究共回收有效问卷519份，统计分析发现本科院校实践教学在教师企业工作经验、课时量、教材内容更新速度及与企业接轨、对学生学习指导、评价等方面，与高职院校还存在一定的差距。这些都需要在具体的实践教学过程中予以针对性的改进与提升。

普通本科院校“学生评教”教学考评现象调研报告
——基于X高校本科生抽样调查

毕鹤霞③

摘　要：纵观国内外学者研究，普遍缺乏普通本科院校“学生评教”现象探究。根据随机抽样调查原则，对X普通本科院校270名学生进行了有效问卷调查，从学生评教现状、学生评教指标、学生评教过程、学生评教结果四个方面得出了一系列实证研究结论。研究发现，从评教指标来看，指标体系设计主体单一，指标语言阅读晦涩难懂；从评教过程来看，存在从众心理，缺乏宣传与培训；从评教结果来看，评教结果对学生与对教师的反馈信息不对称。鉴于此，针对上述问题建议科学制订指标体系、重视管理评教过程，合理运用评教结果，提高教学质量。

---

① 李志峰，博士，武汉理工大学教育科学研究院副院长、教授；罗梦辉，武汉理工大学教育科学研究院研究生。
② 刘文华，上海电机学院高教所副研究员。
③ 毕鹤霞，博士，华东交通大学人文社会科学学院公共管理系副教授，主要从事教育经济学、公共管理研究。

三、课程与课堂研究

宋代书院的课程内容及特点分析

刘河燕①

摘　要：宋代书院以培养“希贤希圣”之士为己任，提倡“为己之学”，主张“进德”与“修业”并重。因此，在课程设置中突出了“四书”“五经”的地位。宋代书院的课程内容除以“四书”“五经”为代表的儒家经典外，还有儒学大师的研究心得、诗赋、历史典籍、实用技术等。这些课程内容受宗教的浸润，同时还体现了一定人文性特点。

后现代课程论视阈下的大学课程设置探析

黄睿彦②

摘　要：本文从批判性后现代主义课程观和建设性后现代主义课程观两个维度，分析后现代课程论的理论基础、基本内涵和突出特征。同时分析后现代课程论视阈下大学课程设置的核心要素——学生、教师和管理者，三者即是核心又是相辅相成的，提出形成一个学生、教师和管理者相互共生共融的研究型学术共同体。

大学通识教育的目标及其实现

刘　阳　林荣日③

摘　要：大学教育的过度专业化、人对生命意义的探求、健全社会的构建三者间的张力将通识教育的目标引向健全的人的培养。健全的人应彰显完善的人性，健全的人是人的个体性和社会性发展的统合，具体表现为整全的知识、完善的能力、良好的道德和自由的精神。名著课程、苏格拉底教学法、交往实践以及生命体验可作为培养这些特质的教育方式。

民国初期（1915—1927）国立北京大学文科课程设置价值取向探析

任　超　耿涓涓④

摘　要：民国初期是我国社会转型的关键期，从我国高等教育发展的历史进程角度来看亦是如

---

① 刘河燕，博士，长江师范学院教师教育学院教授，主要从事课程与教学论方向的研究。

② 黄睿彦，博士，南京医科大学副研究员，主要研究方向为高等教育管理、大学课程与教学。

③ 刘阳，复旦大学高等教育研究所博士生，主要研究方向为教育经济与政策；林荣日，博士，复旦大学高等教育研究所教授、博士生导师，主要研究领域为教育制度、教育经济等。

④ 任超，广西师范大学教育学部硕士研究生；耿涓涓，博士，广西师范大学教育学部教授、硕士生导师。

此。面对社会中新思潮的到来，国立北京大学积极推行文科课程的改革，一扫清末京师大学堂的腐朽、官僚之气，一跃成为当时我国首屈一指的著名学府，并为我国近代社会培养了一大批融贯古今的硕学闳才。本文从民国初期的国立北京大学文科课程设置入手，对其文科课程设置的价值取向进行分析与归纳，并对其形成因素进行了探析。

基于知识生产模式转型视角的研究生课程教学模式改革

张凌云　陈　龙①

摘　要：知识生产领域内不断聚集的新趋势暗示着知识生产的方式正在发生改变。新的知识生产模式给以传统基础研究与学科模式为主的大学的知识生产带来了挑战。本文阐释了模式Ⅱ知识生产的主要特点及其对研究生课程教学所带来的影响，在此基础上进一步论述了如何在新知识生产模式的背景下改革研究生课程教学：加强对教学目标与人才培养目标的问责与反思；优化课程设置结构，重视跨学科的发展与研究；探索多种教学方法，创建有效的"学习共同体"；在多维度的质量控制标准要求下探索科学的教学评价体系。

美国加州州立大学弗雷斯诺分校服务学习课程研究

朱科蓉②

摘　要：美国加州州立大学弗雷斯诺分校是一所区域大学，在服务地方社区方面成效显著。服务学习是服务社区的重要方式之一。本文系统论述了该校服务学习课程建设的历史与现状、课程建设程序、课程组织与实施过程、课程有效性评估与保障，以及面临的问题与挑战，值得我国地方高校借鉴。

高校本科课程质量评价：问题与改进
——基于全国49所普通本科院校的现状调查

赵春鱼③

摘　要：准确评价本科课程质量是持续改进高校人才培养质量的前提之一。然而，实践中的高校本科课程质量评价尚存在过于注重管理的统一性而忽视课程特性差异，过于重视课程实施过程而忽视设计过程，过于强调教师教学行为而忽视学生学习投入，过于强调评价的甄别功能而忽视改进功能等问题。针对以上问题，文章建议根据本科课程质量特性进行分类评价，根据课程质量生成阶段特性进行分层评价，评价要关注教师教学行为对学生的影响并构建课程利益相关者之间的协商机制。

高校课堂生态建设应遵循的基本原则

李淑金　徐建华④

摘　要：课堂作为高校实施教育教学活动的主渠道和师生共同参与、彰显生命成长价值的人生

---

① 张凌云，武汉理工大学教育科学研究院副教授、硕士生导师；陈龙，武汉理工大学教育科学研究院研究生。

② 朱科蓉，博士，北京联合大学应用文理学院教务处副处长、副研究员，主要从事高教管理研究工作。

③ 赵春鱼，中国计量学院高等教育研究所讲师。

④ 李淑金，黑龙江大学教育科学研究院副教授，主要研究方向为教育教学管理；徐建华，博士，黑龙江大学教育科学研究院教授、硕士生导师，主要研究方向为教育基本理论、高等教育管理。

舞台，本质上就是一个具有生命特质的微观生态系统。加强高校课堂生态建设，就要自觉遵守符合生态学理念和高校课堂自身发展规律的基本原则，即整体性与协同性统一的原则、交互性与共生性统一的原则、依存性与自组织性统一的原则等，以此推动我国高校课堂教学效能和人才培养质量与规格的提升。

下沉上联：提高高校思想政治理论课实效性的可能路径

——基于实证的思考与结论

张晓琼①

摘　要：高校思想政治理论课实效性问题是一个长期讨论但依然难有实效的问题。本文与已有研究的不同之处在于：首先以翔实的实证研究展示了问题所在；其次通过对问题的深入分析揭示了造成高校思想政治理论课实效性欠佳且难以改变的多方面因素；最后以多年的教学观察与思考，结合新形势下高校建设新机遇，通过下沉社会实践体验、上联国家治国理政方略，强化对思想政治课教师队伍的培养与提升，使思想政治课教师教育者先受教育。通过下沉上联，达到对所教课程内容真学、真信、真教、真传，在增强教学能力、创新教学方式、更新教学理念、强化职业责任的基础上；通过理论与实践的结合、内容与方法的协调，从而探索一条有效提升思想政治理论课的实效性的可能路径。

系统视角下社会主义核心价值观融于高校课程的研究

张茂林②

摘　要：社会主义核心价值观融于高校课程的焦点是关注高校“人”的成长。本文对社会主义核心价值观融于高校课程做出高等教育学诠释，探索社会主义核心价值观融于高校课程的原则和途径，指出社会主义核心价值观是促进高校“人”不断成长、推动社会进步的必然要求。在系统思考社会主义核心价值观融于培养方案的基础上，使之融于课堂教学、融于第二课堂和社会大课堂，形成有机联系的课堂系统。

知识复杂性视野下的高级学习与课堂重构

张　琼③

摘　要：知识复杂性是从知识实践运用中体现出的知识性质，表现为知识运用时实践情境的复杂性和概念及其结构关系的复杂性。与知识复杂性对应的是一种高级学习，它以建构知识的多元表征为本质，以知识的实践应用为目标，以非结构性知识为内容，以弹性重组已有知识为过程，以“立体交叉式访问”为方式。促进高级学习，需要更新课堂教学理念，确立认知与实践相结合的多层次教学目标，从区分知识的性质类型、建设情境课程资源库、搭建学习“支架”、借助信息技术开展情境性评价等方面构建大学课堂新格局。

---

① 张晓琼：博士，曲阜师范大学山东新农村建设研究中心副主任、教授。
② 张茂林，博士，信阳师范学院教育科学学院教授、硕士生导师，主要从事高等教育学、教育管理研究。
③ 张琼，华中科技大学教育科学研究院博士后，中南民族大学教育学院讲师，主要研究课程与教学论、高等教育。

从混合式学习的一组对比实验中得到的启示

杜世纯　傅泽田①

摘　要：混合式学习是在线学习与面对面传统课堂学习的有机结合，是对MOOC的优化与提升。本文通过传统面对面教学模式和基于MOOC的混合式学习教学模式的教学实验对比，获取相关数据并运用SPSS19.0软件进行分析，发现考试成绩与是否采用混合式学习教学模式无关。在对参与实验学生的访谈中，笔者得到以下启示：混合式学习赋予“教”与“学”以新的内涵，它并没有让学习变得更轻松；混合式学习的教学设计要赋权于师生，它的实现是一个长期的过程，需要全社会教育理念的转变。

MOOC：中国高校学生的认知、参与与评价

王　宁　　孙　莘②

摘　要：随着网络技术发展起来的MOOC正在逐渐变革着传统的高等教育过程，对高校学生的学习行为也带来一定的影响。中国高校学生对MOOC的认知、参与以及评价成为必要的研究内容。本文通过调查问卷数据分析当前我国高校学生对MOOC的认知、参与MOOC的过程以及对MOOC的评价，研究MOOC对我国高校学生学习行为的影响，并提出建议。

是什么让学生选择慕课

——基于慕课满意度的实证调查

赵映川③

摘　要：慕课与传统课堂学习模式存在着较大的区别。在我国高校开设慕课两年后的今天，研究学生对慕课的满意度以及影响满意度的因素有着重要的现实意义。对659位同学的调查研究发现，生师互动、环境支持、选课动机、教学资源、线下学习对他们达到选择慕课的预期目标具有正向影响，线上学习则对实现课程目标具有反向影响。提高慕课满意度的措施主要有：加强生师互动，激发学习动机；提供环境支持，强化学习动机；改进线上课程设计，减轻线上学习压力。

论当前慕课的转型发展及其未来建构

张继明④

摘　要：当前慕课面临着高退学率、评价方法效度不高、教学方法缺乏创新和商业化侵蚀等一系列问题，中国慕课建设更是面临功利主义的负面影响。慕课要在获得基本生存权基础上实现可持续发展，就必须立足于中国国情实行策略性转型，进而面向未来需要进行发展取向的再度转型。要促成慕课可持续发展和未来价值的实现，就需要遵循以学习者为核心、强调服务质量的基本原则，多主体协同参与慕课建设，构筑立体化的慕课体系。

---

① 杜世纯，中国农业大学博士生，研究方向为高等教育研究与管理、数字化学习；傅泽田：中国农业大学教授、博士生导师，研究方向为教育经济与管理。

② 王宁，海南大学政治与公共管理学院副教授，南京大学公共管理流动站博士后，主要研究为领域公共管理与公共政策、教育经济与管理；孙莘，海南大学政治与公共管理学院行管专业学生。

③ 赵映川，博士，长江大学管理学院副教授、硕师生导师，研究方向为高校人力资源管理。

④ 张继明，博士，济南大学高等教育研究院副教授，主要研究方向为高等教育理论、高等教育管理。

教育信息化背景下高校在线开放课程建设的改革与实践
——以《国际商务单证实务》为例

许晓冬[①]　崔艳娟　高　尚

摘　要：精品资源共享课程建设是关系人才培养质量高低的衡量指标之一。自《国际商务单证实务》被辽宁省教育厅评为精品资源共享课以来，大连工业大学不断深化教学改革，进一步探索课程建设方法与教学模式。本文从分析课程的理念与特点入手，着重从课程体系、教学方法与手段、考核方式、师资队伍建设、课程资源等方面介绍精品课程的建设情况。

基于微课的翻转课堂教学设计与实践

王　娟　徐　侠　石盛林[②]

摘　要：“翻转课堂”颠覆了传统教学方式，将课堂上的“知识传递”和课后的“知识内化”颠倒过来，形成了新的教学模式——“先学后教”。这种教学方法真正体现了学生为主体、教师是教学主导。本研究针对网络化教学的特点，基于微课的翻转课堂的教学模式进行了设计和实践，以提高学生学习的积极性，培养学生的实践能力和创新能力。

基于创客空间的中国高校创客教育发展研究

张洪双[③]

摘　要：以创客空间为载体开展的创客教育，契合高校应用型人才培养的目标，旨在培养学生的创造能力、创新能力、创业能力和就业能力。本文从创客空间与创业教育的内涵入手，通过梳理国内外创客空间建设与创客教育发展现状，从优化运行系统、开发课程体系、建设师资队伍、培育创客文化等方面提出中国高校创客教育发展策略。

中国高校创新创业教育的历史考察与语义分析

薄存旭　许化荣[④]

摘　要：当前，对高校创新创业教育的内涵释义存在多种误区与分歧，需要对其进行历史考察和语义分析，以明晰其来龙去脉，厘清应有之意。中国高校创新创业教育经历了引入、探索、发展和创新等四个阶段；至今，它已经成为创新驱动高校发展、培养学生创新创业素养的一种自觉性行为和教育范式。从语义分析来看，创新创业教育在构词结构、哲学维度、价值维度分别表现出创新力与创造力、知与行、个体与社会的系统结合。创新创业教育概念可以在实际中精确化为三个基本问题：即明确“全覆盖”“分层次”“差异化”相结合的创新创业教育主体；采用创新创业教育与专业教育融合，“高校主体”与“政府驱动、企业参与、社会支持”相结合的教育方式；构建多种创新创业教育模式，传授“广谱式”创新创业教育内容。

---

① 许晓冬，博士，大连工业大学管理学院副教授，研究方向：高等教育实践。

② 王娟，博士，南京邮电大学管理学院副教授，研究方向：技术创新管理；徐侠，博士，南京邮电大学管理学院副教授；石盛林，博士，南京邮电大学管理学院教授。

③ 张洪双，三亚学院国际酒店管理学院副教授，主要从事旅游战略管理与旅游教育。

④ 薄存旭，博士，临沂大学高等教育研究院教授，山东师范大学硕士研究生导师；许化荣，山东师范大学硕士研究生。

“双创”背景下高校创新创业教育与专业教育的互助提升策略研究

钟　鑫　彭晓愈　王　瑞①

摘　要：高校作为优秀人才的培养基地，学生创新能力的培养与专业教育密不可分。在“大众创业，万众创新”的背景下，本文结合高校实际，通过对高校创新创业教育与专业教育互助提升的研究，针对目前高校创新创业教育中所存在的问题，切实提出创新创业教育与专业教育互助提升策略，为高校创新创业型人才培养体系的构建提供借鉴。

① 钟鑫，博士，西南财经大学工商管理学院讲师；彭晓愈，西南财经大学工商管理学院硕士研究生；王瑞，西南财经大学工商管理学院硕士研究生。

四、其　他

“一带一路”背景下高等学校教育质量标准建设若干问题思考

黄明东　吴亭燕[①]

摘　要：中国现代意义的高等教育是一个舶来品，是模仿西方高等教育的模式、借鉴西方高等教育制度逐步建立和发展起来的，这就给中国高等教育发展带来一个先天性的不足，那就是离不开西方高等学校的发展引领，缺乏独立的办学机制。其中教育教学质量标准就始终处于模仿和被动的学习状况，缺乏中国底蕴的高等学校教育教学质量标准。为此，我国高等学校应该不失时机地抓住“一带一路”战略，将中国底蕴的高校教育教学质量标准推向世界，掌握世界高等教育质量标准的战略主动权。

基础学科本科拔尖创新人才的培养研究

姚聪莉　梁　炜[②]

摘　要：培养拔尖创新型人才是深入实施创新驱动发展战略、增强我国国际竞争力的重要环节和必然要求。基础学科是技术革新、创新发展的基础，而本科阶段是人才培养最关键的阶段，因此，基础学科本科拔尖创新人才的培养具有举足轻重的作用。本文首先对基础学科本科拔尖创新人才的培养进行了逻辑阐释。其次从拔尖创新人才的培养目标、培养内容、培养过程和外部影响进行了分析。最后根据人才培养的组成要素提出改革思路：在培养目标上应转变功利主义追求，以人为本，贴合人才成长规律；在培养内容上应转变应用导向培养，立足基础，推动科学技术革新；在培养的过程中应转变单一灌输方式，加强互动，激发深入创新思考；在外部环境上应打开封闭培养体系，交流合作，营造自由学习氛围。

大学的人文危机及其反思

韩益凤[③]

摘　要：目前大学教育面临巨大的挑战。社会的过度专业化导致了人的单面性，同时也加剧了大学的人文危机。现代大学人文学科的式微与人文学习的消弭愈演愈烈，人文教育的失落正在加速

---

① 黄明东，武汉大学本科生院副院长兼质量管理处处长、教授、博士生导师，研究方向：高等教育法学、教育政策、教育管理、教师发展；吴亭燕，武汉大学教育科学研究院博士生，研究方向为高等教育法学、教育政策。

② 姚聪莉，西北大学高等教育研究中心主任、教授、博士生导师，研究方向为教育经济与管理、教育评价与政策研究；梁炜，西北大学高等教育研究中心助理研究员，研究方向为教育经济与管理研究。

③ 韩益凤，博士，江苏第二师范学院江苏教育行政干部培训中心讲师，主要从事高等教育基本理论、教师教育与发展研究。

大学教育的普遍平庸。重温古典、超越人文教育的时代危机有助于大学摆脱时代桎梏，培育完满的人性。

高等教育办学成本持续增加的组织制度分析

李立国①

摘　要：高等教育办学成本与办学经费的持续增长是高等教育的组织特性与需求，是由高等学校的声誉机制、制度型组织与人力资源密集型的组织特性所决定的。要随着高等教育办学规模的增长和质量的需求不断增加办学经费，高等学校的开支应主要用于教师，可以通过绩效评估等方法提高高校的办学效益，控制成本的过度上涨。

高等教育存在转型升级供给侧结构性改革的问题吗？

赵光华②　纪秉林

摘　要：中国高等教育与国家的经济结构、产业结构不尽吻合，存在着资源分布不均、结构失衡、行政化倾向突出、人才培养质量低等问题。中国高校转型发展与当前经济改革相似，实质上是供给侧结构性改革。本文提出当前高等教育改革必须充分考虑各方诉求，摒弃急功近利思想，不仅解决“双一流”问题，更应该通过去行政化、去指标化、去形式化以及调结构、降规模、补经费、保质量的办法，建立“世界一流的高等教育体系”，在不同层次上创一流。

高校内部质量保障之我见

方　丽③

摘　要：高校作为高等教育的重要主体，是高等教育质量的实施单位。高校内部质量保障涉及学校人才培养、科学研究和社会服务等方面。建立高校内部质量保障既要求学校做好基础性工作，如建立大数据库，加强学科建设，彰显教学的基础性地位，提高教师的专业发展能力，又要发挥内部学院的主体性作用，并且要培育质量文化。

能力的度量及其对教育的影响

徐春玉　蔺湘媛　闫洞宾　王晓侠④

摘　要：本研究以能力的外在表现为基础，将能力的度量分为两个方面：一方面是能力质的表现——是否具有能力所对应的完整的心理（行为）模式；一方面是能力量的表现——表现能力所对应的心理（行为）模式的程度，这个方面将通过表现相应心理（行为）模式的概率来度量。同时研究了能力的度量方法对教育所产生的影响。

---

① 李立国，中国人民大学教育学院教授。

② 赵光华，西安建筑科技大学高等教育研究所所长。

③ 方丽，暨南大学高教研究与评估中心研究员。

④ 徐春玉，空军工程大学训练部副教授，从事创新教育、好奇心与想象力教育研究；蔺湘媛，空军工程大学训练部助教，从事教学评价研究；闫洞宾，空军工程大学训练部讲师，从事高等教育理论研究；王晓侠，空军工程大学训练部助教，从事高等教育管理研究。

基于创新驱动发展视角的高等职业教育质量提升路径研究

高　健[①]

摘　要：经济发展新常态下，社会行业企业对职业人才需求呈现多样化，对高等职业院校的人才培养质量提出了更高标准。在深刻理解和正确把握高等职业教育质量基本内涵的基础上，进一步探讨高等职业教育质量的特征，有助于分析高等职业教育质量的现状和问题。基于创新发展理论审视，通过制度创新等途径，探索高等职业教育质量有效提升的对策，对于高等职业院校在教育质量方面的高水平建设具有现实意义。

高影响教育实践与批判性思维的整合研究

周开发　曾玉珍[②]

摘　要：我国高等教育正面临着高等学习危机，大学生普遍缺乏批判性思维，缺乏解决问题、有效沟通、整合学习和终身学习等核心能力。本文旨在探讨如何应用高影响教育实践促进学生批判性思维发展。通过对大量文献的归纳整理，详细分析了批判性思维与新生研讨课、本科生科研、写作密集型课程、服务学习和顶石体验等五类高影响实践的整合程度。最后，结合美国高校的案例分析和我国高等教育实际，从课程建设、教学方法和学习评估三个方面，提出用高影响教育实践促进批判性思维发展的建议。

“强调适应”还是“突出创新”：转换中的高等教育质量评价

黄　彬　陈想平[③]

摘　要：高等教育创新是国家创新体系建设中重要环节，随着大学知识生产与扩散模式的加速转型，高等教育质量评价背后的标准与价值正在发生着从“强调适应”到“突出创新”的结构性转换。本文提出，要走出对传统评价路径的依赖和克服创新性质量评价碎片化等困局，需要重塑评价理念、重构评价制度、革新评价方法。

从人才流失到人才获得：“一带一路”学术人才向中国流动的规律研究

刘　进[④]

摘　要：本文以人才流失和人才获得理论为基础，对109所“211高校”15年来大学教师简历的大数据分析，就“一带一路”沿线国家学术人才向中国流动的基本规律做出了回答。研究发现：“一带一路”沿线国家与中国保持有一定的学术联系，但这些国家并非中国研究型大学学术人才的主要来源国；东盟是当前学术人才向中国研究型大学流入最主要的“一带一路”沿线国家；“一带一路”沿线国家向中国不同地区的学术人才流动情况差异较大。研究认为，当前中国已逐渐成为地区性高等教育中心，未来应进一步加强与中东欧国家、西亚国家的学术联系。未来中国东部发达地

① 高健，高级工程师，天津大学教育学院职业技术教育学博士研究生，主要从事职业教育与管理研究。

② 周开发，重庆交通大学副教授，主要从事高等教育哲学研究；曾玉珍，重庆交通大学副研究馆员，从事信息素养教育研究。

③ 黄彬，东莞理工学院副研究员，华中科技大学教科院博士生，从事高教质量管理、大学教学评价研究；陈想平，东莞理工学院高教研究与评估中心主任、研究员。

④ 刘进，博士，北京理工大学教育研究院讲师、硕士生导师。

区将以美、欧等地为主要海外人才获得地，中西部地区则可将“一带一路”沿线国家作为国际人才获得的主要来源地。研究建议，中国应抢抓机遇，彻底扭转传统的人才流失格局，实现从人才流失向人才获得国际角色转变，通过多种举措构建以中国为中心的“一带一路”新兴学术劳动力市场。

试述民国时期外部力量对私立大学的影响

刘根东　陈维维[①]

摘　要：民国时期是高等教育发展的一个重要时期。社会环境、市场经济和政府这三个外部力量是影响民国时期私立大学发展的关键要素。本文通过对这三个外部力量进行分析梳理，总结其基本特征，以期对当代民办高校的发展有所借鉴。

教育国际化在学科建设中的实践研究

许晓冬　崔艳娟　赵　琛[②]

摘　要：中国的高等教育改革正面临着前所未有的挑战，高等教育要适应经济全球化的发展必然要顺应教育国际化的趋势。教育国际化已经成为各国进行战略布局的重要着眼点，对创新教育理念、培养创新人才及推动学科建设有着重要的作用。本研究提出将国际化的教学模式、教学方法、评价标准等与本土化教学有机结合，因地制宜地探索适应中国的教学改革措施是推进教育国际化的关键。

需求导向的工程专业学位研究生培养实践与反思
——基于一所行业特色高校的院校研究

唐广军[③]

摘　要：服务需求是当前研究生教育改革的主线，如何有效服务需求则是国家学位授权审核政策调整和高校研究生培养模式创新均需面对的实践性问题。2011年实施的“服务国家特殊需求人才培养项目”是国务院学位委员会引导高校服务需求的学位授权审核改革举措。本文基于一所行业特色高校试点培养工程硕士的院校研究，考察了政策引导和实施效果，进而在反思工程专业学位研究生教育不足的基础上提出了相关政策建议。

德国项目制博士培养模式特点及启示

包艳华　傅欣桐　刘雅雯[④]

摘　要：以项目为牵引的博士培养机制是近几年在德国发展起来的一种新型的博士培养机制。本文通过对亚琛工业大学AICES项目制博士培养模式的深入分析，总结出其特点：特色“申请—审核”机制；注重培养学生的自主科研能力；重视团队合作与资源共享；高度国际化以及博士生参与其中的团队指导理念等。对我国博士培养改革创新的启示是建立并完善“申请—审核”的招生机制；鼓励多元化课程建设；重视集体指导与合作交流；加强同企业的合作等。

① 刘根东，南通理工学院海安校区管委会研究员、南通大学硕士生导师；陈维维，南通大学教育科学学院硕士
② 许晓冬，博士，大连工业大学管理学院副教授，研究方向为国际贸易、协同创新；崔艳娟，大连工业大学管理学院副教授，研究方向为国际金融；赵琛，大连工业大学学报编辑部，研究方向为国际教育合作。
③ 唐广军，北京石油化工学院副研究员，研究方向为研究生教育、高等教育评估。
④ 包艳华，博士，北京航空航天大学讲师、硕士生导师，研究领域为高等教育；傅欣桐，北京航空航天大学硕士研究生，研究领域为高等教育；刘雅雯，北京航空航天大学硕士研究生，研究领域为高等教育。

民办高校企业“嵌入式”人才培养模式探索

——以长春光华学院为例

李晓光　梁　琳①

摘　要：长春光华学院电气信息学院和中软国际信息技术有限公司、中兴通讯股份有限公司和东软集团有限公司携手创建了企业“嵌入式”的电气信息类专业的人才培养模式，搭建了学校与企业双主体间双向参与、资源共享、优势互补，以共同培养适合生产、建设、管理、服务第一线的高级应用型人才为主要目的教学平台；提出了“人才共育、过程共管、成果共享、责任共担”的紧密型校企合作办学机制，实现了学校、企业、学生“三赢”的共同目标。

中国高校智库的角色

全守杰②

摘　要：智库在知识经济时代对政府决策正在发挥着越来越重要的影响和作用。高校作为知识生产的主要部门，知识生产的质量是体现其对社会贡献的重要标杆。我国高校智库以国家重大需求为导向，以社会急需为攻坚方向，为国家经济社会发展提供多样化专业的知识产品和丰富的解决方案。我国不同类型的高校智库在经济社会发展中的角色有别，并承担着不同的使命：研究型大学是全国性的智库；教学研究型大学是区域性的智库；教学型大学是地方性的智库。

论高等教育治理能力现代化的内涵

李海龙③

摘　要：高等教育的治理能力主要指制度理解、执行、组合、创新和组织体系运作的能力，治理能力的现代化要求对大学的思维和行动区别于传统的管制和控制方式。然而，由于长期以来对治理理解的误区，人们并没有搞清楚高等教育治理能力及其现代化的指向是什么。高等教育治理能力的现代化不是技术与物质层面的发达，而是意味着要从社会制度、大学历史和高等教育本质的逻辑去理解其内涵，重新梳理其构成因素，最后才能针对当下的困境制定有针对性的治理路径。高等教育的治理能力最终要达到的效果是“善治”，使大学与社会、政府的发展实现协同，共同参与到提高高等教育质量的活动中来。

基于绩效的高校分类管理机制探析

——基于上海的探索

杜　瑛④

摘　要：分类管理是我国高校宏观管理的基本原则，重视绩效是目前国际高等教育管理的基本趋势，构建推动绩效提升的分类管理机制是我国高等教育管理的现实需要。本文以《上海高等教育布局结构与发展规划（2015—2030）》提出的二维分类管理目标为基础，在概括高校绩效研究成果

---

① 李晓光，博士（后），长春光华学院副校长、教授，主要研究方向为分布式智能控制、教学管理；梁琳，长春光华学院科研处科长、研究实习员。

② 全守杰，博士，江苏大学副教授，香港大学教育政策系访问学者，从事高等教育管理研究。

③ 李海龙，博士，扬州大学教育科学学院讲师，从事高等教育原理研究。

④ 杜瑛，博士，上海市教育科学研究院智力所副所长、副研究员。

基础上，提出并初步构建了促进绩效提升的高校分类管理的新机制。

当前新建本科院校的法治化的缺失和建设路径

王文礼[①]

摘　要：当前新建本科院校在法治化建设方面存在的缺失主要包括：相关法律不够健全，部分法律需要修订；贪污腐败文件频发；一些新建本科院校领导法制观念不强；高度的行政化；办学自主权未能得到有效保障。在依法治国背景下新建本科院校的法治化建设路径为：政府科学制定和修改关于新建本科院校的法律法规；新建本科院校应制订适合自身的大学章程；正确处理好行政权力和学术权力的关系；大力推动高校法治文化建设；建立严密的法治监督体系。

大学排行指标透视：高校改革与发展的价值追求路径

张立新[②]

摘　要：本文以有关大学排行榜数据为基础，分析了教师水平以及毕业生质量与教学质量评价内在的逻辑关系，提出了高校改革与发展中的价值追求路径问题及相关对策。

高考制度现代化：内涵、特征与目标

李木洲[③]

摘　要：高考制度现代化是指高考制度现代性不断增长、扩展及实现的历史过程，包括高考制度理念、技术及形态的现代化。从历史与国际的视野来看，良好的科学性、公平性、多样性、自主性、专业性、综合性、民主性及法治性是高考制度现代化的基本特征。高考制度现代化的目标既包括高考制度设计的合理化安排，也包括高考制度实践的功能性要求，它是国家建设、社会变革、教育改革以及人的发展对高考制度改革的综合诉求，其根本任务是服务与促进学生发展，最终实现高考治理体系和治理能力现代化。

专科高职院校生态位的游离与矫正

鲁武霞　蔡敏燕[④]

摘　要：我国高职（专科）教育作为一种新型高等教育类型，为建设现代职教体系奠定了重要基础。在当前国家推进普通本科院校转型举办高职的政策背景下，高职（专科）院校的生存发展空间产生了前所未有的压力。一些高职（专科）院校试图升格举办本科职业教育，学校生态位游离不定。本文指出，高职（专科）院校必须理性研判自身在现代职教体系建设中的地位角色和条件优势，坚持职业教育类型本色，安心办好专科高职教育，加强与应用型本科衔接，矫正和优化生态位。

① 王文礼，博士，井冈山大学教育学院副教授、硕士生导师，主要从事比较教育和高等教育研究。
② 张立新，博士，上海金融学院高等教育研究所研究员。
③ 李木洲，博士，湖北大学高等教育研究所所长、副教授，华中师范大学考试研究院特聘研究员。
④ 鲁武霞，常州大学副研究员；蔡敏燕，常州机电职业技术学院高职教育研究所所长。

五、博士生论文

研究生导师在研究生培养过程中的权利与职责调查分析

姚琳琳[①]

摘　要： 导师是研究生培养的第一责任人，其指导的好坏直接关系到学生学业的成败及后续的职业发展。本研究的问卷调查结果表明：导师对招生权、教学与学生评定权、科研指导权、获取酬劳与奖励权、经费使用权的认同处于优良水平，对科研指导权和强制性职责的认同度最高，对倡导性和争议性职责的认同度较低。不同导师群体对权利与责任的认识存在差异。建议高校合理扩大研究生导师权利，调动导师积极性；健全导师岗位管理机制，明确岗位职责；建立科学合理的考核评价机制，全面提升导师队伍质量。

教师发展组织对大学教师教学能力培养作用研究
——以纽约州立大学奥尔巴尼分校为例

李新朝[②]

摘　要： 提高教育质量首先要考虑师资力量的建设。师资队伍建设中，提高教师教学能力是重中之重。纽约州立大学奥尔巴尼分校在招聘师资之初就有明晰的导向，尤其是教学、学习和学术引领研究所等机构和团体对教师发展的服务与协作，对我国高校类似机构从功能优化、学习模式改进、教学能力与质量综合评价等方面提高教师教学能力具有借鉴意义。

教育学院研究生师资队伍与学术资源水平评估
——以六所“985 高校”教育学院为例

蓝文婷[③]

摘　要： 本文以师资队伍和学术资源 2 个一级指标、6 个二级指标和 12 个三级指标，对 6 所“985 高校”的教育学院博士及硕士研究生进行了师资队伍与学术资源水平的评估，对各自的优势与不足进行了分析，提出了改进建议。本次评估可以为有意愿报考教育学院研究生的学生提供参考，使之对各高校教育学院有一个更加直观的了解，此外还对 2017 年全国学科评估中“师资队伍与学术”指标排名进行预测。

---

① 姚琳琳，华东师范大学高等教育研究所博士研究生，从事高等教育学研究。

② 李新朝，南京大学教育研究院博士研究生，研究方向为国际教育比较、课程与教学论。

③ 蓝文婷，清华大学教育经济与管理专业博士研究生，研究方向为教育评估。

香港地区大学生服务学习的经验及启示

管 弦[①]

摘 要：大学生服务学习是一种基于经验学习的新型学习方式。香港地区的大学重视服务学习对人才培养的作用，累积了一些有价值的经验。如有专职部门统筹管理服务学习事务；社会各界大力资助服务学习项目；服务学习项目与课程有机结合；服务学习执行系统趋于完善；不同层次服务学习模式逐渐形成。香港的经验对中国内地大学教学及学生学习的启示：从制度化层面为服务学习的推广提供支持；循序渐进地实施服务学习课程；加强对大学生社会实践活动的反思；加强服务学习师资培养；充分发挥大学生参与的主动性及经验分享。

高校学科类比赛如何影响大学生学业成就？
——基于N大学计算机学院2004—2015年数据分析

王小青 邹春然 陆 伟[②]

摘 要：高校课外活动对大学生学业成就的影响一直是教育实践者较为关注的。本研究以N大学计算机学院2004—2015年共计231个参赛学生为研究对象，以学业成就为因变量，以“参赛累计年限”“最早参赛年级”“比赛级别”等为自变量，通过研究分析认为学科类比赛引导工作应该理性对待。从学业成就的角度来看，比赛并非开始越早越好，比赛年限不是越长越好，比赛级别不是越高越好。应该遵循“适度”和“科学”的原则，应更注重对低年级基础知识和技能的训练和掌握，引导学生在高年级参加学科类比赛，合理规划“比赛年限”，淡化对比赛级别的追求，尽力而为、量力而行。

翻转学习：教学改革的新范式

甘宜涛[③]

摘 要：教学改革作为教育改革的核心，对教育改革的成败起着决定作用。翻转学习是继翻转课堂之后的一种以现代信息技术为手段促进教学改革的方式，对因材施教、培养学生的创新能力、树立学生的主体地位以及促进教师专业化发展具有重要意义。随着我国经济社会的发展，对教育的投入不断加大，教学改革已经具备实施翻转学习的条件。在教学改革领域推进实施翻转学习要从翻转前、课堂中、课后等各环节共同采取措施。

互联网时代大学生学习变革、存在的问题及其建议

陈春梅[④]

摘 要：信息技术在教育领域的运用使我国大学生的学习发生了巨大变化。发现学习、信息加工、建构主义以及分布式认知主义等学习理论有助于我们理解信息技术支持下大学生的自主学习、

---

① 管弦，华南师范大学高等教育博士研究生。

② 王小青，北京大学教育学院博士研究生，研究方向为高等教育公共政策、国际高等教育等；邹春然，南京航空航天大学计算机科学与技术学院实验员，研究方向为计算机教育、计算机仿真；陆伟，北京大学教育学院博士研究生，研究方向为教育财政学。

③ 甘宜涛，北京航空航天大学高等教育研究所博士研究生，研究方向为高等教育理论、高等工程教育。

④ 陈春梅，厦门大学教育研究院博士研究生，从事高等教育理论、大学教师发展研究。

个性化学习、交互学习与协作学习、发现学习与生成学习等。然而，大学生学习在学习资源、学习自由以及学习动力方面存在一些问题。这些问题的解决仍离不开教师的指导以及相关制度的保障。网络时代中大学生学习应坚持以下原则：教师指导与学生自主相结合；学习自由与计划管理相结合；学习自主与制度保障相结合。

“互联网＋”的教育理性

唐艳婷[①]

摘 要：“互联网＋”作为信息时代最重要的新形态对高等教育领域带来重要影响。本文分析了以“慕课”为代表的“互联网＋”与高等教育领域结合产物的现状，从课程设置、教育本质及大学功能角度剖析“互联网＋”在教育领域频频遇冷的根源。

高职院校学生创新能力培养机制研究

高 健[②]

摘 要：本文从创新学理论视角分析高职学生创新能力的基本特征和现状，探究高职学生创新能力培养存在的主要问题及产生原因，探讨高职院校加强学生创新能力建设的有效途径，对高职院校改革发展具有现实意义。

学术工作新需求与我国博士生课程改革

徐志平[③]

摘 要：我国博士生就业的多元化倾向对博士生的培养提出了新的要求，单一的“以研究为导向”的博士生课程，无法培养出适应当今学术职业要求的教学人才。建议从博士生课程改革入手，借鉴美国的师资培训计划，从构建课程体系、开设跨学科课程和前沿性课程、加快课程信息共享等三个方面对我国博士生课程进行改革。

大学生学习差异分析：农村与城市的比较

陈 乐[④]

摘 要：基于调查数据，从学业成就、学生参与、学习行为三个维度比较分析农村大学生与城市大学生的学习差异，研究发现：（1）城市大学生的学业成就（包括学习能力、创造性思维、言语表达能力、交流合作能力）显著优于农村大学生，乡镇大学生和农村大学生之间的差异不显著；（2）城市大学生的学术参与和社交参与程度略高于农村大学生，但二者的差异不显著；（3）从学习行为特征来看，城市大学生是“目标清晰的行动者”，乡镇大学生是“步调缓慢的乐天派”，农村大学生是“迷茫忧郁的探路人”。研究结论有助于了解不同大学生群体的学习特征及学习差异，为促进大学生尤其是先赋因素处于劣势的农村大学生的学习与发展提供启示与建议。

---

① 唐艳婷，云南大学思想政治教育专业博士研究生，研究方向为大学德育。

② 高健，天津大学教育学院博士研究生，研究方向为职业教育与管理。

③ 徐志平，华中科技大学教育经济与管理专业博士研究生，从事高等教育理论、学术职业研究。

④ 陈乐，清华大学教育研究院博士研究生。

中日大学生学习目的意识的调查研究及其对构建新型学习模式的启示

林祥瑜①

摘　要：日本早在20世纪下半叶已实现高等教育大众化，而我国高等教育正处在大众化过程中。处于高等教育不同发展阶段的两国大学生，在入学动机、学习目的、精英意识等方面存在许多不同之处，也有着共性。调查研究更客观地描述了这些特点。这对全球化、网络化时代我国大学生新型学习模式的构建具有良好的启迪作用。

过程性投入对大学生立志行为的影响研究
——基于大学生发展理论的视角

赵　蕾　赵百刚　郭凡凡②

摘　要：本研究通过对文华学院全体大一新生进行问卷调查发现，以个体内生性建构过程和个体社会性互动过程为表征的过程性投入与大学生立志行为显著相关，但个体内生性建构过程和个体社会性互动过程对立志行为的影响力度差别显著。调查结果显示：学生自我认知比较明确，但专业兴趣模糊、动力不足；学生课程学习收获质量整体评价有待提高，但对学校满意度整体较高，学生归属感强烈；学生在过程性投入中类特色显著。为此，提高立志教育效果，促进大学生全面发展，应着力于学生主体志向的自我建构；注重学校支持，引导学生立志；关注学生类特色，实施个性化教育；实现立志教育与专业教育相结合。

社会资本如何影响大学生创业意愿？

张文玉③

摘　要：本文利用北京大学教育学院2010年和2011年首都学生发展调查数据，对以大学生拥有的社会资本与其创业意愿之间的关系进行了实证研究。结果表明：具有强社会资本的大学生的创业意愿显著低于具有中社会资本和具有弱社会资本的大学生；而具有中社会资本的大学生和具有弱社会资本的大学生的创业意愿无显著差异。进一步地研究发现，大学生所具有的社会资本会通过影响大学生人力资本的积累影响其创业意愿，即大学生人力资本是社会资本影响其创业意愿的中介变量。

基于国家资格框架的南非中高职课程衔接研究

曹梦婷　方华明④

摘　要：新南非立法、课程观以及教育部行政管理改革等成为其中高职课程衔接的三大基础条件。基于此，新南非形成以国家资格框架体系为载体、以“资格”为标准的中高职课程衔接模式。该模式具体体现在专业选择与课程安排及入学标准两方面，并具有以能力为标准的资格考试、灵活性与等价性、课程衔接机制不成熟等三个特点。立足本国，以上分析引发两点思考：即关注知识的

① 林祥瑜，南京师范大学教育科学学院博士研究生。

② 赵蕾，华中科技大学博士研究生。

③ 张文玉，北京大学教育经济与管理专业博士研究生，研究方向为教育财政。

④ 曹梦婷，浙江大学教育学原理专业博士研究生，研究方向为职业教育；方华明，浙江大学高等教育学专业博士研究生，研究方向为教育政策、国际与比较高等教育。

本体和职业教育的逻辑起点以及统一资格框架下中高职课程衔接的原则。

中世纪教育组织的特点
——基于伯恩斯坦教育机制理论的研究

胡雪龙①

摘　要：本文通过借助伯恩斯坦的教育机制理论，对中世纪在教育组织方面的创新进行总结和概括。首先，在分配规则上，出现了官方知识的第一次错位，即三学和四艺的错位；在教育再脉络化规则上，规约性话语开始占据支配性地位，学校的目标是创造一个道德环境以对学生的心智产生深刻的影响；在评价规则上，学术生活被划分为三个主要阶段，教学活动和空间由分散走向集合，道德纪律更为严苛，逻辑在思想教育中占据了压倒性一切的位置。宗教性目的作为生产分配、再脉络化和评价场域中唯一被认可的价值，对教学话语的塑造具有重要作用，与此同时，由教师行会组成的新兴力量与官方意识形态产生对抗，预示着教育机制转化的潜在性。

配额制的调整与高等教育公平的实现
——对新中国成立以来高校招生政策的回顾与反思

刘焕然②

摘　要：自新中国成立以来，我国招生政策中的配额制先后经历了新中国成立初期的身份配额制、教育“革命”时期的出身配额制和改革开放以来的区域配额制。不同的配额制对我国不同时期的高等教育公平产生了不同的影响。通过对我国高校招生政策的回顾和反思，发现配额制在促使高等教育公平的实现上既有正向功能，也有负向功能。当前，要充分认识到配额制是促进我国高等教育公平的一个重要措施，并通过调整配额制来促进高等教育公平。但是为了确保产生促进高等教育公平的“正确结果”，要在配额制的调整中遵循程序正义，以保证分配的合理性，并考虑在未来将这一过程纳入法治化轨道。

从好人到世界公民：西方高等教育中公民教育理念之演变

贾　佳③

摘　要：公民教育是高等教育中一个经典理念。以古希腊时期作为自由教育的公民教育为原型，高等教育中的公民教育理念发展至今，发生了几次重要的转向。古希腊时期，作为自由教育的公民教育以培养“好人”为目的；近代博雅教育赋予公民以“绅士”的身份；随着通识教育的兴起，公民教育体现出实用主义与理想主义的双重倾向，公民被塑造成为“有用的人”抑或“完人”；全球化的时代，超越一国的狭隘利益与眼界，培养“世界公民”正成为高等教育中公民教育的主流。今天高等教育中的公民教育，迫切需要在对个人与社会、道德与功用、世界与国家关系的深入探讨和整体把握之中，探索一条理想与现实相结合的公民教育之路。

---

① 胡雪龙，清华大学教育研究院博士研究生。
② 刘焕然，华中科技大学高等教育学专业博士研究生，从事高等教育基本理论研究。
③ 贾佳，南京师范大学教育科学学院博士研究生，研究方向为高等教育理论研究。

基于高等教育滞胀率的体育院校专业评估实证研究
——以北京体育大学为例

张文毅[①]

摘　要：为回应审核评估背景下高校内部专业评估体系完善诉求，提升体育院校专业评估实效，借鉴综合反映高等教育效率、效益、质量和机制的高等教育滞胀率概念及其评估测度模型，本研究采用文献资料法、专家咨询法和实地调查法，针对体育院校专业建设特征，设计了基于高等教育滞胀率测度的指标体系，并以北京体育大学为样本，从效率、效益、质量和机制四方面实证分析了专业教育滞胀程度。结果表明，北京体育大学各专业已显露教育滞胀征兆，且自主管理机制问题最为突出，但尚未影响整体发展，应及时根据引发滞胀的病理分析，有侧重地解决投入、产出与运行管理问题。本研究对完善体育院校专业评估方案、深入挖掘专业建设问题，具有重要理论价值和实践参考意义。

高等教育一体化进程中欧洲内部学生流动的不平衡现象分析

崔景颐[②]

摘　要：博洛尼亚宣言（Bologna Declaration）启动了欧洲高等教育一体化进程，同时也拉开了欧洲自20世纪60年代后期以来最重要、波及面最广的高等教育改革的序幕。其中，该进程中最重要的一点就是推动大学生在全欧范围内的无障碍流动。经过了十几年的发展，欧洲内部学生流动的不平衡现象逐渐凸显。本文从“欧洲整体—欧洲内部区域国家—欧洲区域内部国家”三个层面对学生流动趋势与差异进行比较研究，并对欧洲内部不同区域及其所属国家国际学生流动差异的利益关系进行探讨。

大学课堂影响创新人才培养的因素研究

王　辉[③]

摘　要：学界对创新人才半个多世纪的研究已经就创新人才的人格、动机、智力、知识、思维风格等特征达成了比较广泛的一致，并依据这些特征提出了系列促进创新人才培养的策略。对照这些策略可以发现，大学课堂至少有师生互动、课堂提问、课堂管理、教学方法等因素可以影响创新人才培养。

高校师生冲突的功能研究

刘慧琴[④]

摘　要：当代大学生的成长和树立信仰时期正处于社会急速变革、社会结构日趋复杂多变的时期，信息化时代下多种文化思潮涌现在很大程度上影响着当代大学生的思想和价值观念。这与传统的师道尊严的价值观存在差异。于是在学校教育教学过程中，师生冲突成为一种普遍的现象。师生冲突有多种类型，本文从师生冲突产生的原因入手分析了师生冲突的正负向功能，进一步说明师生冲突不可避免，只有接纳、及时化解，适时的师生冲突具有高的正向价值。

---

① 张文毅，北京航空航天大学博士研究生，研究方向为高等教育质量保障、高等教育管理。
② 崔景颐，北京大学教育学院博士研究生，研究方向为高等教育国际化。
③ 王辉，华东师范大学高等教育研究所博士研究生，研究方向为高等教育管理。
④ 刘慧琴，华南师范大学公共管理学院博士生。